주해가 있는 새 마태복음(중) 강해

주해가 있는 새 마태복음(중) 강해

1판 1쇄 인쇄 2014년 5월 20일
1판 1쇄 발행 2014년 5월 26일

지은이 김서택
발행인 한동인
펴낸곳 (주)기독교문사
등 록 제1- c0062호
주 소 서울 종로구 충신동 5-13
출판부 T. 741-5183 F. 744-1634
특판부 T. 744-1633 F. 744-1635
도매부 T. 741-5181, 5 F. 762-2234
직영서점 기독교문사
서울 종로구 종로5가 412-2
T. 2266-2117~9 F. 2266-6397

책값은 뒤표지에 있습니다.
ISBN 978-89-466-2153-4
978-89-466-2134-3(전집)

Web www.kclp.co.kr
Mobile-Web m.kclp.co.kr
e-mail kclp@kclp.co.kr

기독교문사는 독자와 함께 기독교 출판문화를 이끌어 가겠습니다.
공급처 기독교문사 도매부 T. 741-5181~3 F. 762-2234

주해가 있는 새 마태복음(중) 강해

김서택

기독교문사

서 문

목회자나 평신도들에게 있어서 마태복음을 전체적으로 연구하거나 설교할 수 있다는 것은 엄청난 축복이요, 특권입니다.

마태는 예수님의 열두 제자 중에서 유대인들이 가장 멸시하고 천대하던 세리였는데 예수님의 부르심을 받고 변화되어 이렇게 권세 있고 체계 있는 복음서를 쓰게 되었다는 것은 정말 놀라운 일입니다.

마태는 자기를 경멸하고 미워하던 유대인들에게 가장 위대한 복음서를 선물로 주었습니다.

마태복음은 예수님의 족보에서부터 시작해서 그의 탄생과 초기 사역과 십자가에 못 박히시고 부활하실 때까지를 소개하면서 다섯 개의 큰 가르침(산상설교: 5-7장, 열두 제자 파송 연설: 10장, 천국 비유: 13장, 교회에 대한 가르침: 18장, 종말에 관한 연설: 24-25장)을 정리해서 수록하고 있습니다.

마태는 마치 천을 짜듯이 예수님의 행적과 교훈을 번갈아 가면서 기록하여 서로 뗄 수 없는 하나로 만들었습니다.

이번 마태복음 강해는 성경 강해 부분의 설교를 새로운 내용으로 집필했고 설교 준비에 도움이 되도록 최선을 다했습니다.

늘 이 귀한 강해설교집을 묵묵하게 출판하시는 기독교문사 한동인 사장님과 직원들 그리고 언제나 제 설교에 기쁨으로 함께하시는 대구동부교회 성도님들께 감사드립니다.

대구 수성교 옆에서

김서택 목사

CONTENTS

마태복음(중)

33_한센병 환자의 믿음

마태복음 8:1-4

전체적 설명 병 중에는 의술로 쉽게 고칠 수 있는 병이 있는가 하면 확실한 치료법이 없어서 고치기 힘든 병도 있다. 사람들은 이렇게 고치기 힘든 병에 걸리면 절망하고 하나님께 버림받았다고 생각하여 죽을 때까지 불행하고 비참하게 산다. 옛날에는 한센병에 걸린 환자들이 많았는데 전염을 방지하기 위해 이들은 모두 격리된 생활을 해야 했고, 특히 병이 깊어지면서 얼굴이나 몸이 흉하게 변하기 때문에 사람들을 피해 다녔다. 그리고 구약성경에는 하나님의 진노의 결과로 한센병에 걸린 사람들이 있었기 때문에(모세의 누이 미리암이나 유다 왕 웃시야) 사람들은 더욱더 한센병을 하나님의 저주를 받은 병이라고 생각하게 되었다. 그런데 이사야는 장차 메시아가 오시면 자기 백성의 불치의 병을 치료하고(사 35:5-6), 그들의 빚을 청산해서 그들이 종으로 붙들려 간 곳에서 돌아오게 하실 것이라고 예언했다(사 61:1). 그래서 한 한센병 환자는 예수님의 소문을 듣고 예수님이 오실 메시아라는 믿음을 가지고 예수님께 나아와서 자신의 신앙을 고백하고 불치병을 치료받는다.

설교 프리노트

1절, "예수께서 산에서 내려오시니 허다한 무리가 좇으니라"

예수님이 산 위에서 가르치신 말씀은 천국 백성의 특징과 삶에 대한 새로운 가르침이었다. 그래서 유대인들 중에 이 말씀을 듣고 천국 백성이 되기 위하여 예수님을 따르는 자들이 많아졌다. 물론 이 무리들은 조직된 집단이 아니었고 아직 예수님의 말씀에 헌신된 자들이 아니었다. 그들은 단지 예수님이 증거하시는 천국 백성이 되기를 원하는 자들로, 호기심으로 예수님을 따를 뿐이었다. 그 때 예수님이 과연 그들이 기다리던 메시아라는 것을 증명하는 한 가지 사건이 발생했다.

2절, "한 문둥병자가 나아와 절하고 가로되"

옛날에는 저주받은 자에게 내려지는 천형이라고 여겨 환자를 경멸하고 멸시했던 문둥병 혹은 나병이 이제는 한센병이라는 의학 용어로 불리고 있다. 한센병은 병이 진행됨에 따라 신체가 썩어서 변형이 되는 병인데 당시만 해도 불치병이었기 때문에 이 병에 걸리면 평생 동안 가족이나 사회로부터 철저하게 격리되어서 지내야 했다. 우리나라의 소록도는 한센병 환자들이 공동체를 이루어 살고 있는 섬인데 이들은 한평생 천국을 소망하면서 살아간다. 그러나 옛날 유대 사회에서 한센병 환자는 멸시를 당했으며 철저하게 격리시켰다. 그런데 그 가운데 한 한센병 환자가 예수님에 대한 소문을 듣고 예수님은 틀림없이 모든 불치병을 고치시는 메시아라는 믿음을 가지게 되었다. 이사야 선지는 장차 메시아가 오시면 소경이 눈을 뜨고, 귀머거리의 귀가 열리며, 저는 자들이 사슴같이 뛰고, 벙어리의 혀가 풀릴 것이라고 예언했다(사 35:5-6). 물론 메시아가 오셔서 치료하는 병 중에 한센병이라고 명시된 것은 없지만 이 사람은 메시아라면 얼마든지 이 불치병도 고칠 수 있다고 믿었다. 그래서 그는 율법대로 하면 예수님께 나아올 수 없었지만 백성은 자기 왕께 나아갈 자격이 있기 때문에 담대하게 예수님 앞에 나아와서 무릎을 꿇고 절을 하였다. 이것은 불치의 병으로 버림받은 백성이 자기 왕을 알현하는 모습이다.

“주여 원하시면 저를 깨끗케 하실 수 있나이다”

이 환자는 자기는 감히 예수님에게 이렇게 해 달라 혹은 저렇게 해 달라고 요구할 자격이 없다는 것을 잘 알고 있었다. 그는 자기 자신은 지극히 비천한 자요, 예수님은 자기같이 버림받은 자가 감히 가까이할 수 없는 높은 왕인 것을 알았다. 그러나 이 병자는 주님이 원하시기만 하면 불치병이라 하더라도 치료하실 수 있다는 것을 믿었다. 왜냐하면 하나님의 메시아는 능히 자기 백성을 위로하시는 분이기 때문이다. 그래서 이 사람은 감히 예수님에게 무엇을 요구할 자격이 없지만 주님의 뜻이 어디 있는지 물어보기로 했다. 즉 주님이 자기 병이 낫기를 원하신다면 자기 병은 즉시 나을 것이며, 주님이 원치 않으시면 그냥 병을 가진 채 살아도 좋다고 생각했던 것이다.

3절, **“예수께서 손을 내밀어 저에게 대시며 가라사대”**

대다수의 사람들은 한센병이 전염될까 봐 한센병 환자들을 잘 만지려고 하지 않는다. 이런 경향은 접촉을 통해서 죄가 전염된다고 믿었던 유대인들에게 더 강했다. 그러나 예수님은 이 한센병 환자의 몸에 손을 대셨다. 예수님께서 손을 대신다는 것은 구약성경에서 제물을 하나님께 바칠 때 죄인이 제물에 손을 대는 것과 비슷한 의미가 있었다. 즉 죄인이 제물에 손을 댈 때 그의 모든 죄는 제물에게 전가되는 것이다. 마찬가지로 이 사람의 병은 저절로 치료된 것이 아니라 예수님이 그의 병을 가져가신 것이다. 그래서 사람들이 예수님의 몸에 손을 댈 때마다 사람들의 병은 예수님에게 전가되었고, 예수님은 그들의 병을 짊어지셨던 것이다.

“내가 원하노니 깨끗함을 받으라”

예수님께서는 놀랍게도 한센병 환자가 예수님에게 한 말을 그대로 받아서 말씀하셨다. 즉 예수님은 그가 한 말을 무시하거나 못 들은 체하지 아니하고 그의 말을 다 들으시고 그대로 응답해 주셨다. 예수님은 고통 받는 자기 백성을 만나 주셨고 그의 요구를 그 자리에서 들어주셨다.

“즉시 그의 문둥병이 깨끗하여진지라”

예수님이 말씀하신 즉시 능력이 나타났다. 예수님은 한평생 고통 속에 살 수밖에 없었던 이 환자의 병을 말씀의 능력으로 치료하여 주셔서 새로운 인생을 살게 해 주셨다. 즉 이제부터는 예수님의 입에서 나오는 말씀을 믿기만 하면 누구든지 새로운 인생을 살 수 있는 것이다.

4절, "삼가 아무에게도 이르지 말고"

예수님은 한센병 환자에게는 자신이 메시아인 것을 나타내셨지만 다른 사람들에게는 자신이 메시아인 것을 감추기를 원하셨다. 그 이유는 우선 당시 유대인들이 생각하는 메시아는 정치적인 메시아였으므로 예수님을 정치적 지도자로 몰고 갈 가능성이 있었기 때문이다. 그리고 또 하나는 유대 지도자들이 예수님의 능력을 시기해서 그들과의 관계가 너무 빨리 악화되는 것을 조심하셨던 것이다.

"다만 가서 제사장에게 네 몸을 보이고"

예수님은 결코 율법을 무시하지 아니하셨다. 오히려 예수님은 이 환자가 율법의 규정대로 병이 치료된 것을 확인받고 정상적으로 사회생활을 하기를 원하셨다. 구약 시대에는 제사장이 한센병이 완치된 것을 확인하고 그것을 선포함으로 환자가 정상적인 이스라엘 백성이 되게 했다. 이것을 보면 하나님께서는 얼마든지 한센병을 치료할 수 있는 가능성을 열어 주신 것을 알 수 있다.

본문 이해를 위한 질문

1. 한센병 환자는 왜 예수님께 나아왔는가?

그는 예수님의 소문을 듣고 예수님이 지금까지 유대인들이 기다려 왔던 메시아이며 그가 자기 백성의 병을 고친다는 믿음을 가지고 나아왔다.

2. 한센병 환자는 예수님에게 무엇을 요구했으며, 예수님은 어떻게 응답하셨는가?

한센병 환자는 예수님이 원하시면 자기의 병이 나을 수 있다고 고백했고, 예수님께서 그의 몸에 손을 대심으로 그에게 응답하셔서 병이 낫게 하셨다.

3. 예수님이 불치병 환자를 고치신 것을 통해서 무엇을 알 수 있는가? 그리고 예수님은 한센병 환자에게 병이 나은 후 무엇을 주의시키셨는가?

예수님은 자기 백성의 죄와 불행을 짊어지기 위해서 오신 메시아이시다. 그러나 예수님은 사람들이 메시아를 잘못 생각하고 있었기 때문에 자신이 메시아이신 것을 드러내기를 원치 않으셨다.

성경 강해

우리에게 이 세상에서 사람을 사귀고 다른 사람들에게 인정을 받는 것이 전부라면 외모가 미치는 영향은 절대적일 것입니다. 그래서 사회에서는 키가 크고 늘씬한 사람들이 여러 모로 유리한 입장에 있습니다. 외국영화를 보더라도 주인공들은 거의 키가 크고 늘씬합니다. 물론 키가 작은 주인공도 있기는 하지만 그런 사람은 다른 사람들보다 연기력이 몇 배나 뛰어나고 개성이 강합니다.

그러나 만일 우리에게 내세가 있는 것이 분명하다면 우리의 외모는 중요하지 않을 것입니다. 내세를 준비하는 데는 외모보다는 믿음이 더 중요하기 때문입니다. 예를 들어 어떤 사람에게 집이 있는데 그 집을 철거하고 새 집을 지을 계획이 있다면 낡은 집에 투자를 많이 하는 것은 현명한 일이 아닐 것입니다. 성경은 앞으로 우리 몸이나 이 세상 전체가 철거되고 다시 만들어질 것이라고 말씀하고 있습니다. 만일 이것이 사실이라면 우리가 지금 외모나 이 세상 일에 많은 투자를 하는 것은 현명한 일이 아닐 것입니다.

자녀나 학생들이 학교생활을 하거나 사회생활을 하는 데 있어서는 장애가 없는 것이 장애를 가진 것보다 훨씬 유리할 것입니다. 그러나 내세가 있다면 장애는 큰 문제가 되지 않을 수도 있습니다. 예수님은 장애를 나쁜 것이라고 말씀하지 않으셨습니다. 오히려 예수님은 장애를 가지는 것이 낫다고 하셨습니다. 예수님은 온몸을 가지고 죄를 지어서 지옥에 가는 것보다는 장애를 가지고 천국에 가는 것이 훨씬 낫다고 하셨습니다.

성도들 중에는 한센병 환자들이 모여 사는 소록도에 다녀오신 분들이 있을 것입니다. 그런데 소록도에 갔다 오신 분들이 놀라는 것이 오히려 한센병에 걸려서 신체의 일부가 썩어져 가는 분들이 내세에 대하여 더 분명한 소망을 가지고 있다는 것입니다. 이것은 불빛 때문에 도시의 밤하늘에 별이 잘 보이지 않지만 시골에 가면 별들이 더 잘 보이는 것과 같습니다. 우리가 이 세상에 살 때에는 내세의 소망이 잘 보이지 않다가 병으로 사회에서 격리되고 세상의 영광이나 칭찬을 잃어버렸을 때 오히려 내세의 소망이 더 잘 보이는 것입니다.

옛날 이스라엘에서는 한센병에 걸린 사람은 그 전염성 때문에 이스라엘의 진중에 있지 못하고 병이 나을 때까지 격리되어 있어야만 했습니다. 그런데 예수님께서 천국 복음을 전하실 때 이스라엘 진 밖에 있던 한 한센병 환자가 예수님에 대한 소문을 듣게 되었습니다. 그래서 그는 자기도 메시아의 축복으로 병을 치료받고 하나님의 백성이 될 수 있는지 예수님에게 물었습니다. 예수님은 기쁜 마음으로 이 사람의 병을 치료해 주셨습니다.

1. 한센병 환자의 믿음

1-2절, "예수께서 산에서 내려오시니 허다한 무리가 좇으니라 한 문둥병자가 나아와 절하고 가로되 주여 원하시면 저를 깨끗케 하실 수 있나이다 하거늘"

예수님께서 산에서 내려오실 때 많은 사람들이 예수님을 따랐습니다. 예수님이 산에서 전하신 것은 새로 시작되는 하나님 나라에 대한 말씀이었습니다. 예수님은 이 땅에 이제 새로운 나라가 시작되려고 하는데 하나님 나라의 백성은 이런 믿음을 가져야 한다고 말씀하셨습니다. 그런데 예수님의 이 말씀을 듣고 예수님을 따르는 사람들이 많았다는 것은 이 새 나라에 관심을 가지고 그 나라의 백성이 되려고 하는 사람들이 많았다는 것입니다. 대개 새 나라에 관심을 가지는 사람들은 기존 세력에서 소외된 사람들입니다. 이미 잘살고 있고 부족한 것이 없는 사람은 새로운 나라에 관심이 없습니다. 요즘 우리나라의 국민들은 새로운 지도력, 새로운 통치를 갈망하고 있습니다. 이때 우리나라 사람들은 예수님의 복음을 들어야 하는 것입니다.

예수님 당시에도 많은 사람들이 로마와의 관계에서나 혹은 유대인들의 내부적인 단결을 통해서 자신들의 문제를 풀어 보려고 비전을 제시했지만 사람들에게 만족을 줄 수 없었습니다. 그러나 예수님이 철저하게 하나님과의 관계에서 우리의 문제가 해결될 수 있다는 새로운 전제를 제시했을 때 많은 사람들이 관심을 가지고 예수님을 따랐습니다. 이들은 가진 것도 없고, 지위도 없고, 배경도 없는 사람들이었습니다. 그들은 어떤 사회적인 변화를 원하지 않았습니다.

그런데 거기에 와서는 안 될 사람이 나타났습니다. 그는 바로 한센병 환자였습니다. 당시 사람들은 한센병 환자를 하나님으로부터 버림받은 사람이라고 생각해서 하나님 나라의 대상으로 생각하지 않았습니다. 그런데 한 한센병 환자가 예수님께 나아와서, "주여 원하시면 저를 깨끗게 하실 수 있나이다"라고 말하였습니다. 이 사람은 예수님께 병을 치료해 주실 것을 부탁하고 있는 것 같습니다.

그러나 여기에는 좀 더 본질적인 의미가 있습니다. 즉 오래전 구약의 선지자들은 앞으로 메시아가 오시면 맹인이 눈을 뜨고, 귀머거리의 귀가 들리며, 벙어리가 말하게 되며, 앉은뱅이가 일어서고, 종으로 팔려간 가난한 자들이 돌아올 것이라고 예언했습니다. 그런데 이 사람이 들어보니까 예수님께서 정말로 맹인의 눈을 뜨게 하시고, 앉은뱅이를 일어서게 하시고, 가난한 자들에게 복음을 전하신다는 것입니다. 그런데 선지자의 예언에는 한센병 환자가 치료되는 것은 빠져 있었습니다. 그러나 이 사람은 빚을 갚지 못해서 이스라엘에서 쫓겨난 것이나 한센병에 걸려서 쫓겨난 것이나 같은 것이라고 생각했습니다. 그래서 이 사람은 자기 같은 한센병 환자도 복음의 대상이 되는지 물어보기를 원했던 것입니다.

이 사람은 이미 예수님이 천국의 주인이신 것을 알고 있었습니다. 그래서 한센병 환자도 주인이 원하시면 병을 치료받고 다시 이스라엘 백성이 될 수 있다고 믿었던 것입니다. 그래서 이 사람은 천국의 주인이신 예수님에게 자기 같은 죄인도 구원받을 수 있는지 물어본 것입니다.

대개 새로운 법령이 공포될 때에는 거기에 정확하게 명시되어 있지 않은 항목에 대해서는 혜택을 받을 수 없습니다. 예를 들어 정부에서 새로 의료보험 혜택을 받을 수 있는 질병의 범위를 공포했을 때 거기에 명시되어 있지 않은 질병은 혜택을 받을 수 없을 것입니다. 그러나 하나님의 법은 결코 그렇지 않습니다. 누구든지 그 말씀을 듣고 비슷한 처지에 적용을 하면 다 해당이 되는 것입니다.

원래 하나님께서 한센병을 저주하신 것은 이스라엘 백성에게 영적인 교훈을 주시기 위해서였습니다. 즉 하나님은 이스라엘 백성에게 교만이 얼마나 무서운지, 이 한센병같이 감각도 없어지고 살이 썩게 된다는 것을 가르쳐 주려고 하신 것입니다. 그래서 출애굽한 후에 모세의 누이 미리암이 모세를 비난했을 때 하나님이 진노하셔서 미리암이 한센병에 걸리게 하셨고, 또 유다 왕 웃시야는 교만하여 성전에서 자기가 직접 분향하려고 하다가 한센병에 걸렸습니다. 교만은 감각이 없어질 뿐 아니라 온몸을 썩게 하는 병인 것입니다.

2. 예수님의 반응

예수님의 가르침 중에서도 산상설교는 최고의 가르침입니다. 이 세상에서 예수님의 산상설교보다 더 위대하고 더 숭고한 가르침은 없습니다. 아마도 사람들은 예수님의 말씀을 듣는 동안 하늘로 끌려 올라가는 느낌을 받았을 것입니다. 마태 사도도 예수님의 말씀이 큰 감동과 능력으로 전해졌음을 밝히고 있습니다. 그런데 예수님의 말씀을 들은 후 큰 은혜를 받고 내려오는 그들 앞에 한 추한 옷을 입은 한센병 환자가 나타나 길을 막아섰습니다. 어떤 의미에서 이 사람의 행동은 무례하고 많은 사람들의 감동을 깨는 일이었을 것입니다. 그러나 예수님의 능력은 바로 여기에서부터 나타나기 시작했습니다.

예를 들어 어떤 유명한 의학박사가 유명한 사람들이 모인 중요한 모임에서 논문을 발표했다고 합시다. 거기에는 대통령도 있고, 장관들도 있고, 유명한 학자들이 다 모여 있습니다. 그런데 거기서 갑자기 음식을 나르던 하녀가 쓰러졌다고 합시다. 하녀는 배를 붙잡고 아프다고 소리를 지르는데 당장 수술을 해야 살 수 있는 병입니다. 중요한 모임에서 하녀가 아프다고 소리를 지르는 것은 무례하고 분위기를 깨는 일일 것입니다. 그러나 논문을 발표하고 있던 박사가 그 하녀를 외면하지 않고 그 자리에서 바로 팔을 걷어붙이고 수술을 해서 살려낸다면 사람들은 그를 존경할 것입니다.

예수님은 산에서 엄청난 능력으로 천국 복음을 전하셨습니다. 그런데 그 복음의 능력은 산에서 내려오는 길에서 만난 이 불치병 환자를 치료하는 일에서 나타나기 시작했습니다.

예수님은 두 가지 과정으로 일을 하셨습니다. 그 하나는 예수님께서 그의 몸에 손을 대신 것이고, 다른 하나는 그의 말을 그대로 받아서 그의 기도를 들어주신 것입니다.

3절, "예수께서 손을 내밀어 저에게 대시며 가라사대 내가 원하노니 깨끗함을 받으라 하신대 즉시 그의 문둥병이 깨끗하여진지라"

예수님은 손을 내밀어 한센병 환자에게 손을 대셨습니다. 여기서 '손을 내밀어' 라는 말은 대단히 적극적인 자세입니다. 예수님은 마지못해서 그에게 손을 대신 것이 아니라 아주 적극적으로, 조금도 꺼리지 않는다는 뜻으로 바로 손을 내밀어서 그를 만지셨습니다.

유대인들은 한센병 환자와는 절대로 접촉하지 않았습니다. 왜냐하면 한센병 환자와 접촉하면 한센병만 전염되는 것이 아니라 그들의 죄까지 자기에게로 넘어온다고 믿었기 때문입니다. 그러나 여기서 예수님께서 한센병 환자의 몸에 손을 대신 것은 바로 이런 의미 때문이었습니다. 즉 예수님은 단순히 한센병 환자를 만져 주는 것으로 그치지 않고 그의 모든 죄와 죄가 끼친 악영향이 자기에게로 넘어오게 하신 것입니다.

이스라엘 백성은 하나님 앞에서 죄를 지으면 희생 제물로 바칠 짐승을 끌고 가서 제사장 앞에서 그 짐승의 머리에 손을 대었습니다. 이것은 자기의 모든 죄와 하나님의 진노가 그 짐승에게 넘어간다는 뜻입니다. 그 후에 짐승을 죽임으로 그 사람은 완전히 죄 사함을 받게 됩니다.

예수님께서는 능력을 행한 것으로 그치지 않고 그의 죄와 질병과 고통을 자기에게로 전가시키셨습니다. 예수님은 그에게 손을 대심으로 그의 모든 죄와 저주를 다 감당하신다는 것을 보여 주신 것입니다. '자, 봐. 내가 너에게 손을 댐으로 너에게 있는 모든 죄와 저주는 나에게로 넘어온 거야. 너는 이제 완전히 깨끗한 사람이 되었어.'

예수님은 우리의 모든 고통과 눈물과 죄와 저주를 감당하기 위하여 오셨습니다. 사람은 아무리 손을 대어도 그 사람의 죄가 전가되지 않습니다. 오직 병이 전염될 뿐입니다. 그러나 예수님이 우리에게 손을 대실 때 예수님은 우리의 모든 죄와 저주를 가져가십니다.

예수님은 한센병 환자의 몸에 손을 대심으로 그의 모든 저주와 병의 고통과 사망의 두려움을 다 가져가셨습니다. 그래서 수많은 사람들이 예수님께 나아와서 그의 몸에 손을 대기를 원했는데 그들이 예수님에게 손을 댈 때마다 예수님의 죄의 짐은 더 무거워졌습니다. 그러나 예수님은 아무도 뿌리치지 않으셨습니다. 오히려 예수님은 낫기 원하는 자들로 하여금 예수님의 몸을 만지게 하셨습니다. 그리고 예수님은 십자가에 달리셨을 때 바라보는 자들마다 다 죄가 자신에게 넘어오게 하셨습니다. 오직 눈으로 바라보기만 해도 죄가 예수님께 다 넘어갑니다. 지금 우리는 입으로 소리만 질러도 우리의 병과 죄가 예수님께로 다 넘어갑니다. 우리는 손으로 만질 필요도 없습니다. 우리는 단지 입으로 "주 예수여, 나를 불쌍히 여기소서!"라고 소리를 지르기만 하면 우리의 죄가 예수님께로 다 넘어가는 것입니다.

한센병 환자가 치료된 것은 공짜가 아니었습니다. 예수님은 하늘 영광을 버리고 육신으로 이 세상에 오셔서 이 세상의 죄와 병과 더러운 것을 다 짊어지셨습니다. 예수님은 이 모든 죄를 다 짊어지셨다가 십자가 위에서 청산하신 것입니다.

그리고 예수님은 그의 기도를 그대로 따라 하셨습니다. 즉 이 환자가 "주여 원하시면 저를 깨끗게 하실 수 있나이다"라고 했더니 예수님께서 그 말을 그대로 받아서 "내가 원하노니 깨끗함을 받으라"라고 말씀하셨습니다. 그리고 예수님의 말씀대로 그 사람의 병이 치료되었습니다.

여기의 '내가 원하노니'는 무슨 뜻입니까? '그럼, 내가 얼마나 원한다고. 내가 지금 가장 원하는 것이 바로 네가 깨끗함을 받는 것이야. 나는 네가 이렇게 내 앞에 고침을 받기 위해 나아오기를 기다렸던 거야. 내가 지금 가장 원하는 것이 바로 네가 이 무서운 저주에서 놓임을 받고 하나님 나라의 풍성한 삶을 누리는 것이야'라는 뜻입니다.

지금 주님이 가장 원하시는 것은 우리를 잡아매고 있는 육체의 정욕과 죄의 올무에서 벗어나 하나님을 기쁘시게 하는 삶을 살기를 간구하는 것입니다. 우리가 그런 기도 제목을 가지고 주님 앞에 조심스럽게 기도할 때 주님은 기뻐하시고 가장 먼저 응답해 주십니다.

주님의 말씀은 바로 성취되는 힘을 가지고 있습니다. 우리가 하는 말은 일단 다른 사람에게 전달되어서 그 사람이 이해하고 설득되어 움직여야 비로소 효과가 나타납니다. 이런 의사소통의 경로 중 어느 한 부분에라도 문제가 생기면 효과가 나타나지 않습니다. 예를 들어 상대방에게 전달이 되지 않거나, 전달이 되어도 알아듣지 못하거나, 알아듣는다 하더라도 그 사람이 무시해 버리면 아무 일도 일어나지 않습니다. 이런 경우 요즘 청소년들은 '말을 씹는다'라고 표현합니다. 그러나 예수님의 말씀은 그렇지 않습니다. 예수님의 말씀은 그대로 성취되는 창조의 능력이 있습니다. 말씀하시면 그대로 되게 되어 있습니다. 예수님의 말씀 한 마디로 귀신이 떠나고 병이 낫게 되어 있습니다. 예수님이 말씀하시면 바람과 바다는 잔잔해져야 합니다.

오늘 가장 놀라운 기적은 복음의 언어를 통해서 나타납니다. 우리가 사람에게 주님의 말씀을 전하면 알아듣지 못하던 사람들이 알아듣습니다. 이것이 바로 그 사람 안에 있는 한센병이 치료되고 있는 것입니다. 사람의 내면은 우리가 상상할 수 없을 정도로 병들어 있습니다. 다만 사람들이 그것을 느끼지 못할 뿐입니다. 그러나 우리가 예수를 믿으면 감각이 살아납니다. 우리가 예수를 믿을 때 죄에 대한 수치심이 생겨납니다. 이것이 바로 우리가 치료되고 있는 것이며 살아나고 있는 것입니다.

오늘 사람들에게 가장 무서운 것이 죄에 대하여 아무 감각이 없는 것입니다. 그러나 우리가 예수를 믿으면 울게 되고 기뻐하게 되고 춤추게 되고 노래하게 됩니다. 이것이 우리 안에 놀라운 하나님의 나라가 만들어지고 있는 증거입니다.

3. 제사장에게 몸을 보이라

예수님께서는 한센병 환자를 고치신 후 그에게 두 가지를 명하셨습니다. 그 하나는 다른 사람에게 말하지 말라는 것이고, 다른 하나는 제사장에게 몸을 보이고 모세가 명한 예물을 드리라는 것입니다.

4절, "예수께서 이르시되 삼가 아무에게도 이르지 말고 다만 가서 제사장에게 네 몸을 보이고 모세의 명한 예물을 드려 저희에게 증거하라 하시니라"

우선 예수님께서 다른 사람에게 알리지 말라고 명하신 것은 많은 사람들이 메시아를 정치적인 지도자로 생각하고 있었기 때문입니다. 그래서 예수님이 한센병 환자를 치료하셨다는 소식을 들으면 사람들이 정치적인 동기를 가지고 몰려올 가능성이 많았습니다. 예수님은 그것을 원치 않으셨습니다. 만일 정치적인 지도자를 원하는 사람들이 몰려온다면 이제는 더 이상 죄나 자신의 연약함 때문에 예수님을 찾는 사람들이 예수님께 올 수가 없기 때문입니다. 힘세고 강한 자들이 약한 자들을 다 쫓아버리고 스스로 강한 나라를 만들려고 할 것이기 때문입니다. 예수님의 나라는 정치적인 나라가 아닙니다. 하나님의 나라는 학식이 많은 사람들이 모여서 신학적인 주제를 가지고 토론하는 나라가 아닙니다. 하나님의 나라는 오직 연약하고 죄 많은 사람들이 예수님께 나아와서 죄 용서받는 곳인 것입니다.

그리고 예수님께서 그에게 제사장에게 가서 몸을 보이라고 하신 것은 이 사람으로 하여금 합당하게 사회에 복귀하게 하기 위해서였습니다. 모세의 율법에는 제사장이 한센병 환자를 검사하게 되어 있었습니다. 그래서 한센병이 나았다고 판단되면 제사장은 병이 나은 것을 선포하고 그를 사회에 복귀하게 했습니다.

오늘 많은 그리스도인들은 신앙을 가진 후에 정상적인 사회생활을 할 수 있을까 염려합니다. 왜냐하면 우리는 하나님을 만나는 과정에서 이 세상과 멀어졌기 때문입니다. 그러나 주님은 우리를 다시 이 세상으로 보내십니다. 그런데 주님은 우리를 한센병 환자로 보내시는 것이 아니라 정상적인 생활을 할 수 있게 만들어서 보내십니다.

그러나 우리가 알아야 할 것은 우리에게는 분명히 내세가 있다는 사실입니다. 예수님은 비장애인보다 장애인들이 천국에 가는 것이 더 유리하다고 말씀하셨습니다. 그래서 예수님은 오른 눈이 범죄케 하거든 빼어 버리라고 말씀하시고, 오른손이 범죄케 하면 잘라 버리라고 말씀하셨습니다.

우리는 더 이상 옛날의 우리가 아닙니다. 왜냐하면 이미 내 안에 하나님의 나라가 만들어지고 있기 때문입니다. 우리는 사람이 떡으로만 사는 것이 아니요 하나님의 말씀으로 사는 것을 믿어야 합니다. 이제 세상에서 무엇을 하면서 살 것인지 두려워하지 맙시다. 그러나 우리가 이 세상에 보냄을 받는 것은 하나님의 백성으로 보냄을 받습니다. 이 세상에 있는 것을 탐내지 말고 하나님의 축복을 임하게 하는 성도들이 되시기 바랍니다. 그러면 하나님은 충분히 우리가 먹고살 것을 주실 것입니다.

성경 토의

1. 요즘은 위생 상태가 좋고 의술이 발달하여 한센병 환자가 많이 줄어들었다. 그러나 아직 우리 주위에는 많은 장애인들이 있고 암환자들이 있는데 나 자신이나 우리 사회는 그런 사람들에게 메시아의 능력을 어떤 식으로 전할 수 있는가?

2. 한센병이 치명적인 것은 감각이 없어지고 육체가 썩는 것이다. 그러나 오늘은 포르노나 마약이나 술 등으로 정신을 썩게 하는 것들이 더 무섭게 퍼지고 있다. 특히 최근 우리 사회에는 많은 성추행 사건들이 일어나고 있는데 이렇게 정신이 썩은 사회를 어떻게 치료할 수 있는가?

3. 한센병 환자는 많은 사람들의 멸시와 천대와 비난에도 담대한 믿음을 가지고 예수님께 나아와서 치료를 받았다. 내가 예수님 앞에 나아가서 치료를 받을 병은 어떤 것인가?

4. 예수님은 자신의 능력이 잘못된 방향으로 유대 사회에 알려지는 것을 원치 않으셔서 기적으로 치료받은 자에게 알리지 못하게 하셨다. 오늘 기독교는 우리 사회에 어떤 식으로 오해되고 있으며, 어떻게 하면 이런 잘못된 인식을 바로잡을 수 있는가?

34_백부장의 믿음

마태복음 8:5-13

전체적 설명 예수님 당시에 유대인들이 가지고 있었던 신앙은 대체로 표적 중심의 신앙이라고 볼 수 있다. 즉 유대인들은 하나님의 말씀을 듣는 것은 좋아하지만 말씀의 능력을 믿기보다는 눈앞에 나타나는 기적을 믿으려고 했으며, 특히 하나님의 말씀이 능력이 있다는 것을 믿지 못했다. 그래서 유대인들은 접촉을 아주 중요하게 생각했는데, 즉 접촉을 통해서 부정이 전염되기도 하고 접촉을 통해서 병이 낫기도 한다고 생각했다. 그러나 예수님이 만났던 가버나움의 한 백부장은 예수님이 하나님의 아들이시라면 예수님의 말씀 자체가 능력이 있다는 것을 믿었다. 그래서 이 백부장은 하인이 병들었을 때 예수님께 사람을 보내어서 하인을 고쳐 달라고 간청했는데 예수님이 그의 집에 가서 고쳐 주려고 하자 말씀만 하시라고 하면서 예수님이 자기 집에 오시는 것을 감당치 못하겠다고 고백하였다. 예수님은 온 이스라엘 중에서 이만한 믿음을 만나 본 적이 없다고 칭찬하신다.

5절, "한 백부장이 나아와 간구하여"

설교 프리노트

가버나움은 갈릴리의 항구도시로, 이 백부장은 로마의 백부장이 아니라 갈릴리 지역을 다스리는 분봉왕 헤롯 안티파스가 고용한 백부장일 가능성이 많다. 그리고 본문에는 백부장의 하인이 병들었을 때 백부장이 예수님께 직접 와서 간청한 것으로 되어 있지만 누가복음 7장에는 백부장이 유대 장로들을 대신 보낸 것으로 되어 있다(눅 7:3). 이것은 관점의 차이로 보이는데 유대인들은 대리인을 보낸 것도 본인이 직접 온 것과 똑같이 생각하기 때문인 것 같다. 그러나 누가복음을 쓴 누가는 헬라인이기 때문에 백부장이 직접 온 것이 아니라 장로들을 보낸 것으로 정확하게 기록하고 있다. 그렇다고 해서 마태의 기록이 틀린 것은 아니다. 왜냐하면 이것은 문화적인 차이이기 때문이다.

6절, "주여 내 하인이 중풍병으로 집에 누워 몹시 괴로와하나이다"

중풍은 뇌졸중으로 인해 오는 것인데 아마 이 하인은 뇌졸중의 후유증으로 신체가 마비되어서 고통을 받고 있었던 것 같다. 백부장이 하인이 병든 것을 보고 장로들을 예수님께 보내어 병을 고쳐 달라고 간청한 것을 보면 이 하인은 주인에게 아주 중요한 역할을 했던 것 같다. 이 하인은 의지적으로는 일어서려고 했지만 온몸이 말을 듣지 않았다.

7절, "가라사대 내가 가서 고쳐 주리라"

예수님께서는 놀랍게도 이방인 백부장의 요청을 받고 그 집에 가서 하인의 병을 고쳐 주겠다고 말씀하셨다. 이것은 예수님께서 이방인이기는 하지만 백부장의 믿음을 귀하게 보신 것으로 보인다. 백부장은 예수님에 대한 소문을 듣고 예수님이 하나님의 아들이심을 믿었고, 자기 하인이 병들자 담대히 예수님께 나아와서 병 고침을 요청했다. 이렇듯 우리에게 어려움이 오는 것은 그 어려움을 통해서 더 담대히 하나님께 나아오라는 하나님의 요청인 것이다. 그런데 예수님은 백부장이 아무리 믿음을 가졌다고 하지만 예수님이 직접 그 집에 가지 않고도 말씀만으로 병이 나을 수 있다는 믿음을 가졌다고는 생각지 않으셨던 것 같다. 왜냐하면 대다수의 유대인들은 예수님께서 직접 가셔서 환자를 만져 주셔야 병이 낫는다고 믿고 있었기 때문이다. 그러나 이 이방인 백부장은 유대인들보다 나은 신앙을 가지고 있었다. 그는 예수님께서는 말씀만으로 모든 것을 할 수 있다는 것을 믿은 것이다.

8절, "주여 내 집에 들어오심을 나는 감당치 못하겠사오니"

우리 같으면 예수님이 자기 집에 오신다면 큰 명예로 생각할 것 같은데 백부장은 자기가 죄인이라는 것을 잘 알고 있었기 때문에 예수님이 자기 집에 오시면 지금까지 살면서 지은 죄가 모두 드러나게 될 것인데 그것을 감당할 수 없다고 말씀드렸다. 백부장은 예수님은 모든 것을 다 아시는 하나님의 아들이라는 것을 믿은 것이다.

"다만 말씀으로만 하옵소서"

백부장의 믿음의 놀라운 점이 바로 이것이었다. 백부장은 예수님에 대한 소문을 듣고 예수님이 하나님의 아들이라는 것을 믿게 되었다. 백부장은 예수님이 하나님의 아들이라면 굳이 직접 찾아오지 않고 말씀만 하셔도 이 세상에 있는 모든 것이 다 복종하게 된다는 것을 믿었다. 예수님께서 유대인들에게 기대하셨던 믿음이 바로 이 믿음이었다. 즉 예수님을 하나님의 아들로 믿는다면 예수님은 말씀만으로 모든 것을 하실 수 있다는 것을 믿어야 하는 것이다.

9절, "나도 남의 수하에 있는 사람이요 내 아래도 군사가 있으니"

백부장은 군인의 신분이었기 때문에 예수를 믿는 것도 군인처럼 이해했다. 즉 군대에서는 상사가 명령하면 부하들이 그 명령에 따라 움직이게 되어 있는 것이다. 백부장은 특히 예수님이 하나님의 아들이라면 자기만이 아니라 이 세상 모든 것이 예수님의 말씀에 복종해야 한다고 믿었다.

10절, "이스라엘 중 아무에게서도 이만한 믿음을 만나보지 못하였노라"

여기서 예수님은 '온 유대 땅' 이라고 말씀하시지 않고 '이스라엘 중' 이라고 말씀하셨다. 이것은 단순히 장소적인 개념만이 아니라 영적인 개념을 말하는 것이다. 즉 유대 땅 안에는 이방인들도 있을 수 있기 때문에 예수님은 오직 하나님을 믿는 자들, 즉 순수한 이스라엘 백성을 말씀하시는 것이다. 그런데 유대인들은 예수님의 말씀이 병을 고치거나 기적을 일으키는 창조의 능력이 있다는 것을 믿지 못하고 반드시 예수님이 직접 가셔서 손을 대어 안수하셔야 병이 낫는다고 믿었던 것이다. 그러나 이방인인 이 백부장은 예수님을 하나님의 아들로 믿고 오직 말씀만으로 병이 나을 수 있다는 것을 믿었고, 자신들이 예수님을 오라 가라 할 것이 아니라 예수님의 말씀에 자기가 복종해야 한다는 것을 알았다.

11절, "동서로부터 많은 사람이 이르러"

예수님은 장차 하나님의 나라에 많은 이방인들이 와서 참여할 것을 말씀하셨다. 이들은 모두 예수님의 말씀을 하나님의 말씀으로 믿는 자들이다. 그러나 '나라의 본 자손들' 은 바깥 어두운 데로 쫓겨나 울며 이를 갈면서 있게 된다. 즉 나라의 본 백성들은 예수님의 말씀을 믿지 않아서 구원을 받지 못하여 아브라함이나 이삭이나 야곱 같은 믿음의 조상과 같이 있지 못하는 것이다. 그런데 이들이 슬피 울며 이를 가는 이유는 자신들의 믿음이 이방인들보다 훨씬 낫다고 생각했는데 자신들은 구원받지 못하기 때문이다.

13절, "가라 네 믿은 대로 될찌어다 하시니 그 시로 하인이 나으니라"

예수님께서는 백부장의 믿음을 축복해 주셔서 그의 믿음대로 이루어지게 하셨다. 백부장은 그의 믿음에 응답을 받았기 때문에 앞으로도 그가 예수님의 말씀을 믿으면 응답이 나타나게 된다.

본문 이해를 위한 질문

1. 이방인 백부장은 어떻게 해서 예수님에게 간청하게 되었는가?

이 백부장은 평소에 예수님의 말씀을 듣고 예수님을 하나님의 아들로 믿게 되었는데 하인이 병들자 예수님께 나아갈 기회로 삼았다.

2. 예수님이 백부장에게 가서 고쳐 주겠다고 하셨을 때 백부장은 어떤 반응을 보였는가?

백부장은 예수님을 하나님의 아들로 믿었기 때문에 하나님이 자기 집에 오시는 것을 죄인으로서 감히 감당할 수 없다고 했고 오직 예수님의 말씀만으로 하인의 병이 나을 수 있다고 믿었다.

3. 예수님은 백부장에게 어떤 칭찬을 하셨고, 어떤 결과가 나타났는가?

예수님은 이스라엘 전체에서 백부장만한 믿음을 보지 못했다고 칭찬하시면서 그의 믿음대로 하인의 병을 고쳐 주셨다.

성경 강해

우리는 대개 지성적인 사람 혹은 과학적인 사고를 가진 사람은 신앙을 가지기 어렵다고 생각합니다. 실제로 공학도나 과학을 전공한 사람들은 잘 따지고 확인을 하려고 하기 때문에 신앙을 쉽게 가지지 못하는 경향이 있습니다. 그러나 오히려 그러한 사람들은 단순하기 때문에 한번 믿으면 철저하게 믿습니다.

하나님께서 절대로 하나님을 믿지 않을 것 같았던 우리 한 사람 한 사람을 녹여서 예수 믿게 하는 과정은 정말로 놀랍습니다. 하나님께서는 우리 한 사람 한 사람을 코너로 몰고 가셔서 우리로 하여금 모든 교만과 자존심을 다 내려놓고 결국 하나님의 사랑 앞에 무릎을 꿇게 하십니다.

성경에는 예수님께 믿음이 좋다고 칭찬을 받은 사람들이 나오는데 이들은 대개 여자나 이방인입니다. 반면에 예수님의 제자들은 믿음이 적다고 책망을 듣기도 했고, 심지어 도마는 '더디 믿는 자' 라고 책망을 받기도 했습니다. 그리고 예수님 당시에 하나님을 가장 잘 믿는 것으로 알려졌던 바리새인이나 서기관들은 예수님으로부터 "화 있을찐저 바리새인과 서기관들이여" 하는 저주에 가까운 책망을 받았습니다. 우리가 보기에 신앙이 좋은 사람들이 신학교에 가서 목사가 되는 것 같은데 나중에 보면 목사보다는 오히려 평신도들이 뜨겁게 하나님을 사랑하는 것입니다. 그래서 우리는 어떻게 해서 하나님께 가까이 가면 갈수록 신앙이 식어지고 사랑이 없어지며 오히려 교만하고 위선적인 신앙을 가지게 될까 의아해집니다. 우리가 이 문제를 풀지 못하는 한 우리는 오래 믿으면 믿을수록 지옥에 갈 확률이 높아질 것입니다.

예수께서 가버나움에 가셨을 때 한 이방인 백부장이 예수님께 사람을 보내어서 자기의 하인이 중풍에 걸려서 고통을 받고 있으니까 고쳐 달라고 부탁했습니다. 그래서 예수님께서 이 백부장의 집에 가셔서 그 하인을 고쳐 주려고 하니까 그는 예수님이 집에 오시는 것을 감당치 못하겠으니 오직 말씀으로만 고쳐 달라고 했습니다. 그때 예수님께서는 참으로 놀랍게 여기면서 내가 이스라엘에서 아직까지 이만한 믿음을 보지 못했다고 말씀하셨습니다.

서기관들은 한평생을 성경 연구에 바친 자들입니다. 바리새인들은 조금이라도 더 경건하게 살기 위해서 금식도 하고 십일조도 빠짐없이 바치고 안식일도 철저하게 지켰습니다. 그리고 예수님의 제자들은 가족이나 생업을 다 버리고 예수님을 좇아서 스물네 시간을 예수님과 함께 보냈습니다. 그런데 도대체 이 이방인 백부장이 어떤 신앙을 가졌기에 예수님께서 이스라엘에서 아직까지 이런 믿음을 본 적이 없다고 칭찬하셨을까요? 우리도 기왕 예수를 믿는다면 이렇게 예수님으로부터 인정을 받는 신앙의 사람들이 되어야 할 것입니다. 그러면 도대체 우리가 어떻게 하면 다른 사람들보다 예수님을 더 잘 믿을 수 있을까요?

1. 백부장의 믿음

5-6절, "예수께서 가버나움에 들어가시니 한 백부장이 나아와 간구하여 가로되 주여 내 하인이 중풍병으로 집에 누워 몹시 괴로와하나이다"

가버나움이라는 도시는 예수님에게 제2의 고향과 같은 곳이었습니다. 물론 예수님은 나사렛에서 자라셨지만 가버나움에서도 오래 사셨습니다. 그래서 가버나움 사람들은 예수님에 대하여 잘 알고 있었습니다. 그런데 가버나움 사람들은 예수님을 너무 잘 알아서 그런지 예수님을 잘 믿지 않았습니다. 그래서 예수님은 가버나움 사람들의 불신앙에 대해 매우 안타까워하셨습니다. 그런데 예수님이 가버나움에 들어가셨을 때 한 이방인 백부장이 자기 하인이 병들어서 괴로움을 당하고 있다고 하면서 예수님에게 고쳐 달라며 도움을 청했습니다.

누가복음 7장에도 이와 같은 내용의 기사가 나오는데 거기에 보면 이 백부장이 유대인들을 사랑하여 유대인들을 위해 회당을 지어 줍니다. 그래서 보통 유대인들은 이방인을 미워하고 멸시했지만 이 백부장에게는 칭찬을 많이 했습니다. 마태복음에서와 달리 누가복음에서는 이 사람의 하인이 병들었을 때 그가 직접 예수님에게 온 것으로 되어 있지 않고 유대인 장로들을 보냈다고 되어 있는데 이들이 이 백부장을 칭찬하면서 예수님께 간청했다고 하였습니다.

그런데 가버나움은 헤롯 안티파스의 영역이기 때문에 여기의 백부장은 로마 군대의 백부장은 아닌 것 같고, 아마도 헤롯 안티파스가 임명한 백부장인 것 같습니다. 그러나 당시에는 백부장 정도만 되어도 다른 사람들에게 명령할 수 있었기 때문에 대단한 지위였고, 얼마든지 오만하고 잘난 체할 수 있었습니다. 그러나 이 사람은 예수님에 대한 소문을 듣고 예수님에 대하여 많은 관심을 가지면서 예수님을 만나지는 못했지만 자기 하인의 종을 고칠 수 있는 분은 오직 하나님의 아들밖에 없다는 믿음을 가지게 되었습니다.

요즘 사람들은 한 번도 만나 보지 않은 사람에 대해서도 많은 정보를 얻을 수 있습니다. 한번은 전라도 순천에 가서 어떤 교인을 만났는데 그분은 고난 중에 어떤 분으로부터 제 설교에 대해서 이야기를 듣고 테이프를 듣기 시작했는데 테이프가 늘어질 때까지 10년이 넘도록 반복해서 들었다고 했습니다. 그래서 그분은 저의 설교를 다 외우고 계셨고, 설교에 나오는 예화를 통해서 저의 가족 사항을 다 알고 계셨습니다. 그런데 이분이 이렇게 하는 것은 제가 좋아서가 아닙니다. 그분은 저의 설교를 통해서 하나님의 말씀을 듣기를 원하셨던 것입니다.

이 백부장은 유대인이 아니고 이방인이었습니다. 이 백부장은 이스라엘 사회에서는 아웃사이더였고, 하나님의 축복 밖에 있는 사람이었습니다. 그런데 어느 날 하나님의 율법을 듣게 되었고, 그 율법이 너무 아름답고 고상하여 회당에 나와서 율법을 배웠던 것 같습니다. 당시에 이방인들은 회당에서 칸막이 너머로 율법을 들을 수 있었습니다. 이 사람은 자기 신분이 헤롯의 백부장이어서 할례를 받고 유대인이 될 수는 없었지만 하나님의 율법을 사랑해서 유대인들을 위해서 무엇인가 해 주고 싶어 했고, 자신의 상당한 재산을 털어서 유대인들의 회당을 지어 주었습니다. 그런데 이 사람은 다시 예수님에 대한 소문을 듣게 되었고, 예수님이 가버나움의 회당에서 가르치시는 것을 들었을 것입니다. 왜냐하면 예수님은 종종 가버나움의 회당에서 하나님의 말씀을 가르치셨기 때문입니다. 아마 이때 이 백부장의 마음이 완전히 녹았던 것 같습니다. 아마 이 백부장은 어깨 너머로 예수님이 병자들을 고치시는 것을 보았을 것입니다. 그리고 이 백부장은 예수님이 성경이 말하던 바로 그 메시아 하나님의 아들이라는 믿음을 가졌던 것입니다. 아마 이 백부장은 그 후로 예수님을 따라다니면서 예수님의 가르침을 들을 수는 없었지만 종을 보내든지, 아니면 다른 사람을 시켜서라도 예수님에 대한 이야기들을 다 들었을 것입니다. 즉 이 백부장은 예수님의 팬이 되었던 것입니다.

이것이 백부장이 유대인들과 다른 점이었습니다. 유대인들은 예수님이 가르치시는 것을 직접 듣고 예수님이 병 고치시는 것을 보고서도 예수님을 믿지 않았습니다. 그러나 이 이방인 백부장은 어깨 너머로 율법을 배우고 다른 사람을 통해서 예수님의 가르침과 하신 일을 들었지만 예수님을 하나님의 아들로 믿었습니다.

어떻게 이렇게 반응이 다를 수 있을까요? 우리는 두 가지로 설명할 수 있을 것입니다. 우선 하나는 배가 부른 사람은 아무리 앞에 맛있는 음식이 있어도 먹고 싶지 않다는 것입니다. 사람이 음식을 허겁지겁 먹으려면 배가 고파야 합니다. 그런데 배가 부른 사람은 아무리 맛있는 음식을 보아도 구미가 당기지 않기 때문에 트집을 잡기 시작하는 것입니다. 그리고 또 하나는 인간적으로 가까운 것이 신앙에는 오히려 마이너스가 될 때가 많다는 것입니다. 이방인들은 예수님과 인간적으로 가깝지 않기 때문에 오히려 예수님의 말씀이나 그의 기적만 보고 믿을 수 있지만, 유대인들은 예수님을 잘 알고 있었기 때문에 인간적인 선입견으로 말미암아 예수님을 똑바로 보지 못했습니다. 즉 예수님이 목수 요셉의 아들이며 학교에 다니지 않았다는 등 인간적인 면을 더 많이 생각했기 때문에 예수님의 말씀을 순수하게 받아들이지 못했던 것입니다.

인간적으로 가깝다고 해서 반드시 가까운 사이는 아닐 것입니다. 예를 들어 어떤 분들은 같은 사무실에서 하루종일 함께 일하면서도 말 한 마디 하지 않을 수도 있습니다. 사실 이것은 서로 불신하고 있는 것입니다. 그러나 어떤 사람은 멀리 떨어져 있어도 하루에 몇 번이나 전화 통화를 하기도 하고 이메일도 보내기도 하는 것입니다.

참으로 이상한 것은 우리가 하나님의 사랑을 많이 받을수록 그 사랑에 익숙해져서 버릇이 나빠지는 것입니다. 이것은 가난한 집 아이는 작은 선물을 주어도 감사한 마음으로 받는 반면에 늘 선물을 많이 받는 아이는 아무리 선물을 주어도 감사하지 않고 불평만 하는 것과 같습니다. 우리가 하나님을 믿으면서 조심해야 하는 것 중 하나는 하나님으로부터 무한한 사랑을 받으면 그 사랑에 익숙해져서 감사를 잊어버리고 하나님의 은혜를 당연하게 생각한다는 것입니다. 그래서 많은 사람들이 신앙생활을 오래 하고 직분이 높아질수록 하나님의 은혜를 당연하게 생각하는데 이것이 바로 위선적인 신앙인 것입니다. 하나님께서 이스라엘 백성을 버리신 것은 하나님의 은혜를 당연하게 생각하는 그 뻔뻔스러움 때문이었습니다. 하나님께서 전혀 사랑받을 자격이 없는 우리를 택하셔서 하나님의 백성이 되게 하신 것은 감사하게 하기 위해서입니다. 그렇기 때문에 우리는 하나님을 믿으면서 하나님 앞에서 뻔뻔스러워지지 않고 처음의 감격과 감사를 끝까지 유지해야 하는 것입니다. 그 방법은 오직 하나밖에 없습니다. 그것은 우리 자신을 하나님의 말씀으로 때려잡는 것입니다.

사람도 처음에 연애할 때는 하루라도 만나지 않으면 죽을 것처럼 찾아가고 매일같이 데이트를 하지만 결혼해서 아이를 낳고 지내다 보면 옛날의 감정은 다 없어지고 오히려 같이 있는 시간이 귀찮아지고 혼자서 텔레비전을 보는 시간이 더 행복하다고 말하는 사람도 있는 것입니다.

이 백부장은 다른 사람들보다 성경을 많이 알거나 신학을 많이 공부해서 믿음이 좋은 것이 아니었습니다. 이 사람은 단순하게 예수님에 대한 소문을 듣고 예수님을 하나님의 아들로 믿었습니다. 이 사람은 예수님을 다른 어떤 것보다 좋아했습니다. 그리고 이 사람은 예수님 자체를 좋아했습니다. 그러다가 하인이 병에 걸리니까 예수님께 나아가고자 했던 것입니다. 보통 사람들은 신앙은 신앙이고 어려움은 어려움으로 생각하는데 이 사람은 예수님께 말이라도 한번 걸어 보려고 벼르고 있다가 하인이 병이 들어서 고통을 받으니까 예수님에게 나아가고자 했던 것입니다.

2. 예수님의 반응

7절, "가라사대 내가 가서 고쳐 주리라"

예수님은 이방인 백부장의 부탁을 듣고 그의 집에 가서 고쳐 주겠다고 말씀하셨습니다. 그런데 예수님이 백부장의 집에 가서 고쳐 주겠다고 하신 것은 유대인들이 예수님의 말씀만으로 병이 낫는 것을 믿지 못했기 때문입니다. 유대인들은 반드시 손을 잡고 기도해야 병이 낫는다고 생각했습니다. 그런데 백부장은 예수님이 자기 집으로 오신다는 말을 듣고 극구 사양했습니다.

8-9절, "백부장이 대답하여 가로되 주여 내 집에 들어오심을 나는 감당치 못하겠사오니 다만 말씀으로만 하옵소서 그러면 내 하인이 낫겠삽나이다 나도 남의 수하에 있는 사람이요 내 아래도 군사가 있으니 이더러 가라 하면 가고 저더러 오라 하면 오고 내 종더러 이것을 하라 하면 하나이다"

놀랍게도 백부장은 "내 집에 들어오심을 나는 감당치 못하겠사오니"라고 하며 예수님의 방문을 사양했습니다.

많은 주석가들은 이 부분에 대하여 이 백부장이 유대인이신 예수님이 이방인인 자기 집에 오시는 것이 너무 송구스러워서 거절했다고 설명을 합니다. 그러나 백부장은 예수님이 유대인이라서 부담스러워한 것이 아니었습니다. 백부장은 하나님의 아들이신 예수님에게 오라 가라 명령할 수 없었던 것입니다.

'다만 말씀으로만 하옵소서 그러면 내 하인이 낫겠삽나이다 나도 남의 수하에 있는 사람이요 내 아래도 군사가 있으니 이더러 가라 하면 가고 저더러 오라 하면 오고 내 종더러 이것을 하라 하면 하나이다.'

이 백부장은 예수님의 말씀의 능력을 믿었습니다. 백부장은 예수님이 지금까지 하신 것을 보면 틀림없는 하나님의 아들인데 하나님의 아들은 말씀만 하면 되지 굳이 죄인의 집에 오실 필요가 없다는 것입니다.

그리고 이 사람은 예수님을 군대식으로 믿었습니다. 즉 군대에서는 상관의 지시대로만 움직입니다. 상관은 오직 말로 지시를 하고 부하는 상관의 말에 복종하여 움직입니다. 군대에서 상관의 말은 실체입니다. 총알이 비오듯이 쏟아지는데도 상관이 진격하라고 하면 해야 합니다. 그리고 아무리 전세가 유리해도 상관이 후퇴하라고 하면 해야 합니다. 군대에서는 상관이 부하를 움직여야지 부하가 상관을 움직여서는 안 되는 것입니다.

이 백부장은 예수님을 자신의 상관으로 모시고 있었습니다. 물론 이 사람은 헤롯 안티파스의 백부장이었습니다. 그러나 마음으로는 예수님을 주인으로 섬기고 있었습니다. 그러므로 백부장은 자기가 감히 예수님을 오라 가라 할 수 없었고, 예수님이 말씀하시면 어떤 일이든지 할 각오가 되어 있었습니다. 예수님이 병자를 데리고 오라고 하면 들고 뛸 생각이었습니다. 예수님이 그냥 그대로 두라고 하면 그대로 두면 되는 것입니다.

이 백부장은 장로들을 대신 예수님께 보내 놓고 집에서 대기하고 있었습니다. 그는 주님이 무엇을 시키든지 할 준비가 되어 있었습니다. 백부장은 예수님의 말씀 한 마디면 충분하다고 생각했습니다.

그래서 백부장은 예수님의 이 말씀을 듣고 참으로 기이하게 생각했습니다.

10절, "예수께서 들으시고 기이히 여겨 좇는 자들에게 이르시되 내가 진실로 너희에게 이르노니 이스라엘 중 아무에게서도 이만한 믿음을 만나보지 못하였노라"

예수님께서 보신 이스라엘 사람들의 신앙이 어떤 신앙입니까? 유대인들은 예수님이 말씀을 전하고 병자를 고치는 것을 당연하게 생각했고, 오히려 엉뚱한 것을 가지고 시비를 걸었습니다. 유대인들은 예수님의 말씀의 능력을 전혀 믿지 않았기 때문에 아무리 멀어도 예수님이 직접 가셔야 했습니다. 그러나 이 이방인 백부장은 예수님을 절대적으로 신뢰했습니다.

오늘 예수님께서 우리에게 질문하시는 것이 바로 이것입니다. 얼마나 육체적으로 예수님께 가까우냐가 아니라 얼마나 정신적으로 예수님과 가까우냐 하는 것입니다. 우리가 얼마나 순수하게 예수님을 사랑하며 예수님의 그 은혜에 감격하고 있느냐는 것입니다. 많은 사람들은 예수를 믿으면서 예수님이 자신의 생각을 인정해 주기를 바랍니다. 우리가 하나님 앞에서 인정받을 것이 무엇이 있습니까? 우리는 하나님 앞에서 오직 죄인일 뿐입니다. 참으로 안타까운 것은 오래 믿을수록 우리의 마음은 딱딱해지고 뻔뻔스러워지며 하나님의 은혜 외에 요구하는 것이 점점 많아진다는 사실입니다. 우리는 이런 위험에 빠지지 않기 위해서 몸부림쳐야 합니다.

3. 예수님의 선언

10절, "예수께서 들으시고 기이히 여겨 좇는 자들에게 이르시되 내가 진실로 너희에게 이르노니 이스라엘 중 아무에게서도 이만한 믿음을 만나보지 못하였노라"

예수님은 백부장의 말을 듣고 기이히 여기셨습니다. 즉 놀랍게 여기셨다는 것입니다. 우리는 이미 오래전에 멸종했다고 생각한 식물이나 곤충을 발견하면 굉장히 놀랍게 여길 것입니다. 즉 도대체 어떻게 이런 식물이나 곤충이 아직까지 살아 있는지 놀라움을 금하지 못할 것입니다. 우리는 대개 멸종 위기에 있는 생명체를 천연기념물로 지정합니다. 그런데 바로 이 백부장의 신앙이 천연기념물이었습니다.

예수님께서 이 백부장의 믿음이 모든 이스라엘 사람들의 믿음보다 더 크다고 선언하신 이유가 무엇입니까? 그는 예수님을 직접 만난 적이 없지만 어느 누구보다도 예수님을 더 잘 알고 있었기 때문입니다. 그리고 이 백부장은 예수님의 말씀의 능력 자체를 믿었습니다. 예수님이 하나님의 아들이라면 말씀만 하면 되는 것이지 다른 것은 아무것도 필요가 없다는 것입니다. 우리는 교회에서 너무 많은 것을 찾고 있습니다. 너무 많은 운동과 너무 많은 활동을 기대하는데 그것은 이 말씀의 능력을 믿지 못해서 그런 것입니다. 예수님이 하나님의 아들이라면 말씀만 하면 되는 것이고, 우리는 그 말씀을 듣고 나아가기만 하면 되는 것입니다.

백부장은 이 세상의 모든 좋은 것이나 나쁜 것이 예수님의 수하에 있다는 것을 알았습니다. 그는 예수님이 오셔서 하인의 몸에 손을 대실 필요가 없다는 것을 알았습니다. 그래서 그는 예수님께 당당히 말씀드렸습니다. "예수님, 당신은 이 세상 모든 것을 수하에 넣고 계신 분입니다. 굳이 저의 집에 오실 필요가 없지 않으십니까? 오직 말씀만 하십시오."

우리는 예수님에 대하여 어떻게 알고 있습니까? 이 세상의 어떤 고난도 그분의 손안에 있다는 것을 믿습니까? 이 세상의 어떤 권력자도 그분의 말씀 한 마디에 흥망이 결정된다는 것을 믿습니까? 예수님은 우리가 하나님을 오래 알았고 오래 믿었다고 해서 천국에 가까운 것이 아니라고 말씀하셨습니다. 유대인들은 육체적으로 예수님과 아주 가까운 거리에 있었습니다. 그러나 그들은 예수님을 믿지 않았습니다.

그래서 예수님은 더 무서운 말씀을 하셨습니다.

11-12절, "또 너희에게 이르노니 동서로부터 많은 사람이 이르러 아브라함과 이삭과 야곱과 함께 천국에 앉으려니와 나라의 본 자손들은 바깥 어두운 데 쫓겨나 거기서 울며 이를 갊이 있으리라"

예수님은 이제 천국이 세상 모든 사람들에게 개방될 것이라고 말씀하셨습니다. 그래서 동서로부터 온 많은 이방인들이 예수님을 보지도 못하고 만지지도 못했지만 예수님의 말씀을 믿고 구원을 받게 됩니다. 그들은 예수님이 하나님의 아들이시며 이 세상의 모든 질병과 고통과 어려움을 다 수하에 쥐고 계신다는 것을 믿습니다. 결국 하나님의 나라는 예수님의 말씀을 믿는 사람들이 차지하게 되는 것입니다. 예수님으로부터 먼 곳에 있지만 그를 전심으로 사랑한 사람들, 전심으로 그를 신뢰한 사람들이 차지하게 되어 있는 것입니다. 본문에 보면 '천국에 앉는다' 고 말씀하고 있습니다. 여기서 '앉는다' 는 것은 '비스듬히 눕는 것' 을 말하는데 유대인들은 식사를 할 때에 비스듬히 누워서 식사를 했던 것입니다.

반면에 육체적으로는 예수님과 가깝지만 예수님을 사랑하지 않고 신뢰하지도 않았던 이스라엘 백성은 어두운 데로 쫓겨나서 울며 이를 갈 것입니다. 왜 그들은 쫓겨나서 울면서 이를 갈고 있을까요? 그들은 모두 천국에 들어갈 것을 확신했는데 쫓겨났기 때문입니다. 자기보다 늦게 믿은 사람들은 천국에 들어가는데 똑똑하고 믿음이 좋은 자기들은 못 들어가니까 믿어지지 않는 것입니다. 그러나 하나님은 스스로 똑똑하고 믿음이 좋다고 생각하는 자를 보지 않으십니다. 예수님은 얼마나 예수님을 사랑하며 얼마나 하나님의 구원에 감격하는지를 보시는 것입니다. 우리에게는 하나님의 말씀만 있으면 충분한 것입니다. 무엇이 아쉬워서 교회 안에서 사람들에게 인정을 받으려고 합니까? 그리고 무슨 자격으로 다른 사람들이 잘 믿는다 못 믿는다 간섭합니까? 지금 우리는 마치 간이 좋지 못한 사람이 간경화에 걸리듯 신앙이 경화되어 가고 있는 것입니다.

예수님께서 최종적으로 백부장에게 뭐라고 말씀하셨습니까?

13절, "예수께서 백부장에게 이르시되 가라 네 믿은 대로 될찌어다 하시니 그 시로 하인이 나으니라"

예수님은 '네 믿음대로 되라' 고 하셨습니다. 이것은 하인의 병이 낫는 것 뿐만이 아니라 앞으로 다른 일들도 모두 그의 큰 믿음의 분량대로 될 것이라는 응답입니다. 하나님 나라에서 부요한 자는 믿음이 큰 사람입니다. 왜냐하면 그의 믿음대로 되기 때문입니다. 그런데 어떻게 큰 믿음을 가질 수 있습니까? 예수님에게 모든 것을 다 맡기는 것입니다. 우리가 예수님에게 모든 것을 맡기면 예수님도 우리에게 모든 것을 맡겨 주십니다. 우리가 예수님에게 모든 것을 맡기려면 내 것이 없어야 합니다. 내 자존심, 내 생각, 내 신념, 내 재산, 내 자랑, 내 경력, 내 사회적인 지위가 없어야 합니다. 우리는 모르는 사람에게는 아무것도 맡기지 않습니다. 우리는 믿을 만한 사람에게 맡깁니다. 백부장은 예수님을 바로 알았습니다. 그래서 백부장은 자신의 모든 것과 하인의 모든 것을 예수님께 다 맡길 수 있었습니다. 그는 큰 믿음을 가졌던 것입니다.

우리 중에는 시시한 것은 예수님에게 맡기고 정말 중요한 것은 절대로 맡기지 않고 불끈 쥐고 있는 사람이 있습니다. 그리고 그것을 자기 뜻대로 하고야 맙니다. 그 사람은 믿음이 없는 사람입니다. 예수님이 우리의 주인이시라면 우리는 당장 종의 자리로 내려앉아야 합니다. 우리는 결코 주인이 아닌 것입니다. 오늘 우리는 크고 작은 어려운 문제가 발생하는 것을 기뻐하시기 바랍니다. 왜냐하면 이런 것들 때문에 기도할 수 있고 예수님을 가까이할 수 있기 때문입니다. 신앙은 적극적인 것입니다. 우리는 오늘 우리에게 일어나는 모든 일들을 가지고 예수님 앞으로 직행해야 합니다. 우리는 예수님의 말씀이면 충분하다는 것을 알아야 합니다. 왜냐하면 모든 것은 예수님의 말씀대로 될 것이기 때문입니다. 우리는 모두 예수님 앞에서 큰 믿음으로 인정받으시기를 바랍니다.

성경 토의

1. 백부장은 자기에게 중요한 하인이 큰 병에 걸렸을 때를 예수님에게 나아갈 기회로 삼았다. 나는 어떤 어려운 일에 부딪혔을 때 그것을 신앙의 기회로 삼았는가?

2. 백부장은 예수님이 자기 집에 오시는 것을 감당하지 못하겠다고 했는데 오늘 예수님이 내 집에 오시면 나는 당당하게 예수님을 맞이할 수 있는가? 혹 예수님이 우리 교회에 오시면 부끄러움을 당할 상태에 있지는 않은가?

3. 예수님은 백부장에게 "네 하인의 병이 나을 것이라"라고 하지 않고 "네 믿은 대로 될지어다"라고 하셨는데 이것은 어떤 차이가 있는가?

4. 예수님은 백부장의 믿음을 보시고 온 이스라엘에서 이만한 믿음을 본 적이 없다고 하셨는데 백부장의 믿음이 다른 유대인들보다 나은 것은 어떤 점이라고 생각하는가?

35_메시아의 능력

마태복음 8:14-27

전체적 설명

예수님은 갈릴리 지역에서 활동하시면서 큰 능력을 행하심으로 자신이 선지자들이 예언했던 메시아인 것을 보여 주셨다. 예수님은 베드로의 병든 장모를 고쳐 주셨고, 귀신 들린 자에게서 귀신을 쫓아내셨다. 그리고 예수님은 갈릴리 호수에서 바람과 바다를 잔잔케 하심으로 단순한 메시아가 아니라 창조자이신 것을 보여 주신다.

설교 프리노트

14절, "예수께서 베드로의 집에 들어가사"

예수님께서 베드로의 집에 들어가신 것은 예수님께서 제자들의 가족에게도 관심을 가지고 계신 것을 보여 준다. 대개 제자들은 예수님을 좇을 때 가족이나 직업을 버리고 예수님을 따랐기 때문에 가족들은 궁핍하기 쉬웠다. 그러나 예수님은 베드로의 집에 가셔서 그의 병든 장모를 고쳐 주심으로 제자들의 가족도 사랑하시는 것을 보여 주셨다. 때로는 목회자의 가족이나 선교사들의 자녀가 하나님의 일 때문에 희생될 때가 많은데 하나님은 그들을 사랑하시며 그들의 병을 특별히 치료해 주신다는 것을 믿을 필요가 있다.

"그의 장모가 열병으로 앓아 누운 것을 보시고"

예수님께서 베드로의 집에 가신 것은 식사를 하거나 혹은 어떤 일에 대하여 의논을 하기 위해서 가셨을 것이다. 그런데 함께 간 사람들이 예수님께 베드로의 장모가 열병으로 고통을 받고 있다고 말씀드렸다(막 1:30). 베드로의 장모가 앓았던 병은 열이 갑자기 오르면서 혼수상태에 빠지는 위급한 병이었던 것 같다. 예수님께서는 베드로의 장모라고 해서 무시하지 아니하고 장모의 침상에 가까이 가셨다.

15절, "그의 손을 만지시니 열병이 떠나가고"

예수님께서 열병에 걸린 여인을 고치기 위하여 하신 일은 그녀의 손을 잡은 것이었다. 예수님의 손은 아픈 여인의 열을 가져가는 능력이 있어서 그녀의 열병이 고쳐졌고, 열이 떨어지자마자 여인은 바로 일어나서 예수님 일행의 수종을 들었다. 이것을 보면 예수님께서 베드로의 집에 들어가셨던 것은 아마 식사 시간이 되었기 때문인 것 같다. 베드로는 자기 장모가 열병으로 누워 있음에도 예수님을 집으로 모셨고, 장모는 열병을 치료받고 즉시 건강하게 되었다. 그들은 이것을 통해서 예수님을 섬기는 것은 결코 손해가 아니라 오히려 엄청난 축복인 것을 알게 되었을 것이다.

16절, "저물매 사람들이 귀신 들린 자를 많이 데리고 예수께 오거늘"

사람들이 해가 지자마자 귀신 들린 자들을 예수님께 데리고 온 것은 유대인들의 안식일은 해가 지면서 끝나기 때문이다. 즉 유대인들은 안식일에는 일을 할 수 없었기 때문에 병 고침을 받지 못하다가 해가 지자마자 병자들을 예수님에게 데리고 왔다. 여기서 '귀신 들렸다' 는 것은 귀신이 들려서 정신이상 증세를 보이는 것을 말한다. 옛날에 우리나라에도 복음이 들어오지 못한 곳에는 귀신이 들려서 미친 사람들이 있었다. 예수님께서는 귀신 들린 사람들에게서 즉시 귀신을 쫓아내시고 그들의 정신병을 고쳐 주셨다. 한때 우리나라에 모든 병은 귀신이 들어와서 생기는 것이고 귀신은 죽은 자의 혼이며 귀신을 쫓아내면 모든 병이 낫는다고 가르치는 목회자가 있었는데 그것은 잘못된 귀신론이다. 귀신은 죽은 자의 혼이 아니라 마귀를 따라 타락한 악령들이다.

17절, "이는 선지자 이사야로 하신 말씀에 우리 연약한 것을 친히 담당하시고"

예수님께서 병든 자들의 병을 고치고 귀신 들린 자에게서 귀신을 쫓아내신 것은 우리 인간을 만드신 창조자로서 우리를 치료하신 것이지만, 예수님은 이들의 병을 그냥 고치신 것이 아니라 자신이 친히 가지고 가셨다. 즉 병든 사람들은 예수님을 만나서 병 고침을 받아서 기쁘고 좋았지만 예수님은 그 모든 짐을 짊어지고 갈보리 언덕에 가셔서 십자가 위에서 모든 책임을 지셨다. 그래서 우리는 죄의 짐이나 질병으로부터 완전히 자유로워지게 된다.

19절, "한 서기관이 나아와 예수께 말씀하되"

서기관 중에서 예수님을 따르는 제자가 되겠다고 나아온 사람이 생겼다는 것은 대단한 일이다. 당시 서기관은 유대인 사회에서 지도적인 위치에 있었는데, 주로 율법을 기록하거나 사람들에게 가르쳤다. 이 서기관은 예수님을 '선생님', 즉 '랍비'라고 부르면서 예수님이 어디로 가든지 좇을 것이라고 자신의 결심을 말했다. 그러나 예수님은 이 서기관을 제자로 받지 아니하시고 오히려 '여우도 굴이 있고 공중의 새도 거처가 있으되 오직 인자는 머리 둘 곳이 없다'고 대답하셨다. 즉 예수님의 제자가 되는 것은 예수님이 정하는 것이지 본인이 원한다고 해서 될 수 있는 것이 아니라는 것이다. 이 서기관의 각오는 대단했지만 그는 예수님의 제자가 되지 못했다. 그리고 예수님의 제자 중에 서기관은 한 명도 없었다. 그 이유는 대대로 서기관들은 율법에 대하여 잘못된 인식을 가지고 있어서 예수님은 이 사람이 결국 끝까지 주님을 따르지 못할 것을 알고 계셨던 것이다.

20절, "여우도 굴이 있고 공중의 새도 거처가 있으되"

예수님께서는 어디로 가시든지 예수님을 좇겠다는 서기관에게 여우와 새를 비유해서 말씀하셨다. 즉 야생동물인 여우도 굴이 있어서 굴을 중심으로 활동을 하고, 공중에 날아다니는 새도 둥지가 있어서 둥지를 중심으로 생활을 하지만, 예수님은 지금도 그렇지만 앞으로도 어떤 집이나 건물을 중심으로 일하지 않을 것을 말씀하신 것이다. 이것이 이 서기관의 생각과 달랐던 모양이다. 아마 이 서기관은 예수님이 빨리 집을 장만하고 그 집을 중심으로 제자들을 가르치셔야 한다고 생각한 것 같다.

21절, "주여 나로 먼저 가서 내 부친을 장사하게 허락하옵소서"

동서고금을 막론하고 자녀가 부모의 장례를 치르는 것은 인륜지대사이다. 그런데 예수님은 제자 중 한 사람이 부친을 장사하고 오게 해 달라는 말을 허락지 아니하셨다. 이 제자의 부친은 병중에 있었는지, 아니면 임종 때가 되었는지, 아니면 자기 아들이 예수님을 따르는 것을 싫어해서 자기가 죽고 난 후에 예수를 따르든지 말든지 하라고 했는지 알 수 없다. 아마 이 제자의 아버지는 건강하지는 않았지만 그렇다고 해서 당장 죽을 형편은 아니었는지도 모른다. 그러나 예수님은 부친을 장사하는 것보다 주님을 따르면서 다른 영혼을 살리는 것을 더 중요하게 생각하셨다.

22절, "죽은 자들로 저희 죽은 자를 장사하게 하고"

여기서 예수님은 정말 무서운 말씀을 하셨다. 여기서 앞의 '죽은 자'는 육신적으로 죽은 자를 말하고, 뒤의 '죽은 자'는 영적으로 죽은 자를 말한다. 즉 육신적인 장례나 인간적인 도리는 다른 사람들에게 맡기고 예수님의 제자는 영혼을 살리는 일에만 전념해야 한다는 것이다.

24절, "바다에 큰 놀이 일어나"

여기서 '놀'은 지진을 의미한다. 지진이 일어나면 땅이 상하좌우로 흔들리는데 갈릴리 호수에 바로 이런 현상이 일어났다. 갈릴리 호수는 수면이 지면보다 낮기 때문에 가끔 호수가 물 끓듯이 요동을 치는 현상이 일어난다고 한다.

"물결이 배에 덮이게 되었으되 예수는 주무시는지라"

예수님의 인성을 보여 주는 중요한 말씀이다. 예수님은 많은 사람들의 병을 고치고 말씀을 전하다가 피곤하셔서 배 위에서 주무셨던 것 같다.

즉 예수님은 그냥 주무신 것이 아니라 배가 아무리 흔들려도 모를 정도로 정신없이 주무셨던 것이다. 이것을 보고 제자들은 예수님을 자기들과 같은 사람으로 생각했을 것이다.

25절, "그 제자들이 나아와 깨우며 가로되 주여 구원하소서"

마가복음에는 배에 물이 들어와서 배에 물이 가득하게 되었다고 하였다(막 4:37). 제자들은 어부였기 때문에 처음에는 예수님의 도움을 받을 생각을 하지 않고 자기들의 힘으로 배를 몰아서 육지로 나가려고 했을 것이다. 그러나 파도가 너무 심하고 물이 배 안에 가득하게 되니까 어쩔 수 없어서 주무시는 예수님을 깨운 것 같다. 즉 이제 배가 물에 빠지면 예수님도 어쩔 수 없이 빠지게 되니까 아마 책망하는 투로 예수님께 말씀을 드린 것 같다. 즉 지금 사람들이 모두 호수에 빠져서 죽게 되었는데 이렇게 정신없이 잠만 자면 어떻게 하느냐는 것이다.

26절, "어찌하여 무서워하느냐 믿음이 적은 자들아"

예수님은 바다의 높은 물결에 당황해서 예수님을 깨우는 제자들을 먼저 책망하셨다. 예수님께서 제자들을 책망하신 것은 두 가지인데 하나는 '왜 무서워하느냐?' 는 것이고, 다른 하나는 그들의 '믿음이 적은 것' 이었다. 우선 사람은 누구나 죽음의 위기에 닥치면 두려워하게 되어 있다. 그런데 예수님께서 제자들을 책망하신 것은 아마도 그들이 예수님은 도움이 되지 않는다고 생각했기 때문인 것 같다. 제자들은 정신없이 주무시는 이 약한 예수님이 무서운 풍랑에서 그들을 살리실 수 있다고 생각하지 못하고 두려워하였던 것이다. 제자들은 예수님이 하나님의 아들이라는 믿음은 있었지만 이 풍랑의 위기에서 능히 그들을 살릴 수 있으리라고는 생각지 못했다. 우리는 한 가지를 믿으면 다른 것에도 그 믿음을 적용할 수 있어야 한다.

"바람과 바다를 꾸짖으신대"

예수님은 하나님께 기도해서 바람과 바다를 잔잔케 하신 것이 아니라 바람과 바다에 대하여 직접 말씀하셨고, 바람과 바다는 예수님의 말씀에 순종해서 즉시 잔잔하게 되었다. 이것은 예수님이 이 세상을 만드신 창조주인 것을 보여 준다. '아주 잔잔하게 되거늘' 이라고 한 것은 완전히 잔잔해진 것을 말한다. 즉 지금까지 이런 소동이 없었던 것처럼 순식간에 호수 전체가 잔잔해진 것이다.

본문 이해를 위한 질문

1. 예수님은 베드로의 집에 가서 무엇을 하셨는가?

예수님은 베드로의 장모가 열병으로 자리에 누워 있는 것을 보시고 고쳐 주셨다. 이것은 예수님이 우리 모든 인간의 연약한 것을 자신이 짊어지시는 것을 말한다.

2. 예수님을 따르는 제자들이 예수님에게 여러 가지 조건을 이야기했을 때 예수님은 무슨 말씀을 하셨는가?

여우도 굴이 있고 새도 둥지가 있지만 예수님은 머리 둘 곳이 없으며, 죽은 자로 죽은 자를 장사하게 하고 너는 나를 좇으라고 하셨다.

3. 갈릴리 호수가 미쳐서 예수님과 제자들이 탄 배를 삼키려 했을 때 예수님은 어떻게 하셨는가?

예수님은 제자들의 적은 믿음을 책망하시고 바람과 바다를 꾸짖으셔서 잔잔하게 하셨다.

성경 강해

얼마 전에 이스라엘 정부는 팔레스타인에 억류되어 있는 자국 병사 한 명을 데려오기 위하여 팔레스타인 포로 1,027명을 석방하겠다고 발표했습니다. 길라드 샬리트는 보초 근무 중에 팔레스타인 무장세력에게 납치되었는데 무려 5년 동안 구금되어 있었는데 이스라엘 정부는 길라드 샬리트 단 한 사람을 데려오기 위해서 팔레스타인의 천 명이 넘는 포로들을 아무 조건 없이 풀어 주기로 한 것입니다. 즉 이스라엘 정부는 자기 나라 병사 한 사람이 팔레스타인 사람 천 명보다 더 가치가 있다고 생각한 것입니다. 아마 이런 나라에서 군인으로 근무하는 사람들은 대단한 자부심을 가지고 있을 것입니다. 그러나 최근에는 그동안 전혀 시위를 하지 않던 예루살렘 사람들이 높은 집세와 물가로 인해 시위를 벌였다고 합니다.

사실 최근 세계의 여러 나라가 자국민들을 잘살게 해 주는 데 실패하고 있습니다. 심지어 미국에서도 많은 젊은이들이 99퍼센트의 국민들은 못사는 데 비해 1퍼센트의 부자들만 잘산다고 해서 시위를 하고 있는 형편입니다. 아마 어느 나라에서든 국민들을 모두 잘살게 해 줄 수 있는 정치 지도자가 나타난다면 모든 국민이 절대적으로 그를 지지할 것입니다.

그런데 하나님께서는 구약 선지자들을 통해서 장차 하나님의 기름 부음을 받은 메시아가 오시는데 그가 그 백성들의 모든 연약함을 책임져 주시고 그들을 포로 상태에서 해방시켜 줄 것이라고 약속하셨습니다. 그러나 하나님께서 선지자들을 통해서 약속하신 메시아는 오랜 세월 동안 오시지 않았습니다. 이스라엘 백성은 전 세계에 노예로 팔려 흩어졌고, 팔레스타인에 있는 유대인들도 여전히 질병과 귀신 들림과 억압으로 고통을 받고 있었습니다. 그때 갈릴리 목수 출신의 한 선지자의 발 앞에 무서운 질병과 귀신들이 굴복하기 시작한 것입니다. 사람들은 자연스럽게 이 갈릴리 목수 출신의 한 선지자를 주목하게 되었습니다. 본문 말씀을 보면 예수님의 치료가 점점 강도를 더해 갑니다. 예수님은 먼저 예수님의 제자의 가족을 치료하셨습니다. 그리고 많은 병자들과 귀신 들린 자들을 고치셨고, 미친 듯이 날뛰는 바람과 바다를 잔잔케 하셨습니다.

그런데 구약성경을 보면 엘리야나 엘리사 같은 선지자도 사람들의 병을 고치고, 심지어는 죽은 자를 살리기도 했습니다. 그러나 어떤 선지자도 말이 통하지 않는 자연 현상인 바람과 파도를 잔잔케 한 적은 없었습니다. 예수님께서 바람과 파도를 잔잔케 하신 것은 그가 이 세상을 만드신 창조자이신 것을 보여 주는 것입니다. 예수님께서 이 세상에 오신 것은 사탄의 세력에 매여 있는 우리를 건져 주시기 위해서라고 말씀하셨습니다. 예수님은 죄인 한 명을 건져 내기 위해서 다른 죄수 천 명을 석방하신 것이 아니라 이 세상 모든 인간들과 천사들의 생명을 합쳐도 비교되지 않는 하나님의 아들의 목숨을 주시고 우리를 건지신 것입니다. 이것이 바로 우리의 가치입니다. 우리가 예수 믿기 전에는 죄의 종이고 마귀의 종이었지만, 예수님을 믿음으로 하나님의 아들과 그 목숨을 바꾼 자들이 되었습니다.

1. 베드로의 장모를 고치심

예수님께서는 산상설교를 마치신 후에 한센병 환자를 치료하시고 백부장의 하인의 병을 치료하셨습니다. 여기서 우리는 한센병 환자의 믿음을 보게 되는데 그는 예수님의 말씀을 자신에게 적용해서 복을 받았습니다. 즉 구약의 선지자는 메시아가 오시면 소경의 눈을 뜨게 하며 귀머거리가 듣게 하고 앉은뱅이가 일어서며 빚으로 팔려간 자를 돌아오게 하신다고 했는데 거기에는 한센병 환자가 치료되고 한센병 때문에 쫓겨난 자를 돌아오게 한다는 말이 없었습니다. 그러나 이 사람은 자기도 이 경우에 해당할 수 있다고 믿고 예수님의 뜻을 물었습니다. 그랬더니 예수님께서 즉시 "내가 원하노니 깨끗함을 받으라"라고 하셨고, 이 사람의 병이 나았습니다. 이 사람은 하나님의 백성이 되었습니다. 아마 이 사람이 병이 낫고 난 후에 세상에서 돈을 벌려고 했으면 예수님이 "내가 원하노니"라고 말씀하지 않았을지도 모릅니다. 그러나 하나님의 말씀을 믿고 예수님께 나아오는 자를 예수님은 무조건 허락하시는 것입니다.

그리고 이방인 백부장은 오직 예수님의 말씀으로 예수님이 하나님의 아들이신 것을 믿고 말씀의 능력을 믿었습니다. 즉 하나님의 아들이면 말씀 한 마디면 되지 다른 것은 필요 없다는 것입니다. 그래서 예수님은 이 백부장이 이스라엘 중에서 가장 큰 믿음을 가졌다고 하시면서 네 믿은 대로 이루어질 것이라고 축복하셨습니다. 우리에게는 하나님의 말씀만 있으면 되지 다른 것들은 필요하지 않은 것입니다.

그리고 예수님이 베드로의 집에 들어가셨을 때 베드로의 장모가 열병으로 죽어 가고 있었습니다.

14절, "예수께서 베드로의 집에 들어가사 그의 장모가 열병으로 앓아 누운 것을 보시고"

예수님은 본격적으로 메시아 사역을 시작하고 계셨습니다. 우리가 예수님이라면 가능한 한 많은 사람들에게 능력을 보여서 많은 사람들로 하여금 예수님을 믿게 할 것 같습니다. 그리고 베드로의 집에서도 제자들을 모아 놓고 앞으로 복음은 어떻게 전하며, 복음을 전하는 데 전략적인 지점은 어디이고, 어떤 사람을 만나야 하는지를 의논하느라고 병들어 누워 있는 사람은 신경을 쓰지 않을 것입니다. 그러나 예수님은 제자들의 가족의 어려움을 외면치 아니하셨습니다.

예수님께서는 제자들에게 "아비나 어미를 나보다 더 사랑하는 자는 내게 합당치 아니하고 아들이나 딸을 나보다 더 사랑하는 자도 내게 합당치 아니하고"(마 10:37)라고 말씀하셨습니다. 그래서 우리는 주님의 일을 하려면 가족을 다 버리고 무조건 주님만 따라가야 한다고 생각하기 쉽습니다. 그러나 예수님께서는 베드로의 장모의 병을 외면하지 아니하시고 그를 낫게 해 주셨습니다. 이것은 예수님께서 우리 믿는 자뿐만 아니라 우리의 가족들도 상당히 중요하게 생각하신다는 것을 보여 줍니다. 즉 우리가 예수 믿는다는 것은 가족의 어려움을 외면하고 오직 신앙에 미쳐서 날뛰는 것이 아닌 것입니다. 단지 예수님께서는 우리가 가족에 매여서 아무것도 못하는 것을 원치 아니하는 것이지 예수님은 우리 성도 한 사람 한 사람의 건강과 가족의 건강까지 지켜 주시는 것입니다.

우리는 보통 처음에 복음에 대하여 열정을 가지면 아내나 자식을 다 내팽개치고 오직 교회 일이나 선교 일만 해야 한다고 생각하기 쉬운데 결코 그렇지 않습니다. 예수님은 주님의 일을 하는 목회자나 선교사뿐만 아니라 그 아내나 가족들의 건강까지 지켜 주시는 것입니다. 그래서 우리는 가족들의 병이 낫도록 하나님께 기도해야 합니다.

예수님은 그녀의 손을 만지셔서 그 병에서 일어나게 하셨습니다.

15절, "그의 손을 만지시니 열병이 떠나가고 여인이 일어나서 예수께 수종들더라"

아마 베드로의 장모는 쇠약했던 것 같고, 열이 너무 심해서 죽을 수도 있었던 것 같습니다. 그런데 예수님께서 베드로의 장모의 손을 만졌을 뿐인데 열이 떠났을 뿐 아니라 그 자리에서 일어나서 다른 사람을 섬길 수 있게 되었습니다. 이 사람은 조금 전까지만 해도 계속 신음 소리를 내면서 헛소리까지 했을 텐데 금방 그 자리에서 일어나 회복 기간도 없이 바로 예수님 일행을 대접했다고 하였습니다. 어떤 사람은 열병을 앓을 때에 열이 좀 떨어지면 다 나았다고 생각하여 움직이려고 하다가 다시 열이 나서 자리에 눕는 경우가 많습니다. 그런데 베드로의 장모는 완전히 열을 이겼을 뿐 아니라 새로운 힘까지 얻은 것 같습니다. 어떻게 해서 이런 일이 일어나게 되었을까요?

성경은 이렇게 말씀하고 있습니다.

17절, "이는 선지자 이사야로 하신 말씀에 우리 연약한 것을 친히 담당하시고 병을 짊어지셨도다 함을 이루려 하심이더라"

이 여인이 금방 열병에서 일어설 수 있었던 것은 예수님께서 우리의 연약함을 짊어지시고 우리의 병을 떠맡으셨기 때문이라고 말씀하십니다. 예수님이 이 여인의 손을 잡으셨을 때 교환이 일어났습니다. 즉 그 여인의 열병은 예수님에게로 넘어가고 예수님 안에 있던 힘이 이 여인에게로 넘어온 것입니다. 예수님은 나중에 십자가 위에서 엄청난 더위로 고통을 받으면서 "내가 목마르다"라고 소리치십니다.

우리는 다른 사람의 것을 짊어질 수 있는 것이 있고 짊어질 수 없는 것이 있습니다. 우리가 다른 사람의 것을 짊어질 수 있는 것은 주로 빚입니다. 빚은 다른 사람이 갚아 주어도 됩니다. 그러나 우리는 다른 사람을 대신해서 아플 수 없고, 다른 사람을 대신해서 채찍에 맞거나 사형을 당할 수 없습니다.

그런데 예수님은 다른 사람의 모든 연약함을 대신하실 수 있었습니다. 베드로의 장모가 열병에서 금방 나을 수 있었던 것은 예수님이 그의 열을 가져가셨기 때문입니다. 그런데 예수님은 열만 가져가신 것이 아니라 그 여인에게 새 힘을 주셨습니다. 그래서 그 여인은 바로 일어나서 다른 사람들을 섬길 수 있었습니다.

사도 바울은 '첫 아담은 산 영이 되었지만 마지막 아담은 살려 주는 영이 되었다' (고전 15:45)고 말하고 있습니다. 우리 모든 인간은 살아 있는 영입니다. 우리는 모두 살아 있는 존재라는 뜻입니다. 그러나 우리는 다른 사람에게 자신의 생명을 나누어 줄 수는 없습니다. 물론 최근에는 의술이 발달해서 뇌사자가 죽으면서 여러 사람에게 장기를 나누어 주고 죽는 경우도 있습니다. 그러나 예수님은 우리의 모든 죄와 우리의 모든 허물과 우리 안에 있는 죄의 독을 다 빨아 가시고 우리 안에 새로운 인생을 주실 수 있습니다.

저는 예전에 정말 이 세상에서 쓸데없는 것들을 위해서 한평생을 허비할 뻔한 적이 있습니다. 그때 예수님께서는 베드로의 장모에게 하신 것처럼 제 안에 있는 죄를 빨아 가시고 저에게 새 인생을 주셨습니다. 요즘 사람들 속에는 열이 있습니다. 그러나 그 열은 좋은 열이 아닙니다. 많은 사람들 속에 있는 열은 정욕의 열이요, 죄의 열이요, 야망의 열입니다. 이 열은 우리를 한평생에 걸쳐서 미치게 할 것입니다. 그러나 사람의 힘으로는 이 속에 있는 죄의 열정을 없앨 수 없습니다.

헤르만 헤세가 쓴 『나르치스와 골드문트』라는 소설이 있습니다. 거기에 보면 골드문트는 한평생 성에 대한 열정 때문에 수도사의 길을 가지 못하고 학교에서 뛰쳐나가서 수많은 여인들과 좋지 못한 관계를 맺으면서 방황합니다. 사실 모든 인간의 마음속에는 이 죄의 열병이 있습니다. 이 열병 때문에 사람들은 한평생을 죄만 지으면서 살아갑니다. 그런데 인간이 죄를 짓는 것은 마치 소금물을 마시는 것과 같아서 점점 더 욕망에 목말라하게 됩니다. 그러나 우리가 예수님의 손을 잡는 순간 이 열은 예수님에게로 넘어갑니다. 물론 우리에게 열이 남아 있지만 이 열은 미열이기 때문에 우리를 죽이지는 못합니다.

예수님은 누구든지 예수님의 손을 잡는 자에게 새로운 인생을 주십니다. 그러면 우리가 어떻게 예수님의 손을 잡을 수 있을까요? 예수님의 말씀을 듣고 예수님을 바라보는 것이 예수님의 손을 잡는 것입니다.

예수님은 우리의 육체적인 연약함을 감당하십니다. 예수님은 우리 성도들에게 건강을 주기를 원하십니다. 그러나 우리는 이 건강으로 무엇을 할 것인지 생각해 보아야 합니다.

저는 사실 제 진로를 알지 못해서 아내에게 먹을 것을 제대로 챙겨 주지 못했던 것 같습니다. 그래서인지 제 아내는 이유를 알 수 없는 질병으로 오래 고생을 했습니다. 아내는 머리도 빠지고 손톱도 꺼지고 힘을 낼 수가 없었습니다. 아내의 질병 앞에서 저는 무기력할 수밖에 없었습니다. 그렇다고 해서 큰 병원에 가서 제대로 진찰을 받을 돈도 없었습니다. 그런데 병원에서 건강검진을 받는 중에 철분이 부족하다는 진단이 내려져서 철분약을 복용했는데 놀라울 정도로 건강이 회복되었습니다. 저희 부부는 주님이 우리의 연약함을 불쌍히 여기시고 감당하셨음을 알았습니다. 우리는 돈도 없었고, 병에 대하여 무지했습니다. 그리고 아내는 알약을 삼키는 데 많은 어려움이 있었습니다. 그런데 서울의 병원에서도 그 이유를 알지 못했습니다. 그래서 위내시경을 하려고 했는데 기구가 들어가지 않아서 사람을 잡다시피 했습니다. 그런데 우리 교회 집사님의 도움으로 사진을 찍어 보니까 목에 웹이라고 해서 거미줄 같은 것이 있었습니다. 아마 제대로 먹지 못하니까 목이 거미줄을 쳤던 것 같습니다. 그것을 보고 얼마나 가슴이 아팠는지 모릅니다. 남편이 굶기니까 아내가 목에 거미줄을 치는구나라는 생각이 들었습니다. 그런데 간단한 시술로 거미줄을 제거한 후부터 아내는 무엇이든 잘 먹을 수 있게 되었습니다. 그때 하나님은 우리의 연약함을 지시고, 우리에게 새 힘을 주신다는 것을 깨닫게 되었습니다. 사람들이 하나님의 사랑을 피부로 느낄 수 있는 때는 가족들의 병이 나을 때입니다. 우리는 이것을 위해서 기도할 필요가 있습니다.

2. 많은 병자를 고치심

예수님께서 베드로의 장모를 고치신 날 저녁에 사람들이 귀신 들린 사람들을 예수님께 데리고 왔는데 예수님께서는 그들의 병을 일일이 고쳐 주셨습니다.

16절, "저물매 사람들이 귀신 들린 자를 많이 데리고 예수께 오거늘 예수께서 말씀으로 귀신들을 쫓아내시고 병든 자를 다 고치시니"

여기서 '저물매' 라고 한 것은 유대교에서는 안식일에 병을 고치지 못하게 했기 때문인 것으로 생각됩니다. 유대인들의 안식일은 해질 때부터 다음날 해질 때까지이기 때문에 해가 지면서 사람들은 귀신 들린 사람들을 예수님께 많이 데리고 왔습니다. 여기서 귀신 들렸다는 것은 정신이 온전치 못하다는 것입니다. 귀신 들린 자들 중에는 정신만 이상이 있는 사람이 있는가 하면, 육체적인 질병의 합병증으로 시달리는 사람도 있었습니다.

사실 병 중에서 가장 불쌍하고 비참한 병이 정신이 미치는 것입니다. 귀신 들린 사람은 마귀가 통제하기 때문에 자기가 누구인지도 모르고, 자기 자신의 몸을 통제하지 못하고 발작을 합니다. 그래서 귀신 들린 사람들은 발작을 하면서 소리를 지르고 자기 몸을 상하게 하고 집을 뛰쳐나가서 온 가족에게 고통을 줍니다.

우리는 주위에서 하나님의 형상이 파괴된 경우를 많이 봅니다. 그 중의 하나가 바로 정신이상입니다. 현대 사회에는 여러 가지 원인으로 인한 정신질환으로 많은 사람들이 정신병원에 격리되어서 정상적인 사회생활을 하지 못하고 있습니다. 그런 곳은 이 세상과는 완전히 딴 세상인 것입니다.

그런데 놀라운 것은 예수님이 오셨을 때 팔레스타인 땅에 귀신 들린 자가 많았다는 것입니다. 이것은 하나님의 말씀이 없으니까 이스라엘 자손들이 사나워지고 강퍅해져서 극단적인 자기 학대나 양심의 가책으로 마귀의 종이 된 자들이 많았다는 것입니다.

오늘날도 가장 고치기 어려운 것이 정신이상입니다. 그런데 예수님께서 이 귀신 들린 자들을 일일이 고쳐 주셨습니다. 이것은 예수님께서 이들의 병을 가져가시고 새 정신을 주신 것입니다. 예수님이 이들의 병을 가져 가셨다고 해서 예수님이 정신이상이 되신 것은 아닙니다. 그 대신에 예수님은 이들의 인생을 책임을 지신 것입니다. 그래서 예수님은 십자가를 지시기까지 마음이 너무 무거웠다고 말씀하셨습니다. 왜냐하면 예수님은 너무나도 많은 사람들의 죄와 정신적인 짐을 맡으셨기 때문입니다.

오늘도 사람들이 우울증에 걸리고 정신이상에 걸리는 것은 자기 인생을 자기가 책임지려고 하기 때문입니다. 자신의 모든 과거를 다 책임지려고 하니까 정신이 감당을 하지 못하는 것입니다. 우리는 우리 인생을 책임질 수 없습니다. 우리는 예수님에게 내 모든 과거의 짐을 다 맡겨야 합니다. 왜냐하면 우리는 예수님의 종이 되었기 때문입니다. 즉 종의 모든 잘못에 대해서 주인이 책임을 지는 것입니다.

옛날에는 귀신의 세력의 직접적인 영향 하에 있는 자들은 미친 사람들이었습니다. 그러나 실제로는 예수 믿지 않는 자들 모두 사탄의 지배 하에 있는 것입니다. 하나님을 모르는 사람은 정욕의 지배를 받지 않을 수 없으므로 결국 사탄이 이끄는 대로 따라가게 되어 있습니다. 그러나 사람들은 자기들이 사탄의 지배 하에 있다는 것을 잘 믿지 않습니다. 그래서 예수님께서는 극단적으로 마귀에게 매여서 미친 상태에 있던 사람들을 고치심으로 누구든지 사탄의 지배에서 벗어나서 새로운 삶을 살 수 있다는 것을 보여주셨습니다.

요즘 가장 강한 귀신 들림의 영역은 섹스와 마약과 폭력인 것 같습니다. 특히 포르노는 무시무시한 사탄의 세력입니다. 그러나 사람들은 그것을 모르고 호기심을 가지고 즐기려고 하는데 포르노는 점치는 것보다 더 나쁘고 마약과 같은 수준이라고 보면 좋을 것입니다. 복음의 능력이 청소년들을 섹스와 마약과 폭력에서 건져야 합니다. 그런데 이들의 귀신 들림을 조장하고 격려하는 것이 바로 비디오나 만화나 케이블이나 위성 TV입니다. 우리는 청소년들을 아름답고 건전하게 자라게 하는 복음의 능력으로 여기에 사로잡힌 자들을 건져 내야 합니다.

3. 제자의 자세

예수님께서는 하나님의 말씀과 능력으로 사탄에게 매인 자들을 풀어 내셨습니다. 그러나 예수님은 자신의 몸값을 주기로 하고 사탄에게 매인 자들을 데리고 와서 하나님의 백성이 되게 하셨습니다. 예수님은 그 일을 혼자 하지 않고 제자들과 함께 하기를 원하셨습니다.

그런데 예수님은 예수님의 제자가 어떤 자세로 주님을 따라야 하는지 분명히 보여 주셨습니다. 예수님은 두 제자와 대화를 나누셨습니다. 그 중의 한 사람은 새로이 예수님의 제자가 되고 싶어 하는 사람이었습니다.

18-19절, "예수께서 무리가 자기를 에워쌈을 보시고 저편으로 건너가기를 명하시니라 한 서기관이 나아와 예수께 말씀하되 선생님이여 어디로 가시든지 저는 좇으리이다"

한 서기관이 예수님께 나아와서 제자가 되고 싶다고 했습니다. 서기관은 유대 사회에서 상당히 존경을 받는 신분이었습니다. 이런 사람이 사회적으로 아무런 배경도 없는 예수님의 제자가 되겠다는 것은 대단한 결단이었습니다. 이것은 분명히 다른 제자들에게도 고무적인 일이었을 것입니다. '봐라. 이제는 사회에서 상당히 유력한 사람들도 예수님의 제자가 되려고 하는구나. 드디어 우리는 인정을 받기 시작하는구나' 라고 생각했을 것입니다. 그러나 예수님의 답변을 보면 이 사람의 결심에 상당한 문제가 있었다는 것을 알게 됩니다.

20절, "예수께서 이르시되 여우도 굴이 있고 공중의 새도 거처가 있으되 오직 인자는 머리 둘 곳이 없다 하시더라"

아마도 이 서기관이 예수님을 따르려고 한 것은 예수님의 능력에 관심이 끌렸기 때문인 것 같습니다. 이 사람은 율법에 능통한 사람이었지만 율법에는 능력이 없다는 것을 알았습니다. 그런데 예수님의 사역에 있어서 능력은 전부가 아니었습니다. 예수님의 사역에서 그의 능력은 하나님의 나라가 임한 표시였고, 예수님이 오신 진짜 이유는 그의 죽으심에 있었습니다.

예수님은 이 서기관이 예수님의 제자가 될 수 없다는 것을 아셨습니다.

왜냐하면 예수님은 이 세상에서 머리 둘 곳도 없으신데 그에게는 그럴 생각이 없었기 때문입니다. 아마도 이 서기관은 멋진 회당을 세워서 거기서 제자들을 가르치려고 생각했는지도 모릅니다. 그러나 예수님은 수만 명이 몰려들었을 때에도 산이나 들판이나 호수에서 말씀을 가르치셨지 큰 회당이나 선교 센터를 지을 생각을 하지 아니하셨습니다. 왜냐하면 우리 믿는 사람 한 사람 한 사람이 변화되어서 성전이 되는 것이기 때문입니다. 그래서 기독교는 오랫동안 예배당 없이 가정집 같은 데 모여서 예배를 드렸습니다. 기독교가 웅장한 성전을 가지게 된 것은 로마의 콘스탄틴 대제 이후부터입니다. 그러나 이런 거대한 성전이 진정한 기독교의 발전이었는지 생각해 볼 필요가 있습니다.

예수님은 서기관에게 예수님을 진정으로 따르려면 무엇보다 이 사회에서의 기득권부터 버려야 한다는 것을 말씀하셨습니다. 즉 사람에게 있어서 '집'은 안정되고 정착된 생활을 의미합니다. 그러나 예수님은 하나님의 일을 하시면서 집이 없었습니다. 예수님에게 집이 없었다는 것은 예수님은 집을 살 돈도 없으셨고, 또 집 같은 것에 관심이 없으셨다는 것입니다. 왜냐하면 예수님의 모든 관심은 한 사람 한 사람이 죄에서 놓여나서 하나님의 백성이 되는 데 있었기 때문입니다.

아마도 이 서기관은 예수님의 능력을 원했던 것 같습니다. 이 서기관은 예수님으로부터 능력을 배워서 더 훌륭한 율법 선생이 되려고 했던 것 같습니다. 그러나 예수님은 그가 지금 가지고 있는 것을 다 버려야 한다는 것입니다. 목사가 능력 있는 설교를 하려면 경제를 완전히 버려야 합니다. 결국 목사 후보생이 되려면 직업을 버리고 철저하게 하나님의 공급하심을 의지해야 하는 것입니다. 그리고 돈도 없고 학벌도 소용이 없고 알아주는 사람도 없는 가운데 오직 하나님의 말씀 하나 붙들고 파고들 때 말씀의 능력을 체험하게 됩니다. 이것이 안 되기 때문에 한국 교회의 강단은 힘이 없는 것입니다.

예수님이 두 번째로 만난 제자는 아버지 때문에 제자 됨을 잠시 쉬려고 했습니다.

21-22절, "제자 중에 또 하나가 가로되 주여 나로 먼저 가서 내 부친을 장사하게 허락하옵소서 예수께서 가라사대 죽은 자들로 저희 죽은 자를 장사하게 하고 너는 나를 좇으라 하시니라"

아마도 예수님의 제자 중 한 사람이 부친의 임종을 앞두고 있었던 것 같습니다. 우리나라처럼 이스라엘도 자식이 부모의 임종을 지키는 것을 자식 된 도리라고 생각하여 부모의 임종을 지키지 못하는 것을 아주 비통하게 생각합니다. 그래서 그는 세상 사람들이 하는 대로 부친의 임종을 지키고 부친을 장사 지낸 후 일정 기간 곡을 한 후에 다시 주님께로 오겠다고 말을 했습니다. 어떻게 보면 이것은 인간으로서 지켜야 할 최소한의 도리인 것 같습니다. 그러나 예수님은 허락하지 아니하셨습니다. 예수님은 그 제자에게 죽은 사람들에게 죽은 사람을 장사하게 하라고 하셨습니다.

예수님은 여기서 두 종류의 죽음을 말씀하십니다. 하나는 육체의 죽음이고, 다른 하나는 하나님과의 관계가 끊어진 것입니다. 이것은 이 세상에서 누구든지 할 수 있는 일을 위해서 제자들이 가서는 안 된다는 것입니다. 예수님은 이 제자가 영혼을 살리는 일에 사용되기를 원하셨습니다.

이 제자가 부친을 장사하는 일은 하루이틀에 끝나는 것이 아닙니다. 그의 부친이 위독하기는 하지만 언제 임종할지도 모르고, 또 죽은 후에도 상이 다 끝나려면 1년이나 2년이 걸릴지도 모르는 것입니다. 지금 예수님에게 주어진 시간은 3년밖에 없습니다. 그런데 이 제자는 그 기간을 가족에 대한 의무를 위하여 쓰겠다는 것입니다. 예수님에게는 일분일초가 중요했습니다. 예수님에게 한 영혼 한 영혼을 건지는 일은 나중으로 미룰 수 있는 일이 아니었습니다. 예를 들어 물에 빠져 죽어 가는 사람을 건지는 일은 미루어 둘 성질의 것이 아닙니다. 이것은 그 어떤 일보다 가장 긴급한 일입니다. 마찬가지로 영혼을 살리는 하나님 나라의 일은 이 세상에서 최우선적으로 행해야 할 일입니다. 예수님을 따르는 자는 가장 중요한 일에 뛰어든 사람이며 가족에 대한 의무도 행할 수 없다는 것입니다.

예수님은 쟁기를 쥐고 뒤를 돌아보는 자는 하나님의 나라에 합당치 않다고 말씀하셨습니다. 농사를 짓는 사람이 쟁기를 쥐었으면 앞만 바라보고 가야지 누가 부른다고 달려가면 쟁기질이 제대로 되지 않을 것입니다. 군인은 부대에서 보초를 설 때 다른 곳에 가고 싶다고 해서 갈 수가 없습니다. 마찬가지로 우리는 하나님 나라의 군사이기 때문에 다른 것을 위해서 우리 인생을 쓸 수 없는 것입니다.

가족 중에 믿지 않는 자가 있는 것이 선교지에 가지 못할 이유가 되지 못합니다. 주님이 다른 사람을 통해서 그들을 인도하실 것을 믿고 떠나야 합니다. 그러면 하나님은 다른 사람을 통하여 가족을 도와주실 것입니다.

4. 바람과 파도를 잔잔케 하심

예수님께서는 지금까지 사람을 고치고 치료하셨습니다. 그런데 이번에는 놀랍게도 미친 바다를 잔잔케 하셨습니다.

23-24절, "배에 오르시매 제자들이 좇았더니 바다에 큰 놀이 일어나 물결이 배에 덮이게 되었으되 예수는 주무시는지라"

갈릴리 호수가 호수임에도 바다라고 불리는 것에 대하여 사람들은 바로 이 광풍으로 인한 파도 때문이라고 말을 합니다. 갈릴리는 주위보다 지형에 낮아서 가끔 바람이 돌풍으로 변한다고 합니다. 예수님께서 제자들과 함께 배에 올라 호수 저편으로 건너가자고 말씀하시므로 제자들이 그 말씀에 순종하여 호수를 건너갈 때에 무서운 돌풍이 일어 배에 탄 사람들이 위험하게 되었습니다. 제자들 중에는 갈릴리 어부 출신도 많이 있었는데 그들도 모두 두려워한 것을 보면 평소와는 다른 돌풍이었던 것 같습니다.

우리는 이 돌풍을 사탄이 일으킨 것으로 생각해서는 안 됩니다. 왜냐하면 사탄은 자연을 주장하거나 능력을 행할 수 없기 때문입니다. 사탄은 사람을 충동질하거나 의심하게 하거나 죄짓게 해서 망하게 할 뿐입니다. 그럼에도 때로 자연이 미칠 때가 있습니다. 때로는 하늘이 미쳐서 억수같은 비를 쏟아붓기도 하고, 번개에 사람이 죽기도 하고, 천둥소리에 잠을 이루지 못하기도 합니다. 지진은 땅이 미친 것입니다. 지진으로 인해 땅이 갈라지고 건물이 무너져서 수많은 사람들이 죽기도 합니다. 그런데 이런 자연 이변은 사람이 어떻게 할 수가 없습니다. 사람이 할 수 있는 것은 이런 위험을 피하든지, 아니면 피해를 줄이는 수밖에 없습니다.

예수님이 탄 배에도 엄청난 바람과 물결이 부딪쳐 왔습니다. 어떻게 보면 이 책임은 예수님께 있다고 볼 수 있습니다. 왜냐하면 예수님께서 공연히 어두운 때에 호수를 건너가자고 하시는 바람에 곤경에 처했기 때문입니다. 그런데 제자들은 처음에는 예수님을 깨우지 않고 자기들 힘으로 해결하려고 했습니다. 그러나 도저히 사람의 힘으로 바람과 파도를 이기지 못해 다 죽게 되자 마지막 방법으로 예수님께 부탁을 드렸던 것 같습니다.

25-26절, "그 제자들이 나아와 깨우며 가로되 주여 구원하소서 우리가 죽겠나이다 예수께서 이르시되 어찌하여 무서워하느냐 믿음이 적은 자들아 하시고 곧 일어나사 바람과 바다를 꾸짖으신대 아주 잔잔하게 되거늘"

예수님께서는 먼저 제자들을 꾸짖으셨습니다. 그 이유는 제자들이 예수님께서 사람의 병은 치료하실 수 있지만 바람과 바다와 같은 자연 현상은 다스리지 못하실 것이라고 생각해서 아예 예수님께 부탁할 생각을 하지 못했기 때문입니다. 다시 말해서 제자들이 예수님을 깨우지 않은 것은 좀 더 쉬시게 하기 위해서가 아니라 불신앙 때문이었습니다. 물론 생명을 위협하는 광풍 앞에서 제자들이 두려워하는 것은 조금도 이상한 일이 아닙니다. 예수님께서 제자들을 책망하신 것은 마치 믿음 없는 사람처럼 두려워했기 때문입니다. 믿음이 있는 사람이 두려워하는 것과 믿음이 없는 사람이 두려워하는 것은 달라야 합니다. 믿음이 있는 사람도 어려움이 닥치면 인간이기 때문에 두려워합니다. 그러나 믿음이 있는 자는 지나치게 두려워하지 않습니다. 왜냐하면 우리에게는 하나님이 계시기 때문입니다. 우리가 이런 처지에 있는 것을 하나님이 아신다는 것을 믿기 때문입니다. 그러나 믿음이 없는 사람은 위기가 닥치면 그것 외에는 아무것도 생각하지 않기 때문에 매우 두려워합니다.

제자들은 이제 분명히 예수님이 열병을 치료하시는 것을 보았습니다. 이제는 열병 환자가 생겨도 지나치게 두려워하지 않을 것입니다. 그리고 제자들은 예수님이 귀신을 쫓아내시는 것을 보았습니다. 제자들은 앞으로는 귀신 들린 자를 누가 데리고 와도 그렇게 놀라지 않을 것입니다. 그러나 제자들은 예수님께서 바람과 풍랑은 어떻게 하지 못하실 것이라고 생각했고, 이제 죽는 길밖에 없다고 생각해서 지나치게 놀라고 두려워했습니다.

우리는 제자들이 이해가 됩니다. 왜냐하면 예수님은 우리와 똑같은 인간이셨기 때문입니다. 예수님이 만일 하나님의 아들이라면 아무리 피곤해도 주무시지 말아야 하는데 예수님은 주무셨습니다. 이스라엘을 지키시는 이는 졸지도 않고 주무시지도 않는다고 했는데 예수님은 주무셨습니다. 심지어는 모친 마리아도 예수님을 키우면서 예수님이 하나님의 아들인 것을 잊을 때가 많았습니다. 이것은 우리도 마찬가지입니다. 우리도 예수님이 우리와 함께 계신 것을 잊을 때가 많습니다. 그래서 우리는 어려운 일을 당하면 혼자 해결하기 위해서 이리 뛰고 저리 뛸 때가 많은 것입니다. 이때 우리는 주님이 함께 계시고 모든 것을 알고 계시다는 것을 깨닫고 주님을 의지하고 덜 두려워해야 하는 것입니다.

예수님이 바람과 바다를 꾸짖으시니까 그 즉시 잔잔해졌습니다. 바람과 파도가 주님의 명령에 순종한 것입니다. 우리가 믿는 주님은 온 세상의 창조자이시고 우리 몸을 만드신 분입니다. 예수님은 우리의 정신적인 이상과 육체적인 이상을 다 고치실 수 있고, 심지어는 자연 현상까지 복종케 하실 수 있습니다. 이러한 주님이 죄에서 우리를 구하기 위하여 오셨습니다. 그렇다면 우리가 해야 할 것이 무엇이겠습니까? 모든 죄인을 예수님의 말씀 앞에 데리고 가는 것입니다. 단지 우리가 주의해야 할 것은 여우도 굴이 있고 새도 둥지가 있지만 예수님은 머리 둘 곳이 없다는 것입니다. 예수님은 우리에게 이 세상의 행복을 주려는 것이 아닌 것입니다.

예수님은 죽은 사람들에게 죽은 자를 장사하게 하라고 하셨습니다. 예수님은 쟁기를 잡고 뒤를 돌아보는 자는 내게 합당치 않다고 하셨습니다. 이제 우리는 과거를 잊도록 합시다. 그리고 우리는 우리 자신을 책임지지 마시기 바랍니다. 오늘도 주님이 우리를 사용하셔서 죄에 매인 자들을 모두 풀어 주시기를 바랍니다.

성경 토의

1. 우리는 우리 가족이나 다른 성도의 가족이 병으로 고통 받을 때 어떤 식으로 도와줄 수 있는가?

2. 사람에게는 집이 중요하고, 또 부모님의 임종이나 장례를 치르는 것은 아주 중요한 일인데 우리가 이런 것까지 무시하고 복음 전하는 일을 하거나 교회 일을 할 때 사람들은 이것을 어떻게 이해할까? 그리고 우리는 복음을 정말 긴급하고 중요한 일로 생각하는가?

3. 제자들은 예수님이 너무 피곤해서 배 위에서 정신없이 주무시는 것을 보고 자기들을 도울 수 없다고 생각한 것 같다. 우리는 우리가 겪는 어려움 중에서 하나님이 도와주실 수 있는 것과 도와주실 수 없는 것을 구별하고 있지는 않은가?

36_믿음이 적은 자들

마태복음 8:23-27

전체적 설명

예수님이 갈릴리 호수를 건너가시다가 사나운 파도를 말씀으로 잔잔케 하신 것은 이미 앞에서 살펴보았지만 별도로 하나의 설교로 구성할 수도 있기 때문에 이번에는 독립해서 설교를 구성해 보았다. 지금까지 제자들은 예수님이 사람들의 병을 고치고 귀신 들린 것은 고쳐 주셨지만 자연에 대하여 명령하실 수 있다는 것은 생각하지 못했다. 그러나 예수님은 창조주의 능력을 가지고 계시기 때문에 자연에 대하여도 직접 명령하실 수 있고 자연은 순종하게 된다는 사실을 보여 주셨다.

설교 프리노트

23절, "배에 오르시매 제자들이 좇았더니"

예수님께서 갈릴리 호수를 건너가실 때는 비로소 갈릴리에서 예수님의 인기가 올라가서 많은 사람들이 예수님에게로 몰려들 때였다. 인간적인 생각으로는 이처럼 인기가 올라가고 사람들이 몰려들 때에는 본격적으로 갈릴리에서 사역을 하셔야 할 것 같은데 예수님은 제자들에게 호수를 건너 다른 지방으로 가자고 하셨다. 서기관 출신이 예수님을 따르겠다고 자원한 것도 많은 사람들이 예수님을 따르는 것을 보고 자기의 야망을 쉽게 이룰 수 있을 것이라고 생각했기 때문인 듯하다. 제자들은 이렇게 사람들의 반응이 좋은데 예수님이 다른 쪽으로 가려고 하시는 것을 보고 더 좋은 일이 있는 모양이라고 기대했을지 모르지만 좋은 일은 없고 그들의 목숨을 위협하는 큰 풍랑이 있었다.

24절, "물결이 배에 덮이게 되었으되 예수는 주무시는지라"

이것을 보면 예수님이 얼마나 육체적으로 피곤하셨는지 짐작할 수 있다. 예수님은 낮에 많은 병자를 고치고 귀신 들린 자를 고치느라 육신이 많이 피곤하셔서 배가 요동치고 물에 빠지려고 하는데도 주무시기만 했다. 이것을 보면 예수님은 우리와 똑같은 완전한 인간인 것을 알 수 있다. 여기에 보면 풍랑에 대하여 실감나게 설명하고 있는데, '바다에 큰 놀이 일어나' '물결이 배에 덮이게 되었으되' 예수님은 주무시고 계셨다. 여기의 '놀' 은 지진을 말하는데 파도가 마치 물 끓듯이 정신없이 상하좌우로 흔들리는 것을 말한다.

25절, "그 제자들이 나아와 깨우며 가로되"

제자들은 어부 출신이기 때문에 처음에는 예수님의 도움을 받지 않고 자기들 힘으로 배를 저어 육지 쪽으로 가려고 했을 것이다. 아마 제자들은 정신없이 주무시는 예수님을 보고 도움이 되리라고 생각하지 않았던 것이다. 그래서 제자들은 마치 예수님이 배에 안 계신 것처럼 자기들의 힘으로 위기를 해결하려고 하였다. 그러나 제자들은 아무리 애를 써도 도저히 풍랑을 이길 수 없으니까 마지못해서 예수님을 깨운 것이다.

"주여 구원하소서 우리가 죽겠나이다"

제자들은 죽게 되었을 때에야 비로소 예수님이 생각난 것이다. 이것을 보면 제자들의 형편은 아주 다급했던 것 같다. 배에는 물이 차오르고 있고 파도와 물결이 계속 배를 덮치고 있어서 얼마 있지 않으면 침몰할 형편이었던 것이다. 이때 제자들은 비로소 예수님이 생각이 났고, 예수님에게 도움을 요청했다.

26절, "어찌하여 무서워하느냐 믿음이 적은 자들아"

예수님은 제자들에게 '믿음이 적은 자들' 이라고 책망하셨다. 이것은 예수님이 기대한 것에 비해서 제자들의 믿음이 부족했다는 뜻이다. 즉 제자들은 예수님이 사람들의 병을 고치고 귀신을 쫓아내시는 것을 보았으면 풍랑 속에서도 능히 그들을 구원하실 줄 믿어야 했는데 그들은 이것까지는 믿지 못했던 것이다. 즉 제자들은 지금까지 본 것을 눈앞의 현실에 적용하지 못했던 것이다. 그리고 예수님은 제자들에게 "어찌하여 무서워하느냐"라고 말씀하셨는데 이것은 제자들이 죽을 고비에 두려워하는 것은 당연한 것이지만 마치 예수님이 안 계신 것처럼 두려워한 것은 잘못한 것이라고 책망하시는 것이다. 즉 제자들은 이런 위기를 통해서 더 예수님을 의지했어야 하는 것이다.

"바람과 바다를 꾸짖으신대"

예수님은 미쳐 날뛰는 바람과 바다를 마치 말을 알아듣는 개에게 하듯이 직접 책망하셨고, 바람과 바다는 예수님의 말씀에 즉시 순종했다. 이것은 예수님이 단순히 병을 고치는 선지자가 아니라 창조자이신 것을 보여 준다.

27절, "이 어떠한 사람이기에"

제자들은 예수님이 바람과 바다에 직접 명령하시는 것을 통해서 예수님에 대하여 다시 생각하게 되었다. 즉 제자들은 지금까지 예수님을 선지자나 랍비 중 한 사람으로 생각했는데 바람과 바다를 잔잔케 하신 사건을 통해서 예수님의 신성을 생각하게 된 것이다.

본문 이해를 위한 질문

1. 예수님의 일행은 어떤 상황에서 갈릴리 호수를 건너가게 되었는가?

예수님이 많은 병자를 고치고 귀신을 쫓아내심으로 많은 사람들이 예수님에게 몰려들 때였다. 그러나 예수님은 호수 다른 쪽으로 건너가자고 하셨는데 호수를 건너는 중에 광풍을 만났고, 거라사 지방에 이르러 광인을 만났다.

2. 제자들은 이 풍랑 속에서 어떤 행동을 취했는가?

제자들은 처음에는 배 위에서 주무시는 예수님이 능히 자신들을 구원하실 수 있다는 것을 믿지 못하다가 죽게 되었을 때에야 비로소 예수님을 생각하게 되었다.

3. 예수님은 제자들에게 무엇이라고 책망하셨는가?

예수님은 제자들에게 믿음이 적은 자들이라고 책망하시고 바람과 바다에게 직접 명령하셔서 잔잔케 하셨다.

성경 강해

세상에는 리스크 위주의 삶을 사는 사람들이 있는가 하면 안정 지향적인 삶을 사는 사람들이 있습니다. 리스크를 감수하면서 사는 사람들의 대표적인 예로 사업가를 들 수 있습니다. 사업가들은 어느 정도 위험을 감수해야 돈을 벌 수 있고 경쟁에서 이길 수 있습니다. 만약 사업가가 안정 지향적이 될 때에는 그때부터 그 기업은 추락할 것입니다. 반면에 정부의 관료들은 대개 안정 지향적입니다. 왜냐하면 신분이 보장되어 있기 때문에 굳이 무리해서 일을 할 필요가 없고, 잘해도 칭찬을 듣지 못하고 못하면 문책을 당하기 때문입니다. 한편 우리 그리스도인들은 모두 양이기 때문에 위험한 것을 좋아하지 않습니다. 그럼에도 하나님께서는 우리를 억지로 무리한 상황으로 몰고 가실 때가 있습니다.

예를 들어 어린아이들은 바다에 놀러갔을 때 아빠가 자기를 안고 깊은 바다로 들어가면 물에 빠져 죽는 줄 알고 기겁을 하면서 소리를 지릅니다. 그러나 만약 아이가 물에서 헤엄치는 법을 배운다면 그때부터는 물을 즐기게 될 것입니다. 마찬가지로 하나님이 때때로 우리를 고난 속으로 밀어넣으시는 것은 우리를 망하게 하려는 것이 아니라 고난 중에 헤엄치는 법을 배우게 하려는 것입니다. 만일 우리가 고난 중에 헤엄치는 법을 배운다면 평안할 때나 어려울 때나 삶을 즐겁게 살아갈 수 있을 것입니다.

언젠가 젊은이들이 번지점프를 하는 것을 보았습니다. 번지점프는 20미터 이상 되는 높은 곳에서 발에 밧줄을 달고 뛰어내리는 것인데 남자들도 뛰어내렸지만 젊은 여자들이 많이 뛰어내렸습니다. 아마 보통 사람들은 돈을 주면서 그 높은 곳에서 뛰어내리라고 해도 무서워서 감히 뛰어내리지 못할 것입니다. 아마 번지점프하는 사람들은 자기 다리를 묶은 줄이 절대로 풀어지지 않는다는 것을 믿으니까 뛰어내리는 것 같습니다. 그러나 믿음이 적은 사람들은 절대로 그런 짓을 하지 않을 것입니다.

오늘 현대인들은 다른 사람에 대한 믿음에 있어서 두 가지 상반된 감정을 가지고 살아가고 있습니다. 그 하나는 지독하게도 다른 사람들을 불신하고 있다는 것입니다. 사람들은 현대 사회를 불신이 팽배한 사회라고 말을 합니다. 사람들이 다른 사람을 쉽게 믿지 못하는 이유는 두 가지라고 생각할 수 있습니다. 하나는 우리가 다른 사람들과 가까이하지 않기 때문에 사람들을 알지 못한다는 것입니다. 옛날에는 이웃과 가깝게 지내고 다른 사람에 대하여도 많이 알고 있었기 때문에 사람들을 믿을 수 있었습니다. 그러나 오늘 현대인들은 서로에 대하여 아는 것이 거의 없습니다. 그러니까 오늘 사람들은 다른 사람을 믿으려야 믿을 수가 없는 것입니다. 그리고 사람들이 다른 사람을 쉽게 믿지 못하는 이유는 현대인들은 옛날 사람들에 비해 많이 똑똑해졌기 때문입니다. 사람이 자기는 무식하지만 상대방은 자기보다 훨씬 많이 알고 있고 똑똑하다고 생각하면 쉽게 믿을 수 있습니다. 그런데 자기 자신이 상대방 이상으로 똑똑하다고 생각하는 사람은 꼬치꼬치 따져서 이해가 가고 납득할 수 있어야 믿게 되는 것입니다. 그래서 오늘 이 시대는 쉽게 다른 사람을 믿을 수 없는 불신의 시대가 되었습니다.

반면에 오늘 이 시대는 자기는 원치 않아도 다른 사람에게 많은 것을 맡겨야만 하는 시대입니다. 예를 들어 사람들은 돈을 자기가 계속 가지고 있을 수 없기 때문에 은행에 맡기고, 수익을 높이기 위해서 증권회사 같은 곳에 맡깁니다. 그리고 사람들은 아이들을 유치원이나 유아원에 맡깁니다. 또한 병이 들었을 때에는 의사에게 몸을 맡기고 수술을 받습니다. 그래서 사람들은 걱정 근심이 많을 수밖에 없고, 또 믿고 맡겼다가 나쁜 사람에게 걸리면 소중한 인생을 잃어버리게 되는 것입니다.

우리는 어떤 사람이나 어떤 사실에 대하여 다 믿거나 믿지 않거나 둘 중의 하나입니다. 믿기는 하는데 크게 믿거나 작게 믿지는 않습니다. 그러나 신앙에 있어서는 큰 믿음이 있는가 하면 작은 믿음이 있습니다.

예수님께서는 한 이방인 백부장을 보시고 '이스라엘에서 이렇게 큰 믿음을 본 적이 없다' 고 하면서 축복하셨습니다. 그리고 예수님께서 두로와 시돈 땅으로 가셨을 때 한 이방인 여자가 귀신 들린 자기 딸을 고쳐 달라고 부탁할 때에 '자녀의 떡을 개에게 주는 사람이 없다' 고 하면서 거절하셨습니다. 이때 이 여인은 조금도 기분 나쁘게 생각하지 않고 예수님에게 "옳습니다. 그러나 개들도 주인의 상에서 떨어지는 부스러기를 먹습니다"라고 대답했고, 예수님께서는 "여자야, 네 믿음이 크도다"라고 칭찬하셨습니다.

반면에 예수님께서 제자들과 함께 배를 타고 가다가 호수 위에서 큰 돌풍을 만났을 때 제자들이 주무시고 계시던 예수님을 깨우자 예수님은 제자들에게 "믿음이 적은 자들아"라고 하셨습니다. 또 한 번은 제자들이 호수 위를 배 저어 가다가 풍랑으로 힘들어 할 때 예수님이 물 위를 걸어서 제자들에게 오셨습니다. 그때 베드로가 "주님이시거든 저에게 물 위로 걸어오라고 하십시오"라고 하여 예수님께서 베드로에게 물 위를 걸어오라고 하셨는데 베드로는 바람을 보고 겁을 먹는 바람에 물에 빠지게 되었습니다. 이때 예수님은 베드로에게 "믿음이 적은 자야, 왜 의심하였느냐?"라고 말씀하셨습니다.

이것을 보면 똑같이 예수를 믿는다 하더라도 큰 믿음이 있고 적은 믿음이 있다는 것을 알 수 있습니다. 그러면 우리는 도대체 어떻게 하면 큰 믿음을 가질 수 있는지를 생각해야 합니다.

1. 예기치 못한 풍랑을 만난 제자들

우리가 본문 말씀을 제대로 이해하려면 먼저 제자들이 어떻게 하다가 호수 위에서 이 무서운 풍랑을 만나게 되었는지 이해할 필요가 있습니다.

18절 말씀을 보면 “예수께서 무리가 자기를 에워쌈을 보시고 저편으로 건너가기를 명하시니라”라고 하였습니다. 예수님께서 제자들에게 갈릴리 호수를 건너가자고 하신 것은 사람들이 몰려와서 자기를 에워싸는 것을 보셨기 때문입니다. 즉 예수님께서 제자들과 함께 호수를 건너가게 된 것은 예수님의 능력을 보고 많은 사람들이 병 고침을 받으려고 몰려왔기 때문입니다. 예수님께서는 가버나움에서 많은 병자들을 고치고 귀신 들린 사람들을 치료해 주셨습니다. 그래서 많은 사람들이 예수님에 대하여 관심을 가지고 예수님께 몰려왔습니다. 쉽게 말해서 갈릴리에서 예수님의 인기가 올라가고 사람들의 호응도가 높아져 가고 있을 때였습니다. 이때 예수님께서 갑자기 하던 일을 중단하시고 제자들에게 호수를 건너가자고 하셨습니다.

우리가 하는 일이 사람들에게 알려지고 사람들이 몰려들면 그때부터는 성공가도를 달린다고 볼 수 있습니다. 우리는 그 순간을 놓치지 않고 투자를 확대하든지 일을 더 크게 벌여야 성공할 수 있습니다. 그러나 예수님은 정반대로 행동하셨습니다.

지금 예수님은 가버나움에서 많은 병자들을 고치시면서 인기가 막 올라가고 있었습니다. 예수님은 이때 더 많은 사람을 고치고 더 많은 일을 해서 인기를 높이셔야 할 것입니다. 그런데 예수님은 갑자기 하던 일을 중단하고 제자들에게 호수를 건너서 다른 곳으로 가자고 하신 것입니다. 제자들은 이것을 이해할 수가 없었습니다.

23-24절, “배에 오르시매 제자들이 좇았더니 바다에 큰 놀이 일어나 물결이 배에 덮이게 되었으되 예수는 주무시는지라”

아마 우리가 어떤 일을 할 때에 좋은 기회가 생겼지만 그것을 포기하고 다른 곳으로 가게 되었다면 더 좋은 일이 있을 것이라고 기대할 것입니다.

그런데 제자들이 예수님의 말씀에 순종해서 다른 곳으로 가려고 했을 때 그들을 기다리고 있었던 것은 최악의 상황이었습니다. 예수님과 제자들이 배를 타고 갈 때에 엄청난 돌풍이 불어서 배가 호수에 빠지게 된 것입니다. 제자들은 이것을 이해할 수가 없었습니다. 제자들은 지금 예수님의 말씀에 순종해서 가버나움을 포기하고 다른 곳으로 가고 있는데 거기에 축복은 커녕 예수님과 제자들을 몰살시키고도 남을 엄청난 시련이 그들을 기다리고 있었던 것입니다. 이때 예수님의 제자들은 겁을 먹었고 크게 당황했습니다.

육지에서 큰바람을 만나는 것과 바다나 호수 위에서 큰바람을 만나는 것은 큰 차이가 있습니다. 육지에서는 아무리 큰바람을 만난다고 해도 피할 곳이 있습니다. 큰 바위 밑이나 굴속에 들어가면 바람을 피할 수 있을 것입니다. 그것도 여의치 않으면 약간 움푹한 곳에 들어가서 몸을 숙이거나 엎드리고 있으면 적어도 목숨은 건질 수 있을 것입니다. 그러나 바다나 호수 위에서 큰바람을 만나면 피할 곳이 없기 때문에 물에 빠져서 죽을 수밖에 없습니다. 그래서 옛날에는 배를 타고 나갔다가 큰 폭풍을 만나서 바다에 빠져 죽는 경우가 많았습니다.

제자들은 예수님이 자기들보다 현명하고 능력이 많으시기 때문에 예수님에게 모든 것을 맡기고 따라가고 있었습니다. 그런데 제자들이 예수님을 믿고 모든 것을 맡기고 순종한 결과는 죽음을 피할 수 없는 외통수 폭풍이었던 것입니다. 이것을 제자들은 이해할 수가 없었습니다.

갈릴리 호수는 수면이 지면보다 낮고 언덕과 높은 산들로 둘러싸여 있어서 바람이 불면 물이 끓는 것 같은 현상이 일어납니다. 본문의 '큰 놀'은 원문에는 '큰 지진'으로 되어 있습니다. 다시 말해서 바람이나 물결이 일정한 방향으로 몰아친 것이 아니라 마치 미친 것처럼 제멋대로 뛰놀았다는 것입니다. 남미 사람들은 말이나 소를 타고 하는 로데오를 즐깁니다. 보통 사람들은 미친 듯이 날뛰는 소나 말의 등에 올라타자마자 멀리 날아가서 떨어질 것입니다. 제자들이 만난 것은 호수의 로데오였습니다. 갈릴리 호수의 물이 미쳐서 날뛰는 바람에 제자들은 도저히 배에 붙어 있을 수가 없었습니다.

그런데 예수님은 배 위에서 주무시고 계셨습니다. 배가 그렇게 요동치고 제자들이 소리를 질러대었다면 예수님은 잠을 깨야 정상일 것입니다. 그러나 예수님은 계속 주무시고 계셨습니다. 이것은 예수님께서 그야말로 잠에 곯아떨어지셨던 것입니다. 예수님은 많은 사람들을 상대로 병을 고치고 귀신을 쫓아내고 하나님의 말씀을 전하느라 너무 피곤해서 정신을 차리지 못하고 잠에 곯아떨어져 계셨던 것입니다.

여기서 제자들은 짜증이 날 수 있었을 것입니다. 제자들은 예수님을 믿고 예수님이 하자는 대로 했습니다. 그런데 그 결과는 인간의 힘으로는 도저히 살아날 수 없는 최악의 결과였습니다. 그런데 호수를 건너가자고 한 당사자인 예수님은 아무것도 모르는 채 주무시고 계셨던 것입니다.

여기서 예수님께서 주무셨다는 것은 무엇을 의미합니까? 그것은 예수님이 그야말로 한 인간이셨다는 것입니다. 예수님은 초인적인 능력을 가진 슈퍼맨이 아니었습니다. 예수님은 어쩌면 약골이었는지도 모릅니다. 몸이 약한 사람은 시간만 나면 잠에 곯아떨어지고, 일단 잠이 들면 업어 가도 모를 정도로 잠을 자기 때문입니다.

대개 군대에서 지휘관은 위기 상황이 발생하면 잠을 자지 않습니다. 지휘관은 부하들이 자고 있을 때에도 혼자 상황실에 나와서 상황을 살핍니다. 이것을 보면 부하들은 안심을 합니다. '아, 우리 대장은 지금도 잠을 자지 않고 있구나. 이런 대장이라면 그를 위하여 충성을 해도 아깝지 않다' 라고 생각하면서 감격해합니다. 만약 예수님이 군인 출신이라면 배 위에서 주무시지 않았을 것입니다. 오히려 제자들이 들어가서 주무시라고 해도 "저기 먹구름이 심상치 않구나. 어서 빨리 저 건너편으로 건너가도록 하자" 라고 하시든지, 아니면 요동치는 바다를 보고 제자들에게 배를 이렇게 해 보라 혹은 저렇게 해 보라고 하면서 지도력을 발휘하셨을 것입니다. 그러나 예수님은 얼마나 약한 분이셨는지 지금 배가 전복되려 하고 파선하게 되었는데도 정신을 차리지 못하고 주무시고 계셨습니다. 제자들이 주무시는 예수님을 보고 생각한 것은 예수님도 역시 한 인간이라는 것이었습니다.

지금까지 제자들은 예수님의 능력을 보고 모든 것을 믿고 맡겼습니다. 그런데 슬슬 불안해지기 시작하는 것입니다. 즉 예수님은 왜 사람들이 몰려들고 있는데 그만두자고 하셨을까? 왜 예수님은 이런 위험이 기다리고 있는 줄 모르고 배를 타고 호수를 건너가자고 하셨을까? 그리고 왜 예수님은 이렇게 제자들이 위험한데도 정신을 차리지 못하고 주무시기만 하는 것일까? 그래서 제자들은 예수님을 믿을 수가 없게 되었고 결국 자신들의 힘으로 이 폭풍을 헤쳐 나가야겠다고 생각했습니다. 그러면서 제자들은 갑자기 두려움에 빠지게 되었습니다.

우리는 무엇인가를 믿고 있다가 그것이 믿을 만한 것이 아니라고 생각될 때에는 크게 두려워하게 됩니다. 예를 들어 강이나 바다에서 수영을 하다가 이 정도면 발이 땅에 닿겠지라고 생각해서 발을 디뎠는데 발이 땅에 닿지 않으면 허우적거리면서 당황하는 것입니다. 제자들은 예수님을 믿고 따랐다가 큰 위기를 만나고 예수님에 대한 믿음이 약해지면서 당황하게 되었습니다.

옛날 영국의 어느 성도가 지은 찬송 중에 "만세 반석 열리니"라는 찬송이 있습니다. 어떤 성도가 들판에서 엄청난 비바람을 만나 황급히 피할 곳을 찾다가 큰 바위를 발견했습니다. 그 바위에는 사람이 들어갈 수 있을 정도의 틈이 나 있었고 그는 폭풍우가 지날 때까지 그곳에서 안전하게 피해 있을 수 있었습니다. 그는 자기를 지켜 준 바위를 예수님이라고 생각했습니다. 그러나 제자들이 만난 예수님은 큰 바위가 아니라 자기 몸조차 가누지 못하는 예수님이었습니다.

2. 믿음이 적은 자들아

제자들은 처음에 이런 위기 가운데서도 예수님을 깨우지 않았습니다. 제자들은 예수님을 좀 더 주무시게 하기 위해서 깨우지 않은 것이 아니었습니다. 그들은 예수님도 이런 미친 바람 앞에서는 별 수 없는 나약한 인간이라고 생각해서 깨우지 않은 것입니다. 즉 제자들은 예수님이 피곤해서 주무시는 것을 보고 예수님이 도움이 되지 않는다고 생각했던 것입니다. 그러다가 아무리 애를 써도 도무지 살 수 없겠다고 생각되었을 때에야 예수님을 깨웠습니다. 왜냐하면 이제는 다른 방법이 없었기 때문에 예수님이 능히 자기들을 구원하실 수 있다고 믿은 것은 아니지만 한번 시험조로 부탁을 해 본 것이었습니다.

25-26절, "그 제자들이 나아와 깨우며 가로되 주여 구원하소서 우리가 죽겠나이다 예수께서 이르시되 어찌하여 무서워하느냐 믿음이 적은 자들아 하시고 곧 일어나사 바람과 바다를 꾸짖으신대 아주 잔잔하게 되거늘"

이때 예수님은 제자들에게 "어찌하여 무서워하느냐 믿음이 적은 자들아"라고 하면서 책망하셨습니다.

문제는 바로 여기에 있습니다. 즉 예수님께서 제자들에게 "믿음이 적은 자들아"라고 하신 것은 제자들의 믿음이 예수님이 기대한 것에 미치지 못했다는 것을 의미하는 것입니다. 그러면 예수님은 이런 위기 가운데서 제자들에게 어떤 행동을 기대하셨으며, 제자들이 어떻게 했더라면 "큰 믿음을 가진 자들아 네 믿음대로 되라"라고 축복하셨을까요?

만일 우리도 이런 상황에 처한다면 제자들보다 더 심한 절망과 좌절을 느낄 것입니다. 그렇다면 예수님은 우리에게도 믿음이 적은 자들이라고 책망하실 것입니다.

예수님은 제자들이 예수님을 늦게 깨웠기 때문에 책망하시는 것 같지는 않습니다. 예수님께서 책망하시는 것은 시간이 아니고 그들의 태도였습니다. 물론 제자들이 어려움이 닥치자마자 바로 예수님을 깨우면서 "예수님, 우리 모두가 죽을 것 같습니다. 어떻게 좀 해 주십시오"라고 했어도 예수님께서 제자들에게 "큰 믿음을 가진 자들아, 어려움이 생기자마자 바로 나를 깨웠구나. 앞으로도 어려움이 생기면 바로 나를 깨우도록 해라. 너희가 할 수 있는 것은 아무것도 없다는 것을 알아야 해"라고 하시지는 않았을 것입니다. 그러면 예수님의 말씀은 너무나도 우스운 말씀이 되고 맙니다.

우리에게 어려움이 생겼을 때 우리는 우리 수준에서 그것을 해결하기 위해 나름대로 노력해 보아야 합니다. 어떤 사람이 눈앞에 큰 어려움이 닥쳐서 가족들이 다 죽게 되었는데도 아무것도 하지 않고 있다면 그 사람은 믿음이 좋은 것이 아니라 무책임한 사람인 것입니다.

그러면 예수님께서 제자들에게 마치 번지점프를 하는 사람들처럼 죽는 것을 두려워하지 않고 죽음의 순간에도 당당하기를 원하셨을까요? 배가 마구 요동을 치는데도 제자들이 "우리는 모두 십자가 용사들이야. 절대로 죽음을 두려워해서는 안 돼. 우리는 모두 주님과 함께 당당하게 죽을 각오를 해야 해. 자살이라도 할 각오를 해야 한다고"라고 했더라면 주님은 그들을 칭찬하셨을까요?

예수님께서 제자들에게 '믿음이 적은 자들' 이라고 책망하신 이유가 무엇입니까? 그들의 '두려움' 때문이었습니다.

'어찌하여 무서워하느냐 믿음이 적은 자들아.'

예수님은 제자들이 지나치게 두려워하는 것을 책망하셨습니다. 사실 어떤 의미에서 이것은 책망이 아니라 위로일 수도 있습니다. '너희는 이 정도로 두려워할 필요가 없었는데 공연히 두려워하는구나' 라는 위로의 책망일 수도 있습니다.

그러면 예수님께서 제자들이 이 엄청난 풍랑 속에서 전혀 두려워하지 않고 주님을 신뢰하기를 바라셨을까요? 물론 그렇게 하면 좋겠지만 사람은 그렇게 되지 않습니다. 사람들은 누구나 절망적인 어려움에 처하면 두려워하게 되어 있습니다. 여기서 절망적인 어려움이라는 것은 내 힘으로 감당할 수 없고 어느 누구도 도와줄 수 없는 어려움을 말합니다.

그러면 제자들은 어떻게 해서 그렇게 두려워하게 되었을까요? 우선 제자들은 예수님을 불신하게 되었습니다. 제자들은 예수님이 모든 것을 다 아실 것이라고 생각해서 따라나섰는데 갑자기 큰 위기를 맞게 되었고 예수님은 그런 가운데서도 정신을 차리지 못하고 주무시고 계셨습니다. 그래서 제자들은 갑자기 예수님이 의지할 만한 분이 아니라고 생각되면서 두려움에 빠지게 되었습니다. 사람이 누군가를 의지하면서 살다가 갑자기 그 사람을 믿을 수 없는 상황이 되면 패닉에 빠질 것입니다. 마찬가지로 제자들은 예수님만 믿고 가기로 결심하고 따랐는데 갑자기 상황이 절망적이 되니까 예수님은 작게 보이고 파도나 바람이 크게 보였던 것입니다.

그뿐만 아니라 제자들은 하나님의 말씀이 얼마나 위대한지 생각하지 못했습니다. 이방인 백부장은 예수님의 말씀의 능력을 믿고 무엇이든지 말씀만 하시라고 했습니다. 그러나 제자들은 천지를 만드신 하나님의 말씀을 가지신 예수님을 모시고 가면서 그 말씀의 능력을 믿지 못했습니다. 이스라엘 백성은 광야 생활을 하면서 하나님의 말씀의 능력을 믿지 못해서 언제나 하나님을 원망하고 불평했습니다. 그러나 하나님의 말씀은 반석에서 생수가 나게 하고, 불뱀에 물려서 독으로 죽어 가는 자들을 살리고, 40년 동안 이스라엘 백성을 먹여 살렸습니다. 하나님은 아브라함에게 하나님의 말씀은 능치 못함이 없다고 말씀하셨습니다.

하나님의 말씀과 이 세상의 현실 사이에는 우리 힘으로는 감당할 수 없는 어마어마한 간격이 있습니다. 이때 우리가 이 세상을 이길 수 있는 것은 말씀을 붙들고 하나님께 부르짖으면서 기도하는 것입니다. 그래서 우리는 어떤 어려움이 닥쳤을 때 '왜 이런 어려움이 닥쳤을까?' 를 생각하면 큰 시험에 빠지게 됩니다. 왜냐하면 우리는 그 이유를 이해할 수가 없기 때문입니다. 하나님이 나를 사랑하신다고 하면서 왜 이런 위기로 몰아넣으시는지 우리는 이해하지 못합니다. 단지 우리는 '나는 이 어려움을 통해서 정금과 같이 변할 것이라' 는 것을 믿어야 합니다. 그래서 우리에게 어려움이 왔을 때 우리는 오직 하나님의 말씀만 붙잡아야 합니다. 이때 우리가 자신의 판단을 믿거나 자신의 경험을 믿으면 끝없는 나락으로 떨어지게 됩니다. 이때 우리를 살리는 밧줄은 하나님의 말씀입니다.

제자들이 미친 파도를 보고 겁을 먹고 두려워한 것은 인간으로서 자연스러운 것입니다. 그러나 이때 제자들은 자신들의 믿음을 사용했어야 합니다. 제자들의 믿음이 무엇입니까? 우리는 이 시험에 망하지 않는다는 것입니다. 그리고 우리에게는 하나님의 말씀이 있고, 특히 그 말씀의 주인공이 우리에게 있다는 것입니다. 그러면 제자들은 당연히 예수님에게 부르짖었어야 합니다. “예수님, 우리 힘으로는 우리에게 닥친 이 파도를 도저히 감당할 수가 없습니다. 예수님께서 책임을 져 주십시오”라고 했어야 하는 것입니다. 그러나 제자들은 예수님이 힘이 없다고 판단해서 자기들이 그것을 해결하려고 했던 것입니다. 그리고 제자들이 예수님을 잠시라도 불신했을 때 어마어마한 두려움과 공포가 그들을 지배하게 되었습니다. 이때 제자들의 믿음은 얼어붙어서 작동이 되지 않았던 것입니다.

가끔 추운 겨울에 기계나 장비들이 말을 듣지 않을 때가 있습니다. 그러나 추운 날씨에도 장비가 제대로 작동이 된다면 그 장비는 좋은 장비인 것입니다.

러시아 사람들은 우리나라의 현대 자동차가 일본의 자동차보다 성능이 떨어진다고 생각했습니다. 그런데 어느 추운 겨울에 일본 자동차는 모두 전조등이 터지고 시동이 걸리지 않는데 현대 자동차는 전조등도 터지지 않고 모든 것이 제대로 작동되는 것을 보고 그 성능을 인정하게 되었다고 합니다.

하나님의 백성에게 어려움이 닥쳤을 때 하나님을 원망하거나 불평하는 것은 신앙을 얼어붙게 만듭니다. 또 하나님의 백성이 영적인 침체에 빠지거나 근심에 빠지는 것도 신앙을 얼어붙게 만듭니다. 다시 말해서 우리의 신앙은 반드시 어려운 시험을 통과해야 합니다. 성경 속에서 예수님 앞에서 좋은 믿음을 가졌던 성도들은 모두 어려움을 이기고 예수님께 나아왔던 사람들입니다. 즉 ‘지붕 뚫고 하이킥’이 아니라 ‘어려움을 뚫고 하이킥’인 것입니다.

우리는 어려움이 왔을 때 왜 하필이면 나에게 이런 어려움이 왔느냐고 생각하면 안 됩니다. 예수님처럼 ‘나는 하나님이 주시는 축복의 잔을 마셨으면 고난의 잔도 마시겠다’고 생각해야 합니다. 그리고 나는 절대로 이번 시험으로 망하지 않고 오히려 더 정금같이 된다고 생각하고 죽도록 하나님의 말씀을 붙잡아야 불신앙에 빠지지 않습니다.

예수님은 제자들이 무서운 풍랑을 보고 두려워한 것을 가지고 믿음이 적다고 책망하신 것이 아닙니다. 오히려 이런 풍랑을 보고서도 두려움을 느끼지 않는다면 그 사람은 조금 이상한 사람입니다. 예수님이 책망하신 것은 제자들이 지나치게 두려워했다는 것입니다. 그러면 주님이 제자들에게 기대하신 것이 무엇입니까? 그들이 나름대로 배를 움직여 보려고 시도한 것이 나쁘다는 말이 아닙니다. 그들이 풍랑을 보고 긴장한 것은 당연한 것입니다. '지금 우리 앞에는 엄청난 풍랑이 일어나고 있다. 대단한 위기이다. 정신을 차리지 않으면 우리 모두 죽고 말 것이다.' 이렇게 긴장하고 풍랑에 대처하는 자세는 정상적인 것이고 전혀 믿음 없는 것이 아닙니다. 그러나 그들은 '우리는 주님을 따르는 제자들이다. 그런데 왜 이런 풍랑이 우리에게 일어나야 하는가? 그리고 이럴 때 주님은 왜 무기력하게 주무시기만 하는가? 무엇인가 크게 잘못된 것이 아닌가? 주님을 따르겠다고 나선 것이 처음부터 잘못된 것이 아닌가?' 라고 생각하면서 침체에 빠졌던 것입니다. 믿음이 없을 때에 어려움이 닥치면 '왜 이런 일이 하필 나에게 일어나는가?' 하고 생각하게 되는 것입니다.

우리는 이 세상에 사는 이상 얼마든지 어려움이 올 수 있습니다. 진짜 믿음은 바로 그때 사용되어야 하는 것입니다. '지금 내 눈앞에는 전혀 이해할 수 없는 일이 일어나고 있다. 지금 내 속에는 완전히 믿음이 동나려고 하고 있다. 그러나 나는 주님을 의지하겠다. 주님이 지금까지 나에게 아름다운 것을 주셨으니 고난의 잔도 다 마시겠다' 라고 하면서 자기 안에서 일어나고 있는 두려움과 싸워서 이겨야 합니다. 결국 자기감정을 믿고 자기 생각을 믿은 것이 믿음이 적은 것입니다.

제자들은 위기 가운데서 살려고 하다 보니까 믿음이 작동되지 않았습니다. 그러나 다니엘의 세 친구인 사드락과 메삭과 아벳느고는 왕의 신상에 절하지 않으면 맹렬히 타는 풀무불에 던져서 죽게 하겠다는 느부갓네살 왕의 말에 "왕이시여, 만군의 하나님이 우리를 왕의 풀무에서 능히 건져 내실 것이고, 그리 아니하실지라도 우리는 왕의 신상에 절하지 않겠나이다" 라고 대답했습니다. 이들이 죽으려고 했을 때 그 맹렬히 타던 풀무불은 그들의 머리털 하나 상하게 하지 못했습니다. 우리는 이 세상에서 살려고 하면 비겁해지고 구차해집니다. 우리는 주님과 함께 죽으려고 할 때에 떳떳해지고 모든 시험을 이길 수 있습니다.

3. 적은 믿음의 한계

사실 호수 한가운데서 이런 무서운 풍랑을 만나면 믿음이 크든지 적든지 하나님의 도움 없이는 살 수가 없습니다. 결과적으로 보면 큰 믿음이나 적은 믿음이나 별 차이가 없는 것 같습니다. 그러나 사실은 엄청난 차이가 있습니다.

본문을 보면 "곧 일어나사 바람과 바다를 꾸짖으신대 아주 잔잔하게 되거늘 그 사람들이 기이히 여겨 가로되 이 어떠한 사람이기에 바람과 바다도 순종하는고 하더라"라고 되어 있습니다. 적은 믿음은 그 어려움만 면하는 것이 목적이기 때문에 어려움이 지나간 후에는 과거의 신앙으로 돌아가 버립니다. 적은 신앙은 어려움을 피하는 것이 목적이기 때문에 어려운 가운데 살아난 것을 다행스럽게 생각하면서 과거와 똑같은 방식으로 살아가게 됩니다. 그러나 어려운 가운데 불안을 이기고 두려움을 이긴 믿음은 그 어려움 속에서 하나님이 살아 계신 것을 체험하게 됩니다. 그래서 이런 사람은 어려움을 통과한 후에 믿음이 더 좋아져서 앞으로 어떤 어려움이 오더라도 믿음으로 이기게 되는 것입니다.

예를 들어 빵을 만드는 법을 아는 사람과 빵을 만드는 법을 모르는 사람은 빵이 있을 때 먹는 것은 똑같습니다. 그러나 빵을 만들 줄 모르는 사람은 있는 빵을 다 먹어 버리면 굶어야 합니다. 그러나 빵을 만들 줄 아는 사람은 빵이 없어도 얼마든지 자기 힘으로 빵을 만들 수 있기 때문에 걱정할 필요가 없는 것입니다.

본문을 보면 예수님께서 일어나 바람과 바다를 꾸짖으시자 그 즉시 바람과 바다가 잔잔하게 되었습니다. 그때 사람들은 이를 기이히 여기면서 "대체 저분이 누구시기에 바람과 바다까지도 순종하는가?" 하며 수군거렸습니다. 여기서 '기이히' 여겼다는 것은 신기하게 생각했다는 것입니다.

'어, 이상하다. 이 사람이 자다 말고 일어나서 말을 하니까 바로 바람과 바다가 잔잔해지네. 세상에 별 희한한 일이 다 있네' 라고 생각한 것입니다. 그러나 예수님의 말씀의 능력을 믿는 사람은 예수님의 말씀은 자연까지 정복하는 힘이 있다는 것을 생각하면서 좋아하게 되는 것입니다. 그러고 나서는 기쁨에 충만해서 더욱더 믿음을 사용하게 되는데, 그 다음부터는 아무 일에나 믿음을 적용시킵니다.

요즘 사람들은 "마태복음의 법칙" 이라는 것을 말합니다. 이것은 있는 사람은 더 많이 받아 풍성하게 되고, 없는 사람은 있는 것마저 모두 빼앗긴다는 것입니다. 그런데 세상 사람들은 이 법칙을 돈에 적용시키고 있습니다. 그러나 이것은 믿음의 법칙인 것입니다.

우리는 고난 가운데 믿음으로 승리하는 것을 경험하고 난 뒤에는 고난이 두렵지 않습니다. 왜냐하면 고난을 이기는 비결을 알았기 때문입니다. 우리는 기도 응답의 비결을 알고 부흥의 비결을 안다면 복잡하게 생각하거나 많은 것을 시도하려고 할 필요가 없습니다. 왜냐하면 어려운 가운데서 하나님이 응답하시는 비결을 배웠기 때문입니다. 미친 듯이 날뛰는 바람과 바다를 잔잔케 한 것은 예수님의 말씀이었습니다. 우리가 믿는 이 말씀은 천지를 창조한 말씀입니다. 하나님은 천지를 창조하시면서 땅속에 많은 금이나 은이나 석유를 넣으셨습니다. 하나님은 천지를 창조하시면서 자연법칙을 만드셨습니다. 우리는 은이나 금은 없지만 하나님의 말씀을 가지고 있습니다.

사도 바울은 죄수가 되어 로마로 끌려가던 중 유로굴라라는 무서운 폭풍을 만났습니다. 그 배에 탄 사람들은 모두 살 소망이 끊어진 상태에서 여러 날을 먹지 못해서 기진맥진했습니다. 그런데 죄수 바울에게 자꾸 하나님의 음성이 들렸습니다. 그 음성은 너무나도 분명했습니다. 그래서 그는 그 환난 가운데서 일어나서 사람들을 지휘하기 시작했고, 그의 말을 들은 사람들은 모두 살 수 있었습니다. 믿음을 사용하지 않는 사람은 위기 때에 다른 사람을 살릴 수 없습니다.

그러면 여기서 예수님께서 '적은 믿음' 이라고 하셨는데 이 적은 믿음이 구원받는 데는 어떤 영향을 줄까요? 저는 적은 믿음이 구원을 받는 데 지장을 준다고 생각하지 않습니다. 만약 그랬다면 예수님께서 "믿음이 없는 자들아"라고 말씀하셨을 것입니다. 제자들은 믿음이 있는 자들이었습니다. 단지 그들은 마음속에서 일어나는 불신앙이나 두려움을 이기지 못해서 큰 두려움에 빠졌을 뿐인 것입니다.

그러나 '구원받지 못하는 믿음' 도 있습니다. 이런 믿음은 병 치료를 받았지만 그것으로 끝난 믿음입니다. 예수님께 가면 병이 낫는다는 것을 믿은 사람들이 그 믿음대로 예수님께 가서 병을 치료받아 나았습니다. 그러나 그들은 병이 나은 후에도 예수님을 하나님의 아들로 믿지 않았습니다.

제자들은 갈릴리 호수 위에서 상반된 주님의 두 모습을 보았습니다. 하나는 육체의 피곤을 이기지 못해서 배 위에서 곤하게 주무시는 모습이었습니다. 주무시는 예수님은 진정한 인간이셨습니다. 절대로 하나님은 주무셔서는 안 됩니다. 시편 기자는 "이스라엘을 지키시는 자는 졸지도 아니하고 주무시지도 아니하시리로다"(시 121:4)라고 말하였습니다. 그런데 예수님은 주무셨습니다. 폭풍 속에서 제자들이 죽어 가는데도 모르고 주무셨습니다. 그러나 예수님이 일어나셔서 바람과 바다를 꾸짖으시니까 마치 바람과 바다가 말을 알아듣는 것처럼 즉시 잠잠해졌습니다. 과연 이 세상의 누가 바람에게 명령하고 바다를 책망할 수 있습니까? 그분은 분명히 하나님이십니다. 그런데 이해할 수 없는 것이 이 하나님께서 완전한 사람이 되셔서 그들 가운데 함께 계신다는 것입니다. 바람이나 바다를 말씀 한 마디면 잔잔하게 하실 수 있는 분이 무엇이 답답하다고 이렇게 육신이 되어 피곤을 이기지 못해서 배에서 주무시고 계시느냐는 것입니다. 바로 이것이 복음의 핵심입니다. 이 세상의 다른 모든 것은 말씀 한 마디면 다 되게 되어 있습니다. 그러나 사람을 죄에서 구원하시는 것은 말씀 한 마디로 되지 않습니다. 우리의 죄가 해결되려면 하나님의 아들이 오셔서 우리의 죄를 감당하셔야 하고, 십자가 위에서 피를 흘리셔야 합니다. 그래서 사실은 배 위에서 정신없이 주무신 그 하나님이 정말 위대한 하나님이시고 우리의 진정한 구원자이셨던 것입니다.

예수님이 약한 육신으로 오시지 않았더라면 우리 인간은 한 사람도 구원받지 못했을 것입니다. 그러나 인간들은 연약한 육신으로 오신 예수님을 업신여겼고, 그를 불신했으며, 십자가에 못 박아서 죽였던 것입니다.

그러면 우리가 어떻게 해야 큰 믿음의 사람이 될 수 있을까요? 우리는 다른 사람이 나보다 더 위대하다는 것을 알면 모든 것을 맡길 수 있습니다. 현대인들이 믿음이 없는 것은 스스로 똑똑하다고 생각하기 때문입니다.

예수님은 우리보다 능력이 많으시고 하나님은 우리보다 능력이 많으십니다. 우리는 인생의 어려운 문제를 자신이 다 해결하려고 할 것이 아니라 하나님께 다 맡기고 종으로서 주님의 말씀만 붙들고 은혜만 붙들어야 합니다. 그러면 주님이 우리의 인생을 운전하실 것입니다. 우리는 우리에게 어려움이 올 수 있다는 것을 각오해야 합니다. 그러나 우리는 이 짐을 질 수 없습니다. 우리는 어려움이 올 때마다 말씀과 기도로 주님께 맡기고 주님이 하라고 하시는 대로 순종하시기 바랍니다. 그러면 주님이 우리를 향해서 "네 믿음이 크도다 네 믿음대로 되리라"라고 축복해 주실 것입니다.

성경 토의

1. 우리는 나름대로 하나님의 뜻이라고 믿고 순종했다가 최악의 결과가 나왔을 때 어떻게 하나님을 신뢰할 수 있는가?

2. 예수님은 사람만이 아니라 자연도 고칠 수 있는 분인데 우리는 자연재해나 큰 사고가 생기지 않도록 어떻게 주님을 신뢰하며 기도하고 있는가?

3. 배 위에서 정신없이 곯아떨어져서 주무시는 예수님의 모습과 성난 파도와 물결 위에 서서 바람과 바다를 말씀으로 잔잔케 하시는 예수님의 모습은 전혀 다른 모습이다. 우리는 예수님의 능력을 내 멋대로 제한하지는 않는가? 나는 지금까지 하나님이 은혜를 주시고 하신 일을 통해서 내 눈앞의 어려움에 적용하고 있는가?

37_거라사의 광인

마태복음 8:28-34

전체적 설명

현대 의학은 놀라운 발전을 거듭해 왔지만 정신질환에 대해서는 아직 명백한 치료법이 없다. 그래서 지금도 정신병원이나 시설에는 치료를 포기하고 수용되어 있는 환자들이 많이 있다. 더욱이 요즘에는 하루에도 많은 사람들이 자살을 하고 있으며, 또 성추행 같은 비인간적인 범죄를 저지르는 자들이 수도 없이 많다. 예수님은 갈릴리 호수 건너편 이방인의 땅에 가서 수많은 귀신이 들려 사람이 통제할 수 없는 광인을 고쳐 멀쩡한 사람이 되게 하신다.

설교 프리노트

28절, "또 예수께서 건너편 가다라 지방에 가시매"

여기의 '가다라'가 마가복음과 누가복음에는 '거라사'로 되어 있다(막 5:1; 눅 8:26). 이곳은 이방인의 거주 지역이었다. 예수님은 이방인의 지역으로 가셔서 귀신 들린 자 안에 있던 귀신에게 왜 이방인 지역까지 와서 자기들의 일을 방해하느냐는 항의를 듣게 된다. 여기서 우리는 예수님이 귀신의 세력과 대결하셔서 능히 그들을 제압하시고 사람을 귀신의 지배로부터 건져 내시는 것을 볼 수 있다.

"귀신 들린 자 둘이 무덤 사이에서 나와"

다른 복음서에는 귀신 들린 자가 한 명으로 되어 있는데 마태복음에는 두 명으로 되어 있다(막 5:2; 눅 8:27). 이것은 강조점의 차이로 인한 것으로 생각된다. 즉 마가나 누가는 귀신 들린 자를 고치는 데 초점을 맞추어서 한 명으로 기록했다면, 마태는 숫자를 중요하게 생각해서 두 명이라고 기록한 것 같다. 그렇다면 실제로 귀신 들린 자는 두 명이었는데 그 중에서 한 명이 더 난폭하고 주도적인 역할을 한 것으로 생각할 수 있다. 이 귀신 들린 사람이 무덤에서 나와서 예수님의 일행에게 접근한 것은 행패를 부리고 난폭한 짓을 하기 위해서였던 것 같다. 즉 이 사람은 일단 사람들을 피해서 무덤이나 그 부근에서 살고 있다가 그 부근을 지나가는 사람들이 보이면 덤벼들어서 때리고 물건을 빼앗곤 했던 것 같다.

"저희는 심히 사나와 아무도 그 길로 지나갈 수 없을 만하더라"

마가복음에는 좀 더 자세하게 설명하고 있는데 이 귀신 들린 자들은 여러 번 붙잡아서 쇠사슬로 매어 놓았지만 얼마나 힘이 센지 쇠사슬을 끊고 쇠고랑도 깨뜨리고 달아나서 아무도 제어할 수 없는 사람들이었다(막 5:4). 그래서 아마도 그 지역에 사는 사람들은 이들이 살고 있는 무덤 옆으로는 아무도 지나가지 않았던 것 같다. 단지 이 지역의 사정을 모르는 사람들이 뭣도 모르고 이 무덤 옆을 지나가다가 이 귀신 들린 자들에게 봉변을 당했던 것이다.

29절, "하나님의 아들이여 우리와 당신과 무슨 상관이 있나이까"

귀신 들린 사람은 미쳐서 정신이 없는데 예수님은 이 사람 안에 있는 귀신의 무리를 아시고 나가라고 명령하셨다(막 5:8). 그때 그 사람 안에 숨어 있던 귀신이 정체를 드러내면서 말을 하기 시작했다. 우리는 이 사람의 입에서 나오는 귀신의 말을 모두 믿을 필요는 없다. 단지 중요한 것만 참고로 알면 되는 것이다. 우선 이 귀신은 예수님이 하나님의 아들인 것을 알아보았다. 우리는 많은 경우 귀신이나 사탄이 신통력이 있다고 생각하기 쉬운데 사실은 그렇지 못한 경우가 많다. 대개 귀신 들린 자들은 제정신이 아니기 때문에 다른 사람을 알아보지 못한다. 그런데 이런 귀신이라 할지라도 예수님이 하나님의 아들이신 것을 알아보았다. 그러고는 '우리와 당신이 무슨 상관이 있느냐' 고 따졌다. 이것은 자기들이 있는 곳은 이방인의 땅인데 왜 하나님의 아들이 이방인의 땅까지 와서 자기들을 괴롭히려고 하느냐는 것이다. 이것을 보면 귀신들은 하나님은 하나님의 백성만 다스려야 한다고 생각하고 있었던 것을 알 수 있다. 즉 하나님은 이스라엘 백성만 다스리라고 하면서 이방인의 땅은 귀신들의 영역이라고 주장을 하는 것이다.

"때가 이르기 전에 우리를 괴롭게 하려고 여기 오셨나이까"

귀신들은 자신들의 '때' 가 있다는 것을 알고 있었다. 즉 귀신들은 언젠가 하나님의 아들이 오시면 자기들은 지옥이나 무저갱으로 끌려가야 한다는 것을 알고 있었던 것이다. 그리고 귀신들은 하나님의 아들은 너무 힘이 세어서 능히 자기들을 마음대로 괴롭힐 수 있다고 생각하였다.

31절, "만일 우리를 쫓아내실찐대 돼지 떼에 들여보내소서"

예수님은 하나님의 아들의 권세를 가지고 귀신들에게 그 사람에게서 나오라고 명령하셨는데 귀신들은 바로 순종하지 않고 예수님에게 조건을 제시하였다. 아마 귀신들의 입장에서는 인간 속에 들어가서 지배하고 미치게 하는 것이 가장 좋았던 모양이다. 그런데 예수님이 귀신들에게 그 사람에게서 떠나라고 하니까 돼지 떼에 들어가게 해 달라고 조건을 제시하였다. 이것은 그 사람에게서 나오는 대가를 지불하라는 뜻이었다. 물론 예수님은 귀신들의 말을 들을 필요도 없고 대가를 치를 필요도 없었지만 이 귀신 들린 사람을 아끼시고, 또 한 사람의 영혼이 얼마나 가치 있는지 보여 주기 위해서 귀신들의 요구를 받아들여 귀신들이 돼지 떼에 들어가는 것을 허락하셨다. 이것을 보면 귀신들이 예수님의 허락 없이는 돼지 떼에도 마음대로 들어가지 못하는 것을 알 수 있다.

32절, "온 떼가 비탈로 내리달아 바다에 들어가서 물에서 몰사하거늘"

귀신들이 사람에게서 나와서 돼지에게 들어가자마자 돼지 떼 전체가 미쳐서 전부 비탈길을 달려서 호수에 빠져 죽었다. 짐승들에게는 자살이라는 것이 없는데 귀신이 돼지 떼에 들어가니 미쳐서 전부 자살을 한 것이다. 이것을 통해서 우리는 마귀가 얼마나 악하며 모든 것을 파괴시키고 망하게 하는지를 알아야 한다. 예수님은 귀신 들린 자 안에 있는 귀신이 돼지 떼에 들어가서 죽는 것을 통해서 제자들이나 이방 지역에 사는 사람들에게 귀신이 실제로 존재한다는 것을 보여 주셨다. 사람들은 대개 눈에 보이지 않는 영적인 세계는 믿으려고 하지 않는데 이런 것을 보면 마귀나 하나님의 세계가 있는 것을 믿게 되고 하나님을 두려워하게 된다. 그리고 예수님은 귀신 들린 사람 한 명을 돼지 2천 마리와 바꾸심으로 한 영혼이 얼마나 가치가 있는지 보여 주셨다.

34절, "그 지방에서 떠나시기를 간구하더라"

우리 생각으로는 가다라 사람들이 예수님의 능력을 알았으면 예수님을 붙들고 자기들과 함께 있자고 할 것 같은데 오히려 그들은 예수님에게 어서 그곳을 떠나라고 하였다. 그 이유는 이들은 이미 오래전부터 귀신의 지배 하에 있었기 때문에 예수님이 계심으로 인해 일어나는 변화나 손해를 원치 않았던 것이다.

본문 이해를 위한 질문

1. 예수님은 가다라 지방에 가서 어떤 사람과 만나셨는가?

예수님은 배에서 내리자마자 귀신 들려서 미친 사람 둘을 만났는데 이들은 너무 심하게 미쳐서 도저히 사람의 힘으로는 통제가 안 되는 사람들이었다.

2. 이 사람 속에 들어 있는 귀신은 무슨 말을 하였는가?

이 귀신은 예수님이 하나님의 아들이신 것을 알았고, 예수님에게 자기들과 무슨 상관이 있으며 왜 괴롭히려고 왔느냐고 하였다. 그리고 돼지 떼에 들어가게 해 달라고 요청하였다.

3. 예수님이 귀신들의 요구를 들어주신 이유가 무엇인가?

예수님은 귀신들의 요구를 들어줄 필요가 없으셨지만 사람들로 하여금 귀신의 정체를 똑바로 보게 하고 한 영혼이 얼마나 가치가 있는지 깨닫게 하기 위해서 귀신들로 하여금 돼지 떼에 들어가도록 허락하셨다.

성경 강해

얼마 전에 어떤 젊은이를 만났는데 그는 하루도 빠짐없이 술을 마셨습니다. 그래서 제가 왜 그렇게 매일 술을 마시느냐고 물어보니까 그는 이 세상을 도저히 맨정신으로 살아갈 수 없어서 술을 마신다고 대답했습니다. 아마 오늘 이 시대를 살아가는 사람들은 어느 누구 할 것 없이 한 번쯤 미쳤으면 좋겠다는 생각을 가지고 살아가는 것 같습니다. 그런데 우리가 미치는 데 큰 도움을 주는 것이 있다면 그것은 바로 술일 것입니다. 우리는 맨정신으로는 할 수 없는 말이나 행동을 술기운을 빌려서 할 수 있습니다. 또 도저히 죄를 지을 것 같지 않아 보이던 사람이 이상하게 큰 사고를 칠 때가 있는데 그때 본인에게 물어보면 자기도 모르는 사이에 미쳐서 그렇게 했다고 말을 합니다.

사람은 마음 상태에 따라서 천사가 되기도 하고 악마가 되기도 하는데 심각한 것은 우리는 자신의 마음을 도저히 붙잡을 수 없다는 것입니다. 그래서 우리 마음에는 주인이 필요합니다. 만일 예수님이 우리 마음의 주인이 되지 못하면 우리는 마귀의 충동을 받을 때마다 미칠 것입니다. 왜냐하면 마귀는 사람을 미치게 하기 때문입니다. 우리 인간은 죄를 짓고 타락한 후부터 사실 어느 정도 미친 상태에서 살아가고 있습니다. 그러다가 마귀가 우리에게 강하게 충동질을 하면 결국 우리는 마귀가 시키는 대로 악한 죄를 저지르고 마는 것입니다. 그래서 우리 인간은 사실 엄청나게 뛰어난 존재인데 스스로 통제가 되지 않는 것이 문제입니다.

아마 사람을 미치게 하는 것 세 가지를 찾아보라고 한다면 가장 먼저 이야기되는 것이 술일 것입니다. 우리는 신문에서 종종 높은 위치에 있는 사람들이 술에 취해서 해서는 안 되는 말을 하거나 혹은 주위에 있는 여성에게 추태를 부리는 바람에 신세를 망치는 것을 많이 봅니다. 그럼에도 사람들은 여전히 술을 끊지 못합니다.

또 사람들이 죄를 짓는 요인 중에 중요한 것이 미움입니다. 사람이 다른 사람을 미워하기 시작하면 그냥 싫어하는 것으로 끝나지 않고 나중에는 그 사람과 함께 있는 것 자체를 견디지 못하는 상태까지 가게 됩니다. 그러다가 어떤 좋지 않은 일로 미움이 폭발하면 화를 내거나 혹은 폭력을 휘두르고, 더 나아가서 사람을 죽이기까지 하는 것입니다.

그리고 사람이 죄를 짓게 되는 요인 중 하나가 육체의 욕망입니다. 사람이 이성에 대한 정욕이 끓어오르면 미치게 되어서 자제력이나 부끄러움을 다 잊고 맙니다. 그래서 책임질 수 없는 잘못된 사랑의 충동을 받으면 죄를 짓게 되는 것입니다. 결국 인간들을 비참하게 하는 것은 하나님께 컨트롤을 받지 않고 죄에게 컨트롤을 받기 때문입니다. 그런데 만일 사람이 죄에서 돌이켜서 하나님께 컨트롤을 받도록 할 수만 있다면 사람은 누구든지 천사처럼 될 수 있을 것입니다.

전에 교도관으로 근무하시는 분이 간증집 『하나님이 고치지 못할 사람은 없다』라는 책을 출판하셔서 그 책을 읽은 적이 있습니다. 그분은 그 책에서 자기가 만난 한 사형수의 이야기를 소개했는데 그 사형수는 아버지와 어머니, 형과 형수 그리고 조카 다섯 명을 망치로 때려죽이고 집 마당에 암매장한 흉악범이었습니다. 그런데 그분이 보기에는 그가 전혀 사람을 죽일 사람처럼 생기지 않았다는 것입니다. 다만 무언가에 쫓기는 것 같아서 그 교도관이 그를 개인적으로 만났을 때 너를 괴롭히는 것이 무엇이냐고 물었더니 그것을 어떻게 아느냐면서 사실 자기가 가족을 죽인 것도 어떤 시커먼 것이 자기를 충동질해서 가족을 죽이고 암매장했다고 고백했다고 했습니다.

저는 군대 생활을 할 때 해군 본부에 있는 교도소를 정기적으로 방문해서 전도하곤 했습니다. 그때 제 상사는 가톨릭 신자였는데 제가 교도소에 가서 전도하는 것을 아주 싫어했습니다. 그러나 저는 해군 본부에 있는 여성 군무원들의 신앙이 매우 뜨거웠기 때문에 감동을 받아서 함께 감옥에 가서 죄수들을 위로하고 전도했습니다. 그때 술에 취해서 두 사람을 죽인 살인자를 만났는데 도대체 어떻게 해서 사람을 두 명씩이나 죽였느냐고 하니까 자기는 전혀 기억이 나지 않는다고 했습니다. 단지 술을 좀 과하게 마셨을 뿐인데 술에서 깨고 나니까 손에 칼이 들려 있고 자기가 사람을 죽였더라는 것입니다. 그 죄수는 결국 사형을 당했습니다.

우리는 서로 미워하지 않고 죄만 짓지 않으면 행복하게 살 수 있을 텐데 왜 인간들은 죄를 지어서 감옥에 갈까요? 어떤 사람은 욱하는 성격 때문에 자기도 모르게 죄를 지었다고 하기도 하고, 어떤 사람은 그놈의 술 때문에 미쳤었다고 합니다. 그러나 우리 인간은 모두 죄의 포로가 된 자들입니다.

예수님께서는 자기 안에 있는 통제 시스템이 완전히 마비되어서 마귀의 종이 되어 있는 사람에게서 귀신을 쫓아내심으로 변하여 새사람이 되게 하셨습니다. 예수님은 이 세상의 육체적으로나 정신적으로 병들고 죄에 빠진 자들을 모두 고치셨습니다. 그러나 우리는 예수님이 아니기 때문에 여전히 고칠 수 없는 사람들이 너무나도 많이 있습니다. 우리는 이것을 어떻게 해야 할까요?

1. 귀신 들려 미친 사람

예수님께서 큰 풍랑을 잔잔케 하신 후 갈릴리 호수 건너편으로 가셨을 때 귀신이 들려서 엄청나게 사나운 두 사람을 만나게 되었습니다.

28절, "또 예수께서 건너편 가다라 지방에 가시매 귀신 들린 자 둘이 무덤 사이에서 나와 예수를 만나니 저희는 심히 사나와 아무도 그 길로 지나갈 수 없을 만하더라"

배에서 내린 예수님 일행을 환영한 사람들은 가다라 사람들이 아니라 귀신 들려서 미친 사람이었습니다. 이 사람은 그냥 미친 것이 아니라 아주 난폭하게 미쳐서 지나가는 사람들만 보면 때리거나 행패를 부렸습니다.

우리는 우울증과 귀신 들린 것을 잘 구별하지 못할 때가 있습니다. 그래서 어떤 사람은 귀신 들린 것이 아니라 단지 우울증에 걸렸을 뿐인데 귀신을 쫓아낸다고 안수기도를 해서 병을 더 악화시키는 경우도 있습니다. 우울증에 걸린 분들 중에서 심한 분은 감정이 통제되지 않아서 소리를 지르기도 하고, 책을 찢기도 하고, 이상한 소리를 듣기도 하지만 자기가 누구인지는 분명히 인식하고 있습니다. 그러나 귀신 들린 사람은 일단 자기가 누구이며 무슨 짓을 하고 있는지 모를 때가 많습니다. 그러나 귀신 들렸다고 해서 언제나 미쳐 있는 것이 아니라 제정신이 들었다가 나갔다가 합니다. 그런데 증세가 심한 사람은 언제나 미친 상태에 있는 것입니다.

미친 사람은 대개 세 부류입니다. 하나는 어떤 충격으로 뇌에 이상이 생겨서 정신이상이 된 사람입니다. 이런 경우가 순수하게 미친 경우입니다. 이런 정신이상은 잘 고쳐지지 않는 것이 특징입니다. 그리고 둘째는 일시적인 현상으로, 술에 만취되어 '필름'이 끊어져 의식 없이 행동하는 것입니다. 그러나 이런 상태는 술에서 깨어나면 제정신으로 돌아오게 되어 있습니다. 그리고 셋째는 귀신에 씌여서 이성을 잃고 헛소리를 하거나 혹은 귀신의 충동에 따라서 움직이는 경우입니다.

예수님이 만난 사람은 귀신에 들려서 미친 사람이었습니다. 그런데 그냥 미친 정도가 아니었습니다. 이 사람은 굉장히 힘이 세서 사람들이 그를 잡아 가둘 수가 없었고, 심지어는 쇠고랑을 채워도 끊고 달아날 정도로 힘이 셌습니다. 그리고 그는 예수님을 알아보고 대화를 나누었는데 횡설수설한 것이 아니라 상당히 조리 있게 말을 한 것을 보면 그 안에 들어 있는 악령이 계급이 높은 악령이었던 것을 알 수 있습니다.

많은 사람들은 귀신을 죽은 자의 영혼이라고 생각합니다. 그러나 이것 자체가 속임수입니다. 귀신은 사탄이 타락할 때 타락한 악령들입니다. 타락한 천사들입니다. 그들은 죽은 사람의 영혼처럼 가장해서 자신의 정체를 속이려고 합니다. 귀신은 타락한 영입니다. 귀신은 사람을 충동질해서 화를 내게 하거나 자포자기해서 죄를 짓게 하지 사람의 인격을 지배하지는 못합니다. 그러나 극단적인 경우에는 마귀가 사람의 인격을 지배하기도 합니다. 그런데 가다라의 귀신 들린 사람들의 경우는 단순히 충동질당하는 상태가 아니라 완전히 귀신 들려서 미친 상태였고, 귀신이 그의 입을 통해 말하고 그를 난폭하게 날뛰게 했습니다. 다시 말해서 이 사람은 완전히 마귀에게 사로잡혀서 인간으로서의 모든 가치를 상실한, 전적으로 마귀가 시키는 대로 하는 마귀의 종이었습니다. 이 귀신 들린 자는 예수님의 일행에게로 다가왔는데 아마도 행패를 부리려고 온 것 같습니다. 그런데 놀라운 것은 그가 예수님을 알아보고 예수님을 두려워한 것입니다.

29절, "이에 저희가 소리질러 가로되 하나님의 아들이여 우리와 당신과 무슨 상관이 있나이까 때가 이르기 전에 우리를 괴롭게 하려고 여기 오셨나이까 하더니"

귀신 들린 사람은 예수님을 알아보고 '하나님의 아들' 이라고 했습니다. 멀쩡한 사람들은 예수님을 알아보지 못했는데 귀신 들린 사람은 예수님을 알아보았습니다. 그런데 실제로는 그가 알아본 것이 아니고 그 안에 있는 악령이 알아보았습니다. 이 사람은 정신이 들고 난 후에 자기가 무슨 말을 했는지 전혀 기억하지 못했을 것입니다. 그러니까 이 사람은 단순히 귀신 들려서 미친 것이 아니고 아주 강한 악령이 그 안에서 그를 강하게 조종하고 있었던 것입니다.

오늘 우리에게 문제가 되는 것은 도대체 이 악령의 말을 어느 정도까지 받아들여야 하느냐는 것입니다. 우리는 귀신 들린 자의 말을 받아들이면 절대로 안 됩니다. 그래서 예수님께서는 다른 곳에서 귀신 들린 자가 말하는 것을 절대로 허락지 아니하셨습니다. 우리는 영적인 세계에 대하여 다 알려고 할 필요는 없지만 성경이 말하는 수준까지는 알아도 될 것입니다.

일단 귀신 들린 자는 예수님이 하나님의 아들인 것을 알아보고 예수님을 두려워하였습니다. 그러면서 그는 예수님이 거기에 오신 것에 대하여 항의를 했습니다.

'하나님의 아들이여 우리와 당신과 무슨 상관이 있나이까 때가 이르기 전에 우리를 괴롭게 하려고 여기 오셨나이까.'

이 말을 들어보면 이 사람 안에 있는 악령은 보통 수준이 아니라는 것을 알 수 있습니다. 대개 귀신 들린 사람은 미쳤기 때문에 상대방을 잘 알아보지 못합니다. 그러나 이 사람 안에 있는 악령은 예수님을 알아보았을 뿐 아니라 여기는 예수님이 오실 곳이 되지 못한다고 항의를 했습니다. 다시 말해서 "우리와 당신이 무슨 상관이 있나이까?"라는 것은 이곳은 이방인의 땅이기 때문에 당신의 관할이 아니라는 것입니다. 그리고 이곳에 온다면 마지막 심판 때에 와야지 이렇게 빨리 오는 것은 계약 위반이라는 것입니다.

마귀들이 가장 무서워하는 것이 예수님의 이름입니다. 이 미친 사람 안에 있는 악령들은 아주 강한 것들이었고 그 수도 많았습니다. 그러나 그들은 예수님을 이길 수 없다는 것을 알고 꼬리를 내리면서 설설 기고 있습니다. 예수님은 그들이 가장 무서워하는 장수였습니다.

사탄은 사람을 충동질해서 죄를 짓게 합니다. 화를 내게 하고, 의심하게 하고, 죄를 짓도록 충동질합니다. 그러나 사람들의 마음속에는 어느 정도의 상식이 있어서 충동에 잘 넘어가지 않습니다. 그런데 자기 스스로 이런 충동에 대한 방어기제들을 다 파괴시킨 사람들이 있습니다. 예를 들어 술을 마시기만 하면 정신을 잃고 행패를 부리는 사람은 이미 움직이는 흉기입니다. 그렇다고 해서 이런 사람을 무조건 정신병원에 집어넣을 수가 없습니다. 그러나 예수를 믿어서 알코올 중독을 치료받은 사람들이 많이 있습니다. 사실 중독이라는 것은 자기 힘으로 치료할 수 없는 것입니다. 왜냐하면 이미 그것의 종이 되었기 때문입니다. 그러나 죽어라고 예수 이름을 부르면 술 귀신도 떨어져 나가고 음란 마귀도 떨어져 나갑니다.

예수님이 이 세상에 오신 목적이 무엇입니까? 바로 이렇게 파괴된 하나님의 형상을 회복시키기 위해서입니다. 사탄은 이곳은 자기 땅이고 아직까지는 자기가 왕 노릇 해야 한다고 주장하고 있습니다. 그러나 예수님은 그의 주장을 묵살하고 그 사람에게서 나오라고 하셨습니다. 마귀는 세상 마지막 날까지 자기가 모든 사람들 위에서 왕 노릇 할 줄 알고 있습니다. 그러나 예수님이 이 세상에 오심으로 이미 마귀의 생명은 끝이 났습니다. 그리고 그가 십자가에 못 박히셨을 때 하나님께서는 모든 죄인을 다 용서하셨습니다. 누구든지 하나님께로 돌아오기를 원하는 자는 다 받아 주십니다. 누구든지 예수의 이름을 부르는 자는 하나님께서 다 용서하시고 다 받아 주십니다. 매춘부라도 상관없고 깡패라도 상관이 없습니다. 정신이 상자라 하더라도 상관이 없습니다. 주님의 이름을 부르기만 하면 마귀는 벌벌 떨게 되어 있습니다. 본인이 부르지 못하면 가족이나 친구가 대신 그 사람을 위하여 예수님의 이름을 부르면서 기도해야 합니다.

마귀는 사람들을 속이면서 이방 땅은 자기 구역이며 세상 마지막 때까지 자기가 왕 노릇 할 수 있을 것이라고 생각합니다. 마귀는 예수님이 이 세상에 오신 것을 잠시 자기들을 괴롭히러 오신 줄로 압니다. 그러나 이제 마귀는 망했습니다. 예수님께서 십자가를 지심으로 한 사람도 붙들어 둘 권리가 없게 되었습니다. 예수의 이름을 부르기만 하면 모두 해방될 것입니다. 물론 우리 힘으로는 미친 사람을 제압하지 못합니다. 때로 칼을 들고 설칠 때에는 가두거나 피하는 것이 나을 것입니다. 그러나 끝까지 예수의 이름을 부르면 그 영혼이 구원을 얻을 것입니다.

2. 귀신의 요구

예수님께서 이 사람 안에 들어 있는 악령에게 그 사람을 떠나라고 명령하셨습니다. 그랬더니 이 귀신이 예수님께 부탁을 합니다.

30-31절, "마침 멀리서 많은 돼지 떼가 먹고 있는지라 귀신들이 예수께 간구하여 가로되 만일 우리를 쫓아내실찐대 돼지떼에 들여보내소서 한대"

여기서 놀라운 것은 귀신들에게 나가라고 하니까 그냥 나가지 않고 대가를 요구한 것입니다. 그 대가는 돼지 2천 마리의 목숨이었습니다. 이 귀신들은 자기들 마음대로 돼지 떼에 들어가지 못하고 예수님의 허락을 받고 들어갔습니다.

이 사실은 우리에게 큰 위안을 줍니다. 하나님은 비록 짐승이라 하더라도 귀신들이 함부로 들어가지 못하도록 막으십니다. 귀신들은 자기 마음대로 돼지나 소 안에 들어가서 미치게 하지 못합니다. 이것을 일반은총이라고 합니다. 하나님을 믿지 않는 사람에게도 귀신이 씌이는 일은 잘 일어나지 않습니다. 그런 일이 일어나는 것은 그 사람이 자기 영혼을 스스로 마귀에게 팔아 먹었기 때문입니다.

사실 사람들이 젊었을 때에는 출세하고 싶은 마음에 스스로 마귀에게 자기 자신을 파는 약속을 하기도 합니다. 그리고 학자들 중에는 양심을 팔아서 유명하게 되고자 하는 사람들이 있고, 배우들 중에는 자기 몸을 팔아서 유명하게 되고자 하는 사람들이 있습니다. 그러나 이것은 모두 마귀가 충동질하는 것입니다. 우리가 예수님을 붙잡으면 마귀의 그 모든 노예 계약에서 해방될 수 있습니다.

그러나 누구든지 자기 양심을 속이는 일을 수없이 반복할 때에는 결국 미쳐서 귀신에 들릴 수가 있습니다. 그것은 자기 책임입니다. 그런데 예수님은 자신의 능력으로 그 사람을 사탄의 권세에서 해방시키셨습니다. 예수님은 귀신들에게 그 사람에게서 나가라고 했습니다. 그랬더니 귀신들이 조건을 달았습니다. 그것은 돼지 떼 2천 마리와 이 사람의 영혼을 바꾸자는 것입니다.

여기서 중요한 것은 왜 예수님께서 이 귀신들의 요구를 들어주셨느냐는 것입니다. 그 이유는 둘 중의 하나입니다. 그 하나는 사람의 영혼을 치료하는 데는 대가가 필요하기 때문이라는 것입니다. 아무리 예수님이라 하더라도 대가 없이는 이렇게 병든 영혼을 치료할 수 없다는 것입니다. 그리고 예수님은 귀신 들린 한 영혼의 가치가 얼마나 소중한 것인지 깨닫게 하기 위해서 말도 되지 않는 이 귀신들의 요구를 들어주신 것입니다. 이 귀신들은 예수님께서 그 사람을 놓아주라고 명령하시니까 나가기는 하겠는데 돼지에게로 들어가겠다고 했습니다.

그러나 또 다른 이유를 생각해 볼 수 있는데 그것은 예수님께서 이 사람의 고통을 덜어 주기를 원하셨다는 것입니다. 즉 예수님이 귀신들에게 나가라고 하면 나가겠지만 아마 틀림없이 그 귀신 들린 자에게 엄청난 고통을 주고 떠날 것입니다. 그래서 예수님께서는 귀신들의 요구를 들어주심으로 귀신 들린 자의 고통을 덜어 주시려고 한 것 같습니다. 그래서 이 귀신들은 귀신 들린 사람에게 큰 고통을 주지 않고 곱게 빠져나간 것입니다.

사실 거기에 있는 돼지들은 예수님의 소유가 아니었습니다. 그런데도 불구하고 예수님께서 사용하신 것은 이 세상에 있는 모든 것이 영혼 구원이라는 긴급한 일을 위해서는 우선적으로 사용되어도 된다는 것을 보여 주시려는 것입니다.

만약 우리 옆에서 어떤 사람이 죽어 가고 있다면 주위에 있는 차를 임시로 사용할 수 있을 것이며, 주위에 있는 물건들도 우선적으로 사용할 수 있을 것입니다. 마찬가지로 한 영혼을 위기에서 건지기 위해서라면 그 어떤 물건이나 돈도 아까워하지 말라는 것입니다. 왜냐하면 이 세상 모든 것들이 이런 사람들을 건지기 위해서 있기 때문입니다.

우리는 아무 대가 없이 영혼을 구할 수 없습니다. 만약 자녀가 악한 죄에 빠져 있다면 그 아이를 죄에서 건져 내기 위해 부모는 명성이나 재산상에 손해를 보아야 할 때도 있고, 이사를 해야 할 수도 있는 것입니다.

3. 가다라 사람들의 반응

예수님께서 미친 사람 안에 있는 귀신들에게 '가라' 고 하시니까 귀신들이 그 사람에게서 나와 돼지 떼에 들어갔습니다. 그리고 돼지 떼는 일제히 내리달아서 모두 호수에 빠져 죽었습니다.

32절, "저희더러 가라 하시니 귀신들이 나와서 돼지에게로 들어가는지라 온 떼가 비탈로 내리달아 바다에 들어가서 물에서 몰사하거늘"

이것이 바로 사탄의 정체입니다. 사탄이 궁극적으로 원하는 것은 모든 것을 파괴시키고 멸망시키는 것입니다. 이 두 사람 안에 들어 있던 귀신들이 돼지 떼에 들어가니 2천 마리의 돼지가 모두 미쳐서 물에 뛰어들어 죽었습니다. 이런 더러운 귀신이 사람 안에 있었으니 얼마나 이 사람이 괴로웠겠습니까? 그런데 돼지는 단번에 미쳐서 모두 죽어 버렸는데 이런 엄청난 귀신들이 안에 들어 있는데도 견디는 것을 보면 사람은 참으로 강한 것 같습니다. 짐승들은 미치면 금방 죽어 버립니다. 그런데 사람은 미쳐도 생각보다 상당히 오래 버티는 것 같습니다. 비록 사람은 사탄의 세력에 사로잡혀서 완전히 미친 상태에서 사탄의 조종을 받으면서 살지만 예수님을 만남으로 해방되는 것입니다.

마귀가 원하는 것이 무엇입니까? 우리 스스로를 파괴시켜서 비참하게 죽게 하는 것입니다. 그런데 그렇게 하지 못하니까 돼지들을 다 죽여 버렸습니다. 그런데 문제는 이 놀라운 일을 체험한 이방인들의 태도였습니다.

33-34절, "치던 자들이 달아나 시내에 들어가 이 모든 일과 귀신 들린 자의 일을 고하니 온 시내가 예수를 만나려고 나가서 보고 그 지방에서 떠나시기를 간구하더라"

돼지 떼를 치던 사람들은 돼지들이 갑자기 미쳐서 물에 뛰어드는 것을 보고 몹시 놀랐습니다. 그래서 시내에 들어가 이 일을 전했고, 온 시내 사람들이 예수님께 나아왔습니다. 그들은 거기서 분명히 사탄의 실체를 보았습니다. 그리고 그들은 거기서 예수님의 능력도 보았습니다. 그러나 가다라 사람들은 이 엄청난 능력을 보고서도 예수님을 영접하지 않고 떠나달라고 부탁했습니다. 그 이유가 무엇입니까? 그들의 모든 삶이 귀신의 지배를 받고 있었기 때문입니다. 물론 다 미친 것은 아니지만 그들의 삶은 대부분 마귀적이고 귀신적이었습니다. 그들은 거기에 계시면 그들의 삶 전체가 파괴될 수밖에 없다는 것을 알았습니다. 그들 중에는 귀신 들린 사람이 많았는데 그 한 사람 한 사람이 치료되려면 많은 손해를 봐야 하는 것입니다.

일단 가다라 사람들은 예수님을 바로 알았습니다. 예수님은 능력의 하나님의 아들이시며 모든 사탄의 세력보다 더 큰 힘을 가졌다는 것을 알았습니다. 그러나 그들은 하나님을 바로 알려면 엄청난 대가를 지불해야 한다는 것을 알았던 것입니다. 단 두 명이 정신을 차리는 데 돼지 2천 마리라면 그 도시에 있는 미친 사람들이 예수를 믿고 정신을 차리려면 그곳에 있는 가축들은 다 죽어야 할 것입니다. 그들은 예수님께서 자기들과 함께 계실 때 그들이 치러야 할 대가를 재빠르게 계산해 보았습니다. 그 결과는 천문학적인 희생이었습니다. 그래서 그들은 예수님께 그곳을 떠나시기를 간청했습니다.

오늘 많은 사람들이 예수님을 영접하기를 주저하는 이유가 바로 예수님 때문에 치러야 할 엄청난 대가를 두려워하기 때문입니다. 예수님을 영접하면 지금 자신이 즐기고 있는 모든 죄의 습관이나 수입을 포기해야 할 것입니다.

가다라 사람들은 예수님이 오심으로 잃을 것을 생각하고 예수님에게 떠나 달라고 부탁했습니다. 그러나 그들은 예수님으로 인하여 얻을 것은 생각하지 않았습니다. 우리가 예수님께 드리면 예수님은 모두 다시 돌려주십니다. 그런데 돌려주실 때 하나님의 선물로 돌려주십니다. 영원히 빼앗기지 않을 하늘나라의 것으로 채워 주십니다. 가다라 사람들은 예수님을 보내었지만 예수님은 그곳에 이 귀신 들렸던 사람을 남겨 두셨습니다. 이 사람은 예수님을 따라가고 싶어 했습니다. 왜냐하면 이 사람은 다시 귀신 들릴까 봐 두려웠던 것입니다. 그러나 예수님은 그를 안심시키면서 집으로 가서 하나님이 하신 놀라운 일을 증거하라고 하셨습니다.

사실 우리는 예수님이 아니기 때문에 이런 사람을 쉽게 고칠 수가 없습니다. 옛날에는 목사님이 귀신 들린 사람을 고치지 못하면 영력이 없다고 해서 교인들이 수군거리는 경우도 있었습니다. 그러나 우리는 예수님이 아니기 때문에 이렇게 귀신 들린 사람을 쉽게 고칠 수 없다는 것을 인정해야 합니다. 더욱이 우울증이나 정신질환은 한두 해에 걸쳐서 생긴 것이 아니기 때문에 한두 번 기도한다고 해서 고쳐지지 않습니다. 그러나 우리는 지속적으로 이런 분들을 위해서 기도할 수 있고, 특히 부흥이 일어날 때에 이런 정신병들이 예방이 된다는 것을 알아야 합니다. 특히 최근에는 사탄이 사람들의 정신이나 마음을 집중적으로 공격해서 많은 사람들의 정신이나 마음을 병들게 하고, 미치게 하고, 자살하게 하고 있습니다. 우리는 더 뜨거운 영적인 부흥을 통해서 사탄의 세력을 차단시킬 수 있습니다. 예수님은 70명의 제자가 나가서 복음을 전하고 돌아왔을 때 사탄이 하늘에서 떨어지는 것을 보았다고 말씀하셨습니다.

예수님은 이 절망적인 사람을 치료해 주셨습니다. 이것은 우리에게 한 영혼 한 영혼에 대하여 더 많은 관심을 가지라는 뜻입니다. 예수님께는 고치지 못할 질병이 없고, 고치지 못할 사람이 없습니다.

아마 학교에서 담임을 맡으신 교사들은 자기 반에서 가장 고치기 힘든 학생이 있을 것입니다. 그러나 그 아이의 마음속에도 누군가가 자기를 이해해 주고 사랑해 주기를 바라는 마음이 있을 것입니다. 어떤 경우에는 사람들에게 관심을 받기 위해 더 반항적으로 행동을 하기도 합니다. 우리가 다른 사람의 행동 자체를 보면 밉고 이해가 되지 않지만 그 중심을 본다면 이해가 되고 불쌍한 마음이 들 때가 많이 있습니다. 사람들이 사나워지는 것은 자기를 사랑해 주고 관심을 가져 주는 사람이 없기 때문입니다.

지금 우리나라에는 이런 사탄의 충동에 중독된 사람들이 너무나도 많이 있습니다. 이런 사람들이 많을수록 우리 사회는 기독교에 대하여 더 적대적이 되고 결국 사회 전체를 파괴시키려고 할 것입니다. 이것을 이길 수 있는 것은 칠 배나 더 강한 기도와 영적 부흥밖에 없습니다.

우리는 한 영혼을 위해서라면 돼지 2천 마리도 아까워하지 않는 마음을 가져야 하겠습니다. 사탄은 이 세상을 자기 영역이라고 주장하지만 예수 믿는 사람이 단 한 명만 있어도 그곳은 이미 하나님의 나라가 임한 것입니다. 우리는 우리가 있는 모든 곳에서 주님의 이름을 부르면서 사탄의 세력을 몰아내서 사람들이 이성을 되찾고 깨끗한 생활을 되찾는 대반격이 일어나기를 바랍니다.

성경 토의

1. 우리 주위에는 우울증이나 정신분열증 등으로 정상적인 생활을 하지 못하는 분들이 있다. 우울증과 귀신 들림은 어떻게 다르며, 예수님처럼 직접 귀신을 쫓아내는 것에 대해서 어떻게 생각하는가?

2. 예수님은 귀신 들려서 미친 사람을 돼지 2천 마리와 바꾸셨는데 우리는 정신 질환자들이나 우울증 환자들을 이 정도로 가치 있는 사람으로 생각하는가?

3. 가다라 사람들은 예수님의 능력을 보고서도 예수님에게 떠나라고 요구했다. 나는 혹시 하나님의 말씀으로 일어나는 변화나 손해를 두려워하고 있지는 않은가? 그리고 우리 주위의 정신적인 질환을 가진 자들도 고칠 수 있다고 생각하는가?

38_중풍병자의 믿음

마태복음 9:1-8

전체적 설명

신약성경에서 예수님 앞에 나와서 병 고침을 받고 기도 응답을 받은 사람들은 모두 적극적인 신앙을 가진 자들이었다. 그들은 사람들이 많아서 도저히 예수님께 나아갈 수 없거나 혹은 사회적인 편견 때문에 예수님을 만날 수 없음에도 담대하게 예수님께 나아감으로 병 고침을 받고 믿음의 축복을 받았다. 본문에는 한 중풍병자 이야기가 나오는데 중풍병자는 몸이 마비되어서 스스로의 힘으로는 움직일 수 없어서 침상에 누워서 예수님께 나아갔는데 예수님은 지금까지 하셨던 것과는 달리 병을 고쳐 주시기보다는 죄 사함을 받은 은총을 먼저 베풀어 주신다.

설교 프리노트

1절, "예수께서 배에 오르사 건너가 본 동네에 이르시니"

예수님은 갈릴리 호수 건너편 이방인의 동네에 계시다가 다시 배를 타고 가버나움으로 돌아오셨다. 예수님은 이방인의 땅에서 귀신 들려서 전혀 말도 통하지 않고 미쳐서 날뛰는 사람을 고쳐서 온전하게 하셨다. 그러나 그곳 사람들은 예수님의 능력을 보고 두려워하여 그곳을 떠나 달라고 요구했고, 예수님은 아무 말씀도 하지 않으시고 유대인들이 사는 갈릴리로 돌아오셨다.

2절, "침상에 누운 중풍병자를 사람들이 데리고 오거늘"

이 중풍병자는 병이 깊어서 스스로 움직이지 못하고 침상에만 누워서 지낼 수밖에 없는 중환자였는데 예수님에 대한 믿음을 가지고 예수님을 만나기를 원했다. 이런 중환자는 바깥출입이 몸에 좋지도 않을뿐더러 또 사람들이 보기에도 좋지 못한 모습이었지만 이 사람은 예수님에 대한 믿음을 가지고 예수님을 만나기를 원했기 때문에 다른 사람들이 그를 침상에 누인 채 예수님께 데리고 왔다. 다른 복음서에는 사람들 때문에 예수님께 갈 수 없으니까 지붕의 기와를 벗기고 환자를 줄로 달아 내렸다고 기록하고 있다(막 2:4).

"소자야 안심하라 네 죄 사함을 받았느니라"

아마도 이 중풍병자는 중환자였을 뿐 아니라 주위에서 웅성거리거나 좋지 않은 눈으로 보는 사람들이 많아서인지 많이 불안해하고 있었던 것 같다. 또 유대인들은 중풍병을 죄로 인한 하나님의 심판이라고 생각했기 때문에 이 사람은 예수님께 과거에 지은 죄를 책망받을까 봐 불안해한 것 같다. 그러나 예수님은 이 환자에게 가장 먼저 위로의 말씀을 하셨다. 예수님은 어떤 죄인이든 예수님께 나아온 자들을 위로하시고 축복해 주신다.

'네 죄 사함을 받았느니라.' 이 중풍병자가 예수님께 온 것은 병 고침을 받기 위해서였지 죄 사함을 받으러 온 것이 아니었다. 그러나 예수님은 그가 기대하지도 않은 죄 사함을 선언하셨다. 사실 유대인들 중에는 어느 누구도 다른 사람의 죄를 사할 수 있는 사람이 없었고 오직 성전에서 합당한 제사를 드린 후에 제사장만이 선포할 수 있었다. 그러나 예수님은 성전이 아닌 곳에서 제사도 없이, 더욱이 본인이 원하지도 않은 상태에서 일방적으로 죄 사함을 선포하셨다. 이것은 둘 중의 하나로 생각해야 한다. 즉 예수님이 스스로를 하나님으로 생각하는 정신이 좀 이상한 분이거나, 아니면 유대인들이 생각하는 선지자 이상의 권위를 가진 분인 것이다.

3절, "어떤 서기관들이 속으로 이르되 이 사람이 참람하도다"

예수님의 말씀을 듣는 무리 중에 서기관이 있었다는 것은 놀라운 일이다. 그러나 이들이 여기에 있었던 것은 예수님의 말씀을 듣고 은혜 받기 위해서가 아니라 예수님을 조사해서 고소할 거리를 찾기 위해서였다. 거기에 있던 서기관들은 예수님을 평범한 인간으로 생각했는데 예수님이 일방적으로 죄 용서를 선포하시는 것을 보고 속으로 분노하면서 예수님이 신성모독을 한다고 생각했다. '참람하다' 는 신성모독적인 행동을 하는 것을 말한다.

4절, "예수께서 그 생각을 아시고"

예수님께서는 중풍병자의 병을 고치지 않고 죄 용서를 선포하신 것에 대하여 사람들이 좋지 않게 생각하는 것을 아셨다. 아마 사람들 중에는 웅성거리는 사람도 있었을 것이고, 소리를 지르는 사람도 있었을 것이다. 사실 오늘날에도 어떤 사람의 죄를 사하는 것은 법정에서 판사가 정상참작을 해서 사면을 하거나, 아니면 대통령의 특별사면이 있어야 한다. 그러나 법정의 정상참작이나 대통령의 특별사면도 사리에 맞지 않으면 언론이나 여론의 공격을 당하게 된다.

"너희가 어찌하여 마음에 악한 생각을 하느냐"

아무 자격이 없는 사람이 함부로 다른 사람의 죄를 용서한다고 선포하면 욕을 얻어먹을 것이다. 그런데 예수님은 유대인들이나 서기관들이 예수님의 말씀에 웅성거리고 불만을 나타내는 것을 보시고 '마음에 악한 생각을 한다' 고 책망하셨다. 왜냐하면 예수님이 하시는 메시아의 능력을 보면 예수님이 어떤 분인지 알 수 있기 때문이다. 그러나 유대인들은 끝까지 믿지 않고 오히려 예수님을 판단하고 정죄했기 때문에 악하다고 말씀하시는 것이다.

5절, "일어나 걸어가라 하는 말이 어느 것이 쉽겠느냐"

예수님께서는 예수님의 말씀을 받아들이지 못하고 불신하는 유대인들에게 생각할 수 있는 시간을 주셨다. 즉 예수님은 그들에게 스스로 생각할 수 있도록 질문을 하셨는데 그것은 "죄 사함을 받았느니라"라는 말과 "일어나 걸어가라"라는 말 중에 어느 것이 더 쉽겠느냐는 것이다. 우리는 이것을 반대로, 어느 것이 더 어려운지를 생각해 볼 수 있다. 즉 "죄 사함을 받았느니라"와 "일어나 걸어가라"라는 말 중에 어느 것이 더 어려울까? 우선 "죄 사함을 받았느니라"라는 말은 아무나 할 수 있는 말이 아니다. 그리고 죄 사함을 받았는지 안 받았는지는 눈으로 확인이 되지 않는다. 그리고 "일어나 걸어가라"라는 것도 아무나 말을 한다고 해서 환자가 일어나 걸을 수 있는 것이 아니다. 결국 이 두 가지는 모두 인간들에게는 어려운 일이다. 그러나 예수님은 두 가지 모두 하실 수 있는데 예수님에게 더 중요한 것은 "네 죄 사함을 받았느니라"라는 말씀이다. 그러나 예수님도 이 말씀을 하시려면 하나님의 아들이 인간의 몸으로 오셔서 십자가 위에서 우리의 죗값을 지불하셔야 되는 것이다.

6절, "그러나 인자가 세상에서 죄를 사하는 권세가 있는 줄을"

예수님이 가장 중요하게 생각하신 것은 환자들의 병을 고치는 것이나 사람들의 경제적인 문제를 해결해 주는 것이 아니라 죄 용서를 받게 해서 하나님 앞에서 은혜와 축복을 받는 것이었다. '죄를 사하는 권세'라고 한 것은 이 세상에서 유일하게 예수님만 우리 인간의 죄를 해결할 수 있는 권세가 있는 것을 보여 준다.

"일어나 네 침상을 가지고 집으로 가라"

예수님은 이 중풍병자의 죄를 사하신 것이 사실인 것을 증명하기 위해서 그의 병까지 낫게 하셨다. 이것을 통해서 예수님은 죄 용서받는 것과 병 고침을 받는 것이 반드시 일치해야 하는 것은 아님을 보여 주셨다. 즉 예수님은 얼마든지 병 고침을 받지 않은 자도 죄 용서받을 수 있다는 것을 보여 주신 것이다. 그러나 예수님은 이번의 경우에는 병까지 고쳐 주심으로 죄 용서받은 것이 사실인 것을 확인시켜 주셨다.

8절, "무리가 보고 두려워하며 이런 권세를 사람에게 주신"

지금까지 유대인들은 사람은 죄를 지으면 용서받기 어렵다고 생각하고 있었다. 물론 하나님은 성전 제사를 통해서 이스라엘 백성에게 죄를 용서받을 수 있게 하셨지만 유대인들은 여전히 한 번 죄를 지은 사람은 영구적으로 죄인으로 살아야 한다고 생각해서 상종하려고 하지 않았다. 그러나 예수님이 죄 용서하시는 권세를 가지고 오셨다면 누구든지 예수님께 오기만 하면 무슨 죄든 용서받을 수 있을 것이다. 사람들은 이제 모든 죄인들이 죄를 용서받으면 세상이 어떻게 될지 두려워하였다.

본문 이해를 위한 질문

1. 예수님께 병 고침을 받기 위하여 온 중풍병자에게 예수님은 어떤 말씀을 하셨는가?

예수님은 그 사람의 병을 고쳐 주지 아니하시고 바로 그가 죄 사함을 받았다고 선포하셨다.

2. 예수님이 중풍병자에게 죄 사함을 받았다고 말씀하셨을 때 사람들은 어떤 반응을 보였는가?

사람들은 예수님이 신성모독죄를 저질렀다고 생각해서 예수님을 정죄하려고 하였다.

3. 예수님은 예수님을 정죄하는 유대인들을 향해서 무슨 말씀을 하셨는가?

예수님은 그들로 하여금 죄 용서받는 것과 병 고침을 받는 것 중 어느 것이 더 어려운 일인지 생각하게 하셨고, 예수님이 이 세상에서 죄 사하는 권세를 가지고 있음을 선포하셨다.

성경 강해

성경에 나오는 위대한 믿음의 인물들은 모두 적극적인 신앙을 가진 자들이었습니다. 집 안에서 신세만 한탄하다가 예수님을 만나서 병 고침을 받고 믿음의 축복을 받은 사람은 없었습니다. 예수님을 만나서 믿음을 칭찬받고 병 고침을 받은 사람들은 모든 어려움과 장애를 이기고 예수님께 나와서 자기 사정을 다 말한 사람들입니다. 그래서 우리는 다른 것은 양보할 수 있어도 하나님의 말씀을 듣고 기도 응답받는 일에는 절대로 소극적으로 임해서는 안 됩니다.

이방인 백부장 같은 사람은 예수님이 하나님의 아들이시라면 다른 것은 일체 필요 없고 오직 예수님의 말씀만 들으면 된다고 생각했습니다. 그래서 예수님은 온 이스라엘에서 이렇게 큰 믿음을 본 적이 없다고 말씀하셨습니다. 그런데 또 예수님으로부터 칭찬받고 병 고침을 받은 사람이 있었는데 이 사람이 바로 지붕을 뚫고 내려간 중풍병자입니다.

아무리 의사라고 하더라도 치료할 수 있는 환자가 있는가 하면, 도저히 치료할 수 없는 환자도 있습니다. 의사는 일단 자기의 전공과목이 아닌 환자의 병은 고칠 수가 없습니다. 예를 들어 안과 의사가 대장암 환자를 고칠 수는 없는 것입니다. 그리고 아무리 의사라 하더라도 병명을 모르거나 치료 약이 개발되어 있지 않으면 병을 고칠 수 없습니다. 그래서 아무리 종합병원이라 하더라도 병명을 모르면 검사만 하면서 그냥 두는 수밖에 없는 것입니다. 이럴 때는 빨리 그 병을 치료할 수 있는 실력 있는 의사를 찾아야 합니다. 그뿐만 아니라 환자가 치료받을 의사가 전혀 없다면 의사는 치료하기 어려울 것입니다. 특히 정신적인 질환에 있어서 환자가 전혀 의사를 신뢰하지 않고 치료받을 의사가 없으면 치료하는 것이 쉽지 않을 것입니다.

사실 우리 몸에 수많은 기관들이 있는데 그 중에서 한 군데도 고장 나지 않고 정상적으로 돌아간다는 것은 기적입니다. 아무리 좋은 자동차도 하자가 있을 때가 있습니다. 그런데 우리 인간의 몸은 정밀한 구조로 되어 있고 너무나도 완벽하게 되어 있습니다. 그러나 때로 우리는 몸에 고장이 나서 많은 고통을 받고, 때로는 정상적인 삶을 살지 못하거나 심지어는 죽기도 하는 것입니다.

요즘은 뇌수술이 가능하기 때문에 뇌졸중 환자들이 살 수 있지만 옛날에는 뇌졸중으로 쓰러지면 대다수가 사망했고, 살아남은 사람들은 심한 장애를 가지고 고통 가운데 살아야만 했습니다. 그런데 유대인들은 환자들에 대한 편견이 아주 심했습니다. 유대인들은 환자를 죄인으로 취급했고, 뇌졸중 환자들은 더 심하게 정죄했습니다. 그래서 유대 사회에서는 누군가가 뇌졸중으로 쓰러졌다고 하면 아예 포기해 버렸습니다. 그러나 한 중풍병자는 예수님의 소문을 듣고 가까스로 집에서 기어 나왔습니다. 이 사람은 자기 힘으로 예수님께 올 수 없으니까 다른 사람에게 들것을 만들어서 자기를 예수님에게로 데리고 가 달라고 했고, 예수님이 계신 곳에 사람들이 많아서 문으로 들어갈 수 없으니까 사람들이 지붕을 뚫고 이 중풍병자를 달아 내렸습니다. 예수님은 이들의 믿음을 귀하게 보셨습니다. 이것이야말로 진짜 '지붕 뚫고 하이킥' 인 것입니다.

1. 중풍병자의 믿음

집 근처의 공원이나 산책로에 가 보면 칼바람이 부는 추운 겨울에도 불편한 몸을 이끌고 유모차 같은 것을 밀면서 운동을 하는 중풍병자들이 계십니다. 그들은 그렇게라도 움직이지 않으면 몸이 굳어져 버리기 때문에 정상적인 사람보다 몇 배 힘든 운동을 하는 것입니다.

중풍병이라는 것은 뇌에서 혈관이 터져서 뇌에 피가 고이는 병인데 지혈이 되지 않으면 죽거나 다행히 살아도 반신불수가 됩니다. 그래서 예수님 당시의 유대인들은 이 중풍병을 무서운 죄를 지은 사람들에 대한 하나님의 심판이라고 생각했습니다.

그런데 어떤 사람들이 아주 심하게 중풍병에 걸려서 일어날 수 없는 환자를 들것에 실어서 예수님에게 데리고 왔습니다. 예수님은 그들의 믿음을 귀하게 보셨습니다.

1-2절, "예수께서 배에 오르사 건너가 본 동네에 이르시니 침상에 누운 중풍병자를 사람들이 데리고 오거늘 예수께서 저희의 믿음을 보시고 중풍병자에게 이르시되 소자야 안심하라 네 죄 사함을 받았느니라"

당시 사람들은 이런 병에 걸리면 쉽게 포기했는데 이 사람은 병을 고치려는 의지가 있었습니다. 그리고 이 사람은 예수님께 가면 살 수 있다는 믿음을 가지고 있었습니다. 왜냐하면 다른 사람들도 예수님에게 가서 중풍병이 나았기 때문입니다.

어떤 사람이 은혜를 받고 축복을 받았을 때 '저 사람은 나았지만 나는 안 된다' 고 생각하는 사람이 있는가 하면, '저 사람이 나았으면 나도 나을 수 있다' 고 생각하는 사람이 있습니다. 어떤 사람은 성경의 기적들을 보면서 '성경에는 있지만 오늘은 불가능해' 라고 생각하는 사람이 있는가 하면, 어떤 사람은 '성경에 있으면 오늘도 가능해' 라고 생각하는 사람이 있습니다. 어떤 사람은 다른 사람이 은혜를 받고 울고불고하는 것에 대하여 '그것은 그 사람에게만 해당되는 거야' 라고 생각하는 사람이 있는가 하면, 어떤 사람은 '저 사람이 은혜 받으면 나도 얼마든지 은혜 받을 수 있어' 라고 생각하는 사람도 있습니다. 우리는 하나님의 은혜에 대하여 거룩한 질투심이 있어야 합니다. 즉 다른 사람이 은혜를 받고 기도 응답을 받았으면 나도 은혜를 받아야 하는 것입니다. 그래서 예수님은 천국은 침노하는 자가 빼앗는다고 말씀하셨습니다. 우리는 하나님의 축복을 받는 데 다른 사람에게 져야 할 이유가 없는 것입니다.

다른 복음서에 보면 이 중풍병 환자는 예수님이 계신 집에 사람들이 너무 많아서 들어갈 수 없으니까 사람들이 지붕 위로 올라가서 지붕을 뜯고 그 사람을 줄로 달아 내렸다고 말씀하고 있습니다. 전혀 거동할 수 없는 환자를 옮기는 것은 쉽지 않습니다. 더욱이 그러한 사람을 줄로 묶어서 지붕 위로 올리는 것은 얼마나 어려운 일인지 모릅니다. 아마 집에 장애인이 있어서 목욕을 시키거나 혹은 이동을 시켜 본 적이 있는 분은 사람이 얼마나 무거운지 아실 것입니다. 이런 환자를 지붕 위에 올리기 위해서 사람들은 진땀을 흘렸을 것입니다. 더욱이 그 집은 자기 집도 아니었습니다. 남의 집에 올라가서 지붕을 뚫는다는 것은 남에게 엄청난 피해를 주는 일입니다.

그러나 예수님은 이들의 믿음을 귀하게 보셨습니다. 즉 이 사람들은 예수님에게 중풍병 환자를 데리고 오는 데 많은 어려움이 있었습니다. 우선 이 일은 귀찮은 것이었고, 반드시 낫는다는 보장도 없었습니다. 거기에다가 다른 사람들에게 피해를 주는 일이었습니다. 그러나 이들은 무조건 모든 것을 예수님에게 맡겼습니다. 이 중풍병 환자는 다른 사람은 소망을 가지지 않는데 소망을 가졌습니다.

미국의 어느 아버지에게 심한 뇌성마비를 가진 아들이 있었는데 이 아들은 철인3종 경기에 참가하고 싶어 했습니다. 그래서 아버지는 아들의 소원을 이루어 주기 위해서 달리기와 수영을 연습했고, 드디어 세계 최강의 철인들 틈에서 작은 고무배를 허리에 묶고 바다 수영을 하고 아들과 함께 특수의자가 달린 자전거로 달리고 아들이 탄 휠체어를 밀며 마라톤을 완주했습니다. 그 아버지는 아이에게 "너는 나와 함께 무엇이든지 할 수 있다"라고 말을 했습니다. 그리고 아들은 아버지의 그 말이 진실이라는 것을 믿었습니다.

그런데 우리 교회에도 이와 비슷한 일이 있었습니다. 지난번 국제 육상 선수권대회 때 모든 차량을 통제했는데 휠체어를 타고 다니시는 집사님의 가족이 한 시간 동안 휠체어를 밀고 와서 예배를 드렸습니다. 하나님은 그 믿음을 축복해 주실 것입니다.

우리는 때때로 어려운 일을 당하면 모든 것을 포기하고 싶어집니다. 그러나 우리 예수 믿는 사람들에게는 절망이라는 것이 없습니다. 우리는 예수 안에서 모든 것이 가능하다는 것을 믿기 때문입니다.

2. 예수님의 선포

사람들이 어느 집에 모두 모여 예수님의 말씀을 듣는데 갑자기 지붕이 열리면서 중풍병자 한 사람이 줄에 묶여서 내려왔습니다. 아마 이 모습을 본 사람들의 반응은 다양했을 것입니다. 어떤 사람은 짜증을 내기도 했을 것이고, 어떤 사람은 예수님이 이 중풍병자를 어떻게 하실까 호기심을 가지기도 했을 것입니다. 이때 예수님은 모두가 놀랄 말씀을 하셨습니다. 그것은 예수님께서 이 중풍병자의 죄 용서를 선포하신 것입니다. 물론 예수님은 이 중풍병자의 병은 고쳐 주지 않으셨습니다.

2절 하, "예수께서 저희의 믿음을 보시고 중풍병자에게 이르시되 소자야 안심하라 네 죄 사함을 받았느니라"

사실 예수님의 이 죄 용서의 선언은 어느 누구도 예상하지 못한 것이었습니다. 아마 사람들은 예수님이 이 사람의 병을 바로 고쳐 주시든지, 아니면 잠시 후에 고칠 테니까 좀 기다리라고 하시든지, 아니면 왜 이렇게 무례하게 집을 뚫고 내려오느냐고 책망하실 것이라고 생각했을 것입니다. 그러나 예수님은 거기서 바로 이 사람의 죄 용서를 선포하셨습니다. 이것은 어느 누구도 기대하지 않은 것이었습니다.

이 사람은 중풍병에 걸린 후 지금까지 지어 왔던 모든 죄를 생각하면서 아마 그 죄들 중 어떤 것 때문에 자기가 이렇게 중풍병에 걸렸고 이제 소망 없이 하나님의 심판대에 서야 한다고 생각하고 있었던 것 같습니다. 그런데 예수님은 그 자리에서 직권으로 그 사람의 '죄 용서'를 선언하신 것입니다. 예수님은 법정을 여신 것도 아니고 제사도 드리지 않았는데 하나님 앞에서 그 사람의 모든 죄가 용서되었다고 선언하셨습니다.

예수님의 이 말을 들은 중풍병자의 심정이 어떠했을까요? 미칠 듯이 기뻐하면서 "아멘, 아멘"을 외쳤을까요, 아니면 도대체 무슨 말씀을 하시는가 하고 어안이 벙벙해서 쳐다보고 있었을까요? 아마도 이 사람은 예수님이 무슨 말씀을 하시는지 이해하지 못했을 것입니다. 물론 이 사람에게 가장 치명적인 것은 죄의식이었습니다. 죄의식이 그를 절망으로 몰고 가고 있었습니다. 그러나 아무도 예수님이 우리를 죄책감과 정죄에서 해방시킬 수 있다는 것을 알지 못했습니다.

예수님께서는 이 세상에 오셔서 많은 병자들을 치료하셨습니다. 앉은뱅이를 일으키시고 소경의 눈을 뜨게 하셨습니다. 그런데 예수님은 단순히 병자들의 병만 고치지 아니하시고 다른 일도 하셨습니다. 그 일이 무엇입니까? 바로 이런 중풍병자에게 하신 일입니다.

'소자야 안심하라 네 죄 사함을 받았느니라.'

예수님께서 이 세상에 오신 것은 육체의 병을 치료하기 위해서가 아닙니다. 예수님은 우리 눈에 보이지 않는 마음의 병을 치료하러 오셨습니다. 그래서 예수님께서는 육체의 병을 치료하심으로 죄를 치료하는 것을 알게 하셨습니다.

사람들은 회복 불가능한 병에 걸린 것을 통해서 자기가 하나님 앞에 교만하게 살아왔다는 것을 알게 됩니다. 그래서 이 병만 나으면 새사람이 되어 살겠다고 생각합니다. 그러나 우리가 새사람이 되어 사는 것은 결코 쉬운 일이 아닙니다. 왜냐하면 아무나 이 죄를 용서할 수 없기 때문입니다. 그런데 예수님은 병 치료를 통하지 않고 바로 죄 용서를 선포하셨습니다. 이것은 병이 낫지 않아도 죄 용서받을 수 있다는 것을 보여 주시는 것입니다. 그리고 예수님은 병이 낫는 것과 죄 용서받는 것을 분리해서 생각해야 한다는 것을 가르쳐 주시는 것입니다.

예수님께서 이 사람에게 죄 용서를 선포하셨을 때 그에게 어떤 변화가 일어났을까요? 아마 아무런 변화도 일어나지 않았을 것입니다. 그의 마음이 뜨거워지거나 혹은 눈물이 비 오듯이 쏟아지지도 않았을 것입니다. 그러나 이제 그는 이것을 믿어야 합니다. 자기가 하나님 앞에 죄 용서받은 자인 것을 믿고 스스로 무죄를 주장하며 하나님의 보좌 앞에 당당히 나아가야 합니다. 그리고 자기 자신도 스스로를 용서해야 하고, 다른 사람들이 그를 다시 죄인으로 정죄하려고 해도 담대하게 거부해야 합니다.

대개 처음으로 예수님께 나아오는 사람들은 여러 가지 사소한 문제를 가지고 나아오는 경우가 많습니다. 인생이 불안해서 오기도 하고, 여러 가지 어려움이 있어서 하나님의 도우심을 바라고 나아오기도 합니다. 그들이 하나님께 바라는 것은 그야말로 '작은 도움' 입니다. 그러나 하나님은 너무나도 큰 것을 주십니다. 그것은 바로 죄 용서입니다. 우리는 그것을 믿어야 합니다. 하나님 앞에 나아올 때마다 그것을 주장해야 합니다.

예수님께서 이 중풍병자에게 주신 것은 간단한 응급 치료가 아니었습니다. 예수님께서 그에게 주신 것은 하나님 나라 백성의 정당한 자격이었습니다. 비록 그는 병상에 누워 있지만 어느 누구도 그를 정죄할 수 없었습니다. 그는 그 자리에서 당당히 하나님께 나아갈 수 있는 자격을 얻었으며, 그가 설사 중풍병으로 죽더라도 영원한 멸망에 처하는 것이 아닌 것입니니다. 죄 용서의 선언은 감정적인 것이 아닙니다. 이것은 법적인 자격입니다.

3. 서기관들의 분노

예수님의 이 죄 용서의 선언은 거기에 함께 있던 서기관들의 분노를 불러일으켰습니다.

3절, "어떤 서기관들이 속으로 이르되 이 사람이 참람하도다"

다른 복음서에는 이렇게 기록되어 있습니다.

"이 사람이 어찌 이렇게 말하는가 참람하도다 오직 하나님 한 분 외에는 누가 능히 죄를 사하겠느냐"(막 2:7).

서기관은 성경을 기록하고 연구하는 신학자들이었습니다. 이 사람들은 어느 누구보다 정확한 성경 지식을 가지고 있었고, 유대 사회에서 중요한 직책을 차지하고 있었습니다. 그런데 이 서기관들이 예수님의 말씀을 듣고 격분했습니다. 왜냐하면 오직 하나님만이 인간의 죄를 용서하실 수 있는데 예수님이 인간으로서 감히 죄 용서를 선포했기 때문입니다. 그러나 서기관들은 하나님만이 죄를 용서할 수 있다는 것을 생각했지 예수님이 하나님일 수도 있다는 것을 생각하지 못했습니다. 그래서 그들은 예수님의 말씀을 들었을 때 예수님을 정죄했습니다. 하나님 외에는 아무도 인간의 죄를 용서할 수 없다는 것은 정확한 성경 지식이었습니다. 그런데 그들은 그 성경 지식으로 예수님이 누구신지 알지 못했습니다.

서기관들은 하나님 외에는 죄를 용서하실 분이 없다고 생각했습니다. 이것은 다른 말로 표현하면 이 세상의 모든 죄인은 그가 지은 죄에 대한 응분의 대가를 받아야 하며, 사람은 어느 누구도 그의 죄를 사할 수 없다는 것이었습니다. 사실 이 세상에서 가장 어려운 것이 죄 문제를 처리하는 것입니다. 일단 누구든지 죄를 지으면 응분의 대가를 받아야 합니다. 만약 그렇게 하지 않으면 사회가 무너집니다.

서기관들이 예수님이 죄 용서를 선언한 것에 분노한 이유는 두 가지입니다. 하나는 사람으로서 다른 사람의 죄를 용서하는 선언을 했다는 것입니다. 그리고 다른 하나는 성전의 의식을 거치지 않은 상태에서 죄 용서를 선언한 것입니다. 율법에 의하면 죄인이 용서를 받으려면 반드시 율법의 절차를 밟아야 했습니다. 자기가 지은 죄에 대하여 변상을 하고, 거기에 해당하는 제물을 하나님께 바치면 제사장이 선언을 하게 되어 있었습니다.

'소자야 네 죄 사함을 받았느니라.'

그런데 이 사람은 죄 용서받기 위하여 어떤 대가도 치르지 않았을 뿐만 아니라 제물도 없었습니다. 그러함에도 예수님은 일방적으로 죄 용서를 선포하셨는데 이것은 신성모독일 뿐 아니라 성전과 율법을 파괴하는 행동이었던 것입니다.

서기관들이 가지고 있었던 생각이 무엇입니까? 이런 중풍병자는 하나님께 심판을 받는 중이기 때문에 병이 나아야 성전에 올라가서 제사를 드릴 수 있다는 것입니다. 즉 지금은 죄로 인하여 고통 받고 있기 때문에 이런 상태로는 죄 용서받을 수 없다는 것입니다.

예수님은 그들이 가지고 있던 모든 기존의 틀을 깨셨습니다. 예수님의 이 말씀 속에 들어 있는 의미는 과거에는 병이 나아야 하고 성전에 올라가야 죄 용서받을 수 있었지만 이제는 오직 하나, 인자를 믿는 믿음 하나로 그 어떤 죄도 용서받을 수 있고, 새로운 삶을 살 수 있으며, 하나님의 축복을 회복할 수 있다는 것입니다.

예수님이 오신 것은 새로운 시대가 시작되었다는 것을 의미합니다. 이제는 구약의 의식이나 절차에 구애받지 않고 누구든지 예수님은 나에게 새로운 삶을 주실 수 있다는 믿음으로 나아오면 바로 그 자리에서 죄 용서받고 새로운 하나님의 백성이 된다는 것입니다.

아마도 서기관들이나 정통적인 신앙을 가진 자들은 예수님에 대하여 아주 좋지 못한 생각을 가졌던 것 같습니다.

4절, "예수께서 그 생각을 아시고 가라사대 너희가 어찌하여 마음에 악한 생각을 하느냐"

그들이 마음속에 가진 '악한 생각' 이라는 것은 예수님을 죽여야 한다는 생각이었습니다. 그들은 자신들이 가지고 있는 생각의 틀을 깨는 자들을 용납할 수가 없었습니다. 그때 예수님께서 그들에게 한 가지 질문을 던지셨습니다.

5절, "네 죄 사함을 받았느니라 하는 말과 일어나 걸어가라 하는 말이 어느 것이 쉽겠느냐"

"네 죄 사함을 받았느니라"라는 말과 "일어나 걸어가라"라는 말 중 어느 것이 더 쉽겠습니까? 사실 이 두 가지는 모두 어려운 것입니다. "일어나 걸어가라"라는 말은 중풍병을 낫게 했으니 일어나 걸으라는 말인데 중풍병을 치료하는 것은 당시나 지금이나 어려운 것입니다. 그러나 "네 죄 사함을 받았느니라"라는 말은 더 어려운 것입니다. 왜냐하면 하나님 외에는 어느 누구도 죄를 용서할 수 없기 때문입니다. 사람들에게는 죄를 치료하는 것이나 죄 용서받는 것이나 모두 어렵습니다.

의사에게도 치료하기 쉬운 환자가 있고 치료하기 어려운 환자가 있습니다. 예를 들어 의사가 치료해 본 경험이 있고 진찰 결과가 정확하면 그 병을 자신 있게 치료할 수 있을 것입니다. 그러나 병명도 모르고 치료약도 없다면 치료하기 어려울 것입니다.

우리 인간에게 중풍병을 낫게 하는 것과 죄 사함 받게 하는 것 중에 어느 것이 더 쉽습니까? 우리 인간에게는 둘 다 어렵습니다. 아마 의사들 중에는 뇌졸중을 치료할 수 있는 의사들이 많이 있을 것입니다. 그러나 아무리 의사라 하더라도 죄를 용서할 수 없습니다. 그러나 예수님에게는 병을 치료하는 것이 너무 쉬운 일입니다. 예수님은 아마 원하기만 하면 이 세상의 모든 병자를 다 치료하실 수도 있을 것입니다. 그러나 "죄 사함을 받았느니라"라는 말씀은 예수님에게도 결코 쉬운 것이 아닙니다. 예수님도 죄를 용서하려면 십자가의 죽음을 통과해야 합니다. 그리고 예수님 자신이 죽었다가 3일 만에 살아나셔야 합니다. 그래야 "네 죄 사함을 받았느니라"라는 말이 성취됩니다.

그런데 왜 예수님께서는 지금 이 말을 하십니까?

6절 상, "그러나 인자가 세상에서 죄를 사하는 권세가 있는 줄을 너희로 알게 하려 하노라"

예수님은 자신에게 사람의 죄를 사하는 권세가 있는 것을 보여 주기를 원하셨습니다. 한 걸음 더 나아가 예수님은 자신이 이 세상에 오신 목적이 바로 죄 용서인 것을 가르쳐 주시려는 것입니다. 사람들은 예수님이 이 세상에 오신 목적이 사람들이 예수를 믿음으로 병이 낫고 복 받고 모든 것이 잘되게 하기 위해서라고 생각했습니다. 그러나 예수님이 이 세상에 오신 목적은 죄를 치료하기 위해서입니다. 우리를 죄에서 풀어 주시고 하나님의 축복의 자녀가 되게 하려는 것입니다.

오늘도 많은 그리스도인들이 예수 믿는 목적을 혼동하고 있습니다. 그들은 왜 예수를 믿는데 내 병이 낫지 않느냐고 불평을 합니다. 예수님께서 그 병을 고치는 것은 그렇게 어려운 일이 아닙니다. 물론 우리에게는 그것이 큰 문제이지만 예수님에게는 어려운 것이 아닙니다. 예수님에게 어려운 것은 우리가 과거의 죄를 떨쳐버리고 매 순간 하나님의 능력을 의지해서 하나님이 기뻐하시는 삶을 살게 하는 것입니다. 건강한 것보다 더 중요한 것이 병중에서 하나님께 영광 돌리는 삶을 사는 것입니다.

6절 하-7절, "말씀하시되 일어나 네 침상을 가지고 집으로 가라 하시니 그가 일어나 집으로 돌아가거늘"

예수님의 말씀에 무서운 능력이 있었습니다. 예수님께서 그 중풍병자에게 "일어나 네 침상을 가지고 집으로 가라"라고 하셨을 때 그는 벌떡 일어나 자리를 들고 걸어갔습니다. 계속 침상에 누워 있던 환자가 그 침상을 들고 걸어간다는 것은 무엇을 의미합니까? 그가 그 병에서 진정으로 놓여났다는 것입니다. 지금까지 그가 의지하고 있던 침상이 이제 그에게 전리품이 되었습니다. 예수님께서는 그에게 다시 아플지 모르니까 침상을 잘 모셔두라고 말씀하지 않으셨습니다. 그는 예수님의 말씀에 완전히 그 병에서 놓여났습니다. 이 중풍병자는 죄 용서만 받고 계속 침상에 누워 있었던 것이 아니라 그 자리에서 일어설 수 있게 되었습니다.

오늘 우리는 무엇이 어렵다고 생각합니까? 아마도 어떤 분은 결혼이 죄 용서보다 어렵다고 생각할 것이고, 어떤 분은 유학해서 공부하는 것이 죄 용서받는 것보다 어렵다고 생각할 것입니다. 또 어떤 분은 취직해서 다시 사회생활을 하는 것이 죄 용서받는 것보다 어렵다고 생각할 것입니다. 어떤 분은 자기 안에 있는 병이 치료되어서 건강한 생활을 하는 것이 죄 용서받는 것보다 더 어렵다고 생각할 것입니다. 죄 용서받는 것은 교회에 나와서 예수 믿는다고 고백하기만 하면 되는데 이 세상에서 잘사는 것은 결코 그렇게 쉬운 것이 아니더라는 것입니다.

그러나 사실 우리가 이렇게 교회에 나온 것 자체가 기적입니다. 우리가 예수님을 기대하며 교회에 나와서 예배를 드린다는 것 자체가 우리 생애에 일어날 수 있는 일 중에서 가장 놀라운 일인 것입니다. 물론 서기관들처럼 기계적으로 율법을 알기는 쉽습니다. 그러나 제물도 없이, 아무 공로도 없이 믿음 하나만으로 죄 용서받고 하나님의 자녀가 된다는 것은 믿을 수 없는 일입니다. 그러나 예수님의 십자가가 이 일을 가능하게 하셨습니다.

우리 생애에서 가장 어려운 일이 예수를 믿는 것입니다. 그럼에도 우리가 이 세상에서 성공하는 것이 어렵게 느껴지는 이유가 무엇일까요? 우리가 과거의 가치관을 가지고 있기 때문입니다. 예수 믿고 난 후에 우리는 더 이상 세상의 가치관에 매이지 말아야 합니다. 우리는 더 이상 세상의 성공이나 실패의 개념에 매이면 안 됩니다. 이제는 모든 것이 믿음으로 이루어지게 될 것입니다.

천국은 침노하는 자가 차지한다고 하였습니다. 우리는 거룩한 질투심에 불타올라야 하겠습니다. 다른 사람이 은혜 받는다면 나도 은혜를 받을 수 있는 것입니다. 우리는 그것이 이루어지기까지 결코 예수님께 나아가는 것을 중단해서는 안 되는 것입니다.

중풍병자가 고침 받는 것을 본 사람들에게 어떤 현상이 일어났습니까?

8절, "무리가 보고 두려워하며 이런 권세를 사람에게 주신 하나님께 영광을 돌리니라"

이것이 무슨 말입니까? 사실 그들은 죄 용서는 없다고 생각했습니다. 그들은 모두 한 번 죄를 지으면 그것으로 끝장이라고 생각했으며, 죄인은 절대로 용서받을 수 없다고 생각했습니다. 그런데 실제로 하나님의 용서가 임했고, 그들은 두려워했습니다.

"이런 권세를 사람에게 주신"이라는 말을 통해서 알 수 있는 것이 무엇입니까? 아직도 그들은 예수님을 사람으로 알고 있다는 것입니다. 물론 예수님은 사람이셨습니다. 그러나 그는 하나님이십니다. 사람은 죄 용서를 선포할 수 없습니다. 교회는 자기 마음대로 사람들에게 면죄부를 주어서는 안 됩니다. 우리가 할 수 있는 것은 죄인들을 예수님께로 데리고 오는 것입니다. 그리고 그가 진정으로 주님을 만났을 때 그의 모든 연약함에도 죄 용서를 확인해 주는 일입니다.

우리는 죄인 중에 가벼운 죄인과 무거운 죄인을 가리기 쉽습니다. 우리는 비교적 온순하고 자기 죄를 인정하고 어떻게 하든지 말씀대로 살려고 하는 사람은 쉽게 생각하고, 무서운 죄에 빠져 있으며 성격이 난폭하고 감당할 수 없는 성격의 소유자는 쉽게 포기합니다. 그러나 예수님은 어떤 죄인이든지 그 작은 믿음을 보시고 치료하십니다. 예수님에게는 너무 어려운 죄인이 없습니다. 우리가 고치려고 하기 때문에 감당하지 못하는 것입니다. 우리는 모든 사람을 예수님 앞으로 데리고 와서 모두 죄 씻음 받고 기적을 받는 축복이 일어나기를 바랍니다.

성경 토의

1. 우리는 육체적인 문제를 해결하는 것과 정신적인 문제 혹은 신앙적인 문제를 해결하는 것 중에서 어느 것이 더 어려운 일이라고 생각하는가? 예를 들면 말씀 듣고 은혜 받는 것과 직장이나 결혼이나 박사학위를 받는 것 중에서 어느 것이 더 중요하고 어려운 일이라고 생각하는가?

2. 우리는 예수님께서 내 육체의 병을 치료해 주시기보다는 내 마음에 믿음을 주시고 은혜를 주시는 것에 대하여 실망하지는 않는가? 아니면 더 기뻐하고 감사를 드리는가?

3. 사람들은 흔히 한 번 죄의 길로 빠진 사람들이 변하여 새사람이 될 수 있다는 것을 잘 믿지 않는다. 우리는 교도소에서 나온 전과자나 소년원에서 나온 불량소년이나 가출한 소녀나 미혼모같이 사회적으로 문제가 있는 사람들을 어떻게 도울 수 있는가?

39_죄인들의 친구

마태복음 9:9-13

전체적 설명

우리가 사람들을 어떤 시각으로 보아야 하는가 하는 것은 인간의 철학이나 도덕이나 윤리에 있어서 가장 중요한 기초가 된다. 많은 사람들은 모든 인간이 결코 완전한 것은 아니지만 그렇다고 해서 모두 절망적으로 악한 것은 아니라고 생각한다. 인간에 대한 하나님의 시각이 가장 잘 나타났던 것은 예수님이 어떤 사람을 만났으며 어떤 사람들과 친구하기를 원하셨는가 하는 것이다. 예수님은 모든 사람이 다 소중한 영혼과 인격을 가졌다고 보셨지만 그럼에도 모두 치료받아야 할 죄인이요, 영적인 병자로 생각하신다.

설교 프리노트

9절, "마태라 하는 사람이 세관에 앉은 것을 보시고"

유대인들의 세리에 대한 적대감이나 경멸은 우리의 상상을 초월할 정도였다. 로마는 식민지에서 세금을 거둘 때에 세리를 통해서 거두었는데 수입의 일정량을 거두게 한 것이 아니라 세금의 목표액을 세리들에게 먼저 할당해 주고 세리가 알아서 거두도록 하였다. 그래서 모든 세리들은 세금을 할당량보다 훨씬 넘게 거두어서 착복했기 때문에 유대인들은 세리들을 공공연한 도둑으로 취급하였다. 마태는 바로 그 세리 중 한 사람이었다.

"나를 좇으라 하시니 일어나 좇으니라"

예수님은 마태가 세리의 신분이지만 예수님을 따를 믿음을 가진 것을 아시고 '나를 좇으라' 고 부르셨다. 그러자 마태는 그 즉시 모든 것을 버리고 예수님의 제자가 되었다. 이것을 보면 마태의 마음속에는 하나님의 말씀과 좀 더 가치 있는 삶에 대한 갈급한 마음이 있었던 것을 알 수 있고, 예수님의 말씀을 들은 후에는 이런 마음이 더 간절해진 것을 알 수 있다. 그러나 예수님이 유대인들이 가장 경멸하고 혐오했던 세리를 제자로 삼은 것은 예수님의 평판을 더 나쁘게 만들었다.

10절, "예수께서 마태의 집에서 앉아 음식을 잡수실 때에"

예수님께서 마태의 집에서 식사를 하시게 된 것은 마태가 이제 옛 직업과 생활을 청산하고 예수님의 제자로 새 출발하기 위해서 동료나 친구들과 작별하는 식사 자리에 함께하셨기 때문일 것이다. 예수님은 그 자리에 함께하심으로 자연스럽게 많은 세리나 죄인들과 함께 식사를 하면서 대화를 나누시게 되었다.

11절, "바리새인들이 보고 그 제자들에게 이르되"

바리새인들과 유대인들은 죄인과 접촉함으로 죄가 감염된다고 생각했다. 특히 바리새인들과 유대인들은 죄인과 접촉한 후 손을 씻지 않고 음식을 먹을 경우 바로 죄가 전염된다고 생각했기 때문에 죄인들과 함께 식사하는 것을 극도로 꺼렸다. 물론 나쁜 사람들과 자주 접촉하면 죄를 배우게 되는 것은 사실이지만 이것은 음식을 통해서 전염되는 것이 아니라 악한 것을 듣거나 혹은 나쁜 행실을 본받음으로 나쁜 영향을 받게 되는 것이다. 바리새인들은 예수님이 마태의 친구인 세리들과 식사를 하심으로 스스로 자신을 더럽히는 것으로 생각하여 예수님을 부정하고 더러운 사람으로 판단하였다. 그래서 바리새인들이 예수님의 제자들에게 "어찌하여 너희 선생은 세리와 죄인들과 함께 잡수시느냐" 라고 물은 것은 몰라서 물은 것이 아니라 '너희 선생은 부정한 자이고 더러운 자이다' 라고 비난하고 정죄하는 것이었다.

12절, "건강한 자에게는 의원이 쓸데 없고 병든 자에게라야 쓸데 있느니라"

예수님은 가장 흔한 예를 가지고 설명하셨다. 그것은 의사를 필요로 하는 사람은 환자이지 건강한 사람이 아니라는 것이다. 즉 아무리 유명한 명의가 있다고 해도 건강한 사람에게는 의사가 필요 없는 것이다. 건강한 자가 의사를 만나려고 하는 것은 같이 골프를 치거나 술을 마시자고 하는 것이지 치료를 받으려고 하는 것은 아닌 것이다. 즉 예수님께서 세리 같은 죄인들과 식사하신 것은 죄인들과 사귀려고 하신 것이 아니라 그들을 치료하는 의사로서 만나신 것이다. 그러면 예수님을 사귀려고 하는 바리새인들은 죄가 전혀 없는 사람들이었을까? 그들에게도 죄가 있지만 스스로 죄를 인정하지 않을 뿐이었다. 예수님은 스스로 죄가 없다고 생각하는 사람을 붙들고 실랑이를 하기보다는 본인 스스로 죄인인 것을 알고 적극적으로 고침을 받으려고 하는 자를 고쳐 주기를 원하셨다.

13절, "내가 긍휼을 원하고 제사를 원치 아니하노라 하신 뜻이"

이 구절은 호세아 6장 6절 말씀을 인용한 것이다. "나는 인애를 원하고 제사를 원치 아니하며 번제보다 하나님을 아는 것을 원하노라." 즉 제사라는 것은 하나님의 말씀에 순종하는 것이지 제사 자체가 공로가 되는 것은 아니다. 하나님은 우리 모든 죄인이 하나님 앞에 나와서 죄 용서받는 것을 원하지 스스로 의인인 체하면서 공로를 쌓는 것을 기뻐하지 않으신다.

"내가 의인을 부르러 온 것이 아니요 죄인을 부르러 왔노라"

물론 이 세상에 의인들이 있으면 좋겠지만 모든 인간은 하나님 앞에서 죄인이다. 그래서 예수님은 누구든지 스스로 죄인이라고 생각하는 자는 망설임 없이 예수님 앞에 나아오기를 원하신다. 그러나 스스로 의인이라고 생각하는 사람은 예수님이 하시는 것이 마음에 들지 않을 것이며, 결국 예수님께 오지 않을 것이다.

본문 이해를 위한 질문

1. 예수님은 왜 당시 평판이 나쁜 세리 마태를 제자로 부르셨는가?

예수님은 마태의 마음속에 예수님을 따를 믿음이 있는 것을 아셨고, 또 마태를 통해서 많은 죄인들이 예수님께 나아오기를 원하셨다.

2. 바리새인들은 예수님이 세리나 죄인들과 식사하시는 것을 보고 무엇이라고 말하였는가?

예수님을 더러운 자들과 어울림으로 스스로 자신을 더럽히는 부정한 사람으로 판단했다.

3. 예수님이 세리와 죄인들과 식사하시고 어울리신 이유는 무엇인가?

예수님은 자신의 사명을 죄인들을 불러서 치료하는 의사로 생각하셔서 죄인들을 만나신 것이다.

성경 강해

한때 우리나라에서 "친구"라는 영화가 크게 히트한 적이 있습니다. 이 영화는 고등학교 때 공부를 잘하는 아이와 껄렁껄렁한 아이가 모두 친구가 되어 사고도 치면서 우정을 만들어 가는 내용입니다. 사람들은 중고등학교 때 친구와 가장 친하다고 말을 합니다. 왜냐하면 이때는 인격이 형성되는 시기이고, 또 순수할 때이기 때문입니다. 그러나 대학에 들어가고 나면 머리가 굳어져 있고 성향이 굳어져 있기 때문에 끼리끼리 모여서 다니게 됩니다.

사회에서 소위 상류층이라고 불리는 사람들은 자기들끼리 그룹을 만들어서 다른 사람을 거기에 끼워 주지 않음으로 스스로 만족감을 느낍니다. 그래서 그룹 중 일원이 룰을 깨고 자격 없는 사람을 자기 그룹에 받아들이거나 혹은 자격 없는 사람들과 어울리면 자격을 박탈해 버립니다. 그래서 비행기를 탈 때에도 이들은 일등석에 앉아서 특별대우를 받으면서 갑니다. 만일 비행기가 추락을 하면 일등석이나 일반석이나 죽는 것은 똑같은

데도 사람들은 그렇게 해야 만족을 느끼는 것입니다.

예수님 당시의 유대 사회에서 가장 천하게 취급당하는 사람들은 세리와 창기였습니다. 유대 사회에서 세리는 사람들에게 세금을 거두어서 로마에 바치는 일을 했습니다. 그런데 그들은 로마에 낼 정도만 거두는 것이 아니라 그 이상의 세금을 거두어서 착복했습니다. 그래서 그들은 "도적질하지 말라"라는 계명을 어긴 자로 판단되어 죄인 취급을 당했습니다. 그래서 유대인들은 세리를 상대하는 일을 부정한 일로 생각했고, 그들과의 대화도 기피했습니다. 그런데 예수님께서는 그런 세리 중의 한 사람인 마태를 제자로 부르셨습니다. 그리고 예수님은 마태의 집에서 또 다른 많은 죄인들과 말씀을 나누면서 식사를 하셨습니다. 이것을 본 바리새인들은 당연히 예수님을 비난했습니다. 즉 고상한 사람인 줄 알았는데 알고 보니 아주 형편없는 사람이라는 것입니다. 이때 예수님께서는 이렇게 말씀하셨습니다. "건강한 자에게는 의원이 쓸데 없고 병든 자에게라야 쓸데 있다." 다시 말해서 예수님께서 이런 죄인들과 어울리시는 것은 그들이 좋아서 어울리는 것이 아니라는 것입니다. 그들이 예수님을 필요로 하기 때문에 어울리신다는 것입니다.

예수님의 이 말씀은 오늘 기독교가 어떤 모습을 가져야 할지 잘 보여 주는 중요한 말씀입니다. 오늘 기독교는 더 귀족화되고 더 고급화되는 것이 좋아지는 것이라고 생각하지만 정반대로 교회는 더 천해져야 하고, 죄인들이 쉽게 들어올 수 있는 곳이 되어야 제대로 된 교회인 것입니다.

1. 세리의 친구가 되심

예수님은 길을 가시다가 세관에 앉은 마태라는 사람을 보시고 자신의 제자로 부르셨습니다.

9절, "예수께서 거기서 떠나 지나가시다가 마태라 하는 사람이 세관에 앉은 것을 보시고 이르시되 나를 좇으라 하시니 일어나 좇으니라"

예수님께서는 마태라는 세리에게 "나를 좇으라"라고 하셨습니다. 여기서 "나를 좇으라"라고 한 것은 단순하게 예수님의 말씀을 듣는 제자가 되라는 뜻이 아닙니다. 당시에는 예수님의 말씀을 듣고 추종하는 사람들이 많았습니다. 물론 그들은 모두 넓은 의미에서 예수님의 제자들이라고 볼 수 있습니다. 그러나 그들 모두가 예수님을 좇는 것은 아니었습니다. 단지 그들은 예수님의 가르침을 좋아해서 그분에게서 배우기를 원할 뿐이었습니다. 그러나 여기서 '나를 좇으라' 는 것은 직업을 버리고 스물네 시간 예수님을 따르는 제자가 되라는 것입니다.

여기서 우리에게 중요한 것은 예수님께서 마태 같은 세리를 자신의 적극적인 제자로 부르신 이유가 무엇인가 하는 것입니다. 이미 우리가 살펴본 바와 같이 유대 사회에서 세리는 '상대할 수 없는 죄인' 이었습니다. 예수님이 그런 사람을 상대하는 것 자체가 예수님의 이미지를 손상케 할 가능성이 있었습니다. 즉 예수님도 돈이나 밝히고 남의 돈을 가로채는 것을 좋아하는 사람으로 오해받을 수 있었습니다. 또 이런 세리가 예수님의 제자가 된다면 다른 제자들도 모두 평판이 나빠질 것입니다. 그래서 유대 사회에서는 아무도 세리를 친구로 삼는 사람이 없었습니다.

여기서 우리가 알아야 할 것은 예수님이 이런 세리를 제자로 택하신 것이 어떤 의미를 가지느냐 하는 것입니다. 예수님은 이렇게 부른 제자들로 열두 제자를 삼으셨습니다. 여기서 열둘이라는 숫자는 우연히 만들어진 것이 아닙니다. 이것은 구약의 열두 지파를 상징하는 것입니다. 예수님께서는 무너진 구약의 이스라엘을 재건하는 의미에서 열두 명의 제자를 택하셨습니다. 따라서 예수님께서 마태라는 세리를 열두 제자 중의 하나로 택하신 것은 상당히 중요한 이유가 있습니다. 일단 유대인들은 세리에 대하여 지금도 하나님의 백성이 아니지만 앞으로도 영원히 하나님의 백성이 될 수 없다고 생각했습니다. 그런데 예수님께서 세리 마태를 제자로 택하신 것은 버려져 있는 한 제자를 하나님의 백성으로, 그리고 하나님의 아들로 받아 주시는 것만이 아니라 그를 중심으로 해서 이런 죄인들을 한 지파로 만들려고 하시는 것입니다. 다시 말해서 예수님은 마태 같은 세리를 열두 제자 중 하나로 삼으심으로 앞으로 한 지파는 완전히 이런 죄인으로 이루어지는 지파가 될 것을 보여 주시는 것입니다.

그러나 예수님께서 마태를 제자로 부르셨다고 해서 그의 직업이나 지금까지의 그의 삶이 옳다고 말씀하시는 것은 아닙니다. 마태도 분명히 다른 세리들과 같은 방식으로 살았을 것입니다. 그런데 마태가 예수님의 말씀을 듣고 이런 생활을 청산하고 새로운 삶을 살고 싶어 하는 마음을 가지고 있을 때 예수님은 그 마음을 귀하게 보셨던 것입니다. 이때 예수님은 아예 마태를 자신의 제자로 삼으심으로 앞으로 마태 같은 수많은 죄인들, 창녀들에게 주저하지 말고 하나님 나라로 오라고 하시는 것입니다.

사도 바울은 예수님을 만나기 전에 기독교를 핍박했고, 심지어는 기독교인들에게 폭행까지 했습니다. 사도 바울은 자기같이 못된 사람이 어떻게 예수님의 사도가 되었는지 이해가 되지 않았습니다. 그러나 예수님은 바울을 사랑하셔서 사도로 삼으셨고, 어느 누구보다 많은 진리를 깨닫게 하셨습니다. 특히 사도 바울의 '나의 복음' 은 오늘 기독교 진리의 핵심이 되는 것입니다. 바울은 자기가 이렇게 사도가 된 것은 자기가 똑똑하거나 잘나서 된 것이 아니라 앞으로 자기 같은 죄인도 주님이 부르시면 얼마든지 귀하게 쓸 수 있다는 것을 보여 주기 위해서라고 말을 했습니다(딤전 1:12 이하).

영국의 목사였던 존 뉴턴은 노예무역선의 선장이었습니다. 그는 많은 죄를 지었고, 죽으려고 자살을 시도하기도 했습니다. 그러던 중 아프리카에서 무역을 끝내고 고향으로 돌아가는 길에 큰 폭풍우를 만나 죽음 앞에서 하나님께 부르짖으며 기도했고, 그의 기도가 응답을 받아 폭풍이 잔잔해졌습니다. 그는 이 사건을 통해 하나님이 살아 계시다는 것을 믿게 되었고, 예수님을 구주로 영접한 후 목사가 되었습니다. 그는 고백하기를, "내가 목사가 된 것은 나 같은 죄인도 목사가 될 수 있다는 것을 보여 주기 위해서이다" 라고 하였습니다.

예수님은 아무리 죄인으로 살아온 사람도 진정으로 회개하고 하나님의 말씀을 붙들면 가장 존귀한 자로 사용하여 주십니다. 구약 이스라엘의 열두 족장 중에서도 비슷한 사람이 있었는데 그가 바로 유다입니다. 이스라엘 열두 지파 중에서 가장 많은 복을 받은 지파가 유다 지파인데 유다는 자기 동생 요셉을 애굽에 팔자고 한 사람이었습니다. 유다는 이스라엘을 버리고 가나안 땅에 가서 가나안 여자와 결혼을 했고, 아들들도 가나안 여자와 결혼시켰습니다. 그러나 유다의 아들들은 죄를 지어서 죽었습니다. 그런데 유다의 며느리 다말이 이 집에 시집을 와서 이 집에 있는 하나님의 축복의 비밀을 알았습니다. 그래서 어떻게 해서든 이스라엘 혈통의 아들을 낳고자 하여 시아버지인 유다와 관계를 해서 쌍둥이를 낳았습니다. 이것을 보면 유다는 그야말로 세상적으로 갈 데까지 간 사람이었습니다. 그런데 유다는 하나님께 돌아올 때 모든 체면과 위신을 다 버리고 철저하게 돌아옵니다. 하나님은 이런 유다를 받으셔서 이스라엘의 믿음의 장자로 삼으셨습니다.

아마 목회자들이 교인들 앞에서 과거에 얼마나 못된 짓을 많이 하다가 주님의 부르심을 받고 목사가 되었는지를 낱낱이 밝힌다면 교인들은 엄청난 충격을 받을 것입니다. 그러나 하나님은 그렇게 하십니다. 그런데 목사가 되고 이름이 좀 나면 혼자 거룩한 체하는데 그것은 웃기는 이야기인 것입니다. 우리는 모두 죄인이었는데 하나님의 말할 수 없는 긍휼로 목사가 된 것입니다.

누구든지 주님의 말씀을 믿으면 귀하게 사용될 수 있습니다. 중요한 것이 무엇입니까? 마태는 기꺼이 자신의 자리를 박차고 일어날 준비가 되어 있었다는 것입니다. 예수님의 말씀은 세리 마태의 마음속에 작은 변화를 만들어 놓고 있었습니다. 그러나 마태는 감히 자기가 나서서 예수님을 따르겠다고 말하지는 못했는데, 그때 예수님께서 마태를 제자로 불러 주셨습니다. 마태는 예수님께서 자기를 부르셨을 때 모든 것을 버리고 예수님을 좇을 수가 있었습니다.

2. 더 많은 죄인들을 만나심

예수님께서 세리 마태를 제자로 삼으셨다는 소식은 다른 세리들과 그들의 친구들에게 기쁜 소식이 되었습니다. 예수님은 그 후에 마태의 집에서 다른 많은 세리들과 죄인들을 만나셨습니다.

10절, “예수께서 마태의 집에서 앉아 음식을 잡수실 때에 많은 세리와 죄인들이 와서 예수와 그 제자들과 함께 앉았더니”

예수님께서 마태의 집에서 다른 세리들과 식사를 하신 것은 아마도 마태의 고별인사 자리였던 것 같습니다. 즉 마태는 친구들을 모아 놓고 이제 자신은 이 직업과 집을 떠나서 예수님을 따라야 한다는 것을 알리는 잔치를 한 것 같습니다. 그러고 나서 세리 마태는 이 세상에서 없어지는 것입니다. 이제 마태는 예수님의 제자 마태로 새롭게 태어나는 것입니다.

마태의 집에는 많은 세리들이 왔고, 또 다른 죄인들도 왔습니다. 예수님은 기꺼이 그들과 어울리면서 교제하셨습니다. 예수님은 그들과 함께 식사를 하심으로 그들에게 충분하게 자신의 시간을 내어 주셨습니다. 그들이 예수님과 식사하는 시간은 음식을 먹는 시간이 아니었습니다. 그 시간은 이들이 자기 영혼에 대하여 예수님과 자연스럽게 상담하는 시간이었습니다. 아마 죄인들은 한 사람씩 모두 예수님께 물었을 것입니다. “예수님, 저는 전에 이런 죄를 지었습니다. 그런데 다시 하나님의 백성이 될 수 있을까요?” “예수님, 저는 지금 이런 상태에 있습니다. 그런데도 하나님께서 저 같은 것을 사랑하실까요?” “예수님, 저는 지금 이런 일을 하고 있습니다. 저는 어떻게 해야 하나요?”

그들은 하나님 나라에 대하여 궁금한 것을 모두 물어보았을 것입니다. 예수님은 그날 하루를 이들을 위해서 내어 주셨습니다. 세리나 죄인들이 평소에 예수님을 개인적으로 만나서 이렇게 대화를 나누는 것은 쉽지 않았을 것입니다. 그러나 예수님은 기꺼이 이들을 위해서 자신을 내어 주셨습니다. 즉 하나님의 아들이 그들 가운데 오셔서 그들이 묻는 것에 대하여 일일이 대답해 주시고 그들이 살 수 있는 길을 가르쳐 주신 것입니다. 이날은 완전히 세리들과 죄인들의 날이었습니다.

그러나 예수님의 이러한 세리나 죄인들과의 교제는 당장 바리새인들의 비난을 불러왔습니다.

11절, "바리새인들이 보고 그 제자들에게 이르되 어찌하여 너희 선생은 세리와 죄인들과 함께 잡수시느냐"

바리새인들은 예수님이 워낙 능력이 있고 말씀을 잘 가르치기 때문에 좀 상대할 만한 사람인가 했더니 알고 보니까 형편없는 사람이더라는 것입니다. "너희 선생이라는 작자가 하는 짓을 보라. 저렇게 세리나 죄인들과 어울려서 웃고 떠드는 꼬락서니를 좀 보라. 바로 저것이 너희 선생의 본래 인격인 것이다." 바리새인들은 예수님이 세리들과 교제하는 것을 보고 그것이 예수님의 본성이고 예수님의 본질이라고 생각했습니다.

바리새인들은 예수님이 자기들에게 어울릴 만한 행동을 해 주시기를 바랐습니다. 예수님이 자기들처럼 귀족적으로 행동하고, 또 자기들처럼 교양 있는 사람들만 상대해서 자기들의 친구가 되어 주기를 바랐던 것입니다. 그런데 예수님께서 세리처럼 막돼먹은 사람들과 상대하고 어울리시자 바리새인들은 도저히 예수님과 어울릴 수 없다고 판단을 했습니다.

예수님께서는 자신이 세리들과 죄인들을 만나심으로 귀족층의 제자들을 잃으실 것을 알고 계셨습니다. 그럼에도 예수님께서 천민들이나 죄인들을 만나신 이유가 무엇입니까? 하나님의 눈으로 볼 때에 인간들은 모두 똑같은 죄인이기 때문입니다. 즉 고상한 척하면서 죄인들과 어울리지 않는 사람은 하나님 나라에 들어갈 생각도 하지 말아야 하는 것입니다. 하나님 앞에서는 모든 죄인이 똑같습니다. 차이가 있다면 큰 죄인이냐 작은 죄인이냐의 차이인데 이것은 하나님 앞에서는 아무 의미가 없습니다. 세리와 바리새인은 포장의 차이일 뿐이지 그 안에 들어 있는 죄는 똑같은 것입니다. 그래서 이런 죄인들과 기꺼이 어울릴 수 없을 정도로 고귀한 자라면 그는 하나님 나라에 들어갈 생각을 하지 말아야 하는 것입니다.

우리 기독교에는 무서운 함정이 있습니다. 그것은 복음은 거룩하고 완벽한 자들의 것이 아니라는 것입니다. 이 복음은 죄인의 복음입니다. 그래서 학벌이 높은 자들이나 사회에서 지도적 위치에 있는 사람들만 모이는 교회라면 그런 교회는 이미 정상적인 교회가 아닌 것입니다. 교회는 죄인들이 와서 은혜 받고 변화될 수 있는 곳이어야 합니다.

교회에 가난한 사람들이 많거나 젊은 사람들이 대부분인 것은 결코 부끄러운 것이 아닙니다. 누구든지 진정으로 하나님의 백성이 되려는 자는 자신의 사회적인 기득권을 다 버리고 기꺼이 죄인들과 어울릴 수 있어야 하는 것입니다.

지성인들 중에는 기독교의 진리는 매우 좋은데 교회가 너무 실망스러워서 안 다니겠다고 하는 사람들이 있습니다. 그러나 예수님은 바로 그 실망스러운 교인들을 위해서 죽으셨고, 그 실망스러운 사람들이 싫은 기독교는 엉터리 기독교인 것입니다. 교회 안에서는 공부를 많이 하지 못했거나 직장이 없거나 혹은 건강이 좋지 못한 분들이 문제가 되어서는 안 됩니다. 왜냐하면 이런 것들이 싫어서 교회에 나오지 않는다면 그는 하나님을 무시하는 것이기 때문입니다.

우리는 멋진 사람들로만 구성된 교회를 생각하고 있지는 않습니까? 그러나 복음은 귀족들의 것이 아니라 가난하고 소외된 자들의 것이며, 우리가 기꺼이 그런 사람들이 되기 전에는 진정으로 주님을 따르는 자들이라고 말할 수 없을 것입니다.

3. 건강한 자와 병든 자

바리새인들의 비난에 대하여 예수님은 정말 무서운 말씀으로 대답하셨습니다.

12절, "예수께서 들으시고 이르시되 건강한 자에게는 의원이 쓸데 없고 병든 자에게라야 쓸데 있느니라"

제자들이 예수님께 "선생님, 바리새인들이 선생님께서 세리와 죄인들과 교제하신다고 뭐라고 말을 합니다. 선생님은 이미 그들에게 찍히신 것입니다"라고 하면서 예수님이 지금이라도 빨리 세리들과의 관계를 끊고 그들을 멀리하는 것이 좋겠다고 생각했습니다.

그때 예수님은 아주 쉬운 예를 들어서 말씀하셨습니다. "건강한 자에게는 의사가 필요 없다. 의사는 오직 병든 사람들에게 필요할 뿐이다." 즉 환자가 병원에 오는 이유는 단 한 가지, 의사를 만나 병 고침을 받기 위해서입니다. 몸이 아프지도 않은데 의사를 찾는 사람은 술친구이거나 혹은 골프를 치자고 오는 사람일 것입니다. 마찬가지로 예수님께서 이 세상에 오신 것은 죄인을 치료하는 의사로 오신 것입니다. 의사는 오직 병든 사람에게만 필요하지 건강한 사람에게는 필요하지 않습니다. 병원은 환자를 위해서 있는 것이지 건강한 사람은 병원에 갈 필요가 없습니다.

예수님께서 죄인들을 만나신 것은 그들이 모두 예수님을 필요로 했기 때문입니다. 예수님은 스스로 죄인인 것을 알고 예수님께 나아와서 고침을 받으려고 하는 자들의 친구가 되어 주십니다. 예수님은 누구든지 자기에게 문제가 있는 것을 깨닫고 현재의 이 지긋지긋한 상태에서 벗어나 하나님 앞에서 새로운 사람으로 살기를 원하는 자들을 찾아오셔서 기꺼이 치료해 주십니다. 그러나 자기가 전혀 병들지 않았으며 문제가 없다고 생각하는 사람들은 예수님을 판단하고 우습게 아는 사람들인 것입니다.

여기서 예수님께서 말씀하신 '건강한 자'는 무슨 뜻입니까? 바리새인들이 전혀 죄가 없는 영적으로 건강한 의인이라는 뜻입니까? 아닙니다. 그들은 스스로 건강하다고 믿고 있는 것입니다. 스스로 건강하다고 믿고 있는 것과 실제로 건강한 것에는 많은 차이가 있습니다. 우리 주위에 보면 갑자기 건강이 악화되어서 목숨을 잃는 사람들이 있습니다. 그런 사람들의 특징이 스스로 건강하다고 생각해서 무리를 많이 한 것입니다. 그러나 스스로 병이 있다고 생각하는 사람은 조금만 이상이 있어도 병원에 가서 진찰을 받기 때문에 큰 병으로 진전되기 전에 치료받을 수가 있습니다. 그래서 이 세상에서 가장 어리석은 사람이 스스로 건강하다고 생각해서 무리를 해가면서 일을 하는 사람입니다.

바리새인들도 하나님 앞에서는 죄인이었습니다. 그러나 그들은 자기들이 세리나 창녀만큼 심각한 환자가 아니라는 사실에 만족하고 있었습니다. 그러나 병자는 많이 아프든지 조금 아프든지 모두 환자인 것입니다. 하지만 바리새인들은 자신들은 그렇게 심각한 죄인이 아니라고 생각해서 예수님께 도움을 받으려고 하지 않았습니다. 그런데 왜 예수님께서는 그런 사람을 억지로라도 치료해 주시지 않는 것일까요? 아무리 자기 스스로 건강하다고 생각해도 엎어 놓고 강제로 치료해서 모든 사람을 구원하시면 얼마나 좋을까요? 그러나 하나님은 은혜를 그렇게 값싸게 주지 않으십니다.

하나님은 아무 값없이 치료해 주시지만 반드시 자기가 죄인인 것을 인정해야 치료해 주십니다. 그렇지 않은 자는 하나님께서 자기만족 가운데 멸망하게 내버려 두십니다. 사실 우리는 너무 교만하여서 스스로 죄인이라고 생각하지 않습니다. 그런데 하나님께서는 우리를 불쌍히 여기셔서 땅바닥에 내팽개치십니다. 하나님은 우리 사업을 망하게 하시고, 건강을 빼앗아 가시고, 직장 없이 몇 년간 고생하게 하십니다. 그때 비로소 우리는 내가 하나님 앞에서 별것도 아니면서 얼마나 교만하게 살아왔는지 깨닫고 예수님의 도우심을 간구하게 됩니다. 이것이 복입니다. 아무리 이 세상에서 잘살아도 자기가 죄인인지 모르는 사람은 멸망할 사람들입니다.

교회는 어떤 사람을 위하여 존재합니까? 자기는 아무것도 문제되는 것이 없다고 생각하는 의인을 위하여 존재하는 것이 아닙니다. 한번 예수 믿고 난 후에 내 모든 문제가 해결되었기 때문에 이제는 봉사나 하면서 열심히 살면 된다고 생각하는 의인들을 위하여 존재하는 것이 아닙니다. 우리는 예수를 믿고 난 후에 더욱 우리의 부족함을 느끼고 예수님의 도우심을 필요로 합니다. 우리는 예수를 믿으면 믿을수록 예수님의 도움 없이는 아무것도 할 수 없다는 것을 절실하게 깨닫습니다.

예수님께서 바리새인들에게 뭐라고 말씀하십니까?

13절, "너희는 가서 내가 긍휼을 원하고 제사를 원치 아니하노라 하신 뜻이 무엇인지 배우라 내가 의인을 부르러 온 것이 아니요 죄인을 부르러 왔노라 하시니라"

예수님께서는 비난하는 바리새인들에게 숙제를 하나 주셨습니다. 그것은 호세아 6장 6절의 말씀을 알아 보고 오라는 것입니다. 예수님께서 자기 제자도 아닌 자들에게 숙제를 주신 것은 아주 이례적인 일입니다. 예수님은 자신의 제자들에게도 숙제를 많이 내어 주신 편이 아닙니다. 그런데 바리새파 사람들에게 호세아 6장 6절의 의미가 무엇인지 알아 보고 오라고 하신 것입니다. "나는 인애를 원하고 제사를 원치 아니하며 번제보다 하나님을 아는 것을 원하노라."

하나님께서 이 구절을 통하여 말씀하시는 것이 무엇입니까? 제사의 정신은 죄인을 멀리하는 데 있는 것이 아니라 죄인을 사랑하고 용서하는 데 있다는 것입니다. 그러니까 제사장은 죄인들을 가까이해야 합니다. 이것은 변호사가 죄인들을 가까이해야 변호를 더 잘할 수 있는 것과 같습니다. 그러나 변호사가 죄인을 가까이하는 것은 직업적인 것이지만 제사장은 정말 죄인을 사랑하게 되어 있습니다. 하나님께서 제사장을 세우신 것은 귀족들과 어울려서 그들로부터 돈이나 받으라고 세우신 것이 아닙니다. 제사장은 이 세상에서 가장 어려운 자들을 사랑하고 용납함으로 하나님 앞에 나아가게 하기 위해 존재하는 것입니다.

그러므로 우리 그리스도인들은 죄인들을 가까이해야 합니다. 그러나 교회는 결코 완전할 수가 없습니다. 죄인이 교회에 오려고 하면 교회는 죄인들을 이해해야 하고 사랑해야 합니다.

우리는 귀족은 다 잃어도 변하기 원하는 죄인은 잃지 말아야 합니다. 가장 중요한 것이 교회 안에 마태같이 변화된 사람이 많이 있어야 한다는 것입니다. 그러면 다른 많은 세리나 죄인들도 마태를 보고 우리도 저렇게 될 수 있겠구나 하는 믿음을 가지게 되는 것입니다. 하나님은 우리 가운데서 가장 부족하고 가장 죄인이었던 사람이 변화된 것을 통해서 다른 죄인들을 초청하십니다. 이것이 다른 많은 프로그램이나 치장보다 많은 죄인들에게 격려가 되고 초청이 될 것입니다.

우리 안에 마태가 있어야 합니다. 우리 안에 막달라 마리아 같은 일곱 귀신 들렸던 여자도 있어야 합니다. 그것 자체가 주님이 우리 가운데 계신 증거가 될 것입니다. 그래서 우리 교회는 죄인들이 많이 와서 은혜 받고 변화되는 교회가 되기를 바랍니다.

성경 토의

1. 오늘 교회는 죄인들의 친구가 되기를 원하는가, 아니면 의인들의 친구가 되기를 원하는가?

2. 자녀들이 행실이 나쁜 친구들과 사귀는 것은 왜 좋지 못하며, 이것은 죄인의 친구이신 예수님을 따르는 것과는 다른 것인가?

3. 오늘 많은 기독교인들은 세상에서 성공하기 원하며 교회 안에 성공한 사람들로 가득 채워지기를 원하는데 이것은 부흥인가, 아니면 교회의 세속화인가?

40_새 술은 새 부대에

마태복음 9:14-17

전체적 설명

우리는 최근에 옛 시대와는 완전히 다른 문화나 세대를 경험하고 있다. 그것은 바로 인터넷을 사용하고 글로벌한 사고방식을 가진 젊은 세대이다. 이런 세대는 세계 곳곳에서 한류 바람을 불러일으키고 있는데 요즘 우리나라에서는 기성세대와 젊은 세대 사이에 생각의 차이로 인한 갈등이 불거지고 있다. 그러나 예수님께서는 이 세상에서 가장 새롭고 강력한 것은 예수님의 말씀, 곧 복음이기 때문에 이 복음의 권세 앞에는 오래된 전통이나 구습의 부대는 터지고 말 것이라고 말씀하셨다. 즉 예수님 전까지는 세계의 모든 사상이나 제도가 사람들을 틀 안에 넣어서 억지로 복종시키려 했다면 이제는 성령의 능력으로 행하는 새로운 사람들이 등장하게 되는 것이다.

설교 프리노트

14절, "우리와 바리새인들은 금식하는데 어찌하여 당신의 제자들은"

여기서 우리는 세례 요한의 제자들과 바리새인들은

경건에 있어서 금식을 아주 중요하게 생각했다는 것을 알 수 있다. 사실 금식이라는 것은 특히 종교 생활을 하는 자에게 있어서 자신의 욕망과 혈기를 다스리는 중요한 훈련이 된다. 그런데 예수님 당시의 유대인들은 금식을 하나의 경건의 기준으로 삼고 있었다. 즉 그들은 왜 금식을 하느냐보다 얼마나 많이 금식을 하느냐를 보고 그 사람의 경건을 평가하려고 했던 것이다. 다시 말해서 어떤 사람이 많이 굶기만 하면 그 사람은 더 종교적이고 거룩한 것으로 평가받았던 것이다. 그러나 예수님은 제자들에게 억지로 금식을 시키지 아니하셨다. 예수님은 신앙은 단순히 자신의 욕망을 죽이는 금식이 중심이 아니라 하나님을 만나는 기쁨과 능력이 중심이라고 생각하셨기 때문이다.

15절, "혼인집 손님들이 신랑과 함께 있을 동안에 슬퍼할 수 있느뇨"

결혼은 기쁜 일이기 때문에 어느 민족이든 가장 맛있는 음식을 차려 놓고 잔치를 한다. 특히 유대인들은 혼인 잔치를 일주일 동안 하면서 신랑과 신부를 축복하는데 혼인 잔치에 금식한다는 것은 상상할 수 없는 일이었다. 만일 어떤 사람이 너무 경건하고 거룩해서 자신의 결혼식에 음식을 전혀 준비하지 않고 모든 손님에게 금식을 하도록 한다면 사람들은 그 결혼식을 장례식으로 착각할 것이다. 그래서 어떤 결혼식이든지 결혼식 때 신랑은 손님들에게 금식하게 하지 않는다. 왜냐하면 결혼식은 신랑과 신부가 만나서 하나가 되는 날이고 새로운 가정이 출발하는 축복의 날이기 때문이다. 그래서 예수님께서는 무조건 금식을 많이 한다고 해서 좋은 것이 아니라 의미를 알고 금식을 해야 하나님 앞에서 가치가 있다고 말씀하시는 것이다. 예수님께서는 유대 백성이 예수님을 믿는 것을 마치 오래전에 헤어졌던 신부가 신랑을 만나는 것으로 생각하셨고, 오래전에 헤어졌던 가족들이 다시 만나는 것으로 생각하셨다. 그래서 예수님이 제자들을 만나시고 백성들을 만나시는 것은 매우 기쁜 일이기 때문에 금식할 때가 아닌 것이다. 사람들이 주로 금식을 할 때는 너무 큰 어려움을 당했는데 내 힘으로는 해결할 길이 없어서 하나님 앞에 자신을 철저하게 낮추는 뜻으로 금식을 하는 것이다.

"그러나 신랑을 빼앗길 날이 이르리니 그때에는 금식할 것이니라"

가족들이 오랫동안 만나지 못했던 아버지를 만나거나 혹은 부인이 오랫동안 만나지 못했던 남편을 만나면 기뻐하고 즐거워해야 할 것이다. 그러나 아버지나 남편이 완전히 돌아온 것이 아니라 잠깐 왔다가 다시 떠나야 한다면 그때는 가족들이 울면서 금식할 것이다. 예를 들어 아버지나 남편이 돌아왔지만 다시 전쟁터로 나가야 한다든지 혹은 형기가 남아 있어서 다시 교도소에 수감되거나 혹은 처형을 당해야 한다면 그때는 더 슬피 울면서 금식할 것이다. 예수님께서는 자신이 완전히 돌아온 것이 아니라 한번 빼앗겨야 할 때가 있다고 말씀하셨다. 이것은 우리의 죗값을 치르기 위해서 십자가 위에서 죽어야 하는 것이다. 이때 제자들이나 예수 믿는 사람들은 절망하고 슬퍼하면서 금식하게 되는 것이다.

16절, **"생베 조각을 낡은 옷에 붙이는 자가 없나니"**

헌 옷이 떨어졌을 때 거기에 새 천 조각을 붙이면 옷이 더 튼튼할 것 같지만 사실은 옷에 있는 섬유들끼리 서로 당기는 힘 때문에 새 천을 붙인 헌 옷은 더 심하게 떨어진다. 그래서 헌 옷에는 낡은 천 조각을 붙여야지 튼튼한 새 천 조각을 붙이면 옷은 더 해어진다. 이것을 통해서 예수님께서는 지금까지 유대인들이 보아 왔던 낡은 천 조각 대신에 새로운 능력을 받은 새로운 사람들이 나타날 것을 말씀하신 것이다. 그래서 유대인들이나 이 세상 어느 누구도 이들을 옛날의 낡은 체제로 속박하려고 하다가는 자기 스스로 망하게 될 것이다.

17절, **"새 포도주를 낡은 가죽 부대에 넣지 아니하나니"**

옛날에는 사람들이 포도주를 담글 때 유리병이 없으니까 양을 잡아서 그 가죽으로 부대를 만들었다. 그런데 새 포도주를 담그면 가스가 많이 생기기 때문에 만일 새 포도주를 낡은 부대에 넣으면 그 가스가 부대를 터뜨려 포도주를 흘리고 부대를 망치게 된다. 그래서 새 포도주는 힘이 있는 단단한 새 부대에 넣어야 발효가 되어도 안전하다. 예수님은 이 비유를 통해서 유대교가 낡은 부대인 것을 말씀하고 계신다. 즉 예수님의 말씀을 듣고 새롭게 된 사람들은 결국 성령의 능력을 받고 말할 수 없는 새 능력으로 사는 사람들이기 때문에 유대교나 낡은 도덕의 틀에 넣어서 가두어 놓을 수가 없는 것이다. 예수님께서는 앞으로 성령을 받은 새사람들이 나타나게 되는데 그들은 새로운 틀을 입을 것이며 새로운 맛을 가지고 새로운 힘으로 살게 될 것이라고 말씀하셨다.

본문 이해를 위한 질문

1. 왜 세례 요한의 제자들과 바리새인들은 예수님의 제자들이 금식하지 않는 것을 가지고 비난했는가?

당시 사람들은 금식의 의미는 생각하지 않고 금식하는 것 자체를 경건의 기준으로 삼았기 때문에 예수님이나 예수님의 제자들이 금식하지 않는 것을 보고 신앙심이 떨어진다고 판단했다.

2. 예수님은 자신이 제자들을 만나고 사람들에게 말씀을 가르치시는 것을 어떻게 생각하셨는가?

예수님은 자신이 제자들을 만나고 백성들에게 하나님의 말씀을 가르치시는 것을 남편이 혼인 잔치하는 것으로 생각하셨다. 결혼은 새 출발이고 기쁜 날이기 때문에 아무리 경건한 자라 하더라도 금식하지 않고 음식을 먹으면서 기뻐하고 축하한다.

3. 예수님은 예수님의 제자들과 그 시대의 사상을 어떻게 비유하셨는가?

예수님은 그 제자들이 새 천 조각과 같고 새 포도주와 같기 때문에 한두 가지 기준을 가지고 경건을 강요하는 옛날 시스템에는 맞지 않는 새로운 사람들이라고 말씀하셨다.

성경 강해

우리나라는 아직 포도주를 마시는 것이 대중화되어 있지 않지만 일본만 해도 포도주 맛만 보고 그것이 몇 년도산이고 어느 곳에서 만든 것인지 알아맞히는 포도주 맛을 전문적으로 감별하는 사람들이 있습니다.

대개 포도주를 전문적으로 취급하는 사람들의 말을 들어보면 포도주가 무조건 오래되었다고 해서 좋은 것이 아니라 유난히도 덥고 일조량이 많았던 해에 담근 포도주가 맛이 있다고 합니다.

이스라엘 역사에서 가장 강력한 새로운 전제를 던진 사람은 모세였습니다. 모세는 이스라엘 백성을 4백 년간의 노예 생활에서 구출해 냈고 그들에게 "십계명"이라는 새로운 계명을 던짐으로 세계 최고의 백성이 되게 했습니다.

그리고 인류 역사상 완전히 새로운 사상과 새로운 능력을 가지고 온 분은 오직 예수님밖에 없습니다. 인류 역사상 어느 누구도 예수님처럼 말한 사람이 없고 예수님처럼 행동한 사람이 없었습니다. 그래서 인류 역사는 예수님 전후(BC와 AD)로 나누어집니다.

예수님의 가르침은 강력하면서도 단순했습니다. 예수님은 심령이 가난한 자가 복이 있다고 하시고, 자신은 섬김을 받으러 온 것이 아니라 섬기러 왔으며, 자신을 대속죄물로 주기 위해서 왔다고 말씀하셨습니다. 예수님은 "누구든지 나를 따라오려거든 자기 십자가를 지고 나를 따르라"라고 말씀하셨고, 그 끔찍한 십자가에 못 박혀 죽으셨습니다. 그러나 그는 죽은 지 사흘 만에 다시 살아나셔서 "내가 사망을 이겼노라"라고 말씀하셨습니다.

요즘은 청년예배의 형식이 어른들이 드리는 예배의 형식과 완전히 달라지고 있습니다. 일단 청년들이 드리는 예배에는 격식이 따로 없고 다른 사람의 눈치도 보지 않습니다. 청년들은 어른들이 부르는 찬양과는 다른 CCM이나 현대음악을 여러 곡 부르고, 때로는 같은 곡도 몇 번씩 부릅니다. 어떤 경우에는 어른들은 거의 머리가 돌 정도로 한 부분을 계속 반복해서 부릅니다. 또 찬양을 할 때에도 앉아서만 부르는 것이 아니라 어떤 사람은 자리에서 혼자 벌떡 일어나서 부르는가 하면, 어떤 사람은 의자 옆의 바닥에서 무릎을 꿇고 찬양을 부르고, 어떤 사람은 찬양은 부르지 않고 기도만 하는 사람도 있습니다. 저는 이러한 청년들의 찬양에서 파워를 느낄 때가 많이 있습니다.

우리는 요즘 두 가지 강력한 새로운 세대가 등장하는 것을 볼 수 있습니다. 하나는 신앙적인 젊은 세대로 하나님을 온몸과 온 영으로 찬양하는 세대이고, 다른 하나는 정치적인 젊은 세대인데 기존 정치의 틀을 부정하고 자기들만의 정의를 실현하려는 세대입니다. 우리나라가 복을 받고 살아남으려면 이 신앙의 젊은 세대가 폭발적인 위력으로 자라야 합니다. 이것도 아니고 저것도 아니면 낡은 세대로 밀리고 마는 것입니다.

1. 오래된 신앙의 틀

예수님 당시에 신앙 훈련을 받는 사람들은 금식을 자주 했습니다. 어떤 사람이 얼마나 경건한가 하는 것은 그가 하는 금식의 횟수로 정해질 정도였습니다. 예수님 당시에 가장 중요한 교파였던 바리새파 사람들은 모두 정기적으로 일주일에 두 번 이상씩 금식을 했습니다. 그런데 그들은 그 의미를 알고 금식을 하는 것이 아니라 일종의 신앙의 틀로 삼았습니다. 다시 말해서 그 틀 안에 들어가야 인정을 받고 이상한 사람이라는 낙인이 찍히지 않았습니다. 그런데 예수님께서는 제자들에게 따로 특별히 금식에 대하여 훈련시키지 않으셨고 금식을 강요하지 않으셨습니다.

이것을 보고 세례 요한의 제자들은 당장 예수님에게 경건하지 못하다고 도전을 했습니다. "우리와 바리새인의 제자들은 금식을 하는데 어찌하여 당신의 제자들은 금식을 하지 않습니까?"

이때 예수님께서는 무조건 금식한다고 해서 다 경건한 것은 아니며, 새 포도주는 새 부대에 넣어야 부대도 버리지 않고 포도주도 버리지 않는다고 말씀하셨습니다.

14절, "그때에 요한의 제자들이 예수께 나아와 가로되 우리와 바리새인들은 금식하는데 어찌하여 당신의 제자들은 금식하지 아니하나이까"

여기서 '그때'는 예수님께서 세리들과 함께 식사를 한 때를 의미하는 것 같습니다. 예수님께서 세리 마태를 제자로 부르신 뒤에 그의 집에서 세리들이나 다른 죄인들과 함께 식사하신 때는 아마도 다른 교파에서는 금식일로 지키는 날이었던 것 같습니다. 예수님께서 세리들과 식사를 하신 일 자체만 해도 유대인들의 금기 사항을 깨는 것이었는데 한 걸음 더 나아가서 예수님은 금식일도 지키지 않으셨습니다. 이것은 예수님이 전통을 중요시하는 유대 사회에서 이단아가 되는 것을 의미했습니다.

세례 요한의 제자들이 보기에 예수님의 행동은 너무 튀는 행동이었고 다른 사람들의 시선은 일체 의식하지 않는 행동으로 보였던 것입니다. 그래서 세례 요한의 제자들은 예수님에게 찾아와서 그렇게 너무 튀는 행동을 하는 것은 곤란하다는 식으로 따졌던 것입니다.

세례 요한은 예수님 당시에 매우 유명한 선지자였습니다. 그는 특히 그의 제자들에게 철저한 회개를 가르쳤습니다. 세례 요한은 사람들에게 철저한 회개를 요구했습니다. 그리고 회개에 합당한 열매를 맺으라고 했습니다. 즉 그냥 회개하는 척만 하지 말고 확실하게 태도를 바꾸라는 것입니다. 세례 요한은 그 자신이 진정한 회개의 표시로 이 세상의 문명이 주는 모든 혜택이나 즐거움을 포기했습니다. 세례 요한은 광야에서 살았고, 낙타 털옷을 입었으며, 메뚜기와 들꿀을 먹었습니다. 사람들은 세례 요한이 먹었던 메뚜기는 아마도 말린 메뚜기였을 것이라고 추측을 합니다. 왜냐하면 생메뚜기는 먹기가 힘들기 때문입니다. 그래서 많은 유대인들은 세례 요한을 진정한 하나님의 사자로 알고 존경하였습니다.

세례 요한은 예수님을 가리키면서 앞으로 오실 메시아라고 소개했습니다. 그런데 정작 예수님 자신은 모든 면에서 세례 요한처럼 철저하지 않았습니다. 예수님은 세례 요한처럼 고행도 자주 하지 않는 것 같았고, 제자들에게도 금식을 시키지 않았습니다. 그래서 세례 요한의 제자들은 예수님에게 실망하고 있었습니다. 우리 선생님은 죽음을 각오하면서까지 당신을 '오실 메시아' 라고 하셨는데 당신이 이렇게 흐리멍덩하게 제자들을 가르치고 죄인들과 어울려서 음식이나 먹고 금식도 하지 않으면 어떻게 하느냐는 것입니다. 즉 세례 요한의 제자들은 예수님이 좀 더 철저하게 종교 생활을 하시기를 원했던 것입니다.

유대인들이 처음 금식한 것은 예루살렘이 망한 것을 기억하기 위해서였습니다. 그런데 시간이 지나면서 사람들은 무조건 금식을 해야 신앙이 좋은 것으로 생각하게 되었습니다. 즉 유대인들에게 금식의 의미는 전혀 중요하지 않았습니다. 유대인들은 금식을 하느냐 하지 않느냐로 신앙을 평가했습니다. 즉 금식은 하나의 틀이 되어 버린 것입니다. 오늘 본문에서 세례 요한의 제자들은 바리새인들을 들먹이고 있습니다.

일반적으로 신앙인들이 금식하는 이유가 무엇입니까? 대개 신앙인들은 자신의 정욕을 다스리기 위한 훈련으로 금식을 합니다. 사람들에게는 수많은 욕망이 있는데 훈련을 받으려면 욕망을 억제해야 합니다. 그 중의 하나가 금식이고, 금식을 하면 내가 이 일을 해내었다는 만족감과 함께 머리가 아주 맑아집니다. 그러나 이것은 어디까지나 참는 훈련에 불과하지 그것으로 인해 하나님께 더 가까이 나아간다거나 하나님을 만날 수 있는 것은 아닙니다. 높은 산꼭대기에 올라갔다고 해서 하나님과 더 가까운 것은 아닌 것입니다.

2. 예수님의 중요성

예수님께서는 질문하는 세례 요한의 제자들에게 금식하느냐 하지 않느냐보다 누구와 함께 있느냐가 더 중요하다고 하셨습니다.

15절, "예수께서 저희에게 이르시되 혼인집 손님들이 신랑과 함께 있을 동안에 슬퍼할 수 있느뇨 그러나 신랑을 빼앗길 날이 이르리니 그때에는 금식할 것이니라"

예수님은 한 가지 쉬운 예를 들어서 설명하셨는데 유대인들은 혼인집에서 신랑과 같이 있을 때에는 금식을 하지 않았다는 것입니다. 왜냐하면 신랑이 신부를 맞이하는 것은 평생 단 한 번 있는 기쁜 일이기 때문에 금식을 시킬 수가 없기 때문입니다. 유대인들은 신랑은 전쟁터에도 보내지 않았습니다. 왜냐하면 신랑을 만나자마자 신랑이 없어지면 신부는 소망이 없어지기 때문입니다. 그래서 유대인들에게 가장 기쁠 때는 신랑이 결혼할 때입니다. 가끔 전쟁영화를 보면 유대인들이 제2차 세계대전 중에 폭탄이 떨어지는 가운데서도 잔치를 하면서 둥그렇게 손을 잡고 춤을 추는 장면이 나옵니다.

그런데 지금 예수님께서 제자들과 함께 지내시고, 특히 세리나 다른 죄인들과 함께 식사를 하시는 때는 신랑 중에 신랑인 하나님의 아들이 버림받은 신부인 죄인을 찾아오신 때인 것입니다. 하나님의 아들은 우리 죄인들과 결혼하기 위해서 하늘의 영광을 버리고 이 세상에 찾아오셨습니다. 이때 모든 죄인들은 덩실덩실 춤을 추면서 기뻐해야 하는 것입니다.

보육원에 있던 아이가 오랫동안 만나지 못했던 아버지를 만나면 더 이상 굶을 걱정을 할 필요가 없을 것입니다. 아버지는 아이를 안고 밖으로 나가서 맛있는 피자를 배 부르도록 사 주실 것입니다. 어느 보육원의 선생님도 아이를 데리고 나가는 아버지에게 "이것은 우리 보육원의 규칙에 어긋나는 일입니다"라고 말하지 않을 것입니다. 아버지가 아들을 데리고 가는 것은 아버지의 권리이며 이제 아이는 더 이상 보육원의 규칙에 매일 필요가 없습니다. 그리고 보육원의 선생님들이 바라는 것이 바로 이 아이처럼 친아버지가 와서 아이들을 데려가는 것입니다.

소설 『제인 에어』의 줄거리를 보면 제인 에어가 어렸을 때 부모님을 잃고 숙모의 집에서 자랍니다. 숙모는 제인 에어에게 정신적인 학대를 가하다가 자선학교에 맡겨 버립니다. 제인 에어는 그곳에서 규칙을 지키지 않았다고 해서 의자 위에 서서 벌을 받고 매질을 당하는 등 구박을 받으면서 생활합니다. 그런데 얼마 후에 유행병으로 아이들이 많이 죽는데 제인 에어와 손을 잡고 잔 친구도 죽습니다. 그러나 이 병 때문에 전화위복이 되어서 고아원의 시설도 많이 좋아지고 제인 에어는 학교를 졸업한 후 대저택의 가정교사로 추천받아 갔다가 새로운 남자를 만납니다.

예수님께서는 자신을 신랑에 비유하셨습니다. 예수님은 이 세상에 버려진 하나님의 자녀들을 다시 찾으러 오셨습니다. 그런데 그냥 찾으러 오신 것이 아니라 다시 하나님의 신부로, 최고의 프린세스로 삼기 위해서 오신 것입니다. 이것보다 더 기쁜 일은 없을 것입니다. 이것은 이스라엘 전체의 대축제일이 될 것입니다.

느헤미야서에 보면 학사 에스라가 이스라엘 백성 앞에서 율법을 낭독하고 설명했을 때 이스라엘 백성이 큰 은혜를 받고 슬퍼하였습니다. 그때 느헤미야는 이스라엘 백성에게 오늘은 살진 것을 먹고 단 것을 마시고 슬퍼하지 말라고 했습니다. 왜냐하면 이날은 기쁜 날이고 이스라엘이 하나님을 만난 날이라는 것입니다. 그러면서 "여호와를 기뻐하는 것이 너희의 힘이니라"(느 8:10)라고 했습니다. 우리가 하나님의 말씀으로 큰 은혜를 받는 날은 우리 영혼의 잔칫날인 것입니다. 이날 우리는 기뻐하고 즐거워해야 합니다. 그런데 예수님은 아주 불길한 말씀을 하십니다. 15절 끝에 "그러나 신랑을 빼앗길 날이 이르리니 그때에는 금식할 것이니라"라고 했습니다.

신부가 신랑과 오랫동안 떨어져 있다가 드디어 만났습니다. 그런데 신랑을 빼앗길 때가 온다는 것입니다. 왜 신랑을 빼앗깁니까? 아마 전쟁 중이라면 신랑은 며칠만 있다가 다시 전쟁터에 나가야 할 것입니다. 신랑이 전쟁하러 나가기 전날 신부는 슬피 울 것입니다. 옛날 우리나라 역사를 보면 신랑이 전쟁하러 나가기 전에 아내는 울면서 밤새 남편의 등에 문신을 새겼다고 합니다. 왜냐하면 그래야 빨리 시체를 확인할 수 있다는 것입니다. 예수님은 이스라엘 백성을 찾아오셨습니다. 그러나 완전히 온 것은 아니었습니다. 예수님은 잠시 왔다가 곧 전쟁하러 다시 나가야만 합니다. 이스라엘은 신랑을 잃게 될 것입니다. 그때 주님의 백성들은 십자가 위에 달린 신랑을 보고 애곡하면서 금식할 것입니다. 예수님은 완전히 오신 것이 아니었습니다. 예수님은 최후의 전쟁을 눈앞에 두고 그의 백성을 위로하기 위하여 먼저 찾아오신 것입니다.

지금까지 이스라엘 자손들은 이유도 잘 모르면서 금식을 했습니다. 마치 아이들이 여러 명 있을 때 그 중에 한 명이 울면 나머지도 이유를 잘 모르면서 덩달아 우는 것과 같았습니다. 그런데 예수님은 지금이 어떤 때이며 앞으로 어떤 일이 일어날 것인지 정확하게 알고 계셨습니다. 그러나 유대인들은 성경을 모르니까 기뻐해야 할 때 울고 울어야 할 때 기뻐하는 것입니다.

지금은 예수님이 우리의 구원을 다 이루셨고 이미 성령까지 부어 주셨습니다. 이제 우리는 아무것도 두려워할 것이 없습니다. 우리는 다른 사람이 하라고 한다고 해서 금식을 하거나 계율을 만들어서 지킬 필요가 없습니다.

3. 새로운 사람들

예수님께서는 제자들에게 신랑을 빼앗김으로 모든 것이 끝나는 것이 아니라 새로운 능력을 가진 세대가 등장할 것이라고 예언하셨습니다.

16절, "생베 조각을 낡은 옷에 붙이는 자가 없나니 이는 기운 것이 그 옷을 당기어 해어짐이 더하게 됨이요"

요즘은 옷이 너무 싸고 좋아서 옷이 해어질 정도로 오래 입지 않고, 옷을 기울 줄도 모르는 것 같습니다. 그러나 옛날에는 옷이 해어지면 기워 입어야 했기 때문에 바느질이 중요했습니다. 이때 주의해야 할 것이 있었는데 낡은 옷에 새 천을 붙이면 안 된다는 것이었습니다. 만일 새 천을 붙이면 새 천의 섬유가 낡은 옷의 섬유를 당겨서 천을 붙인 옷이 더 떨어지기 때문입니다. 무조건 새 천이라고 해서 좋은 것이 아니고 섬유가 당기는 힘을 생각해야 하는 것입니다. 예수님 당시의 사람들도 옷을 기울 때 낡은 천에는 낡은 천을 덧대어 기웠습니다.

예수님께서 여기서 말씀하시는 생베 조각은 성령으로 새로 만들어질 사람들을 말합니다. 반면에 낡은 옷은 구약의 많은 규칙을 지키는 사람들인 것입니다.

몇 해 전 일본에 쓰나미가 왔을 때 전 세계 사람들은 일본 사람들이 자기들이 만들어 놓은 매뉴얼에 없는 것은 아무것도 하지 않는 것을 보고 매우 놀랐습니다. 일본 사람들은 평소에 많은 규칙을 만들어서 아주 예의 있고 절도 있게 행동을 했는데 매뉴얼이 예측하지 못한 위급한 상황에 닥치면 아무것도 하려고 하지 않는 것이었습니다. 유대인들도 이와 비슷했습니다. 이들은 수많은 규칙을 만들어 놓고 질서 있게 지켰지만 규칙에 없는 것이 생기면 아무것도 하지 않았습니다. 그러나 하나님께서 만드시는 새사람들은 눈에 보이는 규칙이나 매뉴얼이 없습니다. 하지만 그들의 마음속에 성령께서 새로운 규칙을 주시고 매뉴얼을 주셔서 융통성 있게 살게 하시는 것입니다.

사람이 성령을 받지 못했을 때에는 죄를 짓지 못하도록 룰을 가지고 제재하는 것이 최상의 방법입니다. 그래서 하나님은 이스라엘 백성에게 율법을 주셔서 죄를 짓지 못하게 하시고, 죄를 지으면 이스라엘에서 추방하게 하셨습니다. 결국 이것은 체제를 가지고 감시해서 죄를 짓지 못하게 하는 것입니다. 예를 들어 환자는 병원에 입원시켜서 밖에 나가지 못하게 해야 병이 더 진전되지 않습니다. 그러나 병이 나은 사람은 더 이상 병원에 갇혀 있을 필요가 없는 것입니다.

그러나 예수님은 앞으로 마치 생베 조각 같은 사람들이 나타날 것이라고 말씀하셨습니다. 이 사람들은 하나님께서 성령으로 새로 만든 백성들이고 죄를 이기는 능력을 가진 사람들입니다.

우리가 생각하기에 바리새인들 혹은 요한의 제자들과 예수님의 제자들이 함께 있으면 바리새인들이나 세례 요한의 제자들이 더 강할 것 같습니다. 그런데 예수님께서는 예수님의 제자들이 생베 조각이고 바리새파 사람들이나 세례 요한의 제자들은 낡은 옷이라고 말씀하십니다. 그 이유는 율법적으로 훈련받은 사람은 한번 무너지면 그것으로 끝장이기 때문입니다. 아무리 강한 훈련을 받았다 하더라도 이들은 한번 범죄하면 그동안 훈련받았던 것이 다 무너지고 말기 때문입니다. 그래서 우리는 주위에서 신앙생활을 오래 해 오던 사람이 타락하거나 실수하고 난 뒤에 완전히 무너지는 경우를 많이 봅니다. 그 이유가 무엇입니까? 율법적인 신앙으로는 우리를 완전히 지킬 수 없기 때문입니다. 그러나 성령님은 우리 안에 내주하면서 우리를 철저하게 하나씩 변화시켜 나가십니다. 성령님은 우리가 아무리 수없이 넘어져도 또 일어나게 하십니다.

17절, "새 포도주를 낡은 가죽 부대에 넣지 아니하나니 그렇게 하면 부대가 터져 포도주도 쏟아지고 부대도 버리게 됨이라 새 포도주는 새 부대에 넣어야 둘이 다 보전되느니라"

포도주를 담그면 발효가 됩니다. 요즘은 포도주를 유리병에 담아서 보관하지만 옛날 유대인들은 양가죽에 넣어서 보관했습니다. 양가죽을 벗겨서 털을 깎고 깨끗하게 씻은 후 뒤집어서 목과 다리, 꼬리 부분을 끈으로 잡아매면 훌륭한 부대 자루가 되는 것입니다. 그러나 아무리 튼튼한 양가죽 부대라 하더라도 오래된 부대는 포도주에서 발생하는 가스를 감당할 수 없어서 터져 버리기 때문에 결국 포도주를 담글 때마다 새 포도주는 새 부대에 넣어서 보관해야 했던 것 같습니다.

예수님께서는 앞으로 만들어질 성령의 사람들을 '새 포도주' 라고 말씀하셨습니다. 성령의 사람들 속에서는 새로운 능력이 끊임없이 솟아나는 것입니다. 성령께서는 우리 안에 항상 새로운 감동을 주십니다. 성령께서는 우리 안에 항상 새로운 사랑을 주십니다. 남을 위하여 무언가를 할 수 있는 새로운 기쁨과 새로운 마음을 주십니다. 이는 마치 새 포도주에서 끊임없이 새로운 가스가 발생하는 것과 같습니다. 그래서 예수님은 만일 오래된 제도의 틀을 가지고 그것을 막으려고 하면 결국 부대도 터지고 포도주도 버리게 된다고 말씀하셨습니다.

여기서 예수님이 말씀하시는 새 포도주는 무엇을 말합니까? 복음의 능력입니다. 그러면 낡은 부대는 무엇입니까? 유대인들이 가지고 있는 낡은 사고의 틀입니다. 유대인들은 금식이라는 잣대로 사람들의 신앙을 평가하는 그런 낡은 사고의 틀을 가지고는 결코 복음의 능력을 감당하지 못한다는 것입니다. 복음의 능력은 그런 낡은 부대를 터뜨려 버린다는 것입니다. 물론 지금은 성령의 시대입니다. 그럼에도 낡은 종교의 틀을 가지고 신앙을 지키려는 사람들과 교회들이 너무 많습니다. 이런 낡은 종교의 틀 중에 대표적인 것이 외형을 중시하고 건물에 집착하며 인간적인 생각에 자꾸 기독교를 집어넣으려고 하는 것입니다.

요즘 우리는 과거와는 전혀 다른 새로운 사람들이 등장하고 있는 것을 보아야 합니다. 이들이 가지고 있는 생각은 어른들은 이해할 수 없습니다.

이들은 어른들의 모든 틀을 부정하고 있는데 서서히 우리나라의 정치를 다시 차지하려고 하고 있습니다. 그러나 이들은 너무 감정적이고 폭발적이며 책임을 지지 않는 세대입니다. 이런 세대가 득세하고 있는 것은 기독교가 낡은 부대가 되고 있기 때문입니다. 한때 우리나라의 교회에서 젊은 세대들은 새 포도주였습니다. 그런데 어느새 낡은 포도주가 되어 버렸습니다. 이제 우리가 만일 새 포도주를 담그지 않고 옛날의 낡은 포도주로 만족한다면 우리나라는 다시 한 번 큰 어려움에 빠질 것입니다. 거의 혁명에 가까운 몽둥이를 맞으면 아마 어른들은 많은 것을 잃어버리게 될 것입니다.

오늘날 청소년들의 특징이 무엇입니까? 감정의 여과 없는 폭발입니다. 이런 감정의 표출은 성령의 능력이 아니고 정욕적인 감정의 폭발입니다. 그 뒤에는 허탈감만 남는 것입니다. 그리고 젊은이들의 예배가 단지 예배의 형식만 바꾸고 찬송을 뜨겁게 부른다고 해서 새 부대가 되는 것은 아닙니다. 가장 중요한 것은 복음의 능력입니다. 하나님의 말씀이 정확하게 증거되는 것입니다. 이것이 새 포도주를 만들 것입니다.

그러면 이런 폭발적인 복음을 수용할 수 있는 그릇이 무엇입니까? 정직하고 서로 책임을 지는 공동체입니다. 형식적인 집단으로서의 교회가 아니라 서로 정직하고 얼마든지 자신의 잘못을 고백할 수 있으며 성령께서 그들을 인도하실 수 있는 공동체인 것입니다.

오늘 우리는 하나님께서 우리를 변화시켜 주시며 새로운 생각과 새로운 감정을 주시도록 기대합시다. 형식적이고 기계적인 신앙으로 만족하지 맙시다. 오늘도 새롭게 만들어집시다. 낡은 부대가 우리를 억압하지 못하도록 늘 깨어 있으십시다. 그래서 세상의 낡은 포도주를 이기는 새 포도주가 되시기 바랍니다.

성경 토의

1. 오늘 우리는 어떤 시대적인 변화를 경험하고 있으며 오늘 가치관이 무너진 이 시대에 교회가 빛과 소금의 역할을 감당하려면 어떤 모습이 필요하다고 생각하는가?

2. 오늘 사람들은 교회나 교인들을 무엇을 기준으로 판단하며 그 기준은 예수님이 말씀하신 혼인 잔칫집 비유와 어떤 점이 다르다고 생각하는가? 우리가 세상에서 성공하고 인정받는 것이 과연 하나님의 잔치와 같은 것인가?

3. 예수님은 제자들이 새 천 조각과 같고 새 포도주와 같다고 말씀하셨는데 우리에게는 이런 능력과 축복이 나타나고 있는가? 그리고 우리를 옭아매는 낡은 부대는 무엇이라고 생각하는가?

41_야이로의 실망

마태복음 9:18-26

전체적 설명

우리는 하나님께 기도하고 간청한 것이 원하는 대로 이루어지지 않으면 하나님의 능력을 의심하거나 자신의 믿음이 부족하다고 생각해서 실망할 때가 많다.

그러나 하나님은 우리에게 더 좋은 것을 주시기 위해서 때로 우리가 간구하는 것을 늦게 들어주시거나 다르게 들어주시기도 한다. 본문 말씀에 나오는 '한 직원' 은 회당장 야이로인데 그는 예수님께 달려와서 딸이 죽어 가는 것을 고쳐 달라고 간청했지만 예수님이 다른 여인과 대화를 나누시느라고 지체하는 바람에 소녀는 죽고 만다. 그러나 예수님은 죽은 소녀를 살려 주심으로 예수님이 단순히 병만 고치는 선지자가 아니라 전능하신 하나님의 아들이신 것을 나타내신다.

설교 프리노트

18절, "한 직원이 와서 절하고 가로되 내 딸이 방장 죽었사오나"

여기의 '한 직원' 은 회당의 직원을 말하는데 다른 복음서에는(막 5:22) '회당장 야이로' 라고 이름과 신분을 밝히고 있다. 회당장은 회당에서 가장 높은 사람이었는데 유대 사회에서는 회당에서 율법을 어긴 자를 채찍질하는 권한도 있었기 때문에 권세가 있는 사람이었다. 그런데 이때 예수님은 안식일 문제로 이미 회당에서 설교하는 것이 금지되어 있었기 때문에 회당장이 예수님께 절을 하며 예수님을 자기 집으로 모시려고 한 것은 사회적인 모든 명성을 포기하고 딸을 살리고자 하는 마음을 가지고 있었다는 것이다. '방장 죽었사오나' 라고 한 것은 실제로 죽은 것이 아니라 회당장이 집을 떠날 때 딸이 위급한 상태였던 것 같다. 그래서 회당장은 '지금쯤이면 죽었을지도 모르겠다' 는 뜻으로 이런 말을 한 것 같다.

"그 몸에 손을 얹으소서 그러면 살겠나이다"

이 직원은 혹시 딸이 죽었을지도 모르지만 예수님이 가셔서 아이에게 손을 얹으면 나을지도 모른다는 믿음을 가지고 있었다. 이것은 정말 대단한 믿음이었고 예수님은 이 사람의 믿음을 귀하게 생각하셔서 그의 요청을 거절하지 않고 그를 따라 그의 집으로 가려고 하셨다. 예수님은 누구든지 믿음으로 간청하는 자의 요구를 거절하지 않으신다.

20절, "열두 해를 혈루증으로 앓는 여자가"

'혈루증' 은 여인이 비정상적으로 출혈을 하는 병으로, 이로 인해 악성 빈혈로 많은 고통을 받게 된다. 율법에 의하면 이런 유출병은 부정한 질병이어서(레 15:27) 다른 사람들과 접촉할 수 없었고, 사람들이 모인 곳에도 갈 수 없었다. 이 여인은 무려 12년 동안이나 이 병으로 고통을 받았는데 몸은 몸대로 노화되고 다른 사람들과 접촉할 수 없어서 정신적으로도 고립된 상태로 살아왔다. 그러나 이 여인도 예수님의 옷자락에 손을 대면 병이 나을 수 있다는 확신을 가지고 있었다.

"예수의 뒤로 와서 그 겉옷 가를 만지니"

이 여인은 자신이 부정한 상태에서 다른 사람의 옷이나 신체를 접촉하면 부정이 전염된다는 것을 알았기 때문에 사람들 사이에 몰래 끼어서 예수님의 옷자락에 손을 대었다. 사실 이것은 율법을 어기는 행위였지만 이 여인은 병이 낫고자 하는 필사적인 마음으로 율법을 어기고 예수님의 옷에 손을 대었다.

22절, "예수께서 돌이켜 그를 보시며 가라사대"

다른 복음서에 의하면 이 여인이 예수님의 몸에 손을 대었을 때 예수님에게서 능력이 나가면서 이 여인이 치료되었다(막 5:30). 보통의 경우는 병자들이나 가족이 예수님께 간청하여 예수님이 말씀하시거나 손을 대심으로 병이 나았는데 이 여인의 경우는 손을 대자마자 저절로 예수님에게서 능력이 나가면서 병이 나았다. 예수님은 자신에게서 능력이 나가는 것을 아셨다. 이때 예수님은 이 여인을 찾으셨고 그를 안심시켜 주셨다. 왜냐하면 예수님은 이 여인을 책망하거나 병 나은 것을 도로 물릴 생각이 아니셨기 때문이다. 오히려 예수님은 이 여인의 믿음을 인정하셔서 그를 지배하고 있던 마음의 병과 죄의식을 고쳐 주기를 원하셨다.

"네 믿음이 너를 구원하였다 하시니"

여인이 가졌던 믿음은 예수님의 옷에 손을 대면 병이 나을 것이라는 자기 나름대로의 믿음이었다. 그러나 예수님은 그가 사람을 두려워하지 아니하고 예수님께 나아온 용기를 보시고 능히 구원을 받을 믿음으로 축복해 주셨다. 그래서 '구원하였다'는 것은 그 여인이 지금까지 빠져 있었던 죄인의 상태에서 벗어났으며 그가 하나님 앞에서 죄 용서받은 것을 인정해 주시는 것이다.

23절, "피리 부는 자들과 훤화하는 무리를 보시고"

회당 직원의 집에서는 이미 장례 절차가 진행되고 있었다. 아마도 주위 사람들이 이 직원의 딸이 병든 것을 다 알고 있었던 것 같다. 그래서 그들은 이 딸이 죽자마자 애곡을 하고 피리를 불면서 장례를 진행했던 것 같다.

24절, "이 소녀가 죽은 것이 아니라 잔다"

예수님의 위대한 말씀이다. 이미 죽어서 소망이 없는 소녀에 대해서 그가 죽은 것이 아니라 잔다는 것이다. 예수님에게는 아무리 죽은 자라 하더라도 마치 잠자는 사람을 깨우듯 살려낼 수 있는 능력이 있으시다.

"저들이 비웃더라"

유대인들은 이미 소녀가 죽은 것을 확인했기 때문에 예수님이 소녀가 잔다고 말씀하셨을 때 예수님을 전혀 사정을 모르는 사람으로 생각해서 비웃었다. 즉 우리 인간에게는 죽으면 모든 것이 끝장인 것이다. 그러나 예수님에게는 사람이 죽었다고 해서 모든 것이 끝난 것이 아니다. 우리 인간은 하나님의 능력을 믿지 않기 때문에 가장 위대한 하나님의 능력을 비웃는다.

25절, **"소녀의 손을 잡으시매 일어나는지라"**

예수님은 소녀가 죽은 방에서 사람들을 모두 내보내셨다. 왜냐하면 가장 귀한 하나님의 능력은 은밀한 가운데서 일어나기 때문이다. 예수님이 죽은 소녀의 손을 잡으시니까 예수님에게 있던 생명의 능력이 소녀에게 전달되면서 아이가 자리에서 일어났다. 회당 직원은 예수님을 모셔왔으나 아이가 죽어서 크게 실망할 수밖에 없었지만 죽은 자를 살리시는 능력의 하나님을 만나게 되었다.

본문 이해를 위한 질문

1. 회당 직원은 무엇 때문에 예수님께 절을 하며 간청했는가?

이 직원은 회당장이었는데 자기 딸이 병으로 죽어 가고 있었기 때문에 예수님이 집에 가셔서 아이에게 손을 얹어서 살게 해 달라고 요청한 것이다.

2. 예수님의 옷자락에 손을 댄 여인은 어떤 여인이었는가?

이 여인은 12년간 혈루병을 앓았는데 예수님의 소문을 듣고 자기 나름대로 예수님의 옷에 손을 대면 병이 낫는다는 믿음을 가지고 예수님의 옷에 손을 대었다가 병이 나았다. 예수님은 이 여인을 찾으셔서 '네 믿음이 너를 구원하였다' 고 하시면서 죄 용서까지 선포하여 주셨다.

3. 예수님은 직원의 죽은 딸에 대하여 무엇이라고 말씀하셨는가?

예수님은 이 소녀가 죽은 것이 아니라 잔다고 하시면서 마치 잠을 자는 아이를 깨우시는 것처럼 손을 잡아 일으켜 살리셨다.

성경 강해

우리가 세상을 살아가다 보면 큰 실망을 할 때가 있습니다. 여기서 실망이라는 것은 꼭 될 줄 알고 기대했던 것이 이루어지지 않는 것입니다. 우리는 대개 세 가지로 실망을 하는데 하나는 다른 사람에 대하여 실망하는 것입니다. 우리는 다른 사람에게 부탁을 하고 나서 들어줄 것이라고 기대했는데 도와주지 않으면 실망을 하는 것입니다. 이런 실망은 우리로 하여금 다른 사람을 불신하게 만듭니다. 또 하나는 자기 자신에 대하여 실망하는 것입니다. 우리는 자기 자신이 대단한 능력을 가진 줄 알았는데 어떤 작은 일에 실패하면 자기 자신에 대하여 실망을 합니다. 자신에 대하여 실망했을 때 우리는 정신적으로 방황을 합니다. 그리고 셋째로 우리는 하나님에 대하여 실망할 때가 있습니다. 즉 하나님을 믿고 기도해서 좋은 결과가 나올 줄 알았는데 기대와 달리 최악의 결과가 나오면 과연 믿음은 무슨 소용이 있으며 하나님은 과연 존재하시는지 의심을 하게 됩니다.

우리는 이런 것을 보면 실망하는 것이 좋지 못한 일인 것을 알 수 있습니다. 그런데 우리는 하나님에게 실망을 할까 봐 담대하게 기도하지도 못하고, 또 기도한 것이 이루어지지 않아서 낙심할 때가 많이 있습니다. 우리는 하나님은 우리의 참 좋으신 아버지인데 왜 하나님은 우리를 실망시키시는지 이해가 되지 않을 때가 많습니다. 예수님께서는 말씀하시기를, 이 세상의 아버지도 자식이 떡을 달라고 하는데 돌을 주는 아버지가 없고 생선을 달라는데 뱀을 주는 아버지가 없다고 하면서 하나님은 우리에게 좋은 것을 주신다고 말씀하셨습니다. 그런데 왜 하나님은 때때로 우리가 원하는 것을 주시지 않아서 우리를 이렇게 실망시키시는 것일까요?

본문 말씀을 보면 유대인 회당 직원이 예수님에게 가서 죽어 가는 자기 딸을 살려 달라고 땅에 무릎을 꿇고 절을 하면서 부탁을 합니다. 그래서 예수님은 그 집에 가기는 가는데 너무 늦게 가시는 바람에 그의 딸이 죽습니다. 이때 이 유대인 직원은 크게 실망할 수밖에 없었습니다. 아마 이 사람은 예수님도 별수 없다고 생각했을 것입니다. 그러나 예수님은 그 유대인 직원의 집에 가셔서 죽은 아이를 다시 살려 주심으로 축복을 주셨습니다.

1. 예수님에게 간청한 회당장

18절, "예수께서 이 말씀을 하실 때에 한 직원이 와서 절하고 가로되 내 딸이 방장 죽었사오나 오셔서 그 몸에 손을 얹으소서 그러면 살겠나이다 하니"

어느 날 유대 사회에서 상당히 높은 지위에 있는 한 사람이 예수님을 찾아와서 병이 들어서 죽어 가는 자기 딸을 고쳐 달라고 간청을 했습니다. 그런데 이 사람은 예수님에게 와서 그냥 부탁을 한 것이 아니라 땅에 엎드려 절을 하면서 부탁했습니다.

체면사회인 유대 사회에서는 사회적으로 위치가 있는 사람이 땅에 무릎을 꿇고 절을 하면서 간청하는 것은 있을 수 없는 일이었습니다. 오늘 우리도 이렇게 어떤 사람을 찾아가서 무릎을 꿇고 머리를 땅에 대고 절을 하면서 부탁한 적은 없을 것입니다. 그런데 이 사람은 예수님에게 인생에 한 번 있을까 말까 한 간절한 자세로 예수님에게 부탁을 드렸습니다. 그것은 지금 자기 딸이 거의 죽게 되었는데 제발 가셔서 딸에게 손을 얹어 달라는 것이었습니다.

그런데 본문 말씀을 보면 "예수께서 이 말씀을 하실 때에"라고 되어 있습니다. 이것은 예수님께서 죄인인 세리 마태를 제자로 삼으시고 마태의 집에서 죄인들과 식사를 하실 뿐만 아니라 유대인들이 중요하게 생각하는 금식을 무시하셔서 유대 지도자들의 심기를 대단히 불편하게 만들었던 때입니다.

더욱이 다른 복음서에 의하면 예수님께서 안식일을 지키지 않고 병자를 치료하셨기 때문에 유대 당국은 예수님으로 하여금 회당 설교를 금지하는 결정을 내린 상태였습니다. 그때 한 직원이 자기 딸이 조금 전에 죽었다고 하며 예수님의 발 앞에 엎드려 절을 하면서 가서 자기 딸을 살려 달라고 간청했습니다.

여기서 '직원'이라는 표현은 대단히 애매한 표현입니다. 다른 복음서에는 '회당장 야이로'라고 이름과 직책을 밝히고 있습니다. 다시 말해서 그가 유대 사회의 직원이라면 그는 지금 유대 당국이 예수님을 얼마나 미워하고 있는지 알고 있고, 최근에 유대 지도자들이 예수님을 회당에서 설교하지 못하게 하라는 지시가 내려온 것도 잘 알고 있었을 것입니다.

유대 사회는 지역마다 회당이 있었고 회당장은 이 회당의 책임자였습니다. 회당장은 회당에서 설교할 자를 정하고 회당의 교육과 규율을 책임지는 사람이었습니다. 따라서 회당장은 유대 사회에서는 가장 최일선에서 율법의 교육을 책임지는 사람이었습니다. 그런 회당장이 자기 딸이 병들어 죽게 되었을 때 유대 지도자들이 가장 싫어하는 예수님의 발 앞에 나아와 무릎을 꿇고 도움을 간청했습니다. 이것은 보통 각오가 아니면 할 수 없는 일이었습니다. 회당장은 자기가 예수님에게 무릎을 꿇음으로 유대 사회에서 모든 명성과 직책을 잃을 각오를 했던 것입니다. 유대 사회에서는 남자의 명예라는 것이 거의 생명과 같이 중요한 것이었습니다. 만일 유대 사회에서 남자가 명성을 잃으면 다시 회복할 수 없었습니다.

이 회당장은 지금까지 예수님을 방관적인 입장에서 지켜보고 있었을 것입니다. 그는 마음속으로 예수님의 가르침에 공감하고 좋아했지만 그것을 겉으로 표현하지 않고 체면 안에 감추어 놓고 있었습니다. 그는 신앙에 있어서 방관자였던 것입니다. 그러다가 자기 딸이 병들어 죽게 되었을 때 그는 모든 자존심과 체면을 다 벗어던지고 예수님 앞에서 아무것도 아닌 한 죄인으로서 예수님의 도움을 간청했습니다. 만약 그가 예수님의 발 앞에 절한 것이 유대 사회에 소문이 난다면 그는 회당장의 직책을 잃게 될 것입니다. 그리고 그는 많은 사람들의 조롱감이 될 것입니다. 그러나 그는 예수님 앞에서 필사적인 신앙이 되었습니다.

이 사람은 어쩌면 지금의 명예나 직책을 얻기 위하여 열심히 살아왔을 것입니다. 그러나 그는 자기 딸이 병들어 죽게 되자 모든 자존심과 체면을 벗어던지고 예수님의 발 앞에 무릎을 꿇었습니다. 이것은 너무나도 간절한 자세였고, 전적으로 예수님을 의지하는 자세였습니다.

우리의 믿음은 이러해야 합니다. 즉 우리는 다른 사람이 아무리 예수님을 욕하고 또 모든 체면과 자존심을 버리는 한이 있어도 예수님 앞에서 맨 땅에 무릎을 꿇고 간청해야 하는 것입니다.

이 사람은 예수님께 "내 딸이 방장 죽었사오나 오셔서 그 몸에 손을 얹으소서 그러면 살겠나이다"라고 했습니다. 그러나 다른 복음서의 좀 더 상세한 기록을 보면 '내 딸이 방장 죽었다'는 것이 죽어 간다고 표현되어 있습니다. 아마도 이 사람의 딸은 고열이 나는 병에 걸렸던 것 같습니다. 아이는 거의 죽음 직전에 있었습니다. 이 사람이 예수님을 찾아 나선 때는 아이가 거의 죽기 직전이었고, 그가 예수님을 만나서 이야기하는 순간에도 그 아이는 죽어 가고 있었습니다. 이것은 사정이 그만큼 급박했던 것을 보여 줍니다.

우리는 여기서 이 회당장이 아주 귀하고 신실한 신앙의 소유자였던 것을 알 수 있습니다. 이 사람은 온 유대 사회가 예수님을 기피 인물로 지목하고 그를 멀리하고 있음에도 모든 사람들 앞에서 예수님께 무릎을 꿇고 간청했습니다.

그는 예수님에게 "그 몸에 손을 얹으소서 그러면 살겠나이다"라고 하면서 부탁했습니다. 이 회당장이 가진 신앙은 예수님이 자기 집에 가셔서 아이의 몸에 손을 대면 낫는다는 것이었습니다. 그는 역시 예수님의 만져 주심을 원했습니다. 유대인들에게 있어서 그만큼 '손대는 것'은 중요한 것이었습니다. 유대인들은 오랫동안 하나님께 제사를 드릴 때에 짐승에게 손을 대면 자신의 죄나 모든 저주가 짐승에게로 전가된다는 것을 믿었습니다. 그러나 예수님이 칭찬하셨던 이방인 백부장의 신앙은 그런 신앙이 아니었습니다. 백부장은 예수님의 말씀의 능력을 믿었기 때문에 오직 말씀만 하시면 자기 하인이 낫는다고 믿었습니다. 그래서 어떤 경우에는 오래 믿은 사람들이 새로 믿은 사람들보다 믿음이 적을 때가 많습니다. 왜냐하면 오래 믿은 사람은 오래 믿으면서도 교회에서 기적이나 능력을 별로 체험해 보지 못했기 때문에 말씀의 능력을 잘 믿지 않을 때가 많기 때문입니다. 그런데 처음 믿는 사람은 하나님은 모든 것을 하실 수 있다는 것을 믿기 때문에 무슨 말씀을 듣든지 그대로 다 믿습니다. 그래서 하나님의 능력이 더 잘 나타나기 쉽습니다.

19절, "예수께서 일어나 따라 가시매 제자들도 가더니"

예수님은 굳이 회당장의 집에 가지 않고도 아이를 고치실 수 있었지만 회당장의 요청대로 회당장의 집을 향하여 가셨습니다. 이것을 보면 예수님은 우리의 믿음의 분량대로 움직이시는 것을 볼 수 있습니다. 그러나 회당장은 여기서 큰 절망에 빠지게 됩니다. 그것은 예수님이 어떤 여자 때문에 지체하시다가 아이가 죽었기 때문입니다.

2. 혈루병 여인의 출현

새치기는 자기 순서나 자리가 아닌 틈 사이를 비집고 들어서는 행위입니다. 그러나 외국에서는 이것이 통하지 않습니다. 아마 외국 여행을 다녀오신 분들은 줄을 서는 곳에서 새치기하는 사람들을 보지 못했을 것입니다. 특히 서양 사람들은 줄을 서서 기다리는 것이 훈련이 잘 되어 있습니다. 그러나 우리나라 사람들은 성질이 급해서 줄을 서서 기다리는 것을 참지 못합니다. 그래서 한국 사람들은 틈만 있으면 새치기를 해서라도 일을 빨리 해치우려고 합니다. 그런데 놀라운 것은 예수님에게 도움을 받는 데도 새치기를 한 사람이 있었다는 것입니다.

예수님께서 죽어 가는 회당장 야이로의 딸을 살리기 위하여 길을 가실 때 혈루증에 걸린 한 여인이 예수님의 능력을 새치기해 버렸습니다. 그 바람에 예수님은 시간을 지체하고, 그동안에 회당장의 딸은 죽습니다. 이 여인은 급하게 가야 하는 예수님을 중간에 새치기함으로 다른 사람의 딸을 죽게 합니다. 그러나 예수님께서는 자신의 길을 막은 이 여자에게 "네가 나타남으로 귀중한 시간을 허비하게 되었다. 만약 그동안 여자 아이가 죽었다면 그것은 네 책임이다"라는 식으로 말씀하지 않았습니다. 오히려 예수님은 이 여자에게 "딸아, 안심하라. 네 믿음이 너를 구원하였다"라고 축복의 말씀을 하셨습니다.

20-21절, "열두 해를 혈루증으로 앓는 여자가 예수의 뒤로 와서 그 겉옷

가를 만지니 이는 제 마음에 그 겉옷만 만져도 구원을 받겠다 함이라"

여기서 '혈루증' 은 여성이 비정상적으로 출혈을 하는 병을 말합니다. 이 여인은 이런 병에 걸린 지 무려 12년이나 되었습니다. 여성이 이렇게 오래 하혈을 하면 악성 빈혈에 시달리게 됩니다. 여인들이 오랫동안 빈혈로 고생하면 심한 노화현상이 일어납니다. 즉 단지 피만 모자라는 것이 아니라 호흡이 힘들어지고 머리털이 빠지고 손톱이 빠지며 아무것도 할 수 없게 됩니다.

유대인들의 율법에서는 이렇게 혈루병을 앓고 있는 여자를 부정하다고 정죄함으로 사람들을 접촉하는 것을 금지했습니다. 그래서 이 여인은 성전에 올라갈 수도 없었고 사람들을 만지거나 접촉할 수도 없었습니다. 더욱이 다른 복음서에 보면 이 여인은 치료를 받기 위하여 여러 의원들을 찾아가는 바람에 돈은 돈대로 쓰고 몸은 몸대로 망가진 상태였습니다. 이 여인은 이미 여자로서 생명이 끝나 있었을 뿐 아니라 사회적으로도 기피당하는 사람이었습니다.

그런데 그에게도 믿음이 있었는데 그것은 예수님의 옷자락을 만지면 병이 낫는다는 믿음이었습니다.

'이는 제 마음에 그 겉옷만 만져도 구원을 받겠다 함이라.'

이 여인이 가진 신앙은 일종의 '옷자락 신앙' 이었습니다. 이 여인은 예수님의 옷자락을 만지면 병이 낫는다는 믿음을 가지고 있었습니다. 이 여인이 이런 믿음을 가지게 된 것은 아마 사람들이 예수님의 옷자락을 잡아서 병이 나았다는 이야기를 들었기 때문인 것 같습니다. 유대인들에게 있어서 옷자락은 관심이나 사랑, 또는 용납하는 것을 의미했습니다. 이 여인은 예수님을 정면으로 만나는 것은 자신이 없었고 오직 뒤로 가서 예수님의 옷자락이라도 몰래 만질 수 있으면 대성공이라고 생각했던 것입니다.

아마도 이 여인은 심한 우울증이나 피해의식 같은 것이 있어서 사람들 앞에 나서지 않았던 것 같습니다. 그런데 이번에 이 여인은 정말 큰마음을 먹고 예수님의 옷을 잡으려고 하는 것입니다.

회당장은 예수님이 손을 대어 주기를 원했습니다. 이것은 일종의 터치의 신앙이라고 볼 수 있습니다. 그러나 이 여인의 신앙은 옷자락의 신앙이었습니다. 그런데 나병 환자들은 옷자락도 만지지 못하니까 예수님 앞에서 소리를 질렀습니다. 이것은 부르짖는 신앙이었습니다. 우리도 부르짖는 신앙을 가져야 합니다. 하나님 앞에서 기도하면서 잘난 체할 필요가 전혀 없는 것입니다. 그런데 이방인 백부장은 예수님의 말씀의 능력을 믿었습니다. 그래서 예수님은 백부장의 신앙이 이스라엘 전체에서 가장 좋다고 칭찬하셨습니다.

혈루병 여인이 예수님의 옷에 손을 대었을 때 거의 예수님이 의식하지 못하는 가운데 예수님의 능력이 이 여자에게로 나가 버렸습니다.

"이에 그의 혈루 근원이 곧 마르매 병이 나은 줄을 몸에 깨달으니라 예수께서 그 능력이 자기에게서 나간 줄을 곧 스스로 아시고 무리 가운데서 돌이켜 말씀하시되 누가 내 옷에 손을 대었느냐 하시니"(막 5:29-30).

이런 경우를 우리는 '오토매틱'이라고 부를 수 있을 것입니다. 많은 경우 사람들이 예수님께 간청을 드리면 예수님께서 그의 믿음을 보시고 말씀을 하시거나 손을 얹어서 치료해 주셨습니다. 그런데 이 혈루병 여인의 경우에는 '논스톱'으로 예수님의 능력이 빠져나왔습니다. 즉 여인이 예수님의 옷자락에 손을 대자마자 예수님의 의지를 거치지 않고 능력이 나타나서 이 여인은 치료되었고 예수님은 자기 몸에서 능력이 나간 것을 아셨습니다.

이것이 가능한 것은 예수님에게는 능력이 충만하시기 때문입니다. 만약 우리의 마음속에 기쁨이 충만하다면 저절로 웃음이 흘러나올 것입니다. 그래서 길을 가다가도 히죽히죽 웃게 될 것입니다. 예수님은 능력이 충만하셨기 때문에 건드리기만 해도 능력이 흘러넘쳤습니다.

그런데 예수님은 그냥 넘어가지 아니하셨습니다.

22절, "예수께서 돌이켜 그를 보시며 가라사대 딸아 안심하라 네 믿음이 너를 구원하였다 하시니 여자가 그 시로 구원을 받으니라"

예수님은 자신에게서 능력이 나간 것을 아시고 누가 손을 대었는지 물으셨습니다. 사실 그때 많은 사람들이 예수님을 밀고 있었기 때문에 예수님의 몸에 손을 댄 사람들은 많았습니다. 제자들은 예수님께 많은 사람들이 믿었다고 대답했습니다. 그러나 그 여인은 예수님께서 자기를 찾으시는 것을 알고 예수님 앞에 나아와서 모든 것을 말씀드렸습니다. 그런데 예수님이 이 여인과 대화를 나누는 동안에 회당장의 딸이 죽습니다.

이 세상 그 어떤 것보다 사람을 살리는 것이 더 중요합니다. 우리는 할 수 있으면 사람을 살리고 봐야 합니다. 그러나 예수님은 죽어 가는 사람을 살리는 것보다 이 여인을 만나서 대화를 나누기를 원하셨습니다. 그 이유가 무엇일까요? 예수님은 죽은 자는 다시 살리실 줄 알고 계셨지만 이 여인은 여기서 놓치면 다시 마음 문을 닫고 살 것이라는 사실을 아셨던 것입니다.

예수님은 이 여인이 지난 12년 동안 마음 문을 닫고 산 것을 알고 계셨습니다. 이 여인은 이번에 일생에 한 번 죄를 지을 각오를 하고 용기를 내어서 예수님을 찾아와서 옷자락을 만졌습니다. 그러나 이 여인은 다시 마음 문을 닫고 살 가능성이 많았습니다. 이 여인의 육체의 병은 치료되었지만 마음의 병까지 치료된 것은 아니었습니다. 예수님은 이 여인의 마음이 닫히기 전에 그를 완전히 치료하기를 원하셨습니다. 이것을 보면 사람의 마음이 얼마나 예민하며 시기를 놓치지 않는 것이 얼마나 중요한지 알 수 있습니다.

예수님은 이 여인에게 "딸아, 안심하라. 네 믿음이 너를 구원하였다"라고 하셨습니다. 이것은 병이 완치되었을 때 성전에서 제사장이 선언하는 말입니다. 병이 완치된 사람들에게는 이 선언이 있어야 정상적인 사회생활을 할 수 있는 것입니다. 그런데 예수님이 이 선언을 하셨습니다. 이것은 죄 용서의 선언입니다. 그의 마음속에 있는 모든 죄책감이 용서되었으며 이제 어느 누구도 그를 정죄할 수 없다는 선언입니다.

예수님에게는 두 가지 일이 모두 긴급했습니다. 죽어 가는 아이도 급했고, 예수님의 옷자락을 만진 여인에게 믿음을 주는 것도 급했습니다. 그러나 예수님에게 더 급한 사람은 혈루병 여인이었습니다. 예수님께는 죽는다는 것이 그렇게 결정적인 것이 아니었습니다. 우리에게는 죽는 것이 끝이지만 예수님에게는 끝이 아니었습니다. 그래서 예수님은 오랜 시간 사회에서 버림받고 고독과 외로움 가운데 살아온 이 여인의 마음을 풀어 주시고 치료해 주셨습니다.

예수님은 오랫동안 사람들에게 인정받지 못하고 고독 가운데서 살아온 사람들의 문제를 다른 어떤 문제보다 긴급하게 취급해 주실 것입니다. 혹시 우리는 자신을 도저히 예수님을 바로 만날 수 없는 죄인이라고 생각하지는 않습니까? 옷자락이라도 만지거나, 아니면 멀리서 보기만 하는 것으로 만족하려고 하지 않습니까? 예수님의 은혜는 '충만한 은혜' 입니다. 거의 논스톱으로 흘러넘칠 것입니다.

3. 죽은 소녀를 살리심

예수님께서 길을 가는 도중에 나타난 여인과 대화를 나누시느라 지체하는 것을 본 회당장은 너무 답답했을 것입니다. 더욱이 예수님이 지체하는 동안에 자기 아이가 죽었을 때 이 회당장은 예수님이 원망스러웠을 것입니다. 그러나 때때로 하나님이 우리 기도를 빨리 응답해 주시지 않거나 오히려 최악의 결과가 나왔을 때 그것은 반드시 나쁜 것만은 아닌 것입니다.

우리는 하나님의 은혜가 지연될 때에 하나님이 나에게 무관심하다고 생각해서 원망할 때가 많이 있습니다. 지금 회당장은 일분일초가 아까운데 예수님은 여인과 대화를 나누시느라고 아까운 시간을 다 허비하다가 딸이 죽어 버렸습니다.

회당장은 길에서 딸이 죽었다는 소식을 들었습니다. 예수님의 일행이 회당장의 집에 도착했을 때에는 이미 장례 절차가 진행되고 있었습니다.

23절, "예수께서 그 직원의 집에 가사 피리 부는 자들과 훤화하는 무리를 보시고"

이것을 보면 여자 아이가 확실히 죽은 것을 알 수 있습니다. 아마도 사람들은 여자 아이가 살 수 없을 것이라는 것을 안 것 같습니다. 그래서 그들은 바로 장례 절차를 진행했습니다. 여기서 피리를 불고 훤화한다는 것은 초상난 집에서 사람들을 불러서 곡을 하는 것이었습니다. 그렇게 한 이유는 사람이 죽으면 모든 것이 끝난다고 생각했기 때문입니다. 병원에서 사람이 죽으면 즉시 시신을 영안실로 옮기고 장례 절차를 진행합니다. 그 이유는 죽은 사람을 두고 아쉬워해 봐야 아무 소용이 없기 때문입니다.

그러나 예수님은 곡을 하는 사람들을 보시고 이렇게 말씀하셨습니다.

24절, "가라사대 물러가라 이 소녀가 죽은 것이 아니라 잔다 하시니 저들이 비웃더라"

사람들은 이 여자 아이가 죽었다고 했지만 예수님은 이 아이가 자고 있다고 하셨습니다. 자고 있다는 것은 다시 깰 수 있다는 뜻입니다. 예수님은 이미 자신이 이 여자 아이에게 어떤 일을 행하실지 알고 계셨습니다. 예수님 당시에 죽은 사람이 이 여자 아이만 있었던 것이 아닙니다. 아마 많은 사람들이 죽었고 예수님도 그들의 죽음을 보셨을 것입니다. 그런데 어떤 경우에도 예수님은 '죽은 것이 아니라 잔다' 고 하지 않으셨습니다. 그러나 여기서 예수님은 아이가 죽은 것이 아니라 잔다고 말씀하셨습니다. 그런데 사람들은 예수님을 비웃었습니다. '그 아이는 죽은 것이 분명한데 네가 도대체 무슨 짓을 하려고 하느냐' 는 것이었습니다.

젊은 나이에 우리나라에 와서 병으로 사망한 여자 선교사님이 계십니다. 그분의 비문에는 이러한 글이 적혀 있습니다. "그녀는 죽은 것이 아니라 잠들어 있을 뿐이다." 참으로 감명 깊은 비문입니다.

25절, "무리를 내어 보낸 후에 예수께서 들어가사 소녀의 손을 잡으시매 일어나는지라"

예수님은 장례 절차를 진행하고 있는 사람들을 밖으로 내보내셨습니다. 그리고는 몇 명만 데리고 소녀가 죽어 있는 방으로 들어가셨습니다. 예수님께서는 가장 중요한 일은 많은 사람들에게 보여 주지 아니하셨습니다. 예수님은 소녀의 손을 잡으시고 "일어나라" 라고 말씀하셨습니다. 예수님은 정말 잠자는 아이를 깨우듯이 죽은 소녀를 살리셨습니다.

모든 사람은 죽는 것을 두려워합니다. 왜냐하면 사람은 죽으면 모든 것이 끝이기 때문입니다. 그러나 그리스도 안에 있는 자는 죽지 않습니다. 왜냐하면 그는 하나님 앞에 영원히 살아 있기 때문입니다. 그는 육신으로 자고 있을 뿐입니다. 그러나 그의 영혼은 영원히 잠들지 않습니다. 오히려 죽은 성도의 영혼은 천사 같은 상태에서 더 활발하게 살아 있습니다.

예수님은 회당장의 간절한 요청에 지체하셨습니다. 회당장이 예수님 앞에 엎드려 절하고 간청한 결과는 최악으로 나타났습니다. 이것은 어떻게 보면 고의적이었다고 볼 수 있습니다. 예수님은 회당장에게 이런 최악의 상태에서도 두려워하지 말고 하나님을 믿으라고 말씀하시는 것입니다. 하나님이 우리 기도에 늦게 응답하시는 것은 우리 믿음을 더 위로 끌어올리고 더 큰 것으로 응답하시려는 것입니다. 그래서 우리는 작은 기도를 했는데 금방 응답되지 않는 것은 더 좋은 줄 아시기 바랍니다.

하나님이 이 회당장을 답답하게 하시고 절망하게 하신 것은 그에게 더 큰 은혜를 주시고 더 큰 영광을 체험하게 하기로 작정하셨기 때문입니다.

회당장이나 혈루병 여인은 모두 예수님을 필요로 하는 사람들이었습니다. 그러나 그들이 예수님께 나아오기까지는 결코 적지 않은 걸림돌이 있었습니다. 회당장은 자신의 자존심이나 사회적인 명성을 포기해야만 했고, 혈루병 여인은 자기 안에 있는 대인공포증이나 대인기피증을 극복해야만 했습니다. 그러나 그들이 그 작은 장애를 극복하고 예수님께 나아왔을 때 예수님께서는 그들이 기대한 것 이상의 축복을 주셨습니다.

예수님은 회당장의 요청을 무시하신 것 같습니다. 그러나 그것은 그에게 더 큰 은혜를 주시기 위해서였습니다. 주님이 내가 원하는 대로 응답해 주시지 않을 때 주님은 내가 생각하는 것 이상의 큰 은혜를 주려고 하시는 것입니다. 그래서 우리는 내 기도가 금방 응답되지 않는다고 낙심하지 말고 끝까지 하나님을 신뢰하고 의지하고 기다리시기 바랍니다. 그러면 하나님의 큰 영광을 체험하게 될 것입니다.

성경 토의

1. 우리는 가족이나 교인들 중에 임종을 앞둔 분이 계실 때 어떤 자세를 취하는 것이 본인에게 위로가 되고 하나님께도 영광이 된다고 생각하는가?

2. 열두 해를 혈루증을 앓은 여인은 예수님의 옷자락을 만짐으로 병이 나았지만 우리는 예수님의 옷자락을 만질 수가 없다. 우리는 어떻게 예수님께 간청할 수 있는가?

3. 예수님은 직원의 죽은 딸을 살리셨지만 예수님은 병든 사람을 다 살리지는 않으신다. 그러나 예수님이 죽은 소녀를 살리신 것을 통해서 사람이 죽는 것으로 모든 것이 끝나는 것은 아니라는 것을 보여 주셨다. 오늘 예수님은 이 사건을 통하여 우리에게 어떤 교훈을 주시는가?

42_다윗의 자손

마태복음 9:27-38

전체적 설명

옛날 이사야 선지는 장차 다윗의 후손 중에서 메시아가 오셔서 이스라엘을 회복시킬 것을 예언하였다(사 11:1). 특히 그는 메시아가 그 백성의 불치의 병을 치료해 주실 것이고(35:5), 빚을 탕감해 주어 포로에서 돌아오게 할 것이라(61:1)고 예언하였다. 유대인들 중에는 예수님을 바로 그 다윗의 자손으로 믿고 병 고침을 받으러 오는 사람들이 있었는데 예수님은 그들의 병을 고쳐 주셨다. 그러나 바리새인들은 예수님이 메시아인 것을 믿지 않고 귀신의 왕의 힘으로 귀신을 쫓아낸다고 비난한다.

설교 프리노트

27절, "두 소경이 따라오며 소리질러 가로되 다윗의 자손이여"

예수님께서 사람들의 병을 고치셨다는 소문은 상당히 많은 사람들의 관심을 끌었고, 그 중에는 예수님이 옛날 이사야 선지가 예언했던 메시아라고 믿는 자들이 있었다. 그래서 두 소경이 예수님을 따라오면서 예수님에게 '다윗의 자손' 이라고 불렀다. 여기서 두 사람이 예수님을 이렇게 불렀다는 것은 두 사람이 이렇게 믿었다는 뜻이다. 즉 유대인들 사회에서 두 사람의 증거는 증거의 효력을 인정받았던 것이다.

"우리를 불쌍히 여기소서"

유대인들은 장애를 가진 자들을 죄인 취급했기 때문에 이 소경은 자기들은 죄가 많아서 감히 예수님에게 요청할 자격이 없다는 것을 인정했다. 그러나 오로지 주님의 은혜와 자비로 치료받기를 원했다. 예수님은 이런 겸손한 요청을 절대로 거절하지 않으신다.

28절, **"내가 능히 이 일 할 줄을 믿느냐"**

두 소경은 예수님을 길에서 불렀는데 예수님은 길에서 소경들을 고쳐 주지 않고 집 안으로 들어오셨다. 두 소경은 집 안에까지 예수님을 따라 들어왔다. 예수님은 이들을 고쳐 주시기 전에 이들의 믿음을 시험해 보기 위해 '내가 능히 너희의 병을 고쳐 줄 수 있다고 믿느냐' 고 물어보셨다. 즉 예수님은 이 두 소경이 남들이 하는 대로 예수님을 불러 봤는지, 아니면 자기들 스스로 예수님에 대하여 생각해 보고 고백을 했는지 물어보셨다. 즉 예수님은 이 두 소경의 고백이 자신들의 것인지, 아니면 남들이 하는 소리를 듣고 한 것인지 확인하신 것이다. 그런데 이 두 소경은 예수님에 대하여 분명한 믿음을 가지고 있었다.

29절, **"이에 예수께서 저희 눈을 만지시며 가라사대 너희 믿음대로 되라"**

예수님은 두 소경의 요청에 바로 응답하지 않고 집 안까지 들어오셨지만 이들의 믿음을 확인하신 후에 가장 애정이 넘치는 방법으로 이들을 고쳐 주셨다. 즉 예수님은 손으로 두 소경의 눈을 만지시며 '너희 믿음대로 되라' 고 하셨다. 이것은 예수님께서 그들의 믿음을 인정하시고 응답하시는 것이며, 앞으로도 그들이 믿기만 하면 모든 것이 응답될 것을 약속하시는 것이다.

30절, **"삼가 아무에게도 알게 하지 말라"**

예수님의 말씀만으로 두 소경은 눈을 떴다. 한 사람도 아니고 두 사람 모두 눈을 떴다는 것은 예수님이 진정한 메시아인 것을 증거하는 것이다.

그러나 예수님은 두 소경에게 아무에게도 이 사실을 알리지 말라고 주의를 주셨다. 왜냐하면 사람들은 메시아를 정치적인 지도자로 생각하고 있었기 때문이다. 그러나 이 두 소경은 자신들의 눈이 치료되는 것을 통해서 새로운 메시아 시대가 온 것을 알게 되었다.

31절, "저희가 나가서 예수의 소문을 그 온 땅에 전파하니라"

예수님은 두 소경에게 밖에 나가서 아무에게도 말하지 말라고 경계하셨지만 그들은 그것을 듣지 않고 나가자마자 사람들에게 메시아가 오신 사실을 알렸다. 두 사람은 자신들의 눈이 떠지고 메시아가 오신 사실을 양심상 감출 수가 없었다. 왜냐하면 자기들 주위에는 메시아가 온 것을 모르고 아직도 질병이나 가난으로 고생하는 자들이 너무 많았기 때문에 자기들만 병이 낫고 모르는 체하고 있을 수가 없었던 것이다. 그러나 이들이 예수님의 소문을 퍼뜨리는 바람에 예수님은 유대 지도자들과 더 충돌하게 되었다.

32절, "귀신 들려 벙어리 된 자를 예수께 데려오니"

이 사람은 귀신이 들려서 정신만 이상한 것이 아니라 말까지 할 수 없게 된 자였다. 사실 이 사람은 아주 증세가 심한 사람이었는데 예수님은 귀신을 쫓으셔서 온전한 정신이 돌아오게 하시고 말도 할 수 있게 해 주셨다. 이것은 거기에 있는 사람들에게 충격적인 사실이었다. 사람들은 대개 귀신의 존재나 하나님의 능력을 믿지 않고 있다가 눈앞에서 귀신이 나가고 벙어리가 말하는 것을 보면 영적인 세계를 인정하고 두려움에 빠지게 된다.

34절, "저가 귀신의 왕을 빙자하여 귀신을 쫓아낸다 하더라"

바리새인들도 하나님의 능력으로 귀신을 쫓아내는 것 자체를 부인한 것은 아니었다. 단지 예수님이 자기들과 같은 바리새인이 아닌데 능력을 나타내시니까 시기해서 예수님의 능력을 인정하지 않고 오히려 예수님이 귀신의 왕의 능력으로 귀신을 쫓아낸다고 악성 루머를 퍼뜨린 것이다. 대개 원주민 사회에서는 사람들이 귀신이 들려서 미치거나 병에 걸리면 무당들이 종교 의식을 해서 병을 낫게 하거나 귀신을 쫓아내려고 한다. 그러나 이런 의식으로 귀신이 나가거나 병이 낫는 것은 아니다. 이런 행위는 단지 사람을 속이는 것뿐이다.

35절, "예수께서 모든 성과 촌에 두루 다니사"

예수님은 바리새인들의 악의에 찬 비난에도 위축되지 아니하고 모든 성과 촌을 다니면서 복음을 전하셨다. 예수님은 두 가지 일을 병행하셨는데 하나는 안식일에 회당에서 말씀을 가르치신 것이고, 다른 하나는 사람들의 병든 것과 약한 것을 고쳐 주신 것이다.

36절, "목자 없는 양과 같이 고생하며 유리함이라"

예수님이 유대인들을 어떤 눈으로 보셨는지 잘 보여 주는 말씀이다. 아마 정치인들은 사람들을 자기 세력으로 만들어서 이용하려고 하고 탐욕을 가진 사람들은 다른 사람을 자기 욕심을 위해서 희생시킬 생각을 할 것이다. 그러나 예수님은 목자의 눈으로 이들을 보셨다. 예수님은 이들을 목자가 없는 양으로 보셨는데, 양은 목자가 없으면 제대로 먹지도 못하고 보호받지도 못하면서 맹수들에게 쫓겨다녀야 한다. 그렇다고 해서 이들이 예수님을 자신들의 목자로 삼는 것도 아니었다. 이들은 아무도 믿지 못하면서 그냥 사람들의 이야기만 듣고 돌아다니고 있었다.

37절, "추수할 것은 많되 일군은 적으니"

'목자 없는 양'이 동물적인 비유라면 '추수할 것이 많다'는 것은 식물적인 비유이다. 즉 예수님의 눈에는 주인 없이 돌아다니는 많은 양들이 있는데 이들에게 하나님의 말씀이 들어가면 이들은 하나님의 양 떼가 되고 천국의 알곡이 된다. 그런데 문제는 이들에게 하나님의 말씀을 전하는 일꾼이 너무 적은 것이다.

38절, "추수할 일군들을 보내어 주소서 하라"

예수님은 이제부터 본격적으로 제자들을 키워서 복음을 전파하러 보내려고 생각하신 것 같다. 그래서 예수님은 제자들이 예수님을 따라오면서 듣기만 하는 소극적인 위치에서 이제부터는 자신들이 나가서 사람들을 추수하는 일꾼들이 되기를 바라셨다. 그리고 예수님은 제자들이 앞으로도 사람들을 볼 때 이렇게 추수할 곡식으로 보기를 원하셨다. 추수하는 주인에게 일꾼들을 보내어 달라고 요청하면 어떻게 될까? 아마 주인은 요청하는 자들에게 더 큰 능력을 주셔서 모두 훌륭한 일꾼이 되게 하실 것이다.

본문 이해를 위한 질문

1. 예수님이 길을 가실 때 두 소경은 예수님을 무엇이라 불렀으며, 이스라엘에 대한 하나님의 약속은 무엇인가?

이들은 예수님을 다윗의 자손이라 불렀다. 이사야 선지는 장차 다윗의 자손이 오셔서 그들의 불치의 병을 고치고 부채를 탕감해 주실 것이라고 예언했다.

2. 예수님은 두 소경에게 무엇을 물어보셨고, 어떻게 응답하셨는가?

예수님은 두 소경에게 예수님이 정말로 병을 고칠 수 있다고 믿는지 물어보셨고, 너희 믿음대로 되라고 하셨다.

3. 바리새인들은 예수님의 능력에 어떻게 반응했으며, 예수님은 바리새인들의 악의에 찬 반응에 어떻게 행동하셨는가?

바리새인들은 예수님을 시기해서 귀신의 왕의 능력으로 귀신을 쫓아낸다고 악의에 찬 비난을 하였다. 그러나 예수님은 모든 도시나 촌을 다니시며 천국 복음을 전하셨다.

성경 강해

요즘 우리나라 국민들은 거의 메시아적인 정치 지도자를 찾고 있습니다. 즉 앞으로 지도자가 될 사람은 국민들의 모든 어려움을 해결해 주고 병도 고쳐 주고 일자리도 만들어 주면서 나쁜 말은 일체 하지 않는 완전한 사람을 원하는 것입니다. 그러나 사람들 중에서 미래의 모든 문제를 해결해 줄 수 있는 사람은 아무도 없습니다. 사람들은 모두 각자의 문제를 스스로 해결해야 합니다. 지도자들은 막힌 것을 뚫거나 엉킨 것을 풀어 주는 역할을 할 뿐인 것입니다. 대개 국민들에게 모든 것을 해 줄 수 있을 것처럼 해서 인기를 끌었던 지도자들은 모두 국가의 재정을 거덜내거나, 아니면 무시무시한 독재로 나라를 망하게 한 사람들이었습니다.

하나님께서는 유다 백성에게 한 지도자를 약속하셨습니다. 그런데 그분의 명칭이 '다윗의 후손' 이었습니다. 왜 이 사람이 '다윗의 후손' 이라고 불렸는가 하면, 하나님이 다윗에게 약속하신 것이 있었기 때문입니다. 즉 하나님께서는 다윗이 하나님의 말씀에 철저하게 헌신한 것을 보고, 네 후손으로 영원히 이스라엘을 다스리게 하겠다고 약속하셨습니다. 그런데 이 다윗의 자손의 특징은 자신이 하나님의 말씀에 헌신함으로 하나님의 능력과 부흥을 가져오는 것이었습니다. 나중에 이사야 선지는 다윗의 후손에 대하여 좀 더 자세히 설명하기를, 이분은 소경의 눈을 뜨게 하고, 귀머거리의 귀가 들리게 하고, 앉은뱅이를 일으키는 등 불치의 병을 치료하실 것이라고 한 것입니다.

그런데 예수님께서 갈릴리에서 사람들의 병을 고치고 귀신 들린 사람들에게서 귀신을 쫓아내서 정신이 들게 했을 때 사람들은 처음에 몰려와서 구경을 하면서 갈릴리에서 능력 있는 선지자가 나왔다고 생각했습니다. 그러면서 사람들의 마음속에 바로 이분이 하나님이 약속하신 그 메시아가 아닌가 하는 생각이 들기 시작한 것입니다. 그 중에서도 소경이나 한센병 환자 같은 불치의 병으로 고통 받는 사람들은 예수님이 메시아라는 것을 강하게 믿었습니다. 이 사람들은 이 세상 어느 누구도 자기들을 불쌍히 여기거나 도와주는 사람이 없는 중에 하나님께서 우리의 왕을 우리에게 보내셨다고 믿고 예수님을 다윗의 자손이라고 부르기 시작했습니다.

만약 예수님이 다윗의 자손이라면 예수님이 우리에게 줄 수 있는 것은 무엇일까요? 여기서 사람들이 기대하는 것과 예수님이 생각하는 것이 너무 달랐습니다. 그래서 예수님은 제자들에게 '다윗의 자손' 이라는 칭호를 쓰지 못하게 하셨습니다. 왜냐하면 그 칭호는 당시 사람들에게 정치적인 지도자를 의미했기 때문입니다. 예수님은 정치적인 이름을 꺼내지도 못하게 하셨습니다.

1. 이스라엘에 대한 약속

일반 역사는 마치 물이 흘러가듯이 정처 없이 흘러가는 역사입니다. 헤겔은 역사는 정반합의 원리에 의해서 변증법적으로 흘러간다고 했지만 인간의 역사는 목적이 없습니다. 그래서 어떤 문화는 정처 없이 흘러가다가 소멸되기도 하고, 아니면 다른 생각지도 못한 요인에 의해 변화가 일어나기도 합니다. 그러나 이스라엘의 역사는 분명한 미래의 목표를 바라보고 있습니다. 이스라엘의 역사는 오직 한 사람에 집중되는 역사인 것입니다. 그것은 장차 신적인 능력을 가진 메시아가 오셔서 그들의 모든 연약함과 비참함을 치료해 주시고 그들을 영원히 다스리신다는 약속입니다. 그런데 그 지도자의 칭호가 바로 '다윗의 자손' 이었습니다.

예수님께서 길을 가실 때 두 소경이 예수님을 이렇게 불렀습니다.

27절, "예수께서 거기서 떠나 가실쌔 두 소경이 따라오며 소리질러 가로되 다윗의 자손이여 우리를 불쌍히 여기소서 하더니"

그동안 예수님께서 여러 병자들과 귀신 들린 자들을 고치기 시작하셨을 때 사람들은 단순히 능력 있는 선지자가 나타나서 선한 일을 많이 한다고 생각했습니다. 그런데 예수님께서 이 일을 계속 하셨을 때 사람들의 생각이 바뀌기 시작했습니다. 그것은 예수님의 능력이 단순한 능력이 아니라 우리가 그토록 오랫동안 기다려 왔던 메시아의 능력이 아닌가 하는 것이었습니다. 그런데 한두 사람이 그렇게 생각한 것이 아니라 많은 사람들이 그와 같이 생각했고, 그 중에서도 특히 불치병에 걸린 사람들 사이에서 '예수님은 다윗의 자손' 이라는 믿음이 퍼지기 시작했습니다.

이것이 겉으로 나타난 것이 예수님이 길을 가시는데 두 소경이 예수님을 '다윗의 자손' 이라고 부른 것입니다. 물론 다른 복음서에도 소경이 예수님께 부르짖은 것이 기록되어 있습니다. 그런데 굳이 마태만 그 소경이 두 명이었다는 사실을 강조하고 있습니다. 그 이유는 유대인들은 두 사람의 증거를 효력이 있는 증거로 인정하기 때문입니다. 따라서 두 소경이 예수님을 '다윗의 자손' 이라고 부른 것은 유대인들 사이에 '예수님은 다윗의 자손' 이라는 공감대가 형성되고 있었던 것을 보여 주는 것입니다.

유대인들이 오랫동안 이방인들의 지배를 받으면서 기다려 왔던 나라는 다윗의 자손이 오셔서 그 백성들의 불치의 병을 치료해 주시고 그 모든 빚을 갚아 주시고 영원히 의로 다스리시는 나라였습니다. 이사야 선지는 구체적으로 다윗의 자손이 와서 소경의 눈을 뜨게 하고, 귀머거리의 귀가 들리게 하고, 저는 자는 사슴같이 뛰게 하고, 벙어리의 혀는 노래할 것이라고 했습니다. 모든 장애인들의 병이 치료되는 것은 얼마나 큰 축복입니까?

"그때에 소경의 눈이 밝을 것이며 귀머거리의 귀가 열릴 것이며 그때에 저는 자는 사슴같이 뛸 것이며 벙어리의 혀는 노래하리니"(사 35:5-6 상).

지긋지긋한 인간의 통치가 끝나고 다윗의 자손이 하나님의 능력으로 이스라엘 자손들을 구원하시고 치료하시는 새로운 나라가 임하는 것입니다. 즉 많은 사람들이 다윗의 자손에게 기대한 것은 병 치료와 의로 다스리시는 것이었습니다. 그런데 다윗은 사실 이런 병을 치료하지는 못했습니다. 다윗은 오직 하나님의 말씀을 붙듦으로 영적 부흥이 일어나게 했습니다. 그런데 사실 다윗이나 그 아들들에게도 죄의 바이러스가 침투해 있었습니다. 그래서 다윗은 신하의 아내와 관계하는 바람에 하나님의 통치에 큰 어려움을 겪었고, 그 아들 솔로몬은 최고의 영화를 누리는 바람에 아내를 많이 두었는데 무려 천 명의 아내를 두었던 것입니다. 그러나 다시 오실 다윗의 후손은 이 약점을 고치려면 자기 자신이 죄가 없어야만 했습니다. 그리고 다윗의 자손은 단순히 능력만 있어서는 안 되고 하나님의 능력을 가져와야 했던 것입니다.

그런데 놀라운 것이 이 두 사람이 소리를 지르는데도 예수님께서는 반응을 보이지 않고 그냥 어느 집으로 들어가신 것입니다.

28절, "예수께서 집에 들어가시매 소경들이 나아오거늘 예수께서 이르시되 내가 능히 이 일 할 줄을 믿느냐 대답하되 주여 그러하오이다 하니"

예수님께서 길에서 정확하게 자기 나라 왕을 부르는 백성의 소리를 듣고서도 못 들은 체하면서 집으로 들어가셨습니다. 그러고는 거기까지 따라 들어온 두 소경에게 '내가 능히 이 일을 할 수 있다고 믿느냐' 고 물으셨습니다. 이것이 바로 이 나라의 비밀입니다. 예수님께서는 자신이 메시아라는 사실이 널리 알려지는 것을 원치 않으시고 자기를 바라는 사람들 가운데 은밀하게 알려지는 것을 원하셨습니다. 그 이유가 무엇입니까? 예수님은 이 세상에 분명히 하나님 나라를 시작하셨지만 이 나라는 결코 정치적인 나라가 아니었던 것입니다. 그리고 예수님께서 소경이나 귀먹은 사람 등 불치병을 치료하신 것은 의사로 치료하신 것이 아니라 우리 인간을 만든 창조자로 오셔서 고치신 것입니다. 즉 예수님은 이스라엘을 정치적으로 회복하려는 뜻이 전혀 없으셨던 것입니다. 예수님은 창조자로서 우리의 고장 난 부분을 고쳐서 온전히 하나님의 복을 받으며 살도록 하기 위해서 오신 것이었습니다.

예수님께서는 분명히 그 나라의 왕으로 오셨습니다. 그러나 그는 절대로 유대인들의 왕으로 오신 것이 아니었습니다. 예수님은 옛날 다윗이 보여주었던 것처럼 미친 듯이 하나님의 말씀에 순종해서 하나님의 뜻을 이루기 위해 오셨던 것입니다. 예수님은 우리 인간의 가장 치명적인 죄를 고치기 위해서 오신 것입니다. 그런데 하나님의 아들에게도 죄를 고치는 것은 너무 어려운 일이었습니다. 그것은 자신의 죽음이었던 것입니다.

그래서 성경에서 예수님을 다윗의 후손이라고 말한 것은 하나의 예에 불과한 것이지 예수님은 다윗의 후손이 아니라 우리 인간을 만드신 창조주였던 것입니다. 그런데 예수님을 가장 먼저 왕으로 믿은 자들은 육체적으로 심하게 고장이 난 사람들이었습니다.

예수님께서는 공개적으로는 이 칭호가 타당하지만 반응하지 아니하시고 이들을 개인적으로 만나서 다시 물으셨습니다. "내가 능히 이 일을 할 줄을 믿느냐." 이것은 먼저 개인적인 신앙을 확인하시는 것입니다. 그들은 무엇이라고 대답을 합니까? "주여 그러하오이다." 이것은 예수님을 성경이 약속하신 다윗의 자손으로 믿는다는 뜻입니다. 그러면 여기서 예수님께서 이 두 소경의 신앙을 개인적으로 확인하신 이유가 무엇일까요? 물론 신앙은 개인적인 고백이어야 하기 때문입니다.

오늘 많은 사람들이 모르고 있는 것이 무엇입니까? 먼저 우리가 하나님의 말씀을 듣고 예수님을 믿음으로 우리 마음에 하나님 나라가 임한다는 사실입니다. 누구든지 예수를 믿기만 하면 이 나라 백성이 될 수 있습니다. 이것은 결코 사람의 눈에 보이는 것이 아닙니다.

2. 네 믿음대로 되라

예수님께서는 두 소경에게 '너희가 정말 나를 다윗의 자손으로 생각하느냐' 고 묻지 아니하시고 '내가 능히 이 일을 할 수 있다고 믿느냐' 고 물으셨습니다. 예수님께서 이런 뻔한 질문을 하시는 이유가 무엇일까요? 때로 부모님이 아이들에게 무엇을 해 줘야겠다고 생각하면서 "너 혹시 필요한 것이 있지 않니?" "너 용돈 다 떨어졌지?" 라는 식으로 뻔한 유도성 질문을 하는 경우가 있습니다. 그렇게 하는 이유는 지금 무엇인가 도와줄 준비가 되어 있다는 뜻입니다.

단순히 예수님이 소경의 눈을 뜨게 하실 수 있다는 소문을 듣는 것과 그가 지금 그들의 눈을 뜨게 하실 수 있다는 것은 상당한 차이가 있습니다. 예를 들어 어느 병원에 아주 유명한 의사가 있어서 고치기 힘든 병을 잘 고칠 수 있다는 것과 지금 내가 그 의사에게 치료를 받으려 한다는 것 사이에는 큰 차이가 있는 것입니다. 즉 일반적인 진리와 그 진리를 나에게 적용시키는 것에는 차이가 있는 것입니다. 예수님은 그들에게 "너희는 길에서 나를 다윗의 자손이라고 불렀다. 그런데 그 다윗의 자손이 구체적으로 너희의 눈을 지금 뜨게 할 것이라고 기대하고 있니?" 라고 질문하시는 것입니다.

오늘 교회에서 많은 사람들 가운데서 설교를 듣는 것과 그 설교가 구체적으로 자신에게 적용되는 것은 큰 차이가 있습니다. 어떤 사람들은 설교를 들을 때 아주 지당하신 말씀으로 듣습니다. 그러고는 그만입니다. 그런데 어떤 사람에게는 설교 말씀이 하나님이 나에게 개인적으로 하시는 말씀으로 들립니다. 즉 '너는 지금 이 말씀을 너에게 하시는 말씀으로 믿느냐' 는 것입니다. 어떻게 그렇게 들립니까? 성령께서 그 진리를 나에게 적용시키시기 때문입니다. 하나님의 말씀이 능력으로 나타나려면 성령으로 그 말씀이 나에게 적용되어야 합니다. 그래서 두 소경은 “그렇습니다”라고 대답했고, 예수님께서 그들의 눈을 만지시면서 “너희 믿음대로 되라”라고 말씀하셨습니다.

참으로 놀라운 것이 바로 이 말씀입니다. 왜 예수님께서는 “너희 병을 치료받으라”라고 하지 않고 “믿음대로 되라”라고 하셨을까요? 이것은 단순히 병 낫는 것만이 아니라 그들의 믿음에 모든 축복을 허락하시는 것을 의미하는 것입니다. “그래, 너희 마음속에 믿음이 있다. 하나님의 나라는 믿음의 분량만큼 가지는 거야”라고 하면서 주님 자신을 그들에게 주시는 것입니다. 예수님은 두 소경의 최소한의 믿음을 확인하신 후 그들의 믿음만큼 모든 것을 허락하셨습니다.

이 말씀은 하나님 나라의 특성을 보여 주는 아주 중요한 말씀입니다. 이 세상 나라는 자기가 가지고 있는 믿음만큼 많은 것을 누리게 되어 있습니다. 결국 중요한 것은 우리가 실제로 하나님을 어떻게 믿으며 예수님을 어떻게 믿느냐 하는 것입니다. 예수님이 우리에게 중요한 이유가 무엇입니까? 바로 예수님을 믿는 것이 하나님 안에 들어가는 열쇠이기 때문입니다. 하나님의 모든 비밀은 예수님 안에 있고 우리가 예수님을 믿을 때 하나님의 모든 것을 가질 수가 있습니다.

여러분은 예수님을 어떤 분으로 아십니까? 예수님을 나의 작은 필요를 채워 주시는 분으로 안다면 그는 그 정도의 능력을 체험할 수밖에 없을 것입니다. 그러나 우리가 예수님을 아주 크신 하나님으로 믿는다면 우리는 그만큼 큰 능력을 얻게 될 것입니다.

예수님은 우리에게 자신의 모든 것을 주십니다. 그러나 예수님은 우리가 사용할 수 있고 누릴 수 있는 것은 우리 믿음의 분량까지 주십니다. 하나님의 나라에서 위대한 사람은 큰 믿음을 가진 사람입니다. 하나님을 조금만 믿는 사람은 하나님의 능력을 조금밖에 체험하지 못할 것이고 전부 맡기는 사람은 하나님의 능력을 온전하게 체험할 것입니다.

“우리를 불쌍히 여기소서”라는 말은 중요한 말입니다. 이것은 당신의 처분에 나의 모든 것을 맡긴다는 뜻입니다. 그렇게 할 때 어떻게 됩니까? 예수님의 모든 능력이 나에게로 넘어오는 것입니다. 믿음은 예수님과 우리를 연결하는 통로입니다.

3. 하나님 나라를 거부하는 자들

이번에는 사람들이 귀신 들린 사람을 데리고 왔습니다. 그런데 그는 귀신만 들린 것이 아니고 귀신이 들려서 벙어리가 된 사람이었습니다.

32-33절, "저희가 나갈 때에 귀신 들려 벙어리 된 자를 예수께 데려오니 귀신이 쫓겨나고 벙어리가 말하거늘 무리가 기이히 여겨 가로되 이스라엘 가운데서 이런 일을 본 때가 없다 하되"

여기서 '귀신 들린다'는 것은 귀신이 들어와서 사람이 미치는 것입니다. 그런데 그냥 미치는 것이 아니라 귀신에 사로잡혀서 정상적인 사고를 하지 못하고 악한 영의 충동에 따라서 발광을 하거나 이상한 말이나 행동을 하는 것입니다. 그런데 이번에 사람들이 예수님께 데리고 온 사람은 귀신 들려서 정상적인 생각을 하지 못할 뿐 아니라 뇌 이상으로 '실어증'까지 걸렸습니다. 이런 심한 증세를 보이는 사람들은 사람의 능력으로는 치료가 불가능했습니다. 그런데 예수님께서는 이런 자들까지도 고쳐 주셨습니다.

우리는 이것을 통하여 예수님은 인간이 치료하기 가장 어려운, 고장 난 정신이나 뇌도 고치시는 분인 것을 알 수 있습니다. 그 이유가 무엇입니까? 그가 우리를 만드셨기 때문입니다. 예수님은 우리를 속속들이 알고 계십니다. 자동차를 만든 사람은 그 자동차가 크게 파손되어도 완벽하게 고칠 수 있습니다. 마찬가지로 예수님은 우리 안의 고장 난 부분을 속속들이 아십니다. 그래서 예수님은 사람의 상한 감정을 고치십니다. 고장 난 정신을 고치십니다. 예수님은 암이나 정신병 등 못 고치는 병이 없습니다. 왜냐하면 예수님이 우리 인간의 몸과 정신과 감정을 만드셨기 때문입니다. 우리가 자신을 예수님에게 맡기면 예수님은 고장 나기 전의 몸으로 아니, 그보다 더 좋게 우리를 회복시켜 주십니다.

그런데 여기서 놀라운 사실이 무엇입니까? 바리새파 사람들은 예수님의 능력을 인정하지 않고 이것을 사탄의 역사라고 규정한 것입니다.

34절, "바리새인들은 가로되 저가 귀신의 왕을 빙자하여 귀신을 쫓아낸다 하더라"

바리새인들은 예수님이 사람들의 병과 귀신 들린 것을 고치시는 것을 보고 귀신의 왕의 힘으로 병을 고친다고 비난했습니다. 이것은 다른 말로 표현하면 예수님은 하나님의 선지자가 아니라 무당 같은 사람이라는 뜻입니다. 이들이 예수님에 대하여 이런 악의적인 비난을 퍼부은 이유가 무엇일까요? 그것은 바로 자기들이 더 인정받지 못하니까 배가 아팠기 때문입니다.

여기서 우리가 알아야 할 것은 모든 사람의 마음속에는 자기가 최고가 되고 싶어 하는 욕심이 있다는 사실입니다. 그런데 다른 사람이 자기보다 더 유명해지거나 인기가 있으면 악의에 찬 비난을 하게 되고 헐뜯는 말을 하게 됩니다. 이것은 어쩔 수 없는 것입니다. 그러나 하나님의 종들은 금방 그것이 옹졸한 이기심에서 나왔다는 것을 알고 말하는 것을 조심합니다. 그리고 우리 자신도 하나님의 사랑과 축복을 많이 받으면 다른 사람을 통해서 이렇게 능력이 나타나는 것을 좋아하고 칭찬을 하게 됩니다. 그런데 이상한 사람들은 끝까지 그 악한 마음을 바꾸지 않습니다. 이런 사람들은 거듭나지 못했기 때문에 모든 것을 인간적으로 생각하는 것입니다. 즉 자기 마음에 들지 않으면 모두 악의에 찬 비난으로 매도해 버리는데 이것은 아주 무서운 성령 훼방죄가 되는 것입니다.

예수님이 귀신 들린 자를 고치시는 것은 귀신에게 사정을 하는 것이 아니었습니다. 예수님은 귀신을 결박해서 쫓아내 버리고 그 사람을 하나님께 데리고 오신 것입니다. 즉 예수님은 사탄과 치열한 싸움을 하시고 그 사람을 빼앗아 내신 것입니다. 다시 말해서 우리 중에서 자기 의지나 노력으로 예수 믿은 사람은 아무도 없습니다. 예수님이 그 강한 손으로 우리 모두를 사탄의 손에서 빼앗아 내서 하나님의 백성이 되게 하신 것입니다.

우리는 지금 예수님의 사람이 되었습니다. 우리는 어두움의 나라에서 빛의 나라로 옮겨진 것입니다. 아마 탈북자들 중에서 쉽게 한국에 온 사람은 아무도 없을 것입니다. 이들은 목숨을 걸고 압록강이나 두만강을 건너 탈출해서 중국으로 갔다가 베트남이나 캄보디아를 통해서 한국에 온 것입니다. 그래서 그들에게 대한민국이라는 나라와 자유의 가치는 억만금과도 바꿀 수 없는 것입니다. 이런 사람들은 이 자유의 땅에서 북한을 찬양하는 사람들을 보면 이해가 되지 않을 것입니다. 북한을 찬양하는 사람들은 우리나라에 암적인 존재입니다. 물론 암이 있기 때문에 우리나라가 잘난 체하지 못하고 매사에 조심을 하게 되지만 그러나 암이 너무 많이 퍼지면 이 자유의 나라가 죽을 수도 있습니다. 우리는 이것을 지켜 내야 하는 것입니다.

예수님께서는 소경의 눈을 뜨게 하시고 귀신 들린 자를 고치신 후 계속 병 치료에 매달리지 아니하셨습니다. 예수님이 다윗의 후손이면 계속 소경의 눈을 뜨게 하고 앉은뱅이를 일으켜야 하는데 예수님은 그렇게 하지 아니하셨습니다. 즉 예수님은 다윗의 후손이라는 칭호나 사람들의 기대에 매이지 아니하시고 하나님의 말씀을 전하셨습니다. 왜냐하면 천국은 하나님의 말씀을 통해서 오기 때문입니다. 그리고 병이 낫는 것은 하나님의 나라가 임한 증거요, 표적이기 때문입니다.

35-36절, "예수께서 모든 성과 촌에 두루 다니사 저희 회당에서 가르치시며 천국 복음을 전파하시며 모든 병과 모든 약한 것을 고치시니라 무리를 보시고 민망히 여기시니 이는 저희가 목자 없는 양과 같이 고생하며 유리함이라"

예수님은 직접 병자들을 고치고 귀신을 쫓아내면서 그 일에 매이지 아니하고 계속 하나님 나라 복음을 전하셨습니다. 그러면서 무엇이라고 말씀하십니까?

37-38절, "이에 제자들에게 이르시되 추수할 것은 많되 일군은 적으니 그러므로 추수하는 주인에게 청하여 추수할 일군들을 보내어 주소서 하라 하시니라"

추수는 곡식을 수확하는 것입니다. 추수 때가 되었는데 그냥 두면 곡식이 땅에 떨어져서 먹지 못하게 됩니다. 우리가 아무에게나 복음을 전하는 것이 씨를 뿌리는 것이라면, 그 씨가 자라 예수를 믿고 세례받고 교인이 되는 것은 추수를 하는 것입니다. 그런데 예수님께서는 '목자 없이 유리하는 양'을 추수해야 한다고 말씀하셨습니다. '유리하는 양'은 목자가 없는 양을 말합니다. 양은 힘이 없고 미련한 가축이기 때문에 스스로 살아갈 능력이 없고 반드시 목자의 보호가 필요합니다. 그런데 이스라엘에 목자가 없는 양들이 많았습니다. 그 이유는 길을 잃거나 목자가 도망을 갔기 때문입니다. 가끔 양계장을 탈출한 닭을 볼 때가 있는데 혼자 비를 쫄딱 맞고 들판을 돌아다니다가 개나 고양이에게 쫓기기도 하고 사람에게 놀라기도 합니다. 목자 없는 양이 바로 그러했습니다. 예수님은 이 사람들을 모아서 목자의 보호를 받게 하는 것을 '추수'라고 말씀하고 있습니다.

결국 '추수'라는 것은 사람들이 하나님을 인격적으로 만나서 그의 백성으로 하나님의 말씀에 순종해서 사는 것을 말합니다. 그러나 목자 없는 양들은 자기 생각만 믿고 돌아다니고 있습니다. 이런 사람들을 다시 하나님께 돌아오게 하는 방법은 오직 하나님의 말씀밖에 없습니다.

예수님은 제자들에게 더 많은 추수꾼을 보내 달라고 기도하라고 하셨습니다. 예수님은 지금 많은 추수꾼이 필요하다고 하셨습니다. 누구든지 하나님의 말씀만 가지면 추수꾼이 될 수 있습니다. 가장 중요한 것은 영혼을 추수해서 목자 없는 양을 하나님의 우리 안으로 들어오게 하는 일입니다. 그러나 목자 없는 양들은 이미 상처를 입은 적이 있기 때문에 절대로 다른 사람의 말을 믿지 않습니다. 그리고 손을 대려고만 해도 멀리 달아나 버립니다. 이런 자들을 붙들 수 있는 것은 오직 하나님의 말씀과 사랑밖에 없습니다. 이들이 진정으로 하나님의 말씀에 은혜를 받고 하나님의 사랑을 가슴으로 느꼈을 때 그들은 하나님의 우리 안에 들어와서 신실한 하나님의 백성이 되는 것입니다.

요즘 우리나라에도 목자 없는 양들이 너무 많습니다. 그들은 교회에서 상처를 받아서 힘들어 합니다. 그들의 신앙은 열매 맺을 수가 없습니다. 의심이 많은 사람들을 위로하고 품으려면 목회자 먼저 상처가 치료되어야 하고, 그들을 이해할 수 있는 능력이 있어야 합니다. 그들에 대한 애정이 있어야 하고 관심이 있어야 하는데 목회자들이 너무 야망이 많아서 이런 양들이 눈에 보이지 않는 것입니다.

지금 말씀을 필요로 하는 사람들은 많은데 신실한 목자는 많지 않습니다. 많은 사람들이 자기 야망을 달성하기 위하여 양들을 몰아붙이고 있습니다. 우리에게는 신실한 목자가 많이 필요합니다. 우리가 기도하면 하나님은 우리 자신이 신실한 목자가 되게 하셔서 많은 잃은 양들을 하나님께로 돌아오게 할 것입니다.

성경 토의

1. 나는 예수님에 대하여 어떻게 알고 있으며, 예수님은 어느 정도까지 내 인생의 문제를 해결할 수 있다고 믿는가?

2. 예수님은 사람들을 목자 없는 양처럼 생각하셨는데 나는 다른 사람들을 어떤 눈으로 보고 있는가?

3. 예수님은 추수하는 주인에게 일꾼들을 보내 달라고 요청하라고 하셨는데 왜 추수가 중요하며, 요즘도 추수하는 일꾼들이 많이 필요한가?

43_열두 제자 선택

마태복음 10:1-4

전체적 설명

예수님은 이 세상에서 하나님 나라를 증거하면서 사람들을 하나님 나라의 백성이 되게 하는 이 중요한 일에 우리 인간들을 참여시키기를 원하셨다. 그래서 예수님은 3년 동안 일반인들을 대상으로 말씀도 전하시고 병도 고쳐 주셨지만 소수의 사람들을 제자로 삼아서 그들에게 더 구체적으로 진리도 가르쳐 주시고, 또 본을 보여 주기도 하셨다. 예수님은 특별히 열두 명의 제자를 택하셔서 예수님과 늘 함께 있으면서 예수님을 돕고, 또 복음 전하는 일을 하게 하셨다.

설교 프리노트

1절, "예수께서 그 열두 제자를 부르사"

요즘은 학문을 배울 때 강의실에서 선생의 강의를 통해서 배우지만 옛날에는 제자들이 선생의 집에 가서 심부름을 하고 함께 먹고 자고 하면서 가르침을 받았다. 예수님은 열두 명의 제자를 택해서 예수님과 늘 함께 있으면서 하나님의 진리를 배우게 하셨다. 예수님께서 제자들로 열두 명을 택하신 것은 구약 이스라엘의 열두 지파를 계승하는 의미가 있다.

"더러운 귀신을 쫓아내며 모든 병과 모든 약한 것을 고치는 권능"

예수님께서는 열두 명의 제자를 부르셔서 특별히 무장을 시켜 주셨는데 그것은 창과 칼 같은 무기가 아니라 하나님의 능력이었다. 그래서 예수님의 제자들도 귀신 들린 자와 병든 자를 고칠 수 있는 능력을 가지게 되었다. 이것은 이미 하나님의 나라가 권능으로 임하고 있는 것을 보여 주는 것이다. 즉 지금까지 예수님이 혼자서 하시던 일을 열두 명이 같이 하니까 더 효율적으로 하나님의 일을 할 수 있었던 것이다. 특별히 더러운 귀신을 쫓아내는 것이 강조되고 있는 것을 보면 당시에 귀신 들린 사람들이 많았던 것을 알 수 있다. 그리고 '약한 것' 은 신체적인 장애를 의미하는 것으로 생각된다.

2절, "열두 사도의 이름은 이러하니"

'사도' 라는 말은 '보냄을 받은 자' 라는 뜻을 가지고 있다. 예수님은 이 열두 제자를 이 세상에 보내어 예수님을 대신해서 하나님 나라를 증거하게 하셨다. 물론 '보냄을 받은 자들' 도 단순한 심부름꾼부터 시작해서 스스로 결정을 내릴 수 있는 권한을 가진 자 등 다양한 종류가 있는데 사도들은 예수님의 전권대사였다.

"베드로라 하는 시몬을 비롯하여"

베드로의 원래 이름은 '시몬' 이었는데 예수님께서 '반석' 이라는 뜻의 '게바' 또는 '베드로' 라는 이름을 주셨다. 열두 제자 중에 베드로는 언제나 이름이 먼저 나온다. 안드레는 베드로의 형제였다. 제자들의 이름을 언급할 때는 언제나 베드로가 가장 먼저 나오지만 제자들 중에 가장 먼저 주님의 부르심을 받은 자는 세례 요한의 제자였던 안드레였다(요 1:40). 안드레는 세례 요한의 추천으로 예수님을 좇게 되었고, 자기 형제 베드로를 예수님에게 데리고 왔다(요 1:41). 그리고 야고보는 요한과 형제였는데 자주 세베대의 두 아들로 나타난다.

3절, "빌립과 바돌로매"

빌립은 안드레, 베드로와 한 동네 사람이었는데 예수님이 그를 만나서 부르셨다(요 1:43). 바돌로매는 빌립의 소개로 예수님께 나아온 나다나엘이라고 생각된다(요 1:45). 그리고 도마는 의심이 많은 사람이었고, 마태는 세리 출신으로 마태복음의 저자이다. 그리고 또 다른 야고보가 있었는데 이 야고보는 알패오의 아들이다. 그리고 다대오라는 사람이 있었고 가나안인 시몬이 있었는데 다른 곳에는 셀롯인 유다로 되어 있다(눅 6:15). 여기서 '셀롯' 은 열심당원을 말하는데 요즘으로 치면 운동권에 있는 사람이다. 그리고 예수님의 열두 제자 중에 언제나 마지막으로 나오는 사람이 '가룟 유다' 인데 그는 나중에 예수님을 배신하고 자살했다. 예수님의 제자 중 대다수는 갈릴리 출신이고 유다만 가룟(이스카리옷), 즉 유다 지방 출신이다. 그러나 이스카리옷이 어느 곳인지는 분명치 않다. 예수님이 제자들을 택하실 때 똑똑하고 유능한 예루살렘 사람으로 택하지 아니하고 무식하고 가난한 갈릴리 사람들을 택하신 것은 예루살렘 사람들은 유대교의 선입견이 너무 강해서 선입견이 없는 갈릴리 사람을 택하신 것으로 생각된다. 예수님께서 나중에 자신을 배신할 가룟 유다를 제자로 택하신 것은 잘 이해가 되지 않는 점이지만 예수님은 가룟 유다의 가능성을 보고 택하신 것으로 생각된다. 그러나 가룟 유다는 끝까지 예수님을 전적으로 믿지 못해서 결국 배반하고 자신도 멸망의 길을 가고 만다.

본문 이해를 위한 질문

1. 예수님이 열두 제자를 택하신 목적은 무엇인가?

예수님은 제자들이 예수님과 좀 더 가까이에서 하나님의 진리를 보고 배움으로 하나님 나라의 책임 있는 일꾼으로 서기를 원하셨다.

2. 예수님이 택하신 제자들은 어떤 사람들인가?

허물 많은 베드로를 비롯해서 성질이 급한 야고보와 요한 그리고 의심 많은 도마와 세리 출신 마태, 운동권 출신 유다와 예수님을 배신할 가룟 유다 등 모두 결점이 있고 부족한 점이 있는 사람들이었다.

3. 예수님은 이 열두 제자에게 어떤 일을 맡기셨는가?

예수님은 이들에게 더러운 귀신을 쫓아내고 사람들의 병을 고칠 뿐 아니라 예수님을 대신해서 천국 복음을 전하게 하셨다.

성경 강해

예수님은 아주 평범한 사람 열두 명을 골라서 제자로 삼으신 후에 함께 지내면서 하나님의 말씀을 전하게 하셨습니다. 즉 제자들은 예수님으로부터 하나님의 말씀을 배우기만 한 것이 아니라 하나님의 말씀을 전하는 자들이 되었습니다. 그런데 예수님의 사역의 놀라운 특징이 제자들을 중심으로 하여 신약 교회가 하나님 나라를 상속하게 된 것입니다. 이것은 자식들이 아버지로부터 어마어마한 대기업을 물려받은 것과 비교되지 않는 것입니다. 그래서 신학자들은 예수님이 전한 것은 '하나님의 나라'였는데 실제로 세상에 나타난 것은 '교회' 였다고 말을 하기도 했습니다. 그 이유는 예수님께서 교회가 제자들을 중심으로 공동으로 하나님 나라를 상속하게 하셨기 때문입니다.

한국 교회에서 제자 삼는다는 말은 생소한 것이었습니다. 예수님이 하신 사역 중에서 가장 중요한 것 중의 하나가 제자를 키우는 것이었는데 기독교 세계는 이것을 깨닫지 못했던 것입니다. 그런데 제자 삼는 사역의 필요성을 느낀 사람들은 기성교회가 아니라 선교단체 사람들이었습니다. 선교단체는 교회와는 달리 일정한 회중이 없었습니다. 그 대신 선교단체는 학교나 직장에서 제한된 시간 안에 초신자를 전도해서 그들을 다른 사람을 양육하는 일꾼으로 만들어야만 했습니다. 그래서 선교단체는 개인적으로 초신자들을 가르치고 훈련시키고 돌보기 시작했는데 이것이 제자 훈련의 계기가 되었습니다. 요즘은 많은 교회에서 교인들을 개인적으로 가르치고 돌보고 훈련을 시키는 프로그램이 많이 만들어지고 있습니다. 이런 선교단체를 중심으로 한 제자 훈련의 특징은 신앙적인 성숙에 있고, 그 핵심은 사람들로 하여금 작은 예수가 되게 하는 것입니다.

그런데 이와는 달리 책임성 있는 기독교인을 키워야 한다고 주장하는 사람이 있었습니다. 그 사람은 바로 독일의 신학자 디트리히 본회퍼였습니다. 본회퍼가 사용한 '제자' 라는 개념은 책임을 지는 크리스천을 말합니다.

히틀러 당시에 나치는 독일 교회를 향해서 이 세상에서 게르만 민족이 가장 우수하며 유대인들은 가장 열등하기 때문에 독일 교회에서도 유대인들을 몰아내야 한다고 주장했습니다. 그때 독일 교회는 히틀러의 반유대주의 운동에 앞장서서 교회 안에서 유대인 목사와 교인들을 몰아내는 일을 했습니다. 반면에 고백교회는 히틀러의 종교정책에 반대하다가 나치의 탄압을 받아야 했습니다. 본회퍼는 교회가 이렇게 나치의 어용이 되고 앞잡이가 된 이유는 그리스도인들이 그리스도를 위하여 대가를 지불하기 싫어하기 때문이라고 생각했습니다. 그래서 본회퍼는 진정한 그리스도의 제자는 주님을 인하여 희생하고 대가를 지불하는 사람이라고 주장했습니다. 그가 사용한 유명한 용어가 있는데 그것은 바로 '값싼 은혜' 입니다. 예수를 믿기는 하지만 신앙으로 인해 어려움을 당하려고 하지 않는 사람은 값싼 은혜를 받은 자라는 것입니다. 그러나 예수님의 제자 훈련의 목적은 단순한 인격적인 성숙이나 사회적인 책임을 다하게 하려는 것이 아니라 사탄의 세력을 이기는 능력과 하나님 나라의 상속에 있었습니다.

최근 우리나라에서 제자 훈련이 확산되고 있습니다. 이것은 교회 안에서 소그룹으로 모여 성경 공부도 하면서 개인적으로 신앙 성숙을 지도하는 것입니다. 이런 제자 훈련은 우리나라 교회의 체질을 많이 변화시켰습니다. 옛날에는 주로 회의 중심이어서 교회에서 논쟁과 분열을 일삼았는데 이제는 성경 공부를 통해서 자신의 문제를 내어 놓고 다른 사람을 섬기는 방향으로 체질 개선이 이루어지고 있습니다.

예수님은 이 세상에 천국을 가지고 오셨지만 자신이 이 세상에 오래 계시지 않을 것이라는 것을 아셨습니다. 그래서 예수님은 이 어마어마한 하나님 나라의 모든 일을 예수님을 대신해서 할 수 있는 제자들을 키우기 시작하셨습니다. 예수님의 제자들은 물론 부족한 점도 많고 그 중에는 예수님을 배신해서 팔아먹은 자도 있었지만 예수님이 하늘로 올라가신 후 성령을 받아서 땅 끝까지 복음을 전하는 일을 했습니다. 예수님의 제자들은 거의 순교로 생을 마감했습니다. 그들은 예수님처럼 죽기까지 충성을 다했던 것입니다.

1. 예수님이 제자를 세우신 목적

예수님은 병자들을 고치고 귀신을 쫓아내며 천국 복음을 전파하는 등 분주하게 사역하셨습니다. 그래서 예수님을 따르는 사람들이 많아졌는데 예수님은 그 중에서 특별히 열두 명을 따로 뽑아서 제자로 삼으셨습니다.

이것이 마가복음에는 좀 더 자세히 소개되고 있습니다.

"또 산에 오르사 자기의 원하는 자들을 부르시니 나아온지라 이에 열둘을 세우셨으니 이는 자기와 함께 있게 하시고 또 보내사 전도도 하며 귀신을 내어쫓는 권세도 있게 하려 하심이러라" (막 3:13-15).

예수님께서 제자들을 세우신 중요한 목적 중의 하나는 예수님과 함께 있게 하기 위한 것이었습니다. 예수님은 하나님의 아들이어서 부족한 것이 없으실 텐데 왜 열두 명이나 되는 제자들을 언제나 함께 있게 하셨을까요? 우선 예수님은 무언가 부족해서 제자들과 함께 계시려고 했던 것이 아니었습니다. 예수님이 열두 제자에게 함께 있게 하신 것은 그들을 개인적으로 더 다듬어서 하나님의 종으로 세우기 위해서였습니다. 아이들도 엄마와 있는 시간이 많을 때 훨씬 정신으로 안정이 되고 언어 능력도 빨리 발달합니다. 마찬가지로 사람은 개인적으로 관심을 가지고 개인적으로 가르쳐 줄 때 구체적인 진리를 배울 수 있습니다. 그래서 청교도 목사인 리처드 박스터는 교인들을 개인적으로 많이 만나서 성경 진리를 가르쳐 주었습니다.

많은 사람들이 함께 모여서 진리를 들으면 모르는 것이 있어도 질문을 하기가 어렵습니다. 그래서 복음서에서 예수님은 제자들과 따로 조용히 있을 때 씨 뿌리는 비유나 가라지 비유 같은 것에 대하여 질문을 하면 가르쳐 주셨습니다. 제자들은 예수님과 함께 있으면서 예수님이 죄인들을 얼마나 사랑하시는지를 배웠고, 그의 능력을 체험했습니다. 제자들은 예수님이 물 위로 걸어오시는 것을 보았고, 물이 포도주가 되는 것도 보았으며, 예수님이 높은 산에서 엘리야와 모세와 함께 있는 것도 보았습니다. 제자들은 예수님이 개인적으로 그들의 발을 씻어 주시고 내 살이라고 하면서 주시는 떡을 먹었던 것입니다.

제자들은 예수님과 함께 있으면서 살아 있는 진리를 많이 배웠습니다. 예수님은 진리를 몸으로 실천해 보이셨을 뿐 아니라 제자들에게도 그대로 하게 하신 것입니다. 우리가 책으로 지식을 쌓는 것과 실제로 경험을 하면서 배우는 것은 엄청난 차이가 있습니다. 예를 들어 지식을 머리로만 배우는 것은 현실에 부딪혔을 때 그때부터 배운 것을 어떻게 적용해야 할지 생각하기 시작합니다. 그래서 시행착오를 많이 합니다. 그러나 경험을 통해서 쌓은 지식은 언제 어디서나 자기가 배운 것을 그대로 현실에 적용할 수 있습니다. 목회자들 중에서도 책으로만 신학을 배운 사람은 목회를 하면서 시행착오를 많이 합니다. 그래서 처음에는 교인들이 참신하다고 좋아하지만 어느 정도 반복이 되면 결국 불신에 빠집니다. 이것은 마치 경험 없는 의사가 환자를 놓고 검사만 계속 하는 것이나 비슷합니다. 아마 환자가 이런 의사를 만난다면 병은 낫지 않고 고통만 엄청나게 받을 것입니다.

그리고 예수님도 제자들의 도움이 필요할 때가 많이 있었습니다. 즉 예수님 혼자서 5천 명이나 만 명 정도 되는 사람들에게 설교하는 것은 불가능했을 것입니다. 어떤 사람은 갈릴리 호숫가에 서서 큰 소리로 말하면 2, 3천 명은 들을 수 있었을 것이라고 하지만 예수님의 성대가 그렇게 크지는 않았을 것입니다. 그래서 예수님께서 진리를 가르치시면 제자들이 중간 중간에 서서 예수님의 말씀을 다시 크게 외치는 스피커 역할을 했던 것입니다.

오늘도 목회자는 자기 이야기를 교회에서 떠들어대서는 안 됩니다. 목회자는 예수님이 오늘 교회에 하시고자 하는 말씀을 교인들이 알아들을 수 있도록 생생하게 가르치는 스피커 역할을 해야 하는 것입니다.

그리고 예수님은 제자들에게 전도하는 일을 하게 하셨습니다. 여기서

'전도' 라는 것은 예수님이 가르치신 복음을 자기들도 가서 전하는 것입니다. 사람들에게 죄를 버리고 예수를 믿으라고 권하는 것입니다. 예수님이 70명의 전도자를 보내었을 때 하늘에서 사탄이 떨어지는 것을 보았다고 말씀하셨습니다. 이것을 보면 전도가 얼마나 권세가 있는 것인지 알 수 있습니다. 오늘 우리도 사탄을 하늘에서 떨어뜨려 버려야 할 것입니다.

그리고 예수님은 제자들을 그냥 보내신 것이 아니라 예수님의 능력을 나누어 주셨습니다.

1절, "예수께서 그 열두 제자를 부르사 더러운 귀신을 쫓아내며 모든 병과 모든 약한 것을 고치는 권능을 주시니라"

예수님께서는 열두 제자에게 더러운 귀신을 쫓아내며 모든 병과 모든 약한 것을 고치는 능력을 주셨습니다. 예수님은 제자들에게도 사탄의 세력과 싸워 이길 수 있는 능력을 주신 것입니다.

제자들이 귀신을 쫓아내고 병을 고친다는 것은 사탄의 세력을 정복해 나가는 것을 말합니다. 예수님께서 지금까지 하신 일이 바로 이런 일이었습니다. 예수님은 병든 사람들을 고치고 귀신 들린 자들을 치료하심으로 하나님의 나라가 그들에게 왔다는 것을 깨닫게 하셨습니다. 지금 하나님의 나라는 이 세상에 왔습니다. 누구든지 예수를 믿기만 하면 하나님 나라 백성이 되는 것입니다.

예수님께서는 열두 제자에게 어떤 비밀스러운 지식을 간직하고 보존하는 소극적인 능력이 아니라 사방팔방으로 이 나라를 확장시키는 전투적인 능력을 주셨습니다. 사람들이 마귀의 종 노릇을 하는 이유는 아직 하나님의 사랑을 모르기 때문입니다. 그런데 예수님이 보낸 사람들을 통하여 병이 낫고 귀신이 떠나서 정상적인 삶을 되찾게 될 때 그들은 하나님께서 자기들을 사랑하시는 것을 몸으로 느끼게 되고 하나님에 대한 믿음을 가지게 되는 것입니다. 사람들은 하나님의 사랑을 몸으로 체험하기만 하면 하나님에 대한 믿음이 생기게 되어 있습니다. 그래서 예수님께서 열두 명의 제자에게 주신 능력은 귀신 들린 사람들의 정신을 온전케 해서 자기 자신을 되찾는 것이었습니다. 또 병든 사람이 병이 나아서 하나님의 사랑을 체험하는 것이었습니다.

아직도 많은 사람들이 사탄의 세력에 매여 있고 죄를 지으면서 살아가고 있는 이유가 무엇입니까? 하나님께서 얼마나 나를 사랑하시는지 믿지 못하기 때문입니다. 그러나 더 중요한 것이 무엇입니까? 예수님께서 제자들을 화해의 사자로 이 세상에 보내신 것입니다. 즉 이 세상은 하나님과 원수된 관계에 있습니다. 죄는 하나님과 우리를 원수 되게 했습니다. 그러나 누구든지 제자들이 전하는 하나님의 말씀을 믿기만 하면 하나님은 우리 모든 죄를 용서하시고 화해하시는 것입니다. 그래서 우리 인간에게 필요한 것은 겸손밖에 없습니다.

예수님께서는 이 열두 명을 전권대사로 임명해서 이 세상에 보내셨습니다. 다시 말해서 이들의 말만 들으면 누구든지 천국 백성이 될 수 있는 것입니다. 즉 하나님께서는 모든 사람을 용서하기를 원하시는데 누구든지 이 복음에 복종하는 자는 하나님 나라의 백성이 될 수 있다는 것입니다. 예수님은 이 열두 명에게 천국의 모든 권한을 위임하셨습니다. 이들의 말을 듣는 자는 예수님을 믿는 것이며, 이들을 거부하는 자는 예수님을 거부하는 것입니다.

오늘 예수님은 우리 한 사람 한 사람이 예수님의 제자가 되게 하셨고, 특히 교회로 하여금 예수님의 제자들이 했던 일을 하게 하셨습니다. 우리는 교회에서 예수님의 제자를 키웁니다. 그래서 교회에서는 변화되는 것이 가장 중요합니다. 우리 중에는 변화가 필요 없을 정도로 완전한 사람은 없습니다. 우리는 다른 사람의 부족함을 지적하기 이전에 내가 변해야 예수님의 제자가 될 수 있습니다. 그리고 강단에서 선포되는 말씀은 천국 전체를 대변하는 말입니다. 하나님은 이 말씀대로 되게 하실 것입니다.

그러나 우리는 많은 경우 자신의 신분을 깨닫지 못하고 세상을 따라가느라 정신을 차리지 못하고 있습니다. 물론 우리 그리스도인들은 이 세상 사람들 사이에서 고립되어서는 안 되고 접촉하며 살아가야 합니다. 그러나 우리는 대부분 세상에 끌려서 무기력하게 따라가고 있습니다. 세상 사람들이 이렇다고 말하면 그런 줄 알고, 또 저렇게 되어야 한다고 하면 그런

줄 알고 열심히 앵무새같이 떠들어댑니다. 그러나 예수님은 열두 제자에게 마치 매가 병아리를 덮치는 듯한 강한 능력을 주셔서 세상에서 사람들을 낚아채게 하셨습니다. 우리에게 필요한 것이 바로 이것입니다. 이 세상에 대한 자신감입니다. 베드로와 요한은 성전 미문에서 구걸하던 앉은뱅이에게 "은과 금은 내게 없거니와 내게 있는 것으로 네게 주노니 곧 나사렛 예수 그리스도의 이름으로 걸으라"라고 했습니다. 오늘 우리에게 바로 이러한 자신감이 없는 것입니다. 우리는 이 세상에서 무엇인가 얻으려고 생각하기 때문에 힘이 없는 것입니다. 우리는 이 세상에 천국을 주어야 할 사람들인 것입니다.

2. 예수님이 택하신 사람들

예수님께서 선택하신 제자들은 누군가가 추천을 한 사람들이 아니라 예수님이 원하신 사람들이었습니다. 그리고 더 중요한 것은 그들이 자원한 것이 아니라 예수님께서 그들을 뽑으셨다는 사실입니다.

'예수께서 그 열두 제자를 부르사.'

그들이 자원한 것이 아니라 예수님께서 부르셨다는 것은 아주 중요한 것입니다. 왜냐하면 자신들이 지원했다면 언제든지 싫으면 그만둘 수도 있었기 때문입니다. 그러나 예수님이 부르셨으면 예수님이 그만두라고 하시지 않는 이상 그만둘 수가 없습니다. 그리고 아무리 무능하다 해도 일단 예수님이 선택하신 이상 예수님께서 책임지셔야 하는 것입니다.

그래서 예수님은 제자들에게 이렇게 말씀하셨습니다.

"너희가 나를 택한 것이 아니요 내가 너희를 택하여 세웠나니 이는 너희로 가서 과실을 맺게 하고 또 너희 과실이 항상 있게 하여 내 이름으로 아버지께 무엇을 구하든지 다 받게 하려 함이니라"(요 15:16).

그러면 예수님께서는 그 많은 사람들 가운데 왜 하필 열두 사람만 택하셨을까요? 그것은 이 열두 명만이 열심이 특별하고 재능이 우수했기 때문이 아니었습니다. 오히려 예수님께서 택하신 사람들은 실수도 많이 하고 부족한 것도 많은 사람들이었습니다.

우선 예수님은 새로운 이스라엘을 세우시는 의미로 열두 제자를 세우셨습니다. 이스라엘 열두 지파의 족장들도 문제가 많은 사람들이었습니다. 르우벤은 서모와 성관계를 가졌고, 시므온과 레위는 살인을 했으며, 유다는 비록 본의는 아닐지라도 며느리와 성관계를 가져서 사생아를 낳았습니다. 나머지 족장도 다 크고 작은 허물이 있는 사람들이었습니다. 그러나 오직 하나님의 은혜로 그들은 모두 이스라엘의 열두 기둥이 되었습니다. 그래서 다른 이방인들은 이스라엘 백성이 되려면 새로운 지파를 만들지 않고 이 열두 지파 안에 포함되면 되었습니다. 마찬가지로 예수님은 오직 은혜로 열두 제자를 세우심으로 온 세상 사람들이 이 열두 제자의 가르침 안에 들어오게 하셨습니다. 그래서 교회는 새로운 이스라엘이며 구약 이스라엘의 모든 축복을 계승하는 하나님의 나라요 그 백성들입니다.

2-4절, "열두 사도의 이름은 이러하니 베드로라 하는 시몬을 비롯하여 그의 형제 안드레와 세베대의 아들 야고보와 그의 형제 요한, 빌립과 바돌로매, 도마와 세리 마태, 알패오의 아들 야고보와 다대오, 가나안인 시몬과 및 가룟 유다 곧 예수를 판 자라"

예수님께서는 온전한 사람들을 제자로 뽑지 않으셨습니다. 아마 자격을 놓고 본다면 예수님의 제자가 될 수 있는 사람은 아무도 없었을 것입니다. 그러나 예수님은 그들의 작은 가능성을 보시고 그들을 제자로 부르셨습니다. 이것은 우리 중 누구라도 예수님의 제자가 될 수 있다는 것을 보여 줍니다.

베드로는 허물이 많았습니다. 세베대의 아들 야고보와 요한은 성격이 불같이 급해서 별명이 '우레의 아들' 이었습니다. 그러나 야고보는 가장 먼저 순교했고, 요한은 늙은 나이까지 살면서 교회를 목회했습니다. 특히 요한은 사랑의 설교자가 되었는데 요한일서를 보면 "우리가 서로 사랑하자" 라는 말이 계속 반복되고 있습니다. 빌립은 대단히 계산적인 사람이었고 따지기 좋아하는 사람이었습니다. 마태는 유대인들이 가장 혐오하는 세리 출신이었는데 유대인들을 위해서 마태복음이라는 위대한 복음서를 남겼습니다. 도마는 예수님이 부활하신 것을 믿지 않았고, 다대오는 엠마오로 내려가던 제자였다고 생각됩니다. 더욱이 가룟 유다는 예수님을 은 30에 팔아먹음으로 저주의 죽음을 당했습니다.

예수님은 시몬에게 '베드로' 라는 별명을 지어 주셨습니다. '베드로' 는 '반석' 이라는 뜻인데 베드로는 예수님을 만나기 전에 정신적으로 많이 방황했던 것 같습니다. 그래서 예수님은 베드로에게 더 이상 흔들리지 않고 견고히 서서 다른 사람들을 붙들어 주는 역할을 할 수 있도록 '반석' 이라는 이름을 지어 주셨습니다. 예수님은 결코 온전한 사람을 선택하지 않으셨습니다. 예수님은 미완성 작품이지만 작은 가능성을 보고 세우셨습니다.

어떤 사람은 예수님께서 미리 가룟 유다가 타락할 것을 아시고 성경을 성취시키기 위하여 그를 악역으로 뽑으셨다고 말을 하는데 예수님은 그런 의도로 유다를 뽑지 않으셨습니다. 예수님은 가룟 유다도 가능성이 있다고 생각하셔서 뽑으신 것입니다. 단지 가룟 유다는 끝까지 자신의 인간적인 생각을 버리지 않았기 때문에 믿음이 생기지 않았던 것입니다.

예수님이 제자로 뽑으신 사람들 중에는 갈릴리 사람들이 많았습니다. 예루살렘의 우수한 사람들은 아무도 없었습니다. 왜 예수님께서는 우수한 예루살렘 사람들을 뽑지 않고 무식한 갈릴리 사람들을 뽑으셨을까요? 그것은 예루살렘 사람들은 너무 자기 생각에 차 있어서 예수님의 말씀을 제대로 받아들일 수 없었기 때문입니다. 그래서 예수님께서는 이미 머릿속에 자기 생각이 꽉 차 있는 사람을 바꾸기보다는 아무 선입견 없이 주시는 말씀을 그대로 받아들이는 갈릴리 사람들을 제자로 택하신 것 같습니다. 자기 생각에 꽉 차 있는 사람은 다른 사람의 주장을 잘 받아들이지 않습니다. 그뿐만 아니라 갈릴리 사람들은 자기 자신들이 부족한 줄 알기 때문에 기꺼이 변하려는 사람들이었습니다. 하나님 나라에서 중요한 것은 '변화' 입니다. 스스로 변하려고 하지 않는 사람은 아무리 예수님의 말씀을 듣고 따라다녀도 결국 자기 생각으로 돌아가고 맙니다. 그래서 예수님은 좀 부족하더라도 기꺼이 예수님을 닮으려고 하는 갈릴리 사람들을 많이 택하신 것입니다.

3. 다른 제자를 가르치심

예수님께서 열두 명을 제자로 삼으신 것은 예수님께서 이들에게 또 다른 사람을 제자 삼아 주님의 말씀을 가르치게 하기 위해서였습니다.

"그러므로 너희는 가서 모든 족속으로 제자를 삼아 아버지와 아들과 성령의 이름으로 세례를 주고 내가 너희에게 분부한 모든 것을 가르쳐 지키게 하라 볼찌어다 내가 세상 끝 날까지 너희와 항상 함께 있으리라 하시니라"(마 28:19-20).

원래 예수님을 따르면서 예수님의 말씀을 배운 사람들은 모두 예수님의 제자들이었습니다. 예수님께서는 그들에게 모든 민족을 제자로 삼아 아버지와 아들과 성령의 이름으로 세례를 주고 주님이 분부한 모든 것을 가르쳐 지키게 하라고 명령하셨습니다. 그래서 일단 그리스도인들은 예수님의 제자들이요, 하나님의 진리를 배우는 자들입니다.

여기서 하나님의 진리를 배운다는 말이 무슨 뜻입니까? 이 세상 사람들이 사는 것과 다르게 사는 법을 배운다는 뜻입니다. 모든 사람들은 그냥 사는 것이 아닙니다. 사람들은 모두 이 세상의 원리에 따라서 살아가고 있습니다. 그러나 우리는 하나님의 말씀으로 살아가는 법을 배우고 있는 것입니다. 세상 사람들은 우리에게 너무 성경적으로 살면 세상에서 실패한다고 말을 합니다. 또 너무 성경적으로 살기 때문에 따돌림을 당하기도 하고 미움을 받기도 합니다. 그러나 우리는 하나님의 말씀대로 사는 것이 생명입니다. 예수님은 멸망으로 가는 길은 넓어서 그리로 가는 사람들이 많다고 하셨습니다. 우리가 처음에 길을 만들기가 힘이 들어서 그렇지 일단 하나님의 고속도로가 만들어지면 무한정의 복과 능력이 우리에게 부어집니다. 세상 사람들은 옆으로 길을 뚫지만 우리는 수직으로 길을 뚫는 사람들인 것입니다.

예수님은 제자도를 통해서 먼저 본을 보여 주셨습니다. 제자들은 예수님이 기도하시는 모습을 보고 자기들도 기도하고 싶어 했습니다. 제자들은 예수님의 진리에 대한 열정을 보고 자기들도 그렇게 해야 하겠다고 생각했습니다. 개인적으로 가르쳐 주기 위해서는 개인적으로 시간을 내야 합니다. 그렇지 않으면 막상 어려운 일을 당했을 때 구체적으로 어떻게 행동해야 할지 몰라 당황하게 됩니다.

예수님이 보여 주신 제자도의 모습은 종으로서의 스승의 모습이었습니다. 예수님은 잡히시던 날 밤에 물을 떠서 제자들의 발을 씻기셨습니다. 이것이 하나님의 나라가 세상 나라와 다른 점입니다. 예수님은 이 제자들이 진리의 수호자가 되게 하셨습니다.

나중에 거짓 복음이 많이 나타났습니다. 그런데 참 진리와 거짓 진리를 구분하는 기준은 사도들이 증거한 진리와 일치하느냐 일치하지 않느냐 하는 것이었습니다. 예수님은 베드로가 예수님을 "주는 그리스도시요 살아 계신 하나님의 아들이시니이다"(마 16:16)라고 고백했을 때 "너는 베드로라 내가 이 반석 위에 내 교회를 세우리니 음부의 권세가 이기지 못하리라"(마 16:18)라고 말씀하셨습니다. 다시 말해서 교회는 사도들의 가르침과 증거 위에 세워지며, 사도들이 믿고 증거했던 것이 우리 신앙의 기초가 됩니다. 만일 사도들이 가르치지 않은 것을 믿으면 그 교회는 거짓된 교회요, 이단이 되는 것입니다.

예수님은 이 세상에서 공식적인 교육을 거의 받지 아니하셨습니다. 그런데 그는 이 진리의 스승이셨습니다. 그 이유가 무엇입니까? 그가 하나님으로부터 이 진리를 받으셨기 때문입니다. 결국 온 세상은 말씀을 가진 자의 가르침을 받게 되어 있습니다. 왜냐하면 다른 것으로는 이 진리를 배울 수 없기 때문입니다. 결국 말씀을 가진 자에게 배워야 믿음이 생기게 됩니다. 이 세상에서 아무리 많은 지식을 가진 자들도 갈릴리의 어부들로부터 진리를 배우지 않은 자들은 결코 구원을 얻지 못할 것입니다.

그뿐만 아니라 신앙 인격이라는 것은 절대로 모방할 수가 없습니다. 물론 사람들은 얼마 동안은 겸손한 체할 수 있을지 몰라도 시간이 지나면 본

색이 드러나게 되어 있습니다. 오랜 동안 말씀과 고난으로 연단되어 자기 자신이 죽어야 겸손하게 되어 있습니다. 하나님 나라에서 큰 자가 어떤 사람입니까? 바로 이렇게 자기를 죽이고 부인할 수 있는 사람입니다. 이런 사람들은 흉내를 낼 수 없습니다. 긴 시간 하나님 앞에서 죽어져야 하며 결국 신앙으로 성장하면 다 그렇게 만들어지기 때문입니다.

주님은 오늘 우리 모든 성도들이 주님의 열두 제자처럼 되기를 원하십니다. 우리도 복음을 들고 나가면 능력이 나타납니다. 그러나 더 중요한 것은 우리 교회가 언제나 주님을 모시고 주님의 인격을 배워야 하는 것입니다. 우리는 주님으로부터 이 세상의 악을 공격하는 능력을 받아야 하겠습니다. 주님이 우리에게 원하시는 것은 이 세상에 살되 이 세상을 따라가지 않고 오히려 이 세상을 이기는 것입니다. 주님은 우리에게 신문도 보지 말고 텔레비전도 보지 말라고 말씀하지 않으십니다. 공부도 하지 말고 기도원에 가서 기도만 하라고 말씀하지 않으십니다. 주님은 우리에게 이 세상의 악을 이기고, 악에 사로잡혀 있는 사람들에게 하나님의 사랑을 느끼게 하라는 것입니다. 하나님에 대한 믿음을 가지게 하라는 것입니다.

이 세상 사람들은 하나님을 의심합니다. 하나님을 믿으면 하나님이 모든 행복을 빼앗아 가실 것이라고 생각해서 하나님을 믿기를 두려워합니다. 너무나도 많이 하나님을 의심합니다. 그래서 그리스도인들이 정상적인 삶을 사는 것이 중요합니다. 이 세상 사람들이 가지고 있는 그리스도인의 이미지는 웃지도 않고 늘 장례식 복장이나 하고 다니며 지구의 종말을 기다리는 광신자입니다. 우리는 그들에게 그리스도인들이 얼마나 행복한 삶을 살며 얼마나 기뻐하고 얼마나 정상적인지 보여 줄 필요가 있습니다.

우리는 원하든 원치 않든 그리스도의 제자로서 주 안에서 성숙하여 다른 사람들을 제자로 삼아 모범을 보여 주어야 합니다. 다른 사람을 제자로 삼는다는 것은 자신의 삶을 개방하는 것이며 다 보여 주는 것입니다. 우리는 가면을 벗어야 합니다. 그리고 수없이 넘어져도 용납하고 세워 주어야 합니다. 이런 희생과 모범이 없으면 제자도는 이루어지지 않습니다. 데이빗 왓슨이라는 신학자는 서구 교회가 몰락한 이유는 제자도가 없었기 때문이라고 말을 했습니다. 아무도 책임을 지려고 하지 않는다는 것입니다. 책임지지 않는 그리스도인은 제자가 아니라는 것입니다.

우리는 주님이 가르쳐 주신 이 제자도를 지키며, 또 다른 많은 사람들을 사탄의 올무에서 해방시키는 능력의 종들이 다 되시기를 바랍니다.

성경 토의

1. 데이빗 왓슨은 오늘 서구 기독교가 쇠퇴하는 이유가 기독교인들을 제자로 키우지 않았기 때문이라고 말을 했다. 오늘 교회가 기독교인들을 좀 더 헌신적이고 책임 있는 신자로 훈련시키는 방법은 어떤 것이 있는가?

2. 예수님은 당시 가장 우수하고 지적인 자들을 제자로 삼지 않고 시골 출신이고 성격적으로나 직업적으로 부족한 사람들을 제자로 삼으셨다. 이것은 오늘 교회가 세상적으로 성공한 사람이나 엘리트들을 더 선호하는 것과는 많이 다른데 오늘 예수님은 어떤 사람들을 제자로 삼을 것 같은가?

3. 왜 예수님은 앞으로 가룟 유다가 예수님을 배반할 줄 알면서 택하신 것일까? 예수님의 제자 중에 가룟 유다가 있다는 것은 예수님의 제자들도 완전하지 못하다는 뜻인데 오늘 교회가 오류에 빠지지 않고 바른길을 갈 수 있는 방법은 무엇인가?

44_제자 파송

마태복음 10:5-15

전체적 설명

예수님은 열두 명의 제자를 택하신 후에 그들을 여러 동네에 보내면서 직접 복음을 전하며 병자들의 병을 고치게 하셨다. 제자들은 예수님의 보내심을 받아 여러 동네로 다니면서 복음을 전한 결과 하나님의 능력이 나타나는 것을 직접 체험하게 되었다. 예수님께서는 제자들에게 그들이 전도자로서 지켜야 할 것들을 가르쳐 주셨다. 즉 전도자는 자신의 말과 능력으로 복음을 전하는 것이 아니라 하나님의 능력으로 복음을 전하는 것을 배워야 하는 것이다.

설교 프리노트

5절, "이방인의 길로도 가지 말고 사마리아인의 고을에도 들어가지 말고"

예수님이 계신 갈릴리는 여러 곳으로 길이 나 있었다. 예수님은 열두 제자를 보내면서 그들이 가야 할 곳을 정해 주셨다. 즉 예수님은 자신에게 시간이 얼마 남아 있지 않은 지금 제자들이 너무 먼 곳에 가서 복음 전하는 것을 허락지 아니하셨다. 그래서 제자들은 길을 가다가 갈림길이 나타났을 때 이방 나라로 가는 길이나 사마리아로 가는 길을 택하지 않고 유대인들이 모여 사는 곳으로 가야 했다. 그러나 예수님이 부활하신 후에는 예루살렘에서 시작해서 유대와 사마리아와 땅 끝까지 가야 했다(행 1:8).

6절, "차라리 이스라엘 집의 잃어버린 양에게로 가라"

예수님께서는 복음을 전하는 데 있어서 우선순위를 정해 주셨는데 일단 이방인보다 이스라엘의 잃은 양들에게 우선적으로 제자들을 보내셨다. 그것은 하나님께서 구약 선지자들을 통해서 이스라엘의 잃은 양들을 먼저 찾겠다고 약속하셨기 때문이다(호 3:5; 요 12:32).

7절, "가면서 전파하여 말하되 천국이 가까왔다 하고"

예수님은 제자들이 동네를 찾아가면서 외쳐야 할 메시지까지 정해 주셨다. 그것은 '천국이 가까웠다' 는 것이다. 즉 천국이 곧 시작된다는 것이다. 이방인들은 주로 '천국' 이라고 하면 사람이 죽어서 가는 영원한 세계를 생각했지만 유대인들은 구약 시대에 하나님의 통치를 받아 보았기 때문에 천국을 이스라엘의 독립으로 생각하였다. 그러나 예수님은 영원한 천국을 이 세상의 현실 속으로 끌어오셨다. 그래서 예수 믿는 사람들은 죽지 않고 이 세상에서 천국의 축복을 누릴 수 있게 된다. 물론 예수님께서 복음을 전하시고 병자들을 고치심으로 이미 천국이 이 세상에서 시작되었지만 천국이 본격적으로 권능 있게 모든 사람에게 적용되는 것은 예수님이 십자가 위에서 죽으시고 부활하신 후부터이다. 그러나 예수님은 이스라엘의 잃은 양들을 먼저 하나님 나라로 초청하셨다. 그들이 예수를 믿고 그 말씀에 순종하면 그들은 하나님의 백성이 될 수 있는 것이다.

8절, "병든 자를 고치며 죽은 자를 살리며"

예수님께서 제자들을 보내시면서 주신 능력이다. 제자들은 병든 자를 위하여 기도하면 병이 낫고, 심지어는 죽은 자를 위해서 기도하면 죽은 자가 살아난다. 당시 불치의 병으로 알려졌던 한센병도 치료되고 귀신 들린 자도 고쳐서 온전하게 할 수 있는 것이다.

"너희가 거저 받았으니 거저 주어라"

제자들이 가장 주의해야 할 것은 사람들의 병을 고치고 귀신을 쫓아내는 능력은 주님이 거저 주신 것이기 때문에 병을 고친 후 사람들로부터 대가를 받으면 안 된다는 것이었다. 왜냐하면 제자들은 거저 받았기 때문에 거저 고쳐 주어야 모든 영광이 하나님께 돌아가기 때문이다.

9절, **"너희 전대에 금이나 은이나 동이나 가지지 말고"**

예수님은 제자들이 복음을 전하면서 온전히 하나님의 능력을 의지하게 하셨다. 제자들은 하나님의 말씀을 들고 나가면 먹을 것을 채워 주신다는 믿음을 가져야 하는 것이다. 그래서 예수님은 제자들이 가지고 가서는 안 되는 것을 말씀하셨다. 우선 제자들은 복음을 전하면서 주머니에 돈을 많이 가지고 다니면 안 된다. 왜냐하면 전도자가 돈을 많이 가지고 다니면 돈에 더 신경을 쓰게 되고, 잘못하면 돈을 잃어버리거나 빼앗길 수도 있고, 또 거만해질 수도 있기 때문이다. 그리고 예수님은 제자들로 하여금 여행 주머니나 여벌 옷이나 여벌의 신이나 지팡이를 가지지 못하게 하셨다. 아마도 예수님이 이번에 제자들을 보내신 것은 단기 전도였던 것 같다. 그래서 제자들이 이 짧은 전도여행에 불편을 참지 못하고 너무 많은 것을 준비한다면 다른 사람들은 이들의 방문 목적을 여가나 여행으로 오해하게 될 것이다.

10절, **"일군이 저 먹을 것 받는 것이 마땅함이니라"**

주인이 일꾼들에게 일을 시킬 때 먹을 것을 주는 것은 당연한 일이다. 마찬가지로 하나님이 전도자들에게 일을 시키실 때에도 최소한 그들이 먹을 것은 챙겨 주시는 것을 믿어야 하는 것이다.

11절, **"아무 성이나 촌에 들어가든지"**

전도자는 어느 성에 들어가든지 마땅한 사람을 찾아내야 한다. 그 사람은 바로 복음을 전하는 일에 도움을 주기 위해서 하나님이 준비하신 사람이다. 그래서 전도자가 전도에 성공하기 위해서는 하나님이 준비하신 협력자를 찾아서 도움을 받아야 하는데 대개 이 사람들은 복음에 아주 좋은 반응을 보이는 자들이다. 그런 사람들이 전도자를 초청해서 자기 집에 유하게 하면 전도자는 그 동네를 떠날 때까지 그 집에 머물러야 한다. 중간에 거처를 옮기면 사람들이 협력자와 다투어서 옮기는 줄로 오해할 수 있기 때문이다. 그러나 전도자는 너무 오래 있어서 폐를 끼쳐서는 안 된다. 나중에 초대 교회 시절에는 이런 식으로 폐를 끼치는 사람들 때문에 '디다케' 의 순회 전도자들에 대한 지침에서 너무 오래 있지 못하게 하였다.

12절, **"그 집에 들어가면서 평안하기를 빌라"**

전도자가 초대된 집에 들어가면서 줄 수 있는 것은 하나님의 평안이다. 전도자가 어느 집에 들어가든지 주님의 이름으로 평안을 축복하면 그 집에 하나님의 축복이 임하게 된다. 그러나 만일 그 집이 죄에 빠져 있는데 회개하지 않든지 혹은 전도자를 무시하고 대적해서 하나님의 축복이 합당치 아니하면 그 축복은 전도자 본인에게 돌아온다. 즉 전도자는 그 집의 불신앙에 아무 책임이 없게 된다. 그러나 그 집 사람들이 한마음으로 전도자를 영접하고 그 말씀을 기쁘게 들으면 그 집에는 하나님의 축복이 임하게 된다.

14절, **"누구든지 너희를 영접도 아니하고"**

제자들이 아무리 주님이 주신 능력으로 무장되고 또 천국 복음을 전한다 하더라도 모든 사람이 복음에 대하여 우호적인 것은 아니다. 그 중에는 전혀 복음에 관심이 없는 자들도 있고, 또 적대적인 자들도 있을 것이다. 복음을 듣지 않는 자들 중에는 아직 마음의 준비가 되지 않아서 거부하는 사람도 있을 것이고 사탄의 종이 되어서 방해하고 대적하는 자들도 있을 것이다. 그러나 전도자는 설사 누군가가 복음을 받아들이지 않고 대적을 하더라도 싸우려고 해서는 안 된다. 단지 그 발에서 먼지를 떨어버림으로 그 도시의 불신앙과 자신은 상관이 없다는 증거를 삼아서 그들의 불신앙에 책임을 지지 않아도 된다.

15절, **"심판날에 소돔과 고모라 땅이 그 성보다 견디기 쉬우리라"**

예수님은 마지막 심판 때에도 차등이 있을 것을 말씀하셨다. 즉 소돔과 고모라도 죄 때문에 망했지만 그들은 주님의 복음을 듣지 못했다. 그러나 주님의 복음을 듣고 제자들이 행하는 기적을 보고도 믿지 않는 자들의 심판은 더 가혹한 것이다.

본문 이해를 위한 질문

1. 예수님은 제자들에게 어느 곳으로 가라고 하셨는가?

예수님은 이방인의 길이나 사마리아 마을로 가지 말고 이스라엘의 잃은 양에게로 가라고 하셨다.

2. 예수님은 제자들에게 전도자로서 어떤 주의를 주셨는가?

예수님은 제자들이 먹는 것이나 생활하는 것에 과도하게 준비하지 못하게 하시고 오직 하나님이 먹을 것을 주신다는 것을 믿게 하셨다.

3. 제자들은 자신들을 영접하는 자와 배척하는 자를 어떻게 대해야 하는가?

제자들은 자신들을 영접하는 자에게는 하나님의 평안으로 축복하고 그곳을 떠날 때까지 그 집에 있으면 된다. 그러나 배척하는 자는 발의 먼지를 떨어서 자신이 그의 불신앙에 책임이 없다는 증거를 삼으면 된다.

성경 강해

예수님께서는 제자들을 보내시면서 하나님의 나라를 증거하라고 하셨습니다. 예수님이 제자들을 보내신 것은 물건을 판매하기 위해서가 아니었습니다. 사람들에게 하나님 나라에 대하여 설명하기 위해서도 아니었습니다. 예수님께서 제자들을 보내신 것은 하나님의 나라가 온 것을 선포하고, 누구든지 예수님의 말씀을 믿는 자는 바로 그 자리에서 하나님의 백성이 되게 하기 위해서였습니다. 즉 예수님의 제자들이 한 것은 단순히 하나님의 나라를 알리거나 소개하는 것이 아니라 사람들을 초청해서 하나님의 백성이 되게 하는 것이었습니다.

그런데 이 '하나님 나라의 신학' 은 오랫동안 신학자들이 생각하지 못했던 주제였습니다. 예수님은 분명히 오셔서 "회개하라 천국이 가까이 왔다"라고 하셨지만 너무 오랫동안 죽어서 가는 천국에 생각이 빠져 있는 바람에 이 중요한 주제에 대하여 생각을 하지 못했습니다. 중세의 신학자 어거스틴은 『신국』, 즉 "하나님 나라"라는 저술에서 교회가 하나님의 나라라고만 말을 했을 뿐입니다. 어떤 신학자는 예수님이 선포한 것은 하나님의 나라였는데 실제로 이 세상에 이루어진 것은 교회라고 하면서 무엇인가 잘못되었다고 말을 하기도 했습니다. 주로 이런 입장을 취하는 자들은 미국의 보수주의자들인 세대주의자인 것입니다. 그러나 우리는 제자들을 중심으로 한 교회가 하나님 나라를 공동 상속하였다는 것을 알게 되었습니다.

예수님은 이 세상에 하나님 나라를 실현시키셨습니다. 하나님 나라에서 가장 중요한 것은 하나님의 통치입니다. 그런데 하나님의 통치는 말씀의 통치입니다. 그리고 하나님 나라는 우리 인간의 인격과 자유의사를 최고로 존중합니다. 그래서 예수님은 "너희가…진리를 알찌니 진리가 너희를 자유케 하리라"(요 8:32)라고 말씀하셨습니다. 하나님 나라의 축복은 상상할 수 없을 정도로 광범위합니다. 이것은 마치 두 개의 코리아가 있지만 거기서 누릴 수 있는 혜택은 천지 차이인 것과 같습니다.

하나님의 나라는 평화의 나라입니다. 이사야가 예언했듯이 사자가 어린 양과 함께 뛰놀고 어린아이가 독사 굴에 손을 넣어도 물리지 않는 세계입니다. 사람들이 칼을 쳐서 삽을 만들고 창을 쳐서 낫을 만드는 나라입니다. 하나님의 나라에서 가장 중요한 것은 더 이상 독재가 없고 내면적인 갈등이 없다는 것입니다. 그러나 주의해야 할 것은 여전히 이 세상에는 다툼과 전쟁이 있고, 오히려 하나님의 나라를 무너뜨리려는 사탄의 집요한 공격이 있다는 것입니다. 우리는 이 세상에서 하나님 나라의 복을 거의 받을 수 있습니다. 그래서 우리는 그 하나님의 축복을 달라고 해야 하고 문을 두드려야 하는 것입니다.

1. 예수님이 말씀하신 전도 대상

예수님께서는 제자들을 파송하면서 그들이 전도해야 할 대상을 먼저 말씀하셨습니다.

5-6절, "예수께서 이 열둘을 내어보내시며 명하여 가라사대 이방인의 길로도 가지 말고 사마리아인의 고을에도 들어가지 말고 차라리 이스라엘 집의 잃어버린 양에게로 가라"

예수님께서는 열두 제자에게 "아무데나 너희가 가고 싶은 데 가서 천국 복음을 전해라"라는 식으로 말씀하지 않으셨습니다. 예수님께서는 제자들이 가야 할 길과 마을과 집을 분명히 제시하셨습니다.

제자들이 길을 가다 보면 갈림길을 만나게 되는데 한 길은 이방인 지역으로 가는 길이고, 다른 한 길은 이스라엘 백성에게 가는 길입니다. 그때 예수님은 제자들에게 먼저 이스라엘 사람들에게 가라고 하셨습니다. 그리고 이스라엘 백성이 있는 곳으로 가다 보면 사마리아인의 고을이 나오는데 그곳으로 들어가지 말고 건너뛰라고 하셨습니다. 그리고 이스라엘 백성에게 가더라도 모든 것을 다 가진 사람들에게 가지 말고 이스라엘의 잃은 양들에게 가라고 하셨습니다.

예수님은 이번에 제자들을 보내시면서 제자들이 찾아가야 할 대상은 이방인이나 사마리아인이 아니라 이스라엘의 잃은 양이라고 분명히 말씀하셨습니다. 이것은 이방인이나 사마리아 사람들이 영구적으로 전도 대상에서 제외된다는 뜻은 아니었습니다. 나중에 오순절에 성령이 오신 후에 예수님은 제자들에게 "예루살렘과 온 유대와 사마리아와 땅 끝까지 이르러 내 증인이 되리라"라고 분명히 말씀하셨습니다.

그런데 예수님은 제자들에게 전도하라고 보내실 때에 처음에 이스라엘의 잃은 양에게로 보내셨습니다. 여기서 '이스라엘의 잃은 양'은 정상적인 이스라엘 사람이 아닌 사람들을 말합니다. 즉 이들은 유대인이기는 하지만 가난이나 질병 등 여러 가지 어려움으로 더 이상 신앙생활을 하지 않고 정신적으로 방황하고 있는 사람들을 말하는 것입니다.

우리 생각에는 신앙이 좋은 사람들을 찾아가 말씀을 전해서 큰 부흥을 일으키거나 아예 믿지 않는 자들에게 가서 예수를 믿으라고 하면 효과적일 것 같은데 예수님은 이스라엘의 잃은 양에게로 가라고 하셨습니다.

여기서 '잃은 양'이라는 것은 우리에서 나와 거리나 들판을 돌아다니고 있는 양을 말합니다. 개로 비유하면 주인이 없이 비를 맞고 돌아다니면서 쓰레기통을 뒤지는 개인 셈인 것입니다. 다시 말해서 당시 유대인들 중에 너무 가난해서 혹은 질병이나 다른 여러 가지 이유로 고향이나 집을 떠나서 정착하지 못하고 떠돌아다니는 노숙자 같은 사람들을 말하는 것입니다. 그렇지 않으면 유대인이라고 하면서도 험한 세상을 살다 보니까 죄도 짓고 거짓말도 해서 더 이상 하나님을 섬기지 못하고 신앙 없이 살아가고 있는 사람들을 말하는 것입니다. 예수님께서는 그런 자들을 찾아가라고 하셨습니다. 우선 예수님은 이 사람들이 이렇게 신앙 없이 고생하면서 방황하는 것이 그들의 책임이 아니라 예수님의 책임이라는 것입니다. 그래서 예수님께서는 지금까지 방황하고 고생하면서 살아온 사람들에게 "이제 내가 그 모든 방황이나 고생을 책임져 줄 테니까 너희는 오직 예수님의 말씀, 즉 하나님의 말씀만 믿어라"라고 하시는 것입니다.

사실 목자 없이 방황하면서 살아온 사람들은 쉽게 다른 사람의 말을 믿지 않고 사납고 공격적일 때가 많습니다. 그러나 예수님은 그들의 중심에 하나님을 믿고 싶어 하며 하나님의 은혜를 사모한다는 것을 알고 계시는 것입니다. 예수님은 전도자들을 보내실 때 아무리 전도해도 듣지 않는 사람들보다 병이나 마음의 고통으로 예수님이 너무나도 필요한 사람들에게 먼저 보내시는 것입니다.

예수님께서 제자들을 보내실 때에 가장 먼저 마음이 가난한 사람들에게 보내셨습니다. 이들은 나름대로 이 세상에서 잘살아 보려고 하나님을 떠나서 방황했지만 남은 것이라고는 오직 상처와 실패밖에 없었습니다. 이 사람들은 하나님 앞에 마음이 가난해져서 하나님이 부르시기만 하면 달려올 준비가 되어 있는 사람들이었습니다.

마음이 준비된 사람의 특징이 복음을 전하기만 하면 철이 자석에 딸려오듯이 딸려온다는 것입니다. 그러나 배가 부른 사람들은 아무리 복음을 주어도 받아먹으려고 하지 않습니다. 그래서 하나님께서는 우리에게 말씀을 주시기 전에 여러 가지 고난을 주셔서 사람들의 마음을 준비시켜 놓으십니다. 사람이 아무리 잘나고 똑똑하다 하더라도 무서운 병에 걸리면 마음이 가난해지게 되어 있습니다. 또 죄를 지어서 감옥에 갇히거나 부도가 나서 알거지가 되면 마음이 가난해지게 되어 있습니다. 그때 사람은 비로소 자기가 하나님 앞에서 참으로 교만했다는 것을 깨닫고 남의 말을 들으려 하고, 특히 성경을 읽으려고 합니다. 그때 이 사람의 마음에 하나님의 말씀이 떨어지면 그 자리에서 말씀을 받아들입니다. 그래서 복음 전도를 일으키시는 분은 하나님입니다. 하나님께서 사람의 마음을 준비시켜 놓지 않으면 아무도 하나님의 말씀을 받아들이려고 하지 않습니다. 예수님께서는 제자들을 준비된 영혼들에게 보내심으로 복음의 능력을 실제로 체험하게 하셨습니다. 제자들이 예수님의 말씀을 전할 때에 사람들이 눈물을 흘리고 통곡하면서 말씀을 받는데 그때서야 제자들은 복음의 위대함을 실제로 보게 됩니다.

그뿐만 아니라 하나님께서는 구원하시되 아무렇게나 하는 것이 아니라 순서를 정해서 하십니다. 하나님의 구원은 가장 먼저 이스라엘 자손들에게 임해야 합니다. 왜냐하면 이것이 바로 하나님의 약속이기 때문입니다. 하나님께서는 구약 선지자들을 통해서 이스라엘 자손들을 먼저 부르겠다고 약속하셨습니다. 그런데 실제로는 이스라엘 자손들을 부르신 것과 이방인들을 부르신 것이 시간적으로 차이가 나지 않습니다.

하나님께서 온 이스라엘을 부르신 것은 오순절에 성령이 오셨을 때입니다. 그때 전 세계의 유대인들이 성전에 제사를 드리러 왔다가 베드로의 설교를 듣고 마음에 찔려서 회개했는데 하루에 3천 명, 5천 명씩 예수를 믿고 세례를 받았습니다. 그런데 얼마 지나지 않아서 고넬료라는 이방인이 베드로를 초청해서 설교를 듣는 중에 오순절의 성령과 같은 성령이 임했고, 그 후 얼마 되지 않아서 사도 바울에 의해서 이방인들에게 본격적인 전도가 이루어졌습니다. 그럼에도 예수님은 순서를 아주 중요하게 생각하셨습니다. 그 이유는 아무리 이스라엘 백성이 하나님을 버렸지만 하나님은 그들을 잊지 않으시고 사랑하신다는 것을 보여 주기 위해서입니다. 그리고 이방인 교회로 하여금 이스라엘 자손들에게 복음의 빚진 자이며 그들이 우선이 아니라는 것을 깨닫게 하기 위해서입니다. 만일 이방인들이 이런 마음을 가지지 않는다면 자기들이 최고인 줄 알고 또 유대인들같이 교만하게 될 것입니다. 그래서 하나님께서는 반드시 이스라엘의 잃은 양을 먼저 부르신 후에 이방인들을 부르셨습니다.

그러면 이스라엘의 잃은 양이 아닌 하나님을 잘 믿는 양들은 어떻게 됩니까? 그들은 사실 하나님을 잘 믿는 것이 아니라 자기 생각을 믿고 자기 의를 믿었습니다. 그래서 복음이 이방인들에게 전파되는 것을 철저하게 반대했습니다. 그들은 사실 양이 아니라 이리였던 것입니다. 그래서 이 유대인들 때문에 복음이 이방인들에게 들불같이 퍼지게 되었습니다.

우리는 긴 인생을 살면서 때로 방황을 합니다. 그런데 사실 이 긴 방황이 하나님께 붙들리는 과정인 것입니다. 왜냐하면 우리 한 사람 한 사람은 너무 야성이 강해서 하나님이 손으로 잡으려고 하면 절대로 잡히지 않으려고 죽어라고 도망을 치는데 우리는 긴 방황을 통해서 힘이 다 빠지고 하고 싶은 것을 다 해 봐도 별 볼일 없다는 것을 알게 되었을 때 서서히 코너에 몰리고 있는 것입니다. 그러다가 하나님은 결정적인 순간에 사랑으로 우리를 녹이셔서 예수 믿게 하시는 것입니다.

하나님이 우리 같은 이방인을 2차로 부르신 것은 결국 하나님이 불러 주셔야 우리가 구원받을 수 있기 때문입니다. 어느 누구도 하나님께서 불러 주시지 않으면 구원받을 수 없습니다.

그래서 우리에게 잘난 것은 아무것도 없습니다. 우리가 그동안 한 것은 예수 믿지 않으려고 발버둥친 것밖에 없는 것입니다. 결국 구원은 자기가 예수 믿고 싶다고 해서 믿을 수 있는 것이 아닙니다. 하나님께서 불쌍히 여겨 주시고 강권적으로 붙들어 주셔야 예수를 믿을 수 있는 것입니다. 그래서 우리에게 가장 신기한 것이 우리 같은 죄인이 어떻게 예수를 믿게 되었는가 하는 것입니다.

먼저 하나님을 알았던 사람들이 말씀대로 살지 못하다가 하나님의 축복을 잃어버리면 비참하게 살게 됩니다. 그러다가 어느 날 권세 있는 하나님의 말씀을 들으면 하나님을 너무 멀리 떠나서 축복을 빼앗기고 엉뚱한 곳에 있다는 것을 알고 애통하면서 하나님께 부르짖게 됩니다. 이때 부흥이 일어납니다.

예수님께서 그들에게 전하라고 주신 메시지가 무엇입니까?

7절, "가면서 전파하여 말하되 천국이 가까왔다 하고"

그들의 메시지는 단순했습니다. 여기서 천국이 가까웠다는 것은 천국이 지금 왔다는 뜻입니다. 세례 요한이 천국이 가까이 왔다고 한 것은 미래의 일을 이야기한 것이었습니다. 그러나 예수님은 실제로 천국을 가지고 오셨고 그 천국의 능력으로 병자를 고치고 귀신을 쫓아내셨습니다. 그리고 예수님의 가르침은 권세가 있었습니다. 누구든지 예수님의 말씀을 믿으면 당장 그 자리에서 천국을 가질 수 있게 되는 것입니다.

다시 말해서 예수님의 제자들은 하나님 나라를 설명하기 위해서 보냄을 받은 것이 아니었습니다. 제자들은 사탄의 세력에 붙들린 자들에게 하나님의 말씀으로 자유를 주고 그들을 하나님의 나라로 데려가기 위해서 보냄을 받았습니다. 그러나 그 하나님의 나라는 눈에 보이지 않는 나라였습니다. 그러나 북한을 탈출해서 중국을 가로질러 태국이나 베트남을 통해서 한국까지 온 탈북자들은 비행기 창문을 통해 '인천국제공항' 이라는 글씨를 보면서 대한민국의 자유 그리고 대한민국의 위대함을 느끼는 것입니다.

아마도 많은 사람들은 하나님 나라에 대한 설명만 들어도 대단히 기쁠 것입니다. 사람들은 하나님 나라에 대하여 꿈만 꾸어도 대단한 꿈이라고 생각할 것입니다. 그런데 우리가 하나님의 말씀을 듣고 믿는 순간 우리는 이미 하나님의 나라 안에 들어와 있는 것입니다.

예수님께서는 제자들과 마지막 성찬식을 하시면서 "내가 아버지의 나라에서 너희와 함께 새 포도주를 마실 그날까지 다시는 포도 열매로 만든 것을 마시기 않겠다" 고 하셨습니다. 예수님이 부활하신 순간 이미 제자들은 하나님의 나라 안에 있었던 것입니다.

예수님의 제자들은 단순히 하나님의 나라에 대해 설명하기 위하여 보냄을 받은 것이 아니라 바로 그 자리에서 사람들을 하나님 나라에 들어가게 하는 특권을 가지고 보냄을 받았습니다. 열두 제자는 사람들에게 나중에 다시 와서 구원해 주겠다고 말하지 않았습니다. 제자들은 사람들로 하여금 그 자리에서 하나님의 백성이 되게 했습니다. 하나님 나라 백성의 시민권을 그 자리에서 발급해 주었습니다.

2. 전도자의 자세

사람들을 하나님 나라에 들어가게 하려면 하나님 나라에서 온 물건이나 선물 같은 것을 나누어 주면서 사람들의 관심을 끌어야 할 텐데 예수님께서 보내신 제자들의 모습은 거의 거지와 같은 모습이었습니다.

예수님은 제자들을 보내시면서 먼저 그들을 천국의 능력으로 무장시켜 주셨습니다. 그리고 다른 것은 가지고 가지 못하게 하셨습니다.

8-10절, "병든 자를 고치며 죽은 자를 살리며 문둥이를 깨끗하게 하며 귀신을 쫓아내되 너희가 거저 받았으니 거저 주어라 너희 전대에 금이나 은이나 동이나 가지지 말고 여행을 위하여 주머니나 두 벌 옷이나 신이나 지팡이를 가지지 말라 이는 일군이 저 먹을 것 받는 것이 마땅함이니라"

예수님은 제자들을 그냥 보내신 것이 아니라 능력으로 무장시켜서 보내셨습니다. 물론 이 능력은 눈에 보이지 않는 것입니다. 그러나 예수님은 제자들에게 병든 자를 고치고 죽은 자를 살리며 문둥병을 깨끗게 하고 귀신을 쫓아내는 능력을 주어서 보내셨습니다. 그 이유는 이런 것을 통해서 사람들에게 하나님이 살아 계신다는 것을 직접 체험하게 하기 위해서였습니다. 사람들이 오랫동안 하나님의 은혜를 받지 못하면 마음이 황폐해져서 하나님의 능력을 잘 믿지 않습니다. 기도의 응답도 없고 하나님의 말씀의 능력도 믿지 않습니다. 그래서 사람들은 더 많이 병들고 귀신 들리며 여러 가지 질병으로 고통을 받게 됩니다. 그러나 그때 하나님의 능력이 임하면서 눈앞에서 병이 낫고 귀신이 소리를 지르면서 떠나는 것을 보면 영의 세계가 있다는 것을 깨달으면서 두려움을 가지게 됩니다. 그래서 부흥이 일어날 때 기적이 많이 일어나고, 병도 많이 낫고, 기도 응답도 많이 일어나게 됩니다. 그러나 가장 중요한 것은 하나님의 말씀을 믿는 것입니다.

개척교회를 하거나 선교를 하면 처음에 병든 자나 이상한 사람들이 찾아옵니다. 이때 기도로 이겨야지 여기서 실패하면 교회는 큰 시험에 빠집니다. 그러나 하나님은 대개는 기도로 위기를 이기게 하십니다. 그때 목사를 우습게 알고 선교사를 핍박하던 자들이 와서 '하나님은 정말 살아 계신다'고 하면서 사과를 하게 됩니다. 결국 하나님의 나라는 말에 있지 않고 능력에 있는 것입니다.

사람들은 기도하면 병자에게서 열병이 떠나고 목사가 교회를 핍박해서 중풍에 걸린 사람을 찾아가 기도하여 그 자리에서 병이 낫게 하는 것을 통해서 하나님이 살아 계신 것을 믿고 두려워하게 됩니다. 이것이 바로 구원의 시작입니다.

그런데 예수님께서는 제자들에게 특별히 주의를 주셨습니다. 첫째로, 능력을 행한 것에 대하여 절대로 대가를 받지 말라는 것입니다. 다시 말해서 기도로 병이 나았다고 해서 돈을 요구하거나 받지 말라는 것입니다. 그 이유가 무엇입니까? 기도로 병을 고친 것은 하나님께서 고쳐 주신 것이지 내가 고친 것이 아니기 때문입니다. 그래서 우리는 거저 받았으니 거저 주어야 합니다. 만일 돈을 받게 되면 그 사람은 하나님의 은혜를 돈으로 다 갚았다고 생각할 것입니다. 즉 그 사람은 하나님의 사랑을 거래로 생각하게 되는 것입니다. 그래서 병 고친다고 기도해 주고 돈을 요구하는 것은 엉터리입니다. 하나님의 은혜는 거저 주는 사랑입니다. 병이 나았을 때는 하나님의 사랑을 믿고 하나님의 말씀대로 살면 되는 것이지 돈으로 보답할 필요가 없습니다. 그리고 제자들도 돈을 받지 않음으로 그것이 자기의 능력이 아닌 것을 인정하게 됩니다. 그것은 하나님이 고치신 것입니다.

그리고 예수님은 제자들에게 복음을 전하면서 너무 많은 것을 준비하지 말라고 하셨습니다. 즉 지갑에 은이나 금이나 돈을 많이 가지고 가지 말라고 하셨습니다. 그리고 또 여행을 위해서 큰 주머니, 즉 지금으로 치면 트렁크 같은 큰 가방이나 여벌 옷을 지니지 말라고 하셨습니다. 심지어 예수님은 여벌의 신이나 지팡이조차도 지니지 말라고 하셨습니다.

예수님께서 제자들에게 이렇게 명령하신 것은 이번 전도는 긴 시간 동안 여행하는 것이 아니라는 것을 말씀하시는 것입니다. 즉 이번에 제자들은 몇 년 동안 복음을 전하러 가는 것이 아니라 아주 단기에 복음을 전하러 가는 것이기 때문에 너무 많은 것을 준비하지 말라고 하셨습니다. 즉 제자들은 돈이 떨어지고 옷이 떨어지면 예수님께 돌아오면 되는 것입니다. 그러면서도 예수님은 제자들에게 먹을 것이나 입을 것에 대하여 걱정하지 말라고 하셨습니다. 예수님은 복음을 전할 때에 드는 모든 비용을 철저하게 하나님께 의지하게 하셨습니다. 이렇게 하는 것을 믿음 선교라고 합니다. 하나님께서 복음을 전하는 데 필요한 것을 반드시 채워 주시기 때문에 걱정을 하지 않아도 된다는 것입니다. 즉 우리가 바른 복음을 전하면 반드시 믿는 자가 생기게 되고 그들이 감동해서 먹을 것을 준다는 것입니다.

우리는 오지에 가서 전도하려고 할 때에 걱정이 앞설 것입니다. 우선 기거할 집이나 양식이 필요하고, 갈아입을 옷이나 신발 혹은 지팡이 같은 것이 필요할 것입니다. 강도나 불량배가 덤벼들거나 혹은 개나 맹수가 덤벼들면 지팡이로 막아야 하고, 비가 와서 옷이 젖으면 옷을 갈아입어야 할 것입니다. 그리고 무엇보다 돈이 필요할 것입니다. 그러나 예수님은 전도자가 그런 것까지 걱정하면서 전도하려고 하지 말라고 하셨습니다. 우리가 하나님의 말씀만 들고 가면 하나님께서 사람을 준비해 놓으실 것이며, 하나님께서는 그들을 통하여 나에게 필요한 모든 것을 채워 주실 것이기 때문에 하나님을 믿으라는 것입니다.

그러나 예수님이 말씀하시려는 것은 적어도 복음을 전하러 간다면 모든 것을 주님께 맡기고 가라는 것입니다. 어떤 사람이 선교하러 가면서 휴가를 즐기러 가는 사람처럼 자기가 좋아하는 물건을 챙기고 고추장이나 된장, 심지어 베개까지 끌고 다닌다면 그는 복음 전하는 일보다는 자기 일에 더 빠질 것입니다.

예수님이 은이나 금이나 동을 준비하지 말라고 했다고 해서 아무 준비 없이 떠나라는 것이 아닙니다. 철저하게 준비할 수 있으면 준비하는 것이 좋습니다. 그 대신 주님이 나를 보내신다는 확신이 있으면 돈 문제를 주님께 맡겨야 한다는 것입니다.

예수님은 제자들에게 오직 복음에만 헌신하고 사소한 것은 주님께 맡기라고 하십니다. 그래야 복음이 얼마나 중요하고 긴급한 것이기에 이 사람들이 우산도 여벌 옷도 없이 이렇게 달려왔을까 생각하면서 복음을 신중하게 받아들인다는 것입니다. 그리고 복음을 전한 후에 먹을 것을 공급받거나 도움을 받는 것에 대하여 전혀 미안하게 생각하지 말라고 하십니다. 왜냐하면 복음을 전하는 사람이 먹을 것을 공급받는 것은 당연하기 때문입니다.

3. 영혼에 대한 책임

예수님께서는 제자들에게 어느 지방이나 동네에 들어갔을 때 어떤 식으로 복음을 전해야 하는지 말씀해 주셨습니다.

11-12절, "아무 성이나 촌에 들어가든지 그 중에 합당한 자를 찾아내어 너희 떠나기까지 거기서 머물라 또 그 집에 들어가면서 평안하기를 빌라"

가장 중요한 것이 어느 곳에 가든 그 중에 '합당한 자'를 찾는 것입니다. 여기서 '합당한 자'는 하나님께서 준비하신 복음의 협력자를 말합니다. 예를 들어 선교사들은 선교지에 가서 처음에 누군가로부터 도움을 받아야 합니다. 그는 언어 선생일 수도 있고 처음 전도로 예수 믿은 사람일 수도 있습니다. 복음을 전하는 자가 다른 사람의 도움을 전혀 받지 않고 복음을 전하기는 어렵습니다. 그래서 전도자는 어느 곳에 가든지 하나님이 준비하신 협력자를 찾아야 합니다. 그 사람은 하나님의 말씀에 열성이 있는 자일 수도 있고, 다른 사람들을 괴롭히기도 하고 변덕을 부리는 사람일 수도 있지만, 그는 끝까지 충성된 사람일 가능성이 많습니다. 결국 이 협력자가 전도의 밑천이 되는 것입니다.

대개 이런 '합당한 자' 는 하나님의 말씀을 사랑하고 말씀의 종을 사랑합니다. 그래서 자기 집으로 초청해서 기거할 곳을 마련해 주거나 끝까지 자기 위치를 지키면서 절대로 나서서 잘난 체하지 않습니다. 결국 교회는 이런 사람이 기초가 되어서 자라게 되는 것입니다.

예수님은 제자들에게 어느 집에 들어가든 처음에 '평안하기를 빌라' 고 하셨습니다. 여기서 평안하기를 빈다는 것은 유대인들의 인사입니다. 그러나 특히 그리스도인들에게 이것이 중요한 것은 자신의 방문이 하나님의 공적인 파송이라는 것을 밝히는 것이기 때문입니다. "주님의 이름으로 평안하기를 빕니다" 라고 인사하는 것은 "제가 여기에 온 것은 주님이 보내어서 온 것입니다. 주님은 당신 집에 복을 내리기를 원하십니다" 라는 뜻인 것입니다. 이것은 개인적으로 방문해서 놀다 가는 것과는 다른 것입니다. 주님의 이름으로 문안하는 것은 주님이 오시는 것이며, 그 방문을 통해서 하나님이 그 가정의 어려움을 해결하시고 복을 주실 것입니다.

전도자가 어느 집에서 평안을 빌면 그 평안이 그 집에 임합니다. 그 평안이란 모든 갈등과 사탄의 세력이 물러가고 하나님의 축복이 임하기 시작하는 것입니다. 그때부터 그 가정은 분위기가 완전히 달라집니다. 즉 그전에 부부가 다투고 어려움이 많았던 것은 어디에선가 하나님의 은혜가 막혀 있어서 그런 것입니다. 그런데 하나님의 종의 방문은 그 막힌 것을 뚫고 하나님의 나라가 그 가정에 임하게 할 것입니다. 즉 그 집이 천국으로 변하고, 그들이 하는 일에 하나님의 축복이 임하게 됩니다. 하나님은 그 집이 궁핍하지 않게 하실 것입니다. 하나님께서 엘리야를 영접했던 사렙다 과부에게 3년 반 동안 먹을 것을 주셨듯이 주의 종을 영접하는 자가 궁핍하지 않도록 책임져 주십니다. 그리고 병든 자를 낫게 하시며 온 식구들의 마음을 새롭게 해 주실 것입니다.

그러나 사람들이 하나님의 은혜가 시시하다고 생각하거나 하나님의 간섭이 귀찮으면 자기 집에 들어오지 못하게 할 것입니다. 그러면 그 축복이 전도자에게 돌아올 것이라고 하셨습니다. 이것은 그의 거부가 나의 책임이 아니라는 것입니다. 거부당했음에도 하나님께서는 전도자를 축복하시며 평안한 마음을 주실 것입니다. 그런데 만일 어느 성이 집단적으로 복음을 거부하면 거기서 나와 발의 먼지를 털어 버리라고 하십니다. 이것은 나중에 그 성이 지옥의 심판을 받는 일이 있어도 전도자의 책임은 아니라는 뜻입니다. 그런데 발에 먼지도 없는 사람이 발을 털면 안 되는 것입니다. 즉 우리는 발에 먼지를 털기 전에 먼지가 뽀얗게 앉을 정도로 돌아다녀야 하는 것입니다. 그리고 할 수 있으면 한 번 거절당했다고 해서 먼지를 털지 않는 것이 좋습니다. 왜냐하면 아직 준비가 덜 된 사람들이 많이 있기 때문입니다. 그래서 예수님은 제자들에게 한곳에서 거절당하면 다른 도시로 가라고 했습니다. 왜냐하면 복음이 필요한 곳은 얼마든지 많이 있기 때문입니다. 그래서 선교지가 바뀔 수도 있습니다. 주님은 우리를 구체적으로 어떤 사람을 향하여 보내실 것입니다. 우리는 주님이 가라는 곳으로 가야 합니다.

빌립 집사는 특별히 사마리아로 보냄을 받아 큰 부흥을 체험하였습니다. 사도 바울은 이방인에게 보냄을 받았습니다. 주님은 우리를 어디로 보내십니까? 빌립의 경우 사마리아에서 한참 부흥을 경험하는데 주님이 갑자기 그를 아무도 없는 광야로 보내셨습니다. 그는 거기서 한 흑인을 만났는데 그는 바로 에디오피아 여왕 간다게의 신하였습니다. 갑자기 아프리카 사람에게 복음을 전하게 되었습니다. 사도 바울은 아시아에서 복음을 전하려고 애를 썼지만 길이 열리지 않았는데 밤에 환상 중에 마게도니아 사람이 자기에게 손짓하는 것을 보고 최초로 유럽 땅에 복음을 들고 가게 됩니다. 복음을 전하는 분은 하나님입니다. 그러나 하나님께서는 우리를 준비된 자들에게 보내셔서 그들로 하여금 하나님을 믿고 하나님의 백성이 되게 하십니다.

주님은 언어 능력이나 돈이 중요한 것이 아니라고 말씀하십니다. 왜냐하면 그 부분에서 도와줄 사람을 마련해 놓으시기 때문입니다. 중요한 것은 나에게 복음이 있으며 이 복음을 위해서 목숨을 바칠 각오가 되어 있느냐 하는 것입니다.

주님은 우리로 하여금 천국에 대하여 강의하거나 설명하라고 말씀하시지 않습니다. 그 자리에서 바로 사람들을 천국 사람이 되게 하라고 하십니다. 어떻게 그럴 수 있습니까? 하나님께서 사람들의 마음을 준비시키신다는 것입니다. 그리고 그들이 설사 복음을 거부하더라도 자기의 무능을 책하지 말아야 합니다. 정직하게 복음을 전했다면 반드시 부흥의 열매를 거두게 될 것입니다.

성경 토의

1. 예수님은 제자들을 병을 고치고 죽은 자를 살리며 귀신을 쫓아내는 능력으로 무장시켜 주셨는데 오늘 이 시대에 복음을 전하며 믿음으로 승리하기 위해서는 어떤 무장이 필요한가?

2. 우리에게 하나님의 나라는 어떻게 임하고 있으며, 우리는 그 하나님 나라의 축복을 어떻게 누릴 수 있는가?

3. 예수님은 영접하는 자의 집에 들어갈 때 평안을 빌라고 하셨는데 오늘 부부 사이에나 교인들 사이에 갈등이 있고 다툼이 있는 자들을 어떻게 도울 수 있는가?

45_양과 이리

마태복음 10:16-23

전체적 설명

만일 하나님의 나라가 그토록 권세가 있다면 모든 사람들에게 굴복을 강요할 수 있을 것이다. 그러나 하나님은 겸손한 자를 원하시기 때문에 약한 자들을 보내셔서 가장 겸손한 자세로 사람들을 이 나라에 초청하게 하신다. 그런데 어떤 사람들은 이 겸손한 초청을 진심으로 받아들여서 하나님 나라의 백성이 되고 그 나라의 축복을 받지만, 이 겸손한 초청을 업신여기고 오히려 전도자를 박해하고 죽이는 자들도 많이 있게 될 것이다. 그럼에도 주님의 종들은 끝까지 겸손한 자세로 사람들을 천국에 초청해야 한다.

설교 프리노트

16절, "내가 너희를 보냄이 양을 이리 가운데 보냄과 같도다"

양을 이리 가운데로 보내면 사나운 이리들이 틀림없이 양들을 잡아먹어 버릴 것이다. 누구든지 예수를 믿지 않는 사람들은 기질이 마치 야생동물과 같아서 얼마든지 자신의 힘으로 살아남을 수 있고 자기를 해치려고 하는 자를 공격할 수도 있다. 그러나 우리는 예수를 믿으면서 사나운 본성이 없어지고 주님에게 의존적인 성향을 가지게 된다. 우리는 다른 사람을 공격할 수도 없고 스스로 방어할 수도 없는 양 같은 존재가 되어 버린다. 그래서 그리스도인들은 이 세상 사람들과 살면서 굉장히 불리하다는 것을 느끼게 된다. 그럼에도 주님이 우리를 세상에 보내시는 이유가 무엇일까? 그것은 우리도 예전에는 모두 이리였기 때문에 이리들을 잘 알기 때문이다. 그리고 하나님의 입장에서는 이리 하나만 양으로 변화시킬 수 있어도 그것은 큰 승리이기 때문이다.

"그러므로 너희는 뱀같이 지혜롭고 비둘기같이 순결하라"

그리스도인들은 믿지 않는 사람들을 힘이나 혈기로 이길 수 없기 때문에 주의해야 한다. 하나님의 백성이 세상 사람들을 설득하고 이길 수 있는 방법은 지혜밖에 없는데 지혜를 너무 쓰다 보면 순결을 잃기 쉽다. 그래서 하나님의 백성은 순결하면서도 지혜로워야 하는데 예수님은 뱀과 비둘기를 예로 드셨다. 뱀과 비둘기는 전혀 어울리지 않는 두 생물이지만 주의 백성이 연단을 받으면 성숙한 신앙이 되어서 지혜로우면서도 순결한 신앙이 된다.

17절, "사람들을 삼가라"

'사람들을 삼가라' 는 말씀은 '사람을 지나치게 믿거나 의지하지 말라' 는 말씀이다. 하나님의 종들은 사람들의 가능성을 믿기 때문에 사람 자체를 믿기 쉽다. 그러나 사람은 누구나 넘어지기 쉽고 밥먹듯이 배반하기 때문에 사람을 믿거나 의지하려고 해서는 안 되고 그때그때 주님이 주시는 영감을 믿어야 한다.

"저희 회당에서 채찍질하리라"

당시에는 회당에서도 가벼운 범법자에 대하여 채찍질 같은 가벼운 처벌을 할 수 있었다. 물론 공회는 사법적인 기능을 가진 기관이다. 즉 사람들이 제자들을 신고해서 범법자로 몰아 회당에서 채찍질당하게 하고 공회에서 재판을 받게 하는 것이다.

18절, "나를 인하여 총독들과 임금들 앞에 끌려가리니"

여기의 '총독'은 로마 총독을 말하고, '임금들'은 로마 황제나 여러 민족의 왕이나 헤롯 같은 분봉왕을 의미할 것이다. 주의 종들이 이렇게 법정에 끌려가서 재판을 받게 되는 것은 이들이 그 사회에 영향력을 끼치고 사람들을 변화시킴으로 미풍양속을 해쳤기 때문이라는 것이다.

19절, "어떻게 또는 무엇을 말할까 염려치 말라"

주의 종들은 주로 하나님의 말씀밖에 알지 못하는 자들이며 이들은 법적인 전문지식이 전혀 없는 자들이다. 반대로 법정에서 이들을 고소하는 자들은 모두 변사들이며 법적인 지식이 넘치는 자들이다. 법적으로 문외한인 제자들이 이런 법 전문가들을 상대로 해서 이길 수 없을 것이다. 그러나 주님이 무슨 말을 할까 염려하지 말라고 하신 것은 주의 종들이 해야 하는 것은 법적인 진술이 아니라 증인으로서의 증거이기 때문이다. 즉 변호사는 법적인 지식이 많고 말을 잘해야 하지만 증인은 오직 자기가 아는 것만 말하면 되는 것이다.

20절, "말하는 이는 너희가 아니라 너희 속에서 말씀하시는 자"

예수님은 제자들이나 주의 종들이 법정에서 진술할 때 주님의 성령이 함께 증언하실 것을 약속하셨다. 즉 이들은 법적인 지식도 없고 말도 잘하지 못하지만 확신에 차 있고 담대하게 말함으로 사람들의 양심을 찌르며 깊은 인상을 주게 될 것이다.

21절, "장차 형제가 형제를, 아비가 자식을 죽는데 내어주며"

형제가 형제를 신고하고 아비가 자식을 신고해서 죽는 데 내어 주는 이유는 그렇게 해야 자신이 살 수 있기 때문이다. 즉 세상이 기독교를 반대하고 적대시할 때에는 서로가 서로를 신고하고 잡아 넘기는 일까지 일어날 것이다.

22절, "나중까지 견디는 자는 구원을 얻으리라"

왜 주님은 나중까지 견뎌야 구원을 얻는다고 말씀하셨을까? 이것은 결국 주님은 주님을 사랑하는 자를 끝까지 견딜 수 있도록 지켜 주신다는 뜻이다. 그러나 주님에 대한 사랑 없이 자신의 의지를 가지고 하나님의 일을 하는 자들은 이런 고난을 끝까지 이기지 못하는 것이다. 그래서 끝까지 견디는 사람도 자기 힘으로 견디는 것이 아니라 주님이 견디도록 지켜 주시기 때문에 견디는 것이다.

23절, "이 동네에서 너희를 핍박하거든 저 동네로 피하라"

주님은 제자들이 어느 동네에 들어가 말씀을 전하는데 사람들이 핍박을 하면 자기가 무능하거나 잘못했기 때문에 이런 결과가 나타났다고 자책할 것이 아니라 다른 동네로 가서 말씀을 전하라는 뜻으로 생각하라는 것이다. 왜냐하면 복음을 들어야 할 사람들은 많은데 어떤 사람들이 복음을 듣지 않는다고 해서 너무 집착할 필요가 없기 때문이다.

"이스라엘의 모든 동네를 다 다니지 못하여서"

결국 예수님의 제자들은 이 동네 저 동네를 다니면서 복음을 전하게 될 것이다. 그런데 예수님은 그들이 이스라엘의 모든 동네를 다니기 전에 다시 올 것이라고 말씀하셨다. 이것은 얼핏 들으면 재림을 말씀하시는 것으로 생각할 수 있다. 그러나 주님은 제자들이 이스라엘의 모든 동네를 다 다녀도 재림하지 않으셨다. 이것은 주님이 부활하셔서 공식적으로 하나님의 나라가 이 세상에 시작되는 것으로 생각해야 할 것이다.

본문 이해를 위한 질문

1. 예수님은 제자들을 세상에 보내시면서 어떤 비유를 말씀하셨는가?

제자들을 보내는 것이 양을 이리 가운데로 보내는 것과 같다고 하시고 뱀같이 지혜롭고 비둘기같이 순결하라고 하셨다.

2. 예수님은 제자들이 사람들을 의지할 위험성에 대하여 무엇이라고 경고하셨는가?

사람을 믿지 말라고 하시면서 사람들이 그들을 회당이나 공회에 넘겨줄 것이라고 말씀하셨다.

3. 사람들이 전도자를 반대하고 핍박할 때 어떤 자세를 취해야 하는가?

한 동네에서 핍박하면 다른 동네로 가서 복음을 전하고, 재판받을 때에는 증인의 자세로 내가 믿고 아는 것만 전하면 된다.

성경 강해

동물학자들은 상처를 입거나 혹은 어미를 잃은 야생동물들을 잠시 맡아서 키우다가 치료가 끝나거나 스스로 자립할 수 있을 때가 되면 야생으로 돌려보냅니다. 왜냐하면 야생동물은 야생에서 사는 것이 가장 적합하기 때문입니다. 그러나 집에서 키우는 양이나 소 같은 가축들은 이리들이 우글거리는 들판으로 보내지 않을 것입니다. 왜냐하면 양이나 염소나 소를 들판으로 보내면 틀림없이 맹수에게 물려 죽기 때문입니다.

그런데 예수님께서는 어린 양과 같은 우리를 맹수들이 우글거리는 세상으로 보내겠다고 말씀하십니다. 예수님께서는 제자들을 세상으로 보내시면서 '내가 너희를 보내는 것은 양을 이리 가운데로 보내는 것과 같다' 고 하셨습니다. 양을 이리 가운데로 보내면 틀림없이 이리들이 양을 물어 죽일 텐데 왜 예수님은 이렇게 위험한 일을 양들에게 시키시는 것일까요? 그러나 예수님은 우리가 물려 죽을 각오를 하고 세상으로 가야 한다고 하셨습니다.

예수님은 이 세상에 살면서 세례 요한같이 격리된 생활을 하지 아니하셨습니다. 오히려 예수님은 죄인들과 어울리셨고 포도주를 마셨습니다. 그럼에도 예수님은 절대로 세상을 따라가지 아니하셨습니다. 예수님은 천국은 마치 '가루 서 말 속에 들어 있는 누룩' 과 같다고 말씀하셨습니다. 여기서 '가루 서 말' 은 굉장히 많은 양입니다. 이것은 동네 사람들 전체가 먹을 수 있는 양입니다. 그런데 그 안에 작은 누룩이 들어가면 그 전체가 부풀어서 아주 말랑말랑하고 맛이 있는 떡이 만들어집니다. 예수님은 이처럼 우리가 이 세상 속에 있지만 세상과 격리되거나 세상을 따라가서는 안 되고 세상을 변화시키는 변화의 주역이 되어야 한다고 말씀하셨습니다. 그러나 실제로 우리가 이렇게 하는 것은 굉장히 어렵습니다. 우리는 대부분 세상에서 너무 튀거나, 아니면 신분을 감추고 침묵을 지키지 말씀으로 학교를 변화시키고 세상을 변화시키는 것은 너무나도 어려운 일입니다.

1. 양을 이리 가운데로 보냄

16절, "보라 내가 너희를 보냄이 양을 이리 가운데 보냄과 같도다 그러므로 너희는 뱀같이 지혜롭고 비둘기같이 순결하라"

예수님은 제자들에게 세상에 가서 하나님의 나라를 선포하라고 하셨습니다. 예수님은 제자들에게 병을 고치고 귀신을 쫓아내는 능력을 주시면서 하나님의 나라를 전하라고 말씀하셨습니다. 그러면서 예수님은 제자들에게 너희를 사람들에게 보내는 것이 마치 양을 이리 가운데로 보내는 것과 같다고 말씀하셨습니다. 양이 이리 가운데로 가면 이리들은 틀림없이 양을 괴롭히거나 잡아먹을 텐데 왜 예수님은 양을 이리 가운데로 보내실까요?

목자가 양을 이리 가운데로 보내는 것은 죽으라고 보내는 것입니다. 그런데 예수님은 이것을 비유로 말씀하셨습니다. 실제로 적대적인 세력의 가운데로 가서 죽으라는 것이 아닌 것입니다. 그런데 오래전에 실제로 이리 가운데로 들어간 사람들이 있었습니다. 옛날에 사라센 제국이 쳐들어왔을 때 일부러 이슬람 군대의 막사를 찾아가서 전도하다가 죽은 사람들이 있었습니다. 얼마 전에도 로버트 박이라는 한국계 미국인이 북한을 전도해야 한다고 하면서 순교를 각오하고 두만강을 넘어서 북한으로 들어갔습니다. 북한은 그를 무단 밀입국자로 간주해 체포했고, 그는 억류된 뒤 43일 만에 강제 추방을 당해 돌아왔는데 정신병자가 되어서 돌아왔습니다. 그때 신문에서는 그가 북한에서 지옥을 본 것 같다고 기사를 썼습니다.

그러나 예수님은 제자들을 보내는 것이 양을 이리 가운데로 보내는 것과 같다고 하셨지 이리 가운데로 들어가라고 하지는 않으셨습니다. 여기서 예수님이 말씀하시는 것은 사람의 본성의 변화입니다. 우리가 예수 믿고 가장 크게 변한 것은 우리의 성품에 변화가 일어난 것입니다. 즉 옛날에 우리는 야생동물같이 공격적이었습니다. 우리는 이 세상에 살아남기 위해서 다른 사람과의 경쟁에서 이겨야 했고, 다른 사람이 나를 공격하려고 하면 대항해서 싸우려고 했습니다. 그러나 예수를 믿고 난 뒤에는 우리 안에 이런 사나운 본성들은 죽고 하나님의 본성이 들어오게 되었습니다. 그래서 다른 사람에게 복종하지 않고 반항적이고 독립적이며 자기 이익을 위해서는 가차 없이 다른 사람의 행복을 공격하던 것이 없어지게 되었습니다. 우리의 기질이 하나님의 말씀을 듣고 하나님의 말씀을 믿고 따라가는 기질로 변한 것입니다. 그래서 양의 가장 중요한 특징이 목자의 음성을 잘 안다는 것입니다. 그리고 양은 목자를 믿기 때문에 목자가 어디로 인도하든지 따라가고, 심지어는 목자가 양털을 깎을 때에도 잠잠히 있습니다.

이사야 선지는 나중에 메시아가 오시면 어린 양이 사자와 함께 뛰놀고 어린아이가 독사 굴에 손을 넣어도 물리지 않는다고 했는데 이것은 모두 우리의 성품의 변화를 의미하는 것입니다. 어떤 사람은 혀가 너무 신랄해서 정말 독사의 혀를 가진 것 같고, 어떤 사람은 너무 사나워서 사자나 곰이나 이리 같은 공격적인 성향을 보입니다. 그러나 이러한 사람들도 은혜를 받으면 사나운 성품들이 다 없어지면서 순한 양처럼 됩니다. 하나님의 말씀을 계속 들으면 일단 뇌 구조가 달라집니다. 하나님의 말씀으로 은혜를 받으면 뇌 구조가 다른 사람의 말을 받아치는 구조가 아니라 설교를 듣고 자기 가슴에 새기는 구조가 됩니다. 그리고 다른 사람에 대하여 말을 잘하지 못하게 됩니다. 그리고 무엇보다 머리가 빨리 돌아가지 않습니다. 그러나 세상 사람들은 여전히 머리 회전이 빠르고 말이 공격적이며 기질이 아주 드세고 강합니다. 우리는 그런 사람들을 향해서 가야 하는 것입니다.

기질이 강한 사람과 약한 사람이 있으면 약한 사람이 언제나 당하게 되어 있습니다. 말로 공격을 당하거나 이해관계에서 손해를 보게 되어 있습니다. 그런데 하나님이 우리를 이리 가운데로 보내시는 이유가 무엇일까요? 하나님은 이리들도 사랑하시기 때문입니다. 이리 같은 사람들은 자신들이 못됐기 때문에 하나님이 자기들을 사랑하지 않을 것이라고 생각합니다. 그러나 하나님은 이리 같은 사람들도 사랑하십니다. 하나님은 우리에게 그 이야기를 하라고 보내시는 것입니다. 그런데 우리가 이리 같은 사람들을 찾아가서 "하나님이 너희를 사랑하신다"라고 말하면 그들은 비웃고 조롱할 것입니다. 그러나 그 중에 한두 마리는 그 말에 은혜를 받을 것입니다. 스데반 집사가 돌에 맞아 죽을 때 그를 에워싼 유대인들은 맹수같이 사나웠습니다. 그런데 그 중에 사울이 있었습니다. 그는 나중에 변화되어 가장 위대한 사도가 되었습니다.

옛날에는 우리도 이리였습니다. 우리도 발톱이 있고 날카로운 이가 있어서 누가 덤벼들려고 하면 이를 드러내고 싸우려고 했습니다. 그러나 예수를 믿으면서 우리의 날카로운 이가 없어지고 발톱이 없어져서 자신을 방어할 능력이 없는 양이 되고 만 것입니다. 이것이 우리에게 일어나는 가장 놀라운 변화입니다. 도저히 다른 사람과 싸워서 이길 수도 없을 뿐 아니라 싸울 용기조차 나지 않는 것입니다. 어떻게 해서 이렇게 되었습니까? 예수를 믿으면서 우리 마음속에 있던 혈기와 기질이 죽고 성령의 새로운 기질이 임했기 때문입니다. 우리가 손해를 보지 않으려면 싸워야 합니다. 우리가 다른 사람과 싸우려면 일단 말을 세게 해야 하고 마음속에서 분노의 감정이 치밀어 올라와야 합니다. 그러나 우리는 예수를 믿으면서 싸움을 할 수 없게 되고 누군가가 공격하려고 하면 무서워지는 것입니다.

예수님께서는 그런 제자들에게 무엇이라고 말씀하십니까?

'너희는 뱀같이 지혜롭고 비둘기같이 순결하라.'

사실 뱀과 비둘기는 전혀 다르게 생긴 동물입니다. 우선 뱀은 짐승 중에서 가장 불리한 신체 조건을 가졌습니다. 뱀은 다리가 없어서 뛸 수가 없습니다. 그리고 부리나 발톱이 없어서 공격할 수가 없습니다. 그러므로 뱀은 살기 위해서 숨어 다니고 눈에 잘 띄지 않도록 보호색을 띠어야 합니다. 만일 뱀이 눈에 띄는 색깔을 하고 있다면 맹금류가 금방 채어가서 잡아먹어 버릴 것입니다.

우리 예수 믿는 사람들에게는 다른 사람들을 물거나 찢을 수 있는 무기가 없습니다. 그래서 언제나 지혜로워야 합니다. 여기서 지혜롭다는 것은 이 세상에서 너무 튀거나 유별나게 행동하지 말고, 즉 광신자들처럼 이상한 짓을 하지 말고 가능한 한 정상적인 생활을 하는 것을 말합니다. 우리가 이 세상에서 매일 미친 사람들처럼 울고 소리를 지르면서 다닌다면 사람들은 우리를 잡아 가두어 버릴 것입니다. 그래서 우리는 뱀처럼 열심히 학교도 다니고 직장 생활도 하고 가정생활도 합니다. 겉으로 보면 우리는 세상 사람들과 똑같습니다. 그러나 우리는 세상 사람들과는 다른 생각을 가지고 있습니다. 그것이 무엇입니까? 우리에게는 이 세상 자체가 목적이 아닌 것입니다. 이 세상은 우리의 필드입니다. 즉 우리의 믿음을 실현할 장이지 이 세상에서 인정을 받고 출세하는 것이 우리의 목적이 아닌 것입니다. 우리가 워낙 정상적으로 생활을 하니까 사람들이 조금씩 우리를 믿고 우리에게 말을 걸고 친하게 지내려고 합니다. 그러나 우리가 너무 이상한 생활을 하면 아무도 우리를 상대하려고 하지 않을 것입니다.

그러나 예수님은 우리에게 "비둘기같이 순결하라"라고 하셨습니다. 다시 말해서 우리는 세상에서 자신을 드러내지는 않지만 그렇다고 해서 세상 사람들과 똑같아지면 안 된다는 것입니다. 비둘기는 새 중에서 사람과 가장 가까운 새이고 공격적이지 않습니다. 하나님의 백성은 이 세상 사람들과 달라야 합니다. 세상 사람들을 그리스도에게로 끌게 하는 것이 그리스도인들의 깨끗함입니다. 사람들이 비둘기에게로 가까이 가는 이유는 비둘기가 공격적이지 않기 때문입니다. 이 세상 사람들은 두세 명만 모여도 음담패설을 하고, 술을 마시고, 남의 험담을 합니다. 그리고 조금 더 심해지면 온갖 추태를 보이면서 과격한 행동을 합니다. 그러한 사람들이 그리스도인들이 자신을 지키고 깨끗하게 사는 것을 보면 매력을 느끼게 됩니다.

그래서 그리스도인들이 이 세상에 대하여 설득력을 가지려면 믿음과 지혜가 있어야 합니다. 그러나 이 두 가지를 겸비하는 것은 결코 쉽지 않습니다. 대개 믿음이 좋은 분들은 너무 고집스럽고 독선적이어서 대화가 잘 되지 않는 경우가 많습니다. 또 믿음이 좋다고 하면서 말도 되지 않는 자기 생각을 끝까지 밀어붙이려고 합니다. 거기에 비해서 세상 물을 좀 먹고 경험이 있는 사람은 때가 묻어서 깨끗하지 않습니다. 즉 그 사람의 말을 믿을 수가 없는 것입니다. 그러나 믿음도 있고, 지혜도 있고, 뱀같이 지혜로우면서도 비둘기같이 순결하려면 하나님의 말씀을 가지고 세상에서 고생을 많이 해 봐야 합니다. 하나님의 말씀만 가지고는 도저히 이 세상에서 살 수가 없습니다. 왜냐하면 하나님의 말씀과 세상의 간격이 너무 크기 때문입니다. 우리는 잘못하면 세상 밑바닥까지 내려갈 수도 있습니다. 그런데 거기서 우리는 하나님의 말씀으로 다시 일어서게 됩니다. 이때 인생 밑바닥에서 하나님의 말씀에 자신이 소화되어서 세상 사람들이 알아들을 수 있는 이야기를 하게 됩니다. 그때 세상은 이런 사람을 이해하고 존경하게 될 것입니다.

요셉은 처음에 하나님이 주신 꿈을 꾸고 형들에게 열심히 설명했지만 형들은 요셉을 더 미워했습니다. 요셉이 두 번째 꿈을 꾸고 형들에게 말했을 때 형들은 요셉을 너무 미워해서 종으로 팔아 버렸습니다. 요셉은 이해할 수가 없었습니다. '왜 형들은 이 귀한 하나님의 말씀을 싫어하고 나에게 잘난 체한다고 하면서 미워했을까?' 하는 것입니다. 요셉은 형들에게 꿈 이야기를 하면 형들이 감동할 줄 알았는데 감동을 하기는커녕 요셉을 죽이고 싶어 할 정도로 미워했습니다. 그러나 요셉은 애굽에 가서는 꿈 이야기를 하지 않았습니다. 왜냐하면 거기서 한 번 더 미움을 받으면 이제는 남아프리카 줄루 족에게 팔려 가야 했기 때문입니다. 그는 말씀을 가슴에 품고 밑바닥 인생을 살았습니다. 그 결과 바로의 꿈을 푸는 지혜를 가지게 되었고, 결국은 많은 사람들을 흉년에서 살리는 명재상이 되었던 것입니다. 오늘날 필요한 것이 바로 이 요셉의 신앙입니다.

2. 재판을 받게 됨

17-18절, "사람들을 삼가라 저희가 너희를 공회에 넘겨주겠고 저희 회당에서 채찍질하리라 또 너희가 나를 인하여 총독들과 임금들 앞에 끌려가리니 이는 저희와 이방인들에게 증거가 되게 하려 하심이라"

예수님께서는 제자들에게 뱀처럼 지혜로워야 한다고 말씀하셨습니다. 물론 뱀처럼 지혜로우려면 숨어 다녀야 할 것입니다. 그럼에도 제자들이나 성도들은 사람들에게 고소를 당해서 공회에서 심문을 당하거나 회당에서 많은 사람들이 보는 앞에서 채찍질을 당하게 될 때가 있다는 것입니다.

예수님은 지금까지 제자들에게 가능한 한 표시를 내지 말고 숨어서 지혜롭게 복음을 전하라고 하시고는 왜 이번에는 잡혀서 공개적으로 재판을 받게 될 것이라고 하십니까? 그것은 앞으로 하나님의 말씀을 듣고 세상이 더 좋게 변하는 것이 아니라 더 악하게 변해서 하나님의 나라를 적대하게 될 것이기 때문입니다. 세상이 가장 두려워하는 것은 하나님의 백성이 은혜 받고 교회에 부흥이 일어나는 것입니다. 그래서 세상은 기독교인들을 옛날의 불신앙의 상태로 돌리기 위해서 공격하게 될 것입니다.

처음에는 이것이 개인적으로 나타날 것입니다. 즉 믿지 않는 가족들이 예수 믿는 아들이나 딸이나 며느리를 믿지 못하게 할 것입니다. 왜냐하면 이들이 예수 믿으면서 우선순위가 달라졌기 때문입니다. 이들은 가족보다는 하나님을 더 사랑하고 교회를 더 사랑하기 때문에 아들이나 딸의 마음을 빼앗겼다고 생각하는 것입니다.

믿지 않는 집에서 제사를 드릴 때 도마 위에 올라가 희생양이 되는 사람들이 있습니다. 이들은 예수 믿는 며느리나 딸이나 아들입니다. 그들은 집안일에 비협조적이라는 것입니다. 그리고 그들이 양으로 변했기 때문에 공격을 해도 덤벼들지 않는다는 것을 이미 알고 있는 것입니다. 그러나 이렇게 핍박을 당하게 하시는 것은 좀 더 적극적으로 하나님의 나라가 증거되어야겠다고 생각하셨기 때문입니다. 즉 이제는 숨어서 믿어서는 안 되고 하나님의 백성의 정체를 드러내어야 되겠다고 생각하실 때 이런 핍박이 일어나게 하시는 것입니다.

이때 사람들이 믿는 자를 공격하면 그들의 신분을 드러내지 않을 수가 없고 자기들이 왜 예수 믿는지를 설명할 수밖에 없습니다. 이것은 사람이 하는 것이 아니라 하나님이 하시는 것입니다. 즉 이 악한 집안에도 하나님의 백성이 있다는 것을 나타내시는 것입니다.

이때 주님이 무엇이라고 말씀하십니까?

19-20절, "너희를 넘겨줄 때에 어떻게 또는 무엇을 말할까 염려치 말라 그때에 무슨 말할 것을 주시리니 말하는 이는 너희가 아니라 너희 속에서 말씀하시는 자 곧 너희 아버지의 성령이시니라"

우리가 공개적인 석상에서 내가 믿는 신앙에 대하여 질문을 받거나 혹은 하나님에 대하여 답을 해야 할 때가 있는데 이것은 하나님께 질문을 하는 것과 같습니다. 이때에는 우리 안에 있는 성령이 답변을 하실 것이기 때문에 우리는 다른 사람을 이기려고 하거나 설득할 필요가 없습니다. 왜냐하면 우리가 믿는 것을 이야기할 때 성령님이 사람들의 마음에 충격을 주시기 때문입니다.

물론 사람들은 우리가 왜 예수를 믿는지 이야기한다고 해서 예수를 믿지 않습니다. 오히려 신앙 때문에 욕먹고 핍박당하는 것은 미련한 짓이라고 생각할 것입니다. 그러나 하나님은 이들을 세워서 하나님을 나타내시는 것입니다.

사람들은 우리가 믿는 신앙을 하나의 인생관이라고 치부합니다. 우리가 하나님은 살아 계시며 그가 우리를 죄에서 구원하기 위하여 독생자를 보내셨다고 말을 하면 신기하게 생각합니다. 즉 하나님은 공개적으로 진리를 듣게 하시는 것입니다. 예수님은 빌라도에게 재판을 받으면서 내가 진리에 대하여 증거하러 왔다고 말씀하셨습니다. 그런데 세월이 지난 후에 보면 그 핍박하던 사람의 후손 중에 예수 믿는 사람들이 생기는 것입니다.

3. 세상과의 분리

예수님께서는 유감스럽게도 복음은 이 세상을 하나 되게 하는 것이 아니라 분리시킬 것이라고 말씀하십니다. 그것은 형제와 형제가 신앙으로 인하여 갈등하고, 아비가 자식의 신앙을 미워해서 죽는 데 내어 줄 정도로 철저하다는 것입니다.

21-22절, "장차 형제가 형제를, 아비가 자식을 죽는데 내어주며 자식들이 부모를 대적하여 죽게 하리라 또 너희가 내 이름을 인하여 모든 사람에게 미움을 받을 것이나 나중까지 견디는 자는 구원을 얻으리라"

어떻게 해서 복음이 인류를 하나 되게 하지 않고 오히려 철저하게 나누어 놓는 것일까요? 그것은 우리가 하나님을 알게 되었을 때 생각이 변하고 가장 중요하게 생각하는 것이 변하기 때문입니다. 우리가 하나님을 알기 전까지만 해도 생각하는 것이나 살아가는 목표가 다른 사람들과 똑같았습니다. 그러나 하나님을 알고 난 후에는 하나님의 영광의 광채가 다른 것들을 덜 중요하게 만들었습니다. 즉 여전히 가족이 중요하고 세상의 성공이 중요하지만 이제는 하나님이 더 중요하게 되었습니다. 그래서 우리가 세상 일에 최선을 다하지 않는 것을 보고 가족이나 가까운 사람들은 우리가 변했고 자기들을 배반했다고 생각하게 됩니다.

예를 들어 아내가 예수를 믿게 되었을 때 어떤 때에는 남편보다 하나님을 더 사랑할 때가 있습니다. 이것을 보고 남편은 아내가 자기를 배반했다고 생각해서 미워하는 것입니다. 또 자식이 예수 믿기 전에는 아버지의 존재가 절대적이었는데 예수 믿고 난 후에는 하나님이 더 중요하고 예수님이 더 중요하게 되는데 이것을 가족이나 친구들은 이해하지 못하는 것입니다. 결국 누구든지 하나님의 백성이 되려면 각자가 하나님을 개인적으로 만나고 영적인 눈이 열리는 체험을 해야 하는 것입니다.

그런데 만일 형제 중에 한 사람은 예수를 믿고, 다른 한 사람은 예수를 믿지 않는다면 어떻게 됩니까? 서로 생각하는 것이 달라서 물과 기름처럼 갈라집니다. 그런데 갈라진 상태로 그냥 있는 것이 아니라 형제가 형제를 고발해서 죽는 자리에까지 내어 줍니다. 왜냐하면 고발하지 않으면 모두 처벌하겠다고 하니까 자기라도 살기 위해서 고발을 하는 것입니다. 어떤 경우에는 부모가 자식을 일러바쳐서 죽는 자리에 내어 주기도 합니다.

우리는 하나님을 만나기 전까지 이 세상의 좋은 것이 다 자기 것인 줄 알고 쫓아다녔습니다. 이 세상의 반짝이는 것이 다 금인 줄 알았습니다. 그러나 하나님을 만나고 보니까 하나님이 너무 크고 엄청나서 이 세상의 모든 것들이 빛을 잃었습니다. 이것은 마치 늘 그림책으로만 호랑이를 보다가 직접 눈앞에서 호랑이를 보는 것과 같습니다. 하나님을 한번 만나고 나면 절대로 하나님이 없는 옛날로 돌아갈 수가 없는 것입니다.

22절, "또 너희가 내 이름을 인하여 모든 사람에게 미움을 받을 것이나 나중까지 견디는 자는 구원을 얻으리라"

우리가 신앙 때문에 미움을 당하는 것은 사람들의 시기심 때문입니다. 그래서 예수 믿는 사람들이 이 세상에서 '왕따'를 당하는 것은 아주 자연스러운 것입니다. 그러나 우리는 끝까지 이것을 이겨 내야 합니다. 그리고 하나님은 우리에게 이겨 낼 수 있는 힘을 주십니다.

23절, "이 동네에서 너희를 핍박하거든 저 동네로 피하라 내가 진실로 너희에게 이르노니 이스라엘의 모든 동네를 다 다니지 못하여서 인자가 오리라"

예수님은 제자들이 어느 동네에서 핍박을 받으면 거기에 그냥 있지 말고 다른 동네로 피하라고 말씀하셨습니다. 다시 말해서 불필요하게 고통을 받거나 핍박받을 필요가 없다는 것입니다. 그런데 그 다음 동네에서도 핍박을 하면 어떻게 합니까? 다음 동네로 피하는 것입니다. 그러면 모든 동네에서 핍박을 하면 도대체 어디로 갑니까? 그때는 예수님이 오실 때라는 것입니다.

어떤 분들은 이 말씀을 피상적으로 생각해서 제자들이 유대 마을을 다 다녔지만 예수님이 오시지 않았기 때문에 예수님은 무엇인가 잘못 알고 계셨다고 주장하기도 합니다. 그러나 이 말씀이 의미하는 것은 핍박이 복음을 한 동네에서 다른 동네로 옮기는 기회가 될 수 있기 때문에 너무 비관적으로 생각하지 말라는 뜻입니다. 왜냐하면 아직 복음을 듣지 못한 곳이 많기 때문입니다.

사실 이 말씀은 사도행전에서 그대로 성취되었습니다. 스데반 집사가 순교한 후 밀어닥친 유대국의 교회에 대한 핍박이 성도들을 흩어지게 하면서 여러 곳에 복음을 전하게 했습니다. 강한 바람이 불을 확산시키는 수단이 되듯이 핍박도 복음을 확산시키는 기회가 될 수 있습니다.

그뿐만 아니라 핍박은 주님이 오시는 시기와도 관계가 됩니다. 제자들이 이 동네에서 저 동네로 피하다가 결국 갈 곳이 없다는 것은 모든 사람들이 마음을 닫고 하나님의 말씀을 거부하는 것을 의미합니다. 이것은 바로 즉각적인 심판을 의미합니다. 무엇 때문에 하나님의 심판이 지연되고 있습니까? 아직도 하나님의 말씀을 듣고 회개하는 사람들이 있기 때문입니다. 만약 아무리 복음을 전해도 단 한 사람도 회개하지 않는다면 이것은 바로 심판의 때요, 주님이 오실 때가 임박한 것을 의미합니다. 이 세상에서 하나님의 백성과 세상 사람들이 완전히 분리되어서 전혀 회개하는 자가 없을 그때가 인류 마지막 때입니다. 그렇다면 제자들은 그전까지는 쉬어서는 안 됩니다. 우리는 한 사람이라도 더 건지기 위해서 다른 마을을 찾아가야 합니다. 우리는 마지막 한 사람을 찾을 때까지 선교해야 하고 전도해야 합니다. 그래서 우리는 이 세상에서 잘살고 성공하는 것에 너무 빠져 버리면 안 됩니다.

세상에서 누룩 같은 존재가 되는 것은 혼자의 힘으로 되지 않습니다. 일단 교회에 은혜가 충만해야 합니다. 성도들이 교회에서 채움을 받지 못하면 자기 신분을 나타내는 것을 꺼립니다. 그러나 교회에 은혜가 충만하면 떳떳하게 자기가 그리스도인이라는 것을 드러내고, 누가 욕을 하거나 싫은 소리를 해도 상처를 받지 않습니다. 왜냐하면 하나님의 은혜가 욕을 밀어내기 때문입니다. 그리고 우리는 진리를 가지고 고난 받는 것을 두려워해서는 안 됩니다. 우리는 책 한두 권을 읽고 세상을 변화시킬 수 있다고 생각하지 마시기 바랍니다. 지혜롭고 믿음이 있을 때 세상이 설득을 당하고 따라오게 될 것입니다.

성경 토의

1. 우리는 어떻게 하면 뱀같이 지혜로우면서도 비둘기같이 순결할 수 있는가?

2. 세상에서 변호사의 자세와 증인의 자세의 차이에 대하여 생각해 보고 우리가 세상 지식이나 논리로 무장되는 것과 기도나 성령의 능력으로 무장되는 것의 차이에 대하여 생각해 보자.

3. 예수님은 우리가 다른 사람들에게 신앙 때문에 공격을 당하고 핍박을 당할 때 하실 말씀을 주신다고 했는데 우리는 성령이 하시는 말씀을 어떻게 알아서 말을 할 수 있는가?

4. 예수님은 제자들이 이스라엘의 모든 동네를 다니기 전에 인자가 오신다고 하셨는데 이것은 이 세상 모든 민족을 말하는 것인가, 아니면 주님이 부활하셔서 찾아오시는 것을 말하는 것인가?

46_두려워하지 말라

마태복음 10:24-33

전체적 설명

사람들은 자신들이 기독교 신앙을 택하는 이유를 구원받고 복 받기 위해서라고 생각한다. 그러나 예수님의 말씀처럼 예수를 믿고서 가족과 불화할 뿐 아니라 세상에서도 핍박을 받고 나중에 법정에까지 서게 된다면 과연 누가 예수를 믿으려고 하겠는가 하는 생각이 들 것이다. 그러나 예수님은 제자들에게 우리의 인생은 이 세상에서 끝나는 것이 아니라 영원한 천국과 지옥이 있기 때문에 결코 사람을 두려워해서는 안 된다고 말씀하신다. 더욱이 예수님은 위로가 되는 말씀을 하셨는데 그것은 참새 한 마리도 하나님의 허락이 없이는 죽지 않는 것처럼 하나님은 우리 믿는 자들의 머리털까지 다 헤아리실 정도로 지켜 주신다는 것이다.

설교 프리노트

24절, "제자가 그 선생보다, 또는 종이 그 상전보다 높지 못하나니"

예수님은 매우 겸손한 모습으로 이 세상에 오셨기 때문에 사람들로부터 숭배를 받거나 좋은 대접을 받지 못하셨다. 오히려 예수님은 사람들에게 무시를 당할 때가 많았고, 오해나 욕을 먹을 때도 많았다. 더욱이 예수님은 나중에 로마 군인들에게 심한 모욕과 채찍질을 당하시고, 나중에는 십자가에 못 박혀 죽기까지 하셨다. 이 세상 어느 누구도 존경을 받고 높임을 받고 싶지 않은 사람은 없을 것이다. 그러나 어린아이를 돌보는 엄마나 중환자실에 있는 환자를 돌보는 간호사들은 상대방이 너무 약하기 때문에 기꺼이 섬기려 하고, 또 섬기기 때문에 아기나 환자는 살 수 있는 것이다. 예수님은 제자들에게 높임을 받으려고 하지 말라고 하셨다. 왜냐하면 선생이고 주인이신 예수님이 높임을 받지 못하셨기 때문이다.

25절, "집 주인을 바알세불이라 하였거든"

열왕기하 1장 2절에는 에그론의 파리의 신 '바알세붑' 이 나오는데 아마도 이 바알세붑이 오랜 세월이 지나는 동안에 바알세불로 발음이 변한 것 같다. 유대인들은 예수님을 경멸하여 이방인의 신 '바알세불' 이라고 불렀다. 그렇다면 유대인들은 예수님의 제자들에게는 더 심한 말로 모욕할 것이다. 제자들은 다른 사람들에게 욕을 먹고 업신여김을 당하는 것을 두려워해서는 안 된다. 왜냐하면 우리 주님이 먼저 욕을 먹으셨기 때문이다.

26절, "감추인 것이 드러나지 않을 것이 없고"

사람들은 다른 사람이 어떤 사람에 대해 나쁜 말을 하면 그것을 여과 없이 믿으려고 한다. 그래서 사람들이 일시적으로는 악한 루머를 믿고 제자들에 대하여 비난하는 말을 믿지만 시간이 흐르면서 모든 것이 다 드러나기 때문에 제자들은 일시적으로 욕을 먹는 것을 두려워해서는 안 된다. 더욱이 예수님을 비난하는 사람들의 악한 음모도 언젠가는 모두 드러나서 온 세상에 공포될 것이다. 왜냐하면 하나님이 이 모든 것을 보고 계시고 알고 계시기 때문이다.

28절, "몸은 죽여도 영혼은 능히 죽이지 못하는 자들을"

우리 인간에게는 이 세상에서 사느냐 죽느냐 하는 것이 가장 중요한 문제이다. 사람들은 우리가 이 세상에서 죽으면 모든 것이 끝난다고 생각한다. 그러나 사람이 죽은 후에도 그가 한 행실은 남아서 사람들 사이에서 오랫동안 기억될 때가 많다. 그래서 스스로 목숨을 끊으면 모든 것이 끝난다고 생각하는 것보다 더 어리석은 것은 없다. 예수님은 우리 인간의 생명은 이 세상에서 죽는 것으로 끝나는 것이 아니라 그 후에 진짜 영원한 생명이 있기 때문에 이 세상에서 죽는 것으로 두려워해서는 안 된다고 말씀하셨다. 즉 사람이 우리에게 할 수 있는 것은 욕하는 것이나 때리는 것이고, 가장 심하게 해 봐야 죽이는 것 이상은 할 수가 없다. 우리 안에 있는 믿음은 빼앗을 수 없는 것이다. 그러나 하나님은 우리 인간의 영혼과 육체를 함께 영원한 지옥에 던지는 분이기 때문에 오직 하나님만을 두려워해야 우리는 영생을 얻을 수 있다.

29절, "참새 두 마리가 한 앗사리온에 팔리는 것이 아니냐"

당시 가장 싸게 팔리는 것이 참새였는데 참새 두 마리가 한 앗사리온에 팔렸다. 여기의 앗사리온은 당시 가장 작은 화폐 단위였다. 누가복음 12장 6절에는 참새 다섯 마리가 두 앗사리온에 팔린다고 했는데 이것은 네 마리를 사면 한 마리를 끼워 주었기 때문이다. 그러나 놀라운 사실은 하나님의 허락이 없이는 이 보잘것없는 참새 한 마리도 땅에 떨어져 죽지 않는다는 것이다. 그래서 참새는 우리의 생명이 얼마나 가치가 있는지 알려 주는 하나님이 보낸 움직이는 약속의 표시인 것이다.

30절, "너희에게는 머리털까지 다 세신바 되었나니"

우리는 자기 자신의 몸에 대해서 모르는 것이 많다. 우리는 매일 거울을 보고 머리를 감지만 내 머리털이 몇 개나 되는지 알지 못한다. 그러나 하나님은 우리 몸에서 가장 보잘것없는 머리털까지 다 헤아리고 계신다. 이것은 하나님이 우리가 자신에 대해서 아는 것보다 우리를 더 잘 아시는 것을 나타낸다. 그래서 우리는 하나님을 신뢰하고 나 자신을 맡길 수 있는 것이다.

32절, "누구든지 사람 앞에서 나를 시인하면"

우리는 사람들 앞에서 예수님을 시인하거나 부인하는 것을 별것 아닌 것으로 생각하기 쉽다. 그러나 우리가 사람들 앞에서 예수님에 대하여 증언하는 것은 하나님 앞에서 천사들을 앞에 두고 증언하는 것과 같은 효과를 나타낸다. 그래서 나중에 예수님도 천사들 앞에서 우리를 인정해 주실 것이다. 그러나 우리가 만일 사람을 두려워해서 예수님을 부인하면 예수님도 천사들 앞에서 우리를 모른다고 부인하실 것이다.

본문 이해를 위한 질문

1. 예수님은 제자들에게 이 세상에서 어떤 대접을 받을 각오를 하라고 하셨는가?

예수님은 제자들에게 제자가 선생보다 나은 대접을 받을 수 없기 때문에 이 세상에서 예수님보다 못한 취급을 당할 각오를 하라고 하셨다. 유대인들은 예수님을 귀신의 왕 바알세불이라고 불렀다.

2. 제자들은 무엇을 두려워해야 하는가?

제자들은 당장 사람들 앞에서 위기를 모면하는 것이 중요한 것이 아니라 모든 것을 다 보고 계시는 하나님을 두려워해야 한다.

3. 예수님은 어떻게 제자들을 위로하셨는가?

가장 낮은 가격에 팔리는 참새 한 마리도 하나님의 허락이 있어야 땅에 떨어지는데 하나님은 우리의 머리털까지 다 헤아리고 계신다고 하셨다.

성경 강해

이 세상에는 두려운 것이 많이 있습니다. 아마 가난하게 자라신 분들은 먹을 것이 없어서 굶주리는 것을 가장 두려워할 것입니다. 또 몸에 병이 있어서 여러 차례 수술을 하신 분들은 병이 재발하거나 전이되어서 다시 수술을 받아야 하는 것을 가장 두려워할 것입니다. 어린아이들에게 무엇이 가장 무섭냐고 물어보면 귀신이 가장 무섭다고 말을 합니다. 그 이유는 어린아이들은 아직 모르는 것이 너무 많아서 미지의 세계에 대한 두려움을 가지고 있기 때문입니다. 그 반면에 어린아이들은 어디에 가는 것을 좋아합니다. 왜냐하면 어린아이들에게는 모든 것이 새롭기 때문입니다. 수험생들은 시험 치는 것을 가장 두려워합니다. 왜냐하면 시험을 치면 그것으로 끝나는 것이 아니라 성적으로 평가를 받기 때문입니다. 그리고 노인들은 나이가 들어 가는 것을 가장 두려워합니다. 왜냐하면 나이가 들어 간다는 것은 그만큼 죽음이 가깝다는 것을 의미하기 때문입니다. 결국 인간들이 두려워하는 것은 고통 그 자체입니다. 그리고 인간들은 유한한 인생과 미래의 불확실성을 두려워합니다. 그러나 예수님은 제자들에게 죽는 것을 두려워하지 말라고 말씀하셨습니다. 그 이유는 하나님께서 우리의 모든 불확실한 것을 확실하게 해 주시기 때문입니다.

예수님은 제자들을 세상에 보내면서 '너희를 보내는 것은 양을 이리 가운데로 보내는 것과 같다' 고 말씀하셨습니다. 이것은 우리의 기질이 변해서 더 이상 이 세상 사람들처럼 강하지 못하다는 것을 의미합니다. 우리가 예수 믿는다고 해서 당장 모든 상황이 달라지는 것이 아닌데 우리는 기질적으로 더 약해지게 됩니다. 그러면 우리는 도저히 이 세상을 살 수 없을 것 같은데 예수님은 두려워하지 말라고 말씀하셨습니다. 그 이유는 우리가 온 세상보다 더 크신 하나님을 얻게 되기 때문입니다.

1. 세상에서의 자세

사람들은 이 세상에서 인기를 끄는 재주나 능력이 있는 사람을 좋아합니다. 그리고 권력이 있는 사람을 좋아하고, 지식이 있는 사람을 좋아하고, 다른 사람을 행복하게 해 줄 수 있는 능력을 가진 사람을 좋아합니다. 요즘 우리나라에서 가장 인기가 있는 사람들은 연예인일 것입니다. 반면에 사람들은 자기에게 별로 필요 없는 것을 사라고 하거나 귀찮게 구는 사람들을 싫어합니다. 예수님 당시에 가장 인기가 없었던 사람은 하나님의 말씀을 가르치는 선지자였습니다. 그래서 예수님은 "선지자는 고향에서 대접을 받지 못한다"라고 말씀하셨습니다.

예수님은 사람들로부터 아주 좋지 못한 대접을 받으셨습니다. 예수님은 제자들에게 자신이 이런 대접을 받았다면 그들은 더 심한 대접을 받을 것이라고 말씀하셨습니다.

24-25절, "제자가 그 선생보다, 또는 종이 그 상전보다 높지 못하나니 제자가 그 선생 같고 종이 그 상전 같으면 족하도다 집 주인을 바알세불이라 하였거든 하물며 그 집 사람들이랴"

사람들은 어느 곳에 가든지 최고의 대접을 받기를 원합니다. 우리는 호텔 레스토랑 같은 곳에 가서 최고의 대접을 받으면 기분이 우쭐할 것입니다. 그러나 불행하게도 예수님은 그런 대접을 받아 보신 적이 거의 없었습니다.

유대인들은 예수님을 '바알세불' 로 취급했습니다. '바알세불' 은 '귀신의 왕' 이라는 의미입니다. 그러나 사실 바알세불은 아주 지저분한 신이었습니다. 열왕기하 1장 2절에 '바알세붑' 이 나오는데 그 뜻은 '파리의 왕' 입니다. 따라서 '바알세불' 이라는 이름은 아주 지저분하고 더러운 족속들의 두목이라는 뜻인 것입니다.

옛날 시골에는 거지 두목이 있었습니다. 그래서 어느 집에서 결혼 잔치가 있다고 하면 이 거지 왕이 어떻게 알았는지 부하 거지들을 거느리고 나타났습니다. 그러면 잔치하는 집에서는 잔치를 시끄럽게 하지 않으려고 한구석에 술상을 내어 주었습니다. 그러나 이것은 그들이 반갑거나 좋아서 술상을 내어 주는 것은 아니었습니다.

예수님은 이 세상에서 거의 '거지 왕' 대접을 받으셨습니다. 왜냐하면 예수님이 데리고 다니는 제자들이라고는 비린내나 풍기는 어부들이었고, 그 중에는 유대인들이 가장 싫어하는 세리도 있었기 때문에 유대인들은 예수님을 형편없는 제자들을 몰고 다니는 성가신 사람으로 취급했던 것입니다. 이것은 굉장히 충격적인 이야기입니다. 예수님은 참으로 놀라운 능력으로 병자들을 고치시고 귀신들을 쫓아내시며 신선하고 능력 있는 말씀으로 사람들을 가르치셨습니다. 능력으로 하나님의 말씀을 전했지만 예루살렘 사람들은 천한 사람들이나 믿는 것이라고 생각했고 예수님을 천한 사람들의 우두머리라고 생각했습니다. 유대인들은 예수님을 철저하게 외모만 보고 판단했기 때문에 예수님은 학벌도 없고 인물도 대단하지 않으면서 사람들을 몰고 다니는 사람 정도로 인식되었던 것입니다. 그래서 예수님은 한때 "천지의 주재이신 아버지여, 이것을 지혜롭고 슬기 있는 자들에게는 숨기시고 어린아이들에게는 나타내심을 감사하나이다. 옳소이다. 이렇게 된 것이 아버지의 뜻이니이다"라는 기도를 드리셨습니다.

세상에서 똑똑하고 지식이 있는 자들은 대개 예수님의 말씀을 시시하게 생각했습니다. 그 이유는 예수님은 주로 눈에 보이지 않는 것을 말씀하셨기 때문입니다. 이 세상에서 무엇인가 가진 것이 있는 사람들은 눈에 보이는 것이 전부라고 생각하기 때문에 눈에 보이지 않는 것을 믿을 수가 없었습니다. 그래서 아무리 예수님이 하나님의 진리를 가르쳐도 알아듣지 못했습니다. 오히려 이들은 예수님을 이상하게 생각했습니다. '아니, 이 세상에 이렇게 좋은 것이 많은데 왜 예수는 자꾸 엉뚱한 소리를 하는 것일까?' 라고 생각한 것입니다.

요즘 우리나라도 눈에 보이는 세계에 대하여 말하는 사람들을 좋아합니다. 그래서 가끔 신문의 종교란에 보면 교회를 가지고 자꾸 이상하게 실험을 하는 사람들을 소개합니다. 그 이유는 이들은 눈에 보이지 않는 것을 볼 수 있는 능력이 없기 때문입니다. 우리가 하나님의 세계를 볼 수 있으려면 하나님이 우리를 그렇게 만들어 주셔야 합니다. 즉 하나님이 우리를 이 세상 밑바닥에 내동댕이치셔서 거기에서 우리가 하나님의 말씀을 붙들 때 하나님의 축복이 보이기 시작합니다. 그래서 우리가 하나님의 축복을 나의 것으로 만들려면 먼저 비참한 자리로 낮아져야 합니다. 하나님은 우리 인간을 만드실 때 티끌을 가지고 만드셨습니다. 우리는 모두 하나님 앞에서 티끌인 것입니다. 내가 하나님 앞에서 티끌이 되려고 하면 티끌 속으로 들어가야 합니다. 결국 우리가 티끌 속에서 뒹굴 수 있는 방법은 가장 낮아지는 수밖에 없습니다. 그래서 우리가 다른 사람들에게 자꾸 낮아져라, 인생 밑바닥으로 내려가라고 하면 사람들은 우리에게 미쳤다고 하면서 꺼리게 되는 것입니다.

그래서 예수님께서는 누구든지 하나님의 나라를 어린아이와 같이 받들지 않는 자는 하나님 나라에 들어갈 수 없다고 하셨습니다. 왜냐하면 어린아이들은 자기가 부족하고 불완전하다는 것을 인정하기 때문입니다.

결국 사람에게 가장 중요한 것은 영혼의 가치인데 사람들은 자기 영혼의 가치를 가장 중요하게 생각하지 않고 있습니다. 그 대신 사람들은 다른 사람들에게 인정받고 높임을 받는 세상 것을 그렇게 좋아하는 것입니다.

하나님이 도와주시지 않으면 예수님께 나아갈 수 있는 사람은 아무도 없습니다. 결국 우리 한 사람 한 사람이 예수 믿는 것은 하나님이 우리를 택하셨기 때문입니다. 여기서 택하셨다는 것은 하나님이 우리를 찍으셨다는 뜻입니다. 아프리카의 들판에 많은 노루들이 있지만 사자는 모든 노루를 다 잡을 수 없습니다. 왜냐하면 노루는 사자를 보면 필사적으로 달아나기 때문에 모두 잡으려고 하다가는 한 마리도 잡지 못하기 때문입니다. 그래서 사자는 한 마리를 목표로 해서 끝까지 따라갑니다. 그러면 결국 잡히게 됩니다.

마찬가지로 우리 인간은 하나님에게 잡히면 죽는 줄 알고 필사적으로 달아납니다. 그런데 하나님은 우리를 창세전부터 찍으시고 우리를 몰아오셔서 결정적인 순간에 붙잡아 예수 믿고 은혜 받게 하신 것입니다. 저 같은 사람은 뺀들뺀들해서 하나님께서 아예 고래 작살로 잡으셨습니다. 그래서 다른 곳에 갈 수도 없고, 다른 것을 붙잡을 수도 없습니다. 결국 하나님의 은혜가 아니면 예수 믿을 사람이 아무도 없습니다.

사실 들판에 있는 노루들 중에서 사자를 좋아할 노루가 어디에 있습니까? 아무리 수의사나 동물학자라 하더라도 야생동물들은 인간을 보면 기를 쓰고 달아나든지, 아니면 물어뜯을 것입니다. 그래도 사람들이 복음에 붙들리는 것은 하나님의 은혜가 강력하기 때문입니다. 그렇기 때문에 사람들이 하나님의 종들을 싫어하고 피하는 것이 정상적인 것입니다. 그래서 어떤 사람들은 욕을 퍼붓기도 하고, 심지어는 때리거나 물어뜯기도 하는 것입니다.

사실 이 세상에서 믿는 사람들이 한 사람이라도 생기는 것은 기적입니다. 왜냐하면 정상적인 상태에서는 하나님을 믿어야 할 이유가 없기 때문입니다. 그런데 믿는 사람들이 생기는 것은 하나님께서 한 사람 한 사람의 마음속에 기적을 일으키기 때문인 것입니다.

2. 믿음의 가치

몇 해 전에 중국 어선이 우리나라에서 고기를 잡다가 불법 조업을 단속하던 해양경찰을 칼로 찔러 죽이는 사고가 발생했습니다. 왜 중국 어선은 기를 쓰고 우리나라에 와서 고기를 잡으려고 할까요? 중국의 바다에는 고기가 없기 때문입니다. 중국의 급진적인 공업화에 따라 중국 연안어장이 오염되었기 때문에 중국 선원들은 우리나라에 와서 조업을 하는 것입니다. 거기에 비해서 우리나라는 수십만 마리의 치어를 부화시켜서 계속 바다에 방류하기 때문에 이것이 자라서 황금 어장이 되고 있는 것입니다. 결국 사람들은 심은 대로 거두게 되어 있습니다.

26-27절, "그런즉 저희를 두려워하지 말라 감추인 것이 드러나지 않을 것이 없고 숨은 것이 알려지지 않을 것이 없느니라 내가 너희에게 어두운 데서 이르는 것을 광명한 데서 말하며 너희가 귓속으로 듣는 것을 집 위에서 전파하라"

예수님은 말씀으로 한 사람 한 사람을 바꾸는 일을 하셨습니다. 그러나 여전히 세상에서는 아무것도 가진 것이 없었습니다. 제자들도 모두 예수님의 말씀으로 변화되었습니다. 그러나 그들은 이 세상에서 아무것도 가진 것이 없었습니다. 그들은 사람들이 보기에 여전히 무식하고 아무 쓸모없는 사람들 같았습니다.

제자들이 두려워한 것은 다른 사람들은 이 세상의 것을 다 가지고 있는데 자기들에게는 그런 것이 없다는 것이었습니다. 제자들은 주님의 말씀으로 새사람이 되었지만 부자가 된 것도 아니고 세상 지식으로 똑똑해진 것도 아니었습니다. 그런데 예수님은 제자들에게 계속 말씀만 가르치고 더 변화되라고 말씀하셨습니다. 제자들의 두려움은 과연 이렇게 예수님의 말씀만 듣고 있으면 무엇이 되기는 하는가 하는 것이었습니다.

우리 청년들도 그렇지 않아도 신앙을 가지는 과정에서 직장을 잃고 결혼도 하지 못하고 공부도 포기했는데 이렇게 계속 말씀만 배우면 두려워하게 되는 것입니다.

예수님은 제자들에게 두려워하지 말라고 말씀하셨습니다. 왜냐하면 감추인 것은 다 드러나게 되어 있기 때문입니다. 즉 속에 있는 것은 결국 온 세상에 다 비추게 되어 있기 때문입니다. 이것이 무슨 말입니까? 하나님의 축복은 반드시 그 사람의 믿음으로 받게 되어 있습니다. 우리가 하나님의 말씀을 듣고 속사람이 변하는 것이 바로 우리에게 믿음이 생기는 것입니다. 오순절 성령이 오시면 하나님의 말씀으로 은혜 받은 자들이 하나님의 축복을 다 가지게 되는 것입니다. 어떤 사람들은 신앙과 세상의 복을 섞으려고 하는데 그것은 위험한 장난입니다. 이스라엘 백성이 하나님의 복에 세상의 성공을 섞었을 때 열 배 이상의 효과가 나타났습니다. 그러나 그것은 부패를 이기지 못합니다. 이 세상의 좋은 것들은 전부 썩게 되어 있습니다. 요즘 세상에서는 가장 썩은 사람들이 다른 사람들을 썩었다고 공격합니다. 우리가 결사적으로 하나님의 말씀을 붙잡는 이유는 우리는 모두 부패하기 때문입니다. 오직 하나님의 말씀만이 우리를 소생시킬 수 있기 때문입니다.

우리가 하나님의 말씀을 듣고 눈물 흘리면서 기도하는 것을 아무도 알아주지 않습니다. 오히려 이 세상은 야생동물의 기질을 가진 사람들이 설치게 됩니다. 그러나 나중에 보면 결국 하나님의 말씀을 붙든 사람들이 끝까지 남아서 하나님의 축복을 지키게 됩니다.

예수님이 말씀하시는 것은 중심이 말씀으로 변화된 사람은 하나님이 보고 계시며 언젠가는 하나님의 손에 들려서 사용될 때가 있다는 것입니다. 우리가 하나님의 말씀을 가지고 씨름을 할 때에는 아무도 보지 않는 어두운 데서 눈물 흘리면서 허송세월을 보내는 것 같지만 결코 그것이 시간 낭비가 아니었다는 것을 알게 됩니다. 우리는 환한 대낮에 모든 사람들이 보는 앞에서 우뚝 서서 영광스럽게 사용될 때가 오게 됩니다. 그러나 자신의 영혼을 훈련시키지 않고 돈이나 쫓아다니고 사람들의 인기를 구하려고 뛰어다닌 사람들은 결국 헛수고만 했다는 것이 나타나게 됩니다.

3. 두려워하지 말라

우리가 세상에서 복음을 전할 때 세상 사람들은 이 복음을 좋아하지 않아서 많은 사람들이 복음을 전하지 못하게 훼방하고 대적하게 됩니다. 그러나 예수님께서는 우리가 사람을 두려워하거나 죽는 것을 두려워해서는 안 된다고 말씀하셨습니다.

하나님께서 우리에게 요구하시는 것은 우리가 주인인 삶이 아니라 하나님께 영광을 돌리는 삶입니다. 그런데 사람들은 모두 자기가 주인이 되려고 하기 때문에 이 가르침을 미워하고 대적합니다. 왜냐하면 그것이 옳으면 자기가 사는 것이 틀린 것이 되기 때문입니다. 그래서 사람들은 예수 믿는 사람들에게 이 세상은 인간들의 세상이기 때문에 하나님을 믿는 너희는 이 세상에서 나가라고 합니다. 즉 시장에서 나가고, 학교에서 나가고, 우리 가문에서 나가라는 것입니다. 이것은 큰 위협이 아닐 수 없습니다. 우리에게 필요한 것이 이 세상에 다 있는데 신앙 때문에 이 세상에서 쫓겨나면 아무 데서도 살 수가 없게 됩니다.

이때 예수님께서는 결코 사람을 두려워하지 말라고 말씀하십니다.

28절, "몸은 죽여도 영혼은 능히 죽이지 못하는 자들을 두려워하지 말고 오직 몸과 영혼을 능히 지옥에 멸하시는 자를 두려워하라"

사람들이 가장 무서워하는 것은 역시 죽는 것입니다. 사람들은 모두 죽지 않으려고 몸부림을 치면서 삽니다. 사람들은 굶어 죽지 않으려고 죽자고 돈을 벌고, 병들어 죽지 않으려고 몸에 좋다는 것은 다 먹습니다. 그리고 사람들은 다른 사람에게 죽지 않으려고 감히 싫은 소리를 하지 못합니다.

그런데 예수님께서는 우리가 들으면 너무 한심한 말씀을 하십니다. 그것은 사람을 두려워하지 말라고 하면서 우리가 죽지 않도록 지켜 주겠다는 것이 아니라 사람이 우리를 죽여 봐야 몸밖에 더 죽이겠느냐고 하시는 것입니다. 우리에게는 몸이 죽는 것이 제일 무서운데 예수님은 죽는 것이 아무것도 아닌 것처럼 말씀을 하십니다. 그 대신에 예수님은 우리의 몸과 영혼을 영원한 지옥에 던지시는 하나님을 더 두려워하라고 하셨습니다.

우리가 예수님의 말씀을 잘못 들으면 예수님은 우리 목숨이 아무것도 아닌 것처럼 말씀하시는 것 같지만 그렇지 않습니다. 예수님도 십자가에 달려 죽으시기 전에 많이 두려워하셨고, 채찍에 맞으셨고, 십자가에 달려서 고통을 받으셨습니다. 그런데 예수님은 지옥을 아시는 것입니다. 예수님은 우리 인간이 이 세상에서 당하는 그 어떤 고통도 지옥에 비하면 아무것도 아니라는 것입니다. 그래서 어떻게 해서든지 시간이 있을 때 지옥에 가지 않는 길을 붙잡아야지 사람들의 눈치를 보느라고 이 중요한 문제를 소홀히 하지 말라는 것입니다.

만일 우리가 보지 못하는 지옥이 분명히 있다면 어떻게 하시겠습니까? 만일 예수 믿지 않는 자는 전부 지옥에 가는 것이 확실하다면 과연 어떻게 하는 것이 사람을 도와주는 것이며, 어떻게 사는 것이 가치 있는 삶이 되겠습니까? 세상 사람들은 지옥이 없다고 믿기 때문에 우리가 길에서 아무리 예수 믿지 않으면 지옥에 간다고 소리를 질러도 비웃기만 합니다. 결국 사람들로 하여금 지옥을 믿게 하려면 우리가 그들에게 신뢰를 받아야 하는 것입니다. 즉 우리의 인격과 삶을 통해서 하나님을 믿게 해야 하는 것입니다. 사람들이 하나님의 존재를 믿으면 지옥의 존재도 믿게 될 것입니다. 그래서 우리가 하는 것은 사람이 사느냐 죽느냐를 결정하는 것이고, 병원의 수술실이나 재판소에서 의사나 판사들이 다루는 문제보다 훨씬 중요한 것입니다.

환자가 병원에서 수술을 받는 것은 짧은 시간이지만 병이 다 나으면 그 후에 몇십 년을 건강하게 살 수 있을 것입니다. 우리가 이 세상에서 주님을 위하여 고통을 받는 것은 병원에서 잠깐 수술을 받는 것과 같습니다.

그리고 하나님은 우리 한 사람의 형편과 처지를 절대로 잊지 않고 기억하십니다.

29절, "참새 두 마리가 한 앗사리온에 팔리는 것이 아니냐 그러나 너희 아버지께서 허락지 아니하시면 그 하나라도 땅에 떨어지지 아니하리라"

여기의 '한 앗사리온'은 당시에 가장 작은 화폐 단위였습니다. 요즘 10원짜리나 50원짜리는 거의 쓸모가 없습니다. 이런 돈은 전기세를 낼 때나 사용할 것입니다. 그래서 사람들은 길에 10원짜리 동전이 떨어져 있어도 줍지 않습니다. 여기의 앗사리온이 바로 그런 돈이었습니다. 당시 참새 두 마리가 한 앗사리온에 팔렸습니다. 그야말로 그 가격은 몇백 원 정도였던 것입니다. 누가복음 12장에는 참새 다섯 마리가 두 앗사리온에 팔린다고 하였습니다. 두 앗사리온을 주면 한 마리를 끼워 주어서 다섯 마리를 주었다는 것입니다. 그러나 하나님은 그 참새 한 마리 한 마리를 다 기억하고 계십니다. 왜냐하면 하나님이 만드셨기 때문입니다. 하나님은 하나님이 만드신 것은 아무리 많아도 전부 기억하십니다. 그래서 참새 한 마리가 죽을 때에도 하나님이 허락하셔야 죽는 것입니다. 새총으로 새를 잡을 때도 사람이 새총을 쏘아서 새를 잡는 것 같지만 그것도 하나님의 허락이 있어야 합니다.

하물며 하나님에게 가장 가치 있는 존재는 우리 예수 믿는 사람들입니다. 우리는 하나님의 재산목록 1호입니다. 그래서 하나님은 우리의 신체나 재산이나 감정까지 아주 중요하게 생각하시고 지켜 주십니다. 그럼에도 하나님이 우리에게 고난당하게 하시는 것은 우리를 보물로 만드시는 것입니다. 우리는 모두 금 성분이 있는 원석입니다. 이것이 정금이 되려면 깨어서 불로 녹여야 합니다. 우리가 보석이 되려면 우리 안을 말씀으로 채우고 고난을 통과해야 합니다.

30-31절, "너희에게는 머리털까지 다 세신바 되었나니 두려워하지 말라 너희는 많은 참새보다 귀하니라"

하나님은 우리의 머리털까지 세실 정도로 우리에게 세심한 관심을 가지고 계십니다. 하나님은 우리가 우리 자신에 대하여 아는 것보다 더 잘 알고 계시는 것입니다. 그래서 우리는 하나님께 우리 자신을 맡길 수 있는 것입니다.

우리는 때때로 우리가 생각하지 못하는 것까지 하나님이 다 해결해 주시고 채워 주시는 것을 경험할 때가 있습니다. 하나님은 우리의 상한 마음까지 아시고 위로해 주시는 것입니다. 제가 개척교회를 할 때에 교인들 때문에 속이 상한 적이 몇 번 있었는데 하나님은 그때마다 반드시 이랜드나 다른 수련회를 통해서 설악산에 있는 켄싱턴 호텔에 가게 하셨습니다. 우리는 하나님이 우리를 얼마나 귀하게 보시며, 얼마나 섬세하게 보살피고 계시는지 알아야 합니다.

그런데 우리는 예수 믿는 것을 부끄러워할 때가 많이 있습니다. 우선 우리가 예수 믿는 것을 부끄러워하는 이유는 세상 사람들에게 내어 놓을 것이 없기 때문입니다. 즉 우리가 자랑할 것이 많으면 "봐라, 예수 믿으면 이렇게 복을 받는다"라고 큰소리를 칠 수 있지만 오히려 고난당할 때가 많고 하나님은 우리를 자랑할 것이 없도록 만들 때가 많기 때문입니다. 그래서 우리는 굳이 다른 사람들 앞에서 내 신앙을 드러내고 싶지 않을 때가 많이 있습니다. 우리는 믿는다고 하지만 아직 인격이 완전하지 못하기 때문에 이런 부족한 모습으로 사람들 앞에서 믿는다고 말하는 것을 부끄러워합니다. 그러나 중요한 것은 내가 완전하거나 결점이 없는 것이 아닙니다. 예수님은 우리가 예수 믿는 것을 부끄러워해서는 안 된다고 말씀하셨습니다. 그 이유는 하나님이 우리를 부끄러워하지 않으시기 때문입니다.

생긴 것이 좀 꾀죄죄하게 생긴 아이가 있었습니다. 어느 날 그 아이가 아버지와 함께 외출을 했는데 길에서 아버지의 친구를 만났습니다. 그런데 아버지의 친구가 아버지에게 "이 아이는 누구야?" 하고 물었는데 아버지가 자기를 부끄러워하면서 "옆집 아이야"라고 대답을 했다고 합니다. 그때부터 이 아이는 아버지가 자기를 부끄러워한다는 것을 알고는 더 자신감을 잃게 되었다고 합니다. 그러나 하나님은 우리가 아무리 믿음이 부족하고 인격적으로 부족해도 우리를 부끄러워하지 않으십니다. 아마 자식들 중에는 부모가 가난하고 무식하다고 해서 부끄러워하는 아이도 있을 것입니다. 옛날에 어떤 아이는 엄마가 나이가 들어서 아이를 낳았는데 엄마가

도시락을 챙겨서 학교에 가지고 가면 다른 아이들이 "네 할머니 오셨다"라고 해서 엄마가 너무 부끄러웠다고 했습니다. 그런데 나이가 들어 가면서 그 엄마가 자기에게 든든한 정신적인 기둥이었다는 것을 알게 되었고, 어머니를 부끄러워한 것이 미안했다고 했습니다.

32-33절, "누구든지 사람 앞에서 나를 시인하면 나도 하늘에 계신 내 아버지 앞에서 저를 시인할 것이요 누구든지 사람 앞에서 나를 부인하면 나도 하늘에 계신 내 아버지 앞에서 저를 부인하리라"

하나님은 우리 한 사람 한 사람을 보실 때 온 우주보다, 천사보다 더 귀하게 보십니다. 우리는 하나님의 재산목록 1호인 것입니다. 우리는 하나님의 기적적인 사랑으로 사탄의 권세에서 풀려나서 축복의 자녀가 되었습니다.

우리는 이 사실을 세상의 돈 많은 사람이나 유명한 사람들 앞에서 부끄러워해서는 안 됩니다. 왜냐하면 우리야말로 하나님의 가장 큰 복을 받은 사람들이기 때문입니다. 그래서 우리는 절대로 자기 자신을 세상의 잣대로 판단하지 말아야 합니다. 물론 많은 성도들이 세상의 복을 받는 것은 기쁜 일입니다. 왜냐하면 이 세상의 복도 하나님이 주시는 복이기 때문입니다. 그러나 이 세상의 복과 비교할 수 없는 것이 나 자신이 보석같이 변한 것입니다. 물론 믿지 않는 사람들은 우리의 겉모습을 가지고 평가하지만 이것은 하나님이 주신 복의 빙산의 일각에 불과합니다. 진짜 보물은 모두 우리 안에 있습니다. 이것은 이 세상의 어떤 도둑도 가져갈 수가 없습니다.

우리도 예수를 알기 전에는 이 세상에 있는 것이 전부인 줄 알고 열심히 그것을 위해서 살았습니다. 그러나 어느 날 예수를 알고 보니까 진짜 축복은 하나님 안에 다 있었습니다. 이 세상에 있는 복들은 부스러기 복인 것입니다. 그래서 사도 바울은 예수 그리스도를 아는 지식이 가장 고상하다고 하면서 이 세상의 모든 자랑을 배설물처럼 버렸다고 말했습니다. 물론 우리는 이 세상에 살면서 기왕이면 잘사는 것이 좋고, 기왕이면 성공적인 삶을 사는 것이 좋을 것입니다. 그러나 우리는 그 함정에 너무 깊이 빠진 것 같습니다.

하나님께서는 구약 시대의 이스라엘 백성에게 최고의 복을 주셨습니다. 그것은 하나님을 아는 말씀이었습니다. 그러나 이스라엘 백성은 그것을 수치스럽게 생각해서 이 세상의 싸구려 복들과 바꾸었다가 망해 버렸습니다.

오늘날 전 세계는 기름 때문에 난리입니다. 왜냐하면 전 세계의 모든 문명이 기름으로 이루어지기 때문입니다. 그런데 그것이 세상에서 골고루 나는 것이 아니고 중동이나 어떤 특정 지역에 한정되어 있는 것입니다. 그러나 더 중요한 기름이 있습니다. 그것은 성령의 기름이며 우리는 그 기름 밭에 앉아 있습니다. 이 세상에서 좋다는 것을 모두 합쳐도 우리의 복과는 비교할 수 없습니다. 그러나 우리나라의 교회는 이 말씀과 성령의 역사를 번지르르한 외모와 인간적인 축복과 바꾸어 버렸습니다. 우리가 다시 하나님의 복을 찾는 방법은 지금 있는 자리에서 다시 주님의 말씀을 붙잡는 것입니다. 여기에 목숨을 걸어야 합니다. 다른 사람들이 아무리 구질구질하게 믿고 무식하게 믿는다고 비난해도 흔들리면 안 됩니다. 말씀에 목숨을 걸 때 다시 우리나라는 살길이 생길 것입니다.

우리가 복을 받을 수 있는 길은 하나님이 우리에게 주신 것을 굳게 붙드는 것입니다. 하나님께서 우리에게 주신 믿음과 말씀과 성령의 축복은 이 세상의 모든 돈이나 권세나 지식이나 군사력을 다 합친 것보다 더 고귀한 것입니다. 우리는 이 축복을 끝까지 지키시기를 바랍니다.

성경 토의

1. 요즘 대형 교회의 목사들은 유명한 연예인이나 성공한 사업가 이상의 존경과 대접을 받고 있는데 이것은 예수님의 말씀과 어떤 차이가 있으며, 무엇이 문제라고 생각하는가?

2. 하나님은 보잘것없는 참새 한 마리의 생명도 지키고 계시고 나의 머리털까지 다 헤아리고 계신다고 했는데 나는 어떤 문제에 있어서 하나님께 맡기지 못하고 있는가?

3. 나는 아무도 보지 않는다고 해서 주님을 부인하거나 양심을 속이는 일을 한 적은 없는가?

47_십자가의 신앙

마태복음 10:34-42

전체적 설명

요즘은 십자가가 여성들의 액세서리나 예배당 안이나 밖을 장식하는 장식품으로 사용되고 있지만 예수님 당시에는 가장 무서운 사형틀로 사용되었다. 예수님께서는 "누구든지 나를 따라오려거든 자기를 부인하고 자기 십자가를 지고 따르라"라고 말씀하셨다. 이것은 누구든지 주님의 제자가 되려면 비참하게 죽을 각오를 하고 따르라는 뜻이다. 그런데 왜 우리가 사랑의 주님을 따르면서 비참하게 죽을 각오를 해야 할까? 그것은 우리와 하나님 사이는 평화이지만 여전히 세상 사람들은 하나님을 미워하고 예수 믿는 사람들에 대하여 적대감을 가지기 때문이다.

설교 프리노트

34절, "내가 세상에 화평을 주러 온 줄로 생각지 말라"
이 말씀은 예수님의 역설적인 진리이다. 물론 예수님은 이 세상에 평화의 왕으로 오셨고 진정한 평화를 주기 위해서 오셨다. 그래서 누구든지 예수 믿는 자는 하나님과 화해하고 마음에 평안을 누리게 된다. 그러나 예수 믿는 사람들은 이 세상에서 예수 믿지 않는 사람들과 더 적대적이 될 수 있다. 왜냐하면 이 세상 사람들은 우리가 예수 믿고 변하는 것을 원치 않기 때문이다.

"검을 주러 왔노라"

예수님은 우리가 예수를 믿고 난 후 가장 가까운 사람들이나 세상 사람들과 적대적이 될 수 있다는 것을 말씀하신다. 우리도 예수 믿기 전에는 가족들이 가장 중요했고, 친구들과 의리를 지키기 위해서 죽을 각오도 했고, 세상에서 성공하고 출세하는 것을 인생의 목적으로 생각했다. 그러나 우리는 예수를 믿고 하나님을 안 후 눈이 열리면서 예전에 알지 못했던 엄청난 세계를 보게 되었다. 그것은 이 세상보다 더 크신 하나님이 계시며 이 세상이 하나님을 떠나 대적하고 있다는 사실이다. 그래서 우리가 예수를 믿고 난 후에도 여전히 가족이나 친구가 중요하지만 이제는 더 중요한 것이 생기게 되었다. 그것은 바로 하나님을 믿는 것이며, 하나님의 뜻을 이루어 드리는 것이다. 그러나 우리가 예수를 믿고 이렇게 변한 것을 보고 우리의 가족이나 친구들은 우리가 미쳤거나 혹은 자기들을 배반했다고 생각해서 미워하게 되는 것이다.

35절, **"내가 온 것은 사람이 그 아비와, 딸이 어미와"**

여기에서 예수님은 가장 가까운 관계에 대해서 말씀하신다. 즉 자식과 아버지의 관계, 딸과 어머니의 관계, 며느리와 시어머니의 관계는 가장 가까운 관계이다. 그런데 우리가 예수를 믿은 후에 이렇게 가장 가까운 사람들과 서로 미워하게 되는 것은 우리가 예수 믿고 변화된 것을 가장 먼저 느끼는 사람들이 가장 가까운 사람들이기 때문이다. 이들은 우리가 옛날로 돌아오기를 원한다. 그러나 그렇게 되지 않기 때문에 서로 갈등하고 미워하게 되는 것이다.

37절, **"아비나 어미를 나보다 더 사랑하는 자는 내게 합당치 아니하고"**

우리는 예수를 믿고 난 후에도 여전히 부모를 사랑하고 자식을 사랑한다. 단지 변한 것이 있다면 예전같이 맹목적으로 사랑하지 않는다는 점이다. 그러나 우리가 예수를 믿는다고 하면서도 가족 때문에 신앙을 양보해야 한다면 그것은 예수님에게 합당치 못한 것이다. 왜냐하면 그는 아직 가장 중요한 것을 깨닫지 못한 것이기 때문이다.

38절, **"또 자기 십자가를 지고 나를 좇지 않는 자도"**

여기의 '자기 십자가'는 자기를 죽이는 처형대를 말한다. 우리가 주님을 따르려고 할 때 가장 철저하게 죽여야 하는 것이 바로 자기 생각과 자기 의지이다. 그래서 주님을 좇는다고 하면서도 자기주장이나 생각을 가지고 좇는 자는 언젠가는 실족하게 된다. 왜냐하면 예수님의 십자가는 우리 생각과 절대로 맞지 않기 때문이다. 그런데 우리가 어떻게 자신을 부인할 수 있을까? 하나님은 성령을 통해서 우리의 인생이 완전히 실패한 인생이며 철저하게 하나님을 대적한 인생이라는 것을 깨닫게 해 주신다. 예를 들어 다소의 사울은 나름대로 성공적인 유대인이라고 생각하고 있었지만 다메섹으로 가던 중 주님을 만나고 거꾸러지면서 자신의 인생이 실패한 인생이라는 것을 알고 철저하게 자신을 부인했다.

39절, **"자기 목숨을 얻는 자는 잃을 것이요"**

여기서 자기 목숨을 잃는다는 것은 철저하게 하나님의 말씀을 믿지 못하고 세상을 따라가는 것을 말한다. 즉 예수를 믿으면서 세상도 따라가는 자는 당장은 성공하는 것 같지만 나중에는 결국 부패하고 죄에 빠지게 된다. 반대로 철저하게 하나님의 말씀을 믿고 따라가는 자는 세상에서 인정도 받지 못하고 도저히 이 세상에서 살아갈 수 없을 것 같지만 결국 하나님의 능력을 받는 비결을 알게 되어서 능력 있는 삶을 살게 된다.

40절, **"너희를 영접하는 자는 나를 영접하는 것이요"**

주님은 이 세상에 보잘것없는 소자를 보내시지만 전권을 주어서 보내시기 때문에 그들의 말은 예수님의 말씀이다. 그래서 그들을 영접해서 말씀을 들으면 예수님을 영접한 효과가 나타나고, 예수님을 영접하면 하나님을 직접 모시고 말씀을 듣는 효과가 나타난다.

41절, **"선지자의 이름으로 선지자를 영접하는 자는 선지자의 상을"**

어떤 사람이 말씀을 가지고 하나님의 선지자로 온 자를 영접해서 말씀을 들으면 그 사람은 선지자의 상을 받을 것이다. 왜냐하면 그는 하나님의 말씀을 들음으로 자기 자신이 선지자가 되기 때문이다. 그래서 하나님의 말씀을 가지고 가서 다른 사람을 선지자로 만드는 사람은 두 배의 선지자의 상을 받게 될 것이다. 이것은 의인도 마찬가지이다. 의인의 이름으로 의인을 영접해서 말씀을 들으면 의인의 상을 받게 되는데 그 이유는 자기 자신이 바로 의인이 되기 때문이다.

42절, "이 소자 중 하나에게 냉수 한 그릇이라도 주는 자는"

여기서 '소자'는 예수님께 보냄을 받아서 사람들을 찾아가는 제자들을 말한다. 성경 본문에 따라 '소자'가 어린아이를 뜻할 때도 있고, 연약하고 부족한 사람을 뜻할 때도 있는데 여기서는 예수님께 보냄을 받아서 가는 부족한 제자들을 말한다. 예수님은 제자들에게 아주 작은 도움을 줄지라도 잊지 않고 상을 주겠다고 약속하셨다.

본문 이해를 위한 질문

1. 왜 예수님은 자신이 이 세상에 화평을 주러 온 것이 아니요 검을 주러 왔다고 말씀하셨는가?

예수님은 이 세상에 진정한 평화를 주기 위해서 오셨지만 예수 믿지 않는 자들은 복음이 가져오는 변화 때문에 더 적대적으로 변하기 때문이다.

2. 왜 복음은 가장 가까운 가족을 적대관계로 만드는가?

우리는 예수 믿고 난 후에 엄청난 하나님의 세계를 알게 되면서 변하는데 가장 가까운 가족들은 그런 변화를 우리가 미쳤거나 혹은 자기들을 버린 것이라고 생각하기 때문이다.

3. 예수님은 주님을 따르는 자들에게 가족이나 자신에 대하여 어떤 자세를 가지기를 원하시는가?

자기를 부인하고 자기 십자가를 지고 주님을 따르기를 원하신다.

성경 강해

사람들은 누구나 힘을 가지기를 원합니다. 힘이 세면 다른 사람을 이길 수 있고, 또 불필요한 피해를 입지 않기 때문입니다. 그래서 어린아이들도 힘이 센 아이는 밖에서 다른 아이를 때리고 오지만 힘이 약한 아이는 얻어맞고 울면서 집으로 들어옵니다. 또 남자들이 권력을 가지려고 하는 이유도 권력이 바로 힘이기 때문입니다. 힘을 가진 사람은 다른 사람들을 마음대로 움직일 수 있고 모든 결정을 내릴 수 있습니다.

그러나 우리 기독교는 철저하게 힘을 좋아하지 않습니다. 예수님은 제자들에게 누군가가 너희의 오른뺨을 때리거든 왼뺨을 돌려 대라고 하셨습니다. 또 예수님이 잡히시던 날 밤에 제자 중 하나가 칼을 휘둘러서 거기에 온 사람의 귀를 베었을 때 예수님은 검을 쓰는 자는 검으로 망할 것이라고 하셨습니다. 예수님은 재판을 받으면서 다른 사람들이 거짓말로 고소하는데도 잠잠하셨고, 십자가 위에서도 견디기 어려울 정도의 모욕을 당했지만 끝까지 참으셨습니다. 사람들이 보기에 예수님은 너무 무기력하게 보였지만 그렇게 하셨기 때문에 사망의 권세를 이기고 사탄을 이길 수 있었습니다.

의사들은 힘은 없지만 사람을 살리는 일을 합니다. 의사도 칼을 사용하지만 이 칼은 다른 사람을 죽이는 칼이 아닙니다. 의사들은 그 칼로 조심스럽게 환부를 도려 내서 환자를 살립니다. 만일 의사가 화가 난다고 해서 그 칼을 함부로 휘두른다면 아마 많은 사람들이 다치거나 죽을 것입니다.

예수님은 제자들에게 '내가 너희에게 검을 주러 왔다' 고 말씀하셨습니다. 예수님이 제자들에게 주시는 검도 사람을 찌르는 검이 아닙니다. 이 검은 죄를 찌르는 검이나 사탄의 궤계를 찌르는 검인 것입니다.

예수님은 이 세상에서 우리가 힘을 쓰는 것보다 더 큰 능력이 나타나게 하는 방법을 가르쳐 주셨습니다. 그것은 자기 자신을 부인하고 자기 십자가를 지는 것입니다. 옛날 모세가 자기 힘으로 이스라엘 백성을 도우려고 했을 때에는 애굽인 감독 한 명을 죽이고 달아나는 것이 전부였지만 자기 자신을 부인하고 하나님의 손에 붙들렸을 때에는 열 가지 재앙을 일으키고 2백만 명이 넘는 이스라엘 백성을 애굽에서 이끌어 낼 수 있었습니다.

현대에는 십자가가 기독교의 상징물로 사용되고 있습니다. 얼마 전에 돌아가신 영국의 존 스토트 목사는 『그리스도의 십자가』라는 아주 훌륭한 저서를 남겼는데 그는 그 책에서 "왜 기독교는 십자가를 상징으로 쓰고 있는가?"라는 질문을 던지고 있습니다. 그리고 "왜 기독교는 예수님이 태어나셨을 때 누우셨던 구유를 상징으로 쓰면 안 되는가?", "왜 기독교는 예수님이 오병이어의 기적을 행하신 떡 다섯 개를 상징으로 쓰면 안 되는가?", "왜 기독교는 베드로를 회개시킨 닭을 상징으로 쓰면 안 되는가?"라는 질문들을 하고 있습니다.

사실 천주교에서는 십자가 외에도 베드로를 회개시킨 닭을 십자가 대신 달아 놓기도 하고, 또 예수님이 제자들에게 행하셨던 갈라진 떡을 상징으로 쓰기도 합니다. '왜 기독교는 십자가가 아니면 안 되는가?' 하는 것입니다. 그런데 요즘은 십자가가 여성들이나 심지어는 가수들의 액세서리가 되어서 어떤 가수는 귀에 십자가 모양의 귀걸이를 달고 나와서 이상한 노래를 부르기도 하고, 어떤 여성은 십자가 목걸이를 하고 다니기도 합니다. 예수님은 십자가에 못 박혀 죽으셨습니다. 그러나 예수님은 십자가를 끔찍하다고 하거나 비참하다고 말씀하지 아니하시고 '내 영광' 이라고 말씀하셨습니다. 기독교가 예수님의 십자가를 상징으로 사용하는 이유는 예수님의 죽으심이 우리를 구원했기 때문입니다.

1. 우리 싸움의 대상

예수님께서 제자들에게 '내가 너희에게 검을 주러 왔다' 고 말씀하시는 것은 제자들에게 이제부터 칼을 들고 나와서 독립운동을 하고 다른 나라와 전쟁을 하라는 뜻이 아닙니다. 예수님께서 검을 주러 왔다고 하신 것은 제자들에게는 여전히 눈에 보이지 않는 영적인 전쟁이 있다는 것입니다. 제자들은 이 전쟁에서 사정없이 칼을 휘둘러서 적을 죽여야 하는 것입니다.

예를 들어 이 세상에서 가장 평화로운 곳은 병원일 것입니다. 병원은 환자들이 치료받는 곳이기 때문에 무력을 써서도 안 되고 사람들끼리 치고받고 싸워도 안 되는 곳입니다. 그러나 군대는 적과 싸우기 때문에 언제나 살벌할 수밖에 없고, 경찰은 범죄자와 싸우느라 무력을 쓰기도 합니다. 하지만 병원은 환자를 치료하는 곳이기 때문에 힘을 쓸 일이 없습니다. 병원에서 교수님이 제자들에게 날카로운 칼을 주면서 사정없이 베어 버리라고 한다면 그것은 환자를 찌르라는 것이 아니라 환자의 몸 안에 있는 병을 도려내라는 뜻인 것입니다. 예수님께서 제자들에게 검을 주러 오셨다는 것은 사람과 전쟁을 하라는 뜻이 아니었습니다. 이것은 눈에 보이지 않는 죄와 싸워서 과감하게 이기라는 뜻인 것입니다.

의사들 중에는 과감하게 수술을 잘하는 분들이 있습니다. 심장 수술이나 간 수술의 권위자들 중에는 수술을 만 회 이상 하신 분도 있습니다. 그분들이 그렇게 많은 수술을 할 수 있었던 것은 실력이 준비되어 있었기 때문입니다. 이렇듯 우리는 이 세상의 죄나 다른 사람의 허물을 볼 때 조심해야 합니다. 그렇지 않으면 다른 사람의 눈에 있는 티끌을 빼내려고 하다가 눈알을 뽑을 수 있기 때문입니다. 최근 우리는 주위에서 다른 사람의 잘못을 바로잡는다고 하면서 그 사람을 죽이고 우리 사회를 죽이는 사람들을 볼 수 있습니다. 이런 사람들은 의욕만 앞섰지 실력이 형편없는 사람들입니다.

그래서 우리는 사람을 원수로 삼아서는 안 됩니다. 우리 기독교가 사람을 상대로 해서 이기는 것은 사실상 지는 것입니다. 우리는 절대로 사람과 싸워서는 안 됩니다. 그러나 이 세상을 보면 하나님을 인정하지 않는 사상이 있고, 음란하고 더러운 문화가 있으며, 비성경적인 가르침들이 있습니다. 우리는 이런 것을 보면 절대로 타협하거나 피하려고 하지 말고 하나님의 말씀으로 과감하게 잘라 버려야 하는 것입니다.

그런데 우리가 이렇게 하는 데 주저가 되는 것은 우리 자신도 죄에 감염되어 있고 죄짓는 것을 좋아하기 때문입니다. 어떻게 죄인인 우리가 죄를 향해서 칼을 뽑아 들고 과감하게 자를 수가 있겠습니까? 그러나 바로 이것이 우리가 해야 할 일입니다. 우리는 결코 완전하지 않습니다. 우리는 죄인이고 죄를 가지고 있는 환자입니다. 예를 들면 병원에서 환자를 치료하는 의사가 환자인 것과 같은 것입니다. 그런데 요즘 암 환자들에게는 암에 걸린 의사가 인기가 있다고 합니다. 왜냐하면 이들은 암 환자의 마음을 이해하기 때문이라는 것입니다. 우리는 죄인입니다. 그럼에도 우리는 죄에 대하여 정죄하고 죄와 담대하게 싸워야 하는 것입니다. 그러나 우리 자신도 죄인이기 때문에 죄에 빠진 사람을 이해할 수 있습니다.

사탄은 가장 가까운 가족이나 이 세상의 가치관이나 제도를 통해서 옛날처럼 우리를 부하로 사로잡으려고 합니다. 이때 우리는 하나님의 검으로 잘라 버려야 하는 것입니다. 예수님께서 검을 주러 왔다고 말씀하신 것은 우리의 문화나 습관이나 가치관 중에서 썩은 부분이 있다는 뜻입니다. 우리는 그것을 잘 알아 내어서 자를 수 있어야 합니다. 예를 들어 친척들이 모두 제사를 열심히 지내는데 아들 하나가 예수를 믿은 후부터 제사를 드리지 않으면 그때부터 가족들은 불편해집니다. 왜냐하면 사실 그 제사가 엉터리이기 때문입니다. 이 엉터리를 계속 지키려면 예수 믿는 아들을 못 믿게 하든지 집에서 쫓아내야 하는 것입니다.

그리고 친구들이 술로 우의를 다지는데 그 중에 한 사람이 예수를 믿고 술을 끊으면 친구들과의 관계가 불편해집니다. 왜냐하면 술로 다져진 우정은 술을 마시지 않으면 깨어지기 때문입니다. 그래서 친구들은 옛날처럼 술을 다시 마시고 옛날의 우정을 유지하자고 요구합니다. 그러나 주님은 제자들에게 절대로 과거로 돌아가서는 안 된다고 말씀하셨습니다.

예수님은 제자들에게 자신이 예루살렘에 올라가면 대제사장과 서기관들에게 붙들려서 많은 고난을 당하고 십자가에 못 박혀 죽을 것이라고 말씀하셨습니다. 그때 베드로가 화가 나서 예수님에게 절대로 그렇게 약한 마음을 먹지 마시라고 야단을 쳤는데 예수님은 베드로에게, "사탄아, 내 뒤로 물러가라. 너는 나를 넘어지게 하는 자로다"라고 말씀하셨습니다. 예수님은 사탄이 베드로를 이용해서 자신의 마음을 약하게 만들려고 하는 것을 보셨던 것입니다. 이것이 바로 검을 바르게 사용하는 것입니다.

2. 가족들과의 관계

35-36절, "내가 온 것은 사람이 그 아비와, 딸이 어미와, 며느리가 시어미와 불화하게 하려 함이니 사람의 원수가 자기 집안 식구리라"

우리에게 가장 가슴이 아픈 것은 신앙 때문에 가장 가까운 가족과의 관계가 악화되는 것입니다. 그 이유가 무엇입니까? 우리가 변한 것을 가까운 식구들이 가장 먼저 알아차리기 때문입니다.

『천로역정』이라는 책을 보면 크리스천이라는 사람이 작은 책(신약성경)을 읽고 자기가 살고 있는 도시가 장차 망할 것이라는 사실을 알게 됩니다. 그래서 그는 혼자서 고민하고 울고 머리털을 뽑기도 합니다. 그의 가족들은 그가 너무 가족들에 대하여 부담을 많이 가지다 보니까 그렇게 된 것이라고 하면서 자고 나면 괜찮아질 것이라고 합니다. 그러고는 딴생각하지 말고 옛날같이 살면 된다고 말을 합니다.

그러나 크리스천은 그 책을 읽은 후로는 잠을 자도 편치 않았고 어떤 방법을 써도 편치 않았습니다. 그래서 결국 그는 자기 죄의 짐을 지고 멸망의 도시를 떠나고, 그의 아내와 아이들은 그의 뒤를 따라가면서 가지 말라고 소리를 지릅니다.

우리가 진정한 신앙을 가지게 되면 우리와 가장 가까운 사람들이 먼저 눈치를 챌 것입니다. 왜냐하면 우리는 아주 사소한 것에서부터 변하기 때문입니다. 그러나 부모님이나 가족들이 우리에게 원하는 것은 유별난 인생이 아닙니다. 가족들은 우리가 다른 사람들이 사는 것처럼 평범하게 살면서 조금 더 나은 삶을 살기를 바랍니다. 우리가 그렇게 하기만 하면 부모님은 좋아서 자식 자랑을 하느라고 입을 다물지 못할 것입니다. 그러나 우리가 하나님의 은혜를 받은 후에는 도저히 예측할 수 없는 이상한 인생길을 걸어가게 됩니다. 우리는 취직도 안 되고, 결혼도 안 되고, 아무것도 안 되는 길을 가기 시작하는 것입니다. 그것은 나를 사랑하는 가족도 원치 않을 뿐 아니라 우리 자신도 원치 않습니다. 우리는 최소한 가족에게만은 성공한 모습을 보여 주고 싶어 합니다. 그러나 하나님은 그런 생각조차 버리라고 하시는 것입니다. 결국 이 검은 나 자신의 야망과 욕심을 자르는 검인 것입니다.

그래서 우리 한 사람을 두고 양쪽에서 당기기 시작합니다. 주님은 우리를 더욱 변화시켜서 더 거룩한 사람이 되게 하려고 하십니다. 그러나 주위 사람들은 우리를 자기 쪽으로 끌어당겨서 옛날로 돌아가게 하려고 애를 씁니다.

그것에 대하여 예수님께서 말씀하시는 것이 무엇입니까?

37절, "아비나 어미를 나보다 더 사랑하는 자는 내게 합당치 아니하고 아들이나 딸을 나보다 더 사랑하는 자도 내게 합당치 아니하고"

우리와 가장 가까운 사람들이 우리에게 요구하는 것이 무엇입니까? 변하지 말고 예전처럼 좋은 관계에서 지내자는 것입니다. 특히 가장 가까운 부모님이나 자녀들은 '무엇 때문에 사서 고생을 하려고 하느냐? 가만히 있으면 얼마든지 편안하고 넉넉한 삶을 살 수 있을 텐데 왜 별나게 믿어서 고생을 자처하고 가족들을 고생시키느냐' 는 것입니다. 우리가 예수님의 뜻을 따를 때에 가장 고통스러운 것은 가장 가까운 사람들을 실망시켜야 한다는 것입니다. 그런데 예수님께서 무엇이라고 말씀하십니까? '그들을 나보다 더 사랑하면 합당치 않다' 고 말씀하십니다. 다시 말해서 우리가 하나님의 뜻대로 사용되려면 부모도 실망시켜야 하고 자식도 실망시켜야 하는 것입니다.

요즘 기독교인들은 세상에서도 성공하고 하나님 앞에서도 인정을 받으려고 하는데 그것은 욕심이 너무 많은 것입니다. 왜냐하면 인생 밑바닥으로 내려가 봐야 하나님의 능력을 알 수 있기 때문입니다. 그렇지 않으면 세상 사람들이 하는 것과 똑같습니다. 즉 신앙은 무에서 유를 만드는 것이고 기적을 만들어 내는 것이지 눈에 보이는 것을 더 멋있게 만드는 것이 아닌 것입니다. 그것은 누구나 할 수 있는 것입니다.

3. 자기 부인의 신앙

38절, "또 자기 십자가를 지고 나를 좇지 않는 자도 내게 합당치 아니하니라"

요즘은 십자가가 여성들의 훌륭한 장식용 액세서리가 되었습니다. 그러나 예수님 당시에 십자가는 중대한 죄를 범한 자들의 사형틀이었습니다. 죄수들은 사형을 당하러 갈 때 자기 십자가를 지고 갔습니다. 반역자들이 집단적으로 사형을 당할 때에도 모두 자기 십자가를 지고 두목의 뒤를 따라갔습니다. 우리는 모두 이 시간에 자기 십자가를 지고 나아왔어야 하는 것입니다. 그리고 우리나라에서는 사형을 시킬 때 올가미를 목에 매어서 죽이는데 우리는 모두 올가미를 목에 걸고 나아왔어야 하는 것입니다. 이것은 예수를 믿다가 모두 처참하게 죽을 각오를 하라는 뜻입니다.

왜 사람들은 예수 믿는 사람들을 이렇게 잡아서 죽이고 싶어 할 정도로 미워할까요? 그것은 예수 믿는 사람들의 생각과 목표가 그들과 궁극적으로 다르기 때문입니다. 그냥 다른 정도가 아니라 정반대이기 때문입니다. 사람들은 모두 자기 인생을 자기 마음대로 하고 싶어 하는데 우리는 하나님이 있다고 하고 하나님의 말씀대로 살겠다고 하니까 우리가 옳으면 그들이 틀린 것이 되는 것입니다.

오늘 우리는 감사하게도 순교를 당하거나 공개적으로 박해를 당하지 않아도 되는 시대에 살고 있습니다. 그럼에도 이 세상 사람들은 여전히 하나님을 믿는 사람들에 대하여 적개심을 가지고 있습니다. 우리가 이것을 감당할 수 있는 방법은 맞서 싸우는 것이 아닙니다. 그러면 결국 적개심만 더 커질 것입니다. 우리는 그들을 더 깊이 이해하고 그들 앞에 더 겸손해져야 합니다. 그리고 우리는 세상 사람들이 아무리 성공하고 잘되어도 그것은 이 땅의 복이라는 것을 알고 너무 부러워하지 말아야 합니다. 물론 하나님이 그들을 사랑하셔서 땅의 복을 주시는 것은 감사하지만 그것이 우리의 복은 아닌 것입니다.

그러나 우리가 이 세상에 맞추어서 살면 그 신앙은 죽고 말 것입니다. 우리는 무에서 유를 만들어 내는 능력이 있어야 세상 사람들이 우리가 그들과 다르다는 것을 깨닫게 될 것입니다.

기업을 일으켜 성공하는 사람은 다른 사람이 흉내 낼 수 없는 기술이나 경영 능력이 있는 사람입니다. 마찬가지로 우리가 이 세상에서 능력 있는 삶을 살려면 하나님의 능력을 가져올 수 있는 비결이 있어야 합니다. 그것은 바로 인생 밑바닥에서 말씀을 붙드는 것입니다. 그래서 사도 베드로와 요한은 성전 미문에서 구걸하던 장애인을 향해서 "은과 금은 내게 없거니와 나사렛 예수의 이름으로 일어나라"라고 외칠 수 있었습니다. 교회는 돈을 가지고 하나님의 일을 하겠다는 생각을 버려야 합니다.

하나님은 우리를 참으로 가치 있는 사람이 되게 하려고 우리가 세상에서 자랑하는 것을 모두 빼앗아 가십니다. 그리고 우리를 인생 밑바닥으로 내려가게 하셔서 오직 하나님의 말씀을 붙들고 기도해서 응답받게 하십니다. 그리고 하나님은 우리 안에 말씀을 주셔서 고난을 통과할 때 정금이 되게 하십니다. 이때 우리는 엄청난 눈물을 흘리게 됩니다. 우선 세상에서 아무것도 아닌 나 자신이 불쌍해서 울고, 또 어떤 때는 하나님의 말씀에 감격해서 울고, 나중에는 내가 너무 소중해서 웁니다. 우리의 교만과 거짓은 눈물이 아니면 절대로 빠져나가지 않습니다. 그러면서 우리는 조금씩 하나님의 능력을 이 세상에 가져올 수 있는 사람으로 변하게 됩니다.

39절, "자기 목숨을 얻는 자는 잃을 것이요 나를 위하여 자기 목숨을 잃는 자는 얻으리라"

우리는 이 세상에서 주님의 말씀대로 살려고 하면 모든 것을 잃을 것입니다. 우리는 직장도 얻지 못하고, 결혼도 제때에 하지 못하고, 집도 구하지 못하고 꼭 죽을 것만 같습니다. 그런데 이상한 것이 주님의 말씀대로 살아도 완전히 죽지는 않고 연명을 하면서 살게 됩니다. 이것이 바로 광야 체험을 하는 것입니다. 이스라엘 백성은 광야에서 돈 한 푼 벌지 않고 40년을 살았습니다. 그들은 말할 수 없이 비참했습니다. 그러나 그들은 하나님의 말씀의 능력을 가지게 되었습니다. 이것이 이스라엘 백성으로 하여금 가나안 땅을 최단시간에 정복하게 했습니다.

우리는 인생 밑바닥에서 하나님의 비결을 배울 뿐 아니라 거기에서 정상으로 올라가는 엘리베이터를 타게 되기도 합니다. 성경에는 그 엘리베이터를 탄 사람들이 많이 있습니다. 바로 요셉과 모세와 다윗 같은 사람들입니다.

이스라엘 백성이 출애굽할 때 애굽 사람들의 눈에는 보이지 않는 길이 바다 밑에 있었습니다. 이 세상 사람들이 보지 못하는, 심지어는 우리도 보지 못하는 길이 있는 것입니다. 그러므로 우리는 세상에서 신앙 때문에 당장 어려움당하는 것을 너무 겁내지 않아도 됩니다.

그러나 예수님께서는 '얻는 자는 잃는다' 고 말씀하셨습니다. 그것은 하나님을 믿지 못해서 세상을 따라가는 것을 말합니다. 우리가 아무것도 포기하지 않고 세상을 따라갈 때 우리는 살 것 같습니다. 또 성공한 것처럼 보입니다. 그러나 우리 안에 있는 죄는 그렇게 간단하지 않습니다. 결국 부패를 이기지 못하는 것입니다. 예수를 믿기는 하지만 신앙에 생명력이 없습니다. 그래서 하나님으로부터 오는 풍성한 삶을 살지 못하며, 결국 주님이 주시려고 하는 많은 하늘의 축복을 얻지 못하게 됩니다.

이 세상에서 가장 어려운 것은 하나님의 능력이 우리에게 임하는 것이고, 사람이 변하는 것입니다.

40절, "너희를 영접하는 자는 나를 영접하는 것이요 나를 영접하는 자는 나 보내신 이를 영접하는 것이니라"

예수님은 우리를 이 세상에 보내실 때에 권력이 있고 유식하고 잘생긴 사람으로 보내는 것이 아니라 아무것도 내세울 것이 없는 사람으로 보내십니다. 즉 우리에게는 오직 하나님의 말씀밖에 없습니다. 그러나 누구든지 그 말씀을 듣고 받아들이는 자는 하나님을 영접하게 됩니다. 우리가 그 집에 들어가는 것이 실제로는 하나님이 들어가시는 것입니다. 하나님이 이렇게 하시는 이유는 사람의 중심을 시험해 보기 위해서입니다. 즉 하나님은 말씀만 듣고 영접하는 자를 원하십니다. 왜냐하면 이 사람들이 하나님 앞에서 진정으로 겸손한 사람들이기 때문입니다.

41절, "선지자의 이름으로 선지자를 영접하는 자는 선지자의 상을 받을 것이요 의인의 이름으로 의인을 영접하는 자는 의인의 상을 받을 것이요"

우리가 오직 하나님의 말씀을 가지고 갈 때 우리는 하나님의 선지자입니다. 왜냐하면 결국 모든 것이 하나님의 말씀대로 되기 때문입니다. 그러면 그 말씀을 듣는 자도 말씀을 듣고 믿게 됩니다. 왜냐하면 그 사람은 하나님의 말씀의 능력을 보았기 때문입니다. 그러면 이 세상에는 선지자가 두 명이 있게 됩니다. 다시 말해서 이 세상 사람들이 우리를 볼 때 공부 잘하는 사람이나 돈 많은 사람이나 혹은 더 나쁘게 이기적인 사람으로 보지 않고 하나님의 말씀을 맡은 사람이요, 언제나 그에게 가면 하나님의 말씀을 들을 수 있다고 생각한다면 그보다 더 복된 일은 없을 것입니다. 사람들이 우리에게서 하나님의 예언의 말씀을 기대하게 해야 합니다. 그러면 우리가 아니라 그 사람이 선지자의 상급을 받을 것이라고 했습니다. 왜냐하면 그 사람도 우리처럼 선지자로 변하기 때문입니다. 우리가 선지자로 가면 다른 사람들도 선지자로 변합니다. 그래서 우리는 갑절의 상을 받게 되는 것입니다. 다시 말해서 하나님의 말씀을 깨닫고 분별하여 그런 사람을 많이 만들 때 우리에게 상급이 주어지는 것입니다.

우리가 의인으로 이 세상에 나아가면 복된 것입니다. 의인은 하나님의 말씀대로 살기 위하여 고난을 받는 사람입니다. 우리가 하나님의 말씀으로 고난을 받으면 의인이 되는 것입니다. 그러면 그 모습을 보고 말씀을 들은 사람들은 고난 받는 것을 두려워하지 않게 되고 그 사람들도 의인으로 변하게 됩니다. 그 말씀을 들은 사람은 모두 의인의 상을 받습니다. 우리는 그 사람의 상까지 갑절로 받게 됩니다. 결국 내가 의롭게 살기 위하여 고난을 받으면 나를 보고 변화된 사람들의 상까지 갑절로 받게 됩니다. 물론 그 한 사람 한 사람도 의인의 상을 받습니다. 그러니까 천국의 상급은 얼마나 다른 사람을 변화시키느냐 하는 것으로 몇 갑절로 늘어나게 됩니다.

42절, "또 누구든지 제자의 이름으로 이 소자 중 하나에게 냉수 한 그릇이라도 주는 자는 내가 진실로 너희에게 이르노니 그 사람이 결단코 상을 잃지 아니하리라 하시니라"

여기의 '소자'는 예수님의 말씀을 전하는 사람을 말합니다. 그들은 외모가 보잘것없는 사람들입니다. 그들에게는 오직 능력의 말씀이 있을 뿐입니다. 그러나 주님은 그들에게 물 한 그릇이라도 주는 자들에게 그 은혜를 결코 잊지 않겠다고 말씀하셨습니다. 물 한 그릇은 결코 큰 것이 아닙니다. 작은 관심에 불과합니다. 그러나 하나님은 그것을 축복해 주십니다. 그러나 복음을 반대하고 방해하는 자는 절대로 용서하지 않겠다고 말씀하셨습니다.

우리가 예수를 믿은 후 우리에게는 눈에 보이지 않는 영적인 갈등이 있고 전쟁이 있습니다. 주님은 우리를 더 믿음으로 끌고 가려고 하시고 세상은 우리로 하여금 믿음을 포기하게 만들어서 다시 세상으로 끌고 가려고 합니다. 여기서 우리는 세상 욕심을 잘라 버리고 하나님께 붙어야 합니다. 그리고 세상을 포기해야 하며, 신앙 때문에 잃을 것이 있으면 잃어야 합니다. 때로는 가족의 마음도 아프게 해야 합니다. 때로는 세상을 향한 내 욕망도 죽여야 합니다. 심지어는 목숨까지도 잃을 각오를 해야 합니다. 그래야 주님께 합당한 자가 될 것입니다. 그래야 마지막 날에 주님이 나를 안다고 하실 것입니다. 그러나 우리는 이 세상에서 망하지 않습니다. 왜냐하면 하나님의 복이 있기 때문입니다. 이 복은 위에서 내리는 복입니다. 이 복은 어느 누구도 가로챌 수가 없습니다. 결국 천국의 상은 우리가 얼마나 많은 사람에게 영향을 주며, 그들이 그 선한 영향력을 얼마나 받아들이느냐에 있습니다. 우리 모두 더 변합시다. 그래서 모두 선지자의 상을 받으며 의인의 상을 받기를 축원합니다.

성경 토의

1. 평화의 복음이 때로 가족이나 사회에서 갈등의 요인으로 나타날 때 우리는 어떻게 지혜롭게 이것을 해결할 수 있는가? 즉 대립과 갈등으로 나갈 것인가, 아니면 겸손과 양보로 나갈 것인가?

2. 우리는 어떻게 자기 가족을 주님보다 사랑하지 않을 수 있으며, 어떻게 자신의 모든 생각과 경험을 부인할 수 있는가?

3. 우리는 어떻게 선지자를 영접했는데 선지자의 상을 받으며, 어떻게 의인을 영접했는데 의인의 상을 받을 수 있는가?

48_세례 요한의 의심

마태복음 11:1-6

전체적 설명

예수님 당시 유대인들은 메시아에 대한 기대가 컸다. 그러나 유대인들이 기대했던 메시아는 예수님이 생각한 메시아와는 상당한 차이가 있었다. 예수님을 유대 사회에 소개한 사람은 세례 요한이었는데 그러한 세례 요한조차도 예수님의 메시아 사역에 대하여 혼동을 겪고 있었다. 세례 요한은 자기가 증거했듯이 예수님께서 당장 세상을 심판하셔서 알곡과 쭉정이를 골라내실 줄 알았는데(마 3:12) 예수님의 사역이 세례 요한 자신의 사역과 별반 다른 것이 없었기 때문이다. 그래서 세례 요한은 예수님께 제자를 보내어서 "오실 분이 당신입니까, 아니면 또 다른 분이 오십니까?" 라고 질문을 한다.

설교 프리노트

1절, "예수께서 열두 제자에게 명하시기를 마치시고"
세례 요한은 예수님이 메시아로서 당장 이 세상의 불의를 심판하시고 정의로운 하나님의 나라를 세우실 것이라고 기대했던 것 같다. 그래서 세례 요한은 헤롯이 동생의 아내와 결혼했을 때 그를 책망했다가 감옥에 갇힌다. 그러나 예수님은 이 세상의 불의를 즉시 심판하지 않고 지금까지 세례 요한이 했던 사역과 큰 차이가 없는 일, 즉 제자들을 보내어서 복음 전하는 일을 하게 하셨다. 그리고 예수님 자신도 세상의 불의를 심판하실 생각을 하지 않고 여러 동네를 다니면서 복음을 전하셨다.

2절, "요한이 옥에서 그리스도의 하신 일을 듣고"

세례 요한은 예수님을 유대 사회에 소개한 가장 중요한 인물인데 세례 요한 자신도 예수님이 하시는 일을 이해하지 못했다. 세례 요한은 예수님이 하나님의 아들로서 이 세상에 오셨다면 당연히 이 세상의 불의한 세력을 쳐부수고 의로운 하나님의 나라를 세워야 하는데 예수님은 오직 사람들에게 복음을 전하는 일만 하셨기 때문이다. 그래서 세례 요한은 예수님이 세상을 즉시 심판하지 않으시는 것을 보고 혹시 예수님도 자기처럼 메시아 앞에 보냄을 받은 선지자가 아닌가 하고 오해하게 되었다.

3절, "오실 그이가 당신이오니이까 우리가 다른 이를 기다리오리이까"

세례 요한이 예수님에게 제자들을 보내어서 "당신이 진짜 메시아입니까, 아니면 다른 메시아가 옵니까?"라고 물은 것은 세례 요한이 예수님의 정체성에 대하여 심각할 정도로 의심을 했기 때문이다. 즉 세례 요한은 자기 자신이 예수님을 유대 사회에 '나보다 큰 이'이고, '성령으로 세례를 주실 분'이며, 심지어 '세상 죄를 지고 가는 하나님의 어린양'이라고 소개했음에도 예수님이 과연 메시아인지 아닌지 의심을 하게 되었다. 그런데 세례 요한의 훌륭한 점은 제자들을 보내어서 예수님에게 솔직하게 질문한 것과 끝까지 예수님을 하나님이 보내신 사자로 생각하고 또 다른 분이 오시느냐고 물은 것이다. 즉 세례 요한은 자기가 모르는 부분이 있을 수 있다고 생각했던 것이다. 사실 세례 요한은 구약 시대의 마지막 선지자였기 때문에 하나님의 나라에 대하여 알지 못하는 것이 많았다. 그러나 이것은 세례 요한이 감당할 부분이 아니라 예수님의 제자들이 담당해야 할 일이었다.

5절, "소경이 보며 앉은뱅이가 걸으며 문둥이가 깨끗함을 받으며"

예수님은 자신의 정체성에 대하여 질문하는 세례 요한의 제자들에게 자신이 메시아라고 하거나 혹은 메시아가 아니라고 말씀하시지 않고 단지 그들이 듣고 보는 것을 세례 요한에게 그대로 말하라고 하셨는데(4절) 그것은 사람들의 불치병이 치료되는 것이었다. 즉 소경이 보며, 앉은뱅이가 걸으며, 문둥병자가 낫고, 귀머거리가 듣는 등의 일이었다. 예수님은 이것을 통해서 세례 요한에게 옛날 선지자들이 메시아에 대하여 예언한 것이 성취되고 있는 것을 보여 주는 것이다(사 35:5, 61:1). 이것은 예수님이 오실 그분, 즉 메시아인 것을 분명히 증거하는 것이다. 그러나 메시아가 오셔서 백성들의 병만 치료하는 것이 아니었다. 즉 세례 요한이나 그 제자들이 보고 있는 것은 메시아가 하실 일의 일부에 불과한 것이다. 그래서 예수님은 세례 요한에게 '너는 네가 생각한 메시아를 믿으려고 하지 말고 성경이 말씀하시는 메시아의 사역을 믿으라' 고 말씀하신 것이다.

6절, **"누구든지 나를 인하여 실족하지 아니하는 자는 복이 있도다"**

예수님께서는 누구든지 예수님을 인간적인 생각을 가지고 믿거나 따르려고 할 때 크게 실망하게 될 것을 미리 말씀하셨다. 사실은 나중에 예수님이 십자가 위에서 죽으실 때 인간적으로 예수님을 믿고 따르던 자들은 모두 실족하게 되는 것이다. 그러나 성경이 말씀하시는 예수님을 믿고 끝까지 예수님을 의심하지 않는 자들은 구원을 얻게 된다.

본문 이해를 위한 질문

1. 세례 요한은 예수님에 대하여 어떤 기대를 하였는가?

세례 요한은 예수님께서 당장 세상의 불의를 심판하시고 의로운 나라를 세우실 것으로 기대하였다.

2. 세례 요한은 예수님의 사역을 보고 무엇을 의심하였는가?

세례 요한은 혹시 예수님도 메시아가 아니고 자기처럼 메시아 앞에 보냄을 받은 선지자가 아닌가 하는 의심을 하였다. 그래서 세례 요한은 예수님에게 제자들을 보내어서 물어보았다. 이것은 세례 요한이 예수님에 대하여 신뢰를 가지고 있었다는 것을 보여 준다.

3. 예수님은 세례 요한의 질문에 어떻게 대답하셨는가?

예수님은 세례 요한의 제자들에게 옛날에 이사야 선지가 예언한 메시아가 오셔서 하실 일들이 지금 그들의 눈앞에서 이루어지고 있는 사실을 그대로 알려 주라고 말씀하셨다.

성경 강해

공항의 입국장에 가 보면 종종 손님을 마중 나온 사람들이 손님의 이름을 종이에 적어서 들고 있는 것을 볼 수 있습니다. 이 사람들은 미리 연락을 받아서 손님이 그 비행기를 타고 온다는 것은 알고 있지만 한 번도 만난 적이 없어서 얼굴을 모르기 때문에 이름을 종이에 적어서 들고 있는 것입니다. 그런데 어떤 때에는 자기가 생각했던 것과 찾는 사람이 너무 달라서 한참 동안 찾지 못하고 서로 헤맬 때가 있습니다. 예를 들어 자기는 그 손님이 남자인 줄 알고 있었는데 실제로는 여자였기 때문에 찾지 못하는 경우도 있고 혹은 나이가 지긋하게 든 사람인 줄 알았는데 너무 젊은 사람이어서 알아보지 못하는 경우도 있습니다.

예수님이 이 세상에 오셨을 때 사람들은 예수님에 대하여 많은 혼동을 겪었습니다. 그 이유는 예수님의 외모나 하시는 일이 당시 유대 백성이 기대했던 것과 너무 달랐기 때문입니다. 특히 당시에 예수님을 가장 잘 알았고 유대인들에게 예수님을 하나님의 아들이라고 소개했던 세례 요한까지도 예수님에 대하여 오해를 했습니다. 그래서 세례 요한은 감옥에 갇혀 있을 때 자기 제자를 보내어서 예수님에게 "당신이 과연 오실 그 메시아가 맞습니까? 아니면 우리가 또 다른 분을 기다려야 합니까?" 라고 질문을 했습니다. 예수님을 가장 잘 안다고 하던 세례 요한도 아무리 생각해 보아도 예수님이 메시아가 아닌 것 같은 생각이 들었던 것입니다. 그러면 당시 세례 요한이나 유대인들이 기대했던 메시아는 어떤 분이었을까요?

1. 일반 사람들이 기대했던 메시아

예수님 당시 유대인들은 메시아에 대한 기대가 컸습니다. 그래서 유대 지도자들 중에는 세례 요한이 나타나서 많은 사람들에게 영향을 미치자 이 사람이 혹시 메시아가 아닌가 하는 기대를 한 사람들도 있었습니다. 그러나 예수님 당시의 유대인들이 가졌던 메시아에 대한 기대는 정치적인 메시아였습니다. 당시 유대인들은 나라를 잃고 식민지 생활을 한 지 오래되었기 때문에 이스라엘을 식민지로부터 독립시켜 주는 메시아를 기대했고, 이 점은 제자들도 마찬가지였습니다.

유대인들이 기대했던 메시아는 아마 로마로 치면 줄리어스 시저 같은 인물이었을 것입니다. 줄리어스 시저는 로마 건국 이래 로마를 가장 거대한 제국으로 확장한 신적인 존재입니다. 줄리어스 시저 이전에 로마는 장화같이 생긴 이태리 반도였지만, 그 후에 갈리아를 정복하고 지중해를 품은 거대한 세계 대국으로 만들었습니다. 그는 일부러 로마를 에워싸고 있던 성벽을 무너뜨리면서 로마의 영토를 넓혀 갔습니다. 그러나 줄리어스 시저는 정치적, 사회적 개혁을 추진하다가 귀족들에게 암살당했습니다. 아마 유대인들이 원했던 메시아는 시저 같은 영웅이었을 것입니다. 그래서 예수님은 공식적으로는 자신에 대하여 '그리스도' 라든지 '메시아' 같은 칭호를 사용하지 않고 오직 '사람의 아들' 이라는 칭호를 사용하셨습니다. 이것은 참 인간이요, 이스라엘을 위하여 고난당하실 종을 의미하는 것입니다. 그런데 유대인들이 메시아에 대하여 오해를 한다고 해도 세례 요한은 하나님의 말씀을 전하는 선지자였습니다. 그럼에도 세례 요한마저도 예수님이 그리스도인 것에 대하여 오해하고 의심을 했습니다. 그러나 세례 요한은 제자들을 예수님에게 보내어서 직접 예수님에게 "당신이 오실 그분이십니까, 아닙니까?" 라고 물어보았습니다.

세례 요한이 예수님의 정체성에 대하여 의심한 것은 예수님이 하신 사역과 관계가 있었습니다.

1절, "예수께서 열두 제자에게 명하시기를 마치시고 이에 저희 여러 동네에서 가르치시며 전도하시려고 거기를 떠나가시니라"

그동안 예수님은 여러 곳을 다니며 병자를 고치고 복음을 전하셨습니다. 특히 예수님은 열두 명의 제자를 택하셔서 그들에게도 복음을 전하게 하셨습니다. 이때 감옥에 갇혀 있던 세례 요한은 제자들을 예수님께 보내어 "당신이 과연 오실 그분 메시아가 맞습니까?"라는 질문을 하게 했습니다.

2-3절, "요한이 옥에서 그리스도의 하신 일을 듣고 제자들을 보내어 예수께 여짜오되 오실 그이가 당신이오니이까 우리가 다른 이를 기다리오리이까"

그러면 세례 요한은 과연 무엇 때문에 예수님이 진짜 메시아가 아닐지도 모른다는 의심을 가지게 되었을까요? 그것은 예수님이 하고 계신 일이 세례 요한이 기대했던 메시아의 사역과 너무 달랐기 때문입니다. 즉 세례 요한은 예수님이 메시아라면 메시아로서 하실 일을 하셔야 한다고 생각했습니다. 그것은 바로 알곡과 쭉정이를 구별해서 쭉정이를 영원히 꺼지지 않는 지옥불에 던지는 것이었습니다.

"손에 키를 들고 자기의 타작마당을 정하게 하사 알곡은 모아 곡간에 들이고 쭉정이는 꺼지지 않는 불에 태우시리라"(마 3:12).

세례 요한은 다른 유대인들과는 달리 예수님이 손에 칼을 들고 사람들을 모아서 독립전쟁을 하러 오신 것이 아니라는 것을 알았습니다. 그러나 세례 요한은 마치 타작마당의 농부처럼 손에 키를 들고 이스라엘을 심판하시는 메시아를 기대했습니다. 가을 추수 때가 되면 농부는 곡식을 베어 놓은 후에 타작을 합니다. 그러고는 키 위에 타작한 것을 올려놓고 바람을 불게 해서 쭉정이는 날라가게 하고 알곡은 모아서 창고에 쌓아 둡니다. 세례 요한이 예수님에 대하여 기대했던 모습은 이스라엘 백성을 다 모아 놓고 그들의 믿음을 따라서 알곡과 쭉정이를 구별해서 심판하시는 것이었습니다. 그래서 그동안 믿음으로 의롭게 살아온 자들은 따로 모이게 하고, 하나님의 말씀을 버리고 악하게 살아온 자들은 모든 자격을 박탈하고 불로 태우시든지 영원한 지옥에 던지실 것이라고 생각하고 있었습니다.

그런데 세례 요한이 보니까 예수님이 하시는 일은 자기가 한 일과 크게 다르지 않았습니다. 예수님은 여러 곳을 다니시면서 말씀을 전하고, 또 제자들을 모아서 그들로 하여금 복음을 전하게 하셨습니다. 즉 세례 요한이 볼 때에 예수님은 이 세상의 악한 자들을 심판하실 생각이 전혀 없는 것 같았던 것입니다. 특히 예수님의 제자 중에는 세례 요한의 제자였던 사람들도 있었습니다. 그래서 세례 요한은 지금까지 내가 한 것과 똑같은 일을 하려면 굳이 메시아가 올 필요가 없는 것 아니냐 하는 것이었습니다. 그리고 지금까지 내가 한 일과 비슷한 일만 하고 있는 이분을 과연 메시아라고 볼 수 있느냐 하는 것이었습니다. 세례 요한은 만약 예수님도 진짜 메시아가 아니라면 언제 진짜 메시아가 오느냐고 묻고 싶었던 것입니다.

세례 요한이 예수님에 대하여 이렇게 오해한 이유가 무엇입니까? 세례 요한은 예수님과 거의 동시대 사람이지만 그는 구약에 속한 선지자였습니다. 구약에서는 예수님이 하시는 구원과 심판을 하나의 사건으로 보는 한계가 있었습니다. 즉 두 개의 산이 먼 곳에서 보면 하나의 산처럼 보이는 것처럼 세례 요한의 한계는 예수님이 오셔서 구원을 이루시는 것과 예수님이 다시 오셔서 심판하시는 것을 같은 사건으로 보았던 것입니다. 그러나 실제로 이 두 개의 사건 사이에는 상당한 시간의 간격이 있고 하나님은 그 동안 교회를 통하여 죄인들을 초청하는 일을 하시는 것입니다. 그래서 예수님은 여인이 낳은 자 중에 세례 요한보다 더 큰 이가 없다고 하시면서도 누구든지 하나님 나라에서는 지극히 작은 자도 요한보다 크다고 말씀하셨습니다. 세례 요한은 그가 아무리 예수님을 보았고, 또 예수님을 직접 증거했다 하더라도 구약의 한계를 벗어날 수 없었습니다. 그래서 세례 요한이 예수님을 오해하고 의심하게 된 것은 왜 빨리 심판을 하지 않느냐는 것이었습니다.

예를 들어 어느 건물에서 불이 났을 때 경찰이 보는 관점과 소방서에서 보는 관점은 다를 수 있습니다. 즉 화재가 났을 때 경찰은 피해액이 얼마이며 사망자가 몇 명이냐 하는 데 초점을 맞춥니다. 그러나 소방서에서는 그 불구덩이에서 몇 명을 구조했느냐에 초점을 맞출 것입니다. 마찬가지로 메시아의 오심에 대해서도 구약의 선지자는 심판에 초점을 맞추고 있었습니다. 즉 세례 요한은 메시아가 오셔서 이 세상의 불의를 어떻게 심판하느냐에 초점을 두고 있었습니다. 그러나 예수님은 심판은 언제든지 할 수 있는 것이지만 가능한 한 한 명이라도 더 건져 내는 것이 목적이었던 것입니다. 즉 세례 요한은 예수님에게 왜 알곡과 쭉정이를 구별하지 않느냐 하지만 예수님은 시간이 있는 동안 한 명이라도 더 알곡이 되게 하는 것이 목적이었던 것입니다.

세례 요한은 예수님이 이 세상에 오시면 바로 우주적인 심판이 임할 것이라고 생각했습니다. 그것은 사실이었습니다. 예수님이 이 세상에 오신 순간부터 온 세상은 하나님의 심판 안에 들어와 있습니다. 이미 온 세상은 불붙기 시작한 것입니다. 그런데 예수님은 그 불구덩이에서 어떻게 하든지 한 사람이라도 더 건지기 위하여 애쓰시는 것입니다. 예수님은 심판하는 것은 그렇게 급할 것이 없다는 것입니다. 중요한 것은 그 불붙는 하나님의 심판 가운데서 한 명이라도 더 빨리 건져 내는 것입니다.

우리는 이와 비슷한 예를 니느웨 성에 복음을 전하러 갔던 요나 선지에게서 찾을 수 있습니다. 요나 선지는 니느웨 성에 가서 이 성이 40일 후에 무너질 것이라고 외쳤습니다. 그러고 나서 그는 성 밖으로 나가 자리를 잡고 앉아서 성에서 무슨 일이 벌어지는지 기다리고 있었습니다. 요나는 니느웨가 멸망당하는 데 초점을 맞추고 있었던 것입니다. 그러나 하나님은 니느웨 성안에 있는 사람들, 즉 어린아이 한 명이라도 멸망하지 않고 건짐받는 것을 원하셨습니다.

오늘 사람들은 예수님이 오신 후에도 아직까지 심판이 지연되고 있는 것을 이상하게 생각합니다. 그래서 재림이나 심판이 없다고 생각하는 사람들이 많아졌습니다. 그래서 예수 믿는 사람들도 자꾸 이 세상을 천국으로 만들고 예배당을 천국처럼 꾸미려고 하게 되었습니다. 그러나 예수님은 단 한 명이라도 더 건지려고 기다리시는 것입니다.

예수님은 자신이 이 세상에 오신 것에 대하여 이렇게 말씀하셨습니다.

"하나님이 그 아들을 세상에 보내신 것은 세상을 심판하려 하심이 아니요 저로 말미암아 세상이 구원을 받게 하려 하심이라"(요 3:17).

예수님은 이 세상이 멸망하지 않는다거나 혹은 이 세상이 자동적으로 낙원으로 변한다는 것이 아닙니다. 예수님에게 중요한 것은 한 사람이라도 더 설득해서 죄에서 건져 내는 것이었습니다.

2. 세례 요한의 의심

세례 요한이 예수님에 대하여 의심을 하게 된 보다 직접적인 이유가 무엇일까요? 요한은 의로운 사람이었고 불의를 참지 못하는 사람이었기 때문입니다.

당시에 갈릴리의 분봉왕 헤롯 안티파스가 자기 동생 빌립의 아내를 취해서 아내로 삼았습니다. 안티파스가 빌립의 아내 헤로디아를 좋아했는지, 아니면 헤로디아가 먼저 접근을 했는지 알 수는 없지만 이것은 엄청난 불의였습니다. 그런데 이런 지도층의 불의에 대하여 사람들은 입을 다물고 오히려 아첨하기에 바빴는데 세례 요한은 직접 헤롯을 찾아가서 너는 지금 죄를 짓고 있다고 지적했습니다. 그러자 화가 난 헤롯이 세례 요한을 감옥에 가두어 버렸습니다.

그런데 요한이 이해할 수 없었던 것이 왜 예수님은 이런 불의에 대하여 아무 말씀도 하시지 않는가 하는 것입니다. 즉 예수님이 메시아라면 정치는 하지 않는다 하더라도 지도층의 엄청난 불의에 대하여 어떤 모양으로든 비판을 하고 고난당하는 자기에게도 위로의 말씀을 하실 줄 알았던 것입니다. 그러나 예수님은 이런 불의에 대하여 아무 말씀이 없으셨습니다. 세례 요한이 고난을 당하고 있는데도 예수님은 위로 한 마디 없이 자기 일만 하고 계셨던 것입니다. 예수님은 세례 요한이 감옥에 갇혔다는 말을 듣고서 오히려 피하여 갈릴리로 가셨고, 나중에 세례 요한이 목이 베여서 죽임을 당하는데도 아무 소리도 하지 아니하셨습니다. 지금 세례 요한이 침체에 빠진 것은 세상의 불의와 악에 대한 그리스도의 침묵이었습니다. '왜 그리스도는 이 세상의 악에 대하여 침묵하시며 왜 자기 종의 고통에 대하여 외면하시는가? 그리고 오직 복음을 전하는 일만 하시는가?' 하는 것입니다.

오늘 많은 사람들이 기독교에 대하여 실망하는 이유도 마찬가지입니다. 왜 기독교는 오늘 이 시대의 악이나 고통에 대하여는 침묵하면서 말씀만 외치는가 하는 것입니다. 어떤 성도는 목사님이나 교회가 자신이 당하는 엄청난 고통에 대하여는 침묵하면서 전도하고 선교하는 것에는 열심을 낼 때 엄청나게 분노할 수도 있을 것입니다. 너무나도 많은 사람들이 육체적, 정신적인 고통으로 병들어 가고 있는데 오늘 기독교는 그들을 위해서 무엇을 하고 있느냐 하는 의로운 질문입니다. 우리가 세상을 보면 악한 자들이 날뛰고 마음대로 못된 짓을 해도 하나님은 오로지 침묵만 지키시는 것 같습니다. 그러니까 사람들은 하나님을 믿기보다는 높은 자리에 있는 사람과 친해지는 것이 더 낫다고 생각하는 것입니다.

그러나 하나님은 악한 자를 심판하는 것보다는 알곡을 하나라도 더 만드는 것을 더 중요하게 생각하십니다. 오히려 예수님은 우리 안에 하나님의 말씀을 주시고 고난을 통과하게 하심으로 우리 자신이 알곡이 되게 하십니다. 즉 이 세상의 악의 세력들은 하나님의 백성을 훈련시키기 위해서 없어서는 안 되는 꼭 필요한 사람들인 것입니다. 이 세상에 악한 자들이 없으면 우리는 자기가 최고인 줄 알고 제멋대로 살려고 할 것입니다. 그러나 악한 자들 때문에 우리는 하나님께 돌아와서 울부짖으면서 기도하고 알곡으로 변하게 되는 것입니다.

그런데 사실 불로 심판한다는 것은 성령이 우리 마음에 오시면 사람들이 지적하고 심판하는 것 이상으로 죄의 고통을 받게 되고, 결국 회개하게 되는 것을 말합니다. 결국 성령님은 우리 양심을 성령의 불로 태우셔서 우리로 하여금 하나님 앞에서 우리의 모든 자랑을 다 버리게 하시고 어떻게 하든지 믿음으로 살게 하시는 것입니다. 이것이 이미 심판이 이루어지고 있는 것입니다. 이미 알곡과 쭉정이는 구별되고 있는 것입니다.

3. 예수님의 답변

세례 요한이 예수님께 질문한 것은 "당신이 오실 그이입니까, 아닙니까?"라는 아주 단도직입적인 질문이었습니다. 이런 질문에 대해서 예수님께서는 '내가 바로 그 사람이다' 라고 하든지, 아니면 '네 생각대로 나는 메시아가 아니고 또 다른 분이 오실 것이다' 라고 대답하지 아니하고 우회적으로 답변을 하셨습니다.

4-5절, "예수께서 대답하여 가라사대 너희가 가서 듣고 보는 것을 요한에게 고하되 소경이 보며 앉은뱅이가 걸으며 문둥이가 깨끗함을 받으며 귀머거리가 들으며 죽은 자가 살아나며 가난한 자에게 복음이 전파된다 하라"

우선 예수님은 세례 요한의 답변에 대하여, '내가 그 사람이다' 혹은 '아니다' 라는 식으로 답변하지 아니하셨습니다. 왜 예수님은 세례 요한의 질문에 대하여 직접 답변하지 않으셨을까요? 그 이유는 아직 때가 되지 않았기 때문입니다. 만약 예수님이 세례 요한의 질문에 대하여 '내가 메시아가 맞다' 고 하셨다면 사람들이 구름떼같이 몰려들어 예수님이 십자가에서 죽지 못하실 수도 있었습니다. 사실 예수님이 십자가 위에서 죽으신다는 것은 불가능했습니다. 왜냐하면 예수님을 십자가에 죽일 죄목이 없었기 때문입니다. 그런데 너무 많은 사람들이 예수님을 지지하고 따르면 감히 유대 지도자들도 예수님을 죽일 수 없을 것입니다. 그래서 예수님은 세례 요한의 질문에 대하여 성경으로 답을 하시고 그만 알아들을 수 있도록 하셨습니다. 그리고 나중에 체포되신 후에 대제사장 앞에서 이 말을 시인하심으로 결정적으로 십자가에 처형을 당하는 근거가 됩니다.

세미나를 할 때에 가끔 극히 개인적인 질문을 하는 분들이 있습니다. 사실 그런 질문은 별로 좋은 질문이 아닙니다. 모든 사람이 궁금해하는 것을 묻는 것이 좋은 질문입니다. 지금 세례 요한이 던진 질문은 아주 좋은 질문이었습니다. 왜냐하면 예수님에 대한 이 질문은 세례 요한 한 사람의 질문이 아니라 모든 인류의 질문이었기 때문입니다. 즉 '도대체 당신은 누구십니까? 그리고 하나님의 아들이라면 왜 이런 식으로 일하고 있는 것입니까?' 라는 것인데 만일 우리가 당시에 살았더라도 똑같이 질문할 수밖에 없었을 것입니다. '당신은 도대체 누구십니까? 그리고 하나님의 아들이시라면 왜 이런 식으로 행동할 수밖에 없으십니까? 당신의 그 수많은 하늘의 군대는 무엇을 하고 있는 것입니까? 지금 악의 세력으로부터 무지막지하게 압제를 당하는 사람들이 당신의 눈에는 보이지 않는 것입니까? 왜 당신은 무기력하게 복음만 전하는 것입니까?' 그런 질문에 대해 예수님께서 주신 대답은 성경 말씀이었습니다.

예수님은 세례 요한의 제자들에게 "너희가 가서 듣고 보는 것을 요한에게 고하되 소경이 보며 앉은뱅이가 걸으며 문둥이가 깨끗함을 받으며 귀머거리가 들으며 죽은 자가 살아나며 가난한 자에게 복음이 전파된다 하라"라고 하셨습니다.

예수님께서 세례 요한의 질문에 대하여 성경을 가지고 답을 하신 것은 사람들이 예수를 믿을 때 자기 생각이나 기대를 기초로 해서 믿으려고 하지 말라는 것입니다. 즉 누구든지 예수님을 바로 알려면 자기 생각대로 예수님을 믿지 말고 성경을 믿어야 한다는 것입니다. 이것은 기독교에 대해서도 마찬가지입니다. 오늘 많은 사람들은 기독교가 가난한 자를 도와야 하고, 불의에 대하여 목소리를 높여야 하며, 예산의 70퍼센트는 선교와 구제에 써야 한다는 등 기독교에 대하여 자기 생각이나 기대를 믿는 것입니다.

이성 교제를 할 때 상대방의 있는 모습 그대로 사랑하지 않고 너무 사랑한 나머지 상대방을 천사로 생각하는 경우가 있습니다. 이런 사람은 비현실적인 사람인 것입니다.

당시 많은 사람들은 예수님을 자신들의 필요에 따라 생각했습니다. 가난한 나에게 먹을 것을 주시는 예수님, 고독한 나에게 좋은 친구가 되어 주시는 예수님, 나라를 잃은 자들에게는 독립을 시켜 주시는 예수님을 생각했습니다. 그러나 그런 식으로는 절대로 예수님을 알 수 없으며, 아무리 세례 요한이라 하더라도 그런 식으로 예수님을 생각하면 오해에 빠지게 되는 것입니다. 우리는 많은 경우 우리의 필요에서부터 하나님을 찾습니다. 물론 이것은 필요한 것입니다. 물론 우리에게 있어서 위기는 하나님을 찾을 기회입니다. 그러나 그것은 하나님을 찾는 시작은 될 수 있지만 결코 전부는 아닌 것입니다.

그러면 성경이 말씀하신 메시아는 어떤 메시아입니까? 우리의 불편을 일소에 해소시켜 주는 메시아가 아닙니다. 집에 물이 나오지 않으면 물이 나오게 하시고, 직장에서 진급이 안 되는 자에게 진급을 시켜 주는 메시아가 아닙니다. 예수님이 여기서 말씀하시는 모든 질병은 죄가 가져온 후유증입니다. '소경이 보며 앉은뱅이가 걸으며 문둥병자가 깨끗함을 받으며 귀머거리가 듣는다' 고 했는데 여기에 나타난 모든 증세는 죄가 가져온 비참한 결과들입니다. 만약 이 세상에 죄가 없었더라면 이런 비참한 질병들은 생기지 않았을 것입니다. 성경이 말하는 메시아는 단순히 이 세상에서 우리가 불편해하는 것만 없애시는 분이 아니라 가장 중요한 문제를 해결하시는 분입니다. 즉 메시아는 죄와 죄가 우리에게 저질러 놓은 모든 후유증까지 깨끗하게 치료해서 온전케 하시는 치료자이신 것입니다.

당시 사람들은 소경이나 귀머거리나 앉은뱅이나 문둥병자들을 저주받은 죄인으로 보았습니다. 그들이 치료를 받는 것은 질병의 치료뿐만 아니라 죄 용서 및 죄가 끼친 모든 후유증까지 치료를 받는 것입니다.

우리가 생각하는 범법 행위들은 사실 모두 죄의 후유증입니다. 죄는 하나님과의 관계가 틀어지는 것입니다. 우리가 하나님을 거부하고 내 욕심대로 사는 것이 죄입니다. 우리는 죄가 별것 아닌 것처럼 생각되지만 죄가 가져온 결과는 우리 눈에 보이는 살인과 매춘과 도둑질과 폭력과 전쟁과 지진과 같은 모든 비참한 현상들입니다. 예수님은 이런 증세들을 없애는 일을 하시지 않았습니다. 그러나 사람들이 예수님께 바란 것은 바로 이런 증세들을 없애는 것이었습니다. 예수님은 보다 근본적인 치료를 하셨습니다. 그것은 하나님과의 관계를 회복시키는 것입니다. 우리 마음에 하나님을 사랑하는 마음을 주시고, 죄를 미워하게 하며, 하나님의 말씀대로 살 수 있는 능력을 주시는 것입니다. 그러면 죄가 저질러 놓은 모든 결과나 후유증도 치료되게 되어 있습니다.

이사야 61장 1절에 '마음이 상한 자를 고치며' 라는 말씀이 나옵니다. 오늘날 마음이 상해서 우울증이나 정신적인 질병으로 고통 받는 자들이 많이 있습니다. 특히 오늘날은 육체적인 질병보다 정신적인 질병으로 인한 육체의 질병이 더 많은 것 같습니다. 예수님은 우리의 상한 감정을 치료해 주셔서 새 감정이 되게 하십니다.

결정적으로 중요한 것은 '죽은 자가 살아난다' 는 것입니다. 이것은 선지자가 말하지 않은 것입니다. 이것은 선지자가 보지 못한 것이요, 그가 기대한 것 이상의 일이 일어나게 된다는 뜻입니다. 예수님께서 세례 요한에게 하시는 말씀이 무엇입니까? '네가 가지고 있는 생각이 전부라고 생각하지 말라' 는 것입니다. 왜냐하면 구약의 선지자들이 보지 못했던 큰일들이 일어날 것이기 때문입니다. 이것은 죽은 자들이 다 살아나는 것입니다.

여기서 복음은 바로 이런 노예들에게 들려진 해방의 소식입니다. 누군가가 너를 대신하여 빚을 갚았기 때문에 집으로 돌아가도 된다는 소식입니다. 우리로 하여금 집으로 돌아가지 못하게 막는 것이 무엇입니까? 무엇이 우리의 기쁨을 빼앗아 가고 있으며, 무엇이 우리를 사로잡고 있습니까? 그것은 바로 죄입니다. 죄를 지은 사람은 어디에 가도 평안할 수 없습니다. 그러나 예수님의 십자가 보혈은 우리를 자유케 합니다. 우리를 죄의식에서 해방시켜서 하나님께로 돌아가서 마음껏 하나님의 이름을 부르며 그를 찬송할 수 있게 합니다. 우리의 자유가 무엇입니까? 마음껏 하나님의 이름을 부르며 그를 찬송하는 것입니다.

예수님은 세례 요한에게 끝으로, "누구든지 나를 인하여 실족하지 아니하는 자는 복이 있도다"라고 말씀하셨습니다. 여기서 '실족한다' 는 것은 하나님에 대하여 실망해서 하나님을 믿지 않고 떠나는 것을 말합니다.

예수님께서는 사람들 중에서 예수님이 기대한 모습과 너무 달라서 걸려 넘어질 자들이 있다고 말씀하셨습니다. 다시 말해서 예수님을 따르는 것은 좋은 길이 아니고 수많은 함정과 올무가 있는 길이기 때문에 조심해서 따라와야 한다는 뜻입니다.

예수님은 기독교가 자신의 생각대로 움직여지기를 믿는 것이 아니라는 것입니다. 우리가 그런 눈으로 기독교를 보면 기독교가 한심하게 보일 것이며 실족하게 될 것입니다. 우리가 하나님의 말씀을 믿을 때에 인간의 죄 가운데 역사하시는 하나님의 능력을 보게 될 것이며, 내 마음에 뜨거운 부흥이 일어날 것입니다.

성경 토의

1. 오늘 사람들은 이 세상의 불의나 혹은 정치인들의 불의를 하나님이 즉시 심판하지 않으시는 것에 대하여 어떤 생각을 하고 있는가?

2. 세례 요한은 예수님에게 제자들을 보내어서 자기가 의심하고 있는 부분에 대하여 솔직하게 물어보았는데 나는 성경이나 하나님의 나라에 대하여 잘 모르면서 잘 안다고 생각해서 다른 목회자나 교회를 판단하지는 않는가?

3. 오늘도 많은 분들은 성경이 말하는 기독교보다는 자기가 생각하는 기독교 혹은 자기가 이상적으로 생각하는 교회를 믿으려고 하다가 뜻대로 되지 않으면 교회를 비판하거나 불신할 때가 많은데 그런 것은 어떻게 이해하는 것이 좋은가?

49_세례 요한의 역할

마태복음 11:7-15

전체적 설명

영화나 드라마를 볼 때에는 전체적인 흐름이나 인과관계가 중요한데 그것을 볼 줄 모르면 부분적인 흥미 위주로 빠지게 된다. 반면에 개그나 시트콤은 전체적인 흐름보다는 말장난이나 우스꽝스러운 행동으로 사람들의 인기를 끈다. 마찬가지로 신앙의 문제에 있어서도 사람들이 전체적인 흐름이나 인과관계를 알지 못하면 일시적인 인기나 말에 감동을 받지만 결국 또 다른 재미를 찾아서 떠나게 된다. 예수님께서는 세례 요한이 중요한 사람인 것을 말씀하시고, 또 그의 시대적인 한계에 대해서 말씀하신다.

설교 프리노트

7절, "너희가 무엇을 보려고 광야에 나갔더냐"

한때 유대인들 사이에서 세례 요한의 설교를 듣는 것은 일대 유행이었다. 그래서 수많은 사람들이 세례 요한의 설교를 듣기 위하여 광야로 몰려가곤 했다. 즉 유대인들은 당시 하나님의 말씀에 갈급해하고 있었고 장차 오실 메시아를 대망하고 있었기 때문에 하나님의 말씀을 능력 있게 전하는 세례 요한의 설교를 듣기 위하여 몰려들었다. 예수님은 유대인들에게 그들이 광야로 그렇게 많이 몰려갔던 이유가 무엇이냐고 질문하셨다. 이것은 예수님께서 세례 요한의 정체성을 설명하려고 하신 것이다.

"바람에 흔들리는 갈대냐"

예수님은 유대인들에게 바람에 흔들리는 갈대를 보려고 광야에 갔느냐고 하셨는데 이것은 예수님의 탁월한 유머 감각을 보여 준다. 물론 유대인들이 몰려들었던 광야에는 많은 갈대가 있었지만 유대인들은 결코 갈대를 보러 광야에 간 것이 아니었다. "바람에 흔들리는 갈대냐"라는 말은 두 가지 뜻이 있는데, 하나는 너희는 그렇게 할 일 없이 갈대나 보러 다니는 사람들이냐는 뜻이고, 다른 하나는 세례 요한이 그렇게 줏대 없이 바람에 흔들리는 갈대인 줄 아느냐는 뜻이다. 아마 사람들은 예수님의 이 말씀에 모두 웃었을 것이다.

8절, "부드러운 옷 입은 사람이냐"

이 구절도 예수님의 탁월한 유머 감각을 보여 준다. 왜냐하면 세례 요한이 입었던 옷은 부드러운 옷과는 거리가 멀었기 때문이다. 세례 요한이 입었던 옷은 거친 낙타 털옷이었고, 허리띠는 가죽 허리띠였다. 아마 이 말을 들은 유대인들은 모두 박장대소했을 것이다. 예수님은 부드러운 옷을 입은 사람들은 왕궁에 있다고 말씀하셨는데 아마 이 말씀에도 사람들은 웃었을 것이다. 유대인들은 세례 요한의 옷이나 보려고 광야까지 나간 것이 아니기 때문이다.

9절, "그러면 너희가 어찌하여 나갔더냐 선지자를 보려더냐"

예수님은 세 번째 질문을 하신 후 정답을 말씀하셨다. 유대인들이 아무도 살지 않는 광야로 몰려간 이유는 선지자의 말씀을 듣기 위해서였다. 즉 유대인들의 마음에는 하나님의 말씀에 대한 갈급함이 있었던 것이다. 유대인들은 세례 요한의 설교를 통해서 수백 년 만에 능력 있는 하나님의 살아 있는 말씀을 들을 수 있었다. 예수님의 이 말씀에 유대인들은 진지한 표정을 지었을 것이다.

"선지자보다도 나은 자니라"

유대인들은 예수님이 세례 요한을 하나님의 선지자로 증거하는 것으로 세례 요한에 대한 말씀을 끝낼 줄 알았는데 그것이 아니었다. 예수님은 세례 요한은 선지자보다 나은 자라고 말씀하셨다. 이때 유대인들은 도대체 선지자보다 나은 자라면 어떤 사람일까 하는 생각을 했을 것이다.

10절, "기록된바 보라 내가 내 사자를 네 앞에 보내노니"

예수님은 세례 요한의 정체에 대하여 말씀하시기를, 세례 요한은 단순한 선지자가 아니라 하나님의 아들의 사자로 보냄을 받은 자라고 하셨다. 즉 세례 요한의 임무는 하나님의 아들의 선구자로 이 세상에 와서 그의 길을 예비하고 사람들에게 예수님을 소개하는 것이었다.

11절, "여자가 낳은 자 중에 세례 요한보다 큰 이가 일어남이 없도다"

이것은 단순히 세례 요한이 이 세상에 태어날 때 큰 아이로 태어났다는 뜻이 아니다. 이것은 이 세상에 태어난 인간들 중에서 세례 요한보다 더 큰 임무를 띠고 태어난 자는 없다는 뜻이다. 즉 세례 요한은 많은 선지자들 중에서 구약성경에 예언된 선지자였고(말 3:1), 하나님의 아들을 직접 소개하는 임무를 맡았기 때문이다.

"그러나 천국에서는 극히 작은 자라도 저보다 크니라"

사람들은 천국에서는 사람들이 모두 얼마나 크고 위대하기에 세례 요한보다 다 크다고 하는가 생각할지 모른다. 그러나 여기서 예수님이 말씀하시는 천국은 이 지상에서 이루어지는 복음의 시대를 말한다. 즉 예수님의 제자들이나 신약 시대의 성도들은 세례 요한보다는 매우 부족하지만 예수님을 통하여 이루어지는 하나님의 나라를 보고 증거하며, 특히 성령의 지혜로 증거하기 때문에 세례 요한보다 더 능력이 있게 된다.

12절, "세례 요한의 때부터 지금까지 천국은 침노를 당하나니"

여기서 '침노를 당한다' 는 말은 '비아제타이' 인데 '힘으로 밀린다' 라는 뜻을 가지고 있다. 이 단어를 '침략당한다' 라는 뜻으로 해석을 하면 세상 나라가 하나님의 나라를 공격해서 세례 요한이나 예수님이나 제자들을 공격한다는 뜻으로 생각할 수 있다. 그러나 이 단어를 '힘으로 밀고 들어간다' 는 뜻으로 해석을 하면 천국이 세례 요한 이후로 활짝 열려서 이방인들이 밀고 들어가는 것으로 해석할 수 있다.

13절, "모든 선지자와 및 율법의 예언한 것이 요한까지니"

예수님께서는 구약의 모든 예언이 세례 요한으로 끝나고 그 이후부터는 새 시대가 시작된다고 말씀하셨다. 즉 세례 요한은 구약의 마지막 선지자인 셈이다.

14절, "너희가 즐겨 받을찐대"

유대인들은 그때까지만 해도 실제로 엘리야가 다시 세상에 온다고 믿고 있었다. 그래서 예수님은 유대인들이 별로 좋아하지 않을 줄 아셨지만 구약에서 예언한 엘리야가(말 4:5) 바로 세례 요한이라고 분명히 말씀하셨다. 즉 구약의 엘리야가 바알을 따라가던 이스라엘 백성의 마음을 하나님께로 돌이키려고 했던 것처럼 세례 요한은 유대교에 빠지고 죄에 빠져 있던 유대인들의 마음을 예수님에게 돌이키려고 했던 것이다.

본문 이해를 위한 질문

1. 유대인들은 무엇을 위해서 광야로 나갔는가?

유대인들은 하나님의 말씀에 갈급하여 위대한 선지자의 말씀을 듣기 위해서 광야로 나갔다.

2. 세례 요한은 어떤 사람인가?

세례 요한은 구약성경에 예언된 하나님의 사자로 주의 길을 예비하기 위해서 온 사람이고 모든 선지자보다 큰 사람이었다.

3. 세례 요한 때부터 세상은 어떻게 달라지는가?

모든 구약의 예언은 세례 요한 때까지이고 그 후에는 위대한 하나님 나라의 시대가 열린다.

성경 강해

요즘 사람들은 별것 아닌 것에 열광을 합니다. 그것을 보면 정말 이 시대 사람들은 무엇엔가 목말라하면서 살아간다는 것을 알 수 있습니다. 얼마 전 미국 하버드 대학의 마이클 샌델 교수의 "정의란 무엇인가?"라는 강의는 하버드 역사상 가장 많은 대학생들이 들은 강좌 중 하나로 손꼽히고 있으며 TV로도 방영이 되기도 했습니다. 이것은 오늘 이 시대의 사람들이 얼마나 정의에 목말라하고 있는지를 보여 주는 것입니다. 그러나 사실 그 교수는 정의가 무엇인지 말하지 않는 것 같았습니다.

오늘 현대인들은 무엇엔가 목말라하고 있습니다. 여인들은 백화점에서 명품을 사는 데 도취해 있고, 젊은이들은 인터넷을 통해서 무엇인가를 찾고 있고, 남자들은 신문이나 책을 통해서 무엇인가를 얻으려고 하고 있는데 도대체 오늘 사람들은 무엇에 목말라하고 있습니까? 도대체 오늘 현대인들에게 무엇을 주면 그들의 답답한 가슴이 뻥 뚫리면서 시원해질 수 있습니까?

예수님 당시에 유대 백성이 가장 목말라했던 것은 옛날 그들의 조상에게 선포되었던 능력의 말씀이었습니다. 유대인들은 옛날 하나님께서 수많은 선지자를 통해서 능력의 말씀을 주신 것을 알았습니다. 그런데 너무 오랫동안 그런 능력 있는 하나님의 말씀이 없었습니다. 이것이 그들의 삶을 답답하게 만들었고 공허하게 만들었습니다. 그런데 갑자기 모든 유대인들의 관심을 집중시키는 한 사건이 터졌습니다. 그것은 광야에 어떤 한 선지자가 나타났는데 그의 입에서 능력의 말씀이 터져 나오는 것이었습니다. 이 놀라운 소식은 순식간에 온 유대인들에게 퍼졌고, 수만 명의 유대인들이 광야로 나와서 세례 요한의 설교를 듣고 눈물 흘리면서 은혜를 받았습니다. 그런데 세례 요한이 감옥에 갇힌 후에 유대인들은 그에 대하여 거의 잊어 가고 있었습니다. 즉 유대인들에게 세례 요한은 한때의 유행에 불과했던 것입니다. 결국 유대인들은 세례 요한의 설교가 가지는 정확한 의미를 깨닫지 못했던 것입니다.

1. 무엇을 보러 나갔더냐?

우리는 어떤 큰일을 할 때 계획을 잘 세워서 한 단계씩 이루어 나가야 할 때가 많이 있습니다. 이처럼 하나님도 어떤 일을 하실 때에 미리 계획을 세우시고 하나씩 하나씩 정확하게 그 일을 해 나가십니다. 특히 예수님이 이 세상에 오셨을 때 하나님은 모든 것을 더 정확하게 순서대로 하셨습니다. 그 중에서 가장 먼저 하신 일이 세례 요한에게 예수님의 길을 준비하게 하신 것입니다.

7절, "저희가 떠나매 예수께서 무리에게 요한에 대하여 말씀하시되 너희가 무엇을 보려고 광야에 나갔더냐 바람에 흔들리는 갈대냐"

오늘 우리에게는 세례 요한이 그렇게 중요한 인물이 아닙니다. 그러나 예수님이 살아 계실 때만 해도 세례 요한은 예수님보다 더 유명한 사람이었고 존경받는 사람이었습니다. 세례 요한은 유대인들의 그 답답한 마음에 하나님의 말씀의 소낙비를 퍼부은 사람이었습니다. 사람들은 세례 요한을 통해서 말라기 선지 이후로 거의 4백 년 동안 듣지 못했던 강력한 하나님의 말씀을 듣게 되었습니다. 그래서 수많은 유대인들이 광야로 나가서 세례 요한의 설교를 듣고 은혜를 받았습니다. 그런데 문제는 세례 요한의 설교를 듣고 은혜 받은 것으로 끝이었다는 것입니다. 즉 유대인들은 세례 요한의 그 능력 있는 설교가 시대적으로 무엇을 의미하는지 생각하지 않았던 것입니다. 즉 유대인들은 누구든지 가슴을 좀 더 시원하게 해 주는 설교면 충분하다는 식이었습니다. 그 대표적인 사람 중에 세례 요한을 죽인 헤롯 안티파스가 있습니다. 헤롯은 사실 마음속으로 세례 요한의 설교를 좋아했습니다. 그래서 헤롯은 세례 요한의 설교를 괴로워하면서도 즐겨 들었습니다. 왜냐하면 세례 요한의 설교는 바른말이었고, 그 설교를 들으면 일시적으로 선량해질 수 있었기 때문입니다. 그러나 결국 헤롯은 위신, 즉 프라이드라는 담을 넘지 못해서 자기 생일에 헤로디아의 딸 살로메의 춤값으로 이 어마어마한 선지자의 목을 베게 했던 것입니다. 그러나 유대인들에게 있어서 세례 요한에게 은혜 받는 것 못지않게 중요한 것이 세례 요한의 시대적인 의미를 깨닫는 것이었습니다. 그래서 예수님은 유대인들에게 무엇 때문에 광야에 나갔느냐고 물어보셨습니다.

'너희가 무엇을 보려고 광야에 나갔더냐.'

이 말씀은 '너희는 세례 요한을 통해서 무엇을 얻었느냐' 는 것과 같은 질문입니다. 즉 너희는 세례 요한을 통해서 무엇을 보았느냐는 것입니다. 그러면서 예수님은 물으셨습니다. "바람에 흔들리는 갈대냐."

이것은 두 가지 의미를 가지고 있습니다. 그 하나는 너희가 시시하게 갈대나 보기 위해서 광야에 그렇게 몰려갔냐는 것입니다. 우리는 가끔 갈대를 보기 위해서 산이나 강가로 가기도 합니다. 사진 찍기를 좋아하는 분들은 갈대를 배경으로 해서 멋진 사진을 찍기도 합니다. 그러나 유대인들은 절대로 갈대를 구경하기 위해서 광야로 간 것이 아니었습니다. 그리고 또 하나의 의미는 '과연 너희가 보았던 사람이 갈대같이 왔다 갔다 하는 사람이더냐' 라는 뜻입니다. 즉 세례 요한이 그렇게 갈대같이 잘 흔들리는 사람이며 너희가 그런 사람의 말을 듣기 위해서 몰려갔느냐는 뜻인 것입니다. 세례 요한은 그렇게 갈대처럼 흔들리는 사람이 아니었습니다. 세례 요한은 그들이 본 사람들 중에서 가장 강직한 사람이었습니다.

오늘 우리가 보고 있는 정치인들은 그야말로 갈대 같은 사람들입니다. 우리는 과연 이 사람들이 나라를 위해서 무엇을 할 수 있을지 이해가 되지 않는 것입니다. 셰익스피어는 "약한 자여, 그대 이름은 갈대"라고 했는데 지금은 여자들이 남자들을 향해서 "남자들이여, 그대 이름은 갈대"라고 말하고 있는 것입니다.

많은 유대인들이 볼 만한 것이 아무것도 없는 광야에 몰려간 이유는 능력 있는 하나님의 말씀을 듣기 위해서였습니다. 유대인들은 갈대를 보러 간 것이 아니었고, 세례 요한도 갈대같이 왔다 갔다 하는 사람이 아니었습니다. 문제는 유대인들이 뿌리가 깊지 못해서 관심이나 흥미에 따라 여기 기웃 저기 기웃했던 것입니다. 예수님은 유대인들에게 적어도 세례 요한의 설교를 들었다는 너희가 겨우 그 정도밖에 되지 않느냐는 것입니다. 세례 요한의 설교를 들은 사람이라면 세상의 풍조나 인기에 영합하지 말고 꿋꿋하게 하나님의 진리를 지켜야 하는데 유대인들에게서는 그런 모습을 찾아볼 수 없었던 것입니다.

가끔 수련회나 부흥회에서 설교하는 것을 들어보면 말초적인 감정을 자극해서 은혜 받게 하는데 이런 은혜는 자고 나면 다 없어지게 되어 있습니다. 그러나 하나님의 말씀을 듣고 깊은 기도를 하면서 받은 은혜는 하루이틀 지난다고 해서 없어지지 않습니다. 어떤 경우에는 10년이 지난 후에도 그 감동이나 은혜가 없어지지 않는 것입니다.

8절 상, "그러면 너희가 무엇을 보려고 나갔더냐 부드러운 옷 입은 사람이냐"

예수님께서는 유대인들을 향해서 그러면 너희가 광야에 부드러운 옷을 입은 사람을 보러 갔느냐고 물으셨습니다. 즉 예수님은 유대인들에게 너희가 광야로 몰려간 것은 세례 요한의 패션쇼를 보러 간 것이냐는 것입니다. 세례 요한은 아마 유대 사회에서 옷을 가장 못 입기로 유명한 사람이었을 것입니다. 유명한 사람들 중에는 탤런트나 패션모델을 뺨칠 정도로 옷에 신경을 많이 쓰는 사람들이 있는데 세례 요한은 옷과는 거리가 먼 사람이었습니다. 만약 세례 요한을 '부드러운 옷을 입은 사람'이라고 한다면 이것은 배가 나오고 못생긴 사람을 '누드모델'이라고 부르는 것이나 마찬가지입니다. 아마도 유대인들은 배를 잡고 웃었을 것입니다. 예수님도 웃으시면서 "부드러운 옷을 입은 자는 왕궁에 있느니라"라고 말씀하셨습니다. 그러고는 유대인들에게 물으셨습니다.

9절, "그러면 너희가 어찌하여 나갔더냐 선지자를 보려더냐 옳다 내가 너희에게 이르노니 선지자보다도 나은 자니라"

유대인들이 광야로 몰려간 것은 선지자로부터 하나님의 말씀을 듣기 위해서였습니다. 유대인들이 세례 요한에게 듣기 원했던 것은 능력의 말씀이었습니다. 그런데 예수님은 여기서 한 걸음 더 나아가서 세례 요한은 선지자보다 나은 자라고 말씀하셨습니다. 도대체 세례 요한이 선지자보다 나은 자라면 세례 요한은 누구란 말입니까?

예를 들어 왕에게는 많은 신하가 있습니다. 그런데 그 신하들 중에서 최고의 신하는 왕의 측근에서 밀착 수행을 하는 비서실장이나 경호실장 같은 사람입니다. 다른 많은 선지자들도 하나님의 종이요, 예수님의 신하였습니다. 그러나 세례 요한에게는 더 큰 사명이 있었는데 그것은 하나님의 아들에게 밀착되어서 예수님의 길을 예비하고 그를 세상에 소개하는 일이었던 것입니다.

예수님이 말씀하신 것은 너희가 단순히 세례 요한의 설교에 감동을 받았다고 말하기 이전에 세례 요한의 시대적인 사명을 생각해 보라는 것입니다. 세례 요한의 가장 큰 사명은 하나님의 아들을 유대 사회에 소개하는 것이었습니다. 그리고 세례 요한의 설교는 사람들의 관심을 예수님에게 끄는 수단이었던 것입니다.

세례 요한은 여러 차례에 걸쳐 '내 뒤에 오시는 이가 성령으로 세례를 주실 분' 이라고 말했습니다. 성령으로 세례를 주실 분은 하나님의 아들밖에 없는 것입니다. 즉 세례 요한은 마지막 선지자였고, 바로 뒤에 하나님의 아들이 등장하신 것입니다. 그런데 수행원이 너무 멋이 있으면 그를 주인공으로 착각할 수 있듯이 사람들은 세례 요한이 너무 튀었기 때문에 그를 주인공으로 알고 그를 메시아로 생각했는데 그는 주인공을 소개하는 역이었던 것입니다. 세례 요한은 예수님을 유대 사회에 소개한 후 감옥에 들어감으로써 무대에서 내려왔습니다. 예수님은 그때부터 본격적으로 말씀을 전하기 시작하셨습니다.

오늘의 교인들 중에도 영적인 갈증을 채우기 위하여 유명한 목사를 찾아다니는 사람들이 있습니다. 그러나 그들은 영적인 쇼핑만 하지 자기 자신에게 주어진 시대적인 과제가 무엇인지는 알지 못하고 있습니다. 그때 예수님은 "너는 무엇 때문에 그 교회에 갔어?" 라고 물어보실 것입니다. "강단에 장식된 꽃꽂이를 보기 위해서냐, 아니면 멋진 옷을 입은 사람을 보기 위해서냐, 아니면 파이프오르간 소리를 듣기 위해서냐?" 라고 물으실 것입니다.

2. 세례 요한의 위치

10절, “기록된바 보라 내가 내 사자를 네 앞에 보내노니 저가 네 길을 네 앞에 예비하리라 하신 것이 이 사람에 대한 말씀이니라”

예수님께서는 세례 요한은 평범한 선지자가 아니라 특별한 사명을 가지고 온 선지자라고 말씀하셨습니다. 즉 세례 요한은 예수님의 선구자로서 구약성경에 예고된 선지자였습니다. ‘기록된바’ 라는 것은 그에 대해서는 성경에 이미 예고되어 있었다는 것입니다.

‘보라 내가 내 사자를 네 앞에 보내노니 저가 네 길을 네 앞에 예비하리라 하신 것이 이 사람에 대한 말씀이니라.’

세례 요한은 그냥 나타난 선지자가 아니고 하나님의 아들의 수행비서로 보냄을 받은 사자였습니다. 세례 요한은 예수님을 모시고 온 비서였던 것입니다. 그러면 아무리 초라한 모습을 하고 있다 하더라도 세례 요한이 선지자라면 예수님은 하나님의 아들이 분명한 것입니다.

그리고 세례 요한 뒤에는 더 이상 선지자가 올 수 없습니다. 그는 하나님 자신인 것입니다. 그는 구약성경에 여러 번 나온 여호와이신 것입니다. 그렇다면 유대 백성은 여호와를 만나야 하는 것입니다. 그렇다면 유대인들은 예수님을 다른 눈으로 보아야 합니다. 즉 여호와가 왜 이런 모습으로 오셨을까 하는 것입니다. 여기에 엄청난 비밀이 있는 것입니다.

지금 예수님이 하고 계신 일은 세례 요한이 했던 일과 비슷하게 보이지만 실제로는 엄청난 차이가 있습니다. 이것에 대해서 예수님은 무엇이라고 말씀하십니까?

11절, “내가 진실로 너희에게 말하노니 여자가 낳은 자 중에 세례 요한보다 큰 이가 일어남이 없도다 그러나 천국에서는 극히 작은 자라도 저보다 크니라”

여자가 낳은 자 중에서 모세가 가장 위대하다고 하거나 엘리야가 가장 위대하다고 하면 이해가 되는데 세례 요한이 가장 위대하다고 하는 것은 잘 이해가 되지 않습니다. 그러나 여기서 예수님이 말씀하시는 것은 그의 사역을 두고 말씀하시는 것입니다. 세례 요한은 인간으로서는 가장 먼저 하나님이신 예수님을 알고 증거했습니다. 바로 이것입니다. 인간에게 있어서 가장 위대한 일은 인간의 몸을 입고 이 세상에 오신 하나님을 소개하는 것이었습니다. 이것이 세례 요한의 사명이었고, 이것은 인간으로서 할 수 있는 가장 위대한 일이었습니다.

그러나 예수님은 천국에서는 지극히 작은 자라도 세례 요한보다 크다고 말씀하셨습니다. 여기서 예수님이 말씀하시는 천국은 우리가 죽어서 가는 천국을 말하는 것이 아닙니다. 이 천국은 이 세상에 임하는 하나님의 나라입니다. 즉 오늘 신약 시대에 예수를 믿는 우리는 아무리 부족한 자라 하더라도 세례 요한보다 더 능력 있게 일을 한다는 것입니다. 그 이유가 무엇입니까? 무엇보다 그들은 예수님에 대한 엄청난 지식을 가지게 됩니다. 세례 요한은 예수님이 하나님의 아들이라는 것을 알았습니다. 그리고 그가 장차 성령으로 세례를 주실 것이라는 것을 알았습니다. 그러나 예수님의 제자들은 예수님의 죽으심을 보았고, 그의 부활을 체험했습니다. 그리고 예수님이 약속하신 대로 위대한 성령이 임하시는 것을 직접 체험했습니다. 오늘 신약 시대의 우리는 구약의 선지자들에 비해 훨씬 많은 하나님의 진리를 깨닫고 있습니다. 이것에 대하여 요엘 선지는 '자녀들은 예언할 것이며, 늙은이는 꿈을 꾸며, 젊은이는 이상을 볼 것이라' 고 말을 했습니다(욜 2:28). 오늘 우리는 과거의 어떤 선지자들과 비교되지 않는 진리의 깨달음을 가지고 있습니다.

그뿐만 아니라 제자들은 예수님이 죽은 자 가운데서 부활하신 후 이 세상 어느 누구도 경험하지 못했던 강한 성령의 능력을 체험하게 됩니다. 그들은 불이 혀같이 갈라지는 것을 보았고, 강한 성령이 그들 안에 물 붓듯이 부어지는 것을 체험했습니다. 그리고 그들이 설교했을 때 3천 명이 애통하면서 자기 죄를 회개하는 것을 체험했습니다. 그뿐만 아니라 그들은 자기 자신이 직접 예수님처럼 하나님 나라에 대해서 증거하고 그 자리에서 바로 사람들의 구원을 확인할 수 있는 하나님의 능력을 체험했습니다.

예수님께서 유대인들에게 세례 요한에 대하여 말씀하시는 이유가 무엇입니까? 예수님이 오신 지금 이 세상은 완전히 새로운 시대입니다. 이 땅에 하나님의 나라가 임한 것입니다. 누구든지 예수의 이름을 믿으면 하나님 나라의 백성이 될 수 있고 능력을 받을 수 있습니다. 아무리 보잘것없는 소자라도 세례 요한 이상의 일을 할 수 있다는 것입니다. 그래서 세례 요한과 비교할 수 없었던 베드로나 사도 바울이 엄청나게 큰일을 했습니다.

세례 요한이 보았던 하나님의 나라는 윤리적인 하나님의 나라였습니다. 이 세상의 모든 불의가 청산되고 완전히 의로운 나라가 이루어지는 천국이었습니다. 화장실에 지갑을 두고 가도 며칠이 지나도록 그대로 있는 나라, 아무도 길거리에 침을 뱉지 않으며 아무도 약한 자를 괴롭히지 않는 나라, 그런 나라를 생각했던 것입니다. 그래서 세례 요한은 예수님이 왜 이런 나라가 빨리 오게 하시지 않는지 답답해했던 것입니다. 그러나 예수님이 주신 하나님의 나라는 이 불의한 자들이 하나둘씩 변화되어 하나님의 뜻대로 사는 하나님의 나라였습니다.

예수님은 한 사람 한 사람을 가르쳐서 이 땅에 천국이 임하게 할 수 있다고 말씀하시지 않았습니다. 그것은 세례 요한이 알 수 없는 것이었습니다. 그러나 예수님은 오셔서 죄인들을 위해서 죽으시고 성령을 부으십니다. 이것이 없으면 선지자의 사역은 아무 소용이 없습니다. 즉 말씀으로 가르치는 것으로 인간이 변하기에는 인간은 너무 악합니다. 말씀과 함께 근본에서부터 뒤엎는 일이 있어야 합니다. 세례 요한은 그것을 보지 못했기 때문에 예수님이 하나님의 아들인가 아닌가 의심하게 되었습니다.

3. 예수님의 천국

예수님이 오시기 전에 천국은 우리 인간에게 너무 먼 나라였고 들어가는 것이 불가능한 나라였습니다. 그러나 예수님은 천국을 이 세상에 가지고 오셔서 누구나 들어갈 수 있게 하셨습니다.

12절, “세례 요한의 때부터 지금까지 천국은 침노를 당하나니 침노하는 자는 빼앗느니라"

우리는 보통 천국을 평화의 나라라고 생각합니다. 어린아이가 독사 굴에 손을 넣어도 물리지 않고 사자와 어린 양이 함께 뛰노는 나라라고 생각합니다. 그러나 예수님께서는 천국은 침노를 당한다고 말씀하셨습니다. 여기서 중요한 것은 '침노당한다', 또는 '침노한다'는 것이 무슨 뜻이냐 하는 것입니다. 어떤 사람들은 이것을 부정적으로 생각해서 천국이 이 세상에서 힘을 가진 자들에 의해서 공격을 받는다는 뜻으로 해석합니다. 다시 말해서 이 세상에서 권력을 가진 자들은 하나님의 나라가 이 세상에서 활동하는 것을 좋아하지 않기 때문에 중요한 주의 종들을 잡아 가두기도 하고 혹은 죽이기도 해서 천국의 활동에 상처를 입힌다는 것입니다. 즉 이 세상에 영적인 전쟁이 있다는 것입니다. 물론 이 세상에 치열한 영적 전쟁이 있는 것은 사실입니다. 그래서 세례 요한이 감옥에 갇혀 있는 것입니다. 그러나 그렇다고 해서 천국이 침략을 당한다고 말할 수는 없습니다. 왜냐하면 애당초 이 세상을 침략해 온 것은 하나님의 나라이기 때문입니다.

어떤 사람은 이것을 수동태로 보지 않고 중간태로 보아서 오히려 천국이 세상을 침략한다고 봅니다. 대개 중간태는 그 자체의 활동을 강조할 때 사용하는 방법입니다. 다시 말해서 천국 자체가 활동을 한다는 뜻입니다. 이것은 사실입니다. 천국은 이 세상에서 활동을 합니다. 그러나 여기서는 천국이 침노를 당한다는 수동형으로 말씀하고 있는 것입니다. 즉 천국은 세례 요한 이후로 누구든지 들어가서 차지할 수 있는 나라인 것입니다. 젊은이들이 미국에 대하여 호감을 가지는 것은 미국이 이민자들에게 열린 사회이기 때문입니다. 물론 미국도 학벌 사회이고 백인 우월주의 사회이긴 하지만 누구든지 노력하면 얼마든지 성공할 수 있는 나라입니다.

요즘 미국은 침노를 당하고 있습니다. 그것은 백인 중심의 사회에서 멕시칸이나 흑인 중심의 사회로 바뀌고 있는 것입니다. 남미 사람들은 아무리 막아도 불법으로 미국으로 넘어가고 있으며, 일단 넘어간 뒤에는 죽자고 일을 해서 생활을 안정시킵니다. 그리고 한 사람이 안정되면 자기 식구들을 불러들입니다. 그래서 요즘 미국에는 남미계 사람들이 많아졌습니다. 그래서 언젠가는 이런 사람들 중에서 장관이 나오고, 육군 참모총장도 나오고, 부통령이나 대통령도 나오게 될 것입니다.

예수님은 하나님의 일이 세례 요한부터 연결되어 있는 것을 강조하시는 것입니다. 그래서 세례 요한의 증거가 있은 후에 예수님의 십자가가 있고, 그 후에 부활이 있고 성령이 오시는 것입니다. 이것은 모두 연속된 하나님의 구속사건인 것입니다. 지금 세례 요한이 설교를 하고 감옥에 갇힌 것은 앞으로 이루어질 어마어마한 하나님의 일의 시작에 불과한 것입니다.

그러나 지금 천국은 누구에게나 열려 있습니다. 들어가는 것만 열려 있는 것이 아니라 능력이나 축복도 무한정으로 열려 있습니다. 단지 자꾸 세상과 하나님 나라를 같이 가지려고 하니까 머뭇거리게 되는 것입니다. 누구든지 하나님 나라에서는 미치면 되는 것입니다.

하나님 나라에서는 여자나 흑인이라고 해서 거부당하지 않습니다. 물론 그 나라 안에서도 처음부터 중요한 역할을 감당하는 것은 쉬운 일이 아닙니다. 그러나 미국에 밀입국한 사람이 살아남기 위해서 몸부림을 치듯이 하나님 나라를 위해 미칠 수 있다면 그는 반드시 하나님 나라에서 중요한 역할을 맡게 될 것이며, 나중에는 인정도 받게 될 것입니다.

하나님 나라의 일은 처음부터 모든 것이 보장된 것이 아닙니다. 사회보장제도나 임금 체계 같은 것이 과학적으로 잘 짜여진 것이 아닙니다. 하나님의 나라는 전혀 질서가 잡혀 있지 않은 신생국가와 비슷합니다. 그러나 이런 나라가 기회의 나라입니다. 누가 하라고 하지 않아도 자기가 알아서 하다 보면 길이 생기고, 자기만이 아니라 친구들을 끌고 들어와서 일을 시켜 달라고 하면 나중에 모두 한자리씩 차지하게 되어 있습니다.

하나님의 나라는 아무리 자격이 없고 비천한 계급의 사람이라 하더라도 하나님의 나라를 위해서 몸부림을 치면 성공할 수 있는 나라입니다. 결국 자기가 하기 나름인 것입니다. 남들이 준 역할로 만족하고 있으면 아무도 그에게 중요한 것을 맡기지 않습니다. 천국은 철저하게 우는 아이에게 젖을 주는 식입니다. 하나님의 일은 아무리 열심히 해도 지나침이 없습니다. 왜냐하면 이 나라는 기회의 나라이기 때문입니다. 우리는 큰 상을 받기 위해서는 안정된 직책이나 자리를 차지하지 말아야 합니다. 남들이 가장 하기 싫어하는 위험한 일을 맡아서 할 때에 가장 큰 상을 움켜쥐게 되어 있는 것입니다.

13-14절, "모든 선지자와 및 율법의 예언한 것이 요한까지니 만일 너희가 즐겨 받을찐대 오리라 한 엘리야가 곧 이 사람이니라"

예수님은 감옥에 갇혀 있는 세례 요한이 바로 구약에서 예언된 엘리야라고 말씀하셨습니다. 사실 요한은 스스로 자기가 엘리야라고 말하기를 주저했습니다. 사람들은 구약 시대의 그 엘리야가 다시 온다고 믿었기 때문입니다. 그러나 구약에서 엘리야가 온다고 한 것은 진짜 엘리야가 오는 것이 아니라 엘리야의 심정으로 바른길에서 떠난 이스라엘 백성에 대하여 강한 질투심을 느끼고 그들을 책망하여 하나님을 바로 섬기는 데로 돌아오게 할 사람이 온다는 뜻이었습니다. 죄에 빠진 하나님의 백성에 대하여 엘리야만큼 강한 질투심을 느낀 사람은 없었습니다. 세례 요한은 그런 마음으로 백성들의 마음을 돌이켜서 주님을 향하게 했습니다.

오늘 사람들의 마음은 어디를 향해 있습니까? 완전히 세상의 행복에 집중되어 있습니다. 이 세상에서 돈을 많이 벌고 출세하고 행복하게 사는 데 집중되어 있습니다. 그들의 시선을 돌이켜서 주님을 바라보게 하는 것이 오늘의 세례 요한이 해야 할 일입니다. 사람들로 하여금 이 세상에 대하여 실망을 느끼고 환멸을 느끼게 해야 합니다. 천국에는 우리가 할 일이 얼마든지 기다리고 있습니다. 우리를 위한 무한의 축복이 준비되어 있습니다. 우리는 그 축복을 향해 달려가야 하는 것입니다. 그래서 모두 하나님 앞에서 큰 상을 받고 큰 축복을 받는 성도들이 되시기 바랍니다.

성경 토의

1. 오늘 기독교인들은 하나님의 말씀에 많이 갈급해하고 있는데 그들은 주로 어떤 말씀에 만족하고 있다고 생각하는가?

2. 세례 요한은 어떤 사람이었으며, 그는 자신의 사명을 어떻게 이해했는가? 그리고 우리는 나 자신의 시대적인 사명을 어떻게 생각하고 있는가?

3. 천국에서는 어떻게 지극히 작은 자도 세례 요한보다 클 수 있으며, 천국은 누구에 의해서 침노를 당하는가?

50_중립적인 자세

마태복음 11:16-24

전체적 설명 옛날에 학생들이 한창 시위를 했던 시절에 시위 현장에는 세 부류의 사람들이 있었다. 하나는 극렬하게 시위를 하면서 경찰에게 몽둥이 세례를 받거나 최루탄을 맞는 학생들이고, 또 하나는 학생들을 진압하는 경찰이고, 마지막으로 거기에 서서 구경을 하는 시민들이었다. 그러나 병원에 가면 병자를 구경하기 위해서 온 사람들은 아무도 없고 의사나 환자 그리고 환자의 가족이나 친지들만 있을 것이다. 예수님께서 이 세상에 오셔서 말씀을 전하셨을 때에도 적극적으로 예수님 앞에 나아와서 말씀을 듣고 죄 용서받는 사람들이 있는가 하면, 관망하는 사람들도 많이 있었다. 특히 이들은 세례 요한은 너무 극단적이고 예수님은 너무 현실적이라고 비판을 하면서 예수님이나 세례 요한 중 어느 쪽에도 참여하지 않으려고 했다. 예수님은 유대인들의 이런 종교적인 무관심이나 중립적인 자세가 결코 그들을 도와주지 못할 것이라고 말씀하신다.

16절, "이 세대를 무엇으로 비유할꼬"

설교 프리노트

예수님은 세례 요한이 와서 하나님의 말씀을 증거하고 하나님의 아들이신 예수님 자신이 직접 오셔서 말씀을 증거함에도 구경만 하고 믿지 않는 유대인들에 대하여 답답하게 생각하셨다. 유대인들이 이런 반응을 보인 이유는 '혹시 아닐지도 모른다'는 의심 때문이었고, 또 예수님의 인간적인 조건이 자신들의 기대와 맞지 않았기 때문이다. 어쩌면 바른 진리를 들으면서도 금방 믿지 않고 의심하는 것이 인간의 본성인지도 모른다. 왜냐하면 사람들은 물건을 살 때에도 아무리 좋은 물건이 있어도 바로 사지 않고 다른 곳을 돌아본 후에 처음에 본 그 물건이 정말 싸고 좋은 물건이라는 확신이 들어야 사려고 덤벼들기 때문이다.

"비유컨대 아이들이 장터에 앉아 제 동무를 불러"

예수님은 종종 어려운 진리를 쉬운 비유를 들어 설명하셨다. 예수님은 비유로 가르치시는 데 탁월하셨는데 어느 누구도 예수님처럼 일상의 소재를 가지고 진리를 명확하게 말하지 못했을 것이다. 옛날에 어린아이들은 주로 장터에 모여서 놀았다. 왜냐하면 장터는 어른들이 많이 모이고 구경거리도 많았기 때문에 자연스럽게 모여들었던 것이다.

17절, "우리가 너희를 향하여 피리를 불어도 너희가 춤추지 않고"

예수님 당시에 어린아이들이 즐겼던 놀이는 두 가지였던 것 같은데 하나는 결혼식 놀이였고, 다른 하나는 장례식 놀이였던 것 같다. 요즘 아이들은 야구나 축구를 하기도 하고, 혼자 방안에서 컴퓨터 오락을 하기도 하지만 옛날에는 어린아이들의 놀이가 많지 않았다. 그래서 장터에 아이들이 모여서 큰 아이가 다른 아이들에게 "우리 심심하니까 결혼식 놀이나 할까? 내가 피리를 불 테니까 너희는 신나게 춤을 춰 봐"라고 하면서 피리를 불었는데 아이들은 도무지 춤을 출 생각을 하지 않았다. 그래서 주동이 되는 아이가 "아, 집에서 야단을 맞아서 춤을 출 기분이 아닌 모양이구나. 그러면 우리 분위기에 맞게 장례식 놀이나 하자. 우리 몇 명이 곡을 할 테니까 너희는 전부 가슴을 쳐라"라고 했다. 그런데 아이들은 장례식 놀이도 시큰둥하였다. 장터에 놀러 온 아이들은 이 두 가지 놀이 모두 마음에 들지 않았을 것이다. 아마 그들이 하고 싶었던 것은 전쟁놀이라든지, 아니면 죄수를 사형시키는 놀이였는지 모른다.

18절, "요한이 와서 먹지도 않고 마시지도 아니하매"

여기서 세례 요한의 사역이 상당히 금욕적이었던 것을 알 수 있다. 세례 요한은 세상 속으로 들어오지 않고 광야 같은 곳에서 지냈고, 생메뚜기나 야생 꿀을 먹고, 낙타 털로 만든 거친 옷을 입는 등 극단적인 금욕생활을 하였다. 사람들은 세례 요한의 설교나 가르침이 옳다는 것은 알았지만 너무 현실비판적이고 극단적이어서 싫어했다. 어떤 사람은 세례 요한이 귀신이 들렸다고 비판을 했다고 하는데 이는 아마도 세례 요한이 귀신같이 산다는 뜻이었을 것이다. 그러나 대개 일반인들은 세례 요한을 선지자로 믿고 있었기 때문에 세례 요한이 귀신이 들렸다고 말하는 사람들은 그를 믿지 않았던 바리새인이나 서기관들이었을 것이다.

19절, "인자는 와서 먹고 마시매"

예수님의 사역은 세례 요한처럼 세상을 등지고 금욕적인 종교 생활을 가르치는 것이 아니라 세상 속에서 죄인들을 구원하며 하나님의 말씀에 순종해서 살게 하는 것이었다. 유대인들은 예수님이 하시는 것을 보고서 경건이 떨어진다고 생각했는데 특히 유대인들이 예수님이 하신 것 중에서 가장 싫어했던 것은 세리나 죄인들과 기꺼이 어울리시고 그들과 음식까지 함께 나누신 것이었다. 그래서 유대인들은 세례 요한은 극단적으로 금욕적이어서 싫어했고, 반면에 예수님은 너무 세속적이고 경건하지 못하다고 해서 싫어했던 것이다.

"지혜는 그 행한 일로 인하여 옳다 함을 얻느니라"

여기서 '지혜'는 어떤 종교적인 가르침을 말하는데 유대인들은 어떤 가르침이 옳으냐 하는 기준을 얼마나 자기들의 생각에 맞으며 얼마나 자기들의 마음에 드느냐 하는 것으로 판단하였다. 그러나 진리라는 것은 내 기준으로 판단해서는 안 되고 나타나는 능력이나 결과를 통해서 판단해야 하는 것이다. 즉 옛날에는 궤변을 가지고 지혜를 이야기하여 사람들을 선동하는 사람들이 많이 있었다. 그러나 진정한 진리는 사람을 살리고 변화시키는 능력이 있어야 하는 것이다.

20절, "예수께서 권능을 가장 많이 베푸신 고을들이"

우리 생각에는 예수님이 가장 능력을 많이 행하신 동네나 도시가 예수님을 가장 많이 믿을 것 같은데 실제로는 그렇지 않았다. 그 이유는 그들이 예수님의 능력을 하나님이 찾아오셔서 회개하게 하시는 것으로 생각하지 않고 단지 하나의 구경거리로만 생각했기 때문이다.

21절, "화가 있을찐저 고라신아 화가 있을찐저 벳새다야"

벳새다는 우리에게 예수님께서 오병이어의 기적을 행하신 곳으로 알려져 있다. 그러나 고라신은 어떤 곳인지, 그곳에서 주님이 어떤 기적을 행하셨는지 나타나 있지 않다. 그러나 우리가 예수님의 말씀을 통해서 알 수 있는 것은 예수님이 고라신과 벳새다에서 가장 많은 기적을 행하셨다는 사실이다. 아마 이 기적들은 복음서에 나오지 않는 기적들인 것 같다. 예수님은 이 두 도시 사람들이 예수님의 놀라운 기적들을 보고서도 회개하지 않은 것은 그들의 마음이 완악하게 굳어 있기 때문이라고 말씀하셨다.

"두로와 시돈에서 행하였더면"

두로와 시돈은 베니게의 도시로서 이스라엘과 가까우면서도 하나님을 믿지 않고 바알을 섬기며 인신 제사를 드렸던 곳이다. 그런데 예수님은 이런 이방인들조차도 갈릴리의 유대인들만큼 마음이 완악하지 않다고 말씀하셨다. 그래서 그들이 하나님을 믿지 않고 이방 신을 섬겼던 것은 하나님의 표적을 볼 기회가 없었기 때문이지 만일 그들이 예수님의 표적을 보았더라면 벌써 회개했을 것이라고 말씀하셨다.

23절, "가버나움아 네가 하늘에까지 높아지겠느냐"

특히 예수님은 가버나움을 아주 교만한 도시로 말씀하셨다. 가버나움의 교만은 하늘까지 높아지려고 할 정도였다. 즉 하늘에서 내려오신 예수님이 가장 많이 말씀을 전하고 표적을 보이셨음에도 믿지 않는 사람들은 스스로 하늘까지 높아지려고 하는 것이다. 예수님은 가버나움에 대해서도 너희에게 행한 표적을 만일 소돔과 고모라에 행했더라면 그 성이 망하지 않고 지금까지 남아 있었을 것이라고 말씀하셨다. 이것은 가버나움 사람들이 소돔과 고모라 사람들보다 더 악하다는 뜻이다.

24절, "심판 날에 소돔 땅이 너보다 견디기 쉬우리라"

여기서 예수님은 두 가지를 말씀하신다. 하나는 소돔이 유황불로 망한 것이 끝이 아니라는 사실이다. 즉 앞으로 소돔의 심판이 또 있을 것이라는 것이다. 그리고 또 하나는 심판이라고 해서 다 똑같은 것이 아니라 어떤 곳은 다른 곳보다 더 심한 심판을 받는 곳이 있다는 것이다. 우리 생각에는 소돔 사람들이 받은 심판이 가장 두려운 심판인 것 같은데 가버나움 사람들에게는 더 무서운 심판이 남아 있는 것이다.

본문 이해를 위한 질문

1. 예수님은 왜 장터에서 노는 아이들의 비유를 말씀하셨는가?

예수님 당시 유대인들이 세례 요한과 예수님의 놀라운 진리를 듣고서도 자기들의 마음에 들지 않는다고 방관하고 있는 것을 지적하시기 위해서이다.

2. 결혼식 놀이와 장례식 놀이가 의미하는 것은 무엇인가?

이 두 가지는 별개의 것이 아니라 하나의 과정이다. 즉 사람들은 세례 요한이 외친 회개를 통해서 예수님의 천국 잔치에 참여할 수 있다. 그래서 사람들은 복음을 통해서 세상과 죄에 대하여 죽고 예수님과 함께 천국의 축복을 누리게 된다.

3. 왜 예수님이 가장 많은 능력을 행하셨던 도시들이 가장 적게 회개했을까?

그것은 그들의 마음이 완악하여져서 예수님의 기적을 보고서도 구경거리 정도로 생각했기 때문이다.

성경 강해

요즘 우리나라에서는 지역 주민들의 반대로 교회 건축에 난항을 겪는 교회들이 많다고 합니다. 그 이유는 교회가 들어오면 사람들이 새벽에 부르짖으면서 기도하거나 심야기도를 한다고 찬송가를 크게 부르는데 시끄러워서 잠을 잘 수가 없기 때문이라는 것입니다. 아마 사람들이 교회에 대하여 반대하는 이유는 교회를 잘 모르기 때문에 그럴 것입니다.

그런데 요즘은 교회 건축에만 반대하는 것이 아니라 노인 요양원이나 화장터 등 사회 유지를 위해 꼭 필요한 시설을 건립하는 것에도 반대를 합니다. 예수 믿는 것도 싫고, 늙는 것도 싫고, 죽는 것도 싫다면 이들은 과연 무엇을 원하는지 알 수 없습니다.

우리 주위에는 다양한 신앙의 모습을 볼 수 있습니다. 어떤 분은 교회에 와서 울고불고하면서 기도하면서 지내는 분이 있는가 하면, 어떤 분은 늘 싱글벙글하면서 교회에서 봉사합니다. 또 어떤 분은 늘 근엄한 얼굴을 하고 계신 분도 있고, 더 문제인 것이 언제나 무표정한 분도 있는 것입니다. 어떤 사람은 예수 믿는 것을 미치는 것이라고 말하는가 하면, 어떤 사람은 세상에서 성공하고 세련되게 변하는 것이라고 말을 하기도 합니다. 그런데 우리에게 중요한 것은 우리가 예수 믿기 전에는 하나님의 진리에 대하여 표정이 없었다는 것입니다. 마치 야생동물들이 인간을 볼 때 모두 무표정하거나 적대적이거나 겁을 집어 먹는 것처럼 우리는 하나님 앞에서 표정이 없었습니다. 우리는 하나님 앞에서 울 줄도 몰랐고, 하나님 앞에서 웃는 것도 몰랐습니다. 그러나 예수를 믿고 난 후에 하나님은 우리에게 감정을 주시고 표정을 주셨습니다. 이것이 우리 신앙에서 얼마나 중요한 축복인지 알 필요가 있습니다.

1. 어린아이들의 놀이 비유

어린아이들은 어렸을 때 친구들과 놀이를 하면서 어른이 되는 흉내를 냅니다. 그런데 여자 아이들이 노는 것과 남자 아이들이 노는 것에는 상당한 차이가 있습니다.

아마 예수님 당시의 아이들은 주로 결혼식 놀이나 장례식 놀이를 하면서 놀았던 것 같습니다. 요즘 장례식은 거의 병원 영안실에서 치르지만 불과 20년 전만 해도 우리나라에서는 장례식이 온 동네 행사였습니다. 그래서 상여를 메고 가는 상여꾼들이 "어이야 어이야 어이어이 어이야" 하는 소리를 내면 아이들은 흉내를 내곤 했습니다.

예수님 당시에 아이들은 주로 결혼식 놀이와 장례식 놀이를 하고 놀았습니다. 그런데 아이들이 이런 놀이를 같이 하려면 서로 어느 정도 분위기를 맞춰 주어야 하는데 아이들 중에는 전혀 분위기를 맞춰 주지 않는 고집쟁이들이 있었습니다.

16-17절, "이 세대를 무엇으로 비유할꼬 비유컨대 아이들이 장터에 앉아 제 동무를 불러 가로되 우리가 너희를 향하여 피리를 불어도 너희가 춤추지 않고 우리가 애곡하여도 너희가 가슴을 치지 아니하였다 함과 같도다"

예수님은 세례 요한의 이야기를 하시다가 갑자기 아이들의 놀이에 비유하셨습니다. 우리는 예수님이 이 비유를 말씀하시는 배경을 알아야 합니다.

우리가 어떤 중요한 일을 할 때에는 일의 순서를 정해 놓고 정확하게 그 순서대로 일을 추진해야 합니다. 그렇지 않고 아무렇게나 일을 하다가는 엉망이 되어서 아무것도 제대로 되지 않을 것입니다. 하나님께서는 예수님의 세상에 오심과 사역에 대해 정확하게 순서를 정해 놓으셨습니다. 그 첫째는 세례 요한이 예수님을 소개하는 것입니다. 그리고 예수님이 갈릴리를 중심으로 말씀을 전하고 병자를 고치다가 예루살렘에서 죽으십니다. 그리고 죽은 지 3일 만에 죽은 자 가운데서 다시 살아나시고, 그 후에 하늘로 올리우셨다가 성령을 부어 주시는 것입니다.

이것은 한 치의 오차도 없이 정확하게 순서대로 이루어져야 하는 일이었습니다. 그런데 사람들은 예수님과 세례 요한의 관계를 오해해서 서로 경쟁을 시키려고 하고 서로 비교해서 어느 쪽이 틀리다고 비난하기도 했습니다. 그래서 예수님은 그런 것이 아니라는 것을 어린아이들의 놀이를 비유로 들어 설명하셨습니다.

아이들이 장터에 모여서 놀이를 하기로 했습니다. 그래서 아이들 중에서 가장 큰 아이가 다른 아이들에게 "얘들아, 우리 심심하니까 결혼식 놀이를 해 볼까?" 하면서 "너는 신랑이고 너는 신부야. 그리고 너희는 신부 친구이고 너희는 손님이야. 이제 내가 피리를 불 테니까 모두 춤을 추는 거야" 라고 했습니다. 지금도 유대인들의 결혼식에서는 손을 잡고 돌아가면서 춤을 추는데 아주 흥겹게 춤을 춥니다.

그래서 아이들이 피리를 불면서 춤을 추는데 그 중에 몇몇 아이는 볼이 부어서 춤을 추지 않는 것입니다. 그 때문에 춤을 추던 아이들도 흥미를 잃었습니다. 그래서 큰 아이가 다시 제안을 했습니다. "왜 그래? 결혼식 놀이가 재미가 없는 거야? 오늘 아빠에게 야단을 맞아서 기분이 좋지 않은 모양이지? 그러면 우리 모두 분위기 있게 장례식 놀이를 하자. 내가 곡을 할 테니까 모두 가슴을 치면서 우는 거야." 그래서 아이들 몇이서 늘 듣던 대로 가슴을 치면서 곡을 했습니다. 그런데 고집이 센 아이들은 여전히 뚱한 얼굴로 두 눈만 멀뚱거리고 있었습니다.

왜 이 아이들은 결혼식도 재미가 없고 장례식도 재미가 없었을까요? 그것은 아마 둘 중의 하나였을 것입니다. 그 하나는 이 아이들이 보기에는 결혼식 놀이나 장례식 놀이가 시시한 것입니다. 아마 이 아이들은 전쟁놀이를 해서 때리고 패면 재미있어했을지도 모릅니다. 그렇지 않으면 이 아이들은 자기들이 주인이 되고 싶어서 '왜 우리가 네가 하라는 대로 해야 하냐?' 하는 마음으로 뚱하게 있었을 것입니다.

봄이 되면 유치원에 다니던 아이들이 초등학교에 입학을 합니다. 그런데 1학년 아이들 중에는 선생님이 시키는 대로 잘 따라서 하는 아이가 있는가 하면, 아직 사회생활이 익숙지 않아서 말을 듣지 않는 아이들이 있습니다. 그런 아이들은 고집이 세서 선생님이 율동을 따라 하라고 해도 따라 하지 않다가 집에 가서 혼자서 율동을 합니다.

예수님께서는 왜 세례 요한에 대하여 말씀하시다가 갑자기 아이들의 놀이 비유를 말씀하셨을까요? 그것은 유대인들이 하나님의 구원의 첫 단추부터 잘못 꿰고 있었기 때문입니다.

2. 자신의 장례식과 결혼식

사람들은 누구나 다른 사람의 결혼식에는 무표정해도 가족의 장례식에는 애통할 것입니다. 그런데 만일 그 장례식이 자기 자신의 장례식이라면 더 기가 막힐 것입니다. 또 사람들은 다른 사람의 결혼식에는 냉소적이어도 자신의 결혼식은 기뻐할 것입니다.

사람들은 세례 요한의 사역과 예수님의 사역이 너무 달라서 서로 비교하기도 하고, 누가 옳고 누가 그른지 판단을 하기도 했습니다. 그러나 예수님은 그렇게 하는 것 자체가 잘못된 것이라고 말씀하셨습니다. 즉 세례 요한과 예수님의 사역은 누가 옳고 누가 틀린 것이 아니라 두 가지 모두 있어야 하는 것입니다.

18-19절, "요한이 와서 먹지도 않고 마시지도 아니하매 저희가 말하기를 귀신이 들렸다 하더니 인자는 와서 먹고 마시매 말하기를 보라 먹기를 탐하고 포도주를 즐기는 사람이요 세리와 죄인의 친구로다 하니 지혜는 그 행한 일로 인하여 옳다 함을 얻느니라"

예수님 당시에 세례 요한의 사역과 예수님의 사역은 많은 차이가 있었습니다. 즉 세례 요한은 주로 죄를 책망하고 회개를 외쳤습니다. 세례 요한은 그에게 오는 사람들을 사정없이 하나님의 말씀으로 책망했습니다. 특히 바리새인이나 서기관처럼 회개할 마음 없이 구경하는 자세로 오는 자들에게는 "이 독사의 자식들아!"라고 소리를 질렀습니다. 그런데 사람들은 한편으로는 세례 요한을 좋아했습니다. 왜냐하면 세례 요한은 너무 깨끗했고 욕심이 없었기 때문입니다. 요즘 우리 사회에서도 청빈한 삶을 사는 사람들이 존경을 받습니다. 왜냐하면 종교 지도자들이 그만큼 탐욕스럽고 썩었기 때문입니다. 그런데 사람들이 모두 세례 요한을 좋아한 것은 아니었습니다. 왜냐하면 세례 요한은 철저하게 비제도권 사람이었기 때문입니다. 세례 요한은 유대 사회 안으로 들어오려고 하지 않았습니다. 왜냐하면 세례 요한은 유대 사회 전체를 썩었다고 보았기 때문입니다. 그래서 제도권에 있는 서기관이나 바리새인이나 제사장들은 세례 요한을 인정하지 않았고 그에게 세례를 받지도 않았습니다. 세례 요한은 너무 깨끗한 나머지 그의 말대로 하려고 하면 세상에서 살 수가 없었습니다. 그래서 어떤 사람들은 세례 요한을 미쳤다고 비난하기도 했습니다.

그런데 반면에 예수님은 세례 요한과 대조적으로 제자들에게 기도를 많이 시키지 않았습니다. 그리고 당시 사람들이 가장 중요하게 생각하는 금식도 강요하지 않으셨습니다. 심지어 예수님은 안식일마저도 지키지 아니하셨습니다. 예수님은 안식일에 병자들을 고치면서 인자는 안식일에도 주인이라고 하셨습니다. 더욱이 예수님은 죄인들, 즉 세리와 창기들과 어울렸고, 포도주도 잘 마시셨습니다. 이것을 보고 유대인들은 예수님은 먹는 것을 탐하고 죄인들과 어울리는 경건하지 못한 사람이라고 정죄했습니다.

유대인들은 세례 요한은 너무 죄를 책망한다고 싫어했고, 예수님은 너무 세속적이고 죄인들과 어울린다고 싫어했습니다. 그래서 그들은 세례 요한이 회개하고 세례를 받으라고 해도 받지 않았고, 예수님이 하나님 안에서 기뻐하고 능력 받자고 해도 거절했습니다. 결국 유대인들이 원한 것은 자기 나름대로의 신앙이었던 것입니다. 그것은 어떤 사람에게는 공로를 쌓는 것이었고, 어떤 사람에게는 민족적인 자부심을 가지는 것이었고, 어떤 사람에게는 로마와 전쟁을 해서 나라를 찾는 것이었습니다. 그러나 예수님은 세례 요한과 자신은 전혀 다르지 않다고 하셨습니다. 즉 복음 안에는 이 두 가지가 다 들어 있는 것입니다. 누구든지 하나님의 백성이 되려면 세례 요한의 장례식과 예수님의 결혼식을 통과해야 하는 것입니다. 즉 우리가 하나님의 말씀을 들으면 그동안 하나님의 말씀에 불순종해서 내 멋대로 살아온 것에 대하여 애통하게 됩니다. 우리의 죄가 하나님의 거룩하심을 훼손했고, 하나님의 마음을 아프게 했으며, 나 자신을 비참하게 만든 것에 대하여 울게 됩니다. 즉 우리가 예수를 믿게 되면 자신의 죄에 대하여 가슴 아파하고 자신의 옛사람을 장사 지내는 슬픔이 있어야 합니다. 그러나 복음은 이렇게 울고 슬퍼하는 것이 전부가 아닙니다. 즉 우리는 슬프게 회개한 후에는 하나님의 자녀로 다시 태어나는 기쁨이 있습니다. 복음에는 죄 용서받은 후의 기쁨과 축복의 즐거움이 있습니다. 이것은 마치 중병에 걸려서 병원에서 큰 수술을 받는 것과 같습니다. 큰 수술을 받기 전에는 장례식 분위기일 것입니다. 왜냐하면 수술을 하다가 자칫하면 죽을 수도 있기 때문입니다. 그러나 수술이 성공적으로 끝나면 그때는 잔칫집 분위기인 것입니다.

가끔 어린이 병동에 갈 때가 있습니다. 그때마다 어린아이는 역시 어린아이라는 것을 알게 됩니다. 어린아이들은 아플 때에는 울고 짜증을 부리지만 그 순간만 지나면 아픈 것은 다 잊어버리고 웃고 장난을 치는데 그렇게 천진난만할 수가 없습니다. 그러나 예수님 당시에 유대인들 중에는 자기들은 더 이상 죄인이 아니기 때문에 슬퍼할 것도 없고 기뻐할 것도 없으며 자기들이 할 것은 오직 세상에서 성공하는 것이고 다른 사람들에게 인정을 받는 것이라고 생각하는 사람들이 있었습니다. 이런 사람들에게 눈물 흘리는 것은 미친 짓이고 기뻐하는 것은 술 취한 짓이었습니다. 그래서 오순절에 예수님의 제자들이 성령을 받고 기뻐할 때 유대인들은 이들이 새 술에 취했다고 비난을 했습니다. 그래서 이런 사람들은 세례 요한이 심하게 죄를 책망하고 사람들이 그의 설교를 듣고 애통하는 것을 보면서 귀신 들렸다고 비난을 했습니다. 즉 "저 사람들은 모두 미친 사람들이야. 그렇지 않고서야 자기 부모가 돌아가시지도 않았는데 어떻게 저렇게 울고불고 할 수 있어?"라는 식으로 반응을 했습니다. 그들은 또 예수님의 가르침을 들었을 때 "이건 또 뭐야? 완전히 놀고먹자 판이구먼. 사람들이 모두 천박하게 입을 헤 벌리고 돌아다니는데 도대체 뭐가 그렇게 좋다고 저렇게 난리인지 모르겠어"라고 하면서 비판을 했습니다.

그러나 우리 신앙 안에는 이 두 가지가 다 있어야 합니다. 즉 하나는 우리가 하나님 앞에서 얼마나 죄인으로 살아왔는가 하는 것을 깨닫고 부끄러울 정도로 애통하며 부르짖는 단계입니다. 이때 사람들은 마치 미친 사람이 울부짖듯이 그렇게 자신의 죄를 고백하며 용서받기 위하여 몸부림을 칩니다. 세례 요한이 전한 것이 바로 이것이었습니다. 그러나 이것이 전부가 아닙니다. 그 다음에는 신랑 되신 예수님을 만나고 그리스도의 신부가 되는 기쁨이 있습니다. 그래서 사람들이 우리 교회에 와서 처음으로 설교를 들으면 처음에는 엄청 우십니다. 말씀에 감격하여 울기도 하고, 가슴속 상처가 아파서 울기도 하고, 그동안 사탄에게 짓밟힌 것 때문에 기가 막혀서 웁니다. 그러나 몇 주가 지난 후에는 웃게 됩니다. 마음이 시원해져서 웃고, 하나님이 기쁘게 하셔서 웃고, 그 다음에는 성경이 재미있어서 웃고, 하루하루 살아가는 것이 기대되어서 웃는 것입니다. 이때 우리는 하나님 앞에서 표정을 얻게 되는 것입니다. 이 세상에 사람이 기뻐서 웃는 것보다 더 아름다운 것은 없을 것입니다. 특히 이를 가지런히 하면서 활짝 웃을 때 그것보다 더 아름다운 것은 없을 것입니다. 그러나 그것은 엄청난 애통 뒤에 오는 기쁨인 것입니다. 이것을 직접 체험해 보지 않은 사람은 도무지 이해하지 못할 것입니다.

우리의 신앙 안에는 이 두 가지가 같이 있어야 합니다. 그렇지 않은 사람은 쉽게 다른 사람의 신앙을 비판합니다. 왜냐하면 이런 사람은 아직 표정이 없이 남을 비판하는 것이 신앙이 좋다고 생각하기 때문입니다. 그러나 신앙 안에는 자신의 장례식과 결혼식이 둘 다 들어 있습니다. 이런 사람은 자존심도 없고 하나님의 사랑에 기꺼이 미치는 사람이기 때문에 부끄러워하지 않습니다. 이런 사람이 살아 있는 신앙을 가진 사람입니다. 우리는 남을 비판하는 무서운 얼굴을 가진 사람을 좋아하지 않습니다. 결국 이런 사람은 끝까지 자기가 생각하는 것만이 옳다고 주장하는 것입니다. 그러나 우리가 하나님이나 예수님보다 더 옳다는 것은 말도 되지 않는 것입니다. 이들은 오직 거룩한 의식(?) 속에 자신을 감추고 철저하게 형식적인 신앙으로 만족합니다.

어떻게 해서 이런 냉소적인 신앙이 가능합니까? 하나님을 오래 믿기는 했는데 진정으로 하나님을 만나지 못했기 때문입니다. 듣기는 많이 들어서 아는 것이 매우 많습니다. 그러나 그는 한 번도 살아 계신 하나님을 만나지 못했습니다. 그런데도 그 사실을 인정하려고 하지 않습니다. 왜냐하면 그것을 인정하면 지금까지 믿은 것이 한순간에 다 무너지고 말기 때문입니다. 오늘 기독교인들 중에 냉소적인 신앙이 대유행병처럼 번지고 있습니다. 그 이유가 무엇입니까? 진정으로 하나님을 만나지 못한 채 너무나도 좋은 신앙을 가진 사람이 되어 버렸기 때문입니다. 요한의 설교를 듣고 눈물 흘리며 애통하지 않고는 하나님의 백성이 될 수 없습니다. 우리는 요한이냐 예수님이냐를 놓고 취사선택할 수가 없습니다. 예수님을 만나기 전에 요한을 먼저 만나야 하고, 복음을 듣기 전에 모세의 율법을 먼저 들어야 합니다. 장례식을 거치지 않고 복음의 혼인 잔치에 들어올 수 없습니다. 애통해 본 적이 없는 사람은 복음의 기쁨을 알지 못합니다. 그런 사람이 예수님의 말씀을 들으면 더 방종으로 빠집니다. 이것은 복음이 아닙니다.

또 다른 부류의 사람들은 자기는 종교가 체질에 맞지 않는다고 하면서 아예 신앙에 관심을 가지려고 하지 않는 사람들입니다. 이런 사람들은 영적으로 죽어서 그런 것입니다. 사람들은 누구나 하나님에 대한 말씀에 관심을 가지게 되어 있습니다. 그러나 영적으로 죽은 자는 무관심하고 무표정할 수밖에 없는 것입니다. 그래서 예수 믿지 않는 사람들은 하나님 앞에서 표정이 없습니다.

진정한 신앙은 이 두 가지를 겸비해야 합니다. 하나는 말씀에 도전을 받아서 자기 죄를 미친 듯이 회개해야 합니다. 남들이 보기에 완전히 미쳤다고 말할 정도로 한 번은 그런 경험을 해야 합니다. 그러고 나서는 주님과 함께하는 기쁨과 자유로움이 있어야 합니다.

3. 기적을 보고도 믿지 않는 자들

사람들은 자기 나름대로의 생각이 있고 신념이 있기 때문에 이 세상을 살아가고 있습니다. 그런데 중요한 것은 내가 무엇을 믿느냐 하는 것보다 그 결과가 무엇이냐 하는 것입니다. 예를 들어 사람들이 예수님을 비판하고 세례 요한을 비판한 것은 무엇인가 자기 나름대로 생각하는 것이 있고 논리가 있기 때문이었습니다. 그런데 예수님은 중요한 것은 남을 비판하는 것이 아니라 그 결과가 자신에게 어떤 유익이 되느냐 하는 것이라고 말씀하셨습니다. 즉 예수님을 비판하고 세례 요한을 비판한 사람에게 돌아온 결과는 스스로 변하지 않는 것이고 우월감에 도취되는 것밖에 없었습니다.

예수님은 19절 끝에서 "지혜는 그 행한 일로 인하여 옳다 함을 얻느니라"라고 말씀하셨습니다. 이 말씀을 직역하면 "지혜는 그 아들로 인하여 지지를 받는다" 입니다. 여기서 지혜의 아들이 무엇입니까? 이것은 그 지혜를 사용해서 나타날 결과를 말하는 것입니다.

이 세상에서 아무것도 믿지 않는 사람은 없습니다. 무신론자도 아무것도 안 믿는 것이 아닙니다. 그들은 신이 없다는 것을 믿는 것입니다. 예수님이 말씀하시는 것은 사람들이 어떤 생각을 믿느냐 하는 것은 본인의 자유이지만 중요한 것은 그것을 믿은 결과가 무엇이냐는 것입니다. 즉 그 결과가 나타나야 그 진리는 지지를 받을 수 있다는 것입니다.

유대인들은 무엇인가를 믿고 예수님을 비판하고 부정했습니다. 그것은 자신들은 이것을 천 년이 넘도록 믿어 왔고 하나님이 모세를 통해서 자기들에게 직접 주셨다는 자부심이었습니다. 결국 유대인들에게 남은 것은 자부심밖에 없었습니다. 유대인들은 하나님의 용서보다 자부심을 택했습니다. 그 결과 그들은 변한 것이 아무것도 없었고, 성령도 받지 못했으며, 나중에 전쟁으로 다 죽고 맙니다. 유대인들이 로마에 맞서 끝까지 저항했던 요새가 마사다 요새인데 그곳 사람들은 로마군에게 점령당하기 직전에 전원이 자결을 했습니다. 그러나 우리가 하나님 앞에 비겁하면 얼마든지 죄 용서받고 새로운 인생을 살 수 있습니다.

우리는 지금 내가 믿고 있는 것의 결과가 무엇이냐, 나는 신앙생활을 한 뒤에 얼마나 변했는가를 물어보아야 합니다. 그런데 아무런 변화가 없고 아무 열매가 없었다면 그 믿음은 자식이 없는 것과 같습니다. 결국 이런 신앙은 아무 열매가 없는 것입니다. 그러나 많은 사람들이 단지 오래 믿어 왔다는 이유 하나만으로 그것을 버리지 못합니다.

예수님은 진정한 지혜는 그 아들이 증거한다는 것입니다. 특히 오래 믿은 사람의 특징이 자녀들이 부모의 신앙을 인정하지 않고 존경하지 않는다는 것입니다. 왜냐하면 집에서 보는 부모의 행동이 형편없기 때문입니다.

예수님의 복음의 특징이 무엇입니까? 사람을 근본적으로 바꾸어 놓는 것입니다. 그의 마음속에 진정한 만족이 있습니다. 왜냐하면 예수님은 우리의 근본적인 필요를 채워 주시기 때문입니다. 예수님은 단순히 우리의 생활을 도우시는 분이 아닙니다. 예수님은 병든 자가 병이 낫게 하고 결혼을 하지 못한 사람을 중매하고 승진이 안 되는 사람을 승진시키는 분이 아닙니다. 예수님은 우리 안에 있는 죄의 뿌리를 뽑으셔서 새 능력으로 살아가게 하십니다.

예수님은 그 죄를 해결하셔서 하나님의 사랑과 은혜가 우리에게 마구 공급되게 하십니다. 물론 결과가 좀 늦게 나타날 수도 있습니다. 그러나 예수님은 우리 인생 자체를 바꾸어 주십니다. 이것이 신앙의 열매인 것입니다. 우리가 자신의 문제를 알면서도 끝까지 고집을 부리는 것은 어리석은 것입니다. 어떤 사람이 예수를 믿습니까? "나는 죽을 수밖에 없는 죄인이어서 내 힘으로는 도저히 죄짓지 않고 살아갈 자신이 없습니다"라고 고백하면서 예수님께 자기 인생을 맡기는 사람입니다. 그런 사람에 대하여 예수님께서는 정말 멋진 인생을 살게 해 주십니다. 우리는 우리 자신을 잘 알고 있습니다. 즉 우리는 주정뱅이와 같아서 절대로 자기 인생을 책임질 자신이 없기 때문에 예수님께 인생을 맡긴 자들인 것입니다.

많은 사람들이 자기 스스로를 하나님과 대등한 위치에 두고서 마음에 들지 않으면 얼마든지 복음을 거부할 수 있다고 생각합니다. 그러나 그것보다 더 잘못된 생각이 없습니다. 왜냐하면 이 세상에서 이 놀라운 복음을 들을 수 있는 기회를 가진 자들이 그렇게 많지 않기 때문입니다. 그래서 복음을 들을 기회가 없어서 하나님을 알지 못한 자와 복음을 들었음에도 의도적으로 하나님을 거부한 자의 심판이 다르다고 말씀하십니다.

21-22절, "화가 있을찐저 고라신아 화가 있을찐저 벳새다야 너희에게서 행한 모든 권능을 두로와 시돈에서 행하였더면 저희가 벌써 베옷을 입고

재에 앉아 회개하였으리라 내가 너희에게 이르노니 심판 날에 두로와 시돈이 너희보다 견디기 쉬우리라"

예수님은 갈릴리 지역에 있는 여러 고을에서 많은 권능을 행하셨습니다. 그러나 그 반응은 신통치 않았습니다. 그래서 예수님은 믿음으로 나아오지 않는 갈릴리의 몇 고을을 저주하셨습니다.

여기서 '고라신'은 어디인지 분명치가 않습니다. '벳새다'는 예수님께서 보리떡 다섯 개와 물고기 두 마리로 5천 명을 먹인 기적을 행하시고 많은 병자를 고치신 곳입니다. 예수님은 이들에게 행했던 기적을 이 이방 도시에 행했더라면 악한 두로와 시돈 사람들도 회개했을 것이라고 말씀하셨습니다. 이것이 무슨 뜻입니까? 이것은 그 수많은 기적과 능력을 보고서도 복음에 무관심했던 고라신과 벳새다 사람들이 두로와 시돈 사람들보다 더 심한 하나님의 심판을 받게 된다는 것입니다. 그 이유가 무엇입니까? 두로 사람들은 하나님의 복음을 접할 기회가 없어서 악했지만, 고라신과 벳새다 사람들은 이미 하나님의 복음과 그 능력을 체험하고도 애써 복음을 거부했기 때문입니다. 다시 말해서 이 세상에서 복음을 들을 수 있었던 사람들은 그렇게 많지가 않았습니다.

우리나라에 복음이 들어온 것도 불과 백 년 전입니다. 그러면 우리나라의 5천 년 역사에서 마지막 백 년을 제외한 그 이전의 사람들은 복음을 들을 수 있는 기회조차 없었다는 것입니다. 현대에 사는 사람들은 조상들에 비해 얼마나 놀라운 특권을 누리고 있는지 모릅니다. 그럼에도 여전히 대다수의 사람들이 복음을 거부하고 자기 욕심대로 살고 있습니다. 그러면 현대에 믿지 않은 사람들과 복음을 듣지 못했던 시대의 사람의 심판이 같느냐 하면 결코 그렇지 않다는 것입니다. 얼마든지 관심만 가지면 복음을 들을 수 있는 현대에 살면서도 복음에 무관심한 사람은 훨씬 무서운 심판을 받게 되어 있습니다.

우리는 지옥의 심판이 같다고 생각할지 모르지만 주님은 본문 말씀에서 분명히 같지 않다고 말씀하십니다.

'내가 너희에게 이르노니 심판날에 두로와 시돈이 너희보다 견디기 쉬

우리라.'

하나님의 심판은 절대로 같지 않습니다. 복음을 들을 수 있었는데도 말씀을 거부한 자는 더 혹독한 심판을 받게 될 것입니다.

23-24절, "가버나움아 네가 하늘에까지 높아지겠느냐 음부에까지 낮아지리라 네게서 행한 모든 권능을 소돔에서 행하였더면 그 성이 오늘날까지 있었으리라 내가 너희에게 이르노니 심판 날에 소돔 땅이 너보다 견디기 쉬우리라 하시니라"

가버나움에서 예수님은 마치 가버나움 사람들이 주인이고 예수님이 하인인 것처럼 한 사람이라도 구원하기 위하여 자신을 낮추셨습니다. 예수님은 그들에게 제발 믿어 달라고 부탁하시는 모습으로 복음을 전했습니다. 그런데도 그들은 전혀 복음을 받아들이려고 하지 않았습니다. 그들은 하늘까지 높아지려고 했던 것입니다.

예수님께서 말씀하시는 것은 복음을 전하는 자들이 그렇게 저자세로 전하는 것은 한 사람이라도 더 구원하려고 하는 것이지 절대로 그들이 대단한 존재라서 그러는 것이 아니라는 것입니다. 누군가가 겸손하게 전도할 때 더 버티지 말고 정신을 차려서 복음을 받아들여야지 마치 자기가 하나님보다 더 높은 사람이나 되는 것처럼 고자세로 복음을 거부하면 그들은 소돔과 고모라보다 더 무서운 심판을 받게 될 것입니다.

요나가 악한 성 니느웨에 갔을 때 요나는 애써 그들을 설득하려고 하지 않았습니다. 오히려 망하려면 망해라라는 식으로 "사십 일이 지나면 이 성이 무너질 것이라"라고 외쳤습니다. 그때에 온 성이 하나님 앞에 무릎을 꿇었습니다. 그러나 가버나움은 하나님의 아들이 직접 와서 사정을 했는데도 복음에 관심이 없었습니다. 그들은 하나님의 아들보다 더 높아지고자 했습니다. 그 결과가 무엇입니까? 비참한 지옥의 심판을 받는 것이고 소돔과 고모라보다 더 무서운 멸망의 징벌을 쌓아 두는 것이었습니다.

복음은 사람이 마음대로 거부할 수 있는 것이 아닙니다. 왜냐하면 복음을 듣는 것 자체가 특별한 것이기 때문입니다. 전 세계에서 복음을 듣지 못한 사람들이 수두룩한데 복음을 듣고도 거부하는 것은 엄청난 죄입니다.

그들은 소돔과 고모라보다 더 무서운 징벌을 받게 될 것입니다.

우리가 복음을 들을 수 있다는 것 자체가 놀라운 특권입니다. 그래서 하나님께서 겸손하게 전도자를 보내셔서 믿음을 권하실 때 두렵고 떨리는 마음으로 이 믿음을 받아들이고 전적으로 반응하는 것이 옳습니다. 그렇지 않고 마치 자기가 하나님보다 더 높은 사람이나 되는 것처럼 복음을 비판하고 무시하면 그는 가장 비참한 지옥의 형벌을 스스로 준비하고 있는 것입니다.

성경 토의

1. 나는 하나님의 많은 진리를 들으면서 방관적인 자세로 듣지는 않는가?

2. 나의 신앙에는 죄에 대한 장례식과 천국의 혼인 잔치가 있는가?

3. 많은 말씀이 있고 많은 예배가 있다고 해서 과연 예수를 믿는 자들이 많다고 볼 수 있는가? 왜 목회자나 오래 믿은 자들에게는 회개의 역사가 잘 나타나지 않는가?

51_인생의 무거운 짐

마태복음 11:25-30

전체적 설명 사람은 짐승에 비해 인생의 무거운 짐을 지고 살아가고 있다. 인생의 짐이 짐승들에 비해 무거운 이유는, 짐승들은 하루하루 살아가면 되지만 인간들은 미래에 대하여 대비를 해야 하기 때문이다. 뿐만 아니라 모든 인간은 현재의 삶에 만족하지 못하고 더 나은 삶을 살기 위하여 노력할 뿐 아니라 최고의 인생을 살기 위하여 노력하기 때문에 인생의 짐이 더 무거워진다. 그러나 우리 인간이 이 세상에서 아무리 많은 것을 가지고 성공한 자리에 올라갔다 하더라도 영생을 얻지 못한 인생은 실패한 인생이다. 그래서 예수님께서는 우리 인간을 향해서 이 세상의 성공을 위해서 살지 말고 영원한 삶을 위해서 살 것을 말씀하신다. 우리가 하나님과 함께 살면 지나친 성공을 위해 무거운 짐을 질 필요가 없을뿐더러 하나님께서 우리의 인생을 인도하시기 때문에 훨씬 짐이 가벼워진다.

25절, "천지의 주재이신 아버지여"

설교 프리노트

이 세상은 마치 주인이 없는 빈 땅과 같아서 노력하고 기회를 잘 잡으면 얼마든지 성공하고 얼마든지 많은 것을 가질 수 있을 것처럼 생각된다. 그래서 세상에서는 머리가 뛰어나고 힘이 있는 사람들이 권력과 재물을 누린다. 그러나 그들이 깨닫지 못하고 있는 것이 있는데 그것은 이 세상 모든 것에는 주인이 있고, 그들은 자신의 것이 아닌 것을 잔뜩 가지고 있다는 것이다. 만약 어떤 사람이 다른 사람의 집에 들어가서 눈에 보이는 좋은 것들을 다 가지고 맛있는 것을 다 먹어치워 버린다면 주인은 매우 불쾌하게 생각할 것이고 그 사람을 도둑이라고 생각해서 경찰에 신고할 것이다. 예수님은 하나님 아버지에 대하여 '천지의 주재' 라고 불렀다. 이것은 하나님만이 이 세상에 있는 모든 것의 주인이 되신다는 뜻이다. 우리 모든 인간은 하나님의 재산을 무상으로 빌려서 쓰고 있을 뿐이다.

"이것을 지혜롭고 슬기 있는 자들에게는 숨기시고"

여기서 '지혜롭고 슬기 있는 자' 는 자신의 지혜나 머리를 가지고 하나님을 알려고 하는 자들을 말한다. 즉 하나님께서는 하나님 자신의 존재나 하나님에 대한 진리를 인간의 머리나 지혜로 알도록 하지 않으셨다. 즉 우리 인간이 하나님을 바로 알 수 있는 유일한 길은 겸손한 자세로 하나님의 말씀을 듣고 믿는 것인데 스스로 지혜 있고 슬기 있다고 하는 자는 자신의 머리로 하나님을 이해하려고 하기 때문에 절대로 하나님을 알 수 없다.

"어린아이들에게는 나타내심을 감사하나이다"

여기서 '어린아이' 는 자신의 무지와 어리석음을 알고 기꺼이 하나님의 말씀을 들으려고 하는 자들이다. 결국 하나님께서 구원하기를 기뻐하시는 자들은 유능하고 똑똑한 자들이 아니라 하나님 앞에서 자신의 부족함을 인정하는 겸손한 자들이다. 그래서 스스로 지혜가 있다고 생각하는 사람들은 하나님의 함정에 걸려서 넘어진다. 왜냐하면 하나님은 교만한 자들을 걸러내시고 겸손한 자를 구원하기를 기뻐하시기 때문이다.

26절, "옳소이다 이렇게 된 것이 아버지의 뜻이니이다"

사실 예수님을 믿고 따르는 자들은 대부분 유대 사회에서 공부를 많이 하거나 성공한 상류층 사람들이 아니라 무식하고 가난한 사람들이었다. 예수님께서는 자신을 따르는 사람들이 가난하고 무식한 것에 대해서 실망하지 아니하셨다. 왜냐하면 바로 이것이 하나님의 뜻이라는 것을 알았기 때문이다. 사실 똑똑하고 지혜로운 자들은 성경에 있는 하나님을 믿기보다는 자기 머리로 생각하는 이상적인 하나님을 믿는 경우가 많다. 오늘도 많은 똑똑하고 지혜 있는 자들은 예수님이 가르치신 기독교를 믿는 것이 아니라 자기 머리로 생각한 기독교를 믿는 경우가 많다. 그러나 그들은 하나님의 지혜에 걸려든 자들이다.

27절, "아버지께서 모든 것을 내게 주셨으니"

이 말씀은 아버지와 아들 사이의 신비로운 교환과 약속에 대한 것이다. 즉 하나님은 인간의 구원과 심판에 대한 모든 권한을 아들에게 맡기셨다. 그래서 아들을 믿지 않고는 구원을 받을 수 있는 길이 없다. 단지 아들은 우리 인간의 구원을 위해서 엄청난 대가를 지불해야 하는 것이다.

"아버지 외에는 아들을 아는 자가 없고"

사람들은 예수님을 볼 때 그의 인간적인 측면만 보게 되지만 하나님은 아들의 모든 것을 알고 계신다. 즉 하나님은 아들의 신성과 이 세상이 생기기 전 그의 존재와 세상을 만드실 때 그가 하신 일 그리고 그의 모든 본성을 다 알고 계신다. 우리가 예수님이 하나님의 아들인 것을 알게 되는 것은 오직 하나님께서 우리에게 예수님에 대한 믿음을 주시기 때문이다. 그래서 예수님은 베드로가 "주는 그리스도시요 살아 계신 하나님의 아들이십니다"라고 고백했을 때 "이를 네게 알게 한 이는 혈육이 아니요 하늘에 계신 내 아버지라"라고 말씀하셨다(마 16:17).

"아버지를 아는 자가 없느니라"

여기서 '아버지를 안다'는 것은 단순히 신의 존재를 안다는 뜻이 아니라 아버지를 한 가족으로 아는 것을 말한다. 예를 들어 유명한 배우나 가수의 팬들은 그에 대하여 많은 것을 알고 있지만 서로가 아는 것은 아니다.

그러나 유명한 배우나 가수의 가족들은 그를 언제든지 만날 수 있고 무슨 이야기든지 다 할 수 있는 사이인 것이다. 우리가 하나님을 아버지로 알 수 있는 방법은 예수를 믿는 것 외에는 없다. 그리고 예수를 믿으려면 '아들의 소원대로 계시를 받아야' 한다. 여기서 '아들의 소원대로 계시를 받는다'는 것은 아들이 원하는 그 말씀을 듣는 것을 말한다.

28절, **"수고하고 무거운 짐진 자들아 다 내게로 오라"**

우리가 이 말씀을 들으면 마치 예수님께서 길에서 아주 무거운 짐을 지고 끙끙거리면서 가고 있는 사람들에게 내가 그 짐을 져 주겠다고 말씀하시는 것처럼 보인다. 그러나 사실 예수님은 많은 사람들의 무거운 짐을 져 줄 수 있을 정도로 큰 체격을 가진 분이 아니었다. 여기서 예수님께서 수고하고 무거운 짐을 진 자들을 초청하시는 것은 두 가지 의미가 있다. 하나는 당시 유대인들은 자신들의 죄를 해결하기 위하여 너무나도 무거운 율법의 짐을 지고 있었기 때문이다. 즉 그들은 죄에서 벗어나기 위해서 해야 할 것과 하지 말아야 할 것의 의무를 지고 있었던 것이다. 그런데 예수님은 이런 모든 율법과 죄의 짐들을 십자가 위에서 단번에 해결하셨다. 그리고 또 하나는 우리가 이 세상에서 성공하거나 자신의 욕심을 이루기 위해서 과도한 인생의 짐을 지고 가는 것을 말한다. 우리 인간은 현재만이 아니라 미래를 준비해야 하고, 또 남에게 인정을 받고 최고로 높은 자리에 올라가기 위해서 끊임없이 자신을 개발하고 노력하고 있다. 그러나 하나님은 우리에게 모든 복을 주시는 분이고, 또 우리 인생을 책임져 주시는 분이다.

29절, **"나는 마음이 온유하고 겸손하니"**

우리는 지도자를 떠올릴 때에 과격하고 공격적인 사람을 떠올리기 쉽다. 그러나 예수님은 그런 분이 아니다. 왜냐하면 예수님은 이 세상의 지도자들과 일하는 방식이 다르기 때문이다. 이 세상의 지도자들은 남의 것을 많이 빼앗아서 성공하지만 예수님은 하나님의 말씀에 순종하시고 자신을 많은 사람들에게 주심으로 구원을 이루시기 때문에 공격적일 필요가 없다.

"나의 멍에를 메고 내게 배우라"

누구든지 예수님 앞에서 자기 인생의 죄짐을 벗으려면 한 가지 의무가 있다. 그것은 바로 죄의 짐을 벗는 대신 예수님의 멍에를 메야 하는 것이다. 여기서 예수님의 멍에는 우리의 책임으로, 그것은 예수님을 믿어야 하고 예수님이 명령하신 대로 살아야 하는 의무를 말한다.

"그러면 너희 마음이 쉼을 얻으리니"

우리가 예수님의 멍에를 멜 때 가장 먼저 얻을 수 있는 것은 마음의 평안이다. 즉 모든 죄와 저주는 사라지고 하나님이 주시는 마음의 평화와 안식이 우리에게 주어지는 것이다.

30절, "이는 내 멍에는 쉽고 내 짐은 가벼움이라"

예수님은 절대로 우리가 인간의 힘으로 하나님의 모든 계명을 다 지킬 것을 요구하지 아니하신다. 또 예수님은 우리가 지은 죄에 대하여 고행이나 선행으로 그 대가를 갚을 것을 요구하지도 않으신다. 만일 우리가 우리 죄에 대하여 책임을 다 져야 한다면 예수님의 멍에는 너무나도 무거울 것이다.

우리가 예수를 믿으면 우리는 새사람으로 다시 태어난다. 우리는 걸음마부터 새로 배워서 장성한 사람이 되면 저절로 하나님의 말씀에 순종해서 살게 된다. 즉 우리는 지옥에 가지 않고 천국에 가기 위해서 하나님의 말씀에 순종하는 것이 아니라 이미 하나님의 자녀가 되었기 때문에 하나님의 말씀이 좋아서 순종하게 된다.

본문 이해를 위한 질문

1. 왜 하나님은 하나님의 진리를 지혜롭고 슬기 있는 자들에게는 숨기시는가?

우리 인간이 교만해서 하나님께 범죄하고 타락했기 때문에 하나님께서 우리를 구원하실 때에 다른 조건은 보지 아니하시고 오직 하나님 앞에 겸손한 것 하나만 보고 결정하신다. 그래서 자기 머리로 하나님을 이해하려고 하는 자들은 스스로 교만의 함정에 빠진 것이다.

2. 왜 아버지 외에는 아들을 알지 못하고, 아들 외에는 아버지를 알 수 없는가?

예수님은 인간의 몸으로 이 세상에 오셨지만 예수님 안에 있는 신성과 그의 모든 본성은 인간의 머리로는 절대로 알 수가 없다. 이것은 오직 아버지만 아시고 하나님의 말씀을 듣는 자들에게 예수님을 믿게 하시는 것이다. 그리고 우리가 하나님을 아는 것은 단지 신의 존재를 아는 것이 아니라 한 가족으로, 내 아버지로 아는 것을 말한다.

3. 예수님은 어떻게 우리의 무거운 짐을 가볍게 하시는가?

예수님은 우리의 가장 무거운 죄의 짐을 십자가 위에서 해결하시고 우리 인생의 짐도 하나님의 능력으로 도와주셔서 가볍게 해 주신다.

성경 강해

높은 산을 등산하는 사람들은 모두 등에 무거운 짐을 지고 산을 올라갑니다. 맨몸으로 올라가기도 힘든 에베레스트 같은 산을 무거운 짐을 지고 올라가는 이유는 산을 올라가고 내려오는 동안에 먹고 자야 하기 때문입니다. 그래서 등산을 하는 사람들의 배낭에는 텐트와 물, 버너, 연료, 비상식량 같은 최소한의 생존을 위한 의식주가 들어 있는데 이것이 아주 무거운 것입니다. 만일 높은 산에 올라가면서 맨몸으로 올라가다가 허기가 지거나 목이 마르면 결국 쓰러져 죽게 될 것입니다.

또 군인들이 작전을 위해 출동할 때에도 모두 등에 무거운 짐을 지고 갑니다. 그 배낭 안에도 역시 비상식량과 갈아 신을 양말과 내의, 우의 그리고 여분의 탄약이 들어 있을 것입니다.

그리고 사람들은 피난을 갈 때 도망가기도 바쁜데 모두 큰 보따리들을 머리에 이거나 어깨에 짊어지고 피난을 갑니다. 그 피난 보따리 안에는 양식과 솥이나 냄비 같은 취사도구도 있고, 숟가락이나 젓가락 그리고 이불이나 옷도 있습니다.

어떤 분이 한국전쟁 당시에 피난 갈 때의 체험을 적어 놓은 것을 본 적이 있는데 살을 에는 추위에 강을 건넜는데 이불 보따리와 옷 보따리를 강 건너편에 두고 왔다는 것입니다. 그때 그의 어머니께서 그 추운 강을 맨살로 다시 건너가서 이불 보따리와 옷 보따리를 가져오셨는데 어머니가 그렇게 하지 않았더라면 그날 그들은 모두 얼어 죽었을 것이라고 했습니다.

학생들은 어린 나이에 등에 아주 무거운 책가방을 짊어지고 학교에서 학원으로, 다시 독서실로 가서 공부를 더 하고 돌아옵니다. 그렇게 하는 이유는 대학에 합격하기 위해서입니다.

우리 인간은 이 세상에서 굶어 죽지 않기 위해서 혹은 성공적인 삶을 살기 위해서 모두 무거운 짐을 지고 살아가고 있습니다. 아마 우리 인간에게는 이 세상에서 살아야 하는 것 자체가 무거운 짐일 것입니다. 거기에다가 다른 사람의 짐까지 져야 할 때 우리의 짐은 몇 배나 무거워질 것입니다.

예수님은 우리를 향해서 "수고하고 무거운 짐 진 자들아 다 내게로 오라 내가 너희를 쉬게 하리라"(마 11:28)라고 말씀하셨습니다. 우리는 살기 위해서 무거운 짐을 지고 걸어가지만 목표한 곳에 가면 그 짐들을 다 벗어 버릴 것입니다. 예를 들어 등산을 하는 사람은 산에서 내려오면 그 짐을 벗을 것이고, 군인들은 작전이 끝나면 배낭을 벗을 것이며, 학생들은 원하는 대학에 들어가면 책가방을 벗을 것입니다. 그리고 피난민들은 전쟁이 끝나고 자기 집을 도로 찾게 되면 피난 보따리를 벗어 버릴 것입니다. 예수님께서는 내가 너희를 쉬게 하리라고 말씀하셨습니다.

그러면 우리는 도대체 언제부터 이 무거운 짐을 지게 되었을까요? 그것은 아마도 이 세상에 태어나면서부터일 것입니다. 사람들에게는 많은 짐이 있지만 그 중에서 가장 무거운 짐은 죄의 짐입니다. 결국 죄는 이 세상에 또 많은 짐들을 만들어 내었습니다. 사람들은 하나의 짐을 벗고 또 다른 짐을 져야 합니다. 예수님은 우리의 짐들 중에서 가장 무거운 죄의 짐을 져 주기를 원하십니다. 그러면 우리의 짐은 훨씬 가벼워지는 것입니다. 그런데 우리가 예수님 앞에서 이 죄의 짐을 벗기 위해서는 한 가지 조건이 필요합니다. 그것은 바로 우리가 예수님 앞에서 어린아이가 되어야 한다는 사실입니다.

1. 예수님의 어린아이

오래전에 지방 도시의 한 건물에 불이 나서 130여 명의 사상자를 낸 적이 있습니다. 그런데 놀랍게도 3층의 당구장에 있던 사람들은 창문을 깨고 대피하여 몇 명만 부상을 입었을 뿐인데 2층의 호프집에 있던 사람들은 모두 참변을 당했습니다. 2층의 호프집은 창문을 다 막아 놓았기 때문에 사람들이 탈출구를 찾지 못해서 큰 피해를 당한 것입니다. 어떤 한 여학생은 3층에서 뛰어내리지 못하고 망설이고 있었는데 옆에 있던 남자가 들어서 창문으로 던지는 바람에 다리는 부러졌지만 목숨을 건질 수 있었습니다.

사람들이 불에 타고 있는 건물에 갇혔을 때 꾀가 많은 사람들은 건물 안에서 살길을 찾으려고 할 것입니다. 그래서 화장실로 간다든지 욕실로 가서 불을 피하려고 하지만 불이 오기 전에 먼저 연기에 질식해서 죽습니다. 그러나 무지한 사람들은 건물 안에 있으면 안 된다고 생각해서 밖으로 뛰어내리는데 뛰어내리면 다치기는 하지만 목숨은 건지는 것입니다.

예수를 믿는 것은 내 인생을 예수님에게 던지는 것입니다. 우리는 예수 믿는 과정에서 직장을 잃기도 하고, 진로를 찾지 못해서 방황하기도 하고, 때로는 결혼이 많이 늦어지기도 합니다. 그러나 우리가 지옥불이 붙고 있는 이 세상에서 살 수 있는 유일한 길은 예수님에게 내 인생을 던져 버리는 것입니다. 예수님은 이것을 우리가 어린아이가 되는 것으로 말씀하셨습니다.

25절, "그때에 예수께서 대답하여 가라사대 천지의 주재이신 아버지여 이것을 지혜롭고 슬기 있는 자들에게는 숨기시고 어린아이들에게는 나타내심을 감사하나이다"

여기서 '예수께서 대답하여 가라사대' 라고 하였지만 이것에 대하여 아무도 예수님께 묻지 않았습니다. 아마도 어떤 중요한 문제에 대해서 말할 때 이런 식으로 표현했던 것 같습니다. 예수님의 이 말씀은 어느 누구도 질문하지 않았지만 우리 인생에 있어서 가장 중요한 질문이 아닐 수 없습니다.

예수님은 세례 요한에 대하여 증거하면서 사람들에게 너희는 피리를 불어도 춤추지 않고 애곡을 해도 가슴을 치지 않는 자와 같다고 하셨습니다. 즉 당시 유대인들은 세례 요한을 너무 죄를 책망한다고 싫어했고, 예수님은 또 너무 먹고 마시고 죄인들과 어울린다고 싫어했습니다. 즉 이 사람들은 구원을 자기 생각대로 믿고 있었던 것입니다. 왜냐하면 그들은 너무 이성적이고 똑똑한 사람들이었기 때문입니다. 이들은 교양이 없고 세련되지 못한 것은 용납할 수가 없었습니다. 즉 이들은 예수 믿는다고 하면서 우는 것이나 혹은 성령 받았다고 하면서 기뻐 날뛰는 것을 참을 수가 없었던 것입니다. 그러나 예수님께서는 이렇게 말씀하셨습니다.

'천지의 주재이신 아버지여 이것을 지혜롭고 슬기 있는 자들에게는 숨기시고 어린아이들에게는 나타내심을 감사하나이다.'

하나님은 구원의 진리를 어떤 사람들에게는 감추셔서 깨닫지 못하게 한다고 하셨습니다. 그 사람들이 어떤 사람들입니까? 자기 스스로 지혜 있고 슬기롭다고 생각하는 사람들인 것입니다. 결국 우리가 예수를 믿는 것은 믿음의 문제이지 이성의 문제가 아닌 것입니다. 즉 누구든지 자기 머리로 예수님을 이해하려고 하는 자는 신앙을 가지지 못하게 되는 것입니다. 왜냐하면 신앙은 결코 이성적이지 않기 때문입니다.

예를 들어 우리는 하나님이 계시다는 것을 증명할 수가 없습니다. 우리는 어느 순간 하나님이 계신 것을 믿게 되는 것이지 이성적으로 증명되어서 믿는 것이 아닙니다. 더욱이 우리가 하나님 앞에 죄인이라는 것은 우리의 머리로는 알 수 없는 것입니다. 그리고 우리가 지은 죄를 예수님이 감당한다는 것은 옳지 않습니다. 왜냐하면 죄를 지은 사람이 죗값을 치러야지 다른 사람이 책임을 진다는 것은 윤리적으로나 도덕적으로 말이 되지 않기 때문입니다. 그래서 사람들이 예수 믿기 어려워하는 이유 중의 하나가 '왜 내가 지은 죄를 내가 보지도 못한 예수님이 책임을 져야 하느냐?' 하는 것입니다. 그리고 인간들은 또 우리 구원의 길이 오직 하나밖에 없다는 것을 인정하기 어려워합니다. 왜냐하면 사람들은 모든 가능성에 대하여 길을 열어 두는 것을 더 이성적이라고 생각하기 때문입니다. 그래서 오직 예수만 믿어야 구원을 얻는다는 것은 너무 독단적이라고 생각하는 것입니다.

그런데 예수님은 가장 먼저 온 천지의 주재이신 아버지에서부터 시작하셨습니다.

'천지의 주재이신 아버지여.'

우리 인간에게 가장 중요한 문제는 하나님이 있느냐 하는 것입니다. 만일 이 세상에 하나님이 없다면 이 세상 모든 것은 먼저 본 사람이 임자이고, 먼저 차지한 사람이 주인일 것입니다. 그리고 하나님이 안 계시는 것이 확실하다면 재능이나 힘이 있는 사람은 자기가 가지고 싶은 것을 다 가질 수 있을 것입니다. 그러나 하나님이 계시고 하나님이 주인이시라면 모든 인간은 이 세상에 세 들어 사는 사람들에 불과합니다. 주인이 나가라고 하면 인간들은 나갈 수밖에 없는 것입니다. 그리고 주인의 눈치를 보아야 합니다. 옛날에 저희 가족이 셋방을 전전할 때에는 아이가 많다고 하면 주인이 방을 주지 않아서 어머니는 저희에게 늘 조용히 하라고 하셨습니다. 그리고 어머니는 너희에게 야단을 쳐야 하는데 주인 눈치를 보느라고 야단을 치지 못해서 교육이 엉망이라고 말씀하기도 하셨습니다.

예수님은 하늘의 아버지를 '천지의 주재이신 아버지' 라고 말씀하셨습니다. 이것은 이 세상 모든 것의 주인은 하나님이라는 것입니다. 마치 밖에 물건을 쌓아 놓았는데 어떤 사람들이 와서 주인이 없는 물건인 줄 알고 마구 가져가려고 할 때에 그것을 본 딸이 "아버지! 사람들이 물건들을 가져가요!" 라고 소리를 지르면 사람들은 주인이 안에 있다는 것을 깨닫고 놀라서 물건을 두고 가는 것과 같습니다.

만약 이 세상에 하나님이 안 계신다면 사람이 못할 짓이 없을 것입니다. 사람들은 힘이 있고 능력이 있으면 무엇이든지 할 것입니다. 그러나 자기 힘을 믿고 기업을 키우고 세력을 키운 사람들은 오래가지 못하고 한순간에 몰락합니다. 그 이유는 주인이 방을 빼라고 말씀하셨기 때문입니다. 그러나 하나님이 계신다면 일일이 하나님께 물어보아야 합니다. 대개 그리스도인들은 하나님의 뜻이 어디에 있는지를 찾는 데 시간을 다 보냅니다. 그리고 우리는 또 하나님의 때를 기다려야 하고 하나님의 방법을 찾아야 합니다. 그러니까 아무것도 되는 것이 없는 것입니다. 우리는 사실 이 세상에서 할 수 있는 것이 거의 없습니다. 그러나 예수님은 그것이 정상이라는 것입니다. 왜냐하면 우리는 어린아이이기 때문입니다. 우리는 아무것도 할 수 없다는 것을 알기 때문에 무조건 예수님이 시키는 대로 합니다. 그래서 사람들이 우리에게 왜 그렇게 하느냐고 물어봐야 아무 소용이 없습니다. 왜냐하면 우리는 아는 것이 아무것도 없기 때문입니다. 우리는 하나님의 눈치를 보느라고 아무것도 못하는 것이 정상입니다.

예수님께서는 하나님의 진리를 모든 사람에게 알게 하지 않으신다고 말씀하셨습니다. 성경은 많은 부분이 이야기로 되어 있습니다. 그런데 그 이야기들 중에는 서로 모순되는 내용들이 있습니다. 그리고 어떤 부분은 도저히 뜻을 알 수 없는 예언으로 되어 있고, 어떤 부분은 옛날 이스라엘 백성이 사용하던 민법이나 형법 혹은 제사법으로 되어 있습니다. 사람들은 오래전에 하나님이 선지자들을 통해서 말씀하셨던 성경이 오늘 우리에게도 축복이 될 것이라고 믿지 않습니다. 그것이 바로 '지혜롭고 슬기로운' 것입니다.

우리는 이 세상에 두 가지 지혜가 있다는 것을 알아야 합니다. 하나는 우리 인간이 이 세상에 살면서 경험하고 생각한 것을 모아 놓은 지식입니다. 이것이 하버드 대학이나 옥스퍼드 대학의 도서관 같은 곳에 수백만 권의 책으로 꽂혀 있습니다. 우리 인간의 탁월한 지혜는 우리가 생각하고 경험한 것을 쌓아 놓을 수 있다는 것입니다. 우리 인간이 이 세상에서 유능하고 똑똑해지기 위해서는 이 세상의 지식을 배워야 합니다. 학생들은 좋은 대학에 들어가기 위해서 이 엄청난 지식을 외워야 하는 것입니다.

그러나 이 지식은 우리 자신을 알게 하지 못합니다. 또 이 지식은 하나님을 알게 하지 못합니다. 즉 이 세상의 많은 지식은 이 세상을 사는 데 필요한 수평적인 지식이지 하나님을 아는 수직적인 지식이 아닌 것입니다. 수직적인 지식, 하나님께서 우리에게 말씀하신 진리는 오직 하나님의 말씀밖에 없습니다. 그런데 이 진리는 오직 믿음으로만 알아 갈 수 있습니다. 우리는 하나님을 증명할 수 없습니다. 이것은 자녀가 부모를 증명하지 않아도 알 수 있는 것과 같습니다. 그러나 인간의 이성은 눈에 보이지 않는 것은 없다고 말을 합니다. 그러나 사실 중요한 것은 눈에 보이지 않는 것입니다. 사람들은 병균이 보이지 않지만 병균이 있다는 것을 믿습니다. 즉 하나님의 세계는 병균을 현미경으로 보아야 보이듯이 하나님의 말씀의 눈으로 보아야 알 수 있습니다.

그러면 왜 하나님은 지혜롭고 슬기 있는 자들에게 하나님의 진리를 모르게 하셨을까요? 하나님이 우리 인간에게 요구하시는 것은 오직 겸손이기 때문입니다. 우리 인간은 하나님 앞에 오직 티끌에 불과합니다. 하나님은 우리가 그것을 인정하기를 원하십니다. 하나님은 어떤 죄인도 다 용서하시고 받아 주십니다. 그러나 하나님은 하나님을 자기 이성으로 이해하려고 하는 자를 용납하지 않으십니다. 왜냐하면 인간의 모든 죄와 타락을 가져온 것이 인간의 교만이기 때문입니다.

저는 대학교에 다닐 때에 에리히 프롬의 책을 읽은 적이 있습니다. 그 책에서 에리히 프롬은 인간이 에덴동산에서 선과 악의 열매를 따 먹은 것은 타락이 아니라 발전이었다고 주장했습니다. 결국 인간이 원하는 것은 하나님과 대등해지고 싶은 것입니다. 인간은 자신의 능력을 다 발휘하고 머리를 다 쓰면 하나님과 같아질 것이라고 생각합니다. 그러나 인간이 하나님과 같아질 수 있는 것은 자기의 모든 것을 부인하고 하나님의 말씀에 복종하는 것입니다.

2. 육신으로 오신 예수님

26절, "옳소이다 이렇게 된 것이 아버지의 뜻이니이다"

예수님께서는 모든 사람으로 하여금 다 예수 믿게 하시는 것이 아니라 어떤 사람은 못 믿게 하시고 어떤 사람은 믿게 하시는 것이 하나님의 뜻이라고 말씀하셨습니다. 왜 하나님은 지혜롭고 슬기 있는 자는 믿지 못하게 하시는 것일까요? 그러면 그들은 너무 많은 것을 가지게 되기 때문일까요?

예수님은 지옥에 간 부자가 너무 뜨거워서 아브라함에게 나사로를 보내 그 손가락 끝에 물 한 방울 찍어서 혀를 시원하게 해 달라고 했을 때 아브라함이 '너는 세상에서 살 때에 모든 것을 다 가졌으니 거기서 고생하는 것이 마땅하다' 고 했다고 하셨습니다. 즉 우리는 모든 것을 다 가질 생각을 해서는 안 되는 것입니다.

하나님이 우리 인간을 시험하시는 것 중에 가장 중요한 것이 하나님의 아들을 우리와 똑같은 인간의 몸으로 보내신 것입니다. 만약 예수님이 하나님의 아들이라면 조금 다른 부분이 있어야 할 텐데 예수님은 조금도 다른 부분이 없으셨습니다. 예수님은 나사렛에서 자라셨습니다. 그 후에 예수님은 가버나움으로 이사하셨습니다. 예수님은 다른 아이들과 조금도 다른 데가 없었습니다. 그런데 예수님이 하나님의 아들이라는 것입니다. 사람들은 이런 말을 들으면 그를 정신병자이거나 미친 사람이라고 생각했습니다. 그래서 유대인들이 예수님을 보고 '귀신 들렸다' 고 했는데 이 말은 미쳤다는 뜻입니다.

예수님 당시에 유대인들은 예수님을 보았을 때 미쳤다고 말할 수밖에 없었습니다. 왜냐하면 예수님은 그들과 조금도 다를 바가 없는 인간이었기 때문입니다. 우리가 그를 육신으로 보지 않은 것이 큰 다행인지도 모릅니다. 예수님은 분명히 사람이었고, 그것도 약한 사람이었습니다. 예수님은 감기에 걸리실 수도 있고 조금만 무리하면 누울 수밖에 없는 약한 사람이었습니다. 그러나 그의 입에서는 엄청난 진리의 말씀이 쏟아져 나왔습니다. 예수님은 모든 사람의 생각을 다 아셨으며, 그들이 어떻게 살아왔는지를 아셨습니다. 사람들은 예수님께 자기 이야기를 꺼낼 필요가 없었습니다.

누구든지 제대로 예수님을 만나기만 하면 그가 하나님의 아들인지 알 수 있었습니다. 그러나 예수님을 외모로 보고 판단하는 사람에게 예수님은 무식하고 보잘것없는 사람으로 보였을 것입니다. 예수님은 우리가 그림에서 보는 것보다 더 초라하셨던 것 같습니다. 그러나 예수님은 "옳소이다 이렇게 된 것이 아버지의 뜻이니이다"라고 하셨습니다. 이것이 무슨 말입니까? 예수님을 외모로 판단하는 사람들은 모두 교만한 사람들이었고, 그들은 믿음이 없었습니다. 그들은 한 번이라도 제대로 예수님을 만나 보려고 하지 않았습니다. 거기에 비해 어린아이 같은 자들은 예수님의 말씀을 오래오래 진지하게 들었고, 그 모든 말씀을 믿었습니다. 왜냐하면 자기들은 예수님보다 못난 자들이었기 때문입니다.

사람들은 모두 외모를 보고 판단합니다. 그러나 외모가 초라한 사람들 중에서 엄청난 실력을 가지고 있는 사람들이 있습니다. 이때 사람들은 자신의 무식함을 폭로하게 되는 것입니다.

사람들이 예수님의 외모를 보면 실망해서 떠나는 것이 정상입니다. 그런데 이상하게도 예수님을 금방 떠나지 않고 진지하게 그를 만나기를 원하는 사람들이 있었습니다. 그 사람들은 바로 이 세상에서 실패한 사람들이고, 자기 자신에 대하여 실망한 사람들이며, 아무것도 자랑할 것이 없는 사람들이었습니다. 예수님은 아버지께서 이 사람들을 자기에게 주셨다고 믿었습니다. 이 사람들이 예수님께 나아오는 것을 아버지께서 기뻐하셨다는 말입니다. 여기서 '아버지의 뜻이니이다'라는 말은 이렇게 되는 것을 아버지께서 기뻐하셨다는 뜻입니다. 사실 하나님의 인도하심이 아니면 아무도 예수님께 나아올 자가 없습니다.

사람에게 가장 힘든 것이 하나님 앞에서 자신의 부족함을 인정하는 것입니다. 어떤 사람은 실패했을 때 하나님께 기도하는 것은 비겁한 것이라고 말합니다. 왜냐하면 실패해도 끝까지 자기가 책임지고 나중에 정정당당하게 하나님을 만나야 한다는 것입니다. 그러나 하나님은 우리로 하여금 어느 순간 우리의 죄를 보게 하시고, 무능을 깨닫게 하시고, 예수 이름 앞에 무릎을 꿇게 하셨습니다. 우리는 예수님에게 모든 인생을 맡겼습니다.

옛날 애굽 왕 바로는 요셉에게 나라의 정치를 맡겼습니다. 왜냐하면 이 청년만큼 하나님의 신이 충만한 사람을 보지 못했기 때문입니다. 바로는 자기가 정치를 어중간하게 맡기면 죽도 밥도 되지 않는다는 것을 알고 있었습니다. 그래서 바로는 요셉에게 나라의 정치를 맡겼고, 그 덕분에 애굽인들은 흉년에서 살아남을 수 있었던 것입니다. 요셉이 강하게 정책을 밀어붙일 때 요셉에 대하여 얼마나 많은 모함이 있었겠습니까? 그러나 바로는 모든 것을 요셉에게 일임했기 때문에 결국 그 나라가 살게 되었습니다.

27절, "내 아버지께서 모든 것을 내게 주셨으니 아버지 외에는 아들을 아는 자가 없고 아들과 또 아들의 소원대로 계시를 받는 자 외에는 아버지를 아는 자가 없느니라"

'내 아버지께서 모든 것을 내게 주셨다' 는 말은 엄청난 말입니다. 왜냐하면 원래 이 세상 모든 것은 아버지의 것이었기 때문입니다. 물론 아들도 하나님이 창조하실 때 함께하셨지만 소유권은 아버지에게 있었습니다. 그러나 인간이 타락했을 때 이 우주는 사실 파괴되어야만 했습니다. 그런데 아들이 "내가 세상에 가겠습니다. 아버지, 이 세상을 나에게 맡겨 주십시오"라고 하셔서 예수님이 이 세상을 맡게 된 것입니다.

그런데 '아버지 외에는 아들을 아는 자가 없다' 는 말이 무슨 뜻일까요? 하나님의 아들은 비밀 중의 비밀이었습니다. 하나님은 아들을 너무 사랑하셔서 깊이깊이 감추어 두셨습니다. 그러나 하나님은 짐승보다 못한 인간들을 위해서 그 귀한 아들을 내어 놓으신 것입니다. 그리고 하나님은 우리 인간이 하나님께 나아올 수 있는 유일한 길로 예수를 믿는 길 외에는 인정하지 않으셨습니다.

3. 위대한 초청

예수님은 인생의 무거운 짐을 지고 가고 있는 사람들을 부르셨습니다. 그러면서 예수님은 우리 모두를 쉬게 하겠다고 말씀하셨습니다.

28절, "수고하고 무거운 짐진 자들아 다 내게로 오라 내가 너희를 쉬게 하리라"

예수님께서는 이 세상의 무거운 짐을 지고 힘들게 걸어가고 있는 자들을 초청하십니다. 그러면서 '내가 너희를 쉬게 하리라' 고 약속하십니다. 다시 말해서 이제는 더 이상 그런 무거운 짐을 지고 걸어가지 않게 하겠다는 뜻입니다. 그러면 여기서 예수님이 말씀하시는 '수고하고 무거운 짐' 은 무엇을 말할까요? 우리는 몇 가지를 생각해 볼 수 있습니다. 하나는 경제적인 생활고입니다. 우리 주위에는 하루하루 먹고살기 위해서 무거운 짐을 나르고 추운 겨울에도 일을 해야만 하는 사람들이 많이 있습니다. 그런 사람들은 하루라도 빨리 이런 생활고에서 벗어나서 여유 있는 삶을 살고 싶어 할 것입니다.

어떤 부인은 어려운 가정을 꾸려 나가기 위해 매일 가사도우미 일을 하면서 돈을 벌어야 합니다. 그는 아들이 빨리 커서 생활고에서 벗어나기를 기다릴 것입니다. 특히 당시 유대인들 중에는 질병으로 고통을 받는 사람들이 많이 있었습니다. 이 사람들은 사는 것 자체가 무거운 짐이었습니다. 이렇게 육체의 병이 무거운 짐이라면 정신병에 걸리거나 귀신 들린 것은 더 무거운 짐일 것입니다. 특히 이때는 노예도 많이 있었는데 이들은 하루하루 무거운 일을 해야만 했습니다. 또 당시 유대인들은 하나님 앞에서 의롭다 함을 받기 위해 600가지가 넘는 규칙을 지켜야 했습니다.

몇 년 전에 입적하신 성철 스님은 누워서 잠을 자지 않고 8년을 견디었다고 합니다. 누워서 잠을 자지 않고 8년을 견딘다는 것은 엄청난 고통이었을 것입니다. 그렇더라도 그는 하나님 앞에서 의로울 수 없었습니다.

더욱이 사람들은 성공한 후에도 더 성공하기 위해서 무거운 짐을 지고 살아갈 때가 많이 있습니다. 또 다른 사람들로부터 인정받으려는 것 자체가 무거운 짐이 되기도 합니다. 요즘 사람들은 모두 무거운 짐을 지고 살아가고 있습니다. 가난한 분들은 생계 자체가 짐이고, 학생들은 공부가 무거운 짐이고, 장애를 가진 사람들은 육체 자체가 짐이 될 것입니다. 그런데 예수님은 "수고하고 무거운 짐 진 자들아 다 내게로 오라"라고 하시면서 "내가 너희를 쉬게 하리라"라고 말씀하셨습니다.

예수님은 어떻게 해서 우리의 무거운 짐을 내려놓고 쉬게 하실 수 있을까요? 우선 우리는 아무리 무거운 짐을 지고 가더라도 목표한 곳에 가면 그 짐을 벗을 수 있습니다. 학생들은 원하는 대학에 들어가면 입시의 짐을 벗을 수 있고, 등산하는 사람들은 산에서 내려오면 그 짐을 벗을 수 있을 것입니다. 그런데 우리가 지고 있는 짐 중에서 가장 무거운 짐이 죄의 짐입니다. 예수님은 우리의 죄의 짐을 지고 골고다 언덕으로 가셨습니다. 그리고 예수님은 우리 안에 천국의 복을 부어 주셔서 신바람이 나게 하십니다. 그리고 우리가 지고 가야 할 무거운 짐들을 주님이 함께 져 주십니다. 그래서 우리는 이 인생의 무거운 짐을 벗을 수 있는 것입니다. 그러나 예수님과 함께 짐을 지고 가려면 우리는 예수님에게 걸음을 맞추어야 합니다.

29-30절, "나는 마음이 온유하고 겸손하니 나의 멍에를 메고 내게 배우라 그러면 너희 마음이 쉼을 얻으리니 이는 내 멍에는 쉽고 내 짐은 가벼움이라 하시니라"

여기의 '멍에'는 소나 나귀에게 짐을 지우기 위해서 목에 가로 얹는 둥그렇게 구부러진 막대입니다. 그러나 팔레스타인 사람들은 우리와 달리 소나 나귀 두 마리에게 하나의 멍에를 메게 합니다. 그런데 소와 나귀를 한 멍에로 메게 하면 밭을 갈거나 짐을 지게 할 수가 없습니다. 왜냐하면 소와 나귀는 성격이나 걸음걸이가 완전히 다르기 때문입니다. 우리가 살 수 있는 길은 예수님과 함께 걸어가는 것입니다.

여기서 '온유하고 겸손하다'는 것은 내 욕망대로 성급하게 달려가지 않고 예수님과 보조를 맞추어서 걸어가는 것입니다. 하나님이 하라고 하시면 하고, 하나님이 하지 말라고 하시면 하지 않는 것입니다. 그리고 이것은 무엇이든지 잘해야 하고 항상 일등이 되어야 하는 것이 아닙니다. 부족한 자에게는 부족한 대로 하나님의 뜻이 있고, 연약한 자에게는 연약한 대로 하나님의 뜻이 있습니다. 그것을 인정하고 그 안에서 최선을 다할 때 어떤 일이 일어납니까? 하나님의 신적인 능력이 나를 통하여 나타납니다. 사도 바울은 "내게 능력 주시는 자 안에서 내가 모든 것을 할 수 있느니라"라고 말했습니다. 바로 이것입니다. 가장 중요한 것이 '내게 능력 주시는 자 안' 입니다. 다시 말해서 하나님의 뜻 안에서입니다. 그러나 하나님이 하라고 하시는 범위 안에서는 모든 것을 다 할 수 있습니다.

우리는 하나님이 하지 말라고 하는 일을 억지로 하려고 하지 말아야 합니다. 그리고 야망을 좇아 닥치는 대로 하려고 하지 말아야 합니다. 우리는 하나님의 말씀의 길을 찾았습니다. 그 길을 묵묵히 따라가면 하나님의 복이 우리에게 부어지면서 이 세상의 복도 생기게 됩니다. 우리의 성공은 이 세상에서 많은 것을 알고 이 세상에서 많은 것을 가지는 것이 아닙니다. 우리의 성공은 하나님을 향하여 끝까지 가는 것입니다.

우리가 하나님을 향하여 걸어가면 하나님이 우리를 통하여 많은 일을 하실 것입니다. 우리는 영웅이 될 필요도 없고 유명한 사람이 될 필요도 없습니다. 우리에게 주어진 길을 묵묵히 걸어갈 때 하루하루가 모여서 기적이 될 것입니다.

우리는 어린아이입니다. 그러므로 우리는 자기 인생을 자기가 책임지려고 할 것이 아니라 하나님에게 물어보아야 합니다. 우리가 하나님의 말씀만 붙들고 꿋꿋하게 걸어가는 동안 하나님의 뜻이 다 이루어질 줄로 믿습니다.

성경 토의

1. 왜 우리 인간은 사색이나 종교적인 체험으로 하나님을 알 수 없고 오직 하나님의 말씀을 들어야 하나님을 믿는가?

2. 예수님은 누구시며 사람들은 어떻게 예수님이 하나님의 아들이신지 알 수 있는가? 그리고 우리가 하나님을 안다는 것은 과연 어떤 것을 말하는가?

3. 예수님은 나의 어떤 짐을 가볍게 해 주시며, 예수님의 멍에를 메고 배운다는 것은 어떤 것을 말하는가? 나는 과거에 무거운 죄의 짐을 지고 고민해 본 적이 있는가? 지금 나에게 가장 무거운 짐은 무엇이며, 어떻게 하면 이 짐이 가벼워질 수 있는가?

52_성전보다 더 크신 분

마태복음 12:1-8

전체적 설명 예수님 당시 유대인들은 자신들이 나라를 잃고 바벨론의 포로가 된 것이 율법을 등한히 했기 때문이라고 생각했다. 그래서 유대 백성은 바벨론에서 돌아온 후에 율법을 더 엄격하게 지키려고 노력하였다. 그런데 유대인들은 율법을 더 잘 이해하면서 지키려고 한 것이 아니라 이것을 하나의 이데올로기처럼 만들어서 지킬 것을 강요했다. 즉 유대인들은 율법을 하나님의 말씀으로 지키고 사랑하는 마음으로 지킨 것이 아니라 하나의 강제적인 계율로 지키려고 했다. 특히 유대인들은 안식일을 유대인들을 하나로 묶을 수 있는 이데올로기로 생각했다. 그런데 유대인들은 예수님이 자기들이 정한 대로 안식일을 지키지 않고 안식일에 병자들을 고치고 그의 제자들은 안식일에 밀 이삭을 잘라서 먹으니까 안식일을 어긴다고 비판을 한다.

설교 프리노트

1절, "그때에 예수께서 안식일에 밀밭 사이로 가실쌔"

예수님 당시 유대인들은 안식일을 유대인들을 하나로 묶을 수 있는 아주 중요한 정신적인 기초로 생각했다. 그래서 유대 지도자들은 안식일에 해서는 안 되는 규정들을 만들어서 지키도록 강요하였고, 유대 당국은 유대인들 중에서 안식일을 지키지 않는 사람이 있으면 고발을 하게 했으며, 고발당한 사람은 회당에서 채찍질을 해서 안식일을 지키도록 징계하였다. 그런데 예수님은 안식일을 철저하게 지키지 않으셨다. 그래서 안식일에 병자들의 병을 고치는 것이 예수님과 유대 당국 사이의 중요한 갈등 요소 중 하나가 되었다. 우리 생각에는 예수님께서 좀 양보하셔서 안식일에 병을 고치는 것을 절제하면 좋을 것 같은데 예수님은 안식일에 병을 고치는 것을 아주 중요하게 생각하셨기 때문에 안식일 문제는 예수님과 유대 당국 사이의 중요한 갈등의 원인이 되었다.

"제자들이 시장하여 이삭을 잘라 먹으니"

예수님의 제자들은 예수님을 따라다니면서 배고플 때가 많았던 것 같다. 즉 제자들은 예수님이 가난하셨기 때문에 굶을 때도 많았고, 어떤 때는 병자들을 고치느라고 음식을 먹을 시간이 없어서 굶기도 했던 것 같다. 그래서 어느 안식일에 예수님 일행이 밀밭 사이를 지날 때에 제자들이 배가 고픈 것을 참지 못해서 밀 이삭을 손으로 잘라서 먹었다. 그런데 유대인의 율법에는 배가 고프거나 가난한 사람들이 밭에 들어가서 손으로 따 먹는 것은 죄가 되지 않았다(신 23:25 참조). 이것은 율법이 가지는 놀라운 사랑의 정신이다.

2절, "당신의 제자들이 안식일에 하지 못할 일을 하나이다"

율법에 의하면 예수님의 제자들이 배가 고파서 다른 사람의 밀밭에 들어가서 밀 이삭을 잘라 먹은 것은 절도죄에 해당되지 않았다. 그러나 문제는 예수님의 제자들이 안식일에 밀 이삭을 잘라 먹은 것이다. 즉 유대 지도자들은 예수님의 제자들이 안식일에 밀을 손으로 잘라서 비벼 먹은 것은 노동에 해당한다는 것이다. 실제로 유대인들은 안식일에 불을 사용하는 것도 노동에 속한다고 생각했기 때문에 그 전날 미리 음식을 만들어 두었다가 먹었다. 요즘도 이스라엘에서는 안식일에 엘리베이터를 운행하지 않는 건물이 있다고 한다.

3절, "다윗이 자기와 그 함께한 자들이 시장할 때에"

예수님께서는 율법의 계명이 절대적인 것이 아니라는 것을 성경을 예를 들어서 말씀하셨다. 예를 들어 교통법에 의하면 자동차나 사람들은 횡단보도를 건널 때에 빨간불이 켜지면 반드시 멈춰 서야 하지만 사람이 죽어 갈 때에는 꼭 지키지 않아도 된다. 그래서 위급한 환자를 이송하는 앰뷸런스는 빨간불일 때도 사이렌을 울리면서 지나가도 된다.

4절, "제사장 외에는 자기나 그 함께한 자들이 먹지 못하는"

성전의 성소에는 12개의 진설병을 올려놓게 되어 있었는데 율법에 그 떡은 제사장 외에는 먹지 못하게 되어 있었다. 그러나 제사장은 다윗과 그의 일행이 너무 배고파했기 때문에 율법에는 금지되었지만 다윗 일행에게 그들이 여자를 가까이하지 않았다는 것만 확인하고는 금지된 떡을 먹게 하였다.

5절, "제사장들이 성전 안에서 안식을 범하여도"

안식일을 엄격하게 지키려면 안식일에는 모든 행동을 금하는 것이 옳지만 제사장은 안식일에도 성전에서 일을 한다. 예를 들면 아기들에게 할례를 행하거나 제사를 위해서 짐승을 죽이거나 제사에 불을 붙이기 위해서 나무를 넣는 일을 한다. 그러나 제사장이 성전에서 하는 일은 영업이 아니라 하나님께 예배드리는 일의 연장이기 때문에 죄가 되지 않는다(민 28:9). 예수님은 유대인들에게 이것을 읽어 보지 못하였느냐고 물어보셨다. 즉 제사장이 성전이라는 영역 안에서 일하는 것은 안식일을 범하는 것이 아니라는 것이다.

6절, "성전보다 더 큰 이가 여기 있느니라"

예수님은 자신을 성전보다 더 크다고 소개하셨다. 실제 크기를 가지고 말한다면 성전이 예수님보다 훨씬 크지만 예수님은 성전의 실체가 되시는 분이기 때문에 성전보다 더 크신 분이었다. 즉 눈에 보이는 성전은 예수님의 육신의 모형이었던 것이다. 그래서 예수님의 제자들이 예수님과 함께 있으면서 한 일은 죄가 되지 않았다. 이것은 정말 놀라운 예수님의 자기소개였다.

7절, "나는 자비를 원하고 제사를 원치 아니하노라"

이것은 예수님이 호세아 6장 6절 말씀을 인용하신 것이다. 하나님께서 유대인들에게 율법을 주시고 제사를 주신 것은 기계적으로 율법을 지킬 것을 강요하고 이것을 지키지 못하는 사람들을 정죄하는 것이 아니라 인간의 부족함을 깨닫고 하나님의 자비를 구하는 것이 목적이었다. 율법의 목적이 하나님께 자비를 구하는 것이라면 다른 사람들에게도 자비를 베풀어야 율법을 지키는 것이다.

8절, "인자는 안식일의 주인이니라"

사람들이 안식일을 지킬 수 있는 것은 하나님이 우리 인간에게 건강을 주시고 평화를 주시기 때문에 가능한 것이다. 만일 급한 사고가 발생하거나 전쟁이 일어나면 안식일을 지키고 싶어도 지키지 못할 것이다. 예수님은 우리의 모든 삶을 주관하시고, 특히 하나님과의 관계에서 평화를 주시는 분이기 때문에 진정으로 우리에게 안식을 주시는 분이다. 즉 유대인들이 안식일을 지키는 이유는 하나님을 더 온전히 섬기기 위한 것인데 예수님은 우리의 삶 전체에 안식을 주신다.

본문 이해를 위한 질문

1. 안식일 문제로 인해 예수님과 유대 지도자들 사이에 어떤 충돌이 있었는가?

유대 지도자들은 안식일을 엄격하게 지킴으로 유대인들을 정신적으로 하나로 묶고 통제하려고 했는데 예수님은 안식일을 원래의 의미대로 하나님이 주신 축복의 날로 만들기 위해서 병자들을 고침으로 유대 지도자들과 예수님 사이가 긴장 상태가 되었다.

2. 유대 지도자들은 예수님의 제자들의 어떤 점을 비난했는가?

유대 지도자들은 예수님의 제자들이 배가 고파서 다른 사람의 밭에 들어가 밀을 잘라 먹은 것 자체는 죄가 아니지만 손으로 비벼서 먹은 것은 노동을 한 것이기 때문에 안식일을 범했다고 비난했다.

3. 예수님은 유대인들의 잘못된 비난에 어떻게 답변하셨는가?

예수님은 율법이 절대적인 규율이 아닐 수 있으며, 특히 제사장이 성전에서 안식일에 일을 하는 것은 죄가 아니라는 것을 말씀하심으로 예수님 자신이 오신 목적이 진정한 안식을 주는 데 있는 것임을 말씀하셨다.

성경 강해

우리나라 교육에서 오랫동안 가장 중요하게 생각해 온 개념은 '착한 아이' 였습니다. 즉 집에서는 부모님의 말씀을 잘 듣고, 학교에서는 선생님의 말씀을 잘 듣는 학생이 모범학생이고 착한 학생인 것입니다. 미국에서도 마찬가지로 'Good girl' 이나 'Good guy' 라고 하여 '착한 아이' 를 강조하고 있습니다. 그런데 요즘 학생들은 개성을 나타내려고 교복을 줄여 입거나 화장을 하고 다니는데 선생님들이나 어른들은 굉장히 당황을 하면서 그 아이를 나쁜 아이라는 시선을 가지고 보게 되는 것입니다.

그런데 우리나라에서는 공부를 잘하지도 않고 화장을 하고 춤만 추고 노래만 부르던 아이들이 외국에서 '한류' 바람을 타고 엄청난 인기를 누리고 있는 것을 볼 때 과연 어떤 아이들이 '착한 아이' 인가 하는 질문을 하게 되는 것입니다. 결국 '착한 아이' 냐 아니냐 하는 것은 어른들의 말을 잘 듣느냐, 듣지 않느냐에 달린 것이 아니라 자신의 가치를 찾는 여부에 달린 것입니다. 자기 가치를 찾은 아이는 그만큼 방황할 필요가 없으니까 안정되게 자기 일을 찾아갈 것이며, 자기 자신의 가치를 찾지 못한 사람은 세상에서 한편으로는 성공했다고 하면서도 결국은 끊임없이 방황하게 되는 것입니다. 우리 한 사람 한 사람은 매우 탁월하게 만들어졌는데 자신의 가치를 모르고 살아가고 있는 것입니다. 결국 자신의 가치를 모르는 인간들의 탈선을 막을 수 있는 것은 규율이고 질서인 것입니다.

그런데 왜 인간들은 자신의 가치를 모르고 살아가고 있을까요? 그것은 우리 안에 있는 중요한 부속이 고장 났기 때문입니다. 그래서 우리는 한편으로는 자신의 개성을 나타내려고 하면서도, 다른 한편으로는 결국 이 거대한 세상의 부속품이나 소모품으로 살다가 죽고 마는 것입니다. 그러므로 우리의 가치를 찾기 위해서는 하나님이 오셔서 우리의 고장 난 부속품을 갈아 끼워 주셔야 합니다. 이때 우리는 비로소 자기 자신의 가치를 깨닫게 되고 이제는 더 이상 착한 아이가 아니라 하나님의 보물로 살아가게 되는 것입니다.

하나님께서는 이스라엘 백성에게 이 세상 어느 곳에서도 찾아볼 수 없는 보물을 주셨습니다. 그것은 율법의 말씀입니다. 하나님이 이스라엘 백성에게 주신 율법은 하나님을 아는 지식이었고 자기 자신의 가치를 찾는 말씀이었습니다. 그런데 이 율법에는 한계가 있었는데 그것은 율법이 우리 죄를 완전히 해결하지 못한다는 것이었습니다. 이것은 마치 어떤 사람이 크게 다쳤을 때 응급치료를 하는 것과 같은 것이었습니다. 우리는 응급치료를 한 후에는 그 사람을 종합병원에 데리고 가서 완전히 치료를 해야 하는 것입니다. 예수님은 우리 인간의 죄를 완전히 치료하는 의사로 오셨습니다. 그러나 유대인들은 응급처치만 하면 얼마든지 살 수 있다고, 율법만 있으면 충분하다고 하면서 오히려 예수님을 비난했습니다.

예수님의 복음 사역은 안식일을 지키는 문제로 유대 당국과 큰 마찰을 일으켰습니다. 유대 지도자들은 이 문제로 인하여 예수님을 죽이고 싶을 정도로 미워하게 되었습니다. 그런데 예수님은 안식일 문제에 대하여 절대로 유대 지도자들에게 양보하지 않으셨습니다.

안식일에 대한 생각에 있어서 유대 지도자들과 예수님의 생각은 정반대였습니다. 유대 지도자들은 안식일이 되면 모든 유대인에게 일을 하지 못하게 했습니다. 왜냐하면 하나님이 안식일에는 아무 일도 하지 말라고 하셨기 때문이라는 것입니다. 그래서 유대인들은 안식일에 아무 일도 하지 않고 가만히 있기만 하면 안식일을 잘 지키는 것이었습니다. 그러나 예수님은 안식일에 대하여 대단히 적극적으로 생각하셨습니다. 예수님은 안식일을 사람을 치료하고 고쳐서 온전케 하는 날로 생각하셨습니다.

1. 배고픈 예수님의 일행

예수님과 그 일행은 매우 궁핍했으며 자주 먹을 것이 떨어졌던 것 같습니다. 우리는 예수님의 일행의 어려운 사정을 본문을 통해서 잘 살펴볼 수 있습니다.

1절, "그때에 예수께서 안식일에 밀밭 사이로 가실쌔 제자들이 시장하여 이삭을 잘라 먹으니"

예수님과 제자들이 안식일에 길을 갈 때에 먹을 것이 없어서 대단히 시장했습니다. 그런데 마침 밀밭 사이로 지나게 되어서 배가 고픈 나머지 거기에 있는 밀 이삭을 손으로 잘라 비벼서 먹었습니다. 이것을 보면 예수님의 제자들이 얼마나 궁핍했고 배가 고팠는지 알 수 있습니다.

그런데 참으로 고마운 것이 율법입니다. 모세의 율법에는 가난한 사람들이 다른 사람의 밀밭에서 밀을 잘라서 먹을 수 있게 되어 있었습니다.

"네 이웃의 곡식 밭에 들어갈 때에 네가 손으로 그 이삭을 따도 가하니라 그러나 이웃의 곡식 밭에 낫을 대지 말찌니라"(신 23:25).

다른 나라에서는 다른 사람의 밭에 들어가서 이삭에 손을 대는 것을 용납하지 않았습니다. 만일 이삭에 손을 댔다가 들키는 날에는 매를 맞든지 크게 욕을 얻어먹을지도 몰랐습니다. 그러나 이스라엘 백성은 그렇지 않았습니다. 이스라엘 백성의 율법은 가난한 사람들은 얼마든지 다른 사람의 밭에 들어가서 손으로 이삭을 따서 먹을 수 있도록 허락했습니다. 그러나 이삭을 가지고 나올 수는 없었습니다.

예수님의 제자들이 다른 사람의 밭에 들어가서 밀 이삭을 잘라 비벼서 먹은 것은 바로 이 율법의 말씀 때문이었습니다. 예수님의 제자들은 자신들을 가난한 사람으로 생각했습니다. 그래서 배고픔을 해결하기 위해 그야말로 낫을 대지 않고 손으로 이삭을 잘라서 허기진 배를 채웠습니다.

제자들은 예수님을 따라다니면서 배가 고플 때가 많았던 것 같습니다. 그럼에도 그들이 죽자고 예수님을 따라다녔던 것은 말씀이 주는 기쁨이 있고 사람을 고치는 능력이 있었기 때문입니다. 그래서 제자들은 가난하고 춥고 배고픈 줄도 모르고 기쁨으로 예수님을 따라다녔습니다. 그때 예수님의 일행을 지켜보고 있던 바리새인들이 예수님과 제자들이 안식일을 어겼다고 비난했습니다.

2절, “바리새인들이 보고 예수께 고하되 보시오 당신의 제자들이 안식일에 하지 못할 일을 하나이다”

바리새인들은 백성들에게 안식일을 엄격하게 지킬 것을 요구했습니다. 그래서 안식일에는 일체 음식을 준비할 수 없었기 때문에 그 전날에 준비한 음식을 먹어야만 했습니다. 바리새인들은 제자들이 다른 사람의 밭에서 밀을 잘라 먹은 것을 비난한 것이 아니었습니다. 왜냐하면 그것은 율법에 허락된 것이었기 때문입니다. 그들이 비난한 것은 안식일에 일을 했다는 것입니다. 만약 예수님의 제자들이 다른 날에 밀 이삭을 잘라 먹었더라면 그들은 아무 소리를 하지 않았을 것입니다.

그러나 남의 밭에 들어와서 밀을 잘라 먹을 정도로 가난하고 배고픈 사람들이 안식일이라고 해서 굶어야 할까 하는 것입니다. 바리새인들은 굶을지언정 안식일을 지켜야 한다는 주의였습니다. 바리새인들은 그러한 사람들을 볼 때 엄청나게 칭찬했을 것입니다. 그러나 눈앞에 밀이 있는 것을 보면서도 안식일이기 때문에 굶은 사람의 마음이 과연 행복할 수 있을까요? 아마 이 사람의 본능은 그 밀을 먹고 싶었을 것입니다. 그러나 사람들의 눈이 무서워서 먹지 못한 것입니다.

여기서 우리는 바리새인들이 주장하는 것이 결코 성경적인 원리가 아니라 적용의 문제라는 것을 알 수 있습니다. 즉 가난한 사람들이 어느 정도 배고픔을 참아야 하느냐 하는 것은 자신의 문제이지 다른 사람이 굶어라 말라 할 성질의 것이 아니라는 것입니다. 그리고 손을 비비는 것도 일이냐, 아니면 불에 구워야 일이냐 하는 것은 어디까지나 적용의 문제인 것입니다. 유대인들은 안식일을 보다 철저하게 지키기 위해서 안식일에 해야 할 일과 해서는 안 되는 일을 많이 정해 놓았습니다. 그러나 이것은 안식일을 보다 잘 지키기 위한 적용이고 예이지 이것이 하나님의 말씀을 대신할 수 없는 것입니다.

그래서 항상 주의해야 할 것이 아무리 좋은 가르침이라 하더라도 사람의 가르침은 언제나 성경 말씀으로 확인을 받아야 한다는 것입니다. 왜냐하면 아무리 훌륭한 사람의 가르침이라 하더라도 그것은 하나의 본이고 적용이지 하나님의 말씀을 대신할 수 없기 때문입니다.

2. 안식일의 의미

하나님께서는 6일 동안 천지를 창조하신 후에 일곱째 날에 안식하시고 이날을 축복하고 거룩하게 하셨습니다. 이것은 제7일이 얼마나 특별하고 복된 날인지 우리에게 가르쳐 주시기 위한 것이었습니다. 하나님께서 만드신 세상은 완전하고 부족함이 없었습니다. 고장이 나거나 급하게 수리해야 할 일도 없었습니다. 모든 것이 완벽했고 평안했습니다. 그런 가운데 하나님께서는 우리 인간을 찾아오셔서 복을 주셨습니다. 그래서 우리 인간이 하나님께 예배를 드리는 것 자체가 이미 안식 안에 들어와 있는 것입니다. 만약 전쟁이 터졌다면 평안하게 앉아서 예배를 드릴 수 없을 것입니다. 그리고 집이 불에 타고 있어도 평안하게 예배를 드릴 수 없을 것입니다. 그러므로 평안한 가운데 예배를 드리고 있는 것 자체가 이미 하나님의 은혜 안에서 살고 있는 것입니다. 하나님께서 우리의 모든 상황을 지켜 주고 계시기 때문에 우리는 아무 걱정 없이 하나님을 예배하는 일에만 집중할 수 있는 것입니다. 이것이 얼마나 큰 축복인지 모릅니다.

하나님께서는 우리 인간이 안식일을 통하여 하나님을 만날 때에는 모든 일을 정리하고 만나기를 원하셨습니다. 예를 들어 우리가 어떤 중요한 사람을 만나는데 한 손으로 일을 하면서 그 사람을 만난다면 그것은 제대로 만나는 것이 아닐 것입니다. 요즘 물건을 사러 가게에 가면 텔레비전을 켜

놓고 계속 텔레비전을 보면서 물건을 파는 상인들이 있습니다. 그것은 제대로 장사를 하는 자세가 아닌 것입니다.

하나님께서는 우리 인간을 만나는 일을 얼마나 중요하게 생각하셨는지 6일 동안에 창조를 다 마치시고 오직 우리 인간을 만나는 일만 하셨습니다. 우리도 이것을 본받아서 하나님을 만날 때에는 모든 일을 정리하고 하나님을 만나는 일에만 집중하라는 것입니다. 그리고 하나님께서는 천지를 창조하는 것보다 안식일을 통하여 성도들과 만나서 축복하는 일을 더 중요하게 생각하셨습니다. 왜냐하면 일주일 동안에 주신 축복이 물질적인 축복이라면 안식일에 주시는 축복은 이런 물질적인 축복과는 비교되지 않는 하나님의 귀중한 말씀과 성령의 능력이기 때문입니다. 우리가 이 세상에서 일하는 것은 생존을 위한 것이지만 하나님의 말씀과 은혜는 우리의 가치를 주는 축복이기 때문입니다. 우리 인간은 단순히 먹고산다고 해서 사는 것이 아닙니다. 우리 인간은 자신의 가치를 인정받고 가치 있는 일을 하면서 살 때 진정으로 사는 것입니다. 그러나 인간들은 범죄함으로 안식의 축복을 잃어버렸습니다. 인간은 범죄함으로 모두 죄의 종이 되어 버린 것입니다. 감옥에 있는 죄수는 가치가 없는 사람처럼 취급당합니다. 그래서 감옥에서는 이름조차 불러 주지 않습니다.

그런데 하나님께서는 애굽에서 나온 이스라엘 백성에게 십계명을 주실 때에 안식일에 대한 계명을 주셨습니다. 왜냐하면 이제 이스라엘 백성은 죄의 노예가 아니라 하나님의 백성이 되었기 때문입니다. 그런데 이 안식일의 계명은 지켜도 되고 안 지켜도 되는 계명이 아니라 반드시 지켜야만 하는 강제 계명이었습니다. 그래서 출애굽한 후에 어떤 사람은 안식일에 나무하러 갔다가 들키는 바람에 돌에 맞아 죽기도 했습니다.

왜 하나님께서는 안식일에 대한 계명을 강제 계명으로 하셨을까요? 그 이유는 이스라엘 백성은 모두 애굽에서 노예로 있었기 때문에 일을 하지 않고 산다는 것에 적응이 되지 않았기 때문입니다. 즉 이스라엘 백성은 오랫동안 노예 생활을 한 후유증으로 이렇게 강제로라도 안식을 지키게 하지 않으면 죽어라고 일을 하려고 했기 때문입니다. 예를 들어 고3 학생들이 수능시험을 치르고 난 후에는 더 이상 공부를 하지 않아도 되는데 물리책이나 영어책을 손에서 놓을 수가 없는 것은 그만큼 공부에 노예가 되었기 때문입니다. 그래서 어떤 학생은 놀러 갈 때에도 영어책을 들고 가야 안심을 합니다.

우리나라의 속담에 "일하기 싫으면 먹지도 말라"라는 말이 있습니다. 이것은 일하기 싫으면 죽으라는 뜻입니다. 그리고 우리는 흔히 어떤 일을 하고 나서 "오늘은 밥값을 했다"라고 말을 합니다. 그러나 하나님께서는 "사람이 떡으로만 살 것이 아니요"라고 말씀하셨습니다. 이것은 우리가 일 위주로, 그리고 양식 위주로 생각하는 것과 정반대되는 것을 말씀하시는 것입니다. 즉 하나님의 백성은 양식을 찾을 것이 아니라 하나님의 말씀을 찾아야 하고, 하나님의 말씀을 듣는 것을 양식보다 더 중요하게 생각해야 한다는 것입니다. 그때 하나님은 우리에게 하나님의 말씀이 살아 있는 것을 체험하게 하시고 부흥을 주시는데 이때 이스라엘은 모든 복을 다 받게 되는 것입니다.

하나님께서 십계명을 통해 주신 안식일에 대한 계명의 의미는 다음 몇 가지로 생각해 볼 수 있습니다. 첫째는 이익의 욕심에서 벗어나게 하는 것입니다. 그러나 사람들은 이익을 포기하지 못해서 쉬어야 하는데도 쉬지 못하고, 하나님께 예배를 드려야 하는데도 제대로 예배를 드리지 못합니다. 그래서 결국 욕심의 노예가 되어 버리는 것입니다. 사람이 공부를 해야지 공부가 사람을 부리면 공부벌레가 되는 것과 같습니다. 사람이 일을 해야지 일이 사람을 부려먹으면 일벌레가 되는 것입니다. 술을 마시다 보면 처음에는 사람이 술을 마시는데 조금 지나면 술이 사람을 마시게 됩니다. 하나님은 사람을 원하셨지 벌레를 원하신 것이 아닙니다. 그래서 일을 조금 더 하고 싶고 돈을 조금 더 벌고 싶은 욕망을 떨쳐버릴 수 있는 능력이 안식일 계명에 있는 것입니다. 일에 대한 욕심이 생기기도 하고 미래 일에 대한 염려가 생기기도 하지만 일을 그만두고 하나님 앞에 나아와서 예배를 드릴 때 우리는 인간성을 가지게 되는 것입니다. 즉 그때부터 사람이 돈으로 보이지 않고 사람으로 보이는 것입니다. 우리는 부족한 것이 있어도 하나님이 완성시켜 주실 것을 믿어야 합니다. 계획이 중요한 것이 아니라 인간 자체가 중요한 것입니다.

둘째로, 안식일은 다른 사람의 행복을 생각하는 날입니다. 그래서 하나님은 이스라엘 백성에게 자기만 쉴 것이 아니라 다른 사람들도 안식일에 쉬게 하셨습니다. 그래서 하인들도 쉬게 하고, 외국인 노동자들도 쉬게 하고, 심지어는 가축이나 짐승들까지 쉬게 하셨습니다. 즉 하나님은 이스라엘 백성에게 안식일을 통해서 다른 사람도 행복할 가치가 있다는 것을 생각하라고 하신 것입니다.

대개 기업주들은 직원들에게 월급을 주는 대신 마음대로 부려먹을 수 있다고 생각합니다. 그러나 직원들은 기계가 아니라 피가 흐르고 살이 있는 인간인 것입니다. 그래서 하나님은 이스라엘 백성에게 안식일을 통해서 나의 행복만 중요한 것이 아니라 다른 사람의 행복도 중요하게 생각하라는 것을 가르쳐 주시는 것입니다. 이 세상의 모든 사람이나 생명체는 할 수 있는 한 고통을 덜 받고 행복하게 살 자격이 있는 존재들인 것입니다. 그래서 지금까지 오직 나 한 사람의 행복만을 위해서 살아왔다면 이제부터는 다른 사람의 행복을 생각하라는 것입니다. 그래서 주인이 하인들이나 외국인 노동자나 말이나 소까지 쉬게 할 때 그들은 하나님께 감사하게 되는 것입니다. 그러므로 하나님의 백성은 안식일을 달력에서 없는 날로 쳐야 합니다. 이날은 나의 날이 아니고 하나님의 날이며, 이웃의 날인 것입니다. 그렇기 때문에 이날만은 내 욕심을 위해서 골프를 치거나 놀러 가기 위해 사용해서는 안 되는 것입니다.

셋째로, 죄인들을 잡아매는 응급처치의 의미가 있습니다. 하나님께서는 이스라엘 백성에게 안식일에 강제적으로 일을 하지 못하도록 잡아매셨습니다. 그 이유는 율법의 안식일이 완전한 안식일이 아니기 때문입니다. 구약의 율법은 사람의 죄를 응급처치만 할 뿐이었습니다. 교통사고가 났거나 사람이 높은 데서 떨어져서 뼈가 부러지고 다쳤으면 붕대로 잡아매야 할 것입니다. 마찬가지로 율법은 사람의 죄를 완전히 해결하는 방법이 아니었습니다. 이것은 단지 사람이 더 많이 죄를 짓지 못하도록 붕대로 잡아매는 응급처치 수단이었습니다. 그러나 예수님은 오셔서 이 율법의 붕대를 풀어 버리고 사람을 완전히 치료하셔서 진정으로 우리를 새사람 되게 하셨습니다.

3. 율법의 정신

하나님께서 이스라엘 백성에게 주신 율법은 이 세상 어느 곳에서도 찾아볼 수 없는 최고의 말씀이었습니다. 율법은 하나님을 알게 하는 지식이었고, 우리 자신의 가치를 찾는 말씀이었습니다. 그러나 율법에는 하나님의 종이 되게 할 뿐 하나님의 아들이 되게 하지는 못한다는 한계가 있었습니다. 이 악한 세상에서 하나님의 종이 되는 것은 엄청난 특권입니다. 이 세상에서 하나님의 종은 거의 하나님의 대리자나 마찬가지입니다. 그러나 하나님의 종은 종에 불과할 뿐 아들은 아닌 것입니다. 예를 들어 우리나라에서 대기업에 취직해서 직원이 되었다면 매우 기쁠 것입니다. 그러나 그것은 그 기업 회장의 아들이 되어서 경영에 참여하는 것과는 비교가 되지 않는 것입니다.

예수님께서는 제자들이 안식일에 밀밭에서 이삭을 잘라 먹음으로 안식일을 어겼다는 바리새인들의 비난에 대하여 두 가지로 대답하셨습니다. 하나는 진정한 율법 정신은 사람을 정죄하는 것이 아니라 살리는 데 있다는 것입니다.

3-4절, "예수께서 가라사대 다윗이 자기와 그 함께한 자들이 시장할 때에 한 일을 읽지 못하였느냐 그가 하나님의 전에 들어가서 제사장 외에는 자기나 그 함께한 자들이 먹지 못하는 진설병을 먹지 아니하였느냐"

이 말씀은 다윗이 처음 사울 왕에게 쫓길 때의 일에 대한 말씀입니다. 그때 놉이라는 곳에 하나님의 성전이 있었는데 다윗은 사울을 피해 그곳으로 도망을 쳤습니다. 그때 다윗과 그 일행은 매우 굶주려 있었는데 성전에는 먹을 수 있는 떡이 없었습니다. 유일하게 있는 떡이라고는 성소에 바쳤던 진설병밖에 없었습니다. 그러나 이 떡은 거룩한 떡이기 때문에 제사장 외에는 아무도 먹을 수가 없었습니다. 그런데 그때 다윗이 매우 굶주려 있었기 때문에 제사장 아히멜렉은 다윗과 그 일행에게 그 거룩한 떡을 주었습니다. 예수님은 그것이 무엇을 의미하느냐는 것입니다. 아무리 율법이 중요하다 하더라도 사람의 생명을 살리는 일보다 더 중요할 수 없다는 것입니다. 왜냐하면 율법은 사람의 생명을 살리기 위하여 주신 것이기 때문입니다. 하나님께서 이스라엘 자손들에게 율법을 주신 것은 다른 사람을 미워하거나 욕심을 부림으로 남을 해치거나 나쁜 짓을 하지 말고 사랑하도록 하기 위한 것입니다. 그래서 남을 해치지 않는 것이 율법이고, 죽어 가는 사람을 살리는 것이 율법이며, 남에게 사랑을 실천하는 것이 율법이라는 것입니다.

우리는 아히멜렉이라는 제사장이 직무를 태만히 해서 율법을 어기고 다윗에게 거룩한 떡을 준 것이 아닌가 하고 생각할 수도 있을 것입니다. 그러나 예수님은 이것이 직무태만이 아니고 진정한 율법의 실천이라고 하셨습니다. 만약 다윗이 여기서 굶주린 배를 채우지 못했다면 남의 집에 들어가서 떡을 훔치든지, 아니면 다른 사람의 것을 빼앗는 죄를 지었을지도 모릅니다.

예수님께서는 안식일이라고 해서 양이나 소가 우물이나 웅덩이에 빠졌을 때에 건져 내지 않느냐는 것입니다. 웅덩이에 빠져 있는 소나 양을 그대로 두면 다음날에는 분명히 죽어 있을 텐데 안식일이라고 해서 건져 내지 않느냐는 것입니다. 예수님께서는 아무리 안식일의 규정을 엄하게 지킨다 하더라도 굶주린 사람에게 안식일을 강요하면서 배고픔을 참으라고 하면 안 된다는 것입니다. 배고픈 자에게는 먹을 것을 주는 것이 안식일입니다. 매 맞는 자에게는 매 맞지 않도록 숨겨 주는 것이 안식일에 할 일인 것입니다. 다쳐서 고통스러워하는 자에게는 치료해 주어서 잠시나마 아프지 않게 해 주는 것이 안식일에 할 일인 것입니다. 그래서 엄격한 말씀의 순종은 자기의 신앙 훈련을 위하여 스스로에게 해야지 남에게 강요할 성질이 아닌 것입니다.

그리고 예수님은 성전에서 일하는 것은 안식일을 범하는 것이 아니라고 하셨습니다.

5-6절, "또 안식일에 제사장들이 성전 안에서 안식을 범하여도 죄가 없음을 너희가 율법에서 읽지 못하였느냐 내가 너희에게 이르노니 성전보다 더 큰 이가 여기 있느니라"

율법에서는 안식일에 제사장들이 성전에서 일을 해도 죄가 되지 않았습니다. 왜냐하면 성전에서 하는 일은 개인의 이익을 위하여 하는 일이 아니고 사람의 죄를 용서하며 죄를 지은 자가 고침을 받는 일이기 때문입니다. 그래서 예수님께서는 안식일에 하는 모든 일이 죄가 되는 것이 아니라 성전 안에서 하는 일은 죄가 되지 않는다고 말씀하셨습니다. 오히려 성전은 안식일에 더 바빴고 더 많은 일을 해야만 했습니다. 왜냐하면 안식일은 많은 죄인들이 하나님 앞으로 나아오는 날이었기 때문입니다.

여기서 예수님은 아주 중요한 선언을 하십니다. 그것은 '성전보다 더 큰 이가 여기에 있다' 는 것입니다. 성전이 무엇을 하는 곳입니까? 죄인들이 하나님 앞에 나아와서 피의 제사를 드림으로 죄를 용서받는 곳이었습니다. 그런데 예수님은 자신이 성전보다 더 크다고 말씀하셨습니다. 예를 들어 병원에서 직원들이 하는 일은 환자를 치료하는 일일 것입니다. 그런데 그 중에서 가장 중요한 사람은 의사입니다. 의사가 없으면 그 병원은 문을 닫아야 할 것입니다. 마찬가지로 예수님은 성전의 주인이셨습니다. 즉 예수님이 오셔야 인간의 죄가 해결되는 것입니다. 예수님이 없는 성전은 아무 소용이 없는 것이었습니다. 그래서 나중에 예수님이 십자가에 못 박히시고 난 후에 성전은 무너져서 없어지게 됩니다. 예수님은 유대인들에게 "너희가 이 성전을 헐라 내가 사흘 동안에 일으키리라" 라고 하셨습니다.

왜 유대인들은 예수님을 안식일을 범하는 자라고 생각하게 되었을까요? 그것은 예수님이 누구신지 몰랐기 때문입니다. 그들이 만일 예수님이 하나님의 아들이라는 것만 믿었더라면 모든 것이 해결되는 것입니다. 즉 하나님의 아들이 오심으로 안식일도 끝나고, 성전도 끝나고, 제사도 끝나는 것입니다. 이제 예수님은 우리 한 사람 한 사람을 자신의 피로 바로 치료해 주셔서 새사람이 되게 하시는 것입니다. 유대인들은 이것을 믿지 않고 전통에 사로잡혀 있었기 때문에, 즉 시대를 보지 못했기 때문에 예수님을 정죄하고 제자들을 정죄했던 것입니다.

응급환자가 발생했을 때 누군가가 "내가 의사입니다. 환자를 좀 볼 수 있을까요?" 라고 하면서 나서면 다른 사람들은 다 비켜서게 되어 있습니다. 왜냐하면 의사가 아닌 사람들은 환자를 고칠 수 없기 때문입니다. 그러나 의사도 아니면서 환자를 붙들고 있다면 그 사람은 진료를 방해하고 있는 것입니다.

예수님은 움직이는 성전이 되셔서 죄인들을 고치고 계셨습니다. 이것은 어떤 의미에서 고정된 성전보다 더 중요한 것입니다. 성전이 사람들을 찾아다니면서 사람을 고친다는 것은 상상할 수 없는 축복이요, 능력이었습니다. 이것은 어느 누구도 방해할 수 없는 일이었습니다. 우리는 우리가 다른 사람의 문제를 완전히 해결할 수 있는 것처럼 주님을 가로막으면 안 됩니다. 우리가 할 수 있는 것은 사람들을 주님 앞으로 데려가는 것입니다. 교회가 사람의 교제나 사회적인 봉사로 할 일을 다 했다고 생각한다면 그것은 큰 오해를 하고 있는 것입니다. 우리는 사람들을 주님의 말씀 앞으로 데리고 가서 주님 앞에서 죄 용서받고 새사람이 되도록 도와주어야 합니다.

7-8절, "나는 자비를 원하고 제사를 원치 아니하노라 하신 뜻을 너희가 알았더면 무죄한 자를 죄로 정치 아니하였으리라 인자는 안식일의 주인이니라 하시니라"

하나님이 원하신 것은 제사가 아니라 자비였습니다. 하나님께서 원하신 것은 모든 사람이 겸손하게 하나님 앞에 나아와서 하나님의 자비로 죄 용서받고 변하여 새사람이 되는 것이지 형식적인 제사 행위를 원하신 것이 아닌 것입니다.

그래서 예수님은 '인자가 안식일의 주인' 이라고 말씀하셨습니다. 이것은 진정한 안식은 죄 용서에서 오는 것이며, 예수님의 십자가 보혈이 없으면 안식은 있을 수 없다는 뜻입니다. 진정한 안식은 죄의 세력이 그리스도의 피에 굴복해서 우리 마음속에 진정한 평화가 임하고 우리의 삶 가운데서 죄의 저주가 모두 치료되는 것입니다.

하나님을 믿지 않는 사람의 마음속에는 하나님에 대한 미움과 증오가 있습니다. 그런데 우리가 예수님을 믿으면 하나님이 나의 사랑의 아버지가 되어 주시는 것과 자기가 얼마나 존귀한 존재인지를 알게 되어 더 이상 자기 자신을 학대하지 않습니다. 사람들은 모두 자기를 미워하고 학대하면서 살아가고 있는 것입니다. 그리고 사람들은 주위에 있는 사람들도 미워하면서 살아가고 있습니다. 공부도 복수하려는 마음으로 하고, 직장 생활도 다른 사람을 밀쳐내려는 마음으로 합니다. 오늘 진정한 안식은 예수님이 내 마음의 주인이 되시고, 교회의 주인이 되시고, 이 사회의 주인이 되시는 것입니다. 하나님과 화해하기 전에는 진정한 평화는 오지 않습니다.

바울은 로마서 5장 1절에서 "그러므로 우리가 믿음으로 의롭다 하심을 얻었은즉 우리 주 예수 그리스도로 말미암아 하나님으로 더불어 화평을 누리자"라고 하였습니다. 우리는 하나님과 화평을 누려야 합니다. 이것은 화평이 있음을 주장하고 그것을 믿어야 하는 것입니다. 우리가 하나님과 화평하게 되었다면 저주나 심판은 두려워할 필요가 없습니다. 이미 우리는 안식 안에 있는 것입니다. 우리는 전쟁이나 전염병을 두려워할 필요가 없습니다. 이제 우리가 이 세상을 사는 것은 다른 사람들을 치료하기 위해서 사는 것으로 바뀌어야 합니다.

이 세상 사람들의 안식은 아무 일도 일어나지 않는 것입니다. 마치 항체가 없는 사람이 병균이 침투하지 않아서 건강한 것과 같습니다. 무균실 안에서는 평화입니다. 그러나 밖으로 나오면 금세 병에 걸릴 수밖에 없습니다. 그러나 그리스도인들의 평화는 마음속에 죄에 대한 항체를 가지고 있습니다. 그래서 아무리 죄의 유혹에 이끌리고 죄의 불길이 용광로같이 밀려와도 죄의 세력을 이길 수 있습니다. 악한 마귀가 내 마음의 평화를 빼앗아 가려고 할 때 절대로 빼앗겨서는 안 됩니다. 우리는 하나님의 신실하심을 믿어야 합니다. 과거에 지은 죄를 가지고 마귀가 참소할 때에도 주님의 의로운 옷으로 물리쳐야 합니다. 그리고 내가 아름답고 소중한 것처럼 다른 사람들도 그런 삶을 살 수 있도록 도와주는 삶을 사시기 바랍니다.

성경 토의

1. 예전에는 성수주일이 많이 강조되었는데 이제는 주일을 지키는 것을 소홀히 하는 사람들이 많아지고 있다. 우리는 주일에 할 수 있는 것은 어떤 것이 있고, 해서는 안 되는 것은 어떤 것이 있다고 생각하는가?

2. 예수님은 호세아 6장 6절을 인용하면서 '내가 자비를 원하고 제사를 원치 않았다'고 말씀하셨는데 오늘 교회 안의 다툼이나 분쟁에서 법적으로 시비를 가리는 것보다 자비를 베풀어야 할 것은 어떤 것들이 있다고 생각하는가?

3. 예수님은 자신이 안식일의 주인이라고 말씀하셨는데 예수님이 주시는 안식은 과연 어떤 것이며, 우리가 주일을 예배 중심으로 드리는 것과 무엇이 다르다고 생각하는가?

53_한 사람의 가치

마태복음 12:9-21

전체적 설명

한 생명의 소중함에 대해서 기독교보다 더 중요하게 생각하는 종교는 없을 것이다. 옛날에는 장애인들이나 가난한 자들은 죽어도 되는 무가치한 존재로 생각하기도 했다. 그러나 예수님은 한 생명이 온 천하보다 귀하다고 말씀하셨고, 특히 장애인들을 소중하게 생각하셔서 그들을 고쳐 주셨으며, 어린아이 하나라도 무시하지 못하게 하셨다. 예수님의 이런 가르침은 당시의 모든 것을 어른이나 부자나 건강한 사람 위주로 생각하는 가치관과 충돌했다.

설교 프리노트

10절, "한 편 손 마른 사람이 있는지라"

'한 편 손이 말랐다' 는 것은 한쪽 손이 오그라들고 제대로 발육이 되지 않아서 손이 있기는 하지만 전혀 쓸 수 없는 상태를 말한다. 즉 이 사람의 손은 없는 것이나 마찬가지였고, 그 때문에 정상적인 활동을 하지 못해서 그는 아주 가난하게 살고 있었을 것이다. 어떤 사람은 이 사람이 손을 갑자기 못 쓰게 되어서 일을 하지 못하게 되었을 것이라고 생각하기도 한다. 그러나 대개는 선천적으로 장애를 가지고 태어나는 경우가 많다. 그래서 이 사람은 신체의 장애로 인해 돈을 벌 수도 없었고 보기에도 좋지 않았을 뿐 아니라 죄인 취급을 당하는 형편이었다. 이 사람이 회당에 나온 것은 예수님께 고침을 받으려는 것이 아니라 단지 하나님의 말씀을 듣기 위해서였다.

"사람들이 예수를 송사하려 하여"

그러나 이미 많은 유대 지도자들은 예수님이 안식일을 지키지 않는다는 것을 알고는 예수님을 고발하기 위해 증거를 잡으려고 하였다. 그래서 유대인들이 이 사람을 회당에 의도적으로 데리고 왔는지는 모르지만 예수님이 이 사람의 병을 고치는 것을 보고 안식일을 어기는 증거로 삼으려고 했다.

"안식일에 병 고치는 것이 옳으니이까"

유대인들은 예수님이 병자에게 관심을 가지게 하려고 의도적으로 안식일에 병을 고치는 것이 옳으냐고 질문하였다. 즉 그들은 예수님이 이 문제를 피해 가지 못하도록 확실한 함정을 만들려고 했던 것이다.

11절, "어느 사람이 양 한 마리가 있어 안식일에 구덩이에 빠졌으면"

예수님은 사람이 안식일에 아무것도 안 할 수 없다는 것을 말씀하셨다. 즉 우리는 안식일에도 숨을 쉬고 있으며, 위와 같은 내장은 음식을 소화시키는 일을 하고 있는 것이다. 그리고 지구는 돌고 있고, 태양은 빛을 발하고 있다. 마찬가지로 우리가 살아 있는 이상 안식일이라고 해서 아무것도 안 할 수는 없는 것이다. 그러나 유대인들은 안식일에 죽은 것처럼 가만히 있어야 신앙이 좋은 것으로 생각했다. 그래서 예수님은 비유하시기를, 만일 안식일에 어떤 사람의 양이 구덩이에 빠졌는데 주인이 양에게 "오늘은 안식일이니까 너를 건져 낼 수가 없다. 너는 구덩이 속에서 기도하면서 잘 견뎌라"라고 하지는 않는다는 것이다. 왜냐하면 구덩이에 빠진 양은 다쳤을 것이고 그 안은 물도 없고 춥기 때문에 당장 건져 내지 않으면 죽을 수도 있는 것이다. 그리고 사람들도 구덩이에 빠진 양을 안식일에 건져 낸다고 해서 뭐라고 하지는 않는다. 왜냐하면 그것은 너무 당연하고 옳은 일이기 때문이다.

12절, "사람이 양보다 얼마나 더 귀하냐"

예수님께서는 만일 구덩이에 빠진 양을 안식일에 건져 내는 것이 당연하다면 사람은 양보다 훨씬 귀하기 때문에 아무리 안식일이라 하더라도 병을 고치는 것이 옳다고 말씀하셨다. 이것을 보면 예수님은 한 사람 한 사람의 생명을 귀하게 여기셨고, 특히 병든 자들이나 장애를 가진 사람들의 고통을 누구보다 잘 이해하셨음을 알 수 있다.

13절, "그 사람에게 이르시되 손을 내밀라 하시니"

이 사람은 손이 마비되어서 펴지지 않는 사람이었다. 그러나 예수님은 그에게 펴지지 않는 손을 앞으로 내밀라고 말씀하셨다. 이 사람은 예수님이 펴지지 않는 손을 내밀라고 말씀하시는 것이 이해되지 않았을 것이다. 그러나 그가 예수님의 말씀을 믿고 손을 뻗었을 때 손이 치료되어서 정상적인 손이 되었다. 예수님은 자신의 능력으로 이 사람의 손의 죽은 신경과 근육을 치료하셔서 정상적으로 움직일 수 있게 하셨다.

14절, "어떻게 하여 예수를 죽일꼬 의논하거늘"

드디어 바리새인들은 예수님이 안식일에 병자를 고치는 것을 눈으로 확인했고 증거를 잡게 되었다. 대개 일반인 같은 경우에는 안식일을 어기면 회당에서 채찍으로 때려서 처벌을 했는데 예수님은 그렇게 하는 것이 쉽지 않았다. 왜냐하면 예수님은 일반 백성들처럼 무식하지 않았고, 또 예수님을 회당에서 때렸을 때 백성들이 반발할 것이 무서웠던 것이다. 그래서 유대 지도자들은 예수님을 죽이는 쪽으로 의견을 모았다. 왜 유대 지도자들은 예수님이 안식일에 병을 고쳤다고 해서 예수님을 죽여야 한다고 생각했을까? 그것은 유대인들이 유대교라는 이데올로기의 노예가 되어서 자신들의 의견과 맞지 않는 자들을 참을 수 없었기 때문이다.

15절, "예수께서 저희 병을 다 고치시고"

예수님은 유대 지도자들이 자신을 심히 미워하며 죽일 생각까지 가지고 있었던 것을 알면서도 숨지 않고 할 수 있는 한 병자들을 고치셨다. 그 이유는 예수님은 병자나 장애인들을 불쌍히 여기셨고 그들을 고통에서 건져 주기를 원하셨기 때문이다.

17절, "이는 선지자 이사야로 말씀하신바"

예수님은 특히 약한 자를 돌보시는 데 있어서 이사야 선지자의 예언과 일치했다. 즉 예수님은 길거리에서 요란하게 자신을 선전하지 않고 조용하게 일을 하시는데 거의 꺾여서 넘어지는 갈대를 꺾지 않고 붙잡아 주시고, 꺼져 가는 등불을 끄지 아니하시고 오히려 이들을 더 강건하게 하시며 부흥의 불이 붙게 하신다.

본문 이해를 위한 질문

1. 예수님이 회당에 들어가셨을 때 한 편 손 마른 사람이 있었는데 유대 지도자들은 이 사람을 어떻게 쓰려고 했는가?

유대 지도자들은 이 사람의 고통은 생각하지도 않고 예수님이 안식일을 어기는 증거로 삼으려고 했다.

2. 예수님은 안식일에 병을 고치는 것이 옳다는 것을 어떻게 설명하셨는가?

예수님은 사람들이 자기 양이 안식일에 구덩이에 빠졌을 때 안식일이라고 해서 그냥 두지 않고 즉시 건져 내는 것처럼 고통 중에 있는 사람은 즉시 그 고통에서 건져 주어야 한다고 말씀하셨다.

3. 예수님은 약한 자를 어떻게 도우시는가?

예수님은 상한 갈대와 같고 꺼져 가는 심지와 같은 장애인들이나 병든 자들을 넘어지거나 꺼지도록 내버려 두지 않고 그들을 도우셔서 새로운 인생을 살도록 새 힘을 주신다.

성경 강해

얼마 전 신문에 어떤 여자 아이가 태어난 지 7년 만에 처음으로 음식을 먹는 사진이 실려 있었습니다. 이 아이는 태어날 때 장기가 만들어지지 않은 미숙아로 태어나서 7년 동안 음식을 전혀 먹을 수 없었습니다. 그런데 우리나라 의료진에서 이 아이에게 간과 췌장, 위, 소장, 십이지장, 대장, 비장 등 무려 일곱 개의 장기를 동시에 이식해서 아이를 살리는 데 성공했다고 합니다. 그런데 사실 간은 실패해서 다시 아버지의 간을 이식했는데 성공을 해서 이 일곱 살 난 여자 아이는 태어나서 처음으로 자기 입으로 음식을 먹는 데 성공했습니다. 그런데 이렇게 한꺼번에 많은 장기를 이식하는 것이 불법이라는 것입니다. 그러나 의료진은 이 아이를 살릴 수만 있다면 법에 걸리더라도 살리고 보자는 쪽으로 결론을 내렸고, 마침내 장기 이식에 성공을 한 것입니다. 이것을 보면 우리 인간 한 사람의 생명이 얼마나 보배롭고 값진 것인지 알게 됩니다.

그러나 오늘 예수님의 말씀을 보면 지금까지 우리가 장애인에 대하여 가지고 있었던 생각이 근본적으로 잘못되었다는 것을 알게 됩니다. 하나님께서 우리에게 장애인을 두신 것은 본인이 장애를 극복할 수 있도록 도와주는 정도가 아니라 장애인을 도와서 얼마나 그 사람을 행복하게 하는지 우리 모두를 테스트하시려는 것이었습니다.

우리는 지금까지 모든 조건이 갖추어져야 행복할 수 있다고 생각했습니다. 그러나 우리를 행복하게 하는 것은 학벌이나 신체적인 건강이 아니라 하나님의 사랑인 것입니다. 사람들은 아무리 부와 명예와 권력이 있어도 하나님의 사랑이 없으면 비참해질 수밖에 없습니다. 예수님은 우리에게 하나님의 위대한 사랑을 나누어 주셨습니다.

1. 모든 사람에게 필요한 하나님의 사랑

예수님은 온유한 분이며 사람들 앞에 잘 나서지 않는 분이었습니다. 그런데 예수님은 안식일 문제에 있어서는 절대로 유대인들에게 양보하지 않으셨습니다.

9-10절, "거기를 떠나 저희 회당에 들어가시니 한 편 손 마른 사람이 있

는지라 사람들이 예수를 송사하려 하여 물어 가로되 안식일에 병 고치는 것이 옳으니이까"

예수님은 안식일이 되면 가까운 회당에 들어가서 설교를 하셨습니다. 그런데 예수님은 설교만 하신 것이 아니라 설교를 하다가 회당에 병든 자가 있거나 귀신 들린 자가 있으면 적극적으로 고쳐 주셨습니다. 그런데 이것은 유대인들의 율법을 어기는 일이었습니다. 그래서 바리새인들이나 서기관들이 예수님에게 왜 당신은 안식일을 어기느냐고 하면서 따져도 예수님은 인자는 안식일의 주인이라고 말씀하시면서 자신은 성전보다 더 크기 때문에 안식일에 일을 해도 안식일을 어기는 것이 아니라고 말씀하셨습니다. 유대인들의 생각에 예수님의 말씀은 들으면 들을수록 가관이었습니다. 즉 예수님은 안식일을 어길 뿐 아니라 자신이 안식일의 주인이라고 하신 것입니다. 이것은 자신이 안식일을 만들었다는 뜻인 것입니다. 그리고 예수님이 안식일을 만들었다면 예수님은 온 세상도 만들었다는 뜻인 것입니다. 또한 예수님은 유대인들의 성전은 하나님의 집인데 자신이 성전보다 더 크다고 하셨습니다. 이것은 예수님 자신이 하나님이라는 뜻이었습니다. 그래서 유대인들은 예수님을 아주 큰 적대세력이라고 생각해서 죽이려고 작정했습니다.

예수님께서 안식일에 회당에 들어가셨을 때 나쁜 마음으로 그곳에 와서 앉아 있는 사람들이 있었습니다. 그 사람들은 예수님을 고소할 증거를 잡으려는 사람들이었습니다. 그런데 마침 그 회당에 한쪽 손이 마비된 사람이 있었습니다. 여기서 '한 편 손이 말랐다' 는 것은 한 손이 마비되어 자라지 않아서 오그라붙은 것을 말합니다. 즉 이 사람은 오래전에 장애를 입었다는 것입니다. 다시 말해서 이 사람은 당장 고침을 받지 않는다고 해서 생명이 위험한 응급환자는 아니었습니다. 그리고 이 사람도 예수님께 자기의 병든 팔을 고쳐 달라고 하지 않았습니다.

그런데 유대인들은 회당에서 한쪽 손이 마비된 장애인을 보자마자 예수님에게 안식일에 병을 고칠 수 있느냐 없느냐 하면서 따져 물었습니다. 예수님과 유대 지도자들이 가장 크게 충돌한 부분이 안식일 문제였습니다.

즉 유대 지도자들은 안식일에는 아무 일도 하지 말아야 한다고 가르쳤고, 안식일을 어기는 자들은 회당에서 채찍질을 하기도 했습니다. 그런데 예수님은 안식일에 더 많은 병자들을 고치시고 귀신들을 쫓아내셨습니다. 이때 바리새인들은 예수님을 고소해서 회당에서 매로 치든지 해서 안식일을 강제로 지키도록 하고 싶었지만 예수님이 능력을 행하시고 사람들에게 인기가 높아서 함부로 건드릴 수가 없었습니다.

우리의 신앙은 사람을 치료하고 살리는 신앙이 되어야지 사람을 정죄하고 죽이는 신앙이 되면 안 됩니다. 그런데 어떤 경우에 우리의 신앙이 사람을 죽이는 신앙이 됩니까? 그것은 아무리 신앙이 옳고 바르다고 해도 거기에 하나님의 사랑이 없으면 사람을 죽이는 신앙이 되는 것입니다. 그래서 사도 바울은 아무리 천사의 말을 하고 산을 옮길 만한 믿음이 있어도 사랑이 없으면 아무 유익이 없다고 했습니다. 예수님은 사랑이 없는 신앙은 죽은 신앙이라고 하셨으며, 죽은 신앙은 사람을 정죄해서 죽이는 일을 합니다. 예수님이 이 세상에 오신 것은 하나님의 사랑을 우리에게 주시기 위해서입니다. 그래서 오늘 우리는 내가 아무리 옳고 아무리 성경 지식이 많아도 나에게 하나님의 사랑이 있는가 스스로 생각해 보아야 합니다. 가끔 교회에 사랑이 없어서 사람들이 상처를 입고 교회를 떠나는 경우를 봅니다. 그러나 그런 일은 절대로 일어나서는 안 됩니다. 교회에서 상처 받고 정죄 당하는 일이 있어서는 안 되는 것입니다. 그러나 사랑이 죽으면 교회는 정죄를 하고 사람의 마음에 많은 상처를 안겨 주게 됩니다.

유대 지도자들이 성경을 강조하면서도 그렇게 무서운 사람들이 되어 버린 이유가 무엇일까요? 그것은 그들의 신앙에서 하나님의 사랑이 빠져 버렸기 때문입니다. 눈물이 빠진 신앙이 되어 버렸기 때문입니다. 하나님의 사랑이 없고 눈물이 없는 신앙은 마치 박제한 짐승과 같습니다. 겉으로 보기에는 살아 있는 것 같은데 실제로는 죽은 것입니다.

저는 가끔 신학자들이 논쟁을 하는 것을 보면 무서운 생각이 듭니다. 그들은 자신들의 혀를 칼로 만들어서 사람을 치는데 거기에서는 조금도 사랑을 느낄 수가 없습니다. 요즘 우리 사회도 마찬가지입니다. 우리 사회는 자기 생각과 조금이라도 다르면 엄청난 언어폭력과 물리적인 폭력을 사용합니다. 그 이유는 아무리 좋은 사상과 정신이라 할지라도 그 안에 사랑이 없으면 죽은 사상이고 죽은 정신이기 때문입니다.

이것은 우리 사회가 깊이 병들어 있다는 증거입니다. 우리 사회는 깊이 병들어 있어서 치료가 필요합니다. 이것을 치료할 수 있는 것은 하나님의 사랑밖에 없습니다. 예수님이 이 세상에 오신 것은 우리에게 하나님의 사랑을 주시기 위해서입니다. 그런데 유대 지도자들은 이것을 가장 무서워했습니다.

오늘 우리 시대에 가장 필요한 것은 하나님의 사랑입니다. 하나님의 사랑이 없으면 아무리 공부를 많이 하고 돈을 많이 벌었어도 비참하게 살 수밖에 없습니다.

2. 약한 자에 대한 예수님의 사랑

요즘은 어려움을 당한 사람을 보고서도 못 본 체하는 사람들이 많아지고 있습니다. 그러나 우리 주위에 있는 약자들은 우월감을 느끼면서 구경하라고 있는 것이 아니라 그들을 도와 어려움을 극복해서 함께 행복하라고 하나님이 주신 선물인 것입니다.

전에 어떤 부모님은 장애를 가진 아이를 하나님이 주신 특별한 선물이라고 말을 했습니다. 그래서 왜 그런 말을 하느냐고 물어보니까 하나님이 그래도 나를 믿고 이 아이를 주셔서 감사하다는 것입니다. 참으로 위대하고 훌륭하신 부모님이었습니다.

예수님은 안식일에 대하여 질문하는 유대인들에게 다시 물으셨습니다.

11-12절, "예수께서 가라사대 너희 중에 어느 사람이 양 한 마리가 있어 안식일에 구덩이에 빠졌으면 붙잡아 내지 않겠느냐 사람이 양보다 얼마나 더 귀하냐 그러므로 안식일에 선을 행하는 것이 옳으니라 하시고"

예수님 앞에 서 있는 한쪽 손이 마비된 사람은 지금 고쳐 주지 않으면 당장 죽는 응급환자나 중환자는 아니었습니다. 그런데 예수님은 이 사람에 대하여 양의 비유로 말씀하셨습니다. 어떤 사람에게 양이 한 마리 있는데 그 양이 혼자서는 빠져나올 수 없는 웅덩이에 빠졌습니다. 물론 다른 사람들에게는 그 양이 죽든 말든 상관이 없지만 주인에게는 그 양이 소중한 양이기 때문에 양이 웅덩이에 빠진 즉시 건져 낸다는 것입니다. 즉 주인은 안식일이라고 해서 자기 양을 웅덩이 속에서 하루 종일 고통 받게 하지 않는다는 것입니다. 다시 말해서 주인이 웅덩이에 빠진 양을 보면서 "양아, 너 웅덩이에 빠졌구나. 그런데 오늘은 안식일이야. 그러니까 우리 모두 안식일을 지켜야지. 너도 그 웅덩이에서 나올 생각하지 말고 찬송가를 부르고 기도를 해라. 혹시 내일까지 살아 있으면 내가 건져 줄게"라고 말하지 않는다는 것입니다.

예수님께서는 지금 유대인들이 많은 사람들의 고통을 외면하고 있는 것은 자기가 당한 일이 아니기 때문이라는 것입니다. 아픈 사람이나 고통 받는 사람이 자기 자신이나 사랑하는 가족이라면 절대로 방치해 두지 않을 것입니다. 결국 유대인들이 많은 사람들의 고통을 외면하는 가장 큰 이유는 유대인들의 마음속에 사랑이 식어 버려서 다른 사람들의 고통에 대하여 전혀 마음 아파하지 않기 때문인 것입니다.

그러면서 예수님은 무엇이라고 말씀하십니까?

'사람이 양보다 얼마나 더 귀하냐.'

예수님은 사람의 생명이 돈이나 명예보다도 훨씬 귀하다는 것입니다. 우리 인간의 생명은 이 세상에 있는 그 어떤 것과도 비교할 수 없을 만큼 가치가 있습니다. 이 세상에서 최고로 존귀한 것이 인간인 것입니다. 우리가 이 세상에서 인간으로 살아가고 있다는 사실은 매우 가치 있는 일입니다. 그러나 우리 인간이 비참하게 사는 것은 공부를 못해서도 아니고 돈이 없어서도 아니라 하나님의 사랑을 몰라서 그런 것입니다. 만일 우리 모든 인간이 하나님의 사랑을 믿기만 한다면 우리 한 사람 한 사람 모두 존귀하고 아름다운 사람으로 변할 것입니다.

예수님은 한 손이 마비된 장애인의 마음을 보았는데 그는 오랫동안 웅덩이에 빠져서 자기 목자를 찾아 부르짖고 있는 양이었습니다. 이 사람은 열등의식으로 고통을 받고 있었고, 다른 사람들로부터 손가락질을 당하거나 정죄를 당하기도 했습니다. 그리고 하나님의 사랑을 믿지 못해서 '왜 하나님은 나의 팔을 이렇게 불구로 만드셨을까?' 하는 원망도 많이 했습니다. 그래서 예수님은 지금 그 사람을 도와주시고 싶은 것입니다. 예수님은 그 사람에게 내일 오라고 하실 수가 없었습니다.

예수님은 병든 사람들의 마음을 위로하시고 그들의 마음속에 있는 고통을 치료해 주시는 것이 목적이었습니다. 예수님께서 오신 것은 하나님이 이 거친 세상에서 시달리고 지친 우리를 얼마나 사랑하시는지 확인시켜 주기 위해서 그 아들을 보내신 것입니다. 그래서 예수님은 단지 안식일이라는 이유로 고통 받는 사람들에게 하나님의 사랑을 하루라도 늦추는 것을 싫어하셨습니다. 비록 예수님은 유대인들에게 미움을 당하고, 심지어 죽임을 당한다 할지라도 그들을 만난 즉시 하나님의 사랑을 전하고 싶어 하셨습니다.

3. 상한 갈대를 지켜 주시는 예수님

18절, "보라 나의 택한 종 곧 내 마음에 기뻐하는바 나의 사랑하는 자로다 내가 내 성령을 줄 터이니 그가 심판을 이방에 알게 하리라"

예수님은 하나님이 사랑하시고 기뻐하시는 아들이었습니다. 그런데 예수님은 이 세상에 고난의 종으로 오셨습니다. 이 세상에서 일부러 고생하는 사람들은 별로 없을 것입니다. 그러나 예수님은 우리를 너무 사랑하셔서 고난의 종으로 오셨습니다.

얼마 전 영국의 케이트 미들턴 왕세자비는 친정어머니의 푸른색 원피스를 줄인 것으로 보이는 원피스를 입고 나타났습니다. 영국의 왕세자비가 뭐가 답답하다고 어머니가 입던 원피스를 입겠습니까? 그러나 영국의 지도자들은 국민들이 존경할 수밖에 없는 그런 멋진 행동을 하는 것입니다.

예수님은 우리 죄를 대신하는 죄인이 되셨고 우리의 죗값을 자신의 몸으로 때우는 노예가 되셨습니다. 즉 예수님은 이미 만신창이가 된 우리에게 자기 전체를 주기 위해서 오셨습니다. 그래서 그리스도께서 병자들을 고치시는 것은 시간이 남고 능력이 남아서가 아닙니다. 예수님은 그들의 병을 자신이 가져가셨습니다. 손 마른 자를 위하여 손에 못이 박히셨으며, 다리 저는 자들을 위하여 발에 못이 박히신 것입니다. 죄에는 절대로 공짜가 없습니다. 예수님이 고통 받지 아니하셨더라면 우리는 절대로 행복한 삶을 살 수 없었을 것입니다.

그런데 예수님께서는 어떻게 우리를 치료하십니까?

'내가 내 성령을 줄 터이니.'

예수님은 약이나 수술로 병든 우리를 치료하시지 않습니다. 예수님은 우리 인간에게 절대적으로 필요한 줄기세포를 주시는데 그것이 바로 하나님의 성령인 것입니다. 우리 몸에 하나님의 능력이 임해야지만 제대로 치료될 수 있습니다. 우리 인간에게 필요한 것은 인간의 지혜나 지식이 아니라 하나님의 지혜와 능력인 것입니다.

하나님은 우리 인간을 매우 위대하게 만드셨는데 약이나 음식으로는 우리가 제구실을 할 수 없습니다. 진정으로 우리를 우리답게 만드는 것은 하나님의 성령의 능력입니다. 우리 안에 신적인 능력이 공급되어야 모든 기능이 제구실을 할 수 있게 됩니다. 예수님은 십자가의 죽음의 대가로 바로 그 성령을 우리에게 주신 것입니다. 그런데 누가 그 성령의 축복을 받습니까? 경직되어서 하나님을 거부하는 유대인들의 율법이 아닙니다. 무조건 예수님의 말씀을 믿는 어린아이 같은 믿음인 것입니다.

19절, "그가 다투지도 아니하며 들레지도 아니하리니 아무도 길에서 그 소리를 듣지 못하리라"

많은 사람들이 큰일을 하려고 할 때에는 대중 연설을 하거나, 아니면 자신을 선전해서 많은 지지자를 모읍니다. 그러나 그리스도는 사람들의 지지를 모으기 위해서 큰 소리를 내지 않았습니다. 예수님은 자신을 요란스럽게 선전하거나 인기를 모으려고 하지 않았습니다. 오히려 하나님의 아들은 스스로 죽으려고 하셨습니다. 그런데 도저히 이해할 수 없는 것이 내가 죽는 것으로 어떻게 많은 사람이 구원을 받을 수 있느냐 하는 것입니다. 바로 이것이 하나님 나라의 비결입니다. 하나님 나라에서는 내가 죽을수록 더 큰 하나님의 능력이 나타나게 되어 있습니다. 자신의 혈기와 욕심을 부인하면 더 크게 성령의 능력이 나타납니다. 그래서 하나님의 종들은 소리를 지르지 않습니다. 사람들을 위협하거나 인기를 끌려고 하거나 자기 자신을 선전할 필요를 느끼지 않습니다. 왜냐하면 하나님의 능력은 무궁하시기 때문입니다.

20절, "상한 갈대를 꺾지 아니하며 꺼져가는 심지를 끄지 아니하기를 심판하여 이길 때까지 하리니"

갈대는 꺾이기 쉽습니다. 그리고 등불의 심지는 바람이 불면 꺼지기 쉽습니다. 더욱이 상한 갈대는 사람들이 손대지 않아도 저절로 꺾어지게 되어 있습니다. 꺼져 가는 심지도 마찬가지로 저절로 꺼지게 되어 있습니다.

사실 하나님 앞에서는 모든 인간이 갈대와 같고 등불의 심지와 같습니다. 조금만 바람이 강하게 불면 갈대는 꺾이고 심지는 꺼질 것입니다. 그런데 그 중에서도 특별히 연약한 자들이 있습니다. 이들은 도저히 자신의 힘으로는 살 수가 없는 자들입니다. 그들은 상한 갈대이기 때문에 이미 줄기의 절반 이상이 잘려져 있습니다. 겨우 서 있기는 하지만 금방 넘어지게 되어 있습니다. 그리고 기름이 다 떨어져서 깜박깜박하는 등불이 있습니다. 기름이 없는 등불도 그냥 두면 저절로 꺼지게 되어 있습니다. 그런데 하나님께서는 이런 갈대를 더 사랑하십니다. 그래서 예수님은 그 상한 갈대를 한 손으로 막으셔서 바람이 불지 못하게 하시고 쓰러지지 않도록 손으로 잡아 주십니다. 그리고 예수님은 꺼져 가는 심지도 손으로 막으셔서 바람에 꺼지지 않게 하시고 계속 불이 타오를 수 있도록 하나님의 능력으로 지켜 주시는 것입니다.

우리가 하나님을 믿는 이유가 무엇입니까? 남들보다 못하기 때문입니다. 모든 인간이 하나님 앞에서는 다 약하지만 특히 우리는 도저히 자기 힘으로 남은 인생을 성공적으로 살 자신이 없기 때문에 예수를 믿는 것입니다. 그런데 하나님께서는 연약한 우리를 더 사랑하여 주셔서 우리를 매일 붙잡아 주시며 우리에게 더 좋은 기름을 주시는 것입니다.

예수님은 이 사람에게 손을 사람들 앞에 내밀라고 하셨습니다.

13절, "이에 그 사람에게 이르시되 손을 내밀라 하시니 저가 내밀매 다른 손과 같이 회복되어 성하더라"

이 사람에게 가장 부끄러운 부분은 마비된 손이었습니다. 그런데 예수님은 모든 사람이 보는 앞에서 그 손을 앞으로 내밀라고 말씀하셨습니다. 이 사람의 손은 마비되어서 내밀 수 없었습니다. 그러나 그가 예수님의 말씀을 듣고 손을 내밀었을 때 기적이 일어났습니다. 그의 손이 정상적인 손이 된 것입니다.

예수님께서는 그 사람에게 최소한의 믿음을 요구하셨습니다. 그것은 예수님의 말씀을 믿고 펴지지 않는 손을 내미는 것이었습니다. 이때 이 사람은 예수님의 말씀을 믿고 손에 힘을 주었습니다. 그러고는 손을 앞으로 내밀었는데 놀랍게도 그 손이 앞으로 내밀어졌습니다. 그 손은 정상적인 손이 되었습니다.

예수님께서는 이 장애인으로 하여금 예수님으로부터 병 고침을 받는 것이 결코 부끄러운 일이 아니라는 것을 체험하게 하셨습니다. 예수님의 말씀은 그 모든 비난을 이기게 하셨고, 그 모든 부끄러움도 이기게 하셨습니다. 이제는 장애가 부끄러운 것이 아니라 축복이 되었습니다. 우리는 자신의 연약한 것을 부끄러워하지 말고 오히려 그것을 많은 사람들 앞에 내밀어서 더 큰 축복을 받기를 바랍니다.

성경 토의

1. 요즘 우리 주위에는 장애우나 어려움을 당한 사람들을 돕는 자원봉사자나 활동들이 활발한데 어떤 것이 있는지 이야기해 보자.

2. 요즘 상한 갈대나 꺼져 가는 심지와 같은 사람들은 어떤 사람들이 있으며, 내가 도울 수 있는 사람은 어떤 사람들이 있는가?

3. 주님은 고통 중에 있는 나를 어떻게 고통에서 건지셔서 새 인생을 살게 하셨으며, 하나님은 지금도 연약한 나를 어떻게 돕고 계시는지 간증해 보자.

54_사탄보다 더 큰 능력

마태복음 12:22-32

전체적 설명

사람들은 흔히 우리가 예수를 믿게 된 것이 우리가 신앙을 가지기로 결심했기 때문이라고 생각한다. 그러나 예수님께서는 우리가 예수를 믿게 된 것은 이미 엄청난 하나님의 능력이 사탄의 세력을 결박했기 때문이라고 말씀하신다. 즉 유럽 사람들이 자유를 누리는 것은 연합군이 나치 독일을 이겼기 때문이고, 우리나라 사람들이 자유를 누리는 것은 연합군이 일본을 물리쳤기 때문에 가능한 것이다. 마찬가지로 우리 모든 인간은 사탄의 속박 아래 매여 있었는데 예수님이 사탄을 결박하시고 우리에게 찾아오셨기 때문에 우리는 예수를 믿게 된 것이다.

설교 프리노트

22절, "그때에 귀신 들려 눈멀고 벙어리 된 자를 데리고 왔거늘"

이번에 사람들이 예수님께 데리고 온 병자는 중증 장애로 고통을 받는 사람이었다. 즉 이 사람은 눈이 멀어서 보지 못하고 말도 할 수 없는 상태였다. 그런데 이 사람이 이렇게 중증 장애를 가지게 된 것은 귀신이 들렸기 때문이다. 이 사람이 어렸을 때 큰 열병을 앓아서 장애를 입고 그 후에 귀신이 들렸는지, 아니면 귀신이 들리면서 장애가 왔는지 알 수는 없지만 이 사람은 최악의 상태였고, 사람의 능력으로는 치료가 불가능한 상태였다. 그러나 예수님은 이 사람의 고장 난 것들을 고쳐 주셨다. 즉 예수님은 이 사람의 정신이상을 고쳐 주시고, 말할 수 있게 하시고, 또 볼 수도 있게 하셨다. 예수님이 이 사람의 중증 장애와 귀신 들린 것을 고쳐 주실 수 있었던 것은 예수님은 우리 인간을 만든 창조자이시기 때문이다. 즉 자동차를 만든 기술자는 자동차가 아무리 고장이 나도 고칠 수 있는 것처럼 예수님은 인간의 고장 난 것을 다 고치실 수 있다.

23절, **"무리가 다 놀라 가로되 이는 다윗의 자손이 아니냐"**

이렇게 심하게 망가진 사람을 고칠 수 있는 능력을 가진 의사는 이 세상 어느 곳에도 없다. 이것은 오직 하나님이 보내신 메시아가 아니면 불가능한 것이다. 옛날 선지자는 메시아가 오시면 주의 백성의 불치병을 고치실 것이라고 예언했다(사 35:5-6). 그래서 사람들은 예수님에 대하여 "이는 다윗의 자손 그 메시아가 아니냐"라고 이야기했다. 사실 이것은 예수님이 메시아인 분명한 증거였다. 그러나 유대 지도자들은 예수님을 메시아로 인정하지 못했다. 왜냐하면 예수님의 조건이 자기들이 생각한 것과 맞지 않았기 때문이다. 유대인들이 기대한 메시아는 자기들과 똑같은 생각을 가진 정치 지도자였던 것이다. 그러나 예수님은 결코 정치적인 지도자가 아니었다.

24절, **"귀신의 왕 바알세불을 힘입지 않고는"**

'바알세불' 은 '집주인' 이라는 뜻을 가지고 있는데 '바알' 은 '주인' 이라는 뜻도 있고, '바알 신' 이라는 의미도 있다. 열왕기하 1장 2절에 보면 '바알세붑' 이라는 에그론 신이 나오는데 당시 많은 이방 신들의 이름에 '바알' 이 사용된 것 같다. 그래서 '바알세불' 이라는 신은 바알과 같이 사용되었는데 당시에는 귀신의 왕으로 통용된 이름이었던 것 같다. 귀신의 힘으로 귀신을 쫓아내는 것이 미신적인 사람들이 가지고 있는 병 치료의 개념이다. 즉 미신에 빠진 자들은 사람이 병에 걸린 것은 귀신이 들렸기 때문인데 이때 우두머리 귀신의 도움을 받아서 굿을 하거나 푸닥거리를 하면 귀신을 쫓아내고 사람의 병을 고칠 수 있다고 주장하는 것이다. 그래서 미개한 지역에 사는 사람들은 병에 걸리면 무당을 찾아가서 종교 행위를 함으로 병을 고칠 수 있다고 믿는다. 그러나 이것은 모두 무당들의 엉터리 속임수이고 사람들을 더욱더 사탄의 세력에 붙잡아 두려고 하는 소리이다. 예수님은 이런 영적인 세계를 어느 누구보다 더 잘 알고 계시는 분인데 바리새인들은 감히 예수님 앞에서 가장 무식한 미신적인 이야기를 해서 예수님을 사탄의 세력으로 비방하려고 하였다.

25절, "스스로 분쟁하는 나라마다 황폐하여질 것이요"

바리새인들은 예수님의 능력을 시기해서 예수님의 능력이 귀신에게서 온 것처럼 중상모략하려고 했지만 사실 그들은 귀신의 세계에 대하여 알지 못하고 있었다. 바리새인들은 막연하게 귀신이 있다는 것은 알았지만 귀신들이 얼마나 체계적이며 하나의 나라를 형성해서 하나님 나라를 대적하며 공격하는지 알지 못하고 있었다. 예수님께서는 바리새인들에게 '스스로 분쟁하는 나라마다 황폐하여진다' 고 말씀하셨는데 예수님은 사탄의 세력도 어떤 나라처럼 체계나 계급이 있어서 나름대로 통일성을 가지고 있는 것으로 말씀하셨다. 즉 사탄의 세력도 그 위에 두목이 있어서 때로는 서로 싸우는 것 같기도 하고 쫓아내는 것 같기도 하지만 실제로는 전부 사람들을 속이기 위한 거짓에 불과한 것이다. 즉 사탄은 절대로 사람들에게 유익을 주지 않고 사람을 영원히 멸망시키기 위해서만 일을 한다. 그리고 사탄의 나라도 자기들끼리 싸워서 망할 정도로 엉성하지는 않고 반드시 하나님의 심판으로 망하게 된다.

"스스로 분쟁하는 동네나 집마다 서지 못하리라"

만일 어떤 동네가 서로 편이 나뉘어서 싸운다면 그 동네는 망할 것이다. 또 집안에서도 가족들끼리 편을 나누어서 매일 싸운다면 그 집은 오래가지 못하고 망하고 말 것이다. 그런데 마귀의 세력은 서로 싸워서 저절로 망할 정도로 엉성한 상태는 아닌 것이다.

27절, "너희 아들들은 누구를 힘입어 쫓아내느냐"

당시 바리새인 중 일부는 귀신을 쫓아내기도 한 것 같다. 이들이 바로 '너희 아들들' 인데 바리새인들은 자기들 안에서 귀신을 쫓아내는 은사를 인정하고 있었다. 그래서 예수님은 바리새인들을 향해서 너희 안에서 귀신을 쫓아내는 것도 귀신의 힘으로 쫓아내는 것이냐고 질문하셨다.

28절, "그러나 내가 하나님의 성령을 힘입어 귀신을 쫓아내는 것이면"

예수님께서는 바리새인들이나 일반 백성들이 예수님께서 귀신을 쫓아내는 것을 하나님의 성령이 하시는 것이라는 사실을 믿게 된다면 그 사람에게는 이미 하나님의 나라가 임한 것이라고 말씀하셨다. 왜냐하면 그 사람은 이미 바른 믿음을 가졌고 예수님을 하나님이 보낸 분으로 믿고 있기 때문에 이 사람은 하나님의 나라 안에 들어와 있는 것이다.

29절, "사람이 먼저 강한 자를 결박하지 않고야"

드디어 예수님은 우리가 하나님을 믿게 되는 과정을 설명하셨다. 예를 들어 어떤 사람이 다른 성이나 집에 들어가서 약탈을 하거나 물건을 빼앗아 오려고 하면 물건만 빼앗는다고 해서 되는 것이 아니라 그 물건을 지키고 있는 자를 결박해야 한다. 마찬가지로 모든 사람은 이미 사탄에게 결박되어서 사탄의 소유물이 되었기 때문에 아무리 자기가 예수를 믿고 싶다고 해도 믿을 수가 없다. 오직 먼저 강하신 예수님이 오셔서 사탄의 세력을 결박해야 비로소 사람들은 예수를 믿을 수 있는 것이다. 그래서 처음으로 복음이 전파된 나라나 민족에서 예수를 믿으려고 하면 강한 핍박과 박해를 당하게 된다. 그 이유는 사탄이 사람들을 빼앗기지 않으려고 힘을 쓰기 때문이다. 그러나 예수님은 더 강한 자로 오셔서 그런 세력들을 부수시고 누구든지 예수를 믿을 수 있도록 하신다.

30절, "나와 함께 아니하는 자는 나를 반대하는 자요"

이미 복음의 세계가 왔음에도 적극적으로 예수를 믿지 않고 주를 믿는 자들과 함께 모이지 않는 자는 반대하는 자이다. 왜냐하면 이제는 누구든지 예수를 믿으려고 마음만 먹으면 얼마든지 믿을 수 있기 때문이다.

31절, "성령을 훼방하는 것은 사하심을 얻지 못하겠고"

우리는 때때로 성령을 거역할 때가 있는데 이것은 우리의 믿음이 약해서 하나님의 뜻에 순종하지 못하기 때문이다. 이때는 성령이 우리 안에서 근심하시기 때문에 기쁨이 없어지고 침체에 빠진다. 그러나 그렇다고 해서 완전히 믿음이 없는 것은 아니다. 왜냐하면 마음은 원하지만 육신이 약해서 순종하지 못하는 것이기 때문이다. 이때 우리가 죄를 자백하면 하나님은 우리에게 성령의 은혜를 회복시켜 주신다. 그러나 성령을 훼방하는 것은 복음을 시기해서 반대하고 부흥을 훼방하는 것이다. 사람들이 이렇게 하는 이유는 마음이 교만해서이기 때문에 이들은 자신들이 틀렸다는 것을 인정하지 않는다. 그래서 그들은 끝까지 자기가 옳다고 생각하기 때문에 회개하지 않는다.

32절, "누구든지 말로 인자를 거역하면 사하심을 얻되"

'말로 인자를 거역한다' 는 것은 예수님이 하나님의 아들이신 것을 알지 못해서 복음을 반대하고 거역하는 것을 말한다. 왜냐하면 인간들은 무지해서 자기들의 힘으로는 하나님을 알 수 없기 때문이다. 이런 사람들이 나중에 예수를 바로 알게 되면 회개해서 얼마든지 하나님의 백성이 될 수 있다. 반면에 '성령을 훼방하는 것' 은 바리새인들같이 하나님을 알고 하나님의 말씀도 알지만 교만한 마음으로 예수님을 업신여기고 복음을 반대하는 자들을 말하는 것인데 이들은 교만하기 때문에 자기들이 틀렸다고 생각하지 않는다. 그래서 끝까지 회개하지 않아서 망하게 된다.

본문 이해를 위한 질문

1. 예수님은 어떤 병자들까지 치료하셨는가?

예수님은 귀신이 들려서 보지 못하고 말도 하지 못하고 정신이 온전치 못한 자를 고쳐 주셨다. 예수님은 우리 인간을 만드신 분이기 때문에 못 고치는 병이 없으시다.

2. 유대인들은 예수님의 능력을 어떻게 비방했는가?

유대인들은 예수님이 귀신의 왕 바알세불의 힘으로 귀신을 쫓아낸다고 비난했다. 그러나 예수님은 사탄의 나라도 스스로 싸워서 망할 정도로 약한 나라는 아니라고 말씀하셨다.

3. 우리 한 사람 한 사람은 어떻게 해서 예수를 믿게 되었는가?

우리는 우리의 의지로 예수를 믿은 것이 아니라 예수님이 강한 자로 오셔서 사탄을 결박하셨기 때문에 예수를 믿은 것이다.

성경 강해

우리는 우리가 예수 믿는 것이 전도받고 예수를 믿기로 결심했기 때문이라고 생각합니다. 그러나 우리가 예수 믿기 위해서는 일단 복음을 들어야 하는데 복음이 우리에게까지 오는 것 자체가 기적입니다. 우리 인간에게 가장 위대한 능력은 나를 부르시는 하나님의 말씀을 들을 수 있다는 것입니다. 우리가 하나님의 말씀을 들을 수 있을 때는 이미 사탄의 세력이 힘을 잃고 있는 것입니다. 그럼에도 우리 인간의 마음에는 하나님에 대한 불신이 있고 사탄의 힘이 우리를 누르고 있기 때문에 감히 우리의 힘으로는 예수를 믿을 수가 없습니다. 우리가 예수를 믿는 것은 사탄의 세력보다 훨씬 강한 하나님의 능력이 사탄의 세력을 이기고 그 손에서 한 사람 한 사람을 빼앗아 내기 때문입니다.

그런데 우리는 이 세상에서 좋은 것이 있으면 반드시 가짜가 있다는 것을 알아야 합니다. 아마 중국을 여행해 보신 분들은 중국에 가짜 명품이 얼마나 많은지 아실 것입니다. 그러나 가방이나 시계가 가짜인 것은 그렇다 하더라도 사람이 가짜인 경우가 있습니다. 예를 들어 어떤 사람을 믿고 결혼을 하거나 채용을 했는데 알고 보니까 학력이나 경력이 모두 엉터리라면 그것은 가짜에 속은 것입니다. 가짜 사람에게 속아서 한평생을 망치는 경우도 있습니다. 그런데 가짜 인간보다 더 심각한 것이 있는데 그것이 바로 가짜 진리입니다. 가짜 진리는 어떻게 해서 생기게 된 것일까요? 그것은 마귀가 있기 때문입니다. 마귀는 사람들이 끝까지 진리를 믿지 못하도록 가짜 진리를 만들어서 사람을 유혹합니다. 그런데 사람들이 가짜에 속는 이유는 돈이 적게 들거나 혹은 쉽게 높은 가치를 얻을 수 있기 때문입니다. 사실 진짜는 많은 돈과 시간과 노력이 있어야 얻을 수 있습니다. 그러나 가짜 학위는 복사만 하면 되니까 힘들이지 않고 얻을 수 있습니다. 그리고 얼마든지 사람들에게 큰소리를 칠 수 있는 것입니다. 마찬가지로 우리가 진짜 하나님의 말씀으로 변화되려면 많은 시간 동안 말씀을 들어야 하고 연단을 받아야 합니다. 그러나 가짜 진리는 한순간의 감동이나 한순간의 열정으로 모든 것이 다 된다고 하니까 혹하는 것입니다. 그러나 가짜 진리에 속으면 영원한 생명을 망치게 됩니다.

어느 날 사람들이 예수님께 귀신이 들려서 보지도 못하고 말도 하지 못하는 사람을 데리고 왔습니다. 그래서 예수님은 그 사람을 고쳐 주셨습니다. 이것은 진짜 능력이고 진짜 진리였습니다. 그런데 바리새인들은 사람들이 예수님의 능력을 보고 예수님을 믿기 시작하자 예수님이 가짜, 즉 귀신의 능력을 빌려서 치료한다고 비난했습니다. 이때 예수님은 자신이 병자를 고치는 것은 강한 자를 더 강한 자가 결박해서 그 사람을 사탄의 세력에서 빼내는 것이라고 말씀하셨습니다. 그리고 성령을 훼방하는 자는 영원히 사함을 받지 못한다고 말씀하셨습니다.

1. 예수님의 치료

예수님은 이 세상에 오셔서 많은 병자를 치료하셨습니다. 예수님은 소경의 눈을 뜨게 하시고, 앉은뱅이를 일어나게 하시고, 심지어는 죽은 자도 살리셨습니다. 그런데 예수님이 환자들을 치료하신 것에는 중요한 특징이 있습니다. 그 하나는 위에서 말했듯이 예수님의 치료는 의사의 치료와 다르다는 것입니다. 의사는 우리 몸의 잘못된 부분을 바로잡아 줍니다. 예를 들어 막혀 있는 부분은 뚫어 주고, 찢어진 부분은 연결시켜 주고, 곪은 부분은 칼로 찢어서 염증을 없애 줍니다. 그러나 예수님이 하시는 일은 새로 창조하시는 것이었습니다. 예수님은 시력을 새로 만들어 주시고, 청력을 만들어 주시고, 신경을 고쳐 주시고, 영혼을 새로 살려 주시는 것입니다. 그뿐만 아니라 예수님의 치료는 치료 자체가 목적이 아니라 예수님이 하나님이 보내신 자라는 것을 믿게 하는 것이 목적이었습니다. 즉 사람들은 예수님이 불치의 병을 고치는 것을 통해서 예수님이 하나님이 보내신 분이라는 것을 믿으면 예수님의 말씀을 듣게 됩니다. 그러면서 사람들은 영혼이 치료되고 살게 되는 것입니다.

그런데 본문에서 예수님은 더 심각한 말씀을 하시는데 그것은 예수님이 사람을 고치는 것은 그냥 능력이 있어서 고치는 것이 아니라 마귀에게 붙들린 자들을 빼앗아 내는 것이라고 하신 것입니다. 즉 예수님은 우리 한 사람 한 사람을 살리기 위해서 마귀와 싸워서 우리를 빼앗아 내시는 것입니다. 그런데 예수님의 치료는 결코 공짜가 아니었습니다. 예수님은 우리의 병든 것이나 썩은 것이나 고름을 전부 십자가에 가지고 가셔서 거기서 한꺼번에 다 청산하신 것입니다. 즉 예수님은 우리 한 사람 한 사람을 마귀의 손에서 빼앗아 내시는데 단순히 힘으로 빼앗아 내신 것이 아니라 자기 자신을 몸값으로 지불하시고 빼앗아 내신 것입니다.

22절, "그때에 귀신 들려 눈멀고 벙어리 된 자를 데리고 왔거늘 예수께서 고쳐 주시매 그 벙어리가 말하며 보게 된지라"

예수님은 안식일 문제로 유대인들과 심하게 충돌하셨습니다. 우리 생각에 안식일 문제는 유대인들에게 양보하셔도 될 것 같은데 예수님은 절대로 양보하지 아니하셨습니다. 그 이유는 이 안식일 문제가 예수님 자신의 정체성과 관계가 있었기 때문입니다. 예수님은 유대인들에게 인자는 안식일의 주인이라고 하셨습니다. 결국 안식일의 주인은 모든 날의 주인이고 천지를 창조하신 분인 것입니다. 그리고 예수님은 유대인들에게 인자는 성전보다 크다고 하셨습니다. 성전은 하나님의 집인데 하나님의 집보다 큰 분은 하나님밖에 없는 것입니다. 결국 예수님이 오신 것은 온 세상을 다시 창조하기 위하여, 그리고 우리 믿는 자들로 새 성전을 만들기 위하여 오신 것입니다. 그런데 유대인들은 예수님이 이렇게 말씀하시는 것을 미쳤기 때문이라고 생각했습니다. 유대인들은 자기들이 진리를 가지고 있기 때문에 자기편이 아닌 자들은 다 틀렸다고 생각한 것입니다. 그러나 유대인들이 가진 진리는 예수님이 오시기까지 시한부 진리였고, 유효기간이 소멸된 진리였습니다. 유대인들이 이것을 알지 못한 것은 성경을 제대로 연구하지 않았기 때문입니다. 이것은 오늘 기독교도 마찬가지입니다. 성경이 말씀하는 대로 믿지 않고 자기가 믿고 싶은 대로 믿으면 나중에 완전히 정반대되는 결과가 나오는 것입니다.

예를 들어 유효기간이 지난 카드로는 물건을 살 수가 없습니다. 그리고 유효기간이 지난 여권이나 비자를 가지고 공항 출입국을 통과하려면 제지를 당할 것입니다. 하나님이 이스라엘 백성에게 주신 진리도 분명히 하나님의 진리였습니다. 그러나 이것은 예수님이 오실 때까지만 유효한 것이었습니다. 그러나 그것마저도 유대인들이 자기 멋대로 왜곡시켜서 이미 오래전에 죽은 진리였습니다.

이때 어떤 사람들이 귀신이 들려서 앞을 보지 못하고 말을 하지 못하는 장애인을 예수님께 데리고 왔습니다. 대개 귀신이 들리면 사람이 제정신이 아닌데 이 사람은 거기에다가 합병증까지 있어서 시력도 잃었고 말도 하지 못했습니다. 이런 사람은 사실 사람의 힘으로는 고칠 수 없었습니다. 즉 이 사람은 귀신이 들려서 발작을 하는데 앞도 보지 못하는 것입니다. 거기에다가 말도 하지 못했습니다. 거의 짐승이나 마찬가지의 상태인 것입니다. 그런데 예수님은 우리 인간을 만든 창조자이십니다. 예수님은 우리의 생각과 감정과 신체를 전부 도안하셨고, 실제로 만드셨습니다. 예수님은 이 사람의 뇌의 어느 부분이 귀신의 힘으로 억압받고 있으며, 그 결과 이 사람의 시신경의 어디가 눌렸으며 언어 능력을 어떻게 해서 잃었는지 알아 내셨습니다. 예수님께서는 이 모든 것을 말씀의 능력으로 고쳐 주셨습니다. 이것은 치료의 범위를 넘어서는 창조 행위였습니다.

우리가 알아야 될 것은, 예수님은 우리와 달리 진리와 능력이 충만하다는 것입니다. 즉 예수님은 누구로부터 진리를 받아서 전하거나 누구로부터 능력을 받아서 행하는 분이 아닙니다. 예수님은 자신이 진리이시고 능력이시기 때문에 바로 그 자리에서 능력으로 사람을 고치기도 하고 사람을 살려내기도 하십니다. 예수님은 원하기만 하면 무엇이든지 하실 수 있습니다. 그리고 예수님은 진리를 연구하거나 탐구하지 않으십니다. 왜냐하면 예수님 자신이 진리이시기 때문입니다. 거기에 비하여 우리는 예수님으로부터 진리를 배워야 알 수 있고, 연구해야 깨달을 수 있습니다. 그리고 우리에게는 능력이 없고 예수님께서 능력을 주시는 일에만 능력을 행할 수 있습니다.

예수님은 귀신이 들린 데다가 심한 합병증까지 걸린 사람을 그 자리에서 치료해 주셨습니다. 예수님의 능력으로 그 사람에게서 귀신이 떠나면서 시력도 회복되고 말도 할 수 있게 되었습니다. 이것은 정말 엄청난 능력이요 축복이 아닐 수 없었습니다. 예수님의 이 능력은 죽은 사람을 완전히 살려 내신 것과 같았습니다. 우리는 사람들의 병을 고치는 것도 어려워합니다. 더욱이 귀신이 들리거나 정신적으로 충격을 받아서 정신이상자가 된 사람들은 고치기가 어렵습니다. 그러나 예수님은 그 자리에서 바로 고쳐 주셨습니다. 이것은 완전한 하나님의 능력이었습니다. 예수님의 이 능력을 보고 많은 사람들이 놀라면서 예수님을 믿기 시작했습니다.

23절, "무리가 다 놀라 가로되 이는 다윗의 자손이 아니냐 하니"

사람들은 예수님의 능력을 보고 '이는 다윗의 자손이 아니냐' 고 했습니다. 이 사람은 틀림없는 다윗의 자손이라는 것입니다. 즉 예수님은 하나님이 보내신 구원자인 것입니다. 그렇다면 이제부터는 모든 주도권이 예수님에게로 넘어가야 합니다. 왜냐하면 우리 인간은 스스로 자신을 구원할 수 없으므로 하나님이 다윗의 자손을 보내셨기 때문입니다.

2. 유대인들의 훼방

유대 지도자들은 사람들이 예수님의 능력을 보고 예수님을 믿으려고 하자 매우 당황했습니다. 그 이유는 잘못하면 이 갈릴리 출신의 무식한 선지자에게 주도권을 빼앗길 것 같았기 때문입니다. 사실 더 중요한 것은 그들의 진리는 시효나 유효기간이 지난 가짜 진리였습니다. 그들은 지금까지 가짜 물건으로 사람들을 속여서 괜찮은 돈벌이를 하고 있었는데 진짜가 나타나는 바람에 모든 것이 들통이 나게 된 것입니다. 만약 다른 경우 같으면 어떻게 해야 되겠습니까? 모두 도망을 쳐서 숨든지, 아니면 손을 들고 항복해야 할 것입니다. 그러나 유대 지도자들은 항복하지 않고 예수님의 능력은 가짜라고 하면서 공격했습니다.

24절, "바리새인들은 듣고 가로되 이가 귀신의 왕 바알세불을 힘입지 않고는 귀신을 쫓아내지 못하느니라 하거늘"

여기의 '바알세불' 은 성경의 다른 곳에는 나오지 않고 열왕기하 1장 2절에 '바알세붑' 이라는 비슷한 신이 나옵니다. 옛날 엘리야 선지자 때 아합의 아들 아하시야가 난간에서 떨어져 병들었는데 자기가 살 수 있을지를 블레셋 도시 에그론의 신 바알세붑에게 묻기 위하여 사람을 보냅니다. 그때 엘리야가 그 사신을 만나서 이스라엘에 신이 없어서 에그론의 신 바알세붑에게 사람을 보내어 묻느냐고 하면서 그가 침상에서 내려오지 못하고 죽을 것이라고 예언했습니다.

여기에 나오는 '바알세붑' 은 '파리의 신' 인데 에그론 사람들은 이 파리의 신이 병을 치료한다고 믿었던 것 같습니다. 그러니까 블레셋 사람들은 쥐나 파리같이 병을 옮기는 귀신을 믿으면 병이 낫는다고 믿은 것입니다. 그래서 이 '바알세불' 이라는 이름에는 경멸의 의미가 들어 있었고, 유대 지도자들은 예수님을 '파리의 왕' 이라고 하며 비난한 것입니다. 특히 그들이 예수님을 비난한 것은 예수님을 따라다니는 제자들이 어부나 세리 같은 경멸스러운 사람들이었기 때문이기도 합니다.

이와 비슷한 현상이 모세 때에도 있었습니다. 모세는 하나님의 말씀의 능력으로 바로 앞에서 기적을 행했습니다. 모세가 지팡이를 던지니까 그 지팡이가 뱀이 되었습니다. 그러자 애굽의 마술사들도 모세 앞에서 지팡이를 던져서 뱀을 만들었습니다. 그러나 이 두 가지 기적은 완전히 다른 것입니다. 모세는 하나님의 말씀의 능력으로 지팡이가 진짜 뱀이 되게 했지만, 애굽의 마술사들이 가져온 지팡이는 진짜 지팡이가 아니라 지팡이처럼 딱딱하게 만들어 두었던 뱀이었습니다. 그들은 뱀을 던져서 지팡이가 뱀이 된 것처럼 사람의 눈을 속인 것입니다.

요즘 사람들은 영화나 드라마의 마력에 속고 있습니다. 실제로 영화를 촬영하는 세트장에 가 보면 궁전이나 성이 모두 합판이나 종이로 만든 가짜이고, 배우들도 한 장면을 찍기 위해서 같은 행동을 수없이 반복합니다. 그러나 사람들은 가짜를 진짜보다 더 믿는 경향이 있습니다. 왜냐하면 가짜가 진짜보다 훨씬 재미있기 때문입니다. 그런데 가짜를 믿고 진짜를 부인하면 현실에 적응하기가 어려워지게 됩니다.

바리새인들은 예수님의 능력은 가짜이며 아주 지저분한 '파리의 신' 같은 이방 신 바알세불의 힘으로 병을 고친다고 비난했습니다. 그러나 예수님은 유대인들과 싸우지 아니하셨습니다. 단지 예수님은 그들의 주장이 상식적으로도 맞지 않다는 것을 논증하셨습니다.

25-26절, "예수께서 저희 생각을 아시고 가라사대 스스로 분쟁하는 나라마다 황폐하여질 것이요 스스로 분쟁하는 동네나 집마다 서지 못하리라 사단이 만일 사단을 쫓아내면 스스로 분쟁하는 것이니 그리하고야 저의 나라가 어떻게 서겠느냐"

예수님은 과연 사탄이 사탄을 쫓아내어서 병을 고치겠느냐는 것입니다. 사탄의 힘으로 사탄을 쫓아낼 수 없다는 것입니다.

대개 신앙이 없는 사람들은 귀신 들려서 머리가 아프거나 귀신이 내려서 병이 생긴 경우 굿을 해서 귀신을 달래면 병이 낫는다고 합니다. 그러나 그것은 거짓말입니다. 귀신은 귀신을 쫓아내지 않습니다. 굿을 해서 조금 잠잠해질지는 몰라도 모두 짜고 하는 것입니다. 영화에서 사람들을 죽이고 때리는 것은 모두 짜고 하는 것이지 진짜로 사람을 죽이고 때리는 것이 아닌 것과 마찬가지인 것입니다. 영화에는 좋은 편과 나쁜 편이 있고 친구와 원수가 있지만 실제로는 다 같은 편인 것입니다.

우리가 알아야 할 것은, 마귀는 절대로 인간을 이롭게 하지 않는다는 것입니다. 이것은 불량배나 사기꾼이 절대로 다른 사람들에게 이롭게 하지 않는 것과 같습니다. 악한 자들은 다른 사람을 망하게 하고 이용해 먹지 절대로 잘되게 하지 않습니다. 마찬가지로 마귀는 사람을 망하게 하고, 죽게 하고, 지옥에 가게 하는 것이 목적이지 선한 일은 하지 않습니다. 우리에게 좋은 결과가 나타나는 것은 모두 하나님이 축복하셔서 그런 것입니다.

그러면 사탄의 나라에서는 절대로 서로 싸우지 않느냐 하면 그렇지 않다는 것입니다. 믿지 않는 자들도 자기의 이익을 위해서 물고 뜯으면서 싸웁니다. 그런데 놀라운 것은 믿지 않는 자들이 하나님의 백성을 공격하는 데는 완전히 하나가 되는 것입니다. 여기서 그들의 본성이 드러납니다.

예수님을 처형할 당시에 헤롯과 빌라도는 원수 사이였습니다. 그리고 유대 지도자들도 평소에는 빌라도를 아주 미워했습니다. 그런데 그들은 예수님을 십자가에 못 박는 날 서로 친구가 되었습니다. 사탄의 나라는 마치 이리 떼와 같습니다. 먹이를 보면 서로 먹으려고 싸우고 물고 뜯지만 하나님의 진리를 대적하고 그 백성들을 공격하는 데는 하나가 되어서 덤벼드는 것입니다.

그러면 사탄의 나라가 있느냐 하는 것입니다. 사탄의 나라가 따로 있는 것은 아닙니다. 그런데 사탄은 이 세상 전체를 자기 나라로 생각하고 있습니다. 그래서 나름대로 질서를 가지고 이 세상을 다스리고 있습니다. 특히 사탄은 거짓말로 사람들을 속이고 있는데 그 하나는 눈에 보이지 않는 것을 없다고 믿게 하는 것입니다. 즉 눈에 보이지 않는 하나님이 없다고 믿게 합니다. 그뿐만 아니라 하나님은 아주 무섭고 엄격하며 사랑이 없는 심술궂은 분이기 때문에 미워해야 한다고 가르칩니다. 그러나 하나님은 사랑이십니다.

사탄은 사람들로 하여금 하나님을 싫어하게 만듭니다. 사탄에 속한 자들은 이유도 없이 하나님을 미워하고 증오합니다. 그 이유는 마귀의 독약을 마셔서 그런 것입니다. 그리고 하나님을 훼방하고 욕을 합니다. 기독교의 진리를 훼방하고 대적합니다. 그 이유는 모두 사탄의 독주를 마셨기 때문입니다. 그리고 마귀는 사회의 제도나 가치관을 통해서 사람들이 절대로 이탈하지 못하게 합니다. 우리나라의 경우에는 그것이 제사제도였습니다. 모든 사람을 조상 숭배로 묶어 놓아서 하나님을 믿지 못하게 하는 것입니다. 하나님을 믿는 사람을 향해 조상에게 제사를 드리지 않는 조상의 은덕도 모르는 놈이라고 비난하고 핍박을 하지만 실제로는 마귀가 뒤에서 조종하는 것입니다. 또 학생들이 대학에 들어가면 어른이 되어야 한다고 하면서 술판을 벌입니다. 직장에서도 술판입니다. 그런데 술을 마시지 않으면 옹졸하고 앞뒤가 막힌 사람으로 낙인을 찍습니다.

마귀는 지금도 이 세상이 자기 나라라고 주장합니다. 그러면서 하나님을 믿는 성도들을 어떻게 해서든지 이 세상에서 내어 쫓으려고 합니다. 하나님을 믿으면 장사도 제대로 하지 못하고, 결혼도 제대로 하지 못하며, 직장에서도 쫓아낼 것이라고 합니다. 그러나 이미 이 세상은 사탄의 세상이 아니고 하나님의 세상이 되었습니다. 우리가 해야 할 일은 이 세상에서 사탄의 속임수를 몰아내는 것입니다.

당시에 하나님의 능력이 아닌 방법으로 귀신을 쫓아내는 사람들이 있었던 것 같습니다.

27절, "또 내가 바알세불을 힘입어 귀신을 쫓아내면 너희 아들들은 누구를 힘입어 쫓아내느냐 그러므로 저희가 너희 재판관이 되리라"

귀신을 쫓아내는 것은 하나님의 능력이 아니어도 가능했습니다. 그런데 이것은 치료 행위였습니다. 예를 들어 정신이상 같은 것은 정신병원에서 치료할 수 있고 상담으로도 고칠 수가 있습니다. 이것은 치료인 것입니다.

당시 바리새파 사람들 중에서도 은사로 귀신을 쫓아내는 사람들이 있었던 것 같고 그것을 바리새파에서도 인정하고 있었던 것 같습니다. 그러면 그것도 모두 귀신의 능력이냐 하는 것입니다.

28절, "그러나 내가 하나님의 성령을 힘입어 귀신을 쫓아내는 것이면 하나님의 나라가 이미 너희에게 임하였느니라"

이 세상에는 하나님이 일반은총으로 병을 치료하는 곳이 많이 있습니다. 요즘은 병원이 많이 생기고 의사들이 많기 때문에 환자들은 얼마든지 병을 고칠 수 있습니다. 정신병원 같은 데서도 상담이나 약물로 치료받을 수 있습니다. 그러나 예수님이 병을 치료하시는 것은 병 치료를 통해서 하나님의 말씀을 믿도록 하기 위해서입니다. 즉 하나님의 말씀을 믿는 것은 이 사람에게 성령의 능력으로 하나님의 나라가 임한 것이며, 이 사람은 이미 영생 안에 들어와 있는 것입니다.

3. 강한 자를 결박하는 능력

29절, "사람이 먼저 강한 자를 결박하지 않고야 어떻게 그 강한 자의 집에 들어가 그 세간을 늑탈하겠느냐 결박한 후에야 그 집을 늑탈하리라"

예를 들어 어떤 불량배가 우리 집에 들어와서 집을 차지하거나 물건을 차지하고 있을 때 사정을 한다고 해서 순순히 나갈 불량배는 없을 것입니다. 그런 사람에게서 물건을 되찾으려면 더 힘이 센 사람이나 경찰을 데리고 가서 쫓아내든지 감옥에 가두어야 할 것입니다. 마찬가지로 사탄은 아주 강한 힘을 가진 천사이고 타락할 때 많은 천사들을 데리고 타락했기 때문에 세력이 아주 막강합니다. 그래서 예수님이 사탄의 손에서 단 한 사람이라도 건져 내려면 사탄을 결박하고 빼앗아 내야 하는 것입니다. 그러나 사탄은 절대로 호락호락한 상대가 아닌 것입니다.

우리는 흔히 기독교 신앙을 가지는 것은 내가 복음을 듣고 예수를 믿기로 결정했기 때문이라고 생각합니다. 그러나 그것은 잘 모르고 하는 말입니다. 왜냐하면 벌써 복음이 내 귀에까지 들렸다는 것이 엄청난 일이기 때문입니다.

사탄은 모든 사람을 죄의 사슬로 묶어서 자기 종으로 만들어 놓았습니다. 그래서 정상적으로는 이 세상에서 예수를 믿는 사람이 한 사람도 없어야 합니다. 그런데 놀랍게도 그렇게 반대하고 핍박하는데도 하나님을 믿는 사람이 생기고 예수를 믿는 사람들이 생깁니다. 그 이유는 하나님의 은혜가 사탄이 만들어 놓은 죄의 감옥을 뚫고 그 속까지 파고 들어와서 쇠사슬을 끊고 사람들을 빼앗아 내기 때문입니다.

예수님께서 이 세상에 오신 것은 죄의 감옥에 갇힌 자들을 빼앗아 내기 위해서입니다. 물론 예수님은 힘으로 사탄을 두들겨 잡아서 지옥에 던져 넣으면 되지만 그러면 죄의 사슬에 매인 인간들이 모두 지옥에 가게 될 것입니다. 그래서 예수님은 자기 자신이 죄인의 신분으로 감옥 안에까지 깊숙이 들어오셨습니다. 사탄은 인간으로 오신 하나님의 아들을 죽이면 모든 인간과 세상이 자기 것이 될 줄 알았는데 속은 것입니다. 왜냐하면 죄 없는 자가 죽으면 인간들이 오히려 죄 용서받고 지옥의 권세가 깨어지기 때문입니다.

우리 한 사람 한 사람이 예수를 믿게 되는 것은 하나님의 아들의 강한 손이 사탄의 손에서 우리를 빼앗아 내시기 때문입니다. 사탄을 결박해서 묶어 버리고 그의 재산이 되어 있는 우리를 빼앗아 내신 것입니다. 그러니까 마귀는 묶여서 가만히 있습니까? 눈알을 굴리고 입에서 거품을 허옇게 흘리면서 고래고래 소리를 지르는 것입니다. 그래도 사탄은 절대로 우리를 다시 잡아갈 수가 없습니다.

30절, "나와 함께 아니하는 자는 나를 반대하는 자요 나와 함께 모으지 아니하는 자는 헤치는 자니라"

신앙에는 중립지대가 없습니다. 예수를 믿든지, 아니면 마귀에게 속하든지 둘 중의 하나이지 예수님에게도 속하지 않고 마귀에게도 속하지 않는 지대는 없습니다. 그러니까 구원을 받은 사람은 확실히 예수님께 속해야 하고 예수님을 붙들어야 합니다. 다른 방법으로는 절대로 마귀의 손아귀를 벗어날 수가 없습니다.

여기서 예수님의 가장 무서운 심판의 말씀이 나옵니다. 즉 인간의 모든 죄는 다 사하심을 받을 수 있지만 성령을 훼방하는 죄는 영원히 사하심을 얻지 못한다는 것입니다.

31-32절, "그러므로 내가 너희에게 이르노니 사람의 모든 죄와 훼방은 사하심을 얻되 성령을 훼방하는 것은 사하심을 얻지 못하겠고 또 누구든지 말로 인자를 거역하면 사하심을 얻되 누구든지 말로 성령을 거역하면 이 세상과 오는 세상에도 사하심을 얻지 못하리라"

여기서 우리 인간에게 가장 끔찍한 불행이 인간들의 죄를 위하여 이 세상에 오신 하나님의 아들을 믿지 않는 것입니다. 하나님의 아들을 믿는 것이 유일한 구원의 방법인데 하나님의 아들을 믿지 않으면 구원받을 수 없습니다.

결국 성령을 훼방하는 것은 거짓 진리로 참 진리를 대적하는 것입니다. 이런 사람들은 하나님의 진리와 영적인 부흥을 시기해서 훼방합니다. 그래서 다른 사람들까지 진리를 믿지 못하도록 선동을 하는 것입니다.

이스라엘 백성이 출애굽하여 가나안 지경까지 왔을 때 하나님은 열두 지파에서 대표를 뽑아서 정탐하게 하셨습니다. 그런데 열두 명의 정탐꾼 중에서 열 명이 가나안 땅에 있는 민족들은 너무 강해서 우리는 들어갈 수 없다고 하면서 백성들을 선동했습니다. 이들이 백성들을 선동해서 불신앙에 빠지게 한 결과 광야 생활이 40일에서 40년으로 늘어났고, 출애굽한 세대 중 갈렙과 여호수아 단 두 사람 외에는 아무도 가나안 땅에 들어가지 못했습니다. 이것이 바로 성령을 훼방하는 것입니다. 이런 사람들은 자기 영혼만 망하는 것이 아니라 다른 사람의 영혼까지 망하게 하는 것입니다.

사람들이 처음에는 진리를 잘 몰라서 의심을 할 수도 있고 거부할 수도 있습니다. 그러나 이것은 몰라서 그러는 것이기 때문에 사하심을 받을 수 있습니다. 인자는 사람의 몸으로 오신 그리스도인데 처음에는 인간적인 모습만 보고 믿지 않을 수도 있습니다. 심지어는 예수님의 가족들도 예수님이 하나님의 아들인 것을 믿지 않았습니다. 그런데 하나님의 능력이 나타나고 증거가 나타나는 것을 불신하거나 훼방하면 안 됩니다.

이 사람들이 사함을 받을 수 없는 이유는 그들의 눈에 예수님의 진리가 시시하게 보였기 때문입니다. 그들은 너무 교만한 나머지 하나님의 구원의 방법이 유치하게 생각되어서 진리를 짓밟고 있는 것입니다. 그래서 우리의 눈에 예수님의 십자가가 결코 시시하게 보여서는 안 됩니다. 예수님의 십자가보다 더 위대한 것은 없습니다. 다른 죄는 다 용서받을 수 있지만 교만하여 진리를 발로 밟는 것은 용서받을 수 없습니다. 왜냐하면 자기 스스로가 옳다고 믿으므로 끝까지 회개하지 않기 때문입니다.

우리는 성령을 소멸시킬 때가 있습니다. 우리가 말씀에 순종하지 않거나 순간적으로 죄에 빠질 때 성령의 감동이 소멸되는 것입니다. 그럴 때 우리의 마음은 답답해지고 기쁨이 없어집니다. 그러나 그것은 성령 훼방이 아닙니다. 하나님께 상한 마음 그대로 나아가서 회개하면 다시 성령의 은혜가 회복됩니다.

진리는 성령을 통하여 증거됩니다. 진리를 증거할 때 성령의 확신과 감동이 강하게 임하는 것은 하나님의 큰 능력이 나타나고 있는 것입니다. 우리는 하나님의 손에 붙들려야 마귀의 권세를 이길 수 있습니다. 우리는 오늘도 주님께 간구하여 사탄의 죄의 사슬에 매여 있는 사람들이 풀려날 수 있도록 도와야 하겠습니다.

성경 토의

1. 예수를 믿으면 박해를 받던 조선 시대나 로마 시대와 오늘 마음껏 예수를 믿을 수 있는 시대의 차이는 어디에 있는가?

2. 예수님은 육체가 병든 자들과 정신이 병든 자들을 다 고치셨는데 오늘 우리에게는 병원에 가도 고치지 못하는 병들이 아직 많이 있다. 이런 것을 통해서 우리는 이런 사람들을 어떻게 도울 수 있다고 생각하는가?

3. 오늘 복음을 훼방하는 것은 무엇이며, 왜 교회는 세상에서 욕을 먹고 목회자들이 불신을 당한다고 생각하는가?

55_열매로 알리라

마태복음 12:33-42

전체적 설명

예수님께서 우리 신앙을 비유하실 때에 양이나 이리 같은 동물도 사용하시지만 식물도 많이 사용하셨다. 우리가 나무를 볼 때에 외관만 보아서는 무슨 나무인지 모를 때가 많지만 거기에 달려 있는 열매를 보면 무슨 나무인지 분명히 알 수 있다. 사과나무에는 사과만 열리고 배나무에는 배만 열리게 되어 있는 것이다. 더욱이 그 열매를 먹어 보면 그 나무가 좋은 품종인지 나쁜 품종인지 알 수 있을 것이다. 일본의 어떤 농부는 농약을 사용하지 않고 사과나무를 재배하는 것에 성공해서 유명해지기도 했다. 그러나 하나님이 우리에게 하시는 일은 가시나 엉겅퀴같이 열매 맺지 못하는 나무를 열매 맺게 하는 것이다.

설교 프리노트

33절, "나무도 좋고 실과도 좋다 하든지"

대개 과일나무는 목재로 사용하는 나무처럼 외관이 멋있지 않다. 그러나 과일나무는 외관을 보고 평가하는 것이 아니라 그 나무에 맺히는 열매를 보고 평가한다. 그리고 과일나무는 한 종류의 열매만 맺지 여러 종류의 열매를 맺지 않는다. 그래서 과일나무의 외관이 아무리 초라해도 열매가 좋으면 그 나무는 좋은 나무이고, 아무리 외관이 멋있다 하더라도 열매가 좋지 못하면 그 나무는 좋지 못한 나무인 것이다. 나무의 비유 중 탁월한 비유는 사도 바울이 말한 돌감람나무와 참감람나무 비유이다(롬 11:17). 나무에 있어서 가장 중요한 것은 진액이다. 사람은 세상적인 진액을 받으면 세상적인 열매를 맺게 되고, 순수한 하나님의 말씀의 진액을 받으면 천국의 열매가 맺힐 것이다. 그러면 하나님께서 판단하시는 열매는 과연 무엇일까? 가장 중요한 것이 우리의 믿음이 커지는 것이며, 우리를 통해서 하나님의 능력과 축복이 이 땅에 나타나는 것이다.

34절, "독사의 자식들아 너희는 악하니 어떻게 선한 말을 할 수 있느냐"

독사는 이빨 밑에 독이 있기 때문에 자기가 원하든 원하지 않든 물면 독이 뿜어져 나오게 되어 있다. 그래서 독사가 사람이나 다른 짐승들을 해치지 않게 하려면 일단 입 안에 있는 독부터 없애야 하는데 그것은 자기 힘으로는 불가능하다. 마찬가지로 예수님 당시에 입만 벌리면 남을 비판하고 정죄하는 말을 하는 사람들이 많이 있었는데 예수님은 이들을 '독사의 자식' 이라고 부르셨다. 왜냐하면 그들의 아비인 독사는 마귀이기 때문이다. 그래서 이들은 마음속에 분노와 시기와 미움이 가득 차 있기 때문에 입을 열 때마다 악한 말을 하는 것이다. 요즘 우리나라의 청소년이나 일반인 중에도 욕이나 독설을 하거나 혹은 인터넷에 악플을 다는 사람이 많은데 그것도 그들의 마음속에 악이 가득 들어 있기 때문이다.

35절, "선한 사람은 그 쌓은 선에서 선한 것을 내고"

우리는 사람들이 말을 잘하는 것은 머리가 좋거나 훈련을 받았거나 천부적인 재능이 있기 때문이라고 생각한다. 그러나 예수님은 사람이 말을 잘하거나 잘 못하는 것을 보시는 것이 아니라 그 말의 내용을 중요하게 보신다. 즉 사람은 말로써 다른 사람을 살리거나 치료할 수 있는가 하면, 때로는 말로써 다른 사람을 죽이기도 하고 망하게도 한다. 여기서 예수님은 세 가지를 일치시키시는데 '선한 사람-선한 말-선을 쌓음' 과 '악한 자-악한 말-악을 쌓음' 이다. 사람의 마음은 그릇과 같아서 마음에 무엇이 담기느냐에 따라 가치가 달라진다. 우리 마음에 하나님의 말씀을 담으면 우리는 천사처럼 될 것이다.

36절, "사람이 무슨 무익한 말을 하든지 심판 날에 이에 대하여"

우리는 사람이 말하는 것은 주워 담을 수 없기 때문에 연기처럼 사라질 것이라고 생각한다. 그러나 하나님 앞에서는 사람들이 이 세상에서 한 말이 모두 녹음되어서 남아 있다. 그래서 다른 사람에게 악한 말을 한 것에 대하여 심판을 받게 되고, 심지어는 무익한 농담을 한 것도 심판을 받게 된다.

37절, "네 말로 의롭다 함을 받고 네 말로 정죄함을 받으리라"

우리는 모두 하나님 앞에서 심판을 받을 때 그가 한 행동에 따라서 심판을 받을 것이라고 생각한다. 그러나 하나님 앞에서 행동보다 더 중요한 것은 말이다. 즉 하나님께서 이 세상에서 사람들이 한 말을 전부 기억하셔서 그것을 가지고 판단하시면 그 사람이 의로운 사람인지 악한 사람인지 판단이 되는 것이다. 그래서 우리가 반드시 행동으로 남에게 피해를 주지 않았다 하더라도 말로써 상처를 주거나 충격을 주었다면 전부 하나님 앞에서 정죄당할 것이다.

38절, "선생님이여 우리에게 표적 보여 주시기를 원하나이다"

예수님 당시 유대인들 사이에는 메시아에 대한 기대가 높았고 유대 지도자들은 예수님이 혹시 메시아인가 해서 표적을 보기를 원했다. 즉 그들은 옛날 모세가 이스라엘 백성에게 보냄을 받았을 때 지팡이가 뱀이 되고 물이 피가 되는 기적을 행하고, 엘리야도 이스라엘 백성 앞에서 하늘에서 불을 내리는 기적을 행한 것처럼 예수님도 그런 기적을 보여 주기를 원했다. 그러나 유대인들이 기대하는 메시아는 일종의 정치적인 지도자였고, 어떤 의미에서는 독립투사와 같은 메시아였기 때문에 예수님이 하려고 하시는 것과는 많이 달랐다. 그래서 예수님은 유대인들에게 아무 표적도 보여 주지 않으셨다. 왜냐하면 유대 지도자들이 예수님의 능력을 보면 더욱더 그를 정치적인 지도자로 몰아갈 것이기 때문이다.

39절, "악하고 음란한 세대가 표적을 구하나"

예수님께서는 두 가지 상반된 말씀을 하셨다. 즉 표적이라는 것은 순수한 하나님의 백성이 구해야 하는 것인데 지금 표적을 구하는 사람들은 악하고 음란한 세대인 것이다. 즉 전혀 하나님의 백성이 아닌 사람들이 하나님의 백성인 것처럼 표적을 요구하고 있는 것이다. 예수님은 유대인들을 옛날 니느웨 성처럼 멸망을 앞두고 있는 악한 성으로 보셨다. 그래서 예수님은 유대인들에게 '내가 메시아인지 아닌지' 보다 더 심각한 것이 유대인들이 앞두고 있는 하나님의 심판이라고 말씀하셨다. 그래서 예수님은 '요나의 표적' 밖에 보일 것이 없다고 말씀하셨다. 즉 니느웨 백성들이 요나의 말을 듣고 회개하면 살고 회개하지 않으면 망하는 것처럼 유대인들도 멸망을 앞두고 있는 것이다.

40절, "요나가 밤낮 사흘을 큰 물고기 뱃속에 있었던 것 같이"

요나가 큰 물고기 배 속에서 사흘간 있었던 것은 예수님이 십자가 위에서 죽으시고 무덤 속에 3일간 계셨던 것의 놀라운 예표가 된다. 사실 니느웨 사람들은 요나가 물고기 배 속에 사흘 동안 있었던 것을 보지 못했다. 그러나 그의 말을 듣고 회개했을 때 니느웨 사람들은 구원을 받을 수 있었다.

41절, "심판 때에 니느웨 사람들이 일어나"

유대인들은 하나님의 심판대에 섰을 때 무슨 말이든지 변명을 하려고 할 것이다. 예를 들면 자기들은 예수님이 하나님의 아들인 줄 몰랐다고 말할 것이다. 그러나 그때 니느웨 사람들이 유대인들을 정죄할 것인데, 중요한 것은 말씀을 전하는 사람의 외모가 아니라 하나님의 말씀 자체를 믿는 것이라고 말할 것이다. 그들은 예수님보다 훨씬 못한 요나의 설교를 듣고도 회개했는데 하나님의 아들의 말씀을 직접 듣고서도 회개하지 않은 유대인들은 변명할 수가 없는 것이다.

42절, "심판 때에 남방 여왕이 일어나"

예수님께서는 또 다른 증인이 나올 텐데 그는 남방 여왕, 곧 스바의 여왕이라고 말씀하셨다. 왜냐하면 그는 하나님의 말씀을 듣기 위해 그 먼 곳에서 예루살렘을 찾아왔지만 유대인들은 하늘에서 직접 그들을 찾아온 하나님의 아들의 말씀을 듣고서도 회개하지 않았기 때문이다.

본문 이해를 위한 질문

1. 과일나무와 우리 신앙은 어떤 관계가 있는가?

사람들이 과일나무를 평가할 때 나무의 외관을 보지 않고 거기에 열리는 과일의 맛이나 크기를 가지고 판단하는 것처럼 신앙도 세상적인 성공이나 재산을 가지고 판단해서는 안 되고 그가 만들어 내는 인격의 변화와 나타나는 하나님의 능력이나 축복으로 판단해야 한다.

2. 유대인들이 예수님이나 다른 사람들에 대하여 신랄한 비판을 하는 이유는 무엇인가?

그것은 그들이 더 의롭거나 똑똑해서 그런 것이 아니라 마음속에 악이 가득 들어 있기 때문이다. 그래서 하나님께서 사람을 판단하실 때 물론 행동도 보시지만 그 사람이 하는 말을 가지고 판단하실 것이다.

3. 왜 예수님은 유대 지도자들에게 하늘로서 오는 표적을 보여 주지 아니하셨는가?

그 이유는 유대인들은 이미 하나님의 백성이 아니라 옛날 요나 때의 니느웨 사람들처럼 악하고 음란한 세대였기 때문이다. 그들에게 중요한 것은 표적을 보는 것이 아니라 예수님의 말씀을 듣고 회개하는 것이다. 그리고 예수님이 죽으셔서 사흘 동안 무덤 속에 있다가 다시 살아나는 것이 그가 하나님의 아들이신 중요한 표적이다.

성경 강해

우리가 자주 하는 말 중에 "인생은 짧고 예술은 길다"라는 명언이 있습니다. 사실 사람의 인생은 길어야 백 년이지만 위대한 예술가가 만든 작품은 그가 죽은 후에도 수백 년 이상 살아 있는 경우가 많이 있습니다.

얼마 전에 목공예를 하시는 집사님이 전시회를 한다고 해서 가 보았습니다. 그 집사님은 옻칠로 나무 공예를 하는 분이었는데 전시회를 마친 후에 저에게 "옻칠은 생명이 천 년을 갑니다"라고 말씀하셨습니다. 저는 그 말씀을 듣고 옻칠은 오랫동안 변하지 않는 모양이라고 생각했습니다. 그런데 몇 주 뒤에 신문을 보니까 백제 시대의 무덤이 발굴되었는데 장군이 입었던 갑옷의 가죽은 천 년이 넘는 세월 동안에 삭아서 없어졌는데 그 갑옷 위에 옻칠을 한 것은 생생하게 그대로 남아 있었다는 것입니다. 저는 그것을 보고 '아, 옻칠이 천 년을 간다는 말씀이 진짜구나' 하는 것을 깨달았습니다.

얼마 전 신문에서 달항아리 백자만 전문적으로 만드는 분이 소개된 것을 본 적이 있습니다. 달항아리는 일종의 백자 종류인데 달처럼 동그랗게 생긴 항아리입니다. 이분은 달항아리를 많이 만들지 않고 한 번 구울 때 딱 한 개만 만든다고 했습니다. 그리고 아무리 어렵게 만든 항아리라 하더라도 마음에 들지 않으면 부수어 버린다고 했습니다. 그런데 이제는 이분의 달항아리가 인기가 높아서 아주 비싸게 팔린다는 것입니다.

우리가 사용하는 그릇 중에서 질그릇이나 도자기는 모두 흙으로 만든 것입니다. 그러나 똑같은 흙을 재료로 해서 만든 것이라 하더라도 질그릇과 도자기는 엄청난 차이가 있습니다. 사실 질그릇은 가장 싼 그릇이고 주로 뚝배기로 사용됩니다. 그러나 도자기 중에서 상감청자나 이조백자는 국보급의 가치를 지닌 것들이 있습니다. 같은 흙으로 만든 그릇인데도 그 가치는 엄청난 차이가 있는 것입니다.

그런데 그릇을 만드는 것과 사람을 만드는 것에는 상당히 유사한 점이 있습니다. 왜냐하면 사람도 하나님이 흙을 재료로 해서 만드셨기 때문입니다. 그리고 아무리 같은 사람이라 하더라도 만드는 과정과 그 안에 담기는 내용에 따라서 가치의 차이가 엄청납니다.

도자기 중에서 최고의 도자기는 하나님이 만드신 사람입니다. 우리 인간이 만들어지는 과정은 도자기를 굽는 것과 아주 비슷합니다. 사람들이 자연 상태 그대로 있는 것은 진흙덩이에 불과합니다. 그런데 하나님이 우리 중에 어떤 사람을 골라 물을 붓고 이겨서 반죽을 하십니다. 거기에서부터 하나님의 백성의 연단이 시작됩니다. 그런데 반죽만 했다고 해서 다 되는 것이 아니라 원판에 올려서 모양을 만들어야 하고, 그 다음에는 불에 넣어서 구워 내야 합니다. 이때 잘못하면 항아리가 터질 수 있습니다. 그러고는 색칠을 하고 다시 구워 냅니다. 그렇게 해서 성공한 그릇은 그 안에 보물을 담으십니다. 즉 하나님의 영광과 축복과 부귀와 능력을 담으셔서 영원히 왕 노릇 하게 하십니다. 그래서 이 세상에는 두 종류의 사람들이 있습니다. 하나는 하나님의 손에 붙들려서 비싼 도자기로 만들어지고 있는 사람들이고, 다른 하나는 사람의 손에 붙들려 싸구려 그릇이 되어서 자기 멋대로 사는 사람들입니다. 예수님은 이것을 열매 맺는 식물로 비유하셨습니다.

1. 하나님의 손에 붙들린 사람들

하나님은 이 세상에서 어떤 사람들을 택하셔서 예전과는 전혀 다른 사람으로 만들기 시작하십니다. 예수님은 이것을 나무 비유로 말씀하셨습니다.

33절, "나무도 좋고 실과도 좋다 하든지 나무도 좋지 않고 실과도 좋지 않다 하든지 하라 그 실과로 나무를 아느니라"

이 세상에서 참 신기한 것이 과일나무입니다. 특히 우리나라에는 많은 과일나무들이 있는데 봄, 여름, 가을에 이르기까지 온 천지에 열매가 달려 있습니다. 특히 가을이 되면 많은 종류의 과일들이 나무에 열립니다.

예수님께서는 하나님 나라 백성의 가장 중요한 특징을 과일나무의 열매를 통해서 말씀하셨습니다. 그 첫째는 나무가 아무리 많이 있어도 과일은 과일나무에만 열리지 과일나무가 아닌 나무에는 열리지 않는다는 것입니다. 그리고 과일나무는 한 가지 열매만 열립니다. 소나무가 배나무나 사과나무가 될 수 없는 것입니다. 그러나 예수님은 나무는 변할 수 없을지 몰라도 사람은 변할 수 있다고 말씀하셨습니다. 즉 나무에서 중요한 것은 진액인데 누구든지 하나님의 말씀의 진액을 먹으면 열매 맺는 나무가 될 수 있다는 것입니다. 그리고 둘째는 과일나무는 다양한 종류가 있지만 반드시 한 종류의 열매만 맺힌다는 것입니다. 즉 사과나무에는 사과만 열리게 되어 있고, 감나무에는 감만 열리게 되어 있습니다. 사과나무에 감이 열리지 않고 소나무에 감이 열리지 않는 것입니다. 그래서 사람들이 나무만 보면 그 나무를 잘 알 수 없지만 열매를 보면 그 나무가 무슨 나무인지 분명히 알게 됩니다. 즉 나무에 사과가 열려 있다면 그 나무는 사과나무이고, 나무에 포도가 열려 있다면 그 나무는 포도나무인 것입니다.

성탄절이 되면 사람들이 크리스마스 트리를 만듭니다. 크리스마스 트리는 정원에 있는 전나무에 소복이 내린 눈이 달빛에 반사되어 아름다운 빛을 비춘 것에서 유래했는데 요즘은 전나무 비슷한 플라스틱 나무에 솜으로 눈송이 모양을 만들어서 트리를 만듭니다. 그러나 이것은 진짜 나무도 아니고 진짜 눈송이도 아닙니다. 그것은 전부 가짜인 것입니다.

예수님께서는 하나님의 백성의 특징이 진짜로 열매를 맺는 데 있다고 말씀하고 있습니다. 여기에는 두 가지 의미가 있습니다. 하나는 하나님의 백성은 나무 자체가 변하는 것이 그 중요한 특징입니다. 전에는 열매를 맺지 않는 나무였습니다. 그런데 하나님께서 그 사람을 완전히 바꾸셔서 완전히 다른 나무가 되게 하신 것입니다. 하나님은 가시나무였던 우리가 포도나무가 되게 하셨고, 찔레 넝쿨이었던 우리가 무화과나무가 되게 하셨습니다. 그러나 이 변화는 사람들이 느낄 수 있는 것이 아닙니다. 왜냐하면 나무의 외관은 그대로 남아 있기 때문입니다. 어쩌면 그 외관은 가시나무 같고 찔레나무 같습니다. 그런데 실제로는 열매 맺는 나무로 변해 있습니다. 단지 사람들은 외관을 보기 때문에 그 변화를 알지 못할 뿐인 것입니다.

이것을 동물로도 비유할 수 있습니다. 하나님께서는 짐승들마다 독특한 개성을 주셨습니다. 그래서 여우에게는 여우의 개성이 있고, 곰에게는 곰의 성질이 있고, 사자에게는 사자의 특성이 있습니다. 그런데 야생동물들은 모두 공통적으로 사납고 광기가 있습니다. 맹수는 일단 그 눈빛이 다릅니다. 얼마나 사납고 공격적인지 이들을 우리 안에 가두지 않고서는 감당할 수가 없습니다. 마찬가지로 우리는 하나님을 알기 전까지는 우리 안에 광기가 있었고 통제되지 않는 욕망이 있었습니다. 그래서 멀쩡하던 사람도 화가 나면 미쳐서 날뛰는데 완전히 맹수처럼 설치는 것입니다. 그런데 예수를 믿으면 우리의 본성 자체가 변하게 됩니다. 곰과 같고, 여우와 같고, 독사와 같던 우리의 본성이 순한 어린 양으로 변합니다. 광기도 없어지고 사납던 눈빛도 순해집니다. 이제 우리에게는 발톱도 없고 이빨도 없습니다. 오로지 예수님께서 우리를 지켜 주시지 않으면 여기저기 물어뜯길 수밖에 없고 물려서 죽을 수밖에 없습니다. 이것을 예수님께서는 '나무가 변한다' 고 말씀하셨습니다.

어떻게 해서 이런 변화가 일어납니까? 그것은 나무의 진액이 변하기 때문입니다. 옛날에 우리가 붙어 있던 본성에서 잘라져서 예수님의 나무에 접붙임을 당하기 때문에 과거의 고집과 패역한 본성은 없어지고 예수님의 성품이 우리 마음속에 생기게 됩니다. 특히 우리 안에 하나님의 말씀이 들어오면서 우리는 변하게 됩니다. 예수님이 이 세상에 오신 것은 우리에게 하나님의 본성을 주시기 위해서입니다. 예수님은 우리를 하나님의 솜씨로 빚으셔서 요강이나 뚝배기 같은 그릇에서 최고의 도자기로 만드십니다. 우리가 하나님 앞에서 보물이 되려면 우리 안에 하나님의 말씀을 담고 불을 통과해야 합니다. 세상에서 엘리트가 되려면 좋은 학교에서 좋은 지식을 배워야 하지만 이것은 어디까지나 세상에서 알아주는 그릇인 것입니다. 세상 최고의 그릇이 영국의 본차이나 커피잔 세트라면 하나님의 그릇은 이조백자나 고려 상감청자 같은 보물인 것입니다. 그래서 하나님의 백성은 반드시 고난을 통과해야 합니다. 그런데 그동안 교회에서 목사들이 자꾸 세상의 축복만 강조했던 것입니다. 그래서 위대한 그릇은 만들어지지 않고 커피잔 세트만 자꾸 만들어 내는 바람에 커피가 얼마나 많이 팔리는지 모릅니다.

우리는 부모로부터 물려받은 잘못된 기질은 잘라 버려야 합니다. 부모로부터 아주 고약한 성격을 물려받은 사람들이 만약 그런 기질들을 잘라 버리지 않는다면 열매를 맺지 못할 것입니다. 그리고 부모님의 실패한 인생을 그대로 답습할 것입니다.

우리는 예수를 믿은 후에 너무 약해졌다고 느낄 것입니다. 옛날같이 말싸움을 해도 이기지 못하고 남들에게 당하기만 하면서 산다고 생각될 것입니다. 그것이 바로 우리의 본성이 변한 것입니다. 다른 사람들은 나에 대하여 마음껏 욕을 하고 다니는데 나는 머리가 너무 나빠져서 욕할 것이 생각나지 않을 때 그것이 바로 본성이 변한 것입니다.

둘째로 예수님께서는 이렇게 나무가 변한 사람들은 진정으로 열매를 맺게 된다고 말씀하셨습니다. 예수님은 그것을 '좋은 열매' 라고 말씀하셨습니다. 예수님은 특히 이 '좋은 열매' 를 '나쁜 열매' 와 비교해서 말씀하셨습니다.

'나무도 좋고 실과도 좋다 하든지 나무도 좋지 않고 실과도 좋지 않다 하든지 하라.'

여기서 '좋은 열매' 는 '진짜 열매' 라고 말할 수 있고, '나쁜 열매' 는 '가짜 열매' 라고 말할 수 있을 것입니다.

가끔 국도변을 자동차로 달리다 보면 밭 옆에 참외나 수박 같은 과일을 많이 쌓아 놓고 파는 것을 볼 수 있습니다. 그런데 그런 과일 중에는 다른 데서 사와서 쌓아 놓고 마치 그 밭에서 나온 과일인 것처럼 파는 경우도 있는 것입니다.

본문에서 나쁜 열매는 어떤 것입니까? 중심의 변화는 없으면서 사람들에게 잘 보이려고 겉을 꾸미는 것입니다. 이런 사람들은 사람에게 잘 보이기 위하여 종교적인 행위를 하거나 선행을 합니다. 이런 가짜 열매들은 마음에서 우러나와서 선행을 하는 것이 아닙니다. 그들은 남을 미워하고, 더 나아가 죽이고 싶은 마음을 가지고 있으면서도 사람들의 눈을 의식해서 웃으면서 사랑한다고 말하는 것입니다. 전혀 기도할 마음이 없으면서 사람들에게 경건한 사람이라고 인정받고 싶은 마음에서 오래 기도를 하는 것입니다.

그러면 하나님의 백성이 맺는 '좋은 열매' 는 어떤 것입니까? 하나님의 은혜로 인하여 완전히 새로운 본성을 갖게 된 것을 말합니다. 그들은 새로운 세계를 알게 되었고 새로운 능력을 받았기 때문에 자신과 다른 사람에 대하여 새로운 가치를 알게 되었습니다. 옛날에 우리는 자신의 가치도 모르고 다른 사람의 가치도 몰라서 다른 사람들에 대하여 공격적이고 난폭했습니다. 그런데 은혜를 받아 깨닫고 난 후에 보니까 다른 사람들도 하나님 앞에서는 모두 소중한 사람이고 모두 귀한 생명을 가진 사람이라는 것입니다. 우리가 하나님의 말씀을 깨닫고 보면 하나님이 나를 너무 사랑하시고 많은 기쁨을 주셔서 남을 미워할 이유가 없는 것입니다.

하나님의 백성은 세상 사람들처럼 고도의 훈련에 의해서 만들어지는 것이 아니기 때문에 모든 것이 늦습니다. 그러나 하나님의 백성은 한번 변하기 시작하면 그 뒤부터는 무한정의 열매를 맺게 됩니다. 그래서 예수님이 말씀하시는 열매는 다른 사람에 대하여 변화된 태도로 나타납니다.

예수님은 바리새인들의 친절이나 절도 있는 경건은 나쁜 열매라고 말씀하셨습니다. 왜냐하면 그것은 중심에서 우러난 것도 아니고 진정으로 하나님을 사랑해서 경건한 것도 아니기 때문입니다. 이것은 다른 데서 열매를 빌려 와서 걸어 놓은 것에 불과하기 때문에 언제든지 열매가 필요하지 않을 때에는 떼어 버리고 자기 본성대로 할 수 있는 것입니다.

예수님은 '그 실과로 열매를 안다' 고 하셨습니다. 이것은 사람을 외모로 보고 판단하면 안 된다는 것입니다. 왜냐하면 하나님의 백성의 선행은 억압이나 강요로 만들어지는 것이 아니기 때문에 시간이 걸릴 수밖에 없기 때문입니다. 그러나 상당한 시간이 지난 후에 보면 중심이 변한 사람은 틀림없이 열매 맺는 생활을 하며, 또 그것도 지속적으로 많은 열매를 맺는 것입니다. 그래서 하나님의 백성의 변화는 짧은 순간에 평가하려고 해서는 안 됩니다. 상당한 시간을 두고 볼 때 하나님의 백성은 어느 누구도 흉내내지 못하는 아름다운 삶을 사는 것을 알게 될 것입니다.

2. 진정한 변화가 없으면

예수님께서는 하나님 나라에 속하지 않은 사람은 어떻게 되는지 또 비유로 말씀하셨습니다.

34절, "독사의 자식들아 너희는 악하니 어떻게 선한 말을 할 수 있느냐 이는 마음에 가득한 것을 입으로 말함이라"

예수님은 바리새인들에게 '독사의 자식들' 이라고 말씀하셨습니다. 이것은 두 가지 의미로 생각할 수 있습니다. 하나는 그들이 하는 짓이 독사와 같다는 것입니다. 독사에게 물리면 독이 얼마나 지독한지 몸이 퉁퉁 붓고 살이 썩어 들어가고 결국에는 목숨까지 잃게 되는 것입니다.

생텍쥐베리가 쓴 『어린 왕자』를 보면 다른 별에서 온 어린 왕자가 비행기 고장으로 사막에 불시착한 비행기 조종사와 여러 가지 이야기를 나누다가 이제 자신이 살던 행성으로 가야겠다며 독사에게 물려 죽은 후 무거운 육체를 두고 영혼은 자신의 행성으로 돌아갑니다. 독사는 아주 부드럽고 순한 것 같지만 그 혀 밑에 있는 독은 능히 사람을 죽일 수 있습니다.

예수님이 바리새인들에게 '독사의 자식들' 이라고 한 또 한 가지 의미는 예수님으로 인하여 중심이 변화되지 못한 사람은 결국 마귀의 성질대로 살 수밖에 없다는 것입니다. 성경에서 '뱀' 은 마귀를 상징합니다. 사람들은 겉으로 보기에는 모두 교양이 있고 선한 것 같지만 그 안에는 악한 마귀의 성질이 있습니다. 즉 그 속에는 무서운 독이 있어서 자기 욕심대로 되지 않으면 사람을 찢고 할퀴고 물어뜯고 독을 뿜어서 상대방을 죽게 하는 악한 기질이 있는 것입니다. 그래서 우리는 아름다운 삶을 살려면 마음속에 있는 독을 빼내야 하고 마귀의 광기를 치료받아서 완전히 없애야 합니다. 믿지 않는 사람의 특징은 언제나 위태하다는 것입니다. 즉 평소에는 얌전하고 착한데 자극을 받으면 광기가 튀어나와서 무슨 일을 저지를지 알지 못합니다. 우리의 옛 본성을 예수님의 십자가에 못 박지 않으면 이 광기는 절대로 없어지지 않습니다.

35절, "선한 사람은 그 쌓은 선에서 선한 것을 내고 악한 사람은 그 쌓은 악에서 악한 것을 내느니라"

사람의 말이나 행동은 즉흥적인 것 같지만 결코 그렇지 않습니다. 그 사람 안에 있는 인격이나 가치관이 말이나 행동으로 나오는 것입니다. 그래서 프로이트 같은 심리학자는 『농담과 무의식의 관계』라는 책에서 "농담은 무의식적 기제의 산물이다"라고 했습니다. 아무 생각 없이 튀어나오는 말이 그 사람 속에 들어 있는 진심을 나타낸다는 것입니다.

사람이 무엇 때문에 욕을 하고 저주를 합니까? 그의 마음속에 분노가 가득 차 있기 때문입니다. 예수 믿지 않는 사람들은 욕을 엄청나게 합니다. 그 이유가 무엇입니까? 늘 마음속에 분노가 차 있기 때문입니다. 사람이 화가 나서 말하는 것은 다 저주하는 것입니다. 다른 사람에게 욕하는 것도 다 저주에 속합니다. 화가 나서 하는 말이나 욕을 들으면 사람의 마음은 상처를 입습니다. 그러나 하나님의 백성의 마음속에는 기쁨이 자꾸 생깁니다. 기쁨이 있으니까 웃게 되고, 기쁨이 있으니까 찬송하게 되고, 기쁨이 있으니까 다른 사람에게 선한 말을 하게 됩니다. 내가 기뻐서 말하는 것이 바로 축복입니다. 기쁜 마음으로 다른 사람에게 선한 말을 하는 것이 축복이며, 이 축복은 받으면 그대로 이루어집니다.

그래서 사람들이 예수를 믿어야 하는 가장 중요한 이유는 마음속에 광기와 분노의 감정이 있기 때문입니다. 사람은 언제 미칠지 모릅니다. 광우병에 걸린 고기를 먹지 않아도 마귀가 자극을 주기만 하면 사람들은 언제든지 미칠 수 있습니다. 그리고 일단 분노가 생기면 그 분노를 쏟아야 합니다. 남에게 화를 내면 상대방이 마음에 큰 상처를 입고, 자기 속에 그대로 두면 자기 자신이 정신병에 걸리기 때문입니다. 그런데 하나님의 사랑은 이 분노를 축복으로 바꿉니다. 마음속에 기쁨이 있으면 이 세상 모든 것이 축복이 됩니다. 그리고 그런 사람은 다른 사람들까지도 복되게 하는 것입니다.

3. 하나님의 심판 기준

물론 우리는 이 세상을 자기 나름대로 살아갈 수 있습니다. 그러나 문제는 이 세상을 다 살아간 후에 하나님 앞에서 무서운 심판의 순간이 있다는 것입니다. 그때 하나님께서는 이 열매를 가지고 모든 사람을 판단하겠다고 말씀하셨습니다.

36-37절, "내가 너희에게 이르노니 사람이 무슨 무익한 말을 하든지 심판 날에 이에 대하여 심문을 받으리니 네 말로 의롭다 함을 받고 네 말로 정죄함을 받으리라"

결국 '네 말로 정죄함을 받는다' 는 것은 '그 열매로 나무를 안다' 는 말과 같은 뜻입니다.

우선 우리는 하나님 앞에 섰을 때 두 가지 종류의 심판을 받게 됩니다. 하나는 예수님을 믿느냐 믿지 않느냐에 따라서 영원한 지옥의 심판과 천국의 축복으로 나누어지는 것입니다. 그리고 또 하나는 믿는 자들 가운데서 얼마나 하나님의 말씀에 순종했느냐에 따라서 상급이 달라지는 것입니다. 왜냐하면 믿는 자는 결국 열매를 맺게 되어 있기 때문입니다. 진정으로 예수님을 믿는 사람은 자기 정욕이나 욕심을 채우지 않고 하나님께 영광을 돌리며 다른 사람을 사랑하는 삶을 살게 됩니다.

그런데 왜 변화받지 못한 자들이 자기가 한 말로 심판을 받게 될까요? 그 이유는 자기가 말한 그대로 살지 못했기 때문입니다. 다른 사람들이 바르게 살지 못한다고 맹렬하게 비판을 하지만 결국 자기 자신도 그렇게 살지 못했기 때문에 자기가 한 말에 의하여 심판을 받을 수밖에 없는 것입니다. 그러면 왜 이런 사람들은 자기가 말한 대로 살지 못합니까? 그렇게 살 수 있는 능력을 공급받지 못했기 때문입니다. 우리 인간은 하나님이 주시는 성령의 능력을 받지 못하면 절대로 말한 대로 살 수 없고 약속한 것도 지키지 못합니다. 왜냐하면 욕심에 따라서 마음이 하루에 열두 번도 더 변하기 때문입니다.

그런데 예수님께서는 그들이 한 아주 무익한 말까지도 심판을 받게 된다고 하셨습니다. 그 이유가 무엇입니까? 그들이 한 무익한 말 속에도 독사의 독이 들어 있기 때문입니다. 우리는 우리가 하는 말들이 모두 하나님 앞에서 녹음되고 있다는 것을 알아야 합니다. 그런데 우리가 하는 말 중에서 많은 말들이 하지 않으면 더 좋은 말들입니다. 그래서 하나님의 백성은 어떻게 하든지 말을 하지 않는 것이 좋습니다. 그리고 만일 말을 하면 반드시 지켜야 합니다. 그것이 열매인 것입니다.

누구든지 은혜로 하나님의 백성이 될 수 있습니다. 즉 예수님의 복음을 듣고 예수님을 믿기만 하면 돈을 지불하지 않아도, 아무런 수고 없이도 하나님의 백성이 될 수 있습니다. 그러나 예수님은 그것이 결코 쉬운 것이 아니라고 말씀하십니다.

38-39절, "그때에 서기관과 바리새인 중 몇 사람이 말하되 선생님이여 우리에게 표적 보여 주시기를 원하나이다 예수께서 대답하여 가라사대 악하고 음란한 세대가 표적을 구하나 선지자 요나의 표적 밖에는 보일 표적이 없느니라"

'표적' 은 하나님께서 그 종을 자기 백성에게 보내실 때 주시는 증거물입니다. 그러나 사실 하나님의 백성에게 그런 증거물은 필요하지 않습니다. 왜냐하면 하나님의 백성은 선지자의 말을 들으면 바로 그 자리에서 그 말이 하나님의 말인지, 아니면 거짓 예언인지 금방 알 수 있기 때문입니다. 하나님의 말씀은 예레미야가 말한 것처럼 "반석을 쳐서 부스러뜨리는 방망이"(렘 23:29) 같은 권위와 능력이 있습니다. 마치 외출했던 어머니가 집으로 돌아올 때에 엄마의 목소리만 들어도 금방 엄마라는 것을 아는 것과 같은 것입니다. 엄마라는 증거가 필요치 않습니다. 그러나 엄마라는 증거가 필요할 때가 있습니다. 그때는 아이를 오래전에 잃어버렸거나 입양시켰다가 수십 년 후에 다시 만나게 되었을 때입니다. 그때에 부모가 돈이 많은 부자라면 유전자 검사를 통해서 친자나 친부모 확인 소송까지 하게 됩니다. 이처럼 부모와 자식 사이에 증거가 필요할 때에는 이미 이 가족은 오래전부터 정상적인 가족이 아니었던 것입니다.

그때 예수님께서는 유대인들에게 요나의 표적 외에는 보여 줄 것이 없다고 하셨습니다. 예수님이 이 말씀을 하시는 것은 지금 유대인들이 옛날 니느웨 사람들과 다를 것이 없다는 뜻입니다. 니느웨 사람들이 해야 할 것은 표적을 요구하는 것이 아니라 하나님의 말씀을 믿고 멸망에서 구원받는 것이었습니다. 마찬가지로 지금 유대인들은 한가하게 예수님에게 표적을 요구할 처지가 아닌 것입니다. 지금 그들은 예수님의 말씀을 믿고 구원을 받든지, 아니면 망하든지 둘 중의 하나인 것입니다.

40절, "요나가 밤낮 사흘을 큰 물고기 뱃속에 있었던 것 같이 인자도 밤낮 사흘을 땅속에 있으리라"

요나는 죄악의 도성 니느웨가 하나님의 심판이 임박했다는 메시지를 가지고 니느웨로 가기로 되어 있었습니다. 그런데 요나는 적국의 도성인 니느웨에 말씀을 전하는 것이 싫어서 다시스로 가다가 풍랑을 만나 바다에 빠졌습니다. 요나는 큰 물고기의 배 속에서 사흘 밤낮을 죽은 것처럼 있다가 하나님의 기적으로 다시 살아나서 니느웨 사람들에게 이 사실을 알렸습니다.

"여러분은 40일 후에 하나님의 진노의 심판으로 망하게 될 것입니다. 40일이 지나면 이 성에 큰 지진이 일어나서 모두 죽을 것입니다. 저는 이 사실을 알고서도 여러분이 망하기를 바라는 마음으로 다시스로 도망쳤습니다. 그런데 하나님은 저를 바다에 빠뜨리셔서 물고기 배 속에서 사흘 동안 있게 한 후 다시 살게 하셔서 이곳으로 보내셨습니다. 내 몸에서 썩은 비린내가 나는 것은 내가 물고기 배 속에 있었기 때문입니다. 하나님은 이 정도로 여러분을 사랑하시며 하나님은 이렇게 능력이 있는 분입니다."

요나는 니느웨 사람들을 믿게 하기 위하여 아무 표적도 보여 주지 않았습니다. 단지 자신의 죽을 뻔했던 체험만 이야기했습니다. 그런데 그 말만 듣고서도 니느웨 사람들은 하나님의 사랑을 믿고 회개했습니다.

니느웨 사람들은 하나님께서는 도망치는 선지자를 도로 잡아오실 정도로 니느웨를 사랑하신다는 것을 믿었습니다. 그리고 바다에 풍랑을 일으키시고 물고기 배 속에서 사흘 동안이나 선지자를 살게 하신 하나님이라면 능히 자기들을 죽이기도 하고 살리기도 하신다는 것을 믿었습니다.

41절, "심판 때에 니느웨 사람들이 일어나 이 세대 사람을 정죄하리니 이는 그들이 요나의 전도를 듣고 회개하였음이어니와 요나보다 더 큰 이가 여기 있으며"

하나님께서 도망치는 요나를 붙들어서 니느웨로 보내신 것이 얼마나 큰 사랑입니까? 하나님이 그들을 사랑하시는 데 이것보다 더 큰 증거가 어디에 있습니까? 더욱이 하나님의 아들을 이 세상에 보내셨는데 거기에 무슨 증거가 필요하고, 이것보다 더 큰 능력이 어디에 있습니까? 하나님의 아들을 우리와 똑같은 모습으로 이 세상에 보내셨다면 하나님이 못 하실 일이 무엇이 있겠습니까? 예수님께서는 자신의 죽으심과 부활이 하나님이 우리를 사랑하시는 가장 큰 증거요, 표적이라고 말씀하셨습니다.

예수님께서는 유대인들에게 너희는 하나님을 잘 믿는다고 생각하고 있지만 사실 너희는 니느웨 사람들과 똑같다는 것입니다. 그런데 놀라운 것이 니느웨 사람들은 믿는데 유대인들은 하나님의 말씀을 믿지 않는 것입니다. 그래서 예수님의 말씀을 믿지 않은 자들은 모두 심판 때에 니느웨 사람들의 정죄를 받게 될 것입니다. 왜냐하면 니느웨 사람들은 예수님의 설교보다 훨씬 부족한 설교를 듣고도 믿었기 때문입니다.

42절, "심판 때에 남방 여왕이 일어나 이 세대 사람을 정죄하리니 이는 그가 솔로몬의 지혜로운 말을 들으려고 땅 끝에서 왔음이어니와 솔로몬보다 더 큰 이가 여기 있느니라"

시바 여왕은 솔로몬의 설교를 듣기 위하여 땅 끝 아프리카에서 찾아왔습니다. 그런데 유대인들은 하나님의 아들이 친히 오셔서 증거하시는 말씀을 듣고서도 회개하지 않았으므로 이들은 시바 여왕의 정죄를 받고 핑계할 수가 없게 된다는 것입니다.

그러나 누구든지 이 귀한 하나님 나라의 백성이 되려면 대가를 지불해야 합니다. 우리 속을 다른 것으로 채우면 우리는 보물이 될 수가 없습니다. 우리는 외모나 인기에 신경을 쓰면 진짜 열매 맺는 과일나무가 될 수 없습니다. 과일나무 중에서 외관이 멋진 나무는 하나도 보지 못했습니다. 과일나무는 오직 열매 하나로 평가를 받는 것입니다.

니느웨 사람들은 요나의 외모를 보지 않았기 때문에 구원받을 수 있었습니다. 그리고 그들은 과거의 죄와 담대하게 단절할 수 있었기 때문에 구원받았습니다. 시바 여왕은 바른 말씀을 듣기 위해 거리를 상관치 않고 왔습니다. 그는 여왕이지만 정치도 내려놓고 오직 한 성도로서 하나님의 말씀을 듣기 위한 대가를 지불했습니다. 그래서 이제 사람들은 더 이상 핑계할 것이 없는 것입니다. 이제 우리는 마음속의 모든 패역한 것과 고집을 버리고 아무 의심 없이 하나님의 말씀을 받아들이며 오래오래 하나님의 사랑을 받는 성도들이 다 되시기를 바랍니다.

성경 토의

1. 과일나무는 거기에 맺히는 과일을 보고 판단하는데 오늘 우리 신자들이 맺고 있는 열매는 어떤 열매들인가? 그리고 어떻게 하면 나무 자체를 바꿀 수 있는가?

2. 예수님은 표적을 요구하는 유대 지도자들을 향해서 너희는 악하고 음란한 세대라고 말씀하셨다. 즉 옛날 요나 때 니느웨 사람들처럼 심판을 앞두고 있는 세대라는 뜻이다. 오늘 우리는 어떤 세대이며, 우리가 멸망하지 않으려면 어떻게 해야 하는가?

3. 예수님은 선한 사람은 그 쌓은 선에서 선한 것을 내고, 악한 사람은 그 쌓은 악에서 악한 것을 말한다고 말씀하셨다. 또 하나님은 심판 날에 무슨 무익한 말을 한 것에 대해서도 심문을 할 것이라고 하셨다. 요즘 나의 언어는 어떤 상태에 있으며, 내 주위에 있는 사람들은 어떤 말을 쏟아내고 있다고 생각하는가?

56_새사람이 되는 법

마태복음 12:43-50

전체적 설명

사람들은 누구나 한 번쯤 새사람이 되고 싶어 한다. 그래서 옷이나 머리 스타일을 바꾸어 보기도 하고 여행을 떠나 보기도 하지만 시간이 지나면 원래 자신의 모습으로 돌아오고 만다. 결국 사람이 새사람이 되기 위해서는 일시적인 각성이나 각오가 아니라 강력한 새 능력이 공급되어야 한다. 바로 이것 때문에 우리에게 예수님이 필요한 것이다. 예수님은 사람이 일시적으로 선량해지는 것으로는 완전히 새사람이 될 수 없다는 것을 어떤 집과 그 집을 떠난 귀신의 비유로 말씀하신다.

설교 프리노트

43절, "더러운 귀신이 사람에게서 나갔을 때"

동양권 사람들과 서양권 사람들이 귀신에 대하여 생각하는 것에는 많은 차이가 있다. 동양권에서는 귀신을 죽은 사람의 영혼이라고 생각하는 반면, 서양권 사람들은 귀신을 타락한 악령이라고 생각한다. 사람들이 귀신을 죽은 자의 혼이라고 생각하는 이유는 사탄이 그렇게 속이기 때문이다. 여기서 '더러운 귀신' 은 예수님이 쫓아내셨던 많은 귀신을 말하는 것이 아니라 사람을 악하게 만들고 도덕적으로 타락하게 만드는 영을 말한다. 따라서 어떤 사람에게서 더러운 귀신이 나갔다는 것은 그 사람이 감화를 받거나 새롭게 각성을 함으로 일시적으로 선해지는 것을 말한다.

"물 없는 곳으로 다니며 쉬기를 구하되 얻지 못하고"

귀신은 영이기 때문에 우리 눈에 보이지 않고, 집이나 거처가 필요치 않다. 단지 귀신은 사람 안에 있는 것을 좋아하고, 할 수만 있으면 사람에게 나쁜 영향을 미치고 싶어 하는 것은 사실인 것 같다. 그러나 모든 인간에게는 하나님이 주신 일반은총이 있어서 귀신이 사람 안에 항상 있는 것은 불가능하다. 귀신이나 악령은 사람들에게 일시적으로 나쁜 영향을 주거나 나쁜 충동을 일으킬 뿐이다. 그래서 본문에서 귀신이 있을 곳을 찾지 못했다는 것은 다행스러운 일이다. 그러나 '물 없는 곳' 이라고 했다고 해서 물과 귀신이 상관이 있다는 것은 아니다. 단지 귀신도 나름대로 좋은 거처를 찾았는데 마땅한 곳이 없었던 것이다.

44절, "내가 나온 내 집으로 돌아가리라"

귀신은 결국 자기가 있던 집으로 돌아가기로 했다. 여기의 '집' 이란 옛날에 이 귀신이 있던 사람의 마음을 말한다. 즉 그 사람은 옛날에 이 귀신의 영향을 받았기 때문에 (지배를 당하지는 않았을지라도) 이 귀신에게 익숙한 습관이 있었을 것이다. 즉 사람은 어떤 좋지 않은 습관이 생기면 한동안 그 습관을 잊고 있었다 하더라도 어느 순간에 그 습관을 되풀이하게 된다. 나쁜 습관이 생기는 것은 마치 길을 닦는 것과 같아서 사람들은 너무 쉽게 옛날의 좋지 않은 습관으로 돌아가는 것이다. 그래서 나쁜 습관을 완전히 버리려면 가치관이나 생활 방식 자체를 완전히 바꾸어야 한다.

"그 집이 비고 소제되고 수리되었거늘"

여기서 '그 집' 은 옛날에 나쁜 습관에 빠졌던 사람을 말한다. 이 사람은 일시적인 각성이나 깨달음으로 귀신을 쫓아내고 난 후에 비어 있는 상태에 있었다. 즉 그는 주님을 자신의 주인으로 모시지 않고 나쁜 습관이 없어진 것 자체로 만족하면서 살고 있었던 것이다.

45절, "저보다 더 악한 귀신 일곱을 데리고 들어가서"

이 귀신은 전에 나왔던 사람의 마음에 주인이 없는 것을 보고 다시 들어가기로 결정했다. 이 귀신이 그 사람의 마음에 다시 들어가는 것은 매우 쉬웠다. 왜냐하면 이 귀신은 그 사람을 너무 잘 알고 있었기 때문이다. 그러나 이 귀신은 자기만 들어가지 않고 자기보다 더 악한 귀신 일곱을 데리고 들어갔다. 그 이유는 그동안 그의 마음이 허전하기도 했고 죄에 대한 욕망도 더 강해졌기 때문이다. 그래서 이 사람은 일시적으로 좋아지는 것 같았지만 얼마 후에는 더 악한 습관에 빠져서 거의 폐인이 되었다. 예수님이 이 말씀을 하시는 것은 예수님 당시의 사람들이 예수님의 말씀이나 다른 선생들의 말을 듣고 일시적으로 선해지는 것 같지만 결국 예수님을 모시지 않아서 나중에 더 악하게 되어 예수님을 십자가에 못 박고 멸망하는 것을 보여 준다. 그래서 예수님은 "이 악한 세대가 또한 이렇게 되리라"라고 말씀하셨다.

46절, "그 모친과 동생들이 예수께 말하려고 밖에 섰더니"

예수님은 나이 서른이 될 때까지는 아버지의 직업을 물려받아서 목수로서 열심히 일하셨지만 공생애가 시작되면서 가족을 떠나셨다. 그러나 가족들은 예수님의 변하신 모습을 좋아하지 않았다. 그들은 언제까지나 예수님이 가족을 돌보며 가족들을 위해서 살기를 원했다. 더욱이 그들은 예수님이 귀신 들렸다는 소문을 듣고서 예수님을 데리러 왔는데 예수님이 계신 곳에 사람들이 많이 모여 있어서 들어올 수가 없었다.

48절, "누가 내 모친이며 내 동생들이냐 하시고"

예수님은 새로운 가족관계를 말씀하셨다. 이제 예수님에게 가족은 혈육이 아니라 하나님의 말씀을 듣고 그 말씀대로 행하는 자들인 것이다. 즉 예수님의 모친 마리아나 동생들은 예수님을 옛날 가족으로 회복시키려고 했지만 예수님은 그들이 하나님의 새 가족 안으로 들어와야 한다는 것을 말씀하셨다.

본문 이해를 위한 질문

1. 사람의 마음속에는 과연 무엇이 있는가?

사람이 정상적일 때는 알 수 없지만 흥분하거나 충동을 받으면 자기 힘으로는 통제하기 어려운 죄의 본능이 있다. 결국 사람이 죄를 짓고 타락하는 것은 바로 이 통제되지 않는 죄의 본성 때문이다.

2. 사람은 어떻게 선해질 수 있는가?

사람들은 여러 가지 방법으로 일시적으로 선해질 수 있다. 예를 들어 참선을 하거나 좋은 강연을 듣거나 혹은 훌륭한 사람을 만나서 감화를 받음으로 일시적으로 선해질 수 있다. 그러나 사람 안에 있는 죄의 본성은 일시적인 결심이나 각성으로 없어지지 않는다. 그래서 우리 모든 사람들에게는 주님이 필요하다.

3. 예수님은 어떤 사람이 예수님의 가족이라고 말씀하셨는가?

예수님은 혈육의 가족이 예수님의 가족이 아니라 예수님의 말씀을 듣고 하나님의 뜻대로 행하는 자가 하나님의 새 가족이라고 말씀하셨다.

성경 강해

세계 명작 중에는 악한 주인공이 변화되어 착하게 살아가는 이야기들이 많이 있습니다. 그 중에 가장 대표적인 사람이 빅토르 위고가 쓴 『레미제라블』에 나오는 장발장입니다. 이 사람은 빵 하나를 훔친 죄로 19년 동안 감옥살이를 하다가 나오는데 아무도 그를 환영해 주는 사람이 없었습니다. 사람들은 장발장이 전과자라고 해서 빵을 팔지 않았고, 여관에서도 재워 주지 않았습니다. 그러던 중 어떤 사람으로부터 사제관에 가면 신부님이 잠을 재워 주고 밥을 먹여 줄 것이라는 이야기를 듣고 사제관을 찾아갔는데 정말로 그 신부님은 이 전과자에게 은쟁반에 음식을 담아 주고 침대에서 잠을 자게 했습니다. 그러나 장발장은 옛날 습관이 도져서 사제관에 있는 은접시를 모두 훔쳐 도망을 치다가 경찰에 붙들려서 다시 사제관으로 잡혀 왔습니다. 그때 그 신부님은 경찰에게, "아, 이 은접시는

다 내가 준 것입니다"라고 하며 은촛대도 함께 가져가라고 했는데 그가 가져가지 않았다고 하면서 은촛대를 더 주었습니다. 신부의 뜨거운 사랑과 용서에 감명을 받은 장발장은 변화되어서 새사람으로 거듭납니다.

저는 어렸을 때 이 이야기를 듣고 큰 감동을 받았습니다. 그래서 마음속으로 누군가가 은촛대를 하나 훔쳐 가면 하나 더 주어야겠다는 생각을 했습니다. 그러나 나중에 목회를 하면서 이것이 불가능하다는 것을 알게 되었습니다. 왜냐하면 사람은 한순간의 결심으로 일시적으로 착해질 수 있을지 모르지만 얼마 가지 않아서 다시 옛날의 타락한 생활로 돌아갈 수밖에 없기 때문입니다.

또 찰스 디킨스가 쓴 『크리스마스 캐럴』이라는 소설에는 주인공 스크루지가 나오는데 그는 엄청난 구두쇠여서 사무실에 불을 때지 않아 사무원이 추위에 떨면서 일을 해야 했고, 구제도 하지 않았습니다. 그런데 어느 날 성탄절을 앞두고 사무실에 혼자 있는데 유령이 찾아옵니다. 그 유령은 옛날에 그와 동업했던 사람인데 온몸에 쇠사슬을 감고 와서는 자기가 욕심을 부린 결과 온몸에 이렇게 쇠사슬을 감게 되었지만 너는 쇠사슬이 더 길 것이라고 알려 줍니다. 그러고는 스크루지를 과거와 현재와 미래로 데려가는데 현재에서는 다른 사람들이 모두 자기에 대해 욕을 하고 있었습니다. 그리고 유령은 스크루지를 미래로 데려가 그가 죽은 후의 장면을 보여 주는데 사람들이 스크루지가 가지고 있던 물건들을 모두 가져가고 자기는 외롭게 비석 하나만 남기고 죽은 것입니다.

성탄절 아침에 꿈에서 깨어난 스크루지는 그때부터 다른 사람들에게 사랑을 베풀면서 새사람으로 변합니다. 그러나 사람은 이런 꿈을 꾸었다고 해서 새사람이 되지는 않습니다. 왜냐하면 모든 사람의 마음속에는 다시 옛날로 끌고 가고자 하는 강한 세력이 있기 때문입니다.

저는 대학 입시를 마친 후에 니체가 쓴 『차라투스트라는 이렇게 말하였다』를 읽었습니다. 이 책은 서사시 형식으로 되어 있기 때문에 내용을 이해하는 것이 쉽지 않았습니다. 그런데 거기에 보면 어떤 광대가 산과 산 사이에 줄을 매어 놓고 외줄타기를 하는 장면이 나옵니다. 이것은 니체가 인간의 불안정성을 보여 주기 위해 사용한 비유였습니다. 즉 광대는 아무리 줄을 잘 탄다 하더라도 이쪽 끝이나 저쪽 끝으로 가야 안전한 것입니다.

마찬가지로 인간은 한쪽으로는 욕망대로 움직이려는 야수적인 측면이 있는가 하면, 자기 자신을 희생하고 다른 사람을 사랑하려고 하는 천사와 같은 아름다운 측면이 있습니다. 그래서 사람에게 있어서 중요한 것이 어떻게 하면 야수와 같은 본능적인 삶을 살지 않고 천사와 같은 아름다운 삶을 살 수 있느냐 하는 것입니다. 그러므로 사람은 아직 시간이 있고 젊었을 때 삶을 즐기기보다는 어떻게 하면 자기 자신을 선한 쪽으로 잡아매어서 언제나 선하고 아름답게 살 수 있는가 하는 문제를 가지고 고민을 해야 하는 것입니다.

우리 한 사람 한 사람은 무한한 잠재력을 가진 존재입니다. 그런데 우리는 모두 키가 없는 배와 같고, 핸들이 없는 자동차 같아서 제멋대로 가고 있는 것입니다.

한번은 지인 중에서 성품도 좋고 직장에서도 유능하다고 인정받는 분이 술에 만취해서 차를 타고 가다가 서 있는 차를 들이받았습니다. 그러나 다행히 그 차에 아무도 타고 있지 않아서 차만 박살나고 그분은 면허가 취소되고 자동차 값을 물어주는 것으로 끝이 났습니다. 이처럼 우리 한 사람 한 사람도 매우 뛰어난 잠재력을 가지고 있는 존재인데 컨트롤이 되지 않아서 제멋대로 가다가 사고를 치고 마는 것입니다.

우리는 어떻게 하면 우리의 마음을 언제나 천사처럼 아름다운 마음이 되게 할 수 있을까요? 우리는 어떻게 하면 한평생을 죄에 빠지지 않고, 대형 사고를 치지 않고 아름답고 멋있게 살 수 있을까요?

배를 부두에 정박시켰을 때 가장 중요한 것은 배가 함부로 돌아다니지 못하도록 단단하게 매어 놓는 것입니다. 마찬가지로 우리는 우리의 마음을 어딘가에 매어 놓아야 바른 방향으로 갈 수 있습니다. 그래서 어떤 사람은 자기 마음을 사랑하는 사람에게 매어 놓는데 그것은 위험합니다. 왜냐하면 인간의 마음은 늘 변하기 때문입니다. 또 어떤 사람은 자기 마음을 유행에 매어 놓는데 그것도 위험합니다. 왜냐하면 유행은 언제나 변하기 때문입니다. 예수님께서는 우리가 진정으로 아름답게 살려면 이 상태로는 안 된다고 말씀하셨습니다. 우리는 우리 자신을 하나님께 붙들어 매야 합니다. 우리가 자신을 하나님께 붙들어 매는 방법은 하나님의 말씀에 자신을 잡아매는 것입니다.

예수님은 우리 모두에게 주인이 필요하다고 말씀하셨습니다. 즉 우리의 마음은 빈 집과 같기 때문에 주인이 있어야 제대로 집 구실을 할 수 있는 것입니다. 그래서 우리는 예수님을 주인으로 모셔야 하는데 만일 예수님을 내 마음의 주인으로 모시지 않는다면 더러운 탐욕의 귀신이 주인이 될 것이라고 말씀하셨습니다.

1. 인간의 마음

43절, "더러운 귀신이 사람에게서 나갔을 때에 물 없는 곳으로 다니며 쉬기를 구하되 얻지 못하고"

예수님은 한 가지 비유를 말씀하셨습니다. 어떤 귀신 들린 사람이 있었는데 어느 날 이 귀신이 이 사람에게서 나가게 되었습니다. 즉 이 사람은 어느 날 옛날의 나쁘고 더러운 생활을 모두 청산하기로 결심하고 실천하기 시작한 것입니다. 그래서 이 사람은 상당히 성공적으로 새사람으로 살아가고 있었습니다. 그런데 문제는 이 사람의 마음을 잡아 주는 주인이 없었던 것입니다. 즉 이 사람의 마음은 언제나 빈 마음이었던 것입니다. 사람이 마음이 텅 비어 있으면 얼마나 외롭고 고달픈지 모릅니다. 그래서 결국 이 사람은 그 공허함을 이기지 못해서 옛날에 떠난 귀신을 찾게 되었습니다. 이 귀신도 물 없는 곳을 돌아다녔지만 자기가 나온 집만한 곳이 없다는 것을 알았던 것 같습니다. 그래서 이 귀신이 옛날 그 사람을 다시 찾아왔는데 그만 돌아온 것이 아니라 자기보다 더 악한 귀신 일곱을 데리고 왔습니다. 이 사람의 마음은 옛날보다 훨씬 악하고 비참하게 된 것입니다.

여기서 예수님은 이 사람의 마음 안에 귀신이 있었다고 말씀하고 있습니다. 이 말씀은 단순히 귀신 들렸다는 뜻이 아닙니다. 귀신이 사람의 눈에 보이지 않듯이 이 사람의 마음속에는 눈에 보이지 않는 타락한 본성이 있었던 것입니다.

이것을 알아 낸 사람이 지그문트 프로이트 박사입니다. 프로이트 박사는 인간의 마음에는 자신이 알지 못하고 통제하지 못하는 잠재의식이 있다는 것을 알아 내었습니다. 그러나 그가 알아 낸 잠재의식은 성경이 말하는 것과는 많이 다릅니다. 성경은 이것을 타락한 본성이라고 말하고 있습니다. 즉 사람은 모두 겉으로 보기에는 정상적이고 단정한 것 같은데 잠재의식 안에 타락한 본성이 있어서 언제나 죄를 짓고 싶어 하고 추악하고 더러운 짓을 하려고 합니다. 평소에는 이것이 잠잠히 있다가 자극을 받으면 미쳐서 날뛰는 것입니다. 예를 들어 어떤 책이나 영화를 보면서 자극을 받거나 혹은 누군가가 나를 괴롭히거나 혹은 스스로 어떤 욕심이 생길 때에는 이 욕심을 이기지 못하는 것입니다. 이와 비슷한 내용의 영화가 있었는데 "헐크"라는 영화였습니다. 이 영화의 주인공은 실험을 하다가 잘못해서 방사능에 노출되는 바람에 유전자 변형이 일어나서 누군가가 화를 돋우면 옷이 찢어지면서 어마어마한 괴물로 변하는 것입니다.

사실 하나님이 만드신 피조물 중에서 인간만큼 탁월한 피조물은 없을 것입니다. 그런데 우리 인간은 만들어질 때 하나님의 말씀을 받아서 스스로 모든 것을 통제하게 되어 있었는데 죄를 짓는 바람에 통제 능력을 상실한 것입니다. 그래서 우리는 모두 고장이 나서 제멋대로 움직이는 자동차나 배나 비행기처럼 되어 버렸습니다. 우리 인간에게 최선의 것은 생존을 위해서 공부를 하고, 직장 생활을 하고, 결혼을 하는 것인데 인간은 죄의 자극을 받기만 하면 광기가 살아나면서 사람을 죽이고 간음을 하고 물건을 두들겨 부수어서 엄청난 죄를 짓는 것입니다. 예수님은 이것을 당시 사람들이 이해하기 쉽도록 귀신 비유로 말씀하신 것입니다.

여기서 우리는 몇 가지를 생각해 볼 수 있습니다. 첫째로, 인간의 마음의 중요성입니다. 아주 큰 배도 작은 키 하나에 의해 방향이 움직여집니다. 마찬가지로 우리 인간이 어떤 행동을 하느냐 하는 것은 그 사람의 마음먹기에 달려 있는 것입니다. 바로 이것이 사람을 짐승과 다르게 만드는 것입니다. 짐승들은 아무리 마음을 먹는다고 해도 어디까지나 개는 개이고 소는 소인 것입니다. 그런데 오직 사람은 마음먹기에 따라서 얼마든지 짐승 같은 행동을 할 수도 있고, 악마와 같은 행동을 할 수도 있으며, 얼마든지 다른 사람을 사랑하고 자신을 희생할 수도 있습니다.

많은 사람들이 여성은 약하다고 생각합니다. 물론 여성들이 남성들에 비해 힘이 약한 것은 사실입니다. 그러나 여성들은 한번 믿어 주고 사랑해 주면 상상을 초월할 정도로 사랑하고 인내하게 됩니다. 그래서 사람에게 중요한 것은 좋은 환경이나 지적 수준이 아니라 마음을 어떻게 끝까지 선하게 붙들어 매느냐 하는 것입니다.

그런데 우리에게 가장 어려운 문제가 "내 마음 나도 몰라" 입니다. 우리 인간의 마음은 어떤 때에는 좋았다가 어떤 때에는 나빴다가를 반복하면서 자기 멋대로 변하는데 이것을 잡을 수가 없는 것입니다. 그래서 사람에게 가장 중요한 문제가 어떻게 하면 사람의 마음을 바로잡을 수 있느냐 하는 것입니다. 만약 언제나 마음을 선하게 잡을 수 있는 사람이 있다면 이 사람은 이 세상에서 최고로 행복한 사람이며 능력 있는 사람이 될 것입니다.

사람에게 중요한 것은 마음을 잡는 것입니다. 그래서 사람들은 누군가가 자기 마음을 잡아 주기를 바랍니다. 남자들은 자기를 사랑해 주는 여인이 있으면 마음을 잡으려고 합니다. 그러나 야망이나 욕망이 너무 큰 남자들은 사랑하는 여인을 버리고 다시 방황하는 길로 떠납니다.

안데르센이 쓴 『분홍신』이라는 동화를 보면 어떤 여자 아이가 부모님의 말씀도 안 듣고 일요일에 분홍구두를 신고 교회에 갔다 오다가 마술사를 만나는데 이 마술사는 이 분홍신에 춤을 추도록 마술을 걸어 줍니다. 그래서 이 여자 아이는 실컷 춤을 췄는데 구두가 춤을 멈추지 않는 것입니다. 이 욕망의 춤은 죽을 때까지 계속되는 것이었습니다. 하는 수 없이 이 아이는 다시 마술사를 찾아가서 춤을 멈추게 해 달라고 했는데 마술사는 발목을 잘라서 나무다리로 만들어 줍니다. 결국 우리 마음속의 방황이 그치려면 미친 발목을 잘라야 하는 것입니다. 그렇게 하실 수 있는 분은 예수님밖에 없습니다. 예수님은 우리의 다리를 자르고 거기에 예수님의 다리를 붙여 주시는 것입니다.

예수님은 사람들을 향해서 "수고하고 무거운 짐 진 자들아 다 내게로 오라 내가 너희를 쉬게 하리라"라고 말씀하셨습니다. 왜 사람들은 무거운 짐을 지고 수고하고 있습니까? 욕망이 우리에게 과도한 짐을 지우기 때문입니다. 우리는 예수님의 멍에를 메고 예수님의 걸음마를 배워야 하는 것입니다.

사람의 마음은 평소에는 정상적인 것 같습니다. 그러나 우리 안에는 이성으로 통제할 수 없는 잠재의식이 있어서 사탄이 우리의 좋지 않은 감정을 자극하기만 하면 언제든지 폭발할 수 있습니다. 사실 사람들이 죄를 짓는 것은 거의 미친 것 같이 자신을 통제할 수 없어서 죄를 짓는 것입니다.

2. 인간의 공허한 마음

예수님의 이 비유에서 극적인 부분은 이 사람의 마음속에 있는 귀신이 나가는 것입니다. 그것은 이 사람에게 좋은 계기가 생겨서 결심을 하는 것입니다. 즉 지금까지의 좋지 못한 생각이나 습관을 버리고 새사람이 되어 보자고 결심을 한 것입니다. 이 사람은 아주 독하게 결심을 하는 바람에 옛 생활을 버리는 데 성공했습니다. 대개 이런 경우 "손을 씻었다"라고 말을 합니다. 즉 이제는 도박이나 도둑질, 깡패짓을 하지 않고 착하게 살기로 했다는 뜻입니다.

사람의 마음이 이렇게 착해질 수 있는 데는 여러 가지 계기가 있을 것입니다. 그 중에 하나가 사랑하는 사람이 생겼을 때입니다. 혹은 아이가 태어났을 때 계속 나쁜 사람으로 살면 안 되겠다고 생각하면서 더러운 손을 씻으려고 결심을 할 수도 있습니다. 그리고 어떤 사람의 감동적인 이야기를 듣거나 혹은 책을 읽으면서 그런 결심을 할 수도 있을 것입니다.

좌우간 이 사람은 변해서 새사람이 되었습니다. 이런 것을 보면 모든 사람의 마음속에는 죄짓는 생활을 버리고 새사람이 되고자 하는 마음이 있는 것을 알 수 있습니다. 단지 오랫동안 그렇게 살아왔기 때문에 변하기가 힘든 것이 문제인 것입니다. 그런데 이 사람은 변하는 데 성공했습니다. 이것을 보면 이 사람이 얼마나 지독한 사람인지 알 수 있습니다.

그런데 이 사람은 귀신은 나가게 했지만 주인을 받아들이지 않았습니다. 이 사람은 주인이 있어 봐야 귀찮고 혼자서도 얼마든지 잘살 수 있을 것이라고 생각했던 것입니다. 그런데 이 사람의 마음속에 어느 순간부터 공허함이 밀려오기 시작했습니다. 즉 이 사람은 귀신을 쫓아내는 데는 성공했지만 그 후유증이 엄청났던 것입니다. 후유증으로 고생하는 대표적인 예가 담배나 술을 끊을 때입니다. 많은 남편들이 아내나 아이들 앞에서 금연을 선포하면서 피우다 남은 담배를 넘겨주고는 이렇게 말을 합니다. “내가 다시 담배를 피우면 사람이 아니다.” 그러나 몇 시간이 지나지 않아서 아내와 아이에게 그 남은 담배 한 개비만 줄 수 없느냐고 사정을 합니다. 어떤 사람은 술 때문에 큰 곤욕을 치른 후 술을 끊기로 했는데 친구가 전화로 불러내면 거의 몽유병 환자처럼 나가서 돌아오지 않는 것입니다.

사람들은 욕심을 버리지만 그 후의 공허함을 이기지 못해서 다시 그 정욕을 불러들입니다. 그래서 나쁜 습관을 반복하지 않으려면 더 좋은 욕심으로 채워야 하는 것입니다. 그래서 사람의 마음은 비어 있는 상태로는 오래가지 못하는 것입니다.

이 사람은 귀신을 쫓아낸 후 공허감을 이기지 못해서 다시 그 귀신을 불러들였는데 그 귀신은 자기보다 더 사악한 친구 귀신 일곱을 데리고 와서 살게 되었습니다.

45절, “이에 가서 저보다 더 악한 귀신 일곱을 데리고 들어가서 거하니 그 사람의 나중 형편이 전보다 더욱 심하게 되느니라 이 악한 세대가 또한 이렇게 되리라”

예수님 당시 유대인들 중에는 세례 요한의 설교나 예수님의 말씀을 듣고 감동을 받아 일시적으로 좋아지는 사람들이 많이 있었습니다. 그런데 그들은 예수님을 주님으로 영접하지 아니하고 선생으로만 생각했습니다. 이들이 예수님을 주인으로 모시지 않은 이유는 예수님을 주인으로 모시면 세상의 야망이나 욕심을 버리고 가난하게 살아야 할 것 같으니까 예수님의 가르침을 하나의 교훈이나 철학으로 배웠던 것입니다. 그런데 이런 사람들은 큰 문제가 터지면 믿음이 없이 흔들렸습니다. 그래서 예수님은 씨 뿌리는 비유를 통해서 돌짝밭이나 가시덤불에 떨어진 씨는 싹은 나지만 세상 염려와 돈에 대한 걱정으로 자라지 못한다고 말씀하셨습니다.

특히 가룟 유다는 예수님의 말씀을 듣고 감동을 받았고, 또 예수님의 이름으로 귀신이 떠나고 병이 치료되는 것을 경험했습니다. 그러나 가룟 유다는 한 번도 자기가 하나님 앞에서 멸망당할 수밖에 없는 죄인이라는 것을 인정하지 않았습니다. 그래서 예수님은 너희 중에 한 사람은 마귀라고 말씀하셨고, 모두 목욕을 했지만 하나는 아니라고 말씀하셨습니다. 그러나 나중에 가룟 유다는 결국 예수님에 대한 실망과 십자가의 두려움을 이기지 못해 은 30을 받고 예수님을 팔았습니다. 그러고는 죄책감을 이기지 못하고 목을 매어 자살을 했는데 그 끈이 끊어지면서 시체가 땅에 떨어져서 배가 터지고 창자가 밖으로 쏟아져 나왔습니다.

우리는 예수님 당시의 유대인들에게 가룟 유다에게 일어났던 것과 같은 비슷한 현상이 집단적으로 일어났던 것을 알 수 있습니다. 유대인들은 한때 예수님의 설교를 듣고 매우 기뻐하고 좋아했습니다. 그리고 생활의 변화가 일어나기도 했습니다. 그러나 그들은 예수님을 주인으로 영접하지 않았습니다. 그러다가 유대인들은 결국 재물에 대한 욕심이나 유대 민족주의에 대한 충동에 사로잡혀서 멸망의 길을 가고 말았습니다.

여기서 예수님께서 말씀하고자 하시는 것이 무엇입니까? 사람의 마음은 절대로 비워 두어서는 안 된다는 것입니다. 왜냐하면 마귀가 집요하게 노리기 때문입니다.

본문에 보면, "이에 가로되 내가 나온 내 집으로 돌아가리라 하고 와 보니 그 집이 비고 소제되고 수리되었거늘" 이라고 하였습니다. 사람들은 죄를 짓는 만큼 죄에 익숙해집니다. 그래서 마음속에 죄의 고속도로가 생겨 버리기 때문에 일단 자동차가 고속도로에 올라가면 목적지까지 저절로 가듯 죄를 지어 본 경험이 있는 사람은 자기도 모르게 옛날로 돌아가게 됩니다. 사람들은 정신을 차리지 않으면 자기도 모르게 옛날 그 술집에 가 있고, 옛날에 만나던 사람을 만나고 있는 것입니다. 그래서 죄를 끊으려면 죄만 중단해서는 안 됩니다. 그에게 새로운 은혜와 능력이 공급되어야 합니다. 그렇게 할 수 있는 분은 예수님밖에 없습니다. 그렇지 않으면 자기도 모르는 사이에 상태가 좋지 못할 때 원래의 죄짓던 상태로 자동적으로 돌아가 버립니다. 그때는 마음이 더 강퍅하게 되고 더 하나님을 두려워하지 않는 교만한 마음이 되어 버리는 것입니다.

사람들은 수양을 쌓으면 마음이 착해질 수 있을 것이라고 생각합니다. 그래서 최근에는 불교의 템플스테이가 많은 인기를 끌고 있습니다. 그런데 불교는 그야말로 마음을 비우려고 노력하는 종교입니다. 그러나 사람은 그 빈 마음의 공허함을 이기지 못해서 또다시 옛날의 생활로 돌아가고 맙니다. 그래서 우리는 우리 자신을 하나님과 그분의 말씀에 매어야 하는 것입니다. 그래서 예수님을 마음의 주인으로 모시지 않는 자는 반드시 실패할 수밖에 없습니다.

원래 우리 인간의 몸에는 무한한 잠재력이 있습니다. 그러나 우리는 그 가치를 알지 못합니다. 왜냐하면 이 몸을 사용할 줄 모르기 때문입니다. 마치 피아노를 칠 줄 모르는 사람에게는 아무리 비싼 피아노가 있어도 소용이 없는 것과 같습니다. 비싼 바이올린은 그 가격이 상상을 초월할 정도입니다. 그러나 전문가들은 비싸더라도 그런 바이올린으로 연주를 하려고 합니다. 왜냐하면 소리가 완전히 다르기 때문입니다. 그러나 연주할 줄 모르는 사람들에게는 비싼 바이올린이 아무 소용이 없는 것입니다.

우리 인간의 몸에는 엄청난 잠재력이 있습니다. 그것을 제대로 사용하게 할 수 있는 힘은 오직 성령의 능력밖에 없습니다. 사람들은 그것을 모르기 때문에 학벌이나 직장을 가지고 사람을 평가하지만 모든 사람의 마음속에는 무진장한 능력이 들어 있습니다. 그것은 하나님의 능력을 받아 남을 위해 사랑을 베풀 수 있는 능력입니다.

3. 새로운 공동체의 중요성

우리가 예수를 믿고 하나님의 백성이 된 후에도 우리 안에는 죄의 영향력이 남아 있습니다. 이것은 마치 감기 바이러스와 같습니다. 우리 안에 있는 죄가 우리를 죽이거나 지옥으로 끌고 가지는 못하지만 우리에게 나쁜 영향을 줄 수는 있습니다. 예를 들어 감기에 걸렸다가 나은 사람의 몸 안에도 감기 바이러스가 있는데 무리를 하거나 컨디션이 좋지 않으면 다시 감기에 걸릴 수 있습니다. 그러나 감기에 걸렸다고 해서 죽는 것은 아닙니다. 단지 고통을 받을 뿐입니다.

마찬가지로 예수 믿는 사람 안에도 여전히 죄의 욕망이 남아 있습니다. 그래서 죄의 욕망이 바이러스같이 잠복하고 있다가 상태가 좋지 못하면 옛날의 죄짓던 때로 돌아가게 하려고 충동질을 합니다. 이때 우리에게 필요한 것은 우리를 지켜 줄 수 있는 힘입니다. 그래서 우리에게는 신앙의 공동체가 필요합니다.

여기에 보면 귀신이 "물 없는 곳으로 다니며 쉬기를 구하되 얻지 못하고"라고 말씀하고 있습니다. 즉 믿지 않는 사람들이 모인 곳에는 사탄이 틈타기 쉽습니다. 특히 술을 마시는 곳이나 음란한 분위기나 흥분된 분위기는 우리를 넘어가게 하기 쉽습니다. 그러나 그리스도인들이 모여서 하나님께 예배를 드리고 기도하는 곳은 영적인 분위기가 다릅니다. 미친 사람도 정신이 번쩍 들게 할 정도의 하나님의 능력이 있습니다.

저는 외국에 갔다가 교회에 돌아와 아주 강한 성령의 능력을 느끼면서 이렇게 좋은 곳이 있는데 어디를 가야 하는가 하는 생각을 한 적이 있습니다. 우리 성도들이 모인 곳 위에는 하나님의 그룹의 날개가 펼쳐져 있기 때문에 악한 마귀의 세력이 감히 덤빌 수가 없습니다. 그래서 우리는 언제나 신앙의 공동체로부터 보호와 기도로 지원을 받아야 합니다.

예수님께서 사람들에게 하나님의 말씀을 가르치고 있을 때에 가족들이 예수님을 만나러 왔습니다.

48-50절, "말하던 사람에게 대답하여 가라사대 누가 내 모친이며 내 동

생들이냐 하시고 손을 내밀어 제자들을 가리켜 가라사대 나의 모친과 나의 동생들을 보라 누구든지 하늘에 계신 내 아버지의 뜻대로 하는 자가 내 형제요 자매요 모친이니라 하시더라"

예수님을 찾아온 가족들은 육신적인 가족이었습니다. 예수님은 복음을 전하시기 전까지 목수 일을 하면서 가족들의 생계를 책임졌던 것 같습니다. 그러나 동생들이 어느 정도 성장하면서 예수님은 일을 동생들에게 맡기고 복음을 전하는 일에 전념하셨습니다. 그런데 가족들은 예수님이 미쳤다는 소식도 듣고, 또 가정일을 돌보지 않았기 때문에 예수님을 데리러 온 것입니다. 그러나 예수님에게는 새로운 가족들이 있었습니다. 즉 주님의 말씀을 듣기 원하며 그 말씀대로 살기 원하는 자들이 새로운 가족이었던 것입니다.

예수님은 우리에게 '백성' 보다 훨씬 가까운 '형제와 누이와 모친' 이라는 표현을 사용하셨습니다. 가족은 어쩌다 한 번 만나는 사람들이 아니고 항상 함께 있으면서 모든 것을 나누는 사람들인 것입니다.

그리스도인들은 예수님을 중심으로 모여서 함께 모든 것을 나누는 자들입니다. 특히 우리는 신령한 위로와 하나님의 말씀의 능력을 함께 나누는 가운데 이 세상과 죄를 이기게 됩니다. 예수님은 새로운 가족들을 떠나서 옛날 가족에게로 돌아가기를 거절하셨습니다. 오히려 옛날 가족들이 새 가족 안으로 들어와야 한다고 말씀하셨습니다.

우리는 함께 모여야 합니다. 왜냐하면 우리의 모임 가운데 주님이 함께 계시기 때문입니다. 주님은 다른 사람의 입으로 주님의 음성을 듣게 하실 것입니다. 그리고 다른 사람의 격려와 기도로 하나님의 뜻을 행하게 하실 것입니다. 그리고 우리가 함께 모여서 주님의 말씀을 듣고 기도할 때 마귀의 세력이 무너지며 하나님의 기적이 우리 가운데서 일어나서 우리를 막고 있던 홍해가 갈라지는 것을 체험하게 될 것입니다.

그래서 우리가 이 세상을 이기기 위해서는 우리 안에 주님의 말씀을 두어야 하며 그리스도인의 공동체에 신실하게 포함되어야 합니다. 그러면 모든 사탄의 광기를 이기며 외부적인 바람과 내부적인 충동을 이기고 하나님의 축복을 누리게 될 것입니다.

성경 토의

1. 사람들은 모두 나름대로 선해지려고 노력을 하는데 사람이 선하게 되기 위한 방법은 어떤 것이 있으며, 그 방법이 과연 성공할 수 있다고 생각하는가?

2. 왜 모든 사람들에게 예수님이 필요하며, 예수님이 내 주인이 되시면 어떤 좋은 점이 있는가?

3. 우리는 나의 혈육의 가족과 예수 안에서 만난 신앙의 가족 중에서 어느 가족이 더 중요하다고 생각하며, 두 가족의 한계는 무엇이라고 생각하는가?

57_씨 뿌리는 비유

마태복음 13:1-23

전체적 설명

예수님은 비유로써 많은 교훈을 주셨는데 그 중에서 가장 기본적이고 중요한 비유가 바로 씨 뿌리는 비유이다. 예수님께서는 천국을 밭에 씨를 뿌리는 것으로 말씀하셨는데 바로 이 씨가 하나님의 말씀, 즉 복음이고 밭은 사람들의 마음 상태인 것이다. 즉 하나님의 말씀은 동일하지만 하나님의 말씀을 받아들이는 사람들의 자세는 다양한 것이다.

설교 프리노트

1절, "예수께서 집에서 나가사 바닷가에 앉으시매"

사람들은 갈릴리 호수를 바다라고 불렀다. 유대에서는 랍비가 사람들에게 말씀을 가르칠 때 자리에 앉아서 가르쳤다. 그러나 예수님은 때로 성전에 서서 가르치시기도 했다.

3절, "씨를 뿌리는 자가 뿌리러 나가서"

예수님 당시에 예수님처럼 생생하게 비유로 가르치는 자는 거의 없었던 것 같다. 예수님의 비유의 특징은 삶의 현장에서 가져온 생생한 비유였기 때문에 누구나 이해할 수 있고 실제적인 것이 특징이었다. 이솝은 오래전에 비유를 가지고 많은 교훈을 남겼다. 그런데 이솝의 우화에는 동물 우화가 많은데 우화라는 것은 인격화한 동식물을 주인공으로 하여 여러 가지 교훈을 만들어 낸 것이다. 그러나 예수님의 비유는 예수님이 모든 만물의 창조주로서 주위에 있는 풀이나 새나 짐승까지 그 특징을 아시고 우리에게 비유로 가르쳐 주신 것이다. 그래서 풍유는 비유에서 여러 가지 적용을 끌어낼 수 있지만 비유에서는 하나의 교훈을 이끌어 내는 것이 특징이다. 예수님께서 씨 뿌리는 비유를 말씀하실 때 실제로 가까운 곳에서 씨를 뿌리던 사람이 있었을지도 모른다. 예수님의 비유는 그만큼 우리 주변의 생활에서 가져온 것이기 때문에 그 가르침이나 예화가 생생하다.

4절, "뿌릴쌔 더러는 길가에 떨어지매"

우리나라의 농부들은 밭에 씨를 뿌릴 때 씨를 무척 아끼는 편이다. 그래서 씨를 뿌릴 때 아무 데나 뿌리는 것이 아니라 미리 밭을 갈아서 흙을 부드럽게 만든 후에 씨를 뿌린다. 그럼에도 도랑이나 길가에 떨어지는 씨가 있다. 아마도 팔레스타인은 씨를 뿌리는 방법이 우리나라와는 달랐던 것 같은데 물론 밭을 갈아서 씨를 뿌리기도 했지만 농부에 따라서는 아무 데나 대충 씨를 뿌리는 사람도 있었던 것 같다.

"새들이 와서 먹어 버렸고"

농부가 씨를 뿌릴 때 가장 위험한 대상이 새이다. 만일 새가 씨를 뿌린 것을 알고 먹어 버린다면 농부의 수고는 허사가 되고 말 것이다. 그래서 우리나라에서는 씨를 뿌린 후에 흙으로 덮어서 새들이 씨를 먹지 못하게 보호하지만 길가에 떨어진 씨는 흙이 단단하기 때문에 씨가 흙 속으로 들어갈 수 없었다.

5절, "돌밭에 떨어지매 흙이 깊지 아니하므로"

여기서 '돌밭' 은 농부가 밭을 잘 갈지 않아서 밭에 돌이 많이 있는 밭으로 생각할 수도 있지만 돌 위에 흙이 얇게 덮여 있는 곳으로 생각할 수도 있다.

7절, "더러는 가시떨기 위에 떨어지매"

아마 이런 밭은 농부가 거의 일을 하지 않아서 가시떨기가 무성하든지, 아니면 아직 밭으로 개간이 되지 않은 땅일 것이다. 이런 곳에 씨가 떨어지면 잡초들이 양분을 다 빼앗아 가기 때문에 식물이 자랄 수 없다.

8절, "더러는 좋은 땅에 떨어지매"

이것은 토양도 좋고 식물에 방해가 될 만한 잡초나 돌이 없는 밭을 말한다. 비옥한 땅에 떨어진 씨는 많은 결실을 얻게 된다.

10절, "어찌하여 저희에게 비유로 말씀하시나이까"

제자들은 예수님이 비유로 가르치시는 말씀을 의아하게 생각했던 것 같다. 그래서 예수님에게 왜 비유로 말씀하시느냐고 물었다. 아마도 예수님의 비유를 들은 사람들 중에는 왜 예수님은 하늘의 고상한 진리를 말씀하시지 않고 이 세상에서 일어나는 일을 가지고 말씀하시는가 하고 생각한 사람도 있었을 것이고, 또 왜 예수님은 이렇게 쉽고 뻔한 것을 말씀하실까 하고 생각한 사람도 있었을 것이다. 사실 당시 철학자들의 가르침은 너무 어렵고 심오해서 도무지 그 의미를 알 수 없는 것들이 많았던 것이다. 그러나 예수님의 비유의 말씀은 생활 주변의 이야기이고 뻔한 내용이었기 때문에 사람들은 이상하게 생각했을 것이다.

11절, "천국의 비밀을 아는 것이 너희에게는 허락되었으나"

예수님께서는 예수님의 말씀에 어떤 제한이 있는 것을 말씀하셨다. 즉 어떤 사람은 하늘의 진리를 알아듣는 것이 허락되었지만 어떤 사람에게는 그것이 닫힌 사람도 있는 것이다. 그래서 예수님이 쉽게 비유로 말씀하시기 때문에 천국의 비밀을 더 쉽게 잘 이해하는 사람이 있는가 하면, 어떤 사람은 교만한 마음 때문에 예수님의 가르침이 너무 쉽고 유치하다고 생각해서 듣지 않는 사람도 있는 것이다.

12절, "무릇 있는 자는 받아 넉넉하게 되되"

오래전에 미국의 로버트 머튼이라는 사회학자가 '마태복음 효과' 라는 용어를 처음으로 사용한 이후 수십 년이 지난 요즘도 종종 사용되고 있다. '마태복음 효과' 는 가진 자는 더 가지게 되고 가지지 못한 자는 있는 것도 빼앗긴다는 것인데 예수님은 돈을 두고 말씀하신 것이 아니라 믿음을 두고 말씀하신 것이다. 즉 믿음으로 예수님의 말씀을 받아들이는 사람은 더 많은 것을 배우게 되지만 믿음이 없는 사람은 점점 더 믿음이 없어진다는 것이다. 그래서 믿음은 고정적인 것이 아니고 유동적인 것이기 때문에 마음이 굳어지지 않도록 노력을 해야 한다.

13절, "저희가 보아도 보지 못하며 들어도 듣지 못하며 깨닫지 못함이니라"

사람들은 많은 것을 보지만 보는 것들마다 모두 뇌에 들어가서 입력되는 것은 아니다. 또 사람들은 많은 소리를 듣지만 듣는다고 해서 그 의미를 다 깨닫거나 기억하는 것은 아니다. 마찬가지로 사람들이 한자리에 앉아서 하나님의 말씀을 듣는다고 해서 모든 사람이 다 은혜를 받는 것은 아니다. 하나님께서 믿음을 주시고 갈급한 마음을 주셔야 깨달을 수 있고 은혜 받을 수 있다.

14절, "이사야의 예언이 저희에게 이루었으니"

여기의 '이사야의 예언' 이란 이사야 6장 9-10절을 인용한 것이다. 하나님께서는 이사야를 유다 백성에게 보내시면서 그들이 보기는 보아도 깨닫지 못하고, 듣기는 들어도 알지 못할 것이라고 말씀하셨다. 이것은 하나님께서 일부러 유다 백성이 미워서 깨닫지 못하게 하시는 것이 아니라 유다 백성 자신들이 하나님의 말씀에 관심이 없기 때문에 하나님의 말씀을 깨달을 수 있는 특권을 빼앗기게 되는 것이다. 그래서 누구든지 하나님의 말씀을 깨달으려면 세상적인 것들을 내려놓고 간절한 마음으로 사모해야 한다.

15절, "돌이켜 내게 고침을 받을까 두려워함이라"

이 말씀은 마치 하나님께서 유다 백성이 하나님의 말씀을 깨닫고 고침받는 것을 두려워하시는 것처럼 보이지만 실제로는 그런 것이 아니라 누구든지 믿고 깨닫기만 하면 하나님이 반드시 고쳐 주신다는 것을 이런 식으로 표현한 것이다.

16절, "너희 눈은 봄으로, 너희 귀는 들음으로 복이 있도다"

제자들은 하나님의 아들이 이 세상에 오셔서 인간의 언어로 하늘의 진리를 말씀하시는 것을 직접 듣고 있다. 이것은 지금까지 이 세상 어느 누구도 누리지 못했던 최고의 복인 것이다. 하나님께서는 지금까지 꿈이나 환상이나 천사들의 말이나 선지자들의 설교를 통해서 말씀하셨지만 최고의 말씀은 하나님의 아들이 직접 오셔서 육성으로 하나님의 진리를 가르쳐 주시는 것이다.

19절, "천국 말씀을 듣고 깨닫지 못할 때는"

이것은 예수님께서 길가에 뿌려진 씨를 설명하신 것이다. 길가는 사람들이 많이 다니는 곳이기 때문에 땅이 단단해서 씨가 흙 속에 파묻히지 못한다. 그래서 이런 사람은 아무리 하나님의 말씀을 들어도 반발하기 때문에 전혀 마음에 영향을 주지 못한다. 대개 이런 사람들은 자기주장이 뚜렷하거나 다른 사상으로 가득 차 있는 사람들일 것이다.

20절, "돌밭에 뿌리웠다는 것은"

돌밭에 뿌려진 씨의 특징은 뿌리가 깊지 못하다는 것이다. 즉 뿌리가 흙 속에 든든하게 자리를 잡고 영양분이나 수분을 빨아들여야 하는데 그것이 되지 않는 것이다. 이런 사람은 신앙 때문에 환난이나 핍박이 오면 넘어진다. 이런 사람들은 아마 믿은 지 얼마 되지 않은 초신자들이나 혹은 마음이 세상에 많이 가 있어서 말씀을 들을 기회가 적은 자들일 것이다. 이런 신앙은 이기적인 신앙이기 때문에 손해를 보면서 예수를 믿으려고 하지 않을 것이다.

22절, "가시떨기에 뿌리웠다는 것은"

가시떨기에 뿌려진 씨는 세상의 염려가 많은 사람이다. 즉 그는 좋은 것을 모두 가지려고 하기 때문에 어느 것 하나 포기하지 못하는 것이다. 그래서 너무 많은 일을 벌이고 너무 많은 사람들과 관계하기 때문에 하나님에게 집중하지 못한다. 결국 다른 것들이 하나님의 말씀의 진액을 다 빨아가 버리기 때문에 열매가 없는 신앙이 되고 만다.

23절, "좋은 땅에 뿌리웠다는 것은 말씀을 듣고 깨닫는 자니"

이런 사람들은 하나님의 말씀의 맛을 안 후에 다른 것을 다 포기하고 헌신하기 때문에 믿음이 온전히 자라게 되고 하나님으로부터 엄청난 축복이 공급되어서 열매를 맺게 된다.

본문 이해를 위한 질문

1. 예수님께서 비유로 말씀하셨을 때 제자들의 반응은 어떠했는가?

제자들은 예수님이 천국의 진리를 생활 주변에서 일어나는 쉬운 예로 설명하시는 것을 의아하게 생각했다. 그러나 예수님의 비유는 결코 어렵지 않고 생생한 것이 특징이었다.

2. 어떤 사람들이 하나님의 말씀을 알아듣지 못하는가?

하나님의 말씀에 관심이 없고 믿음을 중요하게 생각하지 않는 사람들이다. 이런 사람들은 들어도 깨닫지 못한다.

3. 많은 열매를 맺는 비결이 무엇인가?

하나님의 말씀을 듣고 거기에 헌신해서 오직 하나님의 말씀으로 충만해지는 사람이 많은 축복을 받게 된다.

성경 강해

우리나라의 지성을 대표하는 한 학자가 계시는데 이분은 지적인 프라이드가 얼마나 높았던지 절대로 예수를 믿을 사람이 아니었습니다. 그분은 교수에다가 장관까지 지냈습니다. 그러나 그의 하나밖에 없는 딸이 이혼을 하고, 그녀에게서 난 손자가 미국에서 좋은 대학에 입학했다가 이유를 알 수 없는 병으로 갑자기 죽고, 나중에는 하나밖에 없는 딸도 갑상선암으로 시력을 잃어 눈이 멀자 이분은 하나님 앞에 무릎을 꿇고 기도했습니다. "만일 하나님이 계신다면 제 딸의 눈을 보게 해 주십시오. 그러면 저는 예수를 믿겠습니다." 그런데 얼마 후 그 딸은 다시 보게 되었고, 이분은 예수를 믿고 세례를 받았습니다. 이분은 지금 기독교인이 되어서 열심히 글을 쓰고 강연을 하고 있습니다.

그리고 또 다른 지성인이 있는데 이분은 동양철학에 조예가 깊은 분으로 현대의 기독교에 대하여 신랄하게 비판했습니다. 이분은 입에서 침을 튀겨 가면서 기독교를 욕했습니다. 이분은 논어만 강의한 것이 아니라 요한복음도 강의했습니다. 그런 강의가 제대로 된 강의일 리가 없습니다.

우리는 여기서 같은 기독교 신앙을 대하면서도 사람들의 반응이 다양하다는 것을 알 수 있습니다. 어떤 사람은 자신의 지적인 교만 때문에 반대하는 입장을 취하다가 나중에 어려운 일을 당해서 무릎을 꿇고 예수를 믿는 사람이 있는가 하면, 처음부터 끝까지 기독교를 반대하고 욕하는 사람도 있습니다. 그리고 어떤 사람은 예수를 믿기는 하는데 이상하게 믿는 사람이 있는 것입니다.

사도 바울은 예수 믿기 전에는 철저하게 기독교에 대하여 적대적인 사람이었습니다. 그러나 그는 다메섹으로 가다가 살아 계신 예수님을 만나서 거꾸러지고 난 뒤에 철저한 복음 전도자가 되었습니다. 중세 시대의 어거스틴은 방탕한 젊은 시절을 보내고 나중에는 마니교에 심취했지만 어느 날 여자 아이들의 "톨레레게 톨레레게"("집어서 읽어라, 집어서 읽어라")라는 노랫소리를 듣고 성경을 펴서 맨 처음에 눈에 들어온 로마서를 읽고는 예수님 앞에 거꾸러져서 펠라기안이라는 이단으로부터 교회를 지키는 대신학자가 되었습니다.

우리 인간에게 있어서 하나님을 안다는 것은 기적 중에 기적입니다. 하물며 하나님을 알 뿐 아니라 하나님과 적대관계가 없어지고 하나님의 집 안에 들어가서 축복까지 얻는 것은 우리 인간에게 일어날 수 있는 최고의 축복입니다. 그런데 우리가 이렇게 하나님의 집에 들어가서 그 안에 있는 축복까지 받을 수 있는 것은 하나님의 아들 예수님 덕분입니다. 예를 들어 우리가 삼성그룹 회장의 집이나 국무총리의 집에 들어가서 회장이나 총리를 만난다는 것은 불가능한 일입니다. 그런 집은 경비도 삼엄하고 외부인을 들여보내지 않기 때문입니다. 그런데 만일 그 회장의 하나밖에 없는 아들이나 총리의 하나밖에 없는 아들의 둘도 없는 친구라면 그 집에 들어가서 밥도 얻어먹고, 또 회장이나 총리도 볼 수 있을 것입니다. 이처럼 우리에게 하나님의 아들이 없다면 우리는 하나님 나라를 구경할 수도 없습니다.

예수님이 이 세상에 오셔서 처음으로 사람들에게 전파하신 말씀이 "바실레이아 투 데우" 입니다. 이것은 '하나님의 나라' 라는 뜻입니다. 예수님이 이 세상에 오신 것은 우리에게 하나님의 나라를 주시기 위해서였습니다.

본문에서 예수님은 아주 중요한 말씀을 하시는데 그것은 우리가 어떻게 천국을 살 수 있느냐 하는 것입니다. 이것은 예수님이 우리에게 천국을 가지고 온 것을 전제로 하시는 말씀입니다. 즉 하나님의 아들이 없으면 천국의 복을 누리는 것은 상상할 수도 없습니다. 즉 하나님의 아들이 우리에게 오셨기 때문에 우리는 천국에 들어갈 수 있는 것입니다.

1. 씨 뿌리는 자의 비유

본문 말씀은 우선 예수님께서 씨 뿌리는 자의 비유를 말씀하신 배경을 설명하고 있습니다.

1-2절, "그날에 예수께서 집에서 나가사 바닷가에 앉으시매 큰 무리가 그에게로 모여들거늘 예수께서 배에 올라가 앉으시고 온 무리는 해변에 섰더니"

여기서 '그날' 은 예수님이 이 말씀을 하시게 된 앞의 일을 말씀하시는 것입니다. 본문 앞에는 몇 가지 사건이 나오는데 가장 중요한 것이 안식일 문제로 예수님께서 유대 지도자들과 충돌하신 것입니다. 그때 유대 지도자들은 예수님을 귀신의 왕의 힘을 빌려서 귀신을 쫓아낸다고 하면서 정죄했습니다. 그리고 또 하나는 예수님의 가족들이 예수님을 만나러 왔는데 예수님께서 만나지 않으신 것입니다. 그러니까 예수님께서 이 씨 뿌리는 자의 비유를 말씀하신 배경은 우리가 생각하는 것처럼 아주 평화롭고 한가한 분위기가 아니라 유대 지도자들과 심하게 충돌하시고 그들로부터 귀신의 세력이라는 정죄를 받으신 후이며, 특히 가족들과도 갈등이 있는 심각한 상황이었습니다. 그럼에도 많은 사람들이 예수님의 말씀을 듣기 위하여 예수님께 몰려왔습니다. 바로 이것이 놀라운 부흥의 시기에 일어난 현상입니다. 지도자들은 예수님을 배척하고 가족들도 예수님을 의심하는데 예수님의 말씀을 듣고자 하는 사람들은 계속 몰려드는 것입니다. 그 이유가 무엇입니까? 하나님께서 각자의 마음속에 가난한 마음을 주셔서 하나님의 말씀을 듣지 않으면 견딜 수 없이 답답하기 때문입니다. 그래서 믿는 사람들이 많아지는 것은 결코 사람의 힘이나 능력으로 되는 것이 아닙니다. 오직 하나님께서 사람들에게 진리를 듣고자 하는 갈급한 마음을 주셔야 하는 것입니다.

영국의 복음적인 그리스도인들은 18세기 이야기를 많이 합니다. 18세기에 영국에서는 하나님의 말씀에 갈급한 사람들이 말씀을 듣기 위해 수천 명, 수만 명씩 모여들었고, 하나님의 말씀을 듣고 난 후에는 집으로 돌아가지 않고 밤을 새워 울면서 회개기도를 하고 하나님을 찬양했습니다.

우리가 하나님을 만나기 전에는 세상의 사소한 것들이 우리의 마음을 무겁게 지배합니다. 만약 누가 내 돈을 떼먹으면 아까워하고 원통해하며 배반을 당해서 큰 손해를 보았으면 그 사람을 죽이고 싶을 정도로 미워합니다. 또 질병이라든지 가정의 어려움들이 너무 무거운 짐이 되어서 다른 것을 생각할 여유가 없습니다. 그런데 살아 있는 하나님의 말씀을 듣고 나면 그런 것들은 아주 사소한 것이 되어 버립니다. 그리고 오히려 내가 지금까지 하나님의 말씀을 듣지 못하고 욕심으로 살아온 것이 원통하고, 이제라도 하나님의 뜻을 깨달은 것이 너무 기쁘고 감사해서 눈물을 흘리면서 하나님을 찬송하게 되는 것입니다.

참으로 감사한 것이 유대 지도자들은 예수님을 미워해서 죽이지 못해서 난리이고, 심지어 예수님의 가족들도 예수님을 의심해서 붙잡으려고 찾아온 때에 사람들의 마음속에 예수님의 말씀을 듣고자 하는 갈급한 마음이 들불같이 일어나고 있었던 것입니다. 바로 이것이 하나님께서 그들을 축복하시는 증거였습니다.

예수님은 말씀을 듣기 위하여 몰려온 자들에게 비유로 설교를 시작하셨습니다. 물론 예수님의 이 비유는 이제 임하는 하나님의 나라를 사람들에게 잘 설명하기 위한 것이었습니다. 그런데 예수님의 비유에는 중요한 특징이 있었습니다. 우선 당시 랍비들 중에서도 비유로 가르치는 자들이 있었습니다. 그러나 그들의 비유는 너무 어려워서 도저히 이해할 수가 없었습니다. 요즘 우리 시대는 판타지의 시대라고 말할 정도로 판타지가 크게 유행하고 있습니다. 그 대표적인 예가 "해리 포터 시리즈"인데 도대체 무슨 내용인지 알 수가 없습니다. 오직 해리 포터가 끝까지 악의 화신인 볼드모트 경과 싸워서 선이 악을 이긴다는 것만 알 뿐입니다. 판타지의 공통된 내용은 선과 악의 싸움인데 대개 입에서 불을 뿜는 용이 나오고 악한 군대가 나오는데 결국 선이 이기는 것입니다. 그리고 또 하나의 판타지로 기독교적인 내용을 담은 "반지의 제왕"을 들 수 있는데 예수님의 역할을 여러 사람이 나누어 상징적으로 보여 주기 때문에 재미는 있지만 복음적인 메시지는 약하다고 볼 수 있습니다. 그리고 또 하나가 "나니아 연대기"인데 여기에는 말하는 동물들이 나와서 이상한 나라를 만듭니다. 여기에 나오는 아즐란이라는 사자는 계시록에서 유다의 사자로 예표된 예수님을 상징적으로 나타냅니다. 나니아 왕국에서도 선과 악이 싸우는데 결국 선이 악을 몰아내고 왕을 지킵니다. 그런데 이런 판타지 영화나 소설은 현실에서는 불가능한 일들을 마음껏 표현할 수 있고, 또 풍부한 상상력을 발휘할 수 있다는 장점이 있지만 현실성은 떨어집니다.

그러나 예수님의 비유는 가까운 현실에서 가져온 것이고 생생하고 실제적이며 쉬운 것이 특징이었습니다. 예수님이 씨 뿌리는 비유를 말씀하실 때 아마 가까운 곳에서는 실제로 사람이 씨를 뿌리고 있었을 것입니다. 예수님의 비유는 생활 주변에서 가져온 것이기 때문에 전혀 어렵지가 않았습니다. 거기에다가 예수님의 비유는 하나의 비유에 여러 가지 의미가 들어 있는 풍유가 아니었습니다. 예수님의 비유는 비유 하나에 한 가지의 의미가 들어 있기 때문에 간단명료한 것이 특징이었습니다.

3-8절, "예수께서 비유로 여러 가지를 저희에게 말씀하여 가라사대 씨를 뿌리는 자가 뿌리러 나가서 뿌릴쌔 더러는 길가에 떨어지매 새들이 와서 먹어버렸고 더러는 흙이 얇은 돌밭에 떨어지매 흙이 깊지 아니하므로 곧 싹이 나오나 해가 돋은 후에 타져서 뿌리가 없으므로 말랐고 더러는 가시

떨기 위에 떨어지매 가시가 자라서 기운을 막았고 더러는 좋은 땅에 떨어지매 혹 백 배, 혹 육십 배, 혹 삼십 배의 결실을 하였느니라"

여기서 중요한 것은 이 비유가 씨 뿌리는 비유냐 밭의 비유냐 하는 것입니다. 우리가 보기에는 씨 뿌리는 비유가 아니고 밭의 비유인 것 같습니다. 왜냐하면 이 비유에는 씨나 씨 뿌리는 자에 대한 설명은 나오지 않고 밭에 대한 말씀만 주로 나오기 때문입니다. 그래서 어떻게 보면 이 비유는 밭의 비유인 것 같습니다. 즉 씨나 씨를 뿌리는 사람은 동일하지만 그 씨가 떨어지는 밭의 상태에 따라서 열매 맺는 것이 엄청나게 달라진다는 것입니다. 그럼에도 이 비유는 씨의 비유이고 씨 뿌리는 자의 비유입니다. 그 이유는 다음과 같습니다.

우선 첫째로 예수님께서는 이 비유를 통해서 그들이 바라는 천국이 어떻게 이 땅에 이루어지는지 보여 주고자 하셨습니다. 많은 사람들이 기대하는 하나님의 나라는 정치적인 나라였습니다. 그래서 과거 다윗 때나 솔로몬 때처럼 이스라엘 왕국이 회복되고 이스라엘 백성이 칼과 창으로 다른 나라들을 정복해서 불의를 심판하는 것으로 생각하고 있었습니다. 그러나 예수님께서는 이 하나님의 나라가 철저하게 하나님의 말씀으로 이루어지는 나라인 것을 말씀하고 있습니다. 예수님의 하나님 나라는 눈에 보이지 않는 나라입니다. 오직 예수님의 말씀을 듣고 믿는 자는 그 마음에 하나님의 나라가 임합니다. 마치 요즘 많은 사람들이 관심을 가지고 있는 사이버 세계와 같습니다. 요즘 우리나라의 젊은이들은 신문을 거의 보지 않는 것 같습니다. 왜냐하면 스마트폰에 중요한 기사가 다 뜨기 때문입니다. 그 대신에 트위터를 통해서 많은 사람들과 자신의 생각을 나누고 있습니다. 그런데 그것이 선거에도 영향을 미치고, 사람들의 인기에도 큰 영향을 미치고 있습니다. 빌 게이츠나 스티브 잡스 같은 사람은 눈에 보이지 않는 이 인터넷 세계의 가능성을 알아서 프로그램을 개발하고 스마트폰을 개발해서 사람들의 눈과 귀를 사로잡는 데 성공했습니다.

마찬가지로 예수님이 전하시는 하나님의 나라는 군인도 없고 국경도 없습니다. 누구든지 예수님의 말씀을 듣고 믿기만 하면 하나님과 그 사람의 관계가 열리게 되어서 하나님의 말씀을 듣게 되고 하나님이 주시는 힘으로 살게 되는 것입니다. 그리고 이 세상의 악을 심판하는 것도 과거처럼 악한 자들을 칼로 죽이고 쫓아내는 것이 아니라 하나님의 말씀을 전함으로써 악한 자의 세력이 물러가게 되는 것입니다. 왜냐하면 사람들이 하나님의 말씀을 들으면 변화가 일어나기 때문입니다.

둘째는 왜 이 씨를 밭에만 뿌리지 않고 길가나 돌짝밭이나 가시덤불 같은 곳에 뿌리느냐 하는 것입니다. 이것은 농사를 짓는 것과는 상당히 다른 모습입니다. 농사를 짓는 사람들은 절대로 씨를 낭비하지 않습니다. 특히 한국의 농부들은 절대로 씨를 낭비하지 않습니다. 농부들은 무 씨를 뿌릴 때에 흙을 잘 고른 후에 병 같은 것으로 구멍을 만들어서 거기에 씨를 넣고 흙으로 덮습니다. 또 볍씨를 뿌릴 때에는 미리 모판을 만들고 거기에 씨를 뿌려서 싹이 자란 뒤에 논에 옮겨 심습니다. 그런데 어떻게 하나님 나라의 씨 뿌리는 자들은 씨를 아무 데나 뿌릴까요? 길가에도 뿌리고, 돌짝밭에도 뿌리고, 심지어는 가시덤불 같은 곳에도 뿌리는 것일까요? 그것에 대하여 어떤 학자는 말하기를, 당시에는 씨를 넣은 자루를 짐승이 돌아다니면서 뿌렸기 때문에 씨가 여러 곳에 뿌려질 수밖에 없었다고 말합니다. 그럼에도 씨가 상당히 낭비되는 것은 사실입니다.

여기서 우리는 아무리 농사짓는 밭이라 하더라도 여러 조건이 있다는 것을 이해해야 할 것입니다. 즉 토양이 좋지 못해서 돌이 많은 밭이 있는가 하면, 가시덤불이 잘 자라는 밭도 있는 것입니다. 또 오랫동안 밭을 갈지 않아서 길가처럼 단단하게 된 밭도 있었을 것입니다. 중요한 것은 씨를 뿌리는 사람은 밭의 외관을 보지 않고 공평하게 씨를 뿌렸다는 것입니다. 싹이 잘 자랄 것처럼 보이는 밭만 골라서 씨를 뿌린 것이 아니라 좋지 않아 보이는 땅에도 똑같이 씨를 뿌렸습니다. 이것이 얼마나 감사한 일인지 모릅니다. 왜냐하면 겉으로 보기에는 불량하게 보여도 마음속에는 하나님의 은혜에 가난한 사람들이 많이 있기 때문입니다. 아무리 길가와 같은 마음이라 할지라도 어려운 일이 생기면 금방 마음이 가난해져서 말씀을 들으면 눈물을 흘리는 사람들이 생각보다 많이 있습니다. 그래서 우리는 이 사람은 돈이 많기 때문에 쉽게 믿지 않을 것 같고, 이 사람은 공부를 많이 했기 때문에 마음이 길가와 같이 뺀질뺀질할 것이라고 선입견을 가지고 판단해서는 안 됩니다.

셋째로, 역시 이 비유의 가장 중요한 핵심은 동일한 하나님의 말씀이 떨어진다 하더라도 그 말씀을 받아들이는 자의 자세에 따라서 그 결과가 엄청나게 달라진다는 것입니다. 어떤 사람은 말씀을 듣고서도 마음속으로 받아들이지 않습니다. 그러면 말씀을 듣기는 들었는데 그 말씀이 그 사람 속에 전혀 변화를 일으키지 못하는 것입니다. 그리고 어떤 사람은 말씀을 듣기는 하지만 물을 주지 않습니다. 어떤 사람은 말씀을 듣고서도 잡초를 없애지 않습니다. 그래서 결국 그 말씀이 그 사람 속에서 변화를 일으키는 데 실패하는 것입니다. 그러나 어떤 사람은 말씀을 듣고서 그 말씀에 헌신합니다. 그 말씀에 방해될 만한 것들을 다 제거해 버리고, 또 말씀에 계속 물을 주어서 자라게 합니다. 그래서 30배, 60배, 100배의 결실을 맺는 것입니다. 그래서 말씀을 전하는 자의 자세도 중요하지만 그 말씀을 받아들이는 자의 자세에 따라서 축복의 양이 결정됩니다. 그러므로 우리는 하나님의 말씀 앞에 가난한 마음이 되어야 합니다. 그리고 하나님의 말씀을 들을 때에 나의 모든 선입견과 고집을 다 버리고 그 말씀만 붙들어야 그에게서 하나님의 능력이 나타나고 큰 부흥이 일어납니다.

2. 말씀을 들을 수 없는 사람들

예수님께서는 비유로 설교하시는 이유를 설명하셨습니다. 그것은 말씀을 듣는 자들 중에는 이 말씀을 깨달아서는 안 되는 자들이 있기 때문이라는 것입니다.

9절, "귀 있는 자는 들으라 하시니라"

예수님은 비유로 설교하신 후에 "귀가 있는 자는 들으라"라고 하셨습니다. 이것은 아무리 귀가 있어도 말의 뜻을 알아듣지 못하는 사람들이 있다는 것입니다. 예수님께서는 말씀을 듣는 사람들 중에 어떤 사람들은 이 말씀의 의미를 알아듣지 못하기를 원하셨습니다. 즉 씨를 뿌리는 자는 가능한 한 골고루 편견 없이 뿌리는데 아예 씨를 뿌리기를 싫어하시는 곳이 있었다는 것입니다. 그런 곳은 길가보다 더 못한 마음인 것입니다.

10-12절, "제자들이 예수께 나아와 가로되 어찌하여 저희에게 비유로 말씀하시나이까 대답하여 가라사대 천국의 비밀을 아는 것이 너희에게는 허락되었으나 저희에게는 아니되었나니 무릇 있는 자는 받아 넉넉하게 되되 무릇 없는 자는 그 있는 것도 빼앗기리라"

여기서 '천국의 비밀을 아는 것이 허락되지 아니한 사람들'은 누구를 말하는 것일까요? 그 사람들은 스스로 하나님을 잘 믿는다고 하면서 하나님 나라를 공격하기 위하여 예수님의 말씀을 듣는 사람들입니다. 그래서 이런 사람들은 기독교에 대하여 무식할수록 좋습니다. 왜냐하면 조금이라도 성경을 아는 사람은 그들이 떠들어 대도 그 말이 엉터리라는 것을 알기 때문입니다. 요즘 이단들 중에는 아주 엉터리 같은 이단들이 있습니다. 그들은 자기들이 하나님이라고 주장하면서 자기가 주는 물을 마시면 모든 병이 낫는다고 선전하는데 얼마 못 가 엉터리인 것이 드러납니다. 그런데 정말로 심각한 것이 그들도 성경 공부를 한다는 것입니다. 그들은 아주 그럴듯하고 깊이 있게 성경 공부를 하기 때문에 그 이단이 뭐가 잘못되었는지 알지 못해서 많은 사람들이 미혹당하고, 심지어는 목회자들까지도 추종합니다. 그래서 그런 나쁜 사람들은 바른 진리를 모르도록 무식하게 만들 필요가 있습니다.

예수님께서는 이미 유대교를 바른 진리에서 떠난 이단이라고 보셨습니다. 그래서 그들은 더 이상 바른 진리를 알아야 할 이유가 없다고 보셨고, 그들이 진리를 모르도록 은폐시키셨습니다. 이런 마음은 길가와 같은 마음도 아니고 갈아엎을 수가 없는 바위 같은 마음인 것입니다.

예수님은 진리에 있어서 모든 사람이 다 같지 않다고 말씀하셨습니다.

'무릇 있는 자는 받아 넉넉하게 되되 무릇 없는 자는 그 있는 것도 빼앗기리라.'

하나님의 나라는 공평하지 않습니다. 이것을 요즘 신문에서는 "마태복음 효과"라고 하는데 이것은 잘못 해석하고 있는 것입니다. 마태가 이 말을 한 것은 믿음에 대해서 이야기한 것이지 돈에 대해서 이야기한 것이 아닌 것입니다. 즉 믿음이 있고 하나님의 말씀을 사모하는 자는 그만큼 더 믿음이 커지게 되어 있습니다. 그러나 누구든지 과거에 잘 믿은 것만 자랑하고 지금 하나님의 말씀에 교만한 사람은 믿음이 점점 없어집니다. 그래서 나중에는 있던 믿음마저도 없어져서 완전히 믿음이 없는 사람이 되고 마는 것입니다. 그래서 하나님 나라의 사람들은 과거에 잘 믿은 것은 아무 소용이 없습니다. 중요한 것은 지금 내가 하나님 앞에서 어떤 태도를 가지고 있느냐 하는 것입니다. 우리가 지금 믿음을 가지고 있지 않으면 과거에 좋던 믿음도 다 빼앗기고 다른 사람들이 하나님 나라의 축복을 다 차지할 것입니다.

예수님께서는 어떤 사람들에 대하여 눈으로 보기는 보아도 보지 못하고, 듣기는 들어도 깨닫지 못할 것이라고 말씀하셨습니다.

13절, "그러므로 내가 저희에게 비유로 말하기는 저희가 보아도 보지 못하며 들어도 듣지 못하며 깨닫지 못함이니라"

사실 우리가 무엇을 본다고 해도 딴생각을 하고 있으면 그것이 전혀 눈에 들어오지 않을 것입니다. 그리고 강의를 들을 때에도 딴생각을 하면서 들으면 전혀 귀에 들어오지 않습니다. 그런데 사실 하나님의 진리는 하나님께서 깨닫게 해 주셔야지 우리 힘으로는 절대로 깨달을 수가 없습니다.

15절, "이 백성들의 마음이 완악하여져서 그 귀는 듣기에 둔하고 눈은 감았으니 이는 눈으로 보고 귀로 듣고 마음으로 깨달아 돌이켜 내게 고침을 받을까 두려워함이라 하였느니라"

하나님께서는 어떤 사람들이 바른 진리로 돌아올까 봐 두렵다고 말씀하십니다. 하나님께서는 이스라엘 백성에게 너무 질리셔서 그들이 회개하고 돌아올까 봐 두렵다는 식으로 말씀을 하십니다. 결국 이것이 무슨 뜻입니까? 하나님께서 깨닫게 해 주시지 않으면 어느 누구도 하나님의 진리를 깨달을 수 없다는 것입니다. 예수님 당시의 사람들은 선지자의 설교를 듣고 있는 것이 아닙니다. 하나님의 아들의 설교를 듣고 있는 것입니다. 이것은 '저자 직강' 이상입니다. 옛날에는 학원에서 저자가 직접 강의를 하는 과목은 수강료가 더 비쌌고 학생들도 무척 많았습니다. 사실 다른 강사들과 별 차이가 없었지만 그래도 학생들은 가능한 한 저자의 강의를 듣고 싶어 했습니다. 그런데 예수님은 하나님의 아들이시며, 이 세상의 어떤 설교자나 어떤 선지자도 예수님보다 더 설교를 잘할 수 없고, 예수님보다 더 은혜를 끼칠 수는 없습니다. 그러나 예수님의 말씀을 듣고서도 은혜를 받지 못하는 자들이 있었던 것입니다. 그 사람들의 마음은 도대체 무엇으로 만들어졌기에 하나님의 아들의 설교를 듣고서도 은혜를 받지 못합니까?

16-17절, "그러나 너희 눈은 봄으로, 너희 귀는 들음으로 복이 있도다 내가 진실로 너희에게 이르노니 많은 선지자와 의인이 너희 보는 것들을 보고자 하여도 보지 못하였고 너희 듣는 것들을 듣고자 하여도 듣지 못하였느니라"

어떻게 해서 예수님의 설교를 듣고서도 은혜를 받지 못합니까? 그들은 이미 거짓된 것으로 배불러 있기 때문입니다. 아무리 맛있는 것을 많이 차려 놓아도 배부른 사람에게는 맛있는 요리가 아무 소용이 없습니다. 마찬가지로 하나님의 진리에 늘 주려 있다는 것이 얼마나 복된지 모릅니다. 그러나 거짓된 것을 먹으면 그때부터 헛배가 불러서 아무리 좋은 말씀을 들어도 은혜가 되지 않는 것입니다.

3. 많은 열매를 맺는 신앙

예수님께서는 씨 뿌리는 비유를 친히 해석해 주셨습니다. 우선 중요한 것이 씨는 하나님의 말씀이라는 것입니다.

18-19절, "그런즉 씨 뿌리는 비유를 들으라 아무나 천국 말씀을 듣고 깨닫지 못할 때는 악한 자가 와서 그 마음에 뿌리운 것을 빼앗나니 이는 곧 길가에 뿌리운 자요"

씨는 천국 말씀입니다. 하나님 나라는 하나님의 말씀을 들음으로 임합니다. 그래서 하나님의 말씀을 듣는다는 것은 단순히 좋은 설교를 듣는 것을 의미하지 않습니다. 이것은 하나님 나라의 능력이 우리 마음에 임하는 것입니다. 하나님께서 우리와 함께 계시는 것을 어떻게 체험할 수 있습니까? 그것은 하나님의 말씀이 우리 귀에 들리는 것입니다. 우리가 하나님과 바른 관계에 있다는 것을 이것보다 더 분명하게 확인할 수 있는 것은 없을 것입니다. 우리가 하나님과 관계가 끊어지면 가장 먼저 하나님의 말씀을 들을 수 없게 됩니다.

사도 바울은 복음을 전하면서 절망하기도 했고 낙심하기도 했습니다. 그러나 바울이 그 모든 어려움을 이길 수 있었던 것은 그의 귀에 하나님의 말씀이 계속 들렸기 때문입니다. 어떤 때에는 주님의 음성이 직접적으로 그의 귀에 들리기도 했습니다.

우리에게 하나님의 말씀이 생생하게 들리는 것은 주님이 바로 내 옆에서 계신 것이며 나의 손을 붙들고 계신 것입니다. 주님이 나와 함께하시면 어떤 어려움도 이길 수 있습니다. 그리고 우리는 바로 이 주님의 말씀을 있는 그대로 전해야 다른 영혼들이 살 수 있습니다. 왜냐하면 이 말씀 안에 생명이 있고, 이 말씀 안에 능력이 있기 때문입니다.

예수님께서는 먼저 길가에 떨어진 씨를 해석하셨습니다. 이 사람은 천국 말씀을 듣고 깨닫지 못하기 때문에 악한 자가 그 말씀을 빼앗아 가는 것입니다. 사실 길가와 같은 마음은 너무 단단하기 때문에 씨가 땅속으로 파고들어 가지 못합니다. 옛날에는 밭이었지만 오랫동안 경작을 하지 않아 사람들이나 말이 밟고 다니는 바람에 길처럼 단단해졌기 때문입니다. 이런 마음에는 주님의 말씀이 파고들어 가지 못합니다. 이런 사람들은 어떻게 해서 하나님의 말씀에 대하여 조금도 마음을 열지 못할까요? 이들은 자기 자신에 대하여 자부심이 너무 강해서 하나님이 필요 없다고 생각하는 것입니다.

세상적으로 유명한 학자나 정치가들 중에 이생에 대한 자신감이 넘친 나머지 전혀 하나님이 필요하지 않다고 생각하는 사람들이 있습니다. 이런 사람들은 하나님의 말씀을 들어도 도대체 무슨 소리를 하는지 이해하지 못하고 하나님의 말씀을 들으면서 우는 사람들을 이해하지 못합니다. '저 사람들은 도대체 뭐가 저렇게 슬퍼서 설교를 들으면서 우는가?' 하고 생각합니다. 그런데 언젠가는 자기 자신도 그렇게 눈물을 흘릴 때가 있습니다.

우리는 가끔 텔레비전을 통해 이산가족이 만나 서로 부둥켜 안고 우는 것을 봅니다. 그런데 이산가족이 되어 보지 않은 사람들 중에는 그렇게 우는 것을 이상하게 생각하는 사람이 있을 수도 있습니다. 그러나 본인들은 몇십 년 동안 떨어졌던 가족을 만난다는 생각에 며칠 전부터 잠을 이루지 못합니다. 우리가 하나님의 말씀을 듣는 것은 이산가족을 만나는 것과 같습니다. 하나님 없이 정신적인 고아로 살아오다가 하나님의 말씀을 들음으로 그 안에 내 아버지가 계시고, 내 어머니가 계신 것을 알게 됩니다. 그리고 하나님의 말씀을 들을 때 쏟아 부어지기 시작하는데 그 말씀이 전부 나에게 하시는 말씀 같습니다. 그때 자기도 모르게 눈물이 나오고, 자기도 모르게 큰 은혜가 임하게 됩니다. 그런데 아무리 말씀을 들어도 전혀 감동이 없고 깨달음이 없는 사람은 아직 마음이 준비되지 않아서 그런 것입니다.

어린아이들은 아무리 귀한 것을 받아도 그것이 귀한 줄 모르기 때문에 부모가 다 빼앗아 가 버립니다. 돌이 된 아이에게 10만 원짜리 수표를 주어도 어른들이 다 빼앗아 가고 그 아이에게는 사탕 하나만 남게 되는 것입니다. 아직 말씀을 들어도 전혀 말씀의 가치를 모르는 사람들이 있습니다. 그런 사람들의 마음은 준비되지 않은 것입니다. 이런 길가와 같은 마음을 갈아엎으려면 단순히 잡초를 뽑거나 돌을 주워 내는 것으로는 안 되고 쟁기를 가지고 와서 완전히 뒤집어엎어야 합니다. 대개 이런 사람들은 고난이 닥치면 마음이 가난하게 되어 하나님의 말씀을 받아들이게 됩니다.

두 번째와 세 번째는 돌밭과 가시덤불에 떨어진 씨입니다.

20-22절, "돌밭에 뿌리웠다는 것은 말씀을 듣고 즉시 기쁨으로 받되 그 속에 뿌리가 없어 잠시 견디다가 말씀을 인하여 환난이나 핍박이 일어나는 때에는 곧 넘어지는 자요 가시떨기에 뿌리웠다는 것은 말씀을 들으나 세상의 염려와 재리의 유혹에 말씀이 막혀 결실치 못하는 자요"

예수님께서는 우리가 하나님의 말씀을 들으면 이 말씀이 우리의 모든 것이 되기를 바라십니다. 이 말씀이 우리의 현재요, 우리의 미래요, 우리의 모든 것이 되기를 바라십니다. 그렇게 하려면 그 말씀에 모든 것을 헌신하고 다른 것은 다 버려야 합니다.

예를 들어 어떤 사람에게 좋은 직장이 생겼다면 지금까지 하던 아르바이트나 모든 활동은 포기해야 합니다. 그래야 직장 생활을 잘 할 수 있을 것입니다. 또 어떤 처녀가 아주 좋은 남자로부터 청혼을 받았다면 그는 다른 사람과의 교제나 선보는 것을 포기해야 할 것입니다. 그리고 혹시 이 새로운 관계에 방해가 될 만한 것은 제거해 나가야 하고, 또 열정을 기울여서 점점 관계가 좋아지도록 해야 할 것입니다. 이렇게 하는 것이 헌신하는 것입니다. 정말 좋은 것을 가지기 위해서는 반드시 대가를 지불해야 합니다. 아무런 대가도 지불하지 않고 마치 구경하듯이 진리를 보면 진리로 인하여 어려움이 오거나 손해가 생길 때에는 이것을 포기하게 되는 것입니다.

돌짝밭에 뿌려진 씨는 뿌리를 내리지 못합니다. 물론 뿌리가 전혀 없지는 않겠지만 뿌리가 깊지가 않습니다. 그래서 진리로 인하여 반대가 오고 핍박이 오면 넘어져 버립니다. 즉 이 사람은 신앙으로 인하여 손해를 보고 욕을 먹는 것을 좋아하지 않습니다. 또 가시덤불 같은 마음은 씨를 받았는데도 다른 가시들을 정리하지 않습니다. 말씀에 방해가 되고 걸림돌이 되는 것은 다 제거하고 뽑아 버려야 열매를 맺을 수 있는데 아무것도 제거하지 않습니다. 모든 것을 그대로 두고 있으니까 생각이 복잡하고 많은 관계에 얽히고설켜서 결국 말씀대로 살지 못하는 것입니다.

하나님 나라의 백성이 되려면 말씀이 그의 모든 것이 되어야 합니다. 말씀에 방해가 되는 잡초나 다른 뿌리들은 다 뽑아 버리고 오직 하나님의 말씀에만 헌신해야 합니다. 그러면 어떻게 됩니까? 그에게 더 귀한 말씀이 주어지고 귀한 성령의 역사가 나타나는 것입니다. 그리고 그가 기도한 것이 응답되며 설사 그가 죄를 지은 것도 하나님께서 용서해 주시고 치료해 주십니다.

23절, “좋은 땅에 뿌리웠다는 것은 말씀을 듣고 깨닫는 자니 결실하여 혹

백 배, 혹 육십 배, 혹 삼십 배가 되느니라 하시더라"

우리가 하나님의 말씀에 헌신하면 천국의 축복과 능력이 부어집니다. 이것은 마치 중동 지방에서 석유가 터지면서 모든 상황이 바뀌는 것과 같습니다. 우리나라는 전 세계에서 성령의 역사가 가장 강력하게 나타나는 곳입니다. 우리는 이 복을 가지고 세상을 살려야 합니다. 그래서 다른 사람들이 도대체 하나님의 말씀이 무엇이기에 그 말씀을 위하여 그렇게 많은 것을 버리느냐고 물을 때 우리는 이 말씀이 우리의 모든 것이라고 대답할 수 있어야 합니다. 그렇게 할 때 성령의 능력이 열매로 나타나는 것입니다. 우리에게 주신 말씀은 하나님의 초청장이요, 하나님의 약속 어음입니다. 이 말씀을 믿고 죽도록 헌신하는 자에게 하나님은 모든 좋은 것을 다 주시는 것입니다.

성경 토의

1. 예수님의 가르침과 플라톤이나 소크라테스 같은 철학자들의 가르침의 차이는 무엇인가?

2. 왜 어떤 사람은 아무리 하나님의 말씀을 들어도 믿음이 생기지 않으며, 인류 중에 그 많은 사람들이 아직 기독교 진리의 가치를 모르고 있는가?

3. 어떻게 하면 돌밭 같은 마음이나 길가나 가시덤불 같은 마음이 좋은 밭이 될 수 있는가? 그리고 우리가 좋은 밭이 되려면 어떻게 해야 하는가?

58_가라지 비유

마태복음 13:24-30, 34-43

전체적 설명

예수님의 씨 뿌리는 비유와 가라지 비유는 마치 이란성 쌍둥이처럼 천국의 다른 측면을 보여 준다. 즉 예수님의 씨 뿌리는 비유는 하나님의 말씀은 동일하지만 사람들이 복음을 받아들이는 자세가 달라서 결과가 달라지는 것을 보여 준다면, 가라지 비유는 아예 하나님의 말씀 자체가 달라서 다른 결과가 나타나는 것을 보여 준다. 사실 하나님의 나라에서 심각한 것은 순수하지 못하고 희석된 복음을 많이 가르치는 바람에 겉으로는 교회가 성장되는 것 같고 많은 신자가 생기는 것 같지만 쭉정이가 생길 수 있다는 것이다.

설교 프리노트

24절, "천국은 좋은 씨를 제 밭에 뿌린 사람과 같으니"
천국은 하나님께서 순수한 하나님의 말씀으로 자기 백성들의 마음속에 믿음이 생기게 하셔서 하나님의 능력과 축복이 나타나는 것이다.

25절, "그 원수가 와서 곡식 가운데 가라지를 덧뿌리고 갔더니"

우리나라에서는 벼를 심고 난 후에 벼와 함께 '피' 라고 하는 벼와 비슷한 풀이 자란다. 그런데 팔레스타인에서는 '가라지' 라는 것이 자라는데 어떤 사람은 이것을 '독보리' 라고 해서 먹으면 배가 아프고 배탈이 나는 것이라고 말하기도 한다. 이런 가라지는 가짜이기 때문에 먹을 수도 없거니와 번식력이 강해서 곡식이 자라는 데 필요한 영양분을 다 빼앗아 가서 농사를 망치게 한다. 그런데 이 가라지를 뿌린 자는 '원수' 이다. 여기서 원수는 사탄을 말한다. 그런데 왜 사탄은 하나님의 밭에 가짜를 뿌리는가? 그것은 사탄이 하나님 나라의 부흥을 시기해서 가짜로 사람들을 속이려고 하는 것이다.

27절, **"가라지가 어디서 생겼나이까"**

종들은 분명히 좋은 씨를 뿌렸는데도 밭에 가라지가 자라자 주인에게 와서 도대체 가라지가 어디서 생겨났는지를 물었다. 그들은 아무도 모르는 사이에 사탄이 뿌린 것을 깨닫지 못했던 것이다. 예수님은 이 비유를 통하여 하나님의 밭에 알곡과 쭉정이, 즉 가라지가 함께 자랄 수 있다는 것을 보여 주셨다.

28절, **"우리가 가서 이것을 뽑기를 원하시나이까"**

이것은 종들로서는 당연한 반응이다. 왜냐하면 거룩한 하나님의 밭에 가짜 곡식이 자라고 있으니까 보기도 싫을 뿐 아니라 하나님의 이미지도 나쁘게 할 수 있었기 때문이다.

29절, **"가만 두어라 가라지를 뽑다가 곡식까지 뽑을까 염려하노라"**

주인의 의외의 반응이다. 우리 같으면 원수가 밤에 가짜 씨를 뿌렸으면 당연히 뽑으라고 할 것 같은데 예수님은 그냥 두라고 하셨다. 그 이유는 곡식이 어렸을 때는 가라지와 잘 구별이 안 되기 때문이다. 즉 처음에는 믿음이 없는 사람 같은데 나중에 은혜를 받아서 알곡으로 자라는 경우가 많기 때문이다. 그래서 알곡과 가라지는 상당한 시간을 함께 있을 수밖에 없다. 그러면서 곡식은 오히려 더 뿌리가 강해질 수 있고, 또 거짓에 속지 않기 위해서 많은 노력을 하게 될 것이다.

30절, **"추수 때에 내가 추수꾼들에게 말하기를"**

그러나 곡식과 가라지의 운명은 최후의 순간에 달라진다. 즉 진정으로 곡식이 되지 못한 자는 먼저 거두어 불사르기 위해서 단으로 묶고, 곡식은 하나님의 창고에 들어간다. 그래서 그동안 세상적으로 인정받고 유명세를 누렸던 가라지는 모두 엉터리였던 것이 드러나게 된다.

36절, "밭의 가라지의 비유를 우리에게 설명하여 주소서"

제자들이 가라지 비유의 뜻을 예수님께 묻는 바람에 우리는 가라지 비유의 뜻을 정확하게 알 수 있게 되었다. 예수님은 좋은 씨를 뿌리는 자는 예수님 자신이고, 밭은 세상이고, 가라지는 악한 자의 아들이요, 가라지를 심은 원수는 마귀라고 말씀하셨다. 그리고 예수님은 세상 끝 날에 천사를 보내어 이 불법을 행하는 자들을 거두어 지옥불에 던져 넣을 것이라고 하셨다.

본문 이해를 위한 질문

1. 처음에 하나님이 우리에게 주신 씨는 어떤 것이었는가?

하나님이 우리에게 주신 말씀은 전부 순수하고 완전한 좋은 씨로, 여기서는 가라지가 생길 수 없다.

2. 어떻게 해서 주인의 밭에 가라지가 생겼는가?

아무도 모를 때 원수 마귀가 와서 가짜 말씀을 뿌렸기 때문이다. 원수는 하나님의 나라가 이 세상에서 번창하는 것을 시기하고 질투한다.

3. 주인은 왜 가라지를 뽑지 못하게 하셨는가?

주인은 혹시 가라지를 뽑으려고 하다가 아직 준비되지 못한 곡식을 뽑을까 염려가 되기도 하고, 또 하나님의 농사가 자신이 있었기 때문이다.

성경 강해

전에 미국의 대표적인 자동차 회사인 지엠 자동차 회장이 기자와 인터뷰를 한 적이 있습니다. 그때 기자가 언제부터 지엠 자동차가 기울기 시작했냐고 물었는데 그 회장은 조금도 주저하지 않고 원가 절감을 하면서부터라고 대답했습니다. 즉 그는 지엠 자동차가 성공했다는 자만심으로 조금씩 싼 부품을 쓰기 시작했다는 것입니다. 시트커버도 조금 싼 것을 사용하고, 다른 부품들도 소비자가 거의 느끼지 못할 정도로 싼 것을 쓰기 시작했는데 결국 소비자가 등을 돌리는 바람에 무너지게 되었다는 것입니다. 일본의 자동차 도요타도 똑같은 오류를 거듭했는데, 성공했다는 자만심 때문에 원가 절감을 위해서 "이미 짠 빨래도 다시 짜서 쓴다"라는 표어대로 지나치게 원가 절감을 하다가 결국 결함이 생기는 바람에 전 세계적으로 천만 대의 자동차를 리콜하고 도요타의 명성에 치명적인 흠을 남겼습니다.

이 세상에는 무엇이든지 최고의 품질을 지향하는 사람들이 있는가 하면, 자기들은 최고라는 교만한 마음으로 조금씩 품질이 싼 것을 만들어 내는 사람들이 있습니다. 거기에 비해서 어떤 사람들은 완전히 가짜는 아니지만 질이 떨어지는 것을 파는 경우가 있습니다. 그런데 결국에는 최고의 품질만 살아남고 질이 떨어지는 것이나 가짜는 들통이 나서 외면을 당하다가 없어지는 것입니다.

예수님은 이 세상에 하나님의 나라를 가져오셨습니다. 원래 하나님의 나라는 사람이 죽어야 갈 수 있는 곳이고, 사실 죽어도 대다수의 사람들은 갈 수 없는 금지된 나라입니다. 그런데 예수님은 하나님의 아들의 자격으로 이 세상에 하나님의 나라를 가져오셨습니다. 이것은 우리가 이 세상에서 하나님 나라의 능력을 받을 수 있는 것을 의미합니다. 그런데 예수님은 이 하나님의 나라도 가짜가 있고, 질이 떨어지는 하나님의 나라가 있다고 말씀하셨습니다. 예수님께서는 씨 뿌리는 비유를 통해서 하나님 나라가 순수한 하나님의 말씀을 듣고 믿는 것을 통해서 이루어진다고 말씀하셨습니다. 그런데 사람에 따라서 얼마든지 질이 떨어지는 말씀을 전할 수도 있고, 심지어는 가짜 복음을 전해서 사람들이 엉터리를 믿는 경우도 있는 것입니다. 그래서 만일 우리가 이 가짜 말씀을 구별하지 않는다면 우리는 가라지 신앙인이 되고 말 것입니다.

그러면 우리가 이해할 수 없는 것이 왜 이 세상에 가짜가 있을까 하는 것입니다. 그 이유는 간단합니다. 우선 사람들이 진짜를 가지려고 하면 비싼 돈을 주어야 하고 많은 대가를 지불해야 합니다. 그런데 사람들이 비싼 돈을 내지 않으면서 진짜 같은 기분을 내려고 하니까 가짜가 등장하는 것입니다. 특히 진리에 가짜가 생기는 것은 우리가 성경대로 믿는 것이 어렵기 때문이기도 하지만 그것은 마귀의 시기심 때문입니다. 우리가 하나님의 말씀을 듣고 믿는다는 것은 인간으로서 할 수 있는 가장 위대한 일입니다. 그런데 마귀는 우리가 그렇게 위대해지는 것이 싫으니까 하나님의 말씀대로 믿지 못하게 방해를 합니다. 즉 마귀는 하나님의 진리에 세상의 것을 섞어서 물을 타든지, 아니면 완전히 가짜 신앙을 믿게 하는 것입니다.

예수님께서는 제자들에게 가라지 비유를 말씀하셨습니다. 어떤 사람이 밭에 좋은 씨를 뿌렸습니다. 그는 자기 밭에 최고로 좋은 품종의 씨를 뿌린 것입니다. 그런데 사람들이 모두 자고 있는 동안 원수가 와서 그 밭에 가라지를 뿌리고 도망갔습니다. 여기서 '가라지'는 팔레스타인에서는 '독보리'라고 부르는 것인데 이것은 농사를 망칠 뿐 아니라 이것을 먹으면 배탈이 난다고 합니다. 보통 농사를 지을 때에는 밭이나 논에 저절로 잡초가 자라게 되어 있습니다. 그런데 예수님의 비유에는 누군가가 농사를 망치게 하려고 적극적으로 독보리를 뿌렸다는 것입니다. 그래서 알곡이 자라야 할 밭에 독보리가 함께 섞여서 자라고 있었습니다. 이때 종들이 "가라지를 뽑아 버릴까요?"라고 주인에게 물었는데 주인은 놀랍게도 가라지를 그냥 두라고 했습니다.

우리가 생각하기에는 가라지를 뽑아야 알곡이 제대로 결실을 할 것 같은데 주인은 마치 게으른 농부처럼 가라지를 그냥 두라고 했습니다. 왜냐하면 혹시 가라지를 뽑으려고 하다가 알곡을 뽑을 수가 있기 때문이라는 것입니다. 그런데 주인은 자신이 있었습니다. 아무리 가라지가 많아도 알곡은 자라게 되어 있고, 또 나중에 알곡과 가라지를 혼동하지 않고 추수할 자신이 있었기 때문에 그냥 그대로 두라고 한 것입니다.

예수님이 이 말씀을 하신 것은 예수님의 말씀을 듣는 사람들 중에 왜 이렇게 천국이 빨리 이루어지지 않는가 하고 의심을 하는 사람들이 많이 있었기 때문입니다. 당시 사람들 중에는 예수님께서 말씀을 전하지 말고 바로 예루살렘으로 진격해서 거기서 쭉정이를 심판하시고, 또 로마를 무찌르셔서 이 땅에 하나님의 나라를 세우시지 않는지 의아해하는 사람들이 많이 있었습니다. 아니, 대다수의 사람들은 하나님의 나라가 그런 식으로 임한다고 생각했습니다. 그래서 세례 요한은 너무 답답한 나머지 감옥 안에서 제자들을 보내어 "오실 분이 당신이십니까, 아니면 우리가 다른 이를 기다려야 합니까?"라고 질문을 했던 것입니다.

그러나 예수님의 이 비유에서 천국의 거대한 비밀들이 서서히 드러나기 시작했는데 그것은 아주 오래전부터 하나님의 마음속에 감추어져 있었던 진리입니다. 예수님은 사람들이 생각하는 식으로 천국이 오는 것이 아니라는 것입니다. 예수님은 이 세상에서 말씀으로 천국을 시작하셨습니다. 그리고 예수님은 최후 심판의 순간까지 우리 믿는 자들을 통하여 이 말씀으로 천국을 만들어 가시는 것입니다.

그런데 왜 천국이 이루어지는데 이렇게 오랜 시간이 걸려야 합니까? 그것은 한 사람 한 사람이 변화되는 데 오랜 시간이 걸리기 때문입니다. 그래서 우리는 아무리 이 세상이 도덕적으로 더 좋아지지 않고 사람들의 마음이 더 흉악해지더라도 놀라거나 두려워할 필요가 없습니다. 왜냐하면 온 땅을 덮고 있는 가라지들 사이에서 하나님의 알곡들은 변함없이 자라고 있기 때문입니다.

1. 좋은 씨를 밭에 뿌린 사람

24절, "예수께서 그들 앞에 또 비유를 베풀어 가라사대 천국은 좋은 씨를 제 밭에 뿌린 사람과 같으니"

우리는 보통 천국을 사람이 죽은 후에 가는 영광스럽고 악한 것은 전혀 없는 낙원이라고 생각합니다. 물론 그것은 사실이지만 더 중요한 것은 예수님께서 이 세상에 천국을 가지고 오셨다는 것입니다.

예수님은 '천국은 자기 밭에 좋은 씨를 뿌린 사람' 과 같다고 말씀하셨습니다. 여기서 중요한 것은 하나님의 나라가 결코 물질적인 것이 아니라는 것입니다. 예수님의 천국 비유는 거의 사람이 중심입니다. 예를 들어 씨 뿌리는 사람 비유나 좋은 진주 비유, 그물로 고기를 잡아서 골라내는 사람의 비유 등은 사람이 주인공으로 등장합니다. 그 이유는 예수님의 하나님 나라는 물질적인 나라가 아니기 때문입니다. 즉 하나님의 나라는 어떤 프로그램이나 건물이 아니라 한 사람 한 사람이 변화되어서 만들어지는 나라인 것입니다.

물론 최종적으로는 하나님의 나라가 눈에 보이는 물질적인 나라로 나타날 것입니다. 그러나 그 이전에는 철저하게 하나님과 그를 믿는 성도들 사이의 믿음이라는 신뢰관계로 나타나기 때문에 하나님의 나라는 하나님과 믿는 자로 이루어지는 인격적인 나라라는 것을 기억할 필요가 있습니다.

그런데 이 하나님의 나라가 이루어지는 가장 중요한 수단이나 매개체는 역시 하나님의 말씀인 좋은 씨입니다. 농사를 짓는 사람들은 종자가 좋아야 좋은 결실을 얻을 수 있습니다. 지금도 농업 연구소에서는 열매를 많이 맺고 병충해에도 강한 종자를 개발하기 위해 많은 연구를 하고 있습니다.

하나님의 말씀은 아주 좋은 씨입니다. 그래서 누구든지 순수한 하나님의 말씀을 받을 때 아무리 정신적으로 병들어 있고 육체적으로 곤경에 빠져 있다 하더라도 바로 살아나게 되어 있습니다. 마치 어떤 병에 걸려서 정신을 차리지 못하는 환자가 주사 한 대만 맞으면 갑자기 정신이 번쩍 드는 것처럼 죄에 빠지고 정욕에 빠져서 정신을 차리지 못하는 사람들도 하나님의 말씀을 듣기만 하면 정신이 번쩍 들게 되는 것입니다. 만약 이런 식으로 나간다면 온 세상은 한순간에 폭발적인 부흥의 역사가 일어나서 당장 하나님의 나라로 변하게 될 것입니다. 그런데 하나님의 나라가 부흥이 되는 것을 싫어하는 세력들이 있습니다. 그들은 바로 악한 마귀들입니다.

논이나 밭에 씨를 뿌리고 자주 잡초를 뽑아 주지 않으면 어느새 잡초가 밭이나 논을 다 덮어 버리고 맙니다. 그런데 이 주인의 밭에는 자생적으로 잡초가 생긴 것이 아니고 누군가가 농사를 망치게 할 생각으로 밤에 와서 나쁜 씨를 뿌리고 달아난 것입니다. 여기서 '가라지'는 팔레스타인에서는 '독보리'라고 부르는 것인데 이것은 아주 몸에 좋지 않을 뿐 아니라 보리나 밀에 이런 것이 섞여 있으면 품질을 떨어뜨리는 것입니다. 즉 이 주인의 밭에는 아주 나쁜 종자가 같이 자라고 있었습니다. 이렇게 되면 주인의 밭은 품질이 아주 나빠질 것입니다. 그런데 주인은 굳이 가라지를 뽑을 필요가 없다고 말을 했습니다. 왜냐하면 주인은 자기가 뿌린 씨에 자신이 있었기 때문입니다. 아무리 위에서 가라지들이 많이 자라고 또 퍼져 있지만 그런 가운데서 하나님의 말씀은 틀림없이 결실을 할 것이기 때문입니다.

2. 가라지의 정체

그러면 여기서 원수가 가라지를 뿌렸다고 말씀하시는 것이 구체적으로 무엇을 의미하는 것일까요? 우선 우리는 예수님 당시의 유대인들을 중심으로 생각해 볼 수 있습니다. 예수님께서는 유대인들에게 오셔서 살아 있는 하나님의 말씀을 전하시고, 또 놀라운 기적을 많이 행하셨습니다. 이것은 과거의 선지자들이 전한 말씀보다 더 강력한 말씀이었고 큰 기적들이었습니다. 그러면 정상적으로 하면 온 유대가 예수님의 말씀으로 뒤집어지고 모든 사람이 예수님 앞에 나아와 울면서 회개하는 것이 정상일 것입니다. 그런데 유대인들은 예수님을 불신하고 예수님을 더 싫어하게 된 것입니다. 이것은 우연히 된 것이 아니라 사탄이 유대인들의 마음속에 독보리 같은 악한 사상을 불어넣었기 때문입니다. 즉 예수님 당시에는 유대교가 가라지였던 것입니다. 이 가라지가 결국 유대인들로 하여금 예수님을 믿지 못하게 하고, 나중에는 로마와 전쟁을 해서 모두 죽게 만듭니다.

가룟 유다의 경우도 마찬가지입니다. 가룟 유다도 처음부터 예수님을 배반할 목적으로 예수님을 따른 것은 아니었습니다. 그런데 가룟 유다는 그런대로 끝까지 잘 따라오는 것 같다가 나중에 그 마음속에 사탄이 들어가는 바람에 대제사장에게 가서 돈을 받고 예수님을 배반하기로 약속을 했던 것입니다.

마귀는 예수님을 믿는 사람들은 건드릴 수가 없었습니다. 왜냐하면 아무리 넘어지게 하려고 해도 예수님께서 우리를 위하여 늘 기도하고 계시기 때문에 믿는 사람들을 망하게 할 수 없었던 것입니다. 단지 마귀는 예수님을 믿지 않는 자들의 마음을 자극해서 더 적극적으로 하나님의 복음을 반대하고 훼방하게 하는 것입니다. 그래서 우리가 깨닫게 되는 것은 예수님을 믿지 않는 자들은 참으로 불쌍하다는 것입니다. 왜냐하면 예수 믿지 않는 사람들은 자기 자신이 굉장히 이성적이고 합리적이라고 생각하지만 결국은 사탄이 뿌린 가라지가 되어서 하나님의 아들을 대적하고 진리를 반대하는 자가 되어서 망하고 마는 것입니다. 그래서 평소에는 그런대로 괜찮던 사람도 마귀가 충동질을 하면 이성이 없는 사람처럼 행동하면서 하나님의 진리를 대적하는 것입니다.

그리고 또 다른 관점에서 보면 예수님은 이 비유를 통해서 세상에서 이루어질 것을 보여 주시려는 것입니다. 즉 많은 사람들은 예수님이 오시면 바로 왕위에 앉으셔서 이 세상을 심판하시고 로마나 다른 모든 불의의 세력들을 심판하실 것이라고 기대했습니다. 그러나 예수님은 여전히 천국은 씨를 뿌리는 것이라고 말씀하셨습니다. 즉 예수님은 복음으로 사람들을 천국에 초청하시고 자기 자신이 죽으심으로 천국을 이루셨습니다. 그리고 여전히 복음으로 사람들을 천국에 초청하시는 것입니다. 왜냐하면 만약 예수님이 당장 예루살렘에서 왕이 되셔서 모든 악한 자를 심판하셨다면 구원받을 수 있는 사람이 몇 명 되지 않기 때문입니다. 그래서 예수님께서는 얼마든지 왕이 되실 수 있고 당장 심판하실 수 있었지만 심판을 연기하시고 온 세상 사람들을 복음으로 초청하신 것입니다. 그런데 이것을 보고 마귀는 가짜 복음을 퍼뜨려서 사람들을 속이고 있는 것입니다.

그러면 우리가 가짜를 구별할 수 있는 기준이 무엇일까요? 가장 중요한 것이 성경이 말하지 않은 것을 전하는 것은 가짜라는 것입니다. 예수님께서는 천국의 복음을 오직 성경에 국한하셨습니다. 그래서 사도 바울은 우리나 혹은 하늘의 천사라도 우리가 전한 복음 외에 다른 복음을 전하면 저주를 받을 것이라고 말했습니다. 구원을 받는 것은 자기가 믿고 싶은 것을 믿는다고 해서 되는 것이 아닙니다. 하나님이 우리에게 주신 진리 전체를 믿어야 하는 것입니다. 그래서 진정한 알곡은 성경 한두 구절을 믿고 다 되었다고 생각하는 사람들이 아닙니다. 우리가 진정으로 예수를 믿는다면 하나님이 주신 성경 전체를 연구해서 그 안에 있는 축복을 파내야 하는 것입니다.

여기서 하나님의 놀라운 구원의 경륜이 나타나게 됩니다. 하나님의 그 놀라운 구원 계획 속에 예수님이 이 세상에 두 번 오시게 되어 있는 것입니다. 즉 한 번은 씨를 뿌리기 위하여 오시고, 그 다음은 추수하기 위하여 오시는 것입니다. 그래서 예수님은 처음 오셔서 얼마든지 영혼들을 추수하실 수 있음에도 추수하지 않으셨습니다. 그 대신에 믿는 종들을 통하여 땅끝까지 복음의 씨를 뿌리게 하시는 것입니다. 바로 이것이 천국의 놀라운 축복입니다. 그동안 이 세상은 악과 선이 공존하며, 선한 사람과 악한 사람이 함께 존재하는 상태에 있게 되는 것입니다. 로마도 없어지지 않고 독재국가도 남아 있습니다. 사람들이 보기에 이 세상에 하나님의 나라는 보이지 않고 가라지들의 나라만 있는 것 같고 가라지들이 권력을 잡고 있는 것처럼 보이는 것입니다. 그러나 그런 가라지 밑에서 알곡들은 충실하게 자라고 있습니다. 이 세상 마지막 순간까지 악은 없어지지 않고 공존하게 될 것입니다.

결국 교회는 천국의 씨를 뿌리는 곳입니다. 천국의 주인 되시는 하나님께서는 이 세상에 좋은 씨를 자꾸 뿌리십니다. 그런데 그 좋은 씨가 아무데서나 만들어지는 것이 아니라 교회를 통해서 뿌려집니다. 그래서 교회에서 살아 있는 말씀이 강력하게 선포되면 많은 알곡이 만들어져서 상대적으로 가라지가 적어지게 됩니다.

에스겔서에 보면 에스겔이 환상을 보는 장면이 나오는데 골짜기에 뼈들이 가득합니다. 그때 하나님께서 이 뼈들이 능히 살겠느냐고 물으십니다. 에스겔은 "주 여호와여 주께서 아시나이다"라고 대답합니다. '하나님이 아십니다' 라는 말은 전적으로 하나님께 달려 있고 사람의 힘으로는 불가능하다는 뜻입니다. 그런데 에스겔이 하나님의 명령에 따라서 말씀을 대언하니까 그 골짜기의 뼈들이 서로 연결되고, 근육이 생기고, 힘줄이 생기고, 피부가 덮였습니다. 에스겔이 하나님의 명령에 따라서 한 번 더 하나님의 말씀을 대언하니까 그 죽은 사람들 속에 생기가 들어가서 거대한 군대가 되었습니다. 이것은 영적으로 죽어 있던 수많은 사람들이 말씀과 성령의 능력으로 다시 살아나서 하나님의 백성이 되는 비전을 보여 주는 것입니다. 이것이 바로 부흥입니다. 부흥이라는 것은 한꺼번에 죽었던 많은 사람들이 살아나서 하나님의 백성이 되는 것입니다. 복음이 지속적으로 선포될 때 한 사람 한 사람이 변화되어 새사람이 되다가 나중에는 사람들이 무더기로 예수를 믿게 되는데 이것이 대부흥입니다. 이것이야말로 하나님 나라의 최고의 축복이고 영광이고 능력입니다.

그런데 마귀들은 이런 부흥을 소름끼칠 정도로 싫어합니다. 마귀가 이 세상에서 가장 싫어하는 것이 사람들이 회개하는 것이고, 하나님께로 돌아가는 것입니다. 그래서 사람들을 하나님께로 돌아가지 못하게 하고, 회개하지 못하게 하고, 기도하지 못하게 하기 위해 거짓된 복음을 교회에 집어넣는 것입니다. 만약 교회가 순수한 하나님의 말씀이 아닌 인간적인 교훈을 가르친다면 사람들의 신앙은 가라지 신앙이 되고 말 것입니다. 그래서 교회는 이 성경의 진리 말씀이 거짓된 것으로 오염되지 못하도록 지키는 것입니다. 만약 성경 진리가 오염되어 버리면 온 세상은 가라지 천국으로 변할 것입니다.

3. 가라지를 뽑지 말고 그대로 두어라

종들은 좋은 씨를 뿌렸는데 밭에 가라지가 잔뜩 자라는 것을 보고 실망했습니다. 그래서 종들은 주인에게 두 가지 질문을 합니다. 우선 좋은 씨를 뿌렸는데 어떻게 해서 가라지가 자랐느냐는 것입니다. 즉 씨에 문제가 있는 것이 아니냐는 것입니다. 그리고 둘째는 이 가라지를 어떻게 해야 하겠느냐는 것입니다. 즉 가라지를 뽑아야 하지 않겠느냐는 것입니다.

그것에 대하여 주인은 명쾌하게 대답했습니다. 우선 씨에는 문제가 없다는 것입니다.

27-28절 상, "집 주인의 종들이 와서 말하되 주여 밭에 좋은 씨를 심지 아니하였나이까 그러면 가라지가 어디서 생겼나이까 주인이 가로되 원수가 이렇게 하였구나"

종들은 좋은 씨를 뿌렸는데도 나쁜 결과가 나왔기 때문에 처음에 씨를 의심했습니다. 즉 하나님의 말씀이 문제가 있을 것이라고 의심한 것입니다. 즉 말씀 외에 다른 것이 있어서 큰 부흥의 역사가 일어나지 않는 것이 아니냐라고 물었을 때 주인은 하나님의 말씀은 틀림이 없다고 말씀했습니다. 즉 말씀을 뿌려도 금방 결과가 나타나지 않는 것은 씨가 자라는 데 시간이 필요하기 때문인 것입니다. 그리고 지금 눈에 보이는 가라지는 말씀과 전혀 상관없이 사탄이 뿌린 씨라고 대답했습니다.

우리가 기억해야 할 것은 하나님의 말씀의 방법이 아닌데도 잘되고 성공하는 것은 그것이 알곡이 아니기 때문이라는 것입니다. 그것은 바로 가라지의 부흥인 것입니다. 하나님의 말씀은 틀림이 없습니다. 하나님의 말씀이 뿌려진 곳에는 반드시 싹이 나서 자라게 되어 있고, 때가 되면 반드시 부흥이 일어나게 되어 있습니다. 그런데 항상 부흥이 일어나려고 하는 곳에는 마귀의 공격과 시험이 있기 때문에 주의 종들이 혼동을 할 때가 많은 것입니다. 지금도 마찬가지입니다. 우리가 하나님의 말씀을 붙들고 살아갈 때에 반드시 부흥이 일어나서 우리에게 축복의 역사가 나타납니다. 그런데 우리의 마음은 그것이 믿어지지가 않는 것입니다. 하나님의 말씀을 열심히 들었는데 나에게는 아무런 축복이 오지 않는 것입니다. 그것은 바로 우리가 알곡이기 때문에 그런 것입니다. 잡초나 가라지는 시간이 걸릴 필요가 없습니다. 잡초는 하룻밤만 자고 나면 우후죽순처럼 자라는데 이것은 성공도 아니고, 부흥도 아니고, 사탄의 속임수인 것입니다.

그리고 종들은 가라지를 뽑아야 하지 않겠느냐고 물었습니다. 이것은 참으로 정당한 질문입니다. 왜냐하면 가라지나 잡초가 많이 자라 있으면 알곡이 충실하게 결실할 수 없기 때문입니다. 그래서 농사를 짓는 사람들은 가라지를 뽑는 것을 당연하게 생각합니다. 그런데 놀랍게도 주인은 가라지를 뽑지 말라고 했습니다.

29-30절, "주인이 가로되 가만 두어라 가라지를 뽑다가 곡식까지 뽑을까 염려하노라 둘 다 추수 때까지 함께 자라게 두어라 추수 때에 내가 추수꾼들에게 말하기를 가라지는 먼저 거두어 불사르게 단으로 묶고 곡식은 모아 내 곳간에 넣으라 하리라"

주인은 가라지를 뽑지 말라고 명령했습니다. 그 이유는 가라지처럼 보이는 곡식들이 있기 때문입니다. 아직 변화되지 못하고 아직 제대로 자라지 못해서 그렇지 여건만 조성되면 아름다운 알곡으로 자랄 곡식들이 많이 있는 것입니다.

사도 바울도 예수를 믿기 전에는 교회를 핍박하고 예수 믿는 사람들을 잡아 가두었습니다. 그가 스데반이 순교할 때에 돌을 던지는 쪽에 서 있었던 것을 생각하면 그는 틀림없는 가라지였습니다. 사울은 가라지 중에서도 보통 독보리가 아니라 아주 악질적인 독보리였습니다. 그런데 그가 그리스도인들을 박해하기 위하여 다메섹으로 가던 중 빛을 보고 거꾸러졌을 때 그는 갑자기 알곡의 정체를 드러내기 시작했습니다. 그의 눈에서 독기가 사라지기 시작했고 마음속에서 분노의 불길이 없어졌습니다. 그리고 그리스도 앞에서 한없이 낮아졌습니다. 바울은 독보리처럼 보였지만 실제로는 변화 받지 못한 알곡이었던 것입니다. 그래서 우리는 사람을 현재의 신앙만 보고 판단해서는 안 됩니다. 지금은 비판적이고 회의적이며 진리에 대하여 공격적이지만 아직 때가 되지 않아서 그런 경우가 많은 것입니다. 그 대신 누군가가 그를 위해서 기도해 주는 사람은 알곡이 될 가능성이 많습니다. 어떤 사람은 기독교가 싫어서 도망을 치는데 가는 곳마다 예수 믿는 사람들이 포진하고 있어서 어쩔 수 없이 붙들려서 예수를 믿게 되었다고 합니다. 그 사람도 독보리 같은 알곡이었던 것입니다.

교회에서도 매사에 비판적이고 냉소적이던 분이 어느 순간에 하나님의 말씀에 은혜를 받아서 알곡으로 변하는 경우가 많이 있습니다. 특히 청년들이나 청소년들의 경우에는 여름 수련회에서 은혜를 받아 한순간에 가라지에서 알곡으로 변할 때가 많습니다. 그래서 우리는 사람을 겉모습만 보고 알곡인지 가라지인지 판단해서는 안 되고 끝까지 사랑으로 대해야 합니다. 하나님께서는 단 하나의 알곡이라도 다치지 않도록 가라지를 그냥 두라고 하셨습니다. 하나님께서는 믿을 수 있는 사람들에게는 모두 충분한 시간을 주십니다.

요즘 우리나라에서는 하나님의 말씀이 넘치고 있습니다. TV의 기독교 채널을 틀면 하루 종일 설교를 들을 수 있고, 서점에 가면 설교집이나 간증집들이 넘치고 있습니다. 그럼에도 무엇인가 부족한 것처럼 느껴지는 이유는 설교 말씀에 사람의 욕심이 섞여 있기 때문입니다. 이 세상에서도 욕심이 섞이면 제대로 된 열매를 맺지 못합니다. 하물며 하나님의 일은 너무 어렵고 복잡하기 때문에 인간의 욕심이 들어가면 절대로 좋은 열매가 맺힐 수 없습니다.

옛날에 기독교인들이 많지 않고 교세가 적을 때에는 교회 안에서 큰 명예를 얻는 일이 별로 없었습니다. 그러다가 기독교인이 천만 명을 넘으면서 기독교 안에서 명예 있는 자리가 많아지게 되었고 또 성경이나 찬송가의 판매 이익이 엄청나게 되었습니다. 그래서 많은 일들을 욕심으로 하다보니까 기독교 전체에 가라지가 많이 퍼지게 되었습니다. 그러나 예수님께서는 그대로 두라고 말씀하십니다. 이것이 정말 무서운 것입니다. 예수님은 하나님의 말씀에는 조금도 이상이 없다고 말씀하셨습니다. 이상이 있는 것은 사람들이 욕심 때문에 가라지를 받아들이고 있는 것뿐입니다. 사람들이 가라지를 받아들이면 가라지 열매를 맺을 수밖에 없습니다.

우리는 우리에게 주신 하나님의 말씀을 지켜야 합니다. 왜냐하면 우리가 한눈파는 사이에 원수가 와서 가라지를 뿌리고 갈 수 있기 때문입니다. 우리는 그동안 교회 안에 그럴듯한 사람이 와서 가라지를 뿌리지 못하도록 주야로 지켰습니다. 우리는 하나님의 밭을 알곡의 밭으로 지켜야 하고 오직 말씀과 성령으로만 부흥이 일어나게 해야 합니다. 우리가 다른 것으로 교회를 부흥시키는 것은 마치 여인이 순결을 잃어버린 것과 같습니다. 아내는 남편의 것으로 집을 지켜야지 자신이 밤에 나가서 옳지 못한 방법으로 수입을 올려서 가정을 아무리 부하게 만들어도 그것은 결코 가정을 행복하게 하는 것이 아니라 망치는 것입니다.

우리가 바른 하나님의 말씀을 전하거나 들으면 그 즉시 부흥의 불이 붙게 되어 있습니다. 우리 모든 성도들은 알곡이며 하나님의 보석입니다. 우리의 가치는 이 세상 어떤 것과도 비교할 수 없습니다. 우리는 세상의 가라지 성공에 기가 죽을 이유가 없습니다. 우리 성도들은 어느 누구 앞에서도 당당하시기 바랍니다. 그리고 우리에게 복이 늦게 온다고 해도 의심하지 마시기 바랍니다. 왜냐하면 하나님의 말씀은 틀림없이 부흥과 복을 가져오기 때문입니다. 우리는 이 세상에서 가짜가 섞이지 않은 순수한 천국의 축복으로 행복한 삶을 사는 성도들이 되시기 바랍니다.

성경 토의

1. 이 세상에 왜 가짜 물건들이 판을 치고 있으며, 왜 사람들은 가짜를 좋아하는가? 그리고 가짜 중에 가장 위험한 가짜는 무엇인가?

2. 우리가 보기에 다양한 기독교로 보이기도 하고 성공하고 번창한 기독교로 보이는 것이 혹시 가라지라면 어떻게 해야 하는가?

3. 주인은 가라지를 뽑지 말라고 하시면서 하나님의 농사에 자신감을 가지고 계셨는데 오늘 이단이나 세속주의가 판치는 현실에서 우리가 어떻게 신앙의 자신감을 가질 수 있는가?

59_밭에 감추인 보화

마태복음 13:31-33, 44-58

전체적 설명

예수님은 천국이 가지는 다양한 특성을 다른 비유를 통해서 설명해 주셨다. 예수님은 겨자씨 비유를 통해 천국이 처음에는 작게 시작하지만 나중에 크게 될 것을 말씀하셨고, 또 세상을 변화시키는 힘을 가루 서 말 속에 든 누룩 비유로 말씀하셨으며, 우리가 어떤 자세로 천국을 찾아야 할 것인지를 밭에 감추인 보화 비유와 진주 장사 비유로, 그리고 최종적으로 천국에서 모든 사람의 가치가 다르게 평가될 것을 그물 속에 든 물고기 비유를 통해서 말씀하셨다. 그리고 예수님의 제자들이 어떤 자세로 일을 해야 하는지를 천국의 청지기들의 비유로 말씀하셨다.

설교 프리노트

31절, "자기 밭에 갖다 심은 겨자씨 한 알 같으니"

우리나라에서는 겨자씨나 겨자가 자라는 것을 잘 볼 수 없지만 성지순례를 다녀오신 분들이 기념으로 가져오는 겨자씨를 보면 정말 좁쌀처럼 작다. 예수님은 온 세상의 창조주로서 아주 작은 식물 하나가 자라는 것도 잘 알고 계셨다. 겨자씨는 아주 작은 것이지만 이것이 자라면 나무가 되어서 새가 앉을 정도로 튼튼한 가지를 가지게 된다. 마찬가지로 하나님의 나라는 예수님 한 분을 통해서 아주 작게 시작되지만 제자들을 통해서 온 세계에 가득하게 될 것이며, 모든 열방이 예수를 믿고 구원을 얻게 될 것이다.

33절, "여자가 가루 서 말 속에 갖다 넣어 전부 부풀게 한 누룩과 같으니라"

누룩은 빵을 만들 때 사용하는 이스트를 말하는데 아주 조금 넣어도 반죽 전체를 부풀게 할 수 있는 힘을 가지고 있다. '가루 서 말' 이라는 것은 아주 많은 분량의 누룩인데 마을 사람 전체가 먹을 수 있는 분량이라고 한다. 밀가루로 반죽을 하면 아주 적은 양으로도 식구들이 충분히 먹을 수 있을 만큼의 양식이 만들어진다. 가루 서 말은 아주 많은 양식인 것이다. 복음은 마을 전체나 도시 전체 혹은 나라 전체를 변화시킬 수 있는 힘을 가지고 있다.

44절, "천국은 마치 밭에 감추인 보화와 같으니"

우리나라에서도 때로 사람들이 남에게 알리기 싫은 돈을 밭에 숨겨 놓았다가 나중에 발각되는 경우가 있다. 옛날에는 은행이 없었기 때문에 돈이 많은 사람들은 돈을 안전하게 보관할 만한 곳이 없었다. 그래서 자기 밭을 파고 보물을 항아리 속에 넣어 파묻어 두는 경우가 있었다. 그런데 어떤 사람이 먼 곳으로 여행을 가면서 보화를 밭에 파묻어 두고 갔는데 그 사람이 돌아오지 않는 바람에 주인이 없는 보물이 되고 말았다. 그래서 어떤 게으른 주인이 이 밭을 사서 농부에게 소작을 주었는데 그 농부가 이 밭에서 일을 하다가 엄청난 보화를 발견했고, 그는 이 보물을 차지하기 위해서 전 재산을 팔아 이 밭을 샀다. 우리나라의 법으로는 분실물이 발견되면 경찰에 신고를 하고 일정한 기간 동안 주인이 나타나지 않으면 발견자에게 주거나 국고에 넣을 것이다. 그러나 당시 이런 경우에는 밭 소유자가 보물을 소유할 수 있었다. 하나님의 나라는 엄청난 보물이기 때문에 내가 가진 것을 다 팔아서 살 가치가 있다.

45절, "마치 좋은 진주를 구하는 장사와 같으니"

진주는 크기나 색깔이나 품질에 따라서 가치가 차이가 난다. 그러나 진주장사는 가능한 한 최고로 좋은 진주를 사려고 할 것이다. 왜냐하면 좋은 진주를 비싼 가격에 팔 수도 있고, 또 그런 진주를 가지고 있는 것 자체만으로도 명성을 높일 수 있기 때문이다. 어떤 진주장사가 정말 크고 좋은 진주를 발견하고는 상당히 고가임에도 모든 재산을 팔아서 그 진주를 샀다. 마찬가지로 하나님의 나라는 최고의 가치를 가진 것이기 때문에 모든 것을 버리고 살 가치가 있다.

47절, "마치 바다에 치고 각종 물고기를 모는 그물과 같으니"

어부가 바다나 호수에 그물을 치면 한 가지 종류의 물고기만 잡히는 것이 아니라 여러 종류의 물고기가 잡힌다. 그래서 어부는 물고기를 잡은 후에 종류나 크기별로 분류를 한다. 물고기 중에는 상품 가치가 있는 것이 있는가 하면, 전혀 가치가 없는 물고기도 있다. 또 같은 물고기라 하더라도 크기에 따라서 가격 차이가 많이 난다. 마찬가지로 마지막 때에는 하나님께서 모든 사람들을 분류하시되 그 가치에 따라서 분류하신다. 이때 가치 없는 사람들은 영원한 불에 던져진다.

52절, "천국의 제자 된 서기관마다 마치 새것과 옛것을"

지금까지 유대의 서기관들은 오래된 율법만 가지고 이야기하는 자들이었다. 그러나 예수님은 이제 새 서기관들에 대하여 말씀하신다. 이들은 예수님의 제자들과 오늘의 목회자들을 말하는데 그들은 하나님의 창고의 청지기가 되어서 신실하게 하나님의 말씀을 꺼내어 식구들을 먹어야 한다. 물론 우리에게는 여전히 오래된 구약성경도 필요하지만 예수님이 가르쳐 주신 새 말씀도 필요하다. 그 어느 것도 버리지 않고 성실하게 가르치는 청지기가 충성된 서기관이다.

본문 이해를 위한 질문

1. 하나님의 나라는 어떻게 시작되는가?

하나님의 나라는 마치 씨 중에서 가장 작은 겨자씨같이 예수님 한 분을 통해서 시작되지만 오순절 성령이 오시고 제자들과 전도자들을 통해서 온 세상을 가득 채우는 큰 나무로 자라게 될 것이다.

2. 하나님의 나라는 얼마나 가치가 있는가?

하나님의 나라는 마치 밭에 감추어졌다가 발견된 보화나 값비싼 진주처럼 모든 재산을 팔아서 살 가치가 있다.

3. 하나님은 최종적으로 어떻게 사람을 구별하시는가?

그물에는 여러 가지 종류의 물고기가 잡혀도 어부가 나중에 골라내는 것처럼 하나님은 가치 있는 사람들을 따로 골라내실 것이다.

성경 강해

요즘 우리나라에서 돈을 가장 잘 버는 사람들은 가장 부가가치가 높은 물건을 만드는 사람들일 것입니다. 여기서 '고부가가치' 라는 것은 원재료에 비해 가격이 비싼 물건을 말합니다. 옛날에는 여기에 해당하는 것이 농사였습니다. 옛날에 땅이 있는 사람들은 땅에 씨만 뿌리면 몇십 배의 결실을 얻을 수 있었기 때문에 옛날에는 가장 잘사는 사람들이 농사짓는 사람들이었습니다. 그러나 최근에는 고부가가치 산업이 자동차 산업이나 전자 산업으로 바뀌었습니다. 자동차 산업은 자동차 한 대를 만드는 데 약 3천 개의 부속이 들어간다고 하니까 자동차 산업으로 3천 개의 회사를 먹여 살리는 것입니다. 그리고 전자 산업은 원재료가 적게 드는 기술 산업이기 때문에 삼성전자 같은 경우에는 역사상 최고의 실적을 올리고 있습니다. 그러나 부모들은 뭐니 뭐니 해도 자식들에게 공부를 시키는 것이 가장 남는 장사라고 생각합니다. 그래서 부모님들은 한평생 뼈 빠지게 번 돈을 자식들 공부하는 데 다 쏟아붓고도 아까워하지 않으십니다. 사실 부모가 자식 교육에 투자해도 자식들은 그것을 당연하게 생각하고 돈을 벌어서 갚으려고 하지 않습니다. 그런데 왜 부모는 자식 공부에 그렇게 많은 희생을 할까요? 가장 중요한 이유는 부모는 세상에서 자식의 가치가 올라가는 것을 가장 중요한 투자라고 생각하기 때문입니다. 그래서 오늘 우리의 관심은 얼마만큼 투자해야 인간의 가치를 높일 수 있으며, 사람은 얼마나 변할 수 있느냐 하는 것입니다. 사람의 가치를 높일 수 있는 가장 좋은 방법은 역시 교육에 투자하는 일일 것입니다. 돈을 많이 벌어서 좋은 옷을 입고 좋은 차를 타고 좋은 직장에 다니면 멋있게 보일 것입니다. 또 사람들의 인기가 사람을 변하게 할 수도 있습니다. 그러나 이런 것들은 사람의 내면의 질을 바꾸지 못합니다.

1. 사람은 얼마나 변할 수 있는가?

사람이 교육을 받는 것은 마치 대리석 덩어리에 조각을 하는 것과 같습니다. 그러나 사실 모든 조각가들의 작품이 성공하는 것은 아닙니다. 예를 들어 어느 조각가가 대리석을 정으로 쪼다가 실패하면 그 덩어리를 버립니다. 그리고 대리석 덩어리를 잘 조각해서 작품을 완성했다 하더라도 그것이 사람이 될 수 있는 것은 아닙니다.

그리스 신화에 보면 피그말리온이라는 조각가의 이야기가 나옵니다. 그는 지중해의 어느 섬에 살고 있었는데 혼기가 차도 마음에 드는 여인을 찾지 못하자 대리석으로 이상형의 여인을 조각해서는 옷을 입히고 함께 이불을 덮고 잠을 잤습니다. 그러나 피그말리온이 사랑한 이 여인은 어디까지나 차가운 돌에 불과했습니다. 그런데 피그말리온이 여신에게 빌어서 어느 날 이 조각이 진짜 여인으로 변한다는 이야기입니다. 그래서 사람들은 이 이야기에서 모티브를 따서 '피그말리온 효과' 라고 하여 누군가에 대한 믿음이나 기대가 실현되는 현상을 설명하기도 합니다.

어느 사회에서든 도태되었던 사람들이 재기하여 경쟁에서 이기는 것은 사실 어렵습니다. 이 세상은 재능이 있고 가능성이 있는 사람을 교육시키는 것에는 성공할 수 있지만 술독에 빠져 방탕한 생활을 하는 인간을 다시 멋진 인간으로 바꾸지는 못합니다. 그러나 이 세상에 사람을 변화시킬 수 있는 유일한 책이 있는데 그것은 하나님의 말씀인 성경책입니다.

예수님께서는 하나님의 나라는 변화의 나라라고 말씀하셨습니다.

31-33절, "또 비유를 베풀어 가라사대 천국은 마치 사람이 자기 밭에 갖다 심은 겨자씨 한 알 같으니 이는 모든 씨보다 작은 것이로되 자란 후에는 나물보다 커서 나무가 되매 공중의 새들이 와서 그 가지에 깃들이느니라 또 비유로 말씀하시되 천국은 마치 여자가 가루 서 말 속에 갖다 넣어 전부 부풀게 한 누룩과 같으니라"

예수님은 극단적인 비유를 사용하셨습니다. 씨 중에서 가장 작은 씨는 겨자씨라고 합니다. 겨자씨는 우리나라의 좁쌀처럼 아주 작은 씨인데 이것이 자라면 아주 높이 자라서 새가 앉을 정도라고 합니다. 아마 예수님은 촌에서 자라면서 식물이 자라는 것을 잘 관찰하셨을 것입니다. 예수님은 아주 작은 겨자씨가 떨어져서 나무같이 자라는 것을 보면서 '천국은 저런 것이야' 라고 생각하셨던 것입니다. 천국은 아주 작게 시작됩니다. 천국은 베들레헴의 한 여인의 배 속에서 비정상적으로 예수님이 잉태되면서부터 시작되었습니다. 예수님이 탄생하셨을 때 그가 하나님의 아들인 것을 알아본 사람들은 몇 명 되지 않았습니다. 그러나 하나님의 나라는 온 세상을 가득 채우게 될 것입니다. 어떻게 이루어집니까? 한 사람 한 사람의 마음 속에 말씀이 들어가서 그 사람을 바꾸어 놓는 것입니다. 하나님의 말씀은 죽은 우리의 영혼을 살리며 하나님의 사랑이 우리 마음에 임하게 합니다.

막달라 마리아는 일곱 귀신이 들려서 미친 여자였습니다. 그러나 막달라 마리아는 예수님을 만난 후 정신이 온전하게 되었을 뿐 아니라 여자들 중에서 가장 훌륭한 제자가 되었습니다. 세리는 유대인들로부터 미움과 멸시를 받았습니다. 그러나 마태는 세리 출신이었습니다. 세리는 전과자와 창기들처럼 냉대받는 직업이었습니다. 그러나 마태는 예수님의 제자가 된 후에 가장 뛰어난 마태복음을 저술해서 유대인들에게 바쳤습니다. 영국의 존 뉴튼 같은 사람은 노예 상선의 선장이었고 그 자신이 아주 악독한 사람이었습니다. 그는 하나님이 살려 주실수록 하나님께 더 반항하였습니다. 그러나 그가 나중에 하나님의 사랑에 굴복하여 목사가 된 후에는 완전히 딴사람이 되었습니다. 복음은 이 세상에서 가장 실패한 사람을 가장 훌륭한 사람으로 변화시키는 능력이 있습니다.

하나님의 말씀은 밀가루 반죽의 누룩같이 사람을 변하게 하는 힘이 있습니다. 밀가루를 그냥 반죽해서 떡을 만들어 먹으면 먹을 수는 있지만 딱딱합니다. 그러나 밀가루 반죽에 누룩을 넣어서 따뜻한 데 두면 아주 탄력이 있고 쫄깃쫄깃한 반죽이 되는데 이것으로 빵을 만들면 너무나도 부드럽고 맛있는 빵이 됩니다. 특히 찐빵을 만드는 분들은 이 누룩의 비유를 잘 이해하실 것입니다. 하나님의 말씀은 우리를 변화시키는 능력이 있고, 세상을 변화시키는 능력이 있습니다. 우리가 이 비밀을 제대로 안다면 세상을 변화시키는 힘이 정치나 경제나 교육이 아니라는 것을 알 것입니다. 세상을 변화시키는 힘은 바로 하나님의 말씀과 그 능력인 것입니다. 그러나 이것은 결코 쉽게 이루어지는 것이 아닙니다. 그래서 예수님은 감추인 보물 비유를 말씀하셨습니다.

2. 왜 능력이 나타나지 않는가?

44절, "천국은 마치 밭에 감추인 보화와 같으니 사람이 이를 발견한 후 숨겨 두고 기뻐하여 돌아가서 자기의 소유를 다 팔아 그 밭을 샀느니라"

예수님께서는 천국을 비유로 가르쳐 주셨습니다. 이것은 하나님께서 우리에게 무진장한 보물을 주시는데 과연 이 보물이 어디에 있느냐 하는 것입니다.

요즘은 은행 제도가 잘 되어 있어서 사람들이 돈을 집에 보관하지 않고 은행에 넣어서 보관을 하지만 옛날에는 은행도 없고 집도 튼튼하지 않았기 때문에 돈이 많은 사람들은 돈을 보관할 만한 데가 없었습니다. 그래서 돈 많은 사람들이 먼 곳으로 여행을 해야 할 때에는 자기 밭에 땅을 파고 보화를 감추어 두는 경우가 많았습니다. 그런데 그 사람이 그런 사실을 알리지 못하고 죽어 버리면 보화는 밭 속에 감추인 채로 주인이 바뀌는 것입니다.

오늘 본문 말씀에서도 어떤 밭주인이 먼 곳에 가면서 자기 밭에 많은 보물을 파묻어 놓고 떠났는데 돌아올 수 없게 되었습니다. 그래서 이 밭은 다른 사람에게 넘어가게 되었는데 이 주인은 아주 게을러서 소작인에게 밭을 맡겼고, 밭을 가지고 있는 것조차도 귀찮아서 밭을 팔려고 하고 있었습니다. 그런데 이 밭에서 소작일을 하던 농부가 밭일을 하던 중 쟁기 끝에 단단한 물체가 걸려 파 보았더니 엄청난 보물 항아리가 있었던 것입니다. 물론 요즘 같으면 당연히 주인에게 알리든지 경찰에 알려야 할 것입니다. 그러나 옛날에는 밭 임자에게 모든 소유권이 있었습니다. 그렇기 때문에 보물은 당연히 그 밭의 주인의 것이었지만 그는 이 보물의 가치를 모르고 밭을 팔려고 하고 있었습니다. 그래서 농부는 그 밭을 자기가 사기로 한 것입니다.

여기서 중요한 것은 밭은 형편없는데 그 안에는 무진장한 보화가 들어 있다는 것입니다. 즉 보화를 가지려면 형편없는 밭을 사야 하는 것입니다. 그래서 이 사람은 이 밭에 있는 보화를 자기 것으로 만들기 위하여 모든 재산을 다 팔아서 이 밭을 샀습니다. 사람들은 당연히 그를 어리석다고 생각했을 것입니다. 왜냐하면 이 밭은 보기가 좋은 밭도 아니고 좋은 위치에 있는 땅도 아니었기 때문입니다.

45-46절, "또 천국은 마치 좋은 진주를 구하는 장사와 같으니 극히 값진 진주 하나를 만나매 가서 자기의 소유를 다 팔아 그 진주를 샀느니라"

진주장사는 가능한 한 좋은 진주를 사려고 할 것입니다. 그런데 진주는 종류에 따라서 가격 차이가 많이 납니다.

어느 날 진주장사가 아주 크고 아름다우며 값나가 보이는 진주를 보게 되었습니다. 그런데 아직 다른 사람들은 이 진주가 그렇게 비싸고 좋은 진주인 줄 모르고 비싸다고 하면서 잘 사려고 하지 않았습니다. 이 진주장사는 진주를 보는 눈을 가진 사람이었습니다. 그는 지금 자기 눈앞에 있는 진주가 세상에 있는 모든 진주를 다 합친 것보다 더 가치가 있는 진주라는 것을 알았습니다. 그런데 이 진주는 결코 싼 편이 아니었습니다. 그런데 이 진주장사는 자기의 재산을 다 팔아서 이 진주를 산 것입니다. 사람들은 모두 이 진주장사가 어리석은 거래를 했다고 생각했습니다. 왜냐하면 그 진주가 좋은 것이기는 하지만 전 재산을 팔아 가면서 살 필요는 없다고 생각했기 때문입니다. 그러나 이 사람은 이 진주 하나로 만족했습니다.

우리는 이 두 비유에서 공통점을 찾아볼 수 있습니다. 우선 보화를 발견한 사람과 진주 장사는 남들이 알지 못하는 보물을 발견한 것입니다. 이 보물들의 가치는 어마어마한데 다른 사람들은 그 가치를 알지 못했습니다. 둘째는 이 보물들이 결코 싼 가격이 아니었다는 것입니다. 어떻게 생각하면 이 세상의 다른 것들보다는 터무니없이 비싼 것처럼 생각되었습니다. 그래서 다른 사람들은 이것을 구입하는 것을 망설이고 있었습니다. 그러나 이 두 사람은 보화와 진주를 사기 위해 모든 소유를 팔았고, 결국은 알거지가 되면서 이 보물들을 자신의 것으로 만들었습니다.

그러면 우리가 이 세상에서 가지고 있는 것을 다 포기하면서까지 사야 하는 보물이 무엇이냐 하는 것입니다. 도대체 예수님이 말씀하시는 보화는 무엇이며, 이 진주장사가 구입한 비싼 진주는 무엇입니까? 이 세상에서 자기의 전 재산을 팔아서 사야만 하는 보물은 도대체 무엇일까요? 강남의 땅입니까? 아니면 엄청나게 주가가 오를 것 같은 회사의 주식입니까? 아니면 고시에 합격하는 것입니까? 아니면 아름다운 여인이나 멋진 남자와 결혼을 하는 것입니까? 사람들에게는 모두 나름대로 가장 가치가 있다고 생각하는 보물들이 있을 것입니다. 그러나 그 보물들은 모두 이차적인 것에 불과합니다. 이 세상에서 자기가 가진 것을 다 팔아서 사야 할 보물은 바로 하나님의 말씀입니다. 하나님께서는 우리 영혼을 살리고 복을 받을 수 있는 비결을 모두 성경에 넣어서 우리에게 주셨습니다. 그러나 대다수의 사람들은 성경의 가치를 알지 못합니다. 그런데 하나님의 말씀이 능력을 나타내려고 하면 자기의 모든 것을 하나님의 말씀에 다 걸어야 합니다. 즉 말씀을 가르치는 자는 모든 것을 버리고 가난한 가운데 하나님의 말씀 하나만 붙들고 살아야 합니다.

안정된 직장이 있고 먹을 것이 있는 상태에서 성경을 연구하는 것과 직장도 없고 먹을 것도 없는 가운데 하나님의 말씀을 붙드는 것은 엄청난 차이가 있습니다. 먹을 것이 충분히 있는 사람은 성경을 여가 선용하듯이 연구하지만 먹을 것이 없는 사람은 성경에서 먹을 것이 나오지 않으면 죽을 것입니다. 우리가 성경에 모든 것을 다 걸었을 때 성경은 살아 있는 하나님의 말씀이 됩니다. 그리고 그 말씀이 죽은 영혼을 살리고 병을 치료하며 부흥을 가져옵니다.

우리 모든 사람들은 이 세상에 태어날 때에 영혼이 심한 장애를 입은 상태로 태어납니다. 그것은 이 세상을 사는 것은 할 수 있지만 하나님을 알지 못하고 하나님의 축복을 받지 못하는 것입니다. 하나님에 대한 기능들이 모두 죽은 상태에서 태어납니다. 그런데 사람의 가치는 그의 영혼의 상태에 의하여 결정이 됩니다.

사람이 천하고 비열하게 사는 것은 그의 영혼이 비천한 상태에 있기 때문입니다. 아무리 돈이 많고 사회적으로 지위가 높다 하더라도 영혼이 병든 사람은 아름답게 살 수가 없습니다. 영혼이 살아 있고 고상한 사람은 자기가 얼마나 존귀한지 알기 때문에 절대로 죄에 쉽게 빠지지 않고 비열한 생각이나 행동을 하지 않습니다.

그런데 우리가 이 영혼을 살리고 고치려면 하나님의 말씀의 능력을 사용해야 하는데 도대체 하나님의 말씀의 능력이 나타나지 않는 것입니다. 지금 우리나라의 교회도 돈을 가지고 큰 행사를 하라고 하면 얼마든지 하는데 어떻게 해야 말씀의 능력이 나타나는지는 모르는 것입니다.

베드로와 요한은 "은과 금은 내게 없거니와 나사렛 예수의 이름으로 일어나라"라고 했습니다. 즉 은과 금이 없어야 하는 것입니다. 우리가 직장이 있고 돈이 있는 상태에서 하나님의 말씀을 붙드는 것과 당장 끼니가 없고 도와주는 사람도 없는 상태에서 말씀을 대하는 것은 다릅니다. 그래서 예수님은 부자 청년에게 "네 재산을 팔아서 가난한 자에게 주고 너는 나를 좇으라"라고 하신 것입니다. 하나님의 말씀이 능력을 나타내려면 여기에 모든 것을 다 걸어야 합니다. 아무것도 없는 상태에서 하나님의 말씀을 붙들 때 하나님은 우리에게 말씀하기 시작하십니다. 전에는 성경에 내가 하고 싶은 말을 찾아내고 갖다 붙였는데 이제는 성경이 나에게 말씀하기 시작하는 것입니다.

결국 우리 영혼을 살릴 수 있는 약이 하나님의 말씀 속에 들어 있습니다.

그래서 그리스도가 이 세상에 오시지 않았더라면 우리는 영원히 이 보화나 진주를 알지 못했을 것입니다.

이 세상에 있는 보물들을 다 모아도 우리 한 사람 속에 있는 영혼과 바꿀 수 없습니다. 우리 모든 사람들은 말로 표현할 수 없는 보물을 가지고 있습니다. 그러나 아무도 이 가치를 모르고 있습니다. 그런데 이 가치를 아신 분이 계십니다. 바로 하나님이고 예수 그리스도이십니다. 예수님께서는 이 보물을 건지기 위하여 하늘의 모든 영광을 다 버리고 십자가의 고통을 기꺼이 당하셨던 것입니다.

우리가 이 보물을 자기 것으로 만들기 위해서 알아야 할 것들이 있습니다. 그것이 무엇입니까? 가장 중요한 것이 하나님의 말씀을 듣고 믿는 것입니다. 즉 예수님을 하나님의 아들로 믿는 것입니다. 예수님을 하나님의 아들로 믿지 않으면 절대로 이 보물을 가지지 못합니다. 그런데 그것이 매우 어렵습니다. 그 이유는 다른 사람들은 예수님을 하나님의 아들로 인정하지 않는데 나만 그것을 인정하고 믿으면 바보 취급을 당하기 때문입니다.

또 우리가 하나님의 진리를 받기가 어려운 이유는 우리가 예수님을 믿으면 그때부터는 내 경험이나 지식을 믿고 살아서는 안 되기 때문입니다. 오직 성경이 말씀하는 것만 믿어야 합니다. 예수를 믿는 것이 어려운 것은 내가 너무 무능하게 보이고 내가 하고 싶은 대로 살 수가 없기 때문인 것입니다. 이것이 내 영혼이 살기 위하여 지불해야 하는 대가입니다.

물론 우리는 이 보화를 팔 수 없습니다. 그러나 보화가 가치가 있고 진주가 비싼 이유는 하나님의 능력을 무한히 공급받을 수 있기 때문입니다. 이 보화만 가지고 있고 이 진주만 가지고 있으면 얼마든지 하나님으로부터 지혜와 성령의 능력을 공급받을 수 있고 언제든지 하나님의 축복과 은혜를 공급받을 수 있습니다.

사람들 중에는 이 세상에서 성공하기 위하여 자기 영혼을 팔아먹는 사람들이 있습니다. 사람들이 알지 못하는 것이 영혼을 건진 것 자체가 부자라는 것입니다. 왜냐하면 우리 자신이 하나님 앞에서 복덩어리이기 때문입니다.

3. 하나님의 최종적인 판단

우리 인간의 삶은 지금 상태로 끝나는 것이 아니라 모두 하나님 앞에서 심판을 받게 됩니다. 그때 모든 사람들은 하나님 앞에서 분류될 것입니다.

47-48절, "또 천국은 마치 바다에 치고 각종 물고기를 모는 그물과 같으니 그물에 가득하매 물가로 끌어 내고 앉아서 좋은 것은 그릇에 담고 못된 것은 내어 버리느니라"

이른 아침에 바닷가에 나가 보면 여인들이 어부들이 잡아 온 고기들을 분류해서 그릇에 담는 것을 볼 수 있습니다. 우선 같은 어종끼리 분류하고 그 다음에 크기에 따라서 분류합니다. 그러고 나서 시장에 가서 파는 것입니다.

어부가 바다에 그물을 던지면 자기가 잡으려고 했던 물고기만 잡히는 것이 아닙니다. 그물에는 아주 다양한 종류의 물고기들이 걸려 올라옵니다. 어부는 그 물고기들을 한꺼번에 시장에 내다 팔 수가 없습니다. 종류대로 분류를 해서 팔아야 상품의 가치가 있는 것입니다. 특히 이스라엘 백성은 율법에 정한 물고기들만 먹을 수 있었는데 그것을 분류해야 팔 수가 있는 것입니다.

그래서 어부는 일단 육지에 와서 물고기들을 종류에 따라 일일이 분류해서 그릇에 담습니다. 그런데 그 중에 먹을 수 없는 물고기가 나오면 그 자리에서 버리는 것입니다.

49-50절, "세상 끝에도 이러하리라 천사들이 와서 의인 중에서 악인을 갈라 내어 풀무불에 던져 넣으리니 거기서 울며 이를 갊이 있으리라"

하나님께서는 이 세상에 사는 사람들에게 상당한 시간을 주십니다. 그 시간 동안 인간들은 얼마든지 은혜를 받을 수 있고 조금만 노력하면 얼마든지 말씀을 들을 수 있습니다. 그 시간 동안에 주님의 말씀을 듣고 받아들여서 변화되는 자는 그릇에 담기게 되며, 하나님의 심판이 없다고 하면서 전혀 말씀을 받아들이지 않고 먹고 마시며 정욕대로 산 사람은 그릇에 담기지 못하고 버려지는 것입니다.

구약 시대에 하나님께서는 모세의 율법을 통해서 물고기나 새나 짐승들 중에서 먹을 수 있는 것과 먹을 수 없는 것을 구별해서 말씀해 주셨습니다. 새 중에서 대개 육식을 하는 새들은 부정한 것들이었습니다. 즉 독수리나 갈매기, 따오기 등은 먹을 수 없었습니다. 그리고 짐승 중에서 굽이 갈라지지 않고 되새김질을 하지 않는 것들도 육식이 많았습니다. 육식 짐승들은 성격이 포학하고 사나웠습니다. 그리고 물고기 중에서 비늘이 없고 지느러미가 없는 것은 먹을 수 없었습니다. 오직 율법에서 먹을 수 있는 것은 생선같이 생긴 것이었고, 이상하게 생긴 것들은 전부 불합격품이었습니다.

이것은 하나님께서 우리에게 교훈을 주시기 위한 것입니다. 즉 물고기들처럼 사람들도 자신들은 모르지만 하나님 앞에서 합당한 사람이 있고 합당치 않은 사람이 있습니다. 그러니까 하나님께 합당한 사람들은 하나님의 말씀을 듣고 예수를 믿어서 영혼이 변화되어야 하는 것입니다. 그러나 매일 점이나 보러 다니고 술집을 다니면서 음란한 생활을 한 사람은 하나님의 그릇에 담길 수 없는 것입니다.

여기서 우리는 몇 가지를 생각하게 됩니다. 첫째는 한 사람도 하나님의 그물에서 빠져나갈 수 없다는 것입니다. 사람들은 모두 하나님을 알든지 모르든지 하나님의 그물 안에서 살아가고 있습니다. 하나님이 모르시는 사람은 아무도 없고 하나님의 심판의 그물에서 빠져나갈 수 있는 사람은 아무도 없습니다.

둘째로, 하나님의 말씀은 우리의 종류를 바꾸어 놓으십니다. 예를 들어 바다뱀장어를 정어리나 참치로 바꾸시는 것입니다. 육지에 사는 짐승으로 비유하면 늑대나 이리가 양으로 변하는 것입니다. 우리도 예수님을 믿기 전에는 대단히 사나운 사람들이었습니다. 이빨도 날카롭고 혈기도 대단했습니다. 특히 혀 밑에 독이 있어서 한번 욕을 하면 다른 사람을 능히 죽일 수 있었습니다. 그러나 예수를 믿고 난 후에는 혈기도 없어지고 말도 잘 하지 못하게 되어서 양처럼 변하는 것입니다. 그래서 다른 사람이 물면 물리고, 다른 사람이 공격하면 도망을 치는 비겁한 양이 되어 버렸습니다. 우리는 이렇게 변해야 합니다. 그래야 하나님의 그릇에 담길 수가 있습니다. 그런데 하나님의 그릇에 담긴 물고기도 또 분류를 합니다. 크기에 따라서 분류를 하는 것입니다. 큰 것은 가격이 굉장히 비쌉니다. 반면에 작은 것은 쌉니다. 그렇기 때문에 우리는 기왕 하나님의 백성이 되었으면 하나님의 말씀으로 살아야 합니다. 말씀대로 순종해서 산 사람은 큰 물고기가 되어 있을 것입니다. 그러나 하나님의 말씀대로 살지 못한 사람은 작은 물고기가 되어 있을 것입니다.

그런데 여기에 보면 하나님께서 그릇에 담지 않은 물고기를 그냥 두지 않고 뜨거운 풀무불에 던져 넣으신다고 말씀하셨습니다. 이것이 바로 지옥의 심판입니다. 요릿집에서 해물 철판구이를 하는 것을 보면 낙지를 산 채로 불 위에 얹습니다. 그러면 낙지가 뜨거워서 꿈틀거립니다. 이것이 바로 하나님의 바구니에 담기지 않은 사람들의 운명인 것입니다.

하나님의 심판은 살아 있는 채로 넣어서 태우는 것입니다. 그래서 사람들이 울며 이를 갈 것이라고 했습니다. 왜 울며 이를 갈까요? 우선 너무나도 고통스러우니까 울면서 이를 갈 것입니다. 지옥은 영원한 고통의 장소입니다. 여기에는 죽는 것도 없고 자살할 수도 없습니다. 그리고 또 이를 가는 이유가 얼마든지 지옥의 심판을 받지 않을 수 있었음에도 잘난 체하고 교만한 바람에 멸망당했기 때문입니다.

지옥에는 전혀 하나님의 은혜가 없습니다. 이 세상에서 가장 비참한 상태도 지옥에 비교가 되지 않을 정도로 지옥은 비참합니다. 사람들은 그것을 모르고 자기 영혼을 챙기지 않다가 비참한 심판을 당하는 것입니다.

51-52절, "이 모든 것을 깨달았느냐 하시니 대답하되 그러하오이다 예수께서 가라사대 그러므로 천국의 제자 된 서기관마다 마치 새것과 옛것을 그 곳간에서 내어오는 집주인과 같으니라"

예수님께서는 제자들에게 이 비유를 다 알겠느냐고 물으셨습니다. 이에 제자들이 "그러하오이다"라고 대답했습니다. 그랬더니 예수님은 천국의 서기관 비유를 말씀하셨습니다. 천국의 서기관은 곡간에서 새것과 옛것을 꺼내어서 사람들에게 나누어 주는 집주인과 같다는 것입니다.

예수님 당시의 서기관들은 성경 말씀을 잘 가르치지 않고 엉터리 교훈을 가르쳤습니다. 그래서 예수님은 서기관들이 천국 문을 가로막고 자기들도 들어가지 않으면서 다른 사람들도 들어가지 못하게 하는 사람들이라는 것입니다. 왜냐하면 하나님의 말씀을 듣고 믿어야 천국에 들어갈 수 있고, 하나님이 주시는 능력과 축복을 받을 수 있기 때문입니다. 그래서 예수님께서는 예수님의 제자들을 새로운 서기관으로 세우셨습니다. 이 사람들이 해야 할 것은 하나님의 창고에서 옛것과 새것을 적절하게 꺼내어서 사람들에게 먹을 것을 공급해 주는 것입니다. 여기서 '옛것'과 '새것'은 구약성경과 신약성경을 의미합니다.

성경은 하나님의 무한한 진리의 보고입니다. 하나님께서는 하늘의 모든 축복을 성경 안에 넣어서 우리에게 주셨습니다. 이것을 캐내어서 가지는 자들이 이 세상에서 가장 부요한 자들이 되는 것입니다. 왜냐하면 하나님의 말씀은 하나님의 백지수표와 같기 때문입니다. 하나님의 말씀을 가진 자들에게 하나님께서는 무한한 축복을 주시고 능력을 주십니다. 그런데 이 하나님의 보물들은 혼자의 힘으로는 절대로 꺼낼 수가 없습니다. 교회가 함께 모여서 하나님의 말씀을 듣는 가운데 하나님의 진리가 주어지는 것입니다. 그래서 교회는 마치 수천 길 땅속에 있는 금광과 같습니다. 우리는 설교 시간에 들은 하나님의 말씀을 갈고 닦아서 자기의 보석으로 만들어야 합니다.

오늘 우리는 우리 영혼의 소중함을 생각해야 합니다. 우리는 이 세상의 욕심을 뒤로하고 하나님의 말씀에 내 모든 것을 희생해야 하나님의 능력이 나타날 수 있습니다. 결국 영혼을 살리는 것은 신구약 성경 말씀입니다. 이것은 깊이 감추인 하나님의 곡간에 있는 보물들이며, 이것만이 우리의 영혼을 능력 있게 할 수 있습니다. 우리 모두 하나님의 진리에 가난한 마음이 되어서 언제나 생명력이 넘치는 신선한 신앙인이 되시기를 바랍니다.

성경 토의

1. 복음은 얼마나 사람을 변화시키며 세상을 변화시킬 수 있다고 생각하는가? 그리고 우리가 세상을 바꾸기 위해서 할 수 있는 전략은 어떤 것이 있는가?

2. 하나님의 나라는 나에게 얼마나 가치가 있으며, 이 나라를 위해서 내가 포기할 수 있는 것은 무엇이라고 생각하는가?

3. 오늘 가장 충성된 종들은 어떤 사람들이며, 우리가 구약과 신약을 배우고 연구할 때 어떤 유익을 얻을 수 있는가?

60_세례 요한의 죽음

마태복음 14:1-12

전체적 설명

위대한 선지자 세례 요한의 죽음은 매우 비참한 죽음이었다. 세례 요한은 헤롯의 생일에 춤을 추어서 헤롯을 기쁘게 하였던 계집아이의 춤값으로 죽게 되었다.

그러나 세례 요한의 죽음은 의로운 죽음이었고, 그가 무대에서 내려온 후 그때부터 그가 증거했던 예수님의 본격적인 사역이 시작된다. 인간의 눈으로 보면 세례 요한의 죽음은 가장 비참한 죽음이었지만 하나님 앞에서는 가장 영광스러운 죽음이었다.

설교 프리노트

1절, "그때에 분봉왕 헤롯이 예수의 소문을 듣고"

'분봉왕' 은 자기 스스로 왕이 된 것이 아니라 로마 황제가 임명한 왕인데 이스라엘의 4분의 1을 맡겼다고 해서 분봉왕(分封王)이라고 한다. 성경에는 세 명의 헤롯이 나오는데 아버지 대헤롯과 아들 헤롯 안티파스와 헤롯의 증손자 헤롯 아그립바 2세이다. 예수님 당시에 갈릴리를 통치했던 사람은 아들 헤롯 안티파스였다. 예수님은 그를 '여우' 라고 부르셨다(눅 13:32).

2절, "이는 세례 요한이라"

헤롯 안티파스가 얼마나 미신적인 생각을 가지고 있으며, 또한 세례 요한을 죽인 뒤 죄책감에 시달리고 있었는지 알 수 있다. 헤롯은 예수님이 기적을 행하신다는 소문을 듣고 자기가 죽인 세례 요한이 다시 살아났다고 믿었다. 그래서 헤롯은 세례 요한의 혼이 예수님에게 씌여서 이런 능력으로 나타난다고 생각했다.

3절, "전에 헤롯이 그 동생 빌립의 아내 헤로디아의 일로"

헤롯은 동생 빌립의 아내 헤로디아를 자기의 아내로 맞이했다. 물론 유대 사회에는 형이 자식이 없이 죽었을 때 동생이 형수를 아내로 취해서 자손을 남기는 예가 있었지만 남편이 살아 있을 때에는 간음이 된다. 더욱이 헤롯은 동생의 아내를 취하였다. 아마도 헤롯과 헤로디아가 서로 눈이 맞았던 것 같다. 헤로디아도 헤롯의 딸로서 안티파스와는 이복 형제였다.

4절, "당신이 그 여자를 취한 것이 옳지 않다"

여기서 세례 요한이 유대 지도층의 죄에 대하여 얼마나 직설적으로 책망했는지 알 수 있다. 원래 헤롯 안티파스의 아버지 대헤롯은 열 명의 여자와 결혼을 하여 불륜을 저지르며 많은 자식을 낳았다. 헤롯의 자식들도 아버지의 영향을 받아서 부정한 결혼 생활을 했는데 세례 요한은 지도층의 죄에 대하여 엄중하게 책망했다. 아마 세례 요한은 헤롯을 찾아가 면전에서 그의 죄를 책망한 것 같은데 그 바람에 세례 요한은 감옥에 갇히게 되었다.

5절, "헤롯이 요한을 죽이려 하되"

물론 헤롯도 세례 요한을 죽이고 싶어 했을 테지만 사실 세례 요한을 더 죽이고 싶어 했던 사람은 헤로디아였다. 헤로디아가 보기에는 남편 빌립보다는 안티파스가 더 똑똑하게 보였는데 남편을 버리고 안티파스와 결혼한 것을 세례 요한이 책망하니까 분노하여 세례 요한을 죽이려고 한 것이다. 그러나 백성들은 세례 요한을 하나님의 종으로 존경하고 있었기 때문에 헤롯은 세례 요한을 감히 죽이지는 못하고 감옥에 가두어 놓았다.

6절, "헤로디아의 딸이 연석 가운데서 춤을 추어"

헤로디아의 딸은 살로메였다. 살로메는 춤을 아주 잘 추어서 헤롯을 아주 즐겁게 하였다. 그래서 기분파였던 헤롯은 살로메에게 원하는 것은 무엇이든지 들어주겠다고 약속하였다.

8절, "세례 요한의 머리를 소반에 담아"

살로메는 헤롯의 약속을 듣고 어미 헤로디아에게 가서 무엇을 요구하면 좋으냐고 물었다. 이때 헤로디아는 드디어 때가 온 것을 알고는 세례 요한의 머리를 잘라서 소반에 담아 줄 것을 요청하게 했다. 이것을 보면 헤로디아나 그 딸 살로메가 얼마나 악한 여자들인지 알 수 있다.

9절, "왕이 근심하나"

헤롯은 살로메의 말을 듣고는 고민을 했다. 왜냐하면 이 여자 아이가 춤값으로 세례 요한의 머리를 달라고 할 줄은 꿈에도 생각하지 못했기 때문이다. 그런데 헤롯은 이미 말을 뱉어 버렸고, 주위에 있는 사람들이 헤롯에게 말한 것을 지키라고 하고, 또 자기가 대범한 사람으로 보이고 싶었기 때문에 말도 되지도 않는 이유로 세례 요한의 목을 베게 했다. 세례 요한은 하나님의 위대한 선지자로서는 너무나도 비참한 죽임을 당했다. 그러나 그의 죽음은 하나님 앞에서 가장 영광스러운 죽음이었다.

본문 이해를 위한 질문

1. 헤롯은 왜 세례 요한 같은 위대한 선지자를 감옥에 가두고, 또 죽게 했는가?

그것은 우리 눈에 보이지 않는 영적인 전쟁이 있기 때문이다. 즉 사탄이 하나님의 위대한 종을 헤롯이라고 하는 악한 왕을 충동질해서 죽게 한 것이다.

2. 헤롯은 어떤 인물인가?

헤롯은 예수님과 같은 시대, 같은 지역에 살던 사람이었고 예수님의 소문을 많이 들었지만 그는 하나님 나라를 알지 못했고 적대시했다.

3. 세례 요한의 죽음은 어떤 죽음인가?

인간적인 눈으로 보면 여자 아이의 춤값으로 죽은 세례 요한의 죽음은 너무 값싼 것 같고 허무한 것 같지만 그는 끝까지 진리를 증거했고, 불의를 책망했으며, 그의 죽음으로 이제 본격적인 복음의 시대가 시작된다.

성경 강해

가끔 고궁에 가 보면 드라마를 촬영하는 것을 볼 수 있습니다. 그런데 이런 역사극에서 클라이맥스는 주인공이 죽는 것입니다. 주인공이 죽을 때에는 극적으로 죽어야 시청률이 올라가게 되어 있습니다. 그러나 극 중의 주인공이 죽었다고 해서 배우가 실제로 죽은 것은 아닙니다. 주인공이 죽은 후에도 그 배우는 또 다른 작품에서 다른 역을 맡아 연기를 하는 것입니다.

이 세상에는 다양한 삶의 모습과 죽음의 모습이 있습니다. 어떤 사람은 정말 의롭고 훌륭한데도 너무 빨리 죽어서 주위 사람들을 안타깝게 하는 분이 있는가 하면, 어떤 사람은 정말 백해무익한 삶을 살면서도 쓸데없이 오래 사는 것 같다고 느껴질 때가 있습니다. 그런데 최근에 우리나라에서 자살률이 급증하는 바람에 많은 사람들이 놀라고 있습니다. 특히 한창 자라야 할 청소년들이 학교에서 왕따를 당하거나 괴롭힘을 당했다고 해서 스스로 목숨을 끊고 있습니다. 이것은 모두 우리가 알지 못하는 엄청난 삶을 경험하지 못해서 그러는 것입니다.

진흙은 세 번 태어난다고 말할 수 있습니다. 우선 진흙은 평범한 흙으로 만들어집니다. 그러나 진흙 상태로는 아무 가치가 없습니다. 그런데 이 진흙이 뛰어난 도자기 기술자의 손에 들어가서 반죽이 되고 모양이 만들어지고 불에 구워져서 멋진 도자기로 태어나게 됩니다. 그리고 마지막으로 그 도자기에 담기는 것이 무엇이냐에 따라 다시 한 번 태어납니다. 아무리 멋진 도자기라 하더라도 그 안에 술이 담기면 술병밖에 되지 않습니다. 그러나 그 안에 유향이 담기거나 몰약이 담기면 혹은 그보다 더 비싼 보석이 담기면 가치가 높아질 것입니다.

마찬가지로 인간들도 이 세상에 세 번 태어납니다. 한 번은 자연 상태 그대로 욕망을 가진 인간으로 태어납니다. 인간들은 이 세상에서 생존과 성공의 욕망을 가지고 살아갑니다. 그러나 우리 인간은 하나님을 알게 됨으로 다시 한 번 태어나게 됩니다. 그리고 하나님의 손에 붙들려서 사용될 때 우리의 인생은 완성이 되는 것입니다.

아마 위대한 하나님의 종들 중에서 가장 멋지게 죽은 종은 모세와 엘리야일 것입니다. 엘리야는 죽지 않고 하늘에서 불말과 불병거가 와서 그를 낚아채듯이 태워서 올라갔습니다. 그리고 모세는 느보산에 올라 약속의 땅 가나안을 바라보면서 하나님의 부르심을 받았습니다. 그리고 혹시라도 이스라엘 백성이 모세의 시체를 우상 숭배하듯 숭배할까 봐 하나님은 모세의 시체를 감추셨습니다.

그런데 성경에서 이해할 수 없는 비참한 죽음을 당한 사람 중 한 명이 세례 요한입니다. 세례 요한은 예수님 당시에 가장 뛰어난 설교자요 선지자였고, 어떤 의미에서는 예수님보다 더 유명한 사람이었습니다. 그러나 세례 요한은 헤로디아의 딸 살로메의 춤값으로 목이 베여서 죽었습니다. 그리고 또 한 사람은 야고보 사도입니다. 야고보 사도는 오순절에 부흥이 일어난 후 헤롯 아그립바의 핍박이 시작될 때에 목이 베여 죽음으로 최초의 순교자가 되었습니다. 그러나 그 중에 가장 이해가 되지 않는 비참한 죽음을 당하신 분은 우리 주님이십니다.

예수 믿지 않는 사람들이 보기에는 신앙 때문에 죽는 사람들이야말로 가장 어리석고 미련한 사람들인 것 같습니다. 잠시 안 믿는다고 하면 되지 왜 그렇게 고집스럽게 믿는다고 해서 아까운 생을 마감하느냐는 것입니다. 그러나 하나님 앞에서는 무조건 오래 사는 것만이 좋은 것이 아닙니다. 하나님 앞에서는 가장 영광스러운 것이 순교로써 신앙을 지키는 것입니다.

1. 우리가 알지 못하는 세계

우리는 이 세상에서 신앙도 좋고 모든 성도들이 존경하는 분이 행복하게 살지 못하고 많은 고난을 당하고 때로 비참한 죽음을 당하는 것에 대하여 이해가 되지 않을 것입니다. 이것은 이 세상에 하나님의 백성을 시기하는 사탄이 있고, 사탄이 영적인 전쟁을 일으켜서 하나님의 백성을 공격하기 때문입니다.

전에 어떤 청교도 신학자는 이 세상에서 사탄보다 더 자신의 목적에 충성하는 자는 없을 것이라고 했습니다. 즉 사탄은 처음부터 지금까지 일관되게 하나님을 믿는 백성들을 시기하고 그들을 죽이며 교회를 와해시키는 데 최선을 다하고 있는 것입니다.

사탄은 하나님의 종 한 사람을 쓰러뜨리기 위해서라면 아무리 많은 돈도 아끼지 않습니다. 그러나 하나님의 백성은 자신들이 해야 할 일이 무엇인지도 모르고 엉뚱한 일을 집적대느라고 시간과 정력을 낭비하는 것입니다. 하나님께서는 이 치열한 영적인 전쟁에서 하나님의 종들을 지켜 주십니다. 그러나 때로는 아까운 하나님의 종들이 희생될 때도 있습니다. 우리는 왜 어떤 종은 살아야 하고, 왜 어떤 종은 죽어야 하는지 알 수 없습니다. 우리는 왜 야고보는 죽어야 하고, 베드로는 살아야 하는지 알지 못합니다. 그러나 우리는 이런 희생을 통해서 아직 이 세상에 완전한 평화가 온 것은 아니며, 아직 사탄과의 치열한 전쟁이 있다는 것을 알게 됩니다.

몇 년 전에 어느 여성이 금강산 관광을 하던 중 철책을 넘어서 산책을 하다가 북한의 여군이 조준 사격하는 총에 맞아 죽었습니다. 북한은 특히 여군이 무섭다고 합니다. 그리고 얼마 있지 않아서 천안함이 피격을 당해 수병 46명이 죽임을 당했습니다. 이것은 아직 남북한은 전쟁 중이라는 것을 보여 주는 것입니다.

1-2절, "그때에 분봉왕 헤롯이 예수의 소문을 듣고 그 신하들에게 이르되 이는 세례 요한이라 저가 죽은 자 가운데서 살아났으니 그러므로 이런 권능이 그 속에서 운동하는도다 하더라"

예수님께서 능력으로 병자들을 고치고 귀신을 쫓아내신 이야기는 온 갈릴리에 퍼졌고, 사람들은 모이기만 하면 예수님의 이야기를 했습니다. 예수님에 대한 소문은 마침내 헤롯의 귀에까지 들어가게 되었습니다. 이때 헤롯의 반응은 놀라웠습니다. 헤롯은 부하들에게 예수님에 대하여 좀 더 자세히 알아 보라고 하거나 내가 그를 한번 만나 보겠다는 식으로 말하지 않고 그 자리에서 "이 사람은 세례 요한이다. 내가 죽였던 세례 요한이 살아나서 이런 능력을 행하고 있는 것이다"라고 말을 한 것입니다. 즉 헤롯은 예수님을 굉장히 두려워했는데 그것은 양심의 가책에서 나온 미신적인 두려움이었습니다.

이것을 보면 헤롯은 위대한 하나님의 선지자 세례 요한을 죽이고 난 후에 계속 양심의 가책을 받아 온 것을 알 수 있습니다. 헤롯은 세례 요한을 죽인 후에 의로운 선지자 세례 요한이 다시 살아나서 자기에게 복수할 것이라는 생각을 가지고 있었던 것입니다. 그러다가 헤롯은 예수님에 대한 소문을 듣게 되었고, 죽은 세례 요한이 살아나서 복수를 시작하고 있는 것이라고 결론을 내린 것입니다.

우리는 이 세상에 눈에 보이지 않는 전쟁이 있다는 것을 알아야 합니다. 그것은 악한 마귀가 하나님의 백성을 넘어뜨리려고 하는 것입니다. 그래서 마귀는 할 수 있는 대로 하나님의 귀한 종들을 두 가지로 공격합니다. 하나는 마음속에 교만을 불러일으켜서 범죄하게 하는 것이고, 또 하나는 직접 공격하여 피해를 입히는 것입니다. 그래서 우리는 이 세상에서 절대로 완전한 행복을 누릴 수 없습니다. 만약 우리가 이 세상에서 완전한 행복을 소유하려고 한다면 눈앞에서 일어나는 여러 가지 불행을 이해하지 못할 것입니다.

물론 하나님께서는 우리를 여러 가지 어려움과 시험에서 건져 주십니다. 그러나 전쟁이라는 것은 한쪽의 피해가 전혀 없는 경우는 생각할 수 없습니다. 아무리 승리한 전쟁이라 하더라도 어느 정도는 피해가 있을 수밖에 없고, 또 사상자가 생기게 되어 있습니다.

본문을 보면 마귀가 헤롯 왕을 이용해서 세례 요한이라는 대설교자를 죽였습니다. 그러고 나서는 다시 미신적인 생각을 하게 해서 예수님을 해치려고 하는데 예수님은 이것을 미리 아시고 조용한 곳으로 피하십니다.

사도 바울은 에베소서 6장 12절에서 "우리의 씨름은 혈과 육에 대한 것이 아니요 정사와 권세와 이 어두움의 세상 주관자들과 하늘에 있는 악의 영들에게 대함이라"라고 했습니다. 우리 성도들은 눈에 보이지 않는 적과 싸워야 합니다. 우리는 눈에 보이지 않는 마귀라는 영과 싸워야 합니다. 마귀는 우리의 약한 부분을 아주 잘 알고 있습니다. 그래서 수많은 믿음의 종들을 찍어서 넘어지게 했습니다. 마귀는 발람이라는 선지자를 돈으로 넘어지게 했고, 삼손이라는 좋은 성적인 유혹으로 넘어지게 했습니다. 다윗도 이성의 문제로 실패했습니다. 그리고 사탄은 세례 요한처럼 끝까지 넘어지지 않고 믿음을 지키는 자들을 죽음으로 찍어서 보복했던 것입니다.

그래서 우리는 이 세상에서 믿음이 좋고 신앙생활을 잘 하는 사람들이 모두 행복한 것이 아니라는 것을 알아야 합니다. 오히려 믿음이 좋은 분들이 병으로 인해 세상을 떠나고, 교통사고나 좋지 않은 일로 희생될 수 있다는 것을 믿어야 합니다. 그래서 우리는 더 담대한 믿음을 가져야 합니다. 중요한 것은 마지막까지 믿음을 지켰느냐 하는 것입니다.

예수님은 우리가 사람들 앞에서 예수님을 부끄러워하면 예수님도 천사들 앞에서 우리를 부끄러워할 것이라고 말씀하셨습니다. 즉 우리가 예수님을 모른다고 하면 예수님도 우리를 모른다고 하신다는 것입니다.

예수님은 "나더러 주여, 주여 하는 자마다 다 천국에 들어갈 것이 아니요 내 아버지의 뜻대로 행하는 자라야 들어가리라"라고 말씀하셨습니다. 즉 큰일을 많이 하는 자가 천국에 들어가는 것이 아니라 내 아버지의 뜻대로 행하는 자가 천국에 들어간다는 것입니다.

2. 헤롯의 이중성

이 세상에 많은 통치자들이 있지만 그들이 다 악한 통치자는 아닙니다.

그런데 세례 요한을 죽인 헤롯과 예수님을 처형한 본디오 빌라도는 모두 악한 통치자였습니다. 헤롯 안티파스는 로마가 임명한 갈릴리의 왕이었습니다. 즉 그는 분봉왕으로서 갈릴리를 통치하고 있었고, 세례 요한은 유대 사람이었습니다. 예수님은 유대 땅 베들레헴에서 나셔서 갈릴리에서 복음을 전하셨지만 세례 요한은 유대에서 태어났고 말씀을 전한 것도 유대 광야에서였습니다. 그런데 세례 요한은 유대에서 갈릴리까지 가서 갈릴리 왕인 헤롯 안티파스를 책망하다가 체포되었으며 갈릴리에서 처형을 당했습니다. 왜 유대 사람이 굳이 갈릴리까지 가서 헤롯을 책망하다가 죽어야 했을까요? 그것은 세례 요한이 열정의 사람이었기 때문입니다. 원래 유대 사람들은 갈릴리 사람들을 무시하고 인정하지 않았습니다. 그런데 세례 요한만은 갈릴리 사람들도 똑같은 하나님의 백성이라고 생각했습니다. 그런데 갈릴리를 다스리는 헤롯이 동생의 아내를 데리고 사는 것은 불의라고 생각해서 헤롯을 책망하기 위하여 갈릴리로 간 것입니다. 그러나 헤롯은 세례 요한을 싫어한 것은 아니었습니다.

"헤롯이 요한을 의롭고 거룩한 사람으로 알고 두려워하여 보호하며 또 그의 말을 들을 때에 크게 번민을 느끼면서도 달게 들음이러라"(막 6:20).

헤롯은 평소에 세례 요한이 의롭고 거룩한 사람이라는 것을 알고 존경했으며, 특히 세례 요한의 설교를 좋아했습니다. 그리고 헤롯은 세례 요한이 직설적으로 죄를 책망하면 몹시 괴로워하면서도 요한의 설교를 들었습니다. 세례 요한이 간음이나 음란 같은 죄를 책망하는 설교를 할 때에는 헤롯은 번민을 하기는 했지만 위대한 설교자인 세례 요한을 좋아했고 그의 설교를 듣는 것을 좋아했습니다. 그러니까 헤롯은 세례 요한과 동시대 사람으로서 그의 설교를 들을 수 있었던 것이 큰 행운이었던 것입니다. 그리고 세례 요한도 헤롯에게 관심을 가지고 그의 죄를 개인적으로 책망했습니다. 즉 헤롯은 어떤 의미에서는 다른 통치자들보다 더 하나님의 진리에 감화를 받을 수 있는 입장에 있었습니다. 그런데 헤롯은 세례 요한의 설교로 변화받지 못하고 오히려 그를 죽였습니다. 그 이유가 무엇일까요?

우선 하나는, 헤롯은 진리를 객관적으로 듣는 것은 좋아했지만 자기 개인에게 적용하는 것은 아주 싫어했다는 것입니다. 즉 그는 세례 요한이 성경적인 진리를 가르치는 것을 좋아했습니다. 그런데 세례 요한이 자기의 잘못을 구체적으로 지적하면서 책망하는 것은 싫어한 것입니다. 즉 헤롯은 진리를 듣고 감상하는 것은 좋아했지만 죄를 버리는 것은 싫어했습니다. 결국 헤롯은 하나님의 말씀을 고전음악을 듣는 것처럼 감상했지만 죄를 버리지 않았습니다. 그 바람에 헤롯은 요한의 설교와 책망을 듣고서도 결국 세례 요한을 죽이는 자가 되었습니다.

그리고 헤롯은 사람들의 인기를 아주 중요하게 생각했습니다. 헤롯은 사람들의 말이나 칭찬에 따라서 좌우되는 사람이었습니다.

5절, "헤롯이 요한을 죽이려 하되 민중이 저를 선지자로 여기므로 민중을 두려워하더니"

헤롯이 세례 요한과 원수가 된 것은 세례 요한이 개인적으로 자기의 죄를 책망한 것에 기분이 나빴기 때문입니다. 그래서 헤롯은 세례 요한을 죽이려고 했는데 사람들이 세례 요한을 하나님의 선지자로 믿고 있었기 때문에 죽이지 못했습니다.

그러던 중 결정적인 사건이 헤롯의 생일에 일어납니다. 헤롯의 생일에 헤로디아의 딸이 헤롯을 위하여 멋진 춤을 추었습니다. 중동 여자들이 추는 배꼽춤은 아주 역동적이고 환상적입니다. 헤롯은 그 춤을 보고 기분이 좋아져서 춤을 춘 아이에게 "네가 요구하는 것은 무엇이든지 다 주겠다"라고 약속을 했습니다. 다른 성경에 보면 '나라의 반까지 주겠다' 고 했다고 하였습니다.

그러나 이 나라는 헤롯의 나라가 아니고 로마의 나라였습니다. 헤롯은 허풍쟁이였던 것입니다. 헤롯은 자기가 줄 수 없는 것을 주겠다고 약속했습니다. 헤롯은 그 순간 다른 사람들로부터 굉장히 대담한 사람이며 화끈한 사람이라는 칭찬을 받고 싶었던 것입니다. 사람들은 자기 능력의 범위 안에서 무엇을 하려고 하면 시시하고 쩨쩨한 사람이 되어 버립니다. 대단한 사람은 자기가 할 수 없는 것을 해 주겠다고 약속하는 사람이며, 한번 약속한 것은 도둑질을 해서라도 지키는 사람인데 사람들은 모두 그런 사람을 좋아하는 것입니다. 사탄은 바로 그 기회를 노리고 세례 요한을 극도로 미워하던 헤로디아를 통해서 세례 요한의 머리를 베게 했던 것입니다. 헤롯은 요한을 죽이고 싶지 않았지만 주위 사람들이 맹세를 지키라고 하는 바람에 결국 세례 요한을 죽이도록 명령을 내렸습니다.

여기서 사람이 설교를 듣는 것과 그 말씀을 믿는 것은 엄청나게 다르다는 것을 알게 됩니다. 우리가 하나님의 말씀에 순종하려면 설교를 듣는 것으로는 안 되고 자기 자신을 말씀에 쳐 복종시켜야 하는 것입니다. 그런데 무엇 때문에 내가 하나님의 말씀으로 스스로를 쳐서 복종시키겠습니까? 그러니까 아무리 설교를 들어도 변하지 않는 것입니다.

헤롯이 하나님의 말씀으로 변하려면 자기 동생의 아내 헤로디아와 그 딸을 내보내면 되는 것입니다. 그러나 헤롯은 그러한 결단이 없이 양심의 고통과 자기 정욕 그리고 사람들의 말에 따라서 왔다 갔다 하다가 사탄에게 이용만 당하고 만 것입니다.

헤롯은 하나님의 사랑을 받을 만한 조건이 충분히 있었습니다. 헤롯은 하나님의 백성이 사는 갈릴리의 통치자였습니다. 더욱이 헤롯은 세례 요한을 존경했고 괴로워하면서도 그의 설교를 들었습니다. 특히 세례 요한이 개인적으로 그를 찾아가서 죄를 책망할 정도로 관심과 애착을 가졌습니다. 그런데 헤롯은 개인적인 결단을 내리지 못했습니다. 헤롯의 마음속에는 늘 두 가지가 싸우고 있었습니다. 지금 자기가 죄를 짓고 있다는 양심의 가책과 세례 요한을 보호하고 또 하나님의 말씀을 사랑한다는 인정을 받고 싶었던 것입니다. 헤롯은 좋은 설교를 들으면서도 사람들의 인기를 놓치기 싫어했습니다. 그래서 헤롯은 자기가 한 말과 사람들의 말 사이에서 방황했습니다. 결국 세례 요한을 죽이고 난 후에 그는 선지자를 죽였다는 양심의 가책으로 괴로워하다가 예수님에 대한 소문을 듣고서는 죽은 세례 요한이 다시 살아나서 자기에게 복수를 시작했다는 공포에 빠진 것입니다.

여기서 우리가 알 수 있는 것이 헤롯은 하나님의 진리와 세상을 동시에 다 가지려고 했다는 것입니다. 그는 권력이나 사람들의 인기에 연연했고, 하나님의 진리는 진리대로 좋아서 둘 중 어느 것도 놓치고 싶어 하지 않았습니다. 그렇게 하다 보니까 하나님 편에 서지 못하고 오히려 마귀에 의해서 더 악하게 사용될 수밖에 없었던 것입니다.

오늘도 많은 젊은이들이 둘 중의 하나를 택하기 위하여 고민을 합니다. 즉 '진리냐 사랑하는 사람이냐, 진리냐 고시 공부냐 혹은 진리냐 돈을 버는 것이냐' 하는 것으로 고민을 합니다. 오래전에 유행했던 노래 가사에 "영원한 사랑을 택하자니 우정이 울고 영원한 우정을 택하자니 사랑이 우네"라는 가사가 있습니다. 그러나 우리는 고민할 필요가 없습니다. 우리는 모든 것을 믿음으로 하면 됩니다. 우리는 믿음으로 사랑도 하고, 믿음으로 공부도 하고, 믿음으로 사업을 하면 되는 것입니다. 우리는 내게 능력 주시는 자 안에서 모든 것을 하면 되는 것입니다.

헤롯은 얼마든지 회개할 기회가 있었습니다. 즉 헤롯은 세례 요한에게 책망받았을 때 양심에 가책이 생겨 기분이 풀어질 수도 있었고, 또 헤로디아의 딸에게 무엇이든지 요구하는 것을 들어주겠다고 했더라도 한 번만 창피를 당하면 되는 것입니다. "미안하다. 네가 춤을 너무 잘 추어서 내가 조금 흥분을 한 것 같은데 그런 것은 재판을 해야 한단다"라고 하면 되는 것입니다. 그래서 기억해야 하는 것이 '한 번만 창피를 당하면' 살게 되는데 그것을 하지 않는 바람에 죄를 짓게 되는 것입니다.

우리는 인간이기 때문에 실수할 수도 있고 거짓말도 할 수 있습니다. 또 죄를 지을 수도 있습니다. 그러면 그 순간에 창피당할 것을 각오하고, "내가 사람들에게 잘 보이려고 허풍을 부렸습니다. 미안합니다"라고 하면 그것으로 끝날 수도 있는데 자꾸 부인하고 거짓말을 하는 바람에 죄를 더 키우는 것입니다.

3. 세례 요한의 죽음

우리 생각에 세례 요한의 죽음은 위대한 설교자나 선지자의 죽음으로는 너무 허무하고 비참한 죽음인 것 같습니다. 즉 어떻게 세례 요한같이 위대한 선지자가 겨우 여자 아이의 춤값으로 죽임을 당하며, 그것도 재판 같은 절차도 없이 헤롯의 잔칫상의 술좌석에서 농담 비슷한 말에 의하여 죽임을 당합니까? 인간적으로 보면 세례 요한의 삶은 행복한 삶인 것 같지 않습니다. 세례 요한의 사생활을 보면 그는 결혼을 하지 않은 것 같고, 아이도 없었던 것 같습니다. 세례 요한은 아버지의 외아들로서 아주 늦게, 그것도 하나님의 은혜로 임신을 해서 태어난 아들인데 후손을 남기지 못했습니다.

우리 믿는 성도들은 육신의 부모에게 효도를 다하지 못할 때가 많습니다. 특히 부모님의 기대를 이루어 드리지 못할 때 많은 죄를 짓는 것 같습니다. 그런데 때로는 우리가 부모님에게 잘 못해 드려도 어쩔 수 없습니다. 왜냐하면 부모님은 평범하게 잘 살기를 바라기 때문입니다. 부모님은 남이 결혼할 때 자식도 결혼을 하고, 남들이 취직할 때 자식도 취직을 하고, 남들이 아기를 낳을 때 자기 자식도 아기를 낳아야 불만이 없습니다. 그러다가 자식이 다른 사람들같이 정상적인 삶을 살지 못하면 불효가 되는 것입니다.

우리에게는 두 가지 행복의 조건이 있습니다. 하나는 가능한 한 이 세상에서 행복의 조건들을 다 누리면서 사는 것입니다. 그런 의미에서 본다면 요한은 불행한 사람입니다. 반면에 헤롯은 행복한 사람입니다. 왜냐하면 자기가 하고 싶은 것을 다 하면서 살았기 때문입니다. 헤롯은 자기 마음에 들지 않는 여자를 버리고 정욕적인 여자와 결혼을 했습니다. 그리고 헤롯은 사람들의 비위를 건드리지 않고 인기 정책을 잘 사용해서 오래오래 왕의 자리를 차지하면서 살았습니다. 그러나 헤롯은 정신적으로 행복하지 못했으며, 하나님 앞에서 살인자였고, 무서운 지옥의 종이었습니다.

그러나 세례 요한은 자기가 옳다고 생각하는 것을 위하여 살았습니다. 특히 세례 요한은 왕이라고 해서 특별히 두려워하지 않았습니다. 왜냐하면 왕이라 할지라도 요한 앞에는 회개해야 할 한 사람의 죄인에 불과했기 때문입니다. 요한이 굳이 갈 필요가 없는 갈릴리까지 가서 진리를 증거한 것은 진리에 대한 그의 열정이 얼마나 대단했는지를 보여 줍니다. 세례 요한은 죄가 있는 곳이라면 어디든지 찾아가서 책망할 수 있는 용기를 가진 사람이었습니다.

하나님 앞에서 가장 영광스러운 죽음은 진리를 위하여 죽는 것입니다. 이 세상의 어떤 죽음도 진리를 위하여 순교하는 것보다 더 영광스러울 수가 없습니다. 비록 이 세상에서는 비참하고 고통스러운 죽음이지만 하늘에서는 모든 천사들과 성도들이 기립하여 나팔 소리와 박수로 영접하는 것이 순교의 죽음인 것입니다. 그래서 세상적인 눈으로는 요한의 죽음이 비참해 보일지 몰라도 하나님 앞에서는 그의 죽음이 최고로 영광스러운 죽음이었습니다.

우리 인간의 생애는 이 세상에서 끝나는 것이 아닙니다. 예수 믿지 않는 자들은 이 세상에서 많은 것을 가지고 누리고 싶은 것을 다 누리면서 삽니다. 그러나 세상 사람들은 죽음과 함께 하나님의 은혜가 끝이 납니다. 그리고 그들에게는 영원한 지옥이 준비되어 있습니다. 거기서 그들은 영원히 고민하고, 영원히 미워하고, 영원히 서로 저주하면서 있게 됩니다. 왜냐하면 이 세상에 살면서 하나님께 영광을 돌리지 않았기 때문입니다. 그러나 하나님을 믿는 자는 이 세상에서 오히려 모든 것을 다 누리지 못합니다. 우리는 이 세상에서는 하나님의 손에 붙들려서 연기하듯이 살아가야 합니다. 그래서 하나님의 백성은 다른 사람에게 감동을 주는 삶을 살아야 합니다. 그러나 우리는 죽어서 더 영광스러운 상태에 있게 됩니다. 그것은 천국에서 천사와 같은 상태에 있게 되는 것입니다. 그러나 우리는 한 번 더 변하는데 예수님이 재림하실 때 우리는 가장 젊고 아름다운 모습으로 변화되어 영원히 살게 됩니다. 그때에는 장애도 없습니다. 죽지도 않습니다. 지금보다 감정이나 지각이 백 배, 천 배로 발전한 상태에서 살게 될 것입니다. 그래서 지금 우리가 사는 것은 우리 인생의 한 부분에 불과하지 결코 전부가 아닌 것입니다.

그래서 우리 성도들에게 가장 복된 삶은 세상적인 행복의 조건을 많이 가지고 누리는 것이 아니라 얼마나 진리를 위해서 살며, 진리와 함께 고난을 받으며, 진리를 위하여 죽을 수 있느냐 하는 것입니다.

세례 요한의 제자들은 요한의 죽음에 대한 소식을 듣고 즉시 감옥으로 가서 요한의 시신을 장사 지냈습니다. 그리고 그 사실을 예수님께 알려 주었습니다.

12절, "요한의 제자들이 와서 시체를 가져다가 장사하고 가서 예수께 고하니라"

요한의 제자들이 자기 스승의 죽음을 가장 먼저 예수님께 알린 것은 요한과 가장 가까운 분이 예수님이라고 생각했기 때문입니다. 사실 요한은 예수님의 선구자였습니다. 왕이나 주인이 행차할 때 먼저 그 사실을 알리고 사람들을 준비시키는 것이 종의 사명인데 요한은 바로 그런 사람이었습니다. 세례 요한은 자기는 망해야 하고 예수님은 흥해야 한다고 말한 것입니다. 그래서 요한은 자기 사명을 잘 마친 후 모든 것을 예수님께 다 맡기고 무대에서 내려왔습니다.

그런데 예수님은 세례 요한이 죽임을 당했다는 소식을 듣고서도 흥분하거나 분노해서 헤롯을 저주하지 않고 오히려 조용히 들판으로 피하셨습니다.

13-14절, "예수께서 들으시고 배를 타고 떠나사 따로 빈 들에 가시니 무리가 듣고 여러 고을로부터 걸어서 좇아간지라 예수께서 나오사 큰 무리를 보시고 불쌍히 여기사 그 중에 있는 병인을 고쳐 주시니라"

그리고 예수님은 거기서 마치 아무 일 없었다는 듯이 병자들을 치료하셨습니다. 왜 예수님은 헤롯과 싸우지 않고 오히려 헤롯을 피하여 빈 들로 도망하신 것일까요? 그것은 요한의 사명이 다르고 예수님의 사명이 다르기 때문입니다. 요한의 사명은 이 세상 사람들의 죄를 책망해서 예수님께 오게 하는 것이었습니다. 그래서 요한은 혹시 헤롯이 회개할까 해서 담대하게 그를 찾아가서 죄를 책망했다가 죽임을 당한 것입니다. 그러나 예수님의 사명은 모든 사람들의 죄를 위하여 십자가에 죽으시는 것이었습니다. 헤롯은 예수님의 상대가 아니었던 것입니다. 예수님은 자신의 사명이 이 세상에 싸우러 온 것이라고 생각하지 않으셨습니다. 예수님은 이 세상의 모든 불의를 다 없애는 것이 사명이라고 생각하지도 않으셨습니다. 예수님은 자신의 사명이 오직 자신의 피로 하나님께 의로운 제사를 드림으로 모든 믿는 자들의 죄를 사함 받게 하는 것이라고 생각하셨습니다. 그래서 예수님은 자신의 종을 비참하게 죽인 헤롯에게 복수하지 아니하고 불쌍한 사람들을 치료해 주는 일을 하셨습니다.

우리가 이 세상을 사는 것은 우리 인생의 전부가 아니라 일부분입니다. 우리 성도들 중에 죽음이 두렵지 않은 분은 없을 것입니다. 그러나 이 죽음의 공포를 이겨야 멋진 삶을 살 수 있습니다. 남이 뭐라고 하든지 간에 끝까지 진리를 붙들고 죽는 것을 두려워하지 않는 축복의 성도들이 다 되시기 바랍니다.

성경 토의

1. 최근 우리나라에서는 지도층이 불의를 행하여 많은 지적이나 비난을 받고 자리에서 물러나는 일이 비일비재하다. 지도층에 있는 사람들이 도덕적으로 타락하는 이유는 무엇이라고 생각하는가?

2. 세례 요한 같은 위대한 선지자가 좀 더 영광스럽고 가치 있게 죽지 못하고 여자 아이의 춤값으로 죽는 것을 보고 너무 허무하고 비참한 죽음이라고 생각하지 않는가? 우리는 어떻게 죽는 것이 영광스러운 죽음이라고 생각하는가?

3. 나 자신은 어떻게 죽기를 원하며, 나의 죽음이 다른 사람들에게 어떻게 평가되기를 원하는가?

61_예기치 못한 기적들

마태복음 14:13-36

전체적 설명

문학 작품들 중에는 하루나 이틀 사이에 일어난 일들을 다루어서 위대한 작품으로 탄생시키는 경우가 있다. 그런데 만일 사람들이 예수님과 함께 하루 동안 있었다면 그 하루가 얼마나 엄청난 기적의 연속이었는지 말로 다 표현할 수 없을 것이다. 본문 말씀은 제자들이 예수님과 함께 보낸 하루 동안 일어난 일들에 대한 것이다. 예수님은 하루 동안에 보리떡 다섯 개와 물고기 두 마리로 5천 명을 먹이시고, 물 위를 걸으셨으며, 많은 병자들을 고치셨다.

설교 프리노트

13절, "예수께서 들으시고 배를 타고 떠나사"

세례 요한의 제자들은 자기 선생이 헤롯에게 죽임을 당하자 장례를 치르고 예수님에게 와서 그 일을 고하였다. 아마 세례 요한의 제자들은 예수님이 헤롯의 불의한 행동을 전해 듣고 분노하거나 당장 쳐들어가서 심판하실 것을 기대했는지도 모른다. 그러나 예수님은 헤롯을 피해서 먼 곳으로 가셨다.

그 이유는, 예수님은 헤롯과 대결하는 것이 자신의 사명이 아니라는 것을 아셨기 때문이다. 아마 세례 요한의 제자들은 예수님이 이렇게 헤롯을 피하는 것을 보고 비겁하다고 생각하거나 실망했을지도 모른다. 그래서 우리 인간이 생각하는 정의라는 것은 하나님 앞에서는 보잘것없는 만용이 될 수도 있다.

"따로 빈 들에 가시니 무리가 듣고 여러 고을로부터 걸어서 좇아간지라"

예수님께서는 조용히 지내시기 위해서 배를 타고 갈릴리 호수 건너편으로 가셨지만 사람들 중에는 예수님이 필요한 사람들이 많이 있었다. 그들은 예수님이 빈 들로 가셨다는 소식을 듣고서는 걸어서 예수님을 찾아왔는데 그들의 수가 수천 명이나 되었다. 그들은 주로 병이 든 사람이거나 가족 중에 병이 있는 사람, 또는 예수님의 말씀을 듣기를 원하는 자들이었다.

14절, "예수께서 나오사 큰 무리를 보시고 불쌍히 여기사"

예수님께서는 많은 사람들이 온 것을 보시고 더 이상 그들을 피하지 아니하시고 오히려 그들 앞에 나오셔서 그들을 만나 주셨다. 예수님이 그렇게 하신 것은 많은 무리에게 인정을 받거나 인기를 끌기 위해서가 아니라 그들을 불쌍히 여기셨기 때문이다. 즉 그들은 모두 이 세상 어느 곳에서도 인정받지 못하고 방황하고 있는 무리였다. 예수님은 그들 중에 있는 병자들을 많이 고쳐 주셨다. 사람들은 고통 받고 있는 병이 낫는 것을 통해서 하나님의 사랑을 피부로 느낄 수 있다.

15절, "저녁이 되매 제자들이 나아와 가로되"

사람은 아무리 하나님의 은혜가 좋다고 하지만 역시 몸을 가지고 있기 때문에 먹어야 살 수가 있다. 그래서 사람들의 이상은 육체적인 욕구에 의해서 굴복당하는 경우가 많다. 예수님의 일행도 마찬가지였는데 그들이 예수님의 말씀을 듣고 병자들이 치료를 받는 것은 좋은 일이었지만 그들도 모두 인간이었기 때문에 무엇인가를 먹어야 했는데 그들은 가진 것이 없었고, 그들이 있는 곳에서는 먹을 것을 살 수가 없었다. 그래서 예수님이나 제자들이 할 수 있는 최선의 방법은 더 늦기 전에 사람들을 빨리 집으로 돌려보내는 것이었다.

"이곳은 빈 들이요 때도 이미 저물었으니"

제자들이 많은 무리가 먹을 것을 걱정하는 것은 당연한 일이었다. 예수님께서 그 많은 사람들을 계속 붙들고 있으려면 그들에게 먹을 것을 주어야 하는데 예수님의 일행도 먹을 것이 없었다. 그래서 제자들은 예수님이 인정 때문에 사람들을 보내지 못하고 계속 붙들고 있는 것이라고 생각해서 예수님께 이제는 사람들을 보내야 할 시간이라고 말씀드렸다. 제자들은 예수님에게 각 사람이 가서 자기 떡을 사 먹게 하자고 했다. 그런데 예수님은 이들이 떡을 사먹을 돈조차 없다는 것을 알고 계셨다. 즉 예수님은 이들을 지금 그냥 보내면 굶은 채로 자기 집까지 가거나, 아니면 자기 집에 가서도 굶을 수밖에 없다는 것을 알고 계셨다.

16절, "갈 것 없다 너희가 먹을 것을 주어라"

이 많은 사람들이 먹을 것을 구하지 못할 것을 뻔히 알면서 그냥 보낸다는 것은 예수님에게 결코 정직한 것이 되지 못했다. 그러나 다른 사람들 같으면 모르는 체하고 보냈을 것이다. 그러면 사람들은 길을 가다가 먹을 것이 없으면 떨어진 것을 주워 먹든지, 아니면 풀뿌리를 캐 먹을 것이다. 그러나 예수님에게는 이들을 모르는 체하고 그냥 보내는 것이 용납이 되지 않았다. 그래서 예수님은 제자들에게 너희가 먹을 것을 주라고 말씀하셨다. 그러나 제자들은 수중에 자신들이 먹을 것조차도 없는 형편이었다. 이것을 보면 예수님이 실정을 전혀 모르는 분처럼 생각될 것이다. 그러나 예수님은 이미 본인이 어떻게 하실 것인지 결정하셨기 때문에 제자들에게 너희가 먹을 것을 주라고 하신 것이다. 예수님이 제자들에게 이 말씀을 하신 것은 이 사람들을 책임지라는 것이 아니다. 책임은 예수님이 지시고 제자들은 예수님이 시키는 대로 하기만 하면 되는 것이다.

17절, "여기 우리에게 있는 것은 떡 다섯 개와 물고기 두 마리뿐이니이다"

예수님과 제자들이 가지고 있는 것은 먹을 것이 필요한 많은 사람에 비하면 실망스럽게 작은 것이었다. 우리는 때때로 이처럼 주님의 말씀과 현실 사이에 엄청난 차이를 체험할 때가 많다. 그러나 때때로 하나님께서 우리에게 말도 되지도 않는 것을 시키실 때에는 이미 하나님께서 준비하신 기적이 있다는 것을 믿어야 한다.

19절, "무리를 명하여 잔디 위에 앉히시고"

유대인들은 식사를 할 때 자리에 비스듬히 기대어서 식사를 했다. 예수님께서는 비록 빈 들이지만 유대인들로 하여금 정식으로 식사를 하듯이 자리에 기대어 앉게 하셨다. 이것은 예수님께서 자신을 통하여 하나님의 기적이 나타날 것을 확신하셨기 때문이다. 예수님은 없는 것도 있게 하는 능력을 가지고 계신다.

"하늘을 우러러 축사하시고"

제자들이 가지고 있던 음식은 너무 적은 것이었지만 예수님은 실망하지 아니하시고 그것을 들고 진지하게 기도하셨다. 즉 아무리 적은 것이라 하더라도 그것이 있었기 때문에 많은 사람이 저녁을 굶지 않고 배부르게 먹을 수 있었다. 예수님이 하늘을 우러러 축사하신 것은 이 모든 것이 하나님으로부터 온 것임을 진심으로 감사드리는 것이었다. 예수님은 작은 것이라고 무시하지 아니하고 소중하게 생각하셨다.

20절, "다 배불리 먹고 남은 조각을"

거기에 있던 사람들이 모두 배부르게 먹은 것을 보면 더 필요한 사람은 더 달라고 할 수도 있었던 것 같다. 즉 '무한리필' 이었던 것이다. 그렇게 배불리 먹고도 남은 떡 조각들이 많았다. 그런데 예수님께서는 먹고 남은 조각을 쓰레기통에 버리지 않고 모두 모아서 바구니에 담게 하셨다. 우리 생각 같아서는 예수님이 이런 능력을 가지고 계시면 남은 떡은 다 버리고 새로 또 만들면 될 것 같은데 예수님은 남은 조각을 거두셔서 또 하나의 증거로 삼게 하셨다. 즉 5천 명이 이 떡을 먹고 열두 광주리가 남은 것을 또 표적으로 남기신 것이다. 이것을 통해서 예수님은 하나님의 아주 작은 은혜도 얼마나 소중한지를 깨닫게 하셨다.

22절, "예수께서 즉시 제자들을 재촉하사"

예수님께서 보리떡 다섯 개와 물고기 두 마리로 5천 명을 먹이셨을 때 생각지 못했던 결과가 나타났다. 그것은 예수님의 인기가 엄청나게 올라간 것이다. 무리들은 이 기적을 통해서 예수님의 능력을 직접 체험했을 뿐 아니라 예수님을 억지로 왕으로 세우려고 했다. 그래서 제자들도 거기에 계속 있으면 분위기에 휩쓸려서 흥분될 수 있었기 때문에 예수님은 서둘러서 제자들로 하여금 배를 타고 그곳을 떠나게 하셨다.

23절, "기도하러 따로 산에 올라가시다"

예수님께서 기적으로 많은 무리를 먹이신 것은 사람들에게도 기쁜 일이었지만 예수님 자신에게도 무척이나 기쁜 일이었다. 그러나 예수님께서는 기적 뒤에 생길 수 있는 시험에 대하여 생각하셨다. 그래서 예수님은 하나님이 정말 기뻐하시는 것이 무엇인지 혼자 하나님 앞에서 기도하면서 응답받기를 원하셨다. 예수님은 하나님 앞에서 기도하는 가운데 사람들 중에 높아지는 것이 결코 하나님의 뜻이 아니라는 것을 생각하셨다.

24절, "바람이 거슬리므로 물결을 인하여 고난을 당하더라"

갈릴리 호수는 평소에는 잔잔했지만 바람이 불면 수면이 지면보다 낮아서 때때로 소용돌이가 일어나거나 파도가 지그재그로 움직이는 등 노를 젓기에 아주 어려울 때가 있었던 것 같다. 그런데 예수님 없이 제자들만 배를 저어 갈 때 역풍이 불면서 제자들은 바람과 파도 때문에 많은 어려움을 겪고 있었다.

25절, "밤 사경에"

여기의 '사경'은 새벽 세 시부터 해 뜰 무렵인 여섯 시까지의 시간이다. 예수님께서는 저녁부터 새벽까지 혼자서 기도하셨다. 이것을 보면 예수님은 기도하는 것을 좋아하셨으며 시간 가는 줄 모르고 기도하신 것을 알 수 있다. 예수님은 또한 제자들을 사랑하셨다. 그러나 예수님은 사랑하는 제자들이 호수 위에서 고통스러워하는 것을 알고 계셨다. 그래서 예수님은 더 기도를 할 것인지, 아니면 고통당하는 제자들을 도울 것인지 생각하다가 제자들을 돕기로 하셨다.

"바다 위로 걸어서 제자들에게 오시니"

예수님의 또 다른 신성을 보여 주는 장면이다. 제자들은 예수님이 많은 병자를 고치고 귀신 들린 자를 고치시는 것은 보았지만 적은 양의 떡으로 5천 명을 먹이실 것은 생각하지 못했다. 더욱이 제자들은 예수님이 물 위를 걸어서 자기들에게 오실 수 있다는 것은 생각하지 못했다. 그래서 제자들도 인간이었기 때문에 예수님이 물 위를 걸어오시는 것을 보고 "유령이다"라고 소리를 지르면서 무서워하였다. 이것을 보면 이 사건은 절대로 조작된 것이 아님을 알 수 있다. 사람들은 중력 때문에 물에 있으면 빠질 수밖에 없지만 예수님은 자연법칙에 제한되지 아니하셨다. 사람들은 자연법칙이 절대적인 줄 알지만 하나님은 자연법칙을 뛰어넘어서 자기 백성을 도우신다.

28절, "베드로가 대답하여 가로되 주여 만일 주시어든"

베드로는 어떤 일이 있든지 그냥 넘어가지 않고 꼭 나서서 해야 직성이 풀리는 성격이었던 것 같다. 그래서 베드로는 주님이 물 위를 걸으시는 것을 보고 자기도 걸을 수 있게 해 달라고 했다. 그러나 베드로의 이 부탁은 잘못된 것이었다. 왜냐하면 기적 중에는 제자들이나 예수 믿는 사람들이 할 수 있는 것이 있는가 하면, 오직 창조주이신 하나님만 하실 수 있는 것이 있기 때문이다. 즉 보리떡 다섯 개로 5천 명을 먹이거나 물 위를 걷는 것은 사람이 할 수 없는 일이다. 그러나 베드로는 주님이 하시는 것은 무엇이든지 자기도 하기를 원했기 때문에 예수님께 자기도 물 위를 걸을 수 있게 해 달라고 했다.

29절, "오라 하시니"

예수님이 얼마나 자비롭고 사랑이 많은 분인지 베드로가 해서는 안 되는 것을 부탁했지만 예수님은 베드로에게 물 위를 걸어서 예수님에게로 오라고 하셨다. 그래서 베드로는 배에서 내려 물 위를 걸어서 예수님을 향해 한 걸음 두 걸음 가고 있었다.

30절, "바람을 보고 무서워 빠져 가는지라"

베드로는 계속 예수님만 바라보아야 물 위를 걸을 수 있었는데 아마도 바람 소리를 듣고 주위를 두리번거렸던 것 같다. 그래서 베드로는 두려움에 사로잡혔고, 물에 빠지게 되었다. 여기서 우리가 알 수 있는 것은 예수님이 물 위를 걸어서 오라고 하셨지만 다른 것을 보면 안 된다는 것이다. 베드로는 다른 것을 보았을 때 두려움에 사로잡혔고, 자기가 계속 물 위를 걸을 수 있는지에 대하여 의심이 생기면서 물에 빠지게 되었다.

31절, "믿음이 적은 자여 왜 의심하였느냐"

예수님은 베드로가 중간에 의심을 했다는 것을 지적하셨다. 물론 베드로가 예수님께 물 위를 걷게 해 달라고 한 것은 잘한 것이 아니지만 그래도 주님이 오라고 하셨으면 끝까지 갔어야 하는데 중간에 의심을 하였다. 베드로가 예수님의 능력을 의심했는지, 자기가 끝까지 걸어갈 수 있는지를 의심했는지, 큰 파도를 이길 수 없다고 생각했는지는 알 수 없다.

33절, "배에 있는 사람들이 예수께 절하며 가로되"

배에 탔던 제자들은 예수님이 물 위를 걸어오시는 것을 보고 예수님이 단순한 인간이 아니라 신이라는 것을 믿고 절을 했다.

35절, "그 근방에 두루 통지하여"

사람들은 예수님이 나타났다고 하면 다른 사람들에게 알려서 가능한 한 많은 병자들이 와서 예수님께 병 고침을 받게 했다.

36절, "다만 예수의 옷가에라도 손을 대게"

사람들은 이제 예수님의 능력을 알았기 때문에 예수님이 안수하지 않고 그의 몸이나 옷에 접촉만 해도 병이 나을 것이라고 믿었다. 그래서 사람들은 예수님의 옷에 손을 대기를 부탁했는데 예수님의 옷자락에 손을 대는 자마다 모두 병이 나았다. 이것은 매우 놀라운 체험이었다.

본문 이해를 위한 질문

1. 예수님이 광야에 계실 때 어떤 무리가 몰려들었는가?

그들은 모두 가난하고 병든 자들이었다. 그들은 예수님의 말씀을 듣고 병 고침을 받았지만 먹을 것이 없었다.

2. 예수님은 굶주린 무리에게 어떻게 하셨는가?

제자들은 사람들을 집으로 돌려보내자고 했지만 예수님은 그들이 가진 것이 없다는 것을 아시고는 능력을 행하셔서 보리떡 다섯 개와 물고기 두 마리로 5천 명을 먹이셨다.

3. 예수님은 기적을 행하신 후 어떻게 하셨는가?

예수님은 산 위에서 혼자 기도하셨고, 호수 위에서 풍랑으로 고통 받는 제자들을 물 위를 걸어오셔서 도와주셨다.

성경 강해

소설이나 문학 작품 중에는 여러 대에 걸쳐 일어난 일을 시대적으로 보여 주는 거대한 스케일의 작품들이 있지만 어떤 소설이나 작품은 하루나 이틀 사이에 일어난 일들을 생동감 있고 치밀하게 묘사해서 노벨 문학상까지 타는 경우가 있습니다. 그 중에서 헤밍웨이의 『노인과 바다』라는 작품은 85일 동안 고기를 한 마리도 잡지 못한 산티아고라는 노인이 바다에 가서 엄청나게 큰 다랑어를 잡아서 오다가 상어에게 고기를 다 뜯기고 마는 하루 동안의 일을 묘사하고 있습니다.

『노인과 바다』에서 산티아고라는 노인은 85일 동안이나 고기를 잡지 못했지만 그래도 자신은 최고의 어부라는 자부심을 가지고 있었는데 85일 동안이나 고기를 잡지 못하니까 자기 배에서 일하던 소년까지도 소년의 아버지가 다른 배로 보냅니다. 그러나 이 노인은 86일째에 큰 다랑어를 잡아 사투를 벌이다가 결국 다랑어의 배에 작살을 꽂아서 배에 묶고 옵니다. 이 노인은 물고기와 사투를 벌이면서 자기가 젊었을 때에 건장한 한 흑인과만 스물네 시간 동안 팔씨름을 해서 이긴 것을 생각합니다. 그리고 배를 타고 아프리카 연안을 지나갈 때 보았던 사자들의 꿈을 꿉니다. 그러나 노인은 물고기가 너무 커서 배 안에 넣지 못하고 배 옆에 묶어 두었는데 돌아오는 길에 상어들이 덤벼듭니다. 그래서 노인은 작살을 가지고 싸우고, 나중에는 몽둥이로 때리는데 결국 상어가 몽둥이까지 물고 가 버려서 뼈만 남은 다랑어를 끌고 항구로 돌아옵니다. 사람들은 이것을 걸작이라고 평가합니다.

그리고 솔제니친이 쓴 『이반데니소비치의 하루』도 시베리아 수용소에서 하루 동안에 일어난 일을 기록하고 있습니다. 평범한 농부였던 주인공이 제2차 세계대전 때 독일군의 포로가 되었다가 탈출을 했으나 첩자 누명을 쓰고 시베리아 수용소에 갇힙니다. 간수들은 해가 뜨기 전에 죄수들을 깨워서 점호를 하고 눈이 얼어붙은 곳에서 일을 시키기 위해 데리고 갑니다. 이들은 멀건 죽 한 그릇을 더 먹기 위해서 별의별 짓을 다 합니다. 그리고 저녁이 되면 또 점호를 합니다.

학자들 중에는 고릴라나 코끼리 같은 큰 짐승을 연구하는 학자도 있지만 벌이나 개미 같은 작은 곤충을 연구하는 학자도 있습니다. 그런데 사람에게는 상대가 크냐 작냐보다 어느 순간 창문을 통하여 그동안 내가 보지 못했던 새로운 세계를 발견하는 것이 중요합니다. 예를 들어 아무리 작은 곤충의 세계라 하더라도 그것을 통해 그 안에 들어 있는 어떤 신비를 발견하게 될 때에는 어마어마한 보물을 찾은 것입니다.

본문 말씀은 많은 유대인들과 예수님의 제자들이 예수님과 함께 단 하루를 보내면서 겪은 일입니다. 처음에 사람들은 예수님의 설교를 들으면서 언제 병을 고쳐 주시려나 혹은 우리의 배가 고픈 것을 어떻게 해결할 것인가 하는 것을 걱정하고 있었을 것입니다. 그러나 사람들이 예수님의 말씀을 들었을 때 기적의 잔치가 벌어지기 시작했습니다. 그런데 놀라운 것은 제자들이 예수님의 이 기적의 잔치에 관중으로 팔짱을 끼고 구경만 한 것이 아니고 적극적으로 동참했다는 것입니다.

제자들은 처음에는 굶주린 무리들이 걱정이 되었는데 나중에 떡이 없어지지 않고 자꾸 생기는 것을 보았습니다. 또 예수님 없이 배를 타고 호수를 건너갈 때에 캄캄한 물에서 예수님이 나타나신 것을 보고 유령이라고 소리를 지르기도 했습니다. 심지어 베드로는 예수님께 자기도 물 위를 걸을 수 있게 해 달라고 해서 물 위를 걷기도 했습니다. 예수님이 호수 건너편에 가셨을 때도 다음날 사람들이 거기까지 예수님을 찾아서 왔는데 예수님은 사람들이 데리고 온 많은 병자들을 다 고쳐 주셨습니다. 어떤 소경은 예수님을 만진 후 "내 눈이 보인다"라고 소리를 지르는가 하면, 제대로 걷지 못해서 다른 사람들에게 업혀서 온 사람은 예수님을 만진 후 자기 발로 걸어가면서, "봐라. 내가 이제 이렇게 걸을 수 있게 되었다"라고 소리를 지른 것입니다.

본문에 기록된 기적들은 만 하루 동안 갈릴리 호숫가에서 일어난 예수님의 기적의 잔치입니다. 제자들은 이런 기적들을 통해서 예수님이 하나님의 아들이라는 것을 분명히 믿게 되었습니다.

1. 광야의 배고픈 무리들

예수님의 기적의 잔치는 예상치 못한 장소에서 예상치 못한 시간에 일어났습니다. 사람들은 이렇게 풍성한 축복이 자기들을 기다리고 있을 것이라고 생각하지 못했습니다.

15절, "저녁이 되매 제자들이 나아와 가로되 이곳은 빈 들이요 때도 이미 저물었으니 무리를 보내어 마을에 들어가 먹을 것을 사먹게 하소서"

지금 예수님이 계신 곳은 마을도 없고 가게도 없는 빈 들이었습니다. 빈 들은 사람들의 발길이 드문 곳이었지만 이렇게 많은 사람들이 몰려든 이유는 오직 예수님 때문이었습니다. 사람들은 예수님의 은혜스러운 말씀을 듣기 위하여, 그리고 사람들의 병이 낫는 것을 보기 위하여 여기까지 온 것입니다. 그런데 우리는 병 낫는 것을 보는 것을 대수롭게 생각하지 않을지 모르지만 오랫동안 은혜 없이 메마른 신앙생활을 해 오던 사람들에게는 병이 낫는 것을 보는 것 자체가 큰 충격이었고 하나님의 살아 계심을 체험할 수 있는 기회였습니다. 그래서 아무도 없는 빈 들에 오직 예수님의 말씀과 능력을 체험하기 위해서 많은 사람이 모여들었다는 것 자체가 큰 부흥이었습니다.

그런데 이런 부흥의 역사가 늘 좋은 것만은 아니었습니다. 왜냐하면 예수님의 말씀을 듣기 위하여 모여든 사람들은 먹을 것이 전혀 없는 가난한 사람들이었기 때문입니다. 예수님의 말씀을 듣기 위해 모여든 사람들은 요즘으로 치면 노숙자와 같은 사람들이었습니다. 그래서 예수님 앞에 나와서 말씀을 듣고 있기는 하지만 돈도 없고 가진 양식도 없이 모두 굶주린 배를 안고 모여 있었습니다.

제자들은 이 많은 무리들을 매우 부담스러워했습니다. 왜냐하면 이들은 제자들에게 전혀 도움이 되지 않았고, 오히려 자기들이 가지고 있는 떡이나 먹을 것을 나누어 주어야 할 형편인데 제자들에게도 먹을 것이 거의 없었기 때문입니다. 제자들은 시간이 흐름에 따라서 불안해지고 초조해지기 시작했습니다. 왜냐하면 예수님께서 이 사람들을 돌려보내지 않고 계속 붙들고 계셨기 때문입니다. 이렇게 되면 결국 나중에 예수님이나 제자들이 이 사람들의 먹을 것을 책임지게 될지도 몰랐던 것입니다.

예를 들어 저녁에 먹을 것이 전혀 없는데 남편이 친구들이나 주일학교 학생들을 잔뜩 집으로 데리고 오면 남편은 기분이 좋은지 몰라도 아내에게는 부담이 됩니다. 그래서 아내가 남편에게 계속 눈짓을 하면서 사람들을 빨리 보내라고 하는데도 남편은 사람들이 너무 좋아서 가려고 하는 사람들도 붙잡아 놓고 이야기를 하고 노래도 부르면 아내는 화가 날 것입니다.

그래서 마침내 제자들이 예수님께 말씀을 드렸습니다.

"예수님, 이곳은 빈 들이어서 먹을 것을 구할 수가 없습니다. 그리고 이 사람들은 모두 먹을 것이 없는 사람들입니다. 그러니까 더 늦기 전에 이 사람들을 집으로 돌려보내셔야 합니다."

제자들이 예수님께 이렇게 말한 것은 모든 것을 분명히 하자는 것입니다. 사람은 누구든지 처음부터 자기가 책임질 수 없는 것은 책임을 지지 못한다고 분명히 말을 해 주어야 상대방이 기대를 하지 않습니다. 책임지지도 못할 것을 책임질 것처럼 붙들고 있으면 일은 일대로 되지 않고 욕은 욕대로 얻어먹는 것입니다. 지금 제자들은 이 정도면 사람들이 충분히 은혜를 받았으니까 다 돌려보내고 이제는 우리끼리만의 시간을 좀 가지자는 것입니다. 사실 제자들의 생각은 상당히 합리적이고 일리가 있었습니다. 그런데 사람들의 머리로는 더 이상 기대할 것이 없고 이제 모든 것이 끝났다고 생각되는 그 시점이 예수님의 기적이 시작되는 순간입니다.

이때 예수님은 제자들에게 끔찍한 말씀을 하셨습니다.

16절, "예수께서 가라사대 갈 것 없다 너희가 먹을 것을 주어라"

지금 제자들은 사람들을 빨리 해산시켜서 보내려고 하는데 예수님은 제자들을 막으면서 "갈 것 없다. 너희가 먹을 것을 주어라"라고 말씀을 하시는 것입니다. 이것은 이 많은 사람들이 먹을 것을 너희가 책임지라는 뜻이었습니다.

지금 제자들은 자신들도 먹을 것이 없는 처지입니다. 제자들은 지금이라도 사람들을 빨리 보내고 자기들도 가서 먹을 것을 구해야 할 처지인 것입니다. 그런데 예수님은 너희가 먹을 것을 주라고 말씀하셨습니다. 이것은 주님이 제자들에게 불가능한 일을 하라고 하시는 것과 같았습니다.

요한복음에 보면 예수님의 이 말씀에 대하여 빌립이, "이 사람들을 먹이는 데는 이백 데나리온의 떡도 부족할 것입니다"라고 대답했습니다(요 6:7). 이것은 이 사람들을 먹이는 것은 지금 형편으로는 불가능하다는 뜻입니다. 이 사람들을 먹이려면 거금이 필요한데 설사 돈이 있다 하더라도 그렇게 많은 빵은 만들 수가 없는 것입니다.

예수님은 때로 우리에게 불가능한 것을 억지로 시키실 때가 있습니다. 이것은 분명히 좋은 일입니다. 왜냐하면 예수님께서 불가능한 일을 우리에게 시키실 때에는 기적이 준비되어 있기 때문입니다. 예수님은 이런 일을 통해서 우리의 믿음을 시험해 보십니다. 이때 믿음이 없는 사람들은 "예수님은 참 이상한 분이야. 도저히 불가능한 일을 하라고 억지로 밀어붙이시니 우리더러 어떻게 하라는 거야?"라고 하면서 화를 낼 것입니다. 그러나 믿음이 있는 사람은 "예수님께서 나에게 불가능한 일을 시키시는 것은 분명히 준비된 기적이 있다는 것이야. 도대체 어떤 은혜를 주시려는 것일까?"라고 하면서 기대할 것입니다.

하나님께서는 애굽을 떠난 이스라엘 백성에게 길도 없는데 홍해로 가라고 하셨습니다. 그 이유는 바다 안에 길이 준비되어 있었기 때문입니다. 그리고 하나님은 이스라엘 백성에게 물도 없고 양식도 없는 광야로 들어가라고 하셨습니다. 그러면 그 안에서 굶어 죽으라는 뜻이었을까요? 아닙니다.

그 안에 하나님의 생수와 하나님의 만나가 준비되어 있었던 것입니다. 길이 없는데 길을 가라고 하시는 것은 기적을 준비해 놓으신 것입니다. 도저히 살 수 없는데 살라고 하시는 것은 하나님의 준비된 능력이 있기 때문입니다.

2. 5천 명을 먹이심

예수님은 소년이 가져온 보리떡과 물고기로 기적을 일으키셨습니다.

17절, “제자들이 가로되 여기 우리에게 있는 것은 떡 다섯 개와 물고기 두 마리뿐이니이다”

본문에는 떡과 물고기를 가져온 소년에 대한 이야기가 없습니다. 그러나 요한복음에 보면 제자들이 한 아이가 보리떡 다섯 개와 물고기 두 마리를 가져왔다고 예수님께 말씀을 드립니다. 여기서 우리가 알아야 할 것은 보리떡 다섯 개와 물고기 두 마리가 많은 음식이 아니라는 것입니다. 이것은 소년의 한 끼 도시락밖에 되지 않는 것입니다. 그런데 소년은 이것을 예수님께 바쳤습니다.

이 소년이 자기 도시락을 예수님께 바친 것을 보면 이 소년이 은혜를 받은 것 같습니다. 어린아이들은 자기 것을 아주 소중하게 생각하기 때문에 웬만해서는 자기 것을 남에게 주지 않습니다. 그런데 아무리 어린아이라 하더라도 자기가 좋아하는 사람에게는 아끼는 것을 선뜻 줍니다. 물론 어린아이들이 줘 봐야 사탕 한 개이고 껌 한 개이지만 이것이 그 아이에게는 전 재산인 것입니다.

전에 어떤 성도님이 계셨는데 이분은 신앙생활을 한다고 하면서 어려운 일이 많고 일도 풀리지 않아서 자신의 신앙에 대하여 깊은 회의에 빠져 있었습니다. 그래서 ‘내가 믿음 생활을 잘 하지 못하기 때문에 이런 어려움을 계속 당하는가 보다’ 라고 생각하고 있는데 어느 날 하나님의 말씀을 듣는 중에 얼마나 은혜가 충만하고 힘이 나는지 마음속으로 ‘그래도 내가 잘

못 믿은 것은 아니구나' 라는 확신이 들면서 기뻐하고 감사했다고 했습니다. 그래서 자기가 가지고 있는 것을 다 주려고 하셨습니다. 이처럼 이 소년은 예수님이 너무 좋았던 것입니다. 그리고 예수님의 말씀을 듣고 나니까 배가 고픈 것도 모르겠고 무조건 자기에게 있는 것을 예수님에게 주고 싶었던 것입니다. 이 소년은 이것을 예수님에게 드리면 자기는 얼마나 배가 고프게 되고, 또 이것이 얼마나 예수님에게 보잘것이 없는 것인지 생각하지 않은 것입니다. 그런데 예수님은 이 소년의 작은 헌신을 굉장히 기뻐하셨고 축복하셨습니다.

18절, "그것을 내게 가져오라 하시고"

예수님께서는 "그 작은 것을 어디에 쓰려고 그러니? 어디 보이지 않는데 잘 집어넣어라"라고 하지 않고 반가워하시면서 "그것을 내게로 가져오라"라고 말씀하셨습니다. 그리고 이 보잘것없는 것이 수천 명을 먹이는 능력으로 나타났던 것입니다.

그래서 우리는 항상 작은 것의 가치를 잊어서는 안 됩니다. 왜냐하면 위대한 일은 항상 작은 것에서부터 시작하기 때문입니다. 우리는 내가 모든 것을 다 책임지려고 하기 때문에 아무것도 하지 못하는 것입니다. 우리는 마음에 감동이 생겼을 때 작은 것을 과감하게 드릴 수 있는 용기가 필요합니다. 하나님께서는 그 작은 감사하는 마음과 용기에 축복을 내리십니다.

예수님께서는 무리들을 풀밭에 앉게 하셨습니다. 이것은 예수님께서 일을 하실 때 얼마나 질서 있게 하시는지를 보여 줍니다. 사람들은 모두 질서 있게 앉아서 무엇인가를 기대하고 있었습니다. 이때 예수님께서 행하신 것은 아주 자연스러운 것이었습니다. 이상한 것이라고는 전혀 찾아볼 수가 없었습니다. 예수님은 하늘을 우러러 기도하시고 제자들에게 떡을 떼어서 나누어 주라고 하셨습니다. 그런데 떡은 아무리 떼어도 줄어들지 않았습니다.

예수님께서 굶주린 사람들을 기적의 떡으로 먹이신 것은 제자들에게 돈이나 먹을 것을 인하여 걱정하지 말라는 것입니다. 그리고 가난한 형제나 어려운 성도들을 부담스러워하지 말고 너희가 할 수 있는 것으로 도와주라는 것입니다.

20-21절, "다 배불리 먹고 남은 조각을 열두 바구니에 차게 거두었으며 먹은 사람은 여자와 아이 외에 오천 명이나 되었더라"

어떤 사람은 예수를 믿고 싶어도 의식주가 걱정되어서 결단을 내리지 못하는 분들이 있습니다. 그때 예수님께서는 먹을 것으로 두려워하지 말라고 하십니다. 우리가 말씀을 붙들고 죽을 각오를 하면 살게 되어 있습니다. 그리고 보리떡 다섯 개를 내가 붙들고 있으면 보리떡 다섯 개 그대로 있지만 예수님께 내어 놓으니까 이것이 5천 명을 먹이고 열두 광주리나 남았습니다. 이것은 예수님께 나 자신을 드리는 것이 얼마나 축복된 일인가 하는 것을 보여 줍니다. 성경은 우리에게 구체적으로 결과를 제시해 줍니다. 그냥 많은 사람들이 배부르게 먹었다고 하지 않고 5천 명이 먹고 열두 광주리가 남았다고 분명하게 말씀하십니다.

3. 물 위를 걸어서 오심

예수님께서 굶주린 사람들에게 기적의 떡을 먹이신 후에 더 놀라운 일이 일어났습니다. 이것이야말로 이 세상의 상식으로는 불가능한 일이었습니다.

22-23절, "예수께서 즉시 제자들을 재촉하사 자기가 무리를 보내는 동안에 배를 타고 앞서 건너편으로 가게 하시고 무리를 보내신 후에 기도하러 따로 산에 올라가시다 저물매 거기 혼자 계시더니"

요한복음에 보면 좀 더 자세한 군중들의 반응이 나옵니다. 군중들은 예수님의 능력을 보고 너무 흥분하여 그 자리에서 예수님을 왕으로 세우려고 한 것입니다. 그런데 사실 이것은 말도 되지 않는 소리였습니다. 왜냐하면 이것은 분명히 로마나 유대 지도자들에 대한 반역이었기 때문입니다. 그런데 군중들은 예수님의 능력을 보고 예수님이 하나님의 아들인 것을 분명히 보았기 때문에 돈이나 군사 같은 것은 문제가 되지 않는다고 생각했습니다. 즉 예수님이 하나님의 아들이라면 로마 당국의 승인도 필요 없고 유대 지도자들의 동의 같은 것도 중요하지 않다고 생각한 것입니다.

예수님의 기적의 떡을 먹고 사람들은 모두 제정신이 아니었습니다. 예수님 자신도 기뻐하셨습니다. 왜냐하면 이 큰 기적을 통하여 사람들이 이렇게 은혜를 받았기 때문입니다. 그러나 마귀는 이렇게 흥분하고 기뻐할 때를 기회로 삼습니다. 하나님께 돌아가야 할 영광을 사람이 가로챌 수도 있고, 결국 십자가를 져야 하는 하나님의 뜻을 거스를 수도 있었던 것입니다. 그래서 예수님께서는 기뻐하는 무리에서 제자들을 떼어 내셔서 배를 타고 호수 위를 건너가게 하시고 혼자 산으로 도망치다시피 해서 산 위에서 혼자 기도하셨습니다.

예수님은 군중들이 기적의 떡을 먹고 지나치게 반응하는 것을 보시고 혼자 산으로 가서 기도하는 시간을 가지셨습니다. 이때 예수님께서 기도하신 내용이 무엇입니까? '이 큰 은혜를 주신 하나님 아버지께 온전한 영광을 돌려 드리고 자신은 다시 한 번 십자가를 지겠다' 는 결심을 말씀드린 것입니다.

이때 예수님은 산 위에서 제자들이 아주 힘들게 배를 저어 가는 것을 보셨습니다. 예수님께서는 그들을 배를 태워 보내셨는데 그때 마침 바람이 불고 풍랑이 크게 일어나서 노를 젓는 것이 아주 힘이 들었습니다. 그래서 예수님은 사랑하는 제자들을 도와주고 싶어 하셨습니다.

24-26절, "배가 이미 육지에서 수리나 떠나서 바람이 거슬리므로 물결을 인하여 고난을 당하더라 밤 사경에 예수께서 바다 위로 걸어서 제자들에게 오시니 제자들이 그 바다 위로 걸어오심을 보고 놀라 유령이라 하며 무서워하여 소리지르거늘"

예수님께서 물 위를 걸으신 것이 두 번째 기적입니다. 여기서 물 위를 걸으신 것은 자연의 법칙을 뛰어넘는 기적입니다. 자연법칙에 의하면 사람은 중력 때문에 물에 빠질 수밖에 없습니다. 그런데 예수님은 물에 빠지지 않으셨습니다. 즉 예수님은 중력의 법칙의 지배를 받지 아니하셨습니다. 물론 늘 그렇게 하셨던 것은 아니고 이때만 특별하게 그렇게 하신 것입니다. 물이 예수님을 받쳐서 물에 빠지지 않게 했습니다. 예수님은 자연법칙이라는 것은 사람이나 피조물에게 적용되는 것이지 하나님에게는 적용이 되지 않으며, 예수님은 말도 하지 못하는 물이나 바람도 주장하는 주인이신 것을 보여 주셨습니다. 제자들은 예수님이 물 위를 걸어서 오시는 것을 보고 "유령이다!"라고 소리를 질렀습니다. 이것을 보면 제자들도 우리와 똑같은 사람인 것을 알 수 있습니다. 원래 밤 호수 위는 캄캄한데 그 물 위로 흰옷 입은 무엇인가가 오니까 제자들은 유령이라고 생각한 것입니다. 제자들도 예수님이 물 위를 걸어서 오실 것이라고는 생각하지 못했던 것입니다.

하나님과 물은 관계가 깊습니다. 특히 이스라엘 백성이 애굽에서 나온 후 홍해가에 섰을 때 뒤에서는 바로의 군대가 쫓아오고 있었습니다. 그때 하나님께서는 바다가 갈라지게 하셔서 이스라엘 백성이 바다를 건너가게 하셨습니다. 그때에 바다가 '섰다'고 말씀하고 있습니다. 하나님의 백성을 구원하기 위해서는 바다도 서게 하시는 것입니다.

하나님께서는 초자연적인 능력으로 당신의 백성을 구원하십니다. 그러므로 우리는 복음을 전하러 갈 때에 바다를 두려워하지 않아도 되고, 하늘을 두려워하지 않아도 됩니다.

그런데 본문에서 특이한 것이 베드로가 예수님께 자기도 물 위를 걸을 수 있게 해 달라고 부탁을 했고, 그 결과 베드로도 물 위를 어느 정도 걸을 수 있었다는 것입니다.

27-28절, "예수께서 즉시 일러 가라사대 안심하라 내니 두려워 말라 베드로가 대답하여 가로되 주여 만일 주시어든 나를 명하사 물 위로 오라 하소서 한대"

여기서 궁금한 것이 예수님께서 "나다"라고 말씀하셨을 때 왜 베드로가 자기도 물 위를 걸어서 주님께 가게 해 달라고 했느냐는 것입니다. 분명히 베드로가 예수님께 자기도 물 위에 걷게 해 달라고 한 것은 예수님을 시험한 것입니다. 예수님은 하나님의 아들이시기 때문에 베드로는 예수님과 같을 수 없었습니다. 예수님은 할 수 있어도 베드로는 이런 것을 흉내 내어서는 안 되는 것입니다. 가끔 텔레비전에서 위험한 장면을 연출할 때 자막으로 "어린이들은 따라 하지 마시기 바랍니다"라고 주의를 줍니다. 만약 아이들이 그것이 진짜인 줄 알고 높은 데서 뛰어내리면 다치거나 죽는 것입니다.

베드로가 자기도 물 위를 걷게 해 달라고 한 이유가 무엇일까요? 우선 예수님이 하는 것은 자기도 다 해 보고 싶은 마음이 있었기 때문입니다. 아니면 다른 제자들 앞에서 물 위를 걷고 싶은 우쭐한 마음이 있었을지도 모릅니다. 혹은 베드로가 너무 흥분해서 생각나는 대로 말을 했을 가능성도 있습니다. 베드로는 너무 흥분하면 정신을 차리지 못하고 말을 하는 습관이 있었기 때문입니다. 베드로는 주님이 갑자기 물 위를 걸어서 오시니까 너무 흥분한 나머지 정신을 차리지 못하고 자기도 걷겠다고 했습니다. 그랬더니 예수님께서 베드로에게 정신차리라고 책망하시지 않고 "오라"라고 하셨습니다. 예수님은 베드로의 모든 실수나 부족한 것을 그대로 받아 주셨습니다. 그래서 베드로는 물 위를 걸어서 예수님께로 몇 발자국 걸어갔습니다. 그러나 얼마 가지 않아서 바람을 보고 무서워하여 물에 빠지고 말았습니다.

30-31절, "바람을 보고 무서워 빠져 가는지라 소리질러 가로되 주여 나를 구원하소서 하니 예수께서 즉시 손을 내밀어 저를 붙잡으시며 가라사대 믿음이 적은 자여 왜 의심하였느냐 하시고"

베드로가 물 위를 걷겠다고 한 것은 잘한 것이 아닙니다. 그러나 비록 베드로가 잘못했다 하더라도 예수님이 허락하셨으면 이것을 하나님의 뜻으로 믿어야 합니다. 그런데 베드로는 초지일관하지 못했습니다. 일단 믿고 시작했지만 그 후에 의심이 생긴 것입니다. '내가 감히 물 위를 걷겠다고 한 것은 잘못이야. 다른 제자들은 가만히 있는데 나 혼자 이렇게 날뛰는 것은 엄청난 교만이야. 나는 지금 잘못하고 있는 것이야' 라고 하면서 의심하다가 바람 소리가 나니까 물에 빠져 버린 것입니다.

베드로가 당황해서 물속으로 빠져 갈 때에 예수님께서 강한 손으로 잡아서 끌어 올려 주셨습니다. 우리는 예수님의 손이 아주 약한 손이라고 생각하기 쉽습니다. 그러나 예수님은 목수 출신이기 때문에 손목의 힘이 아주 강합니다. 그런데 예수님은 목수보다 더 강한 하나님의 아들의 손으로 우리를 잡아 끌어 주시는 것입니다. 그래서 처음에는 시작을 잘못 했다 하더라도 예수님이 내 허물을 다 용납하시고 허락하신 것을 의심하지 말고 끝까지 믿음으로 가야 합니다. 그리고 혹시 중간에 큰 풍랑이나 장애를 만나더라도 예수님의 강한 손이 잡으신다는 것을 기억하고 두려워하지 마시기 바랍니다. 당황하여 허우적거릴 때 주님이 나의 부족한 것과 연약한 것까지 다 용납하셨다는 것을 믿고 여유만만하게 예수님의 손을 잡고 일어서시기 바랍니다.

그 다음날 사람들은 예수님을 찾아나섰습니다. 그래서 결국 게네사렛이라는 곳까지 오게 되었습니다. 그런데 사람들은 자기들만 온 것이 아니라 사방에 알려서 많은 병자들을 데리고 왔습니다.

34-36절, "저희가 건너가 게네사렛 땅에 이르니 그곳 사람들이 예수신 줄을 알고 그 근방에 두루 통지하여 모든 병든 자를 예수께 데리고 와서 다만 예수의 옷가에라도 손을 대게 하시기를 간구하니 손을 대는 자는 다 나음을 얻으니라"

이때 예수님의 옷자락을 만진 자들은 모두 병이 나았습니다. 소경이 앞을 보게 되었고, 벙어리가 말을 하게 되었으며, 앉은뱅이가 벌떡 일어나 뛰면서 하나님께 영광을 돌렸습니다.

예수님을 만나기 전까지 질병과 비참함 속에서 살아왔던 사람들이 예수님의 옷에 손을 대는 즉시 나음을 입었습니다. 우리는 예수님처럼 이런 능력을 행할 수 없습니다. 우리는 보리떡 다섯 개로 5천 명을 먹일 수도 없고, 물 위를 걸을 수도 없으며, 우리의 옷을 만진다고 해서 사람들의 병이 낫지 않습니다. 그러나 우리 가운데에는 무한한 능력의 주님이 계십니다. 우리가 주님의 이름을 부를 때 주님은 우리를 만져 주실 것이며 우리의 부족한 것을 채워 주실 것입니다. 건너갈 수 없는 장애도 극복하게 하실 것입니다. 우리가 믿는 주님은 창조의 하나님이시며, 자연법칙에 구애를 받지 않는 하나님이시며, 충만하여 은혜가 흘러넘치는 하나님이십니다. 우리가 믿음으로 나아갈 때에 주님이 우리를 그 변함없는 능력으로 축복하실 것입니다.

성경 토의

1. 우리는 하나님께서 현실적으로 불가능한 상황으로 나를 몰아가실 때 하나님에 대하여 어떤 믿음을 가지게 되는가?

2. 예수님은 적은 떡이라고 무시하지 아니하셨고, 또 남은 떡 조각이라도 함부로 버리지 못하게 하셨는데 나는 이것을 삶 가운데 어떻게 실천하고 있는가?

3. 예수님은 물 위를 걸어오셔서 제자들을 도와주셨지만 지금 예수님은 우리를 그렇게 돕지 못하신다. 또 사람들은 예수님의 옷자락에 손을 대어서 병이 나았지만 지금 우리는 예수님의 옷자락을 만질 수 없다. 이제 우리가 할 수 있는 방법은 무엇인가?

62_소경이 소경을 인도하면

마태복음 15:1-20

전체적 설명

예수님 당시 유대교는 율법을 더 잘 지키기 위해서 율법 외에 많은 규칙을 만들어서 지키고 있었다. 물론 이 규칙들의 원래 의도는 하나님의 계명을 지키는 것을 돕기 위한 것이었지만 세월이 흐르면서 사람들은 점차 하나님의 계명 자체는 등한시하면서 장로들의 규칙에 집착하게 되었다. 왜냐하면 유대 장로들이 이런 규칙들을 잘 지키면 칭찬을 하고 규칙들을 잘 지키지 않으면 처벌을 했기 때문이다. 그 결과 유대교는 하나님의 말씀에서 떠난 생명이 없는 종교가 되고 말았다. 따라서 유대교 지도자들은 예수님이 하나님의 계명을 중요시하니까 계명을 어기는 자라고 비난하였다. 그것에 대하여 예수님은 '내가 하나님의 계명을 어기는 것이 아니라 너희가 하나님의 계명에서 떠난 것이라' 고 말씀하셨다.

설교 프리노트

2절, "어찌하여 장로들의 유전을 범하나이까"

여기서 예수님 당시의 유대인들은 장로들을 통해서 내려오는 전통적인 규칙을 아주 중요시했다는 것을 알 수 있다. 그 규칙 중에는 안식일을 지키는 요령이나 금식에 대한 규칙, 외출을 했다가 돌아오거나 혹은 음식을 먹기 전에 결례라고 해서 물을 뿌려야 하는 규칙 등이 있었다. 그런데 예수님은 제자들에게 이런 장로들의 유전을 강조하지 않으셨고, 그 결과 제자들은 이런 규칙들을 지키지 않았다. 그래서 유대 지도자들은 예수님이나 예수님의 제자들이 음식을 먹기 전에 손에 물을 뿌리지 않는 것을 보고 아주 심각한 규칙 위반으로 보고 예수님에게 직접 따졌다.

3절, "너희는 어찌하여 너희 유전으로 하나님의 계명을 범하느뇨"

바리새파 사람들과 율법학자들의 물음에 예수님은 아주 강경하게 '너희는 어찌하여 너희 유전으로 하나님의 계명을 범하느냐' 고 책망하셨다. 이것을 보면 예수님께서 유대 지도자들이 하나님의 계명을 무시하고 많은 사소한 규칙으로 사람들을 옭아매는 것을 아주 중요한 문제라고 생각하셨던 것을 알 수 있다. 유대 지도자들이 제자들이 조상들의 유전을 어기고 있다고 비난했을 때 예수님은 유대 지도자들에게 두 가지를 말씀하셨다. 하나는 그들은 하나님의 계명 자체를 어기고 있다는 것이고, 다른 하나는 그들은 큰 것은 버리고 사소한 것으로 사람들을 옭아매고 있다는 것이었다. 결국 예수님은 유대 지도자들이 먹기 전에 손을 씻는 규칙을 만든 것은 사소한 문제가 아니라 신앙의 본질을 어기는 것이라고 말씀하셨다.

4절, "네 부모를 공경하라 하시고"

하나님께서는 "네 부모를 공경하라" 라고 하셨는데 이 계명은 어떤 이유로도 폐기될 수 없는 절대적인 계명이다. 그래서 예수님은 한 가지를 더 추가해서 "아비나 어미를 훼방하는 자는 반드시 죽으리라" 라는 계명을 말씀하셨다. 그러나 유대 전통에서는 이 중요한 계명 자체를 아주 교묘하게 변질시켰다.

5절, "하나님께 드림이 되었다고 하기만 하면"

이것은 유대인들이 부모를 공양할 재물을 하나님께 바치기로 약속하는 것을 말한다. 이것을 마가복음에서는 '고르반' 이라고 하였다(막 7:11).

즉 유대 장로들은 사람들로 하여금 더 많은 헌금을 바치게 하기 위해서 '하나님께 바치면' 부모를 공양하고 생활비를 드려야 하는 의무를 면제해 준 것이다. 하나님께 헌금을 많이 바치는 것은 좋은 것 같지만 하나님은 결코 부모를 내팽개치고 하나님께 예물을 많이 바치라고 하시지 않았다. 즉 부모를 공경하라는 계명은 어떤 이유나 핑계로도 변질시켜서는 안 되는 절대적인 계명인 것이다.

8절, "이 백성이 입술로는 나를 존경하되 마음은 내게서 멀도다"

사람이 아주 간사하고 거짓될 때 입으로는 좋아하고 사랑하는 것 같지만 마음으로는 그렇지 않은 경우가 있다. 예를 들어 술집에서 술을 파는 여인들은 손님들에게 잘해 주고 사랑하는 것 같지만 실제로는 돈을 벌기 위해 그렇게 하는 것이기 때문에 돈이 떨어지면 무시하고 천대한다. 그런데 이사야 당시 이스라엘 백성이 하나님 앞에서 이런 태도를 보였다.

9절, "사람의 계명으로 교훈을 삼아 가르치니"

유대 장로들이 많은 규칙을 만든 것은 백성들로 하여금 하나님의 계명을 더 잘 지킬 수 있도록 도와주기 위한 것처럼 보였지만 하나님은 그것이 아니라고 말씀하셨다. 즉 이들은 겉으로는 하나님을 좋아하는 체했지만 실제로는 자기 이익을 챙겼던 것이다.

11절, "입에 들어가는 것이 사람을 더럽게 하는 것이 아니라"

유대인들은 부정한 손으로 음식을 먹으면 인격이 더러워진다고 가르쳤다. 그러나 예수님은 부정한 손으로 음식을 먹는다 해도 그것은 음식에 불과하기 때문에 소화가 되면 다 없어지는 것이지 인격을 더럽히는 것은 아니라고 말씀하셨다. 즉 유대 지도자들은 어떤 현실에 대하여 의미를 너무 확대해서 사람들을 억압하려고 했지만 예수님은 현실 그 자체를 직시하게 하셨다.

12절, "바리새인들이 이 말씀을 듣고 걸림이 된 줄"

여기서 '걸리다'는 헬라어로 '실족하다'라는 뜻의 '스캔달리조'이다. 즉 바리새인들은 예수님께서 자기들에게 하나님의 계명을 저버렸다고 말씀하신 것을 용납하지 못하고 앙심을 품은 것이다. 이때부터 바리새인들은 예수님이 자신들과 적대세력이라는 것을 공공연하게 드러냈다.

13절, "천부께서 심으시지 않은 것은 뽑힐 것이니"

예수님은 바리새인들이 예수님의 말씀에 걸려서 예수님을 적대시한다는 이야기를 듣고서도 그들과 화해하거나 사과하려고 하지 아니하셨다. 오히려 예수님은 유대교를 잘못 심어진 나무나 식물로 보셨다. 즉 밭이나 논에 잘못 심은 식물은 뽑힐 수밖에 없는 것이다.

14절, "소경이 소경을 인도하면"

예수님은 진리에 대하여 아주 쉬운 예를 들어서 설명하셨다. 즉 시각장애인이 시각장애인의 안내자가 된다면 용감하다고 말할 수는 있지만 제대로 인도하지 못할 것이다. 결국 그들은 구덩이를 만나면 모두 함께 구덩이에 빠지고 만다. 만약 인도자가 소경이면 따라가지 않는 것이 상책이다. 그리고 만약 소경을 따라갈 경우 그 책임은 자신에게 있다. 왜냐하면 잘못된 인도자를 따라가서 구렁텅이에 빠지면 자기 자신이 손해를 입기 때문이다.

17절, "입으로 들어가는 모든 것은 배로 들어가서"

예수님은 음식을 예로 들어서 설명하신다. 물론 음식 중에는 독성을 가진 물질도 있지만 그렇지 않은 이상은 모두 배로 들어가서 소화가 된다. 그래서 음식이라는 것은 입 안에서 맛을 느끼게 할 수는 있지만 배에 들어가서 소화되는 원리는 동일하다.

18절, "입에서 나오는 것들은"

'입에서 나오는 것들' 이란 사람의 입에서 나오는 악의에 찬 말이다. 즉 사람의 입에서 나오는 말은 사실 마음에서 나오는 것인데 사람들은 말로 남을 추켜세우기도 하고, 아부하기도 하고, 남을 저주하기도 하고, 남을 유혹하기도 한다. 사람은 그렇게 크지도 않은 혀를 가지고 온갖 못된 짓을 할 수 있다. 예수님은 사람은 입에서 나오는 말로 살인과 간음과 도적질과 거짓 증거와 훼방을 한다고 말씀하셨다.

본문 이해를 위한 질문

1. 바리새인과 서기관들이 예수님을 찾아와서 따진 이유는 무엇인가?

예수님의 제자들이 장로들의 규칙을 전반적으로 잘 지키지 않는데 그 중에서도 특히 음식을 먹을 때 손 씻는 규칙을 지키지 않았다는 것이다.

2. 예수님은 바리새인들의 비난에 대해 어떻게 반응하셨는가?

예수님은 유대인들이 장로들의 유전을 가지고 사람들로 하여금 오히려 하나님의 계명을 지키지 못하도록 걸림돌을 만들고 있다고 책망하셨다.

3. 예수님은 유대교를 어떻게 정의하셨으며, 결국 사람을 더럽게 하는 것은 무엇이라고 말씀하셨는가?

예수님은 장로들의 유전은 결코 하나님이 심지 않으신 것이며, 그들은 소경이 소경을 인도하는 거짓 인도자라고 말씀하셨다. 그리고 사람을 더럽히는 것은 음식이 아니라 사람의 입에서 나오는 말이라고 하셨다.

성경 강해

시각장애인들은 앞을 보지 못하기 때문에 활동하는데 많은 어려움이 있습니다. 시각장애인들이 이동할 때에는 기억을 더듬어서 가는 방법도 있고, 지팡이로 가는 방법도 있고, 맹인견을 데리고 가는 방법도 있지만 가장 좋은 방법은 앞을 볼 수 있는 사람이 데리고 가는 방법일 것입니다. 저희 교회의 시각장애인 청년들도 맹인견이 데리고 오는데 이 훈련받은 맹인견은 굉장히 비쌉니다. 일단 맹인견은 다른 사람이 주는 음식을 먹으면 안 됩니다. 왜냐하면 길을 잃어버릴 우려가 있기 때문입니다. 그리고 예배시간에도 가만히 엎드려 있어야 합니다. 그래서 어떤 분은 맹인견도 예배를 드리고 은혜를 받는 것 같다고 말하는데 그것은 훈련을 받아서 그런 것입니다.

그런데 지금은 시각장애인들이 사회에서도 맹활약을 하고 있습니다. 그 중에 한 분이 얼마 전에 돌아가신 미 백악관 자문위원을 지낸 강영우 박사입니다. 그는 시각장애인의 핸디캡을 딛고 연세대를 졸업하고 미국에 유학해서 교육학박사 학위를 받았습니다. 그는 자신이 암에 걸렸다는 것을 알았을 때 자기가 아는 모든 분들에게 이메일을 보내어서 여러분 덕분에 삶이 행복해서 감사하다고 했고, 아내에게는 사랑한다는 말을 수없이 하고 죽었습니다. 그리고 우리나라에서 처음으로 시각장애인 판사가 된 최영 씨가 있습니다. 이분은 고소장이나 판결문을 눈으로 읽을 수 없기 때문에 음성 변환 프로그램을 통해 귀로 들으면서 자료들을 읽는다고 했습니다.

우리 몸에는 수많은 기관이 있는데 그 중에 불필요한 기관은 하나도 없습니다. 예를 들어 손톱이 빠지면 손으로 종이를 줍는 것이 어려울 것입니다. 만일 눈썹이 없으면 이마에서 흘러내리는 땀이 눈에 들어가서 앞을 제대로 보지 못할 것입니다. 손에 많은 주름이 있는 것도 무언가를 잡았을 때 미끄러지지 않도록 하기 위함인데 사람들은 그것으로 인간의 운명을 점치기도 하고 또 지문으로 범인을 잡는 데 사용한다고 하니까 참으로 놀라운 일입니다.

그런데 사실 우리 인간은 두 가지 점에서 시각장애인이라고 볼 수 있습니다. 첫째로, 우리 인간은 미래를 알지 못한다는 것입니다. 만일 어떤 사람이 자기가 미래에 비참하게 된다는 것을 알면 절대로 그 길을 가지 않을 것입니다. 그러나 아무도 자신의 미래를 알지 못하기 때문에 가서는 안 되는 길을 미련하게 가다가 망하는 것입니다. 또 인간들은 하나님께 가는 길을 알지 못합니다. 우리가 진정한 복을 찾으려면 하나님께 가야 하는데 우리 인간은 어느 누구도 하나님께로 가는 길을 알지 못하는 것입니다.

우리가 하나님을 알지 못하면 마치 캄캄한 데서 사는 것과 같습니다. 우리가 하나님을 알지 못하면 인생의 가치도 알지 못하고, 목적도 알지 못하고, 남들이 하라는 대로 따라서 사는 수밖에 없습니다. 이것은 자기의 인생을 사는 것이 아니고 다른 사람의 인생을 살아 주는 것밖에 되지 않습니다. 그런데 대다수의 사람들은 하나님을 모르기 때문에 맹목적으로 살아가고 있습니다. 사실 모든 인간은 자신의 미래나 하나님께 가는 길을 모르고 멸망을 향해 가고 있는 것입니다. 사람들은 절벽으로 가면서 그것이 행복한 길이라고 믿고 있습니다. 특히 한 발만 잘못 디디면 천 길 낭떠러지로 떨어지는데 학벌이나 자신의 경험 같은 지팡이만 믿고 걸어가고 있는 것입니다. 우리가 이 세상에서 아름다운 삶을 살기 위해서 가장 중요한 것은 믿음의 눈을 뜨는 것입니다. 그러나 대다수의 사람들은 이것을 가장 하찮은 것으로 생각하고 있습니다. 왜냐하면 우리가 살아가는 길은 모두 뻔하므로 얼마든지 자신이 있다고 생각하기 때문입니다.

1. 장로들의 유전

우리는 신앙생활을 할 때에 처음 자신을 신앙으로 이끌어 주신 분의 영향을 많이 받게 됩니다. 예를 들어 전도한 사람이 신비주의적인 경향을 가지고 있으면 전도받은 사람도 그를 따라서 기도원 같은 곳을 따라다니면서 기도받는 것을 좋아합니다. 또 선교단체를 통해 전도를 받은 사람은 전도하고 성경 공부하는 것을 가장 중요하게 생각합니다.

그렇게 나름대로 신앙생활을 하다가 같은 교회에서 성향이 다른 사람을 만나면 서로 틀렸다고 생각하는 것입니다. 어떤 분은 기도할 때 소리를 질러야 기도가 되는데 어떤 분은 소리를 지르면서 기도하는 것은 광신자들이나 하는 것이라며 싫어하는 것입니다.

기독교 안에는 좋은 것들이 많이 있습니다. 기독교 안에는 위대한 신학이 있는가 하면, 방언이나 치유, 기적 같은 종교적인 체험도 있고 혹은 수도원 같은 공동체 생활도 있습니다. 그리고 노숙자들에게 식사를 제공하거나 혹은 가난한 자들을 구제하는 것 같은 사회적인 봉사도 있습니다. 그리고 빼놓을 수 없는 것이 위대한 종교음악입니다. 또 우리나라에는 기독교 미술의 역사가 짧지만 외국에는 지하 동굴벽화라든지 웅장한 성당 같은 건축도 있습니다. 외국의 수도원 같은 데는 한평생 말을 하지 않는 침묵의 수도원도 있고, 살아 있는 동안 거의 밖을 나올 수 없는 수녀원도 있습니다. 그러나 아무리 좋은 것이 많이 있다 하더라도 이 모든 것의 기준이 되는 것은 성경입니다. 만약 어떤 기독교 신앙이 성경적인 잣대로 보았을 때 일치하지 않으면 그것은 더 이상 기독교가 아닌 것입니다.

예수님 당시에 유대 사회를 지배하던 사상은 유대교였습니다. 그런데 너무나도 많은 사람들이 유대교와 구약의 율법을 혼동하고 있었습니다. 왜냐하면 많은 사람들이 유대교가 율법이라고 믿었기 때문입니다. 그러나 유대교와 율법은 근본적인 차이가 있었습니다. 원래 율법은 구약성경을 말하는데 구약성경은 살아 있고 생명이 넘치며 뜨거운 하나님의 말씀이었습니다. 그런데 유대 지도자들은 율법을 죽여서 많은 전통을 만들어 내었습니다. 그래서 사실 유대교는 죽은 율법이었습니다. 다시 말해서 유대교는 살아 있는 생명체가 아니고 표본이나 박제된 것이었습니다. 예를 들어 곤충학자들은 나비나 새로운 곤충을 잡으면 약물로 처리해서 표본을 만들어 놓습니다. 그리고 멧돼지나 표범이나 독수리같이 큰 것은 박제를 만들어서 보관합니다. 그런 표본이나 박제된 것은 겉으로 보기에는 살아 있는 것 같지만 실제로는 죽은 것입니다.

예수님의 소문은 이미 예루살렘에 있는 유대 지도자들의 귀에까지 들어갔습니다. 그 소문이란 예수님의 제자들이 음식을 먹을 때에 손을 씻지 않는다는 것이었습니다.

1-2절, "그때에 바리새인과 서기관들이 예루살렘으로부터 예수께 나아와 가로되 당신의 제자들이 어찌하여 장로들의 유전을 범하나이까 떡 먹을 때에 손을 씻지 아니하나이다"

우리는 이 말만 들으면 예수님의 제자들이 상당히 비위생적이라고 생각하기 쉽습니다. 우리는 음식을 먹기 전에 반드시 손을 씻어야 합니다. 왜냐하면 밖에 나가서 돌아다니는 동안에 자기도 모르는 사이에 불결한 것에 접촉하게 되고 그것을 씻지 않고 음식을 먹으면 몸 안에 세균이 들어와서 감염될 수 있기 때문입니다.

그런데 바리새인들이 손을 씻는 것은 그러한 이유 때문이 아니었습니다. 그들은 밖에서 다른 사람들과 접촉하는 중에 자기도 모르는 사이에 부정이 전염될까 봐 손을 씻었습니다. 예를 들어 부정한 사람들이 만진 물건을 잡을 수도 있고, 악한 사람들과 악수를 하게 될지도 모르는데 만일 그런 상태에서 손을 씻지 않고 음식을 먹으면 온몸에 죄가 퍼지기 때문에 하나님의 저주를 받게 된다는 것입니다. 그래서 바리새인들은 외출했다가 집에 돌아오면 반드시 손을 씻거나 물을 몸에 뿌려서 부정을 씻었습니다. 우리나라에도 이와 비슷한 것이 있는데 부정한 사람을 만나면 집 문 앞에 소금을 뿌려서 부정을 없애는 것입니다.

구약 시대에 하나님께서 부정한 사람과의 접촉을 금지하신 것은 그만큼 죄의 감염이 심하다는 것을 가르쳐 주기 위한 것이었습니다. 옛날 사람들은 죽은 사람이나 짐승의 몸에 균이 많이 있다는 것을 알지 못했습니다. 그래서 어떤 사람들은 죽은 짐승의 고기를 먹고 집단 식중독에 걸리기도 했습니다. 하나님께서는 죽은 짐승의 몸에는 균이 많아서 먹지 못하게 가르쳐 주셨습니다. 마찬가지로 이 세상에 죄가 많이 있는 곳은 눈에 보이는 죄 외에도 눈에 보이지 않는 죄가 많이 있기 때문에 접촉을 조심해야 하는 것입니다. 예를 들어 하나님의 백성은 술집이나 점을 치는 곳에 가면 긴장하게 됩니다. 왜냐하면 그곳의 분위기 자체가 사악하기 때문입니다. 이것이 깨끗해지려면 시간이 필요하고, 말씀으로 다시 은혜 받는 시간이 필요한 것이지 무조건 손만 씻는다고 해서 깨끗해지는 것이 아닙니다.

바리새인들은 예수님께 왜 당신이나 당신의 제자들은 장로들의 유전을 지키지 않느냐고 항의를 했습니다. 여기서 '장로의 유전' 이라는 것은 유대교 안에서 오랫동안 내려오는 전통을 말하는 것입니다.

그때 예수님께서 이렇게 대답하셨습니다.

3절, "대답하여 가라사대 너희는 어찌하여 너희 유전으로 하나님의 계명을 범하느뇨"

예수님께서는 장로들의 가르침이 절대적인 권위를 가지는 것이 아니라고 말씀하셨습니다. 즉 장로의 유전이라는 것은 어떻게 하면 하나님의 율법을 더 잘 지킬 수 있을까 해서 장로들이 여러 가지로 해석을 하고 적용을 한 것입니다. 그래서 유대교에서 사용하는 미쉬나나 탈무드 같은 책을 보면 재미있는 이야기들이 많이 나오는데 그것은 모두 율법을 이해하고 하나님을 잘 섬기기 위한 해석이고 적용이지 하나님의 말씀 자체는 아닌 것입니다.

예를 들어 기독교 문학의 위대한 유산 중에 『천로역정』이라는 책이 있습니다. 이 책은 존 번연이 기독교 신앙의 이해를 돕기 위해서 천국을 향해 여행을 하는 크리스천이라는 사람의 이야기를 소설로 만든 것인데 전 세계에서 성경 다음으로 많이 읽힌 책이라고 합니다. 그러나 존 번연의 『천로역정』이 성경 그 자체는 아닌 것입니다. 기독교의 위대한 유산 중에 음악으로는 "메시아"가 있습니다. 우리는 "메시아"를 통해서 많은 은혜를 받습니다. 특히 "메시아"의 가사는 모두 성경 구절을 인용한 것입니다. 그러나 메시아는 그 후에도 편곡되었고 반드시 그대로 불러야 하는 것은 아닌 것입니다.

그러나 어떤 때는 선생이 가르친 것이 제자들 대에 가서는 거의 맹목적인 권위를 가질 때가 있습니다. 그것은 한편으로는 그 선생님을 존경한 나머지 선생의 뜻을 높이려는 좋은 의도도 있지만 사실은 제자들이 게을러서 더 연구를 하지 않고 무조건 받아들인 것입니다. 왜냐하면 그렇게 하면 더 편하기도 하고 더 권위가 생기기 때문입니다. 그러나 그때부터는 선생의 좋은 의도조차도 왜곡이 일어납니다. 진리라는 것은 언제나 새로 해석되어야 하고 언제나 본인이 직접 연구해서 캐내어야 하는 것입니다.

전통이나 관례는 우리에게 충분히 도움이 될 수 있습니다. 즉 옛날 우리 선배들은 이런 문제가 있을 때 이런 식으로 지혜롭게 해결했다는 것을 배울 수 있기 때문입니다. 그러나 선배들이 한 것을 무조건 따라야 한다는 것은 게으르고 악한 것입니다. 왜냐하면 자신의 문제는 자신의 힘으로 풀어야 하고, 하나님의 진리는 언제나 자기 손으로 캐내야 하기 때문입니다.

하나님의 말씀은 시대와 상황에 따라서 늘 새롭게 해석되고 적용되어야 하는 살아 있는 말씀입니다. 그래서 언제나 기준이 되는 것은 성경 말씀 그 자체입니다. 그런데 말씀은 없어지고 전통을 절대시하면 생명은 없고 껍데기만 남는 신앙이 되는 것입니다.

놀라운 것은 하나님의 말씀이 해석될 때 사람의 마음이 뜨거워지고 성령의 능력이 나타납니다. 그러나 인간의 가르침에는 그런 것이 없습니다. 인간의 가르침은 사람을 고집스럽게 만들고, 미련하게 만들며, 오히려 더 변화를 거부하게 만듭니다. 유대인들이 하나님의 말씀을 새롭게 해석하지 않고 옛날 선배들이 해석해 놓은 것만 절대적으로 받아들였을 때 그들은 아주 고집스러워지고 경직되어서 스스로 멸망으로 달려가게 되었습니다.

2. 장로의 가르침으로 율법을 부정하다

예수님은 바리새인들에게 한 가지 모순을 말씀하셨습니다.

4-6절, "하나님이 이르셨으되 네 부모를 공경하라 하시고 또 아비나 어미를 훼방하는 자는 반드시 죽으리라 하셨거늘 너희는 가로되 누구든지 아비에게나 어미에게 말하기를 내가 드려 유익하게 할 것이 하나님께 드림이 되었다고 하기만 하면 그 부모를 공경할 것이 없다 하여 너희 유전으로 하나님의 말씀을 폐하는도다"

성경에는 부모를 공경하라고 말씀하셨습니다. 그런데 장로들의 유전은 어떤 물건이나 재산을 하나님께 바친 사람은 부모를 공경할 의무에서 면제된다고 가르친 것입니다. 그러니까 하나님께 재산이나 물건을 바친 사람은 하나님께 재물을 바쳤기 때문에 부모에게 효도를 하지 않아도 되는 특권이 있다는 것입니다.

그러나 이것은 큰 오해였습니다. 이것은 구약의 나실인 제도를 잘못 적용한 것입니다. 나실인은 하나님께 바쳐진 사람들이기 때문에 부모가 죽은 때에도 장례를 지내지 못하게 되어 있었습니다. 나실인은 하나님이 주신 은혜가 너무 고마워서 그것을 잊지 않기 위하여 자진해서 하나님께 자신의 몸과 물질을 드린 사람입니다. 그래서 그 기간 중에는 성령으로 충만함을 받기 위하여 죽은 것을 만지지 않고, 술과 포도주를 마시지 않고, 머리에 칼을 대지 않았습니다. 이것은 온전히 하나님께 자신을 드리기 위한 것이었습니다. 그러나 나실인이라 할지라도 부모에게 효도를 하지 않아도 되는 것은 아니었습니다. 오직 나실인들은 부모보다 하나님을 더 중요시해서 부모의 상을 당해도 장례를 하지 않는 것뿐이었습니다. 그러나 유대 랍비들은 아예 하나님께 재산을 바친 사람은 부모에게 효도하지 않아도 된다고 했는데 그것은 잘못된 해석이었습니다. 어떤 분은 성경을 해석하고 설교할 때에 상상력을 동원해서 해석하는 분이 있습니다. 그러나 그것은 하나님의 말씀이 아닌 것입니다.

그래서 말씀을 가르치는 자에게는 균형이 중요합니다. 어떤 목사님은 늘 전통적인 입장에 있다가 어느 순간 은혜를 받은 후 이제부터 성령의 역사를 믿는다고 설교했습니다. 그랬더니 교인들은 거기서 더 나아가서 거의 광신적인 신앙에 빠져 버린 것입니다. 교회에 부흥이 일어날 때 조심해야 할 것은 말씀에서 지나쳐서 광신주의에 빠지지 않아야 한다는 것입니다.

예수님은 여기서 분명히 말씀하시기를, 성경에 기초하지 않은 열심은 헛된 열심이라고 하셨습니다.

7-10절, "외식하는 자들아 이사야가 너희에게 대하여 잘 예언하였도다 일렀으되 이 백성이 입술로는 나를 존경하되 마음은 내게서 멀도다 사람의 계명으로 교훈을 삼아 가르치니 나를 헛되이 경배하는도다 하였느니라 하시고 무리를 불러 이르시되 듣고 깨달으라"

하나님을 진정으로 존경하는 것은 전통을 잘 지키는 것이 아니라 하나님의 말씀을 연구하고 그 말씀에 순종하는 것입니다. 그래서 말씀에 대해서는 관심이 없으면서 종교적인 열정을 추구하거나 체험을 추구하거나 봉사를 추구하는 것은 자기만족을 위한 것이고, 결국 이것은 사람들에게 칭찬을 받으려고 잘난 체하는 것이지 하나님을 섬기는 것이 아니라는 것입니다.

그래서 하나님의 축복의 세계에 가장 바르게 들어가는 방법은 내가 하나님 앞에서 죄인이라는 것을 깨달아야 한다는 것입니다. 그리고 예수님이 하나님의 아들이며 내 죄를 대신하여 십자가 위에서 죽으셨다는 고백이 있어야 합니다. 이 믿음이 없는 사람은 하나님의 나라에 정식으로 입학한 것이 아니고 청강생인 것입니다. 이런 사람은 아무리 교회를 위해서 많은 일을 해도 인정을 받지 못합니다. 그리고 우리 믿는 자에게 가장 중요한 것은 성경을 배우는 것입니다. 마치 아이가 태어나면 젖을 먹고 자라는 것처럼 성경 말씀의 가르침을 받아야 하며 교회에서도 성경이 모든 것의 중심이 되어야 합니다. 그렇게 되지 않으면 학점이 인정되지 않습니다.

3. 예수님의 말씀이 걸림이 됨

예수님의 제자들은 예수님의 말씀을 듣고 걱정이 되어서 예수님께 이렇게 말을 했습니다.

12절, "이에 제자들이 나아와 가로되 바리새인들이 이 말씀을 듣고 걸림이 된 줄 아시나이까"

바리새인들이 예수님께 와서 왜 장로의 유전을 지키지 않느냐고 했을 때 예수님이 미안하다고 하면서 앞으로 잘 지키면 되지 않느냐고 했으면 아무 문제 없이 넘어갈 수 있었을지도 모르는데 예수님은 유대주의자들에게 너희의 생각이 틀렸다고 반박하셨습니다. 이때 제자들은 예수님에게 와서 예수님의 말씀이 유대인들에게 걸림이 되었다고 했습니다. 여기서 '걸렸다' 는 것은 유대인들이 예수님의 말씀 때문에 마음이 상해서 좋지 않은 감정을 가지게 되었다는 뜻입니다.

여기서 우리는 두 가지 사실을 깨달을 수 있습니다. 첫째는 유대인들의 신앙 상태입니다. 유대인들의 신앙이 건전하다면 바른 해석을 들으면 모호하던 것들이 다 밝혀지면서 마음이 굉장히 기쁘게 됩니다. 사람들의 관행이라는 것이 얼마나 맹목적인가 하면, 뻔히 잘못된 것인 줄 알지만 아무도 바른 소리를 하지 못하고 끌려가는 것입니다. 그때 누군가가 바른 진리를 이야기하면 이 잘못된 모든 끈들을 끊어 버리기 때문에 그렇게 마음이 홀가분할 수가 없습니다.

하버드 대학교의 마이클 샌델 교수의 "정의란 무엇인가?" 라는 강의는 하버드 대학교에서 최고의 인기 강의가 되었습니다. 이것이 보여 주는 것은 사람들이 얼마나 정의에 굶주려 있는가 하는 것입니다. 사람들은 욕심 때문에 말도 되지 않는 궤변을 늘어놓으면서 엉터리를 강요하는데 이때 사람들의 마음은 그렇게 답답할 수가 없습니다. 그런데 누군가가 바른 진리를 이야기하고 밝히면 그의 말을 듣는 모든 사람들의 마음속에서 혼돈의 베일이 벗겨지면서 그렇게 기쁠 수가 없는 것입니다.

그런데 이런 바른 진리를 들으면서 더 화가 나는 사람들이 있습니다. 이들은 이미 어두움의 종이 된 사람들입니다.

둘째는 제자들이 예수님의 말씀이 그들에게 걸림이 된 것을 두려워하고 있는 것입니다. 왜냐하면 바리새인들이 유대 사회에서 실권을 쥐고 있었기 때문입니다. 그러니까 유대 사회에서 발을 붙이려면 바리새인들의 미움을 사지 말아야 하는데 예수님께서는 이제 바리새인들에게 미움을 사게 되어서 아무것도 할 수 없게 되었다는 것입니다. 그래서 제자들은 자신들이 유대인들에게 박해를 받을 것은 말할 것도 없고 예수님께서 복음을 전하는 것도 유대 사회 안에서는 상당히 힘들 것이라고 생각해서 걱정을 했습니다.

그때 예수님께서는 그대로 두라고 말씀하셨습니다.

13절, "예수께서 대답하여 가라사대 심은 것마다 내 천부께서 심으시지 않은 것은 뽑힐 것이니"

예수님께서는 누가 실권을 가지고 있느냐가 중요한 것이 아니라 누가 진리를 붙들고 있느냐가 더 중요하다고 말씀하셨습니다. 왜냐하면 결국 진리가 아닌 것은 뽑힐 수밖에 없기 때문입니다. 진리가 아닌 것은 지금 아무리 권세를 가지고 있다 하더라도 하나님의 눈에는 잡초로 보일 뿐입니다. 그래서 하나님께서 일으키시는 변화를 감당하지 못해서 얼마 가지 않아서 뽑히고 마는 것입니다.

그래서 진리가 아닌 것을 붙드는 사람은 안개를 믿는 것과 같고, 죽은 나무를 붙드는 것과 같습니다. 그래서 힘을 주거나 바람이 불면 그런 것들은 그 안에 자체적인 생명의 뿌리가 없기 때문에 뿌리째 뽑히고 맙니다. 따라서 우리 그리스도인들은 진리가 아니면서 실세인 것을 붙들면 안 됩니다. 오로지 지금은 미련하게 보이고 답답하게 보일지라도 하나님의 진리를 붙들어야 결국에는 축복을 받게 됩니다.

여기서 '뽑힌다'는 것은 두 가지를 생각할 수 있습니다. 하나는 역시 가라지 비유입니다. 하나님께서는 일정 기간 동안 가라지를 그냥 내버려 두십니다. 왜냐하면 그 안에 알곡이 섞여 있을 수 있기 때문입니다. 그러나 하나님의 때가 되면 거짓 진리는 먼저 뽑히게 되어 있습니다. 또 하나는 태풍을 생각할 수 있습니다. 태풍이 불면 옮겨 심은 가로수들은 다 뽑혀서 넘어집니다. 왜냐하면 뿌리가 깊지 못하기 때문입니다. 세상의 사상이나 권세는 사람에게 뿌리를 두고 있기 때문에 하나님의 큰 시련을 이기지 못합니다. 그러나 말씀에 뿌리를 내리는 신앙은 그 뿌리가 하나님께 연결되어 있기 때문에 아무리 큰 어려움이 온다 하더라도 뿌리가 뽑히지 않습니다.

그리고 예수님은 그들의 상태를 정확하게 말씀하셨는데 그것은 소경이 소경을 인도하는 것입니다.

14절, "그냥 두어라 저희는 소경이 되어 소경을 인도하는 자로다 만일 소경이 소경을 인도하면 둘이 다 구덩이에 빠지리라 하신대"

상식적으로 생각할 때도 앞을 보지 못하는 사람이 다른 사람을 인도한다면 목적지로 갈 수 없을 뿐 아니라 한 사람이 넘어지면 모두 넘어지고 말 것입니다.

예수님께서는 진리를 모르는 지도자들은 소경 인도자들이라고 말씀하셨습니다. 그런데 그냥 소경이 아니고 자기는 옳다는 강한 확신을 가지고 있는 소경인 것입니다. 결국 그렇게 되면 인도하는 사람이나 인도받는 사람이나 모두 멸망의 구덩이에 빠질 수밖에 없습니다.

우리는 하나님의 형상으로 만들어졌기 때문에 하나님을 만나지 않으면 절대로 나 자신의 가치를 알 수 없습니다. 우리는 예수를 믿을 때 가장 바르게 하나님을 만나게 됩니다. 그때야 비로소 우리는 사랑의 하나님을 만나게 되고 소중한 나 자신을 찾을 수 있습니다. 이때 우리 마음에 가장 먼저 떠오르는 생각이 내가 너무나도 소중하고 존귀하다는 것입니다. 그리고 지금까지 다른 사람의 인생을 살아왔는데 이제는 너무나도 소중한 자신의 인생을 찾게 된 것입니다. 마귀에게 도둑맞은 인생을 도로 찾게 된 것입니다. 그러니까 이제부터는 무엇을 하든지 정말 가치 있는 것을 찾아서 할 수 있게 되었습니다.

그런데 현실은 어떻습니까? 현실의 모든 좋은 것은 아직 진리를 모르는 자들이 다 차지하고 있습니다. 그런데 그들은 자신들이 옳다고 확신을 하고 모두 멸망의 낭떠러지를 향하여 가고 있습니다. 우리가 거기는 틀린 길이며 살기 위해서는 딴길로 가야 한다고 소리를 치면 욕을 하거나 때리기도 하고 이 세상에서 살지 못하도록 방해하기도 합니다. 그때 우리는 과연 진리를 안 것을 후회해야 하느냐 하는 것입니다. 사람들 중에는 현실을 보고 자기가 진리를 안 것을 후회하는 사람도 있고 의심하는 사람도 있습니다. 왜냐하면 너무 많은 사람들이 확신을 가지고 같은 길을 가고 있기 때문입니다.

그러나 눈을 뜬다는 것은 이 세상의 많은 재산이나 좋은 직책과 비교할 수 없는 축복입니다. 우리가 하나님을 바로 알고 믿는다는 것은 이 세상에 있는 것을 다 잃어버린다 해도 더 귀중한 것을 가진 것입니다.

그런데 문제는 앞을 보지 못하는 이 확신에 차 있는 사람들을 어떻게 하느냐는 것입니다. 예수님께서는 '그냥 두라' 고 말씀하셨습니다. 그것은 그들이 끝까지 진리를 거부할 때 우리가 그 길을 따라갈 수는 없는 것이 아니냐는 뜻입니다. 우리는 다른 사람을 사랑한다고 해서 같이 멸망할 수는 없는 것입니다. 어느 순간에는 나누어질 수밖에 없습니다. 그러나 할 수 있으면 마지막 순간까지 따라가면서 한두 사람이라도 설득해서 멸망의 대열에서 빼내는 것이 우리가 해야 할 일인 것입니다.

우리가 진리를 붙들고 있다는 것은 이 세상의 강한 자보다 더 강한 것입니다. 보는 사람과 보지 못하는 사람이 싸우면 보는 사람이 절대적으로 유리한 것은 두 말할 필요가 없습니다. 우리는 진리를 가지고 있습니다. 그래서 이 세상 사람들을 너무 두려워할 필요가 없습니다. 왜냐하면 그들은 소리만 지르지 정확하게 우리를 때릴 수 없기 때문입니다. 그 대신 우리는 그들을 보고 있으며 차분하게 설명을 하면 되는 것입니다.

그래서 우리에게 중요한 것은 비겁해지지 않는 것입니다. 우리는 이 세상의 것을 보고 자기 자신을 비참하게 생각하면 소경보다 더한 소경이 되는 것입니다. 우리는 가장 중요한 보배를 가진 자들입니다. 우리는 절대로 흔들려서는 안 됩니다. 그리고 아무리 다른 사람을 설득했는데도 욕하고 반발할 때에는 그들을 불쌍히 여기는 마음으로 진실하게 대하면 단단한 마음이 녹을 수가 있습니다. 그래서 그리스도인들의 자신감이라는 것은 돈으로 따질 수 없이 소중한 것입니다.

4. 죄악의 뿌리는 마음에 있다

예수님께서는 인간의 진정한 문제가 어디에 있는지 말씀하셨습니다.

10-11절, "무리를 불러 이르시되 듣고 깨달으라 입에 들어가는 것이 사람을 더럽게 하는 것이 아니라 입에서 나오는 그것이 사람을 더럽게 하는 것이니라"

예수님께서는 제자들에게 손을 씻지 않고 음식을 먹는 것이 사람을 더럽히는 것이 아니라 사람의 입에서 나오는 것이 사람을 더럽힌다고 말씀하셨습니다. 제자들은 이 말씀을 이해하지 못했습니다. 그래서 제자들은 예수님께 이 비유의 뜻을 물어보았습니다.

15-18절, "베드로가 대답하여 가로되 이 비유를 우리에게 설명하여 주옵소서 예수께서 가라사대 너희도 아직까지 깨달음이 없느냐 입으로 들어가는 모든 것은 배로 들어가서 뒤로 내어 버려지는 줄을 알지 못하느냐 입에서 나오는 것들은 마음에서 나오나니 이것이야말로 사람을 더럽게 하느니라"

여기서 '입으로 들어가는 것' 은 음식이고 '입에서 나오는 것' 은 말과 생각입니다. 유대인들은 사람이 죄인과 접촉하면 죄에 감염된다고 생각했습니다. 그러나 죄인과 같은 장소에 있다고 해서 죄가 감염되는 것은 아닙니다. 사람은 악한 사람이 하는 말을 들음으로 마음이 더럽혀지기 때문에 악해지는 것입니다. 아무리 악한 자라 하더라도 입만 틀어막고 있으면 다른 사람을 오염시킬 수가 없습니다.

여기서 우리가 기억해야 할 것은 사람은 교제를 통하여 악을 배운다는 것입니다. 사실 구약의 율법에서 악인들과의 접촉을 금한 것은 같은 장소에 있는 것을 금한 것이 아니라 함께 있으면서 악한 사상을 배우기 때문입니다. 그래서 우리는 예수님이 아니기 때문에 할 수 있는 대로 악한 분위기에는 접촉되지 않는 것이 중요합니다. 우리는 악한 책을 읽고, 악한 사람들과 만나고, 악한 영화를 보면 악한 사상을 배우게 됩니다. 우리가 이 악한 것을 씻는 방법은 목욕이나 봉사가 아닙니다. 하나님의 말씀을 들어야 마음의 더러운 것을 씻을 수 있습니다.

그러나 더 심각한 것은 인간의 마음속에는 이미 죄가 들어 있다는 것입니다. 그래서 기회만 있으면 죄의 욕구를 분출시킵니다. 인간은 부패해 있기 때문에 아무리 교양이 많은 사람이라 하더라도 그 속에 이미 죄가 있습니다. 단지 그것을 잘 포장해서 보이지 않게 할 뿐입니다. 결국 문명인이라는 것은 죄를 어떻게 포장해서 잘 보이지 않게 하느냐의 문제인 것입니다. 인간은 화장실을 재래식으로 하느냐 수세식으로 하느냐가 문제이지 배설을 하지 않는 것은 아닌 것입니다. 문명 수준이 높은 사람들은 화장실을 아주 깨끗하고 고급스럽게 꾸밉니다. 그러나 생활 수준이 낮고 미개한 곳에서는 생활하수를 그대로 집 밖으로 흘려 버려서 온 동네에 악취가 납니다. 화장실도 재래식이거나 아주 옛날에는 밑에 짐승을 키우는 곳도 있었습니다. 옛날 프랑스의 파리에는 도로에도 배설물이 많아서 여인들을 업어서 옮겨야 했다고 합니다. 지금도 파리의 거리에는 개의 배설물이 많다고 합니다. 중국에서는 옛날에 화장실에 문이 없어서 다 보이는 데서 서로 이야기를 하면서 일을 봤다고 합니다.

19-20절, "마음에서 나오는 것은 악한 생각과 살인과 간음과 음란과 도적질과 거짓 증거와 훼방이니 이런 것들이 사람을 더럽게 하는 것이요 씻지 않은 손으로 먹는 것은 사람을 더럽게 하지 못하느니라"

사실 어떻게 보면 유대인들의 생각이 최선의 생각일 것입니다. 어차피 사람이 악한 것을 생각하지 않을 수 없다면 가능한 한 악한 자를 만나지 않고 또 자기 안에 있는 욕망을 고상하게 포장하는 것이 최선의 방법일 것입니다. 사실 인간이 할 수 있는 최선의 것이 바로 이것입니다. 할 수 있는 대로 욕망을 억제하거나 고상하게 표현하자는 것입니다.

그러나 예수님이 바로 이 문제를 지적하시는 이유가 무엇입니까? 예수님에게는 죄를 근본적으로 치료할 수 있는 능력이 있으시기 때문입니다. 지금까지 모든 인류가 고민하면서도 풀지 못했던 치명적인 문제가 본성의 문제인데 예수님은 이것을 고치기 위하여 오셨습니다. 그래서 이제는 포장만 그럴듯하게 꾸미는 것이 아니라 안에 있는 내용물 자체를 바꾸는 축복이 주어진 것입니다. 바로 이것이 예수님의 십자가와 성령의 능력이 우리에게 주는 선물입니다. 이제는 더 이상 포장이 중요하지 않습니다. 그 안에 들어 있는 내용이 중요합니다. 우리가 더 이상 죄를 짓지 않고 죄를 이길 수 있도록 예수님이 치료해 주신 것입니다.

우리 안에는 살인과 음란과 여러 가지 악한 뿌리가 있습니다. 다른 곳에서는 여기에 '광패' 라는 말을 추가한 곳도 있습니다(막 7:22). 이것은 광기를 말합니다. 모든 사람들의 마음속에는 광기가 있습니다. 우리는 겉으로 얌전하게 보이지만 얼마나 많은 사람들을 마음속으로 죽였으며, 얼마나 음란하고 악한 생각들을 많이 했습니까? 그리고 미치고 발작하고 싶은 충동을 누르면서 살아가고 있는 것입니다. 그래서 어떤 때에는 실컷 울어 보고 싶기도 하고, 어떤 때에는 술에 잔뜩 취하고 싶은 때도 있는 것입니다. 그러나 우리의 마음속에 있는 이 답답함과 컬컬함을 예수님은 완전히 시원하게 하셨습니다. 그것은 우리 안에 있는 죄의 뿌리를 파내신 것입니다. 종기는 대충 짜서는 안 됩니다. 칼로 짼 후에 속에 있는 뿌리를 짜내야 합니다. 예수님은 우리 본성 안에 있는 죄의 뿌리를 칼로 째서 완전히 도려내셨습니다. 그래서 이제 우리는 완전히 하나님 앞에서 건강한 양심을 가지고 자신 있게 살게 된 것입니다. 그러나 속에는 더러운 것들이 가득 있으면서 여전히 포장만 멋있게 한 교양 있는 사람들은 언젠가 그 포장이 찢어질 때 추악한 모습을 드러낼 수밖에 없을 것입니다.

이제 우리는 누가 과연 행복한 사람인지 알아야 합니다. 그리고 절대로 이 세상의 어리석은 잣대로 자신을 불쌍하다고 평가하지 마시기 바랍니다. 그리고 어느 누구 앞에서도 당당하고 자신 있는 성도들이 되시기를 바랍니다.

성경 토의

1. 기독교 안에서 복음 외에 전통이나 의식이나 사업이 중요시되면 어떤 결과가 나타나며, 우리 주위에 소경이 소경을 인도하는 일은 없는가?

2. 예수님은 추상적인 유대 지도자들의 주장에 대하여 아주 실제적으로 대답하셨다. 때로 기독교가 너무 철학화되거나 추상화되어서 오히려 복음의 본질을 가리는 일은 없는가?

3. 오늘 사람들은 음식은 가려먹으면서 다른 사람에게 말하는 것은 거침없이 악의적인 표현을 사용하는데 말을 아름답게 할 수 있는 좋은 방법은 어떤 것이 있는가?

63_떡과 부스러기

마태복음 15:21-39

전체적 설명

예수님은 장로들의 유전 문제로 바리새인들과 마찰이 일어나자 관계가 더 악화되는 것을 피해 이스라엘 경내를 벗어나서 두로와 시돈 땅으로 가셨다. 예수님은 거기서 이방인 여인이 놀라운 믿음을 가진 것을 보시고 그 딸의 귀신 들린 것을 고쳐 주시고, 또 갈릴리로 돌아오셔서 많은 병자들을 치료해 주시고, 다시 한 번 굶주린 무리들을 기적으로 먹이셨다. 예수님은 유대 지도자들과의 충돌을 피해서 이방 땅이나 변두리로 가시면서도 믿음으로 나아오는 자가 있을 때 능력을 나타내서 그들을 치료해 주셨다.

설교 프리노트

21절, **"예수께서 거기서 나가사 두로와 시돈 지방으로"**

여기의 '거기서'는 예수님께서 말씀을 가르치신 갈릴리 지방을 말한다. 유대 지도자들은 예루살렘에서 갈릴리까지 사람들을 보내어서 장로의 유전에 대한 예수님의 태도에 대하여 문제를 지적했던 것이다. 그러나 오히려 예수님이 그들의 잘못을 책망하시는 것을 보고 그들은 예수님을 적대시하기로 결정했다. 예수님은 유대 갈릴리에 있으면서도 유대 지도자들과 충돌하자 더 멀리 피하셨는데 이번에는 아예 이방 땅인 두로와 시돈 땅까지 가셨다.

22절, "가나안 여자 하나가…주 다윗의 자손이여 나를 불쌍히 여기소서"

예수님이 두로와 시돈 땅으로 갈 수 있었던 것은 팔레스타인 땅이 로마의 지배 하에 있어서 통행이 자유로웠기 때문이다. 그런데 두로와 시돈에도 유대인들이 정착해서 살고 있었던 것 같은데 예수님이 그 땅에 가신 것이 이방인들에게도 소문이 나게 되었다. 그래서 가나안 여자 중 하나가 예수님에게 나아와서 귀신 들린 자기 딸을 고쳐 달라고 부탁했다. 그런데 이 여인은 예수님을 '주 다윗의 자손' 이라고 불렀다. 여기의 '다윗의 자손' 이라는 칭호는 이스라엘 자손들이 아니면 절대로 부를 수 없는 칭호였다. 이것은 마치 이스라엘 백성 안에서만 통하는 비밀번호와 같은 것이었고, 이방인은 도저히 알 수 없는 칭호였다. 예를 들어 일제시대 때 어떤 중국인이 우리나라 독립군 장군의 이름을 입에 올린다면 그것은 말도 되지 않는 일일 것이다. 이처럼 로마가 지배하는 세상에서 감히 이방인이 장차 오실 이스라엘 구원자의 칭호를 입에 올린다는 것은 있을 수 없는 일이었다. 그 여인은 아마 친한 유대인 이웃으로부터 예수님에 대한 이야기를 들은 것 같고, 그는 모든 병을 치료하실 수 있는 분이라는 것을 믿었던 것 같다. 그래서 이 여인은 예수님께 귀신 들린 자기 딸을 고쳐 달라고 부탁했다.

23절, "예수는 한 말씀도 대답지 아니하시니"

예수님은 이 여인이 이방인으로서는 감히 부를 수 없는 다윗의 자손이라는 호칭으로 부른 것을 보고 아무 말씀도 하지 아니하셨다. 이것은 예수님도 대답하실 수 없는 상황이었다. 그리고 만일 예수님께서 이방인들의 병까지 고치시는 것이 소문이 난다면 유대 지도자들은 예수님을 더 미워할 것이다. 그러나 제자들은 이런 것은 생각하지 못하고 오로지 여인이 계속 따라오면서 떠드니까 어떻게 해서든지 이 여자를 보내자고 말씀을 드렸다.

24절, "나는 이스라엘 집의 잃어버린 양 외에는"

예수님은 먼저 자신이 보내심을 받은 대상을 분명히 말씀하셨다. 예수님은 적어도 십자가에 죽으시기 전 육신으로 계실 때까지는 자신이 보내심을 받은 대상이 유대인인 것을 분명히 말씀하셨다. 그래서 이방인들은 예수님의 일차적인 긍휼의 대상이 아닌 것이다. 그런데 예수님은 이 여인을 못 본 체하거나 제자들을 시켜서 쫓아버리지 아니하시고 말씀을 하셨다. 그것은 예수님이 이 여인에게 관심을 가지고 계셨다는 것이다.

25절, "주여 저를 도우소서"

이 여인은 예수님이 자신은 오직 이스라엘의 잃은 양들에게 보내심을 받았을 뿐이라고 말씀하셔도 포기하지 않고 예수님에게 도와달라고 간구했다.

26절, "자녀의 떡을 취하여 개들에게 던짐이 마땅치 아니하니라"

이때 이 여인의 귀에 벼락을 치는 것처럼 무서운 예수님의 말씀이 떨어졌다. 이것은 예수님에 대한 기대를 산산조각 나게 할 수 있는 엄청난 시험의 말씀이었다. 즉 병을 치료하는 은사는 하나님의 자녀들에게만 주는 떡인데 어떻게 너희 같은 이방인들에게 줄 수 있느냐는 것이다. 예수님은 이방인 여인을 개로 비유해서 말씀하셨다. 개는 어느 나라에서든지 좋은 의미로 사용되지 않는다. 그래서 이 정도로 무시를 당했으면 화를 내고 일어서서 갔을 테지만 이 여인은 예수님 앞에 한 번 더 자신을 낮추었다.

27절, "주여 옳소이다마는 개들도 제 주인의 상에서 떨어지는 부스러기를 먹나이다"

여인은 자기가 주님 앞에서 '개'라는 말을 듣는 것을 옳다고 시인하였다. 그러고는 개들도 주인의 상에서 떨어지는 부스러기를 먹는다고 말하였다. 사실 사람들 중에는 음식을 먹다가 상 밑에 있는 개들을 위해서 일부러 먹던 고기 조각을 던져 주는 사람도 있었다. 이 여인은 자기가 예수님의 양은 아니지만 개가 되기를 원한다고 말한 것이다.

28절, "여자야 네 믿음이 크도다"

예수님께서 지금까지 여인의 요구를 들어주시지 않고 시험이 되는 말씀을 하신 것은 이 여인에게 믿음이 있는 것을 보시고 그 믿음을 드러내려고 하신 것이다. 유대인들은 하나님의 아들이라고 하면서도 예수님에 대한 신앙이 없었던 반면에 이 여인은 이방인임에도 귀한 믿음을 가지고 있었던 것이다. 이 여인은 즉시 응답을 받아서 그 딸이 귀신에게서 놓여 나게 되었다.

32절, "저희가 나와 함께 있은 지 이미 사흘이매"

많은 무리들은 어떤 때는 사흘 동안 먹고 자고 하면서 예수님의 말씀을 듣기도 하고 병 고침을 받기도 했다. 그런데 사흘이 지나면서 사람들이 가지고 온 떡을 다 먹어 버려서 먹을 것이 하나도 없게 되었다.

33절, "광야에 있어 우리가 어디서 이런 무리의"

예수님의 말씀과 능력은 놀라웠지만 예수님과 함께한 무리들은 인간이었기 때문에 먹어야 했는데 먹는 문제를 해결하는 것이 쉬운 일이 아니었다. 제자들은 광야에서 유대 지도자들의 눈치를 보지 않고 마음껏 은혜 받을 수 있었지만 많은 사람들의 양식을 구할 돈이나 떡을 구할 수 없었다. 물론 예수님께서 과거에 보리떡 다섯 개와 물고기 두 마리로 5천 명을 먹이셨지만 이런 기적은 늘 일어날 수 있는 것이 아니었다.

36절, "떡 일곱 개와 그 생선을 가지사 축사하시고"

예수님은 과거에 보리떡 다섯 개와 물고기 두 마리로 5천 명을 먹이실 때와 거의 똑같은 모습으로 떡 일곱 개와 약간의 물고기로 4천 명을 먹이셨다. 그리고 예수님은 전처럼 부스러기를 모으라고 하셨는데 모두 배부르게 먹고 일곱 광주리를 거두었다. 예수님은 한 번만 기적을 행하신 것이 아니라 다시 한 번 기적을 행하셔서 제자들에게 믿음을 주셨다.

본문 이해를 위한 질문

1. 예수님은 왜 갈릴리를 떠나서 이방 땅인 두로와 시돈으로 가셨는가?

유대 장로들의 유전 문제로 바리새인들과 갈등이 생기자 그것을 피해서 이방 땅으로 가셨다.

2. 가나안 여인은 예수님을 무엇이라고 불렀으며, 어떤 요구를 했는가?

그는 예수님을 다윗의 자손이라고 불렀고, 귀신 들린 딸을 고쳐 달라고 부탁했다.

3. 여인은 예수님께 대하여 어떤 믿음을 가지고 있었는가?

그는 예수님 앞에서 개 취급을 받으면서도 모든 자존심을 다 버리고 은혜 받기를 간구해서 칭찬받고 응답받았다.

성경 강해

떡과 부스러기는 같은 몸체에서 나온 것입니다. 그러나 온전한 떡과 부스러기의 가치는 엄청난 차이가 있습니다. 예를 들어 누군가가 생일을 맞으면 생크림이 듬뿍 발라진 맛있게 생긴 케이크에 나이만큼 초를 꽂아서 생일을 맞이한 사람 앞에 놓습니다. 그러면 생일을 맞이한 사람은 '내가 이렇게 소중한 사람이구나. 나는 역시 이 세상에 태어나길 잘했어'라는 뿌듯한 마음을 가지고 생일 케이크를 자릅니다. 그러고 난 후에 그의 생일을 축하하기 위해 모인 사람들이 그 조각을 하나씩 받아서 맛있게 먹습니다. 그러나 이미 다른 사람이 먹은 케이크는 생일 축하나 큰 파티에 내어 놓을 수가 없습니다. 왜냐하면 그것은 이미 부스러기이기 때문입니다.

요즘 어린아이들은 밥보다 라면이나 돈가스 같은 인스턴트 식품을 좋아합니다. 왜냐하면 아이들에게는 영양가가 풍부한 음식보다는 달짝지근한 과자나 인스턴트 식품이 입맛에 맞기 때문입니다. 그래서 고집이 센 아이들은 부모가 아무리 영양가가 있는 식사를 만들어 주어도 먹으려고 하지 않고 과자나 인스턴트 식품을 먹으려고 합니다. 그러나 균형 잡힌 식사를 하지 않으면 결국 아이는 필요한 영양소가 공급되지 않아서 키가 크지 않거나 혹은 병에 걸리게 됩니다. 그래서 어떤 부모는 아이가 밥을 먹기 전에는 절대로 간식을 먹지 못하게 하거나 아예 집에서 인스턴트 음식을 없애 버리기도 합니다.

이것은 우리 신앙에 있어서도 마찬가지입니다. 우리 신앙이 잘 자라기 위해서는 순수한 하나님의 말씀을 많이 먹어야 합니다. 그러나 우리는 하나님의 말씀은 맛이 별로 없는 것 같고 인스턴트 신앙에 끌릴 때가 많이 있습니다. 그래서 사람들은 재미있는 예화를 가지고 설교 시간을 채우는 것을 좋아하고 이상한 체험을 강조하는 설교를 더 좋아하기도 합니다. 어떤 분은 무조건 병이 낫고 세상적인 복을 받는 설교를 죽어라고 좋아합니다.

히브리서 저자는 히브리서를 쓰면서 교인들에게 젖만 먹고 단단한 음식을 먹지 못하는 너희는 신앙의 어린아이라고 말하였습니다. 단단한 음식, 즉 고기를 먹어야 힘을 낼 수 있는데 아직도 교인들은 유동식이나 먹고 있는 것입니다.

그래서 우리가 능력 있는 신앙인이 되기 위하여 꼭 필요한 것과 우리가 좋아하는 것에는 상당한 차이가 있습니다. 우리는 많은 경우 이 세상에서 성공하고 잘사는 것을 좋아합니다. 나이가 드신 어른일수록 이런 것을 더 좋아합니다. 특히 형편이 어려운 사람들은 돈이 생기는 것을, 학생은 좋은 성적이 나와서 좋은 학교에 입학하는 것을 원할 것입니다. 한 걸음 더 나아가서 어떤 분들은 기적을 좋아합니다. 어떤 사람이 방언을 하거나 환상을 보았다고 하면 자기도 그런 체험을 해 보고 싶어 합니다. 그리고 목회자들은 자기가 안수기도를 하면 교인들의 병이 그 즉시 낫고 귀신이 소리를 지르면서 나가는 능력을 가지기를 원할 것입니다.

그러나 이런 것들은 우리의 신앙이 능력 있는 신앙으로 자라는 데에 꼭 필요한 것이 아닙니다. 우리의 신앙이 바르게 자라게 하려면 하나님의 말씀인 성경을 꼭꼭 씹어서 먹어야 합니다.

유대인들과 예수님의 갈등이 더욱더 심해졌을 때 예수님께서는 이방인의 땅 두로와 시돈 지방으로 가셨습니다. 예수님은 이 세상의 모든 복을 주시는 분, 즉 복덩어리이신데 유대인들의 고집이 복덩어리를 다른 곳으로

굴러가게 만들었습니다. 그리고 대개 두로 사람들은 유대인들에 대하여 좋지 않은 감정을 가지고 있었습니다. 그러나 이 이방인들 중에서 예수님을 필요로 하는 사람이 있었습니다. 그 사람은 자기 딸이 귀신이 들린 한 여인이었습니다. 이 여인은 예수님께 나아와서 예수님께서 딸의 귀신 들린 것을 고쳐 주기를 간청했습니다. 그런데 예수님은 이 여인의 간청을 두 번이나 거절하셨습니다. 한 번은 아예 대꾸를 하지 않으셨습니다. 그리고 두 번째는 아주 모욕적인 말씀을 하시면서 이 여인의 요구를 거절하셨습니다. 그러나 이 여인은 그럼에도 끝까지 예수님께 매어 달림으로 그의 믿음을 인정받았고, 또 그의 딸이 치료받았습니다.

여기서 우리가 알 수 있는 것은 성경에 나오는 믿음의 사람들은 모두 가만히 앉아서 예수님이 알아서 고쳐 주시기를 기다리는 사람들이 아니었다는 것입니다. 성경에 나오는 축복받은 믿음의 사람들은 모든 반대와 부끄러움을 무릅쓰고 적극적으로 예수님 앞에 나와서 응답을 받은 사람들입니다.

1. 두로와 시돈 땅으로 가심

21절, "예수께서 거기서 나가사 두로와 시돈 지방으로 들어가시니"

여기의 '거기서' 는 유대인들이 사는 갈릴리 땅을 말합니다. 예수님은 다른 어떤 곳도 아닌 갈릴리 지방에서 많은 말씀을 가르치시고 많은 기적을 행하셨습니다. 그 이유는 그곳에 있는 사람들이 너무 불쌍했기 때문입니다. 갈릴리의 유대인들은 유대인이기는 하지만 유대 땅에 살지 못하고 갈릴리로 이주해서 아주 가난하게 살고 있었습니다. 그래서 예수님은 다른 곳에서도 예수님을 필요로 하고 있었지만 이들을 더욱 불쌍히 여기셔서 3년 내내 갈릴리 사람들에게 더 많은 말씀을 주시고 더 많은 사랑을 보여 주셨습니다. 그럼에도 갈릴리 사람들은 생각만큼 예수님을 많이 믿지 않았습니다. 그 이유가 무엇일까요? 이들은 가난이라는 어려움을 하나님을 만날 수 있는 기회로 생각하지 않고 오직 가난에서 벗어나려고 몸부림쳤기 때문입니다. 사실은 가난한 사람들이 부자들보다 더 유리한 것이 많습니다. 왜냐하면 가난한 사람은 하나님으로부터 불쌍히 여김을 받을 가능성이 더 많고 믿음에 있어서 부요한 사람이 될 가능성이 더 많기 때문입니다. 예수님은 갈릴리 사람들이 비록 경제적으로는 유대 사람들이나 예루살렘 사람들보다 부족하지만 믿음에 있어서는 훨씬 부요한 사람들이 되기를 원하셨습니다. 그러나 갈릴리 사람들은 욕심으로 인해 그 좋은 기회를 놓치고 오히려 복의 근원이신 예수님을 이방 땅으로 가시게 했습니다. 그래서 우리에게 여러 가지 어려움이 생겼을 때 '아, 하나님께서 나의 이 어려움을 통하여 큰 믿음을 주려고 하시는구나. 기왕 이렇게 된 이상 이 세상에서 최고로 큰 믿음을 가진 사람이 되자' 라고 생각해야 하는 것입니다. 그래야 진짜 복을 받을 수 있습니다.

예수님께서 두로와 시돈 땅으로 가신 것은 구약의 선지자 엘리야가 사렙다 땅으로 간 것과 비슷합니다. 구약 시대에 엘리야는 가장 강력한 능력을 가진 선지자였습니다. 그런데 먼저 하나님의 부르심을 받은 이스라엘 백성 중에서 하나님의 말씀을 소중하게 생각하고 전적으로 붙드는 사람이 없었습니다. 그래서 하나님께서는 엘리야를 두로와 시돈 땅으로 보내셨습니다. 결국 이스라엘의 많은 과부들 중에 어느 누구도 하나님의 능력을 체험하지 못했습니다.

그런데 엘리야는 사렙다라는 곳에서 한 이방인 여인을 만났는데 그 여인은 대단히 어려운 처지에 있었습니다. 그 여인은 이제 마지막 남은 곡식 가루로 떡을 구워 먹고 죽으려 하고 있었습니다. 그런데 엘리야는 그 마지막 남은 떡을 자기에게 달라고 했습니다. 그러고는 그 과부에게 하나님의 말씀을 주었습니다. 즉 하나님께서 그들에게 축복하셔서 계속적으로 곡식 가루와 기름을 주실 것이라고 했습니다. 그 흉년에 도대체 어디서 양식이 생기며 어디서 기름이 생기겠습니까? 그런데 그 이방인 여인은 하나님의 말씀을 믿고 마지막 남은 곡식 가루와 기름으로 떡을 만들어서 엘리야에게 주었습니다. 이것이 그 여인의 믿음이었습니다. 아마도 이스라엘 여자들에게 이런 말을 했으면 미쳤다고 하면서 맹렬하게 비난했을 것입니다. 그러나 이 이방인 여인은 엘리야가 전한 하나님의 말씀을 믿었고, 그 결과 3년 반 동안 이 여인의 집에서 곡식 가루와 기름이 떨어지지 않았습니다.

요즘 우리나라 교인들의 신앙도 이와 흡사합니다. 우리나라의 교인들은 얼마나 성경을 많이 아는지 서울의 유명한 교회의 교인들은 목회자를 가르치려고 할 정도입니다. 그런데 문제는 그 말씀을 믿지 않는 것입니다. 그러나 이 이방인 과부는 믿었고, 복을 받았습니다. 결국 많이 아는 것과 실제로 믿는 것은 다른 것입니다.

예수님께서 갈릴리 지방에서 많은 말씀을 전하시고 기적을 베푸셨지만 유대인들은 그 말씀을 깨닫지 못하고 사소한 것으로 자꾸 걸고 넘어졌습니다. 즉 이것도 마음에 들지 않고 저것도 틀렸다고 하면서 예수님을 걸고 넘어졌고 예수님은 그들을 피해서 엘리야가 갔던 두로 땅으로 가셨습니다. 그런데 예수님은 거기서 한 이방 여인을 만나게 되었습니다. 하나님께서는 먼저 믿는 자들에게 축복의 우선권을 주십니다. 그러나 그들이 교만하여 축복의 소중함을 깨닫지 못하고 사소한 것으로 원망하고 불평할 때 하나님의 축복은 이방인에게로 넘어가는 것입니다.

2. 한 가나안 여인의 요청

22-23절, "가나안 여자 하나가 그 지경에서 나와서 소리질러 가로되 주 다윗의 자손이여 나를 불쌍히 여기소서 내 딸이 흉악히 귀신 들렸나이다 하되 예수는 한 말씀도 대답지 아니하시니 제자들이 와서 청하여 말하되 그 여자가 우리 뒤에서 소리를 지르오니 보내소서"

예수님께서 두로 지방에 가셨지만 거기서도 예수님을 환영하는 사람들은 별로 없었습니다. 그때 한 가나안 여인이 어디선가 예수님을 향해 소리를 지르면서 귀신 들린 자기 딸을 고쳐 달라고 부탁했습니다.

우선 첫째로 이 여인은 엄청난 칭호를 사용했습니다. 즉 이 여인은 "주

다윗의 자손이여"라고 한 것입니다. '주 다윗이 자손' 이라는 칭호에는 두 가지 내용이 들어 있습니다. 하나는 '주' 라는 단어인데 헬라어로 '큐리오스' 라고 하는 이 단어는 이스라엘 자손들이 하나님께 사용하는 단어입니다. 그리고 '다윗의 자손' 이라는 용어는 '이스라엘의 왕' 이라는 뜻입니다. 즉 장차 오실 이스라엘의 왕은 하나님이십니다. 그는 이스라엘의 모든 눈먼 자와 귀먹은 자와 앉은뱅이를 고쳐 주시고 노예 된 자들을 자유케 하는 왕이십니다.

이 이방인 여인이 예수님을 '주 다윗의 자손' 이라고 부른 것은 분명히 이 여인이 거기에 사는 유대인들로부터 예수님에 대한 소문을 듣고 나름대로 예수님에 대하여 어떤 믿음을 가지고 있었다는 것을 의미합니다. 그런데 중요한 것은 이방인이 이 칭호를 사용할 수 있느냐 하는 것입니다.

구약 이스라엘 백성이 하나님께 대하여 사용했던 칭호는 '여호와' 입니다. 이 칭호는 이스라엘 백성이 하나님과 언약 관계에 있고 특별한 관계에 있는 것을 말합니다. 부부로 치면 남편과 아내의 관계입니다. 아내가 남편을 부를 때 어떻게 부릅니까? 대개는 "여보!"라고 부를 것입니다. 그런데 다른 집 여자가 자기에게 "여보!"라고 부른다면 어떻게 해야 하겠습니까? 아마 정신이 이상한 여자라고 생각하고 모르는 체할 것입니다. 이처럼 이방 여인이 감히 예수님께 '주 다윗의 자손' 이라고 부른 것은 다른 사람이 어떤 남자에게 "여보"라고 불러서 자기도 그렇게 불러 보는 것과 비슷한 것입니다. 그때 예수님은 아무 대답도 하지 않으셨습니다. 왜 예수님께서는 아무 대답도 하지 않으셨을까요? 예수님은 기가 막히셨던 것일까요, 아니면 이 여인이 예수님을 그렇게 부르는 것 자체가 잘못된 것이기 때문에 대답할 만한 가치가 없어서 가만히 계셨던 것일까요? 분명한 것은 예수님께서 이방 땅에서 이방인으로부터 이 엄청난 칭호로 불린 것에 대해서 상당히 놀라셨다는 것입니다. 아마도 예수님은 마음속으로 '도대체 이 여자가 이 말의 의미를 제대로 알기나 하고 부르는가' 하고 생각하셨을지도 모릅니다. 어쨌든 이 여인은 자기는 사용할 수 없는 칭호로 예수님을 불렀고, 예수님은 아무 대답도 하지 않으셨습니다. 그런데 문제는 이 여인이 계속 예수님을 이런 식으로 불렀다는 것입니다. 그래서 제자들은 예수님께 나아와서, "그 여자가 우리 뒤에서 소리를 지르오니 보내소서"라고 말했습니다.

그런데 여기에 사용된 동사가 미완료형입니다. 헬라어의 미완료형은 계속적인 의미가 있습니다. 이것은 여자가 계속 예수님을 불렀다는 것입니다. 일단 예수님께서 이 여인이 예수님을 부르는데도 반응을 하지 않으신 것은 거절의 뜻입니다. 그런데도 이 여인은 포기하지 않고 계속 예수님을 불렀습니다. 이때 제자들은 예수님께 이 여인을 보내라고 말을 했습니다. 즉 제자들은 이 여인이 시끄럽게 떠들고 일행을 귀찮게 하니까 부탁을 들어주자는 것이었습니다.

3. 이방 여인의 믿음

이때 예수님은 분명히 이 여인의 요청을 거절하셨습니다.

24-25절, "예수께서 대답하여 가라사대 나는 이스라엘 집의 잃어버린 양 외에는 다른 데로 보내심을 받지 아니하였노라 하신대 여자가 와서 예수께 절하며 가로되 주여 저를 도우소서"

여기서 예수님은 분명하게 말씀하셨습니다. '나는 이스라엘의 잃은 양에게로 보냄을 받았지 이방인을 위해서 보냄을 받은 것이 아니다' 라는 것입니다. 예수님께서는 자신이 온 목적이 이스라엘의 잃은 양을 위함이지 이방인을 위해서 온 것이 아니라고 말씀하셨습니다. 물론 예수님이 이렇게 말씀하신 것은 이 이방 여인의 믿음을 시험해 보려고 하신 것이지만 어떤 의미에서는 사실이기도 했습니다. 예수님은 왜 이스라엘의 잃은 자들은 담대하게 예수님에게 나아오지 않느냐는 것입니다. 지금 예수님은 이스라엘의 잃은 양들을 도우려고 준비하고 있는데 이스라엘의 잃은 양들은 하나님의 말씀이나 예수님에게 관심이 없었던 것입니다.

예를 들어 부모가 자식이 공부를 잘할 수 있도록 공부방을 마련했는데 다른 아이들은 와서 열심히 공부하고 자기 자식은 매일 게임이나 하고 놀기만 하면 부모는 속이 상할 것입니다. 즉 부모가 아이들이 공부할 수 있도록 방을 만든 것은 일차적으로 자기 자식이 공부할 수 있는 환경을 만들어 주려 한 것인데 자기 아이는 공부에 취미가 없는 것입니다. 예수님은 이방인 여인은 예수님에게 와서 자꾸 은혜를 달라고 하는데 자기 집 아이들은 은혜에 전혀 관심이 없으니까 속이 상하셨던 것입니다. 이것은 이방인은 전혀 은혜를 받을 수 없다는 뜻이 아니었습니다. 유대인들이 좀 더 많이 와서 은혜를 받으라는 뜻이었던 것입니다.

이 여인은 예수님께 나아와 절을 하면서 "주여 저를 도우소서"라고 했습니다. 이것은 죽이든지 살리든지 자기는 절대로 예수님을 떠나지 않겠다는 뜻인 것입니다. 이때 예수님께서는 이 여인이 시험들 수밖에 없는 엄청난 말을 하셨습니다.

26절, "대답하여 가라사대 자녀의 떡을 취하여 개들에게 던짐이 마땅치 아니하니라"

예수님은 이 여인을 '개'에 비유하셨습니다. 동서고금을 막론하고 사람을 개에 비유하는 것은 치욕적인 비유입니다. 어떤 의미에서 개는 억울할 수도 있습니다. 사실 개는 사람과 가장 가깝고 충성을 하는 동물입니다. 개는 주인이 어디를 가든지 따라가고 밤에는 자지 않고 집을 지킵니다. 개는 주인이 발로 차도 배반하지 않고, 몽둥이로 때려도 금방 잊어버리고 따라다닙니다. 그러나 사람들은 욕을 할 때 '개'라는 글자를 넣어서 욕을 하는 것입니다. 그만큼 개는 사람에게 천대를 받고 살아갑니다. 그러나 요즘 애완견은 완전히 팔자가 다른 것 같습니다.

예수님은 이스라엘 백성이 하나님의 자녀들이라면 택함 받지 못한 이방인들은 개라고 하셨습니다. 그래서 부모의 떡은 아이들이 먹는 것이지 개가 먹는 것이 아니라고 말씀하셨습니다. 그런데 여기서 원어를 연구하는 학자들은 예수님께서 '개'라고 하실 때 덩치가 큰 들개를 의미하는 '쿠온'이라는 단어를 사용하지 않고 집에서 키우는 애완용 개인 '쿠나리온'이라는 단어를 사용했다고 말을 합니다. 어쨌든 예수님께서 이 여인을 개에 비유하신 것은 너는 이만큼 천하니까 감히 떡을 달라고 하지 말라는 뜻이었습니다. 지금 너는 감히 나에게 은혜를 달라고 짖어댈 수가 없으며, 계속 떠들면 몽둥이 찜질을 당할 수도 있다는 것입니다. 이때 이 여인은 조금도 망설이지 않고 예수님께 말씀드리기를, "개도 주인의 상에서 떨어지는 부스러기를 먹습니다"라고 했습니다. 이것은 자기는 개 취급을 당해도 좋다는 것입니다. 처음부터 자녀의 대우를 바라지도 않았다는 뜻이기도 했습니다. 그녀에게 필요한 것은 개 수준의 은혜라는 것입니다.

이 여인은 개면 어떻느냐는 것입니다. 개는 주인의 상 위에 올라가서 먹지는 못하지만 상에서 떨어지는 것은 먹을 수 있다는 것입니다. 이 여인은 주님의 상 밑에 있는 개라도 좋으니까 제발 쫓아내지만 말아 달라고 애원을 했습니다.

여기서 비교되는 것이 자녀와 개 그리고 떡과 부스러기입니다. 자녀는 주님의 택함을 받은 백성입니다. 그리고 개는 이방인이고 아직 하나님을 모르는 사람들입니다. 그리고 떡은 하나님께서 자녀들에게 주시는 최고의 음식입니다. 그것이 무엇입니까? 하나님의 말씀이요, 성령의 감동입니다. 그리고 부스러기는 병이 낫는 것이며 귀신이 떠나는 것이었습니다.

이 이방 여인은 놀랍게도 떡과 부스러기를 구별하고 있었습니다. 이 여인은 주식과 간식을 구별하는 능력이 있었습니다. 자기는 예수님께 떡을 달라고 한 적이 없다는 것입니다. 그는 감히 예수님께 말씀과 성령의 감동을 달라고 하지 않았으며 귀신 들린 자기 딸이 낫는 부스러기 은혜만으로도 충분하다고 했습니다.

이때 예수님은 놀라시면서 "여자야 네 믿음이 크도다 네 소원대로 되리라"(28절)라고 말씀하셨고, 그의 딸이 나았습니다.

예수님께서는 이스라엘의 많은 자녀들 중에서 이런 믿음을 가진 사람을 보지 못하셨습니다. 그들은 모두 자녀이지만 개처럼 부스러기를 좋아했습니다. 그들은 돈 버는 것을 자랑하고 이상한 체험을 한 것을 자랑하면서 돌아다녔습니다. 이것은 모두 개들이 먹는 것입니다. 그리고 하나님의 말씀은 우습게 생각하고 조롱하고 업신여기면서 본체만체하고 떠났습니다. 그러나 이 이방 여인은 주님의 말씀이 얼마나 귀한지 알았고 자기는 떡은 기대도 하지 않는다는 것입니다. 부스러기만으로도 족하다고 하였습니다.

하나님의 자녀들은 떡을 구해야 합니다. 그리고 이방인들은 부스러기를 먹는 것입니다. 그래야 균형이 잡힙니다. 그런데 하나님의 백성이 말씀을 집어치우고 부스러기를 가지고 이방인들과 싸우니까 세상이 험악해지는 것입니다. 만일 하나님의 자녀들이 떡을 버리고 부스러기를 구하면 자녀와 개가 함께 망하는 것입니다. 왜냐하면 사람을 살리는 것은 부스러기가 아니라 떡이기 때문입니다. 우리가 하나님의 말씀을 사랑하고 성령의 감동을 사모할 때 이 세상에는 저절로 하나님의 부스러기가 넘쳐나게 됩니다. 왜냐하면 떡이 많으면 부스러기도 많이 떨어지게 되어 있기 때문입니다. 그러므로 떡이 없으면 부스러기도 없습니다. 우리가 살고 있는 이 세상이 너무나도 살기 어려운 세상이 되어 가고 있는 이유는 하나님의 자녀들이 떡을 좋아하지 않기 때문입니다. 하나님의 자녀들이 개처럼 부스러기를 가지고 세상 사람들과 싸우기 때문입니다.

여기에 보면 예수님께서 이 여인의 믿음이 크다고 하셨습니다.

'여자야 네 믿음이 크도다.'

큰 믿음이 어떤 믿음입니까? 이 여인은 예수님이 거절하시고 책망하시는데도 예수님에 대한 믿음을 버리지 않았습니다. 비록 나는 이스라엘의 잃은 양은 아니지만 잃은 양들의 뒤를 따라가는 개가 되어서 그 흘린 은혜를 주워 먹겠다는 것입니다. 이것이 큰 믿음이었고 그 믿음은 응답되어서 그 즉시 딸의 귀신 들린 것이 치료되었습니다.

29-31절, "예수께서 거기서 떠나사 갈릴리 호숫가에 이르러 산에 올라가 거기 앉으시니 큰 무리가 절뚝발이와 불구자와 소경과 벙어리와 기타 여럿을 데리고 와서 예수의 발 앞에 두매 고쳐 주시니 벙어리가 말하고 불구자가 건전하고 절뚝발이가 걸으며 소경이 보는 것을 무리가 보고 기이히 여겨 이스라엘의 하나님께 영광을 돌리니라"

예수님께서는 아마도 두로와 시돈 땅에 오래 계신 것 같지는 않습니다. 예수님은 다시 갈릴리에 오셔서 산에 앉으셨습니다. 예수님께서 앉으신 것은 사람들에게 하나님의 말씀을 가르치려고 하시는 것입니다. 옛날에는 하나님의 말씀을 전하는 사람이 앉고 말씀을 듣는 사람들이 자리에서 서서 들었습니다. 이것은 하나님의 말씀에 대한 존경심을 나타내는 것입니다.

예수님께서 자리에 앉으셨을 때 사람들은 일어서서 예수님의 말씀을 경청할 준비를 했어야 했습니다. 그런데 사람들은 예수님의 발 앞에 환자나 장애인들을 데리고 왔습니다. 이것은 그들에게는 예수님의 말씀을 듣는 것보다 병이 치료되는 것이 더 긴급하고 중요하다는 뜻입니다.

예를 들어 여러 날을 굶어서 배가 고픈 사람이 있다고 합시다. 그러한 사람에게는 설교가 귀에 들어오지 않을 것입니다. 차라리 그 사람에게는 따뜻한 국밥 한 그릇이 더 고마울 것입니다. 또 어떤 사람이 골절상을 당해서 고통스러워하고 있는데 그 사람을 붙들고 성경 이야기를 하면 들으려고 하지 않을 것입니다. 차라리 그 사람에게 진통제 주사를 놓아 주고 골절된 부분을 찾아서 기브스를 해 주면 훨씬 고마워할 것입니다.

예수님께서는 사람들이 말씀을 듣는 것보다 병 낫는 것이나 장애가 치료되는 것을 더 원했을 때 아무 말씀도 하지 않고 그들을 치료해 주셨습니다. 예수님은 이들이 얼마나 고통 가운데 있는지 아셨기 때문에 위로해 주셔서 하나님의 사랑을 깨닫게 하려고 하셨던 것입니다. 사람들은 병이 낫고 어려움이 해결되는 것을 통해서 하나님의 사랑을 피부로 느낄 수 있었습니다. 그래서 그들은 하나님께 영광을 돌렸습니다. 우리는 인간이기 때문에 말씀만으로는 살 수가 없고 성령의 감동만으로 만족할 수가 없습니다. 우리는 우리의 병이 치료되기를 더 원하고 경제적인 어려움이 해결되기를 원합니다. 그런데 하나님께서는 우리에게 그런 어려움이 있다는 것을 외면치 아니하십니다. 그러나 우리는 이런 육체적인 필요가 자녀의 떡이 아니라는 것을 알아야 합니다. 이것은 하나님께서 주시는 부스러기 은혜이며, 사실 우리는 이런 부스러기만으로도 얼마나 고맙고 감사한지 모릅니다.

예수님은 여기서 그치지 아니하시고 다시 한 번 기적으로 그들을 축복해 주셨습니다.

32-38절, "예수께서 제자들을 불러 가라사대 내가 무리를 불쌍히 여기노

라 저희가 나와 함께 있은 지 이미 사흘이매 먹을 것이 없도다 길에서 기진할까 하여 굶겨 보내지 못하겠노라 제자들이 가로되 광야에 있어 우리가 어디서 이런 무리의 배부를 만큼 떡을 얻으리이까 예수께서 가라사대 너희에게 떡이 몇 개나 있느냐 가로되 일곱 개와 작은 생선 두어 마리가 있나이다 하거늘 예수께서 무리를 명하사 땅에 앉게 하시고 떡 일곱 개와 그 생선을 가지사 축사하시고 떼어 제자들에게 주시니 제자들이 무리에게 주매 다 배불리 먹고 남은 조각을 일곱 광주리에 차게 거두었으며 먹은 자는 여자와 아이 외에 사천 명이었더라"

예수님은 다시 한 번 엄청난 기적을 행하셨습니다. 예수님은 사람들이 예수님과 함께 사흘을 있었다고 말씀하셨습니다. 이 사흘은 아마 거의 금식 수련회였던 것 같습니다. 음식이 있는 사람은 먹었지만 없는 사람은 굶으면서 은혜를 받았습니다. 이제는 돌아가야 하는데 사람들이 거의 굶어 있었기 때문에 돌아갈 힘이 없었습니다. 은혜를 받았지만 힘이 없어서 지쳐 쓰러질 지경이었습니다. 이때 예수님께서는 제자들에게 있는 떡 일곱 개로 다시 사천 명을 먹이는 능력을 행하셨습니다.

여기서 우리가 주의해야 할 것은 예수님의 능력에 어떤 공식을 만들려고 해서는 안 된다는 것입니다. 즉 보리떡 다섯 개로 5천 명을 먹였으면 일곱 개로는 7천 명을 먹여야 하는데 4천 명밖에 먹이지 못했으니 지난번보다 못하다고 생각해서는 안 됩니다. 지난번의 은혜는 지난번의 것이고 이번 은혜는 새로운 것입니다. 하나님의 은혜는 아무리 작은 것이라도 놀라운 것입니다. 그래서 자꾸 큰 은혜를 원하는 사람은 은혜에 중독되어서 나중에는 죽은 사람이 살아나도 놀라지 않는 완악하고 단단한 마음이 되고 맙니다. 그리고 역시 여기서도 떡과 부스러기를 구별할 수 있어야 합니다. 여기서 부스러기는 기적의 떡을 먹고 고픈 배가 부른 것입니다. 사람들은 이것을 보고 놀랐지만 중요한 것은 하나님의 말씀이 이런 능력이 있다는 것입니다. 그래서 말씀의 능력을 믿는 것이 자녀들이 해야 할 것이며, 떡을 먹고 배부른 것으로 만족하면 부스러기를 찾는 개가 되는 것입니다.

우리는 하나님의 말씀의 능력을 믿어야 합니다. 내 마음속에 일어나는 작은 성령의 감동을 사모해야 합니다. 그리고 어려움이 찾아왔을 때 어려움 자체를 해결하려고 할 것이 아니라 그런 기회를 통하여 큰 믿음을 가짐으로 풍성한 하나님의 자녀의 축복을 받으시기를 바랍니다.

성경 토의

1. 때로 교회에서나 직장에서 다른 사람들과 갈등이 생길 때 긴장을 누그러뜨리기 위해서 내가 양보하거나 물러설 수 있는 것은 어떤 것이 있는가?

2. 이방 여인은 예수님에 대하여 이스라엘 백성이 아니면 부를 수 없는 칭호로 불렀고 개 취급을 받더라도 은혜 받기를 원했다. 나는 요즘 주님에 대한 태도가 어떻다고 생각하는가?

3. 예수님께서 나에게 주신 사명은 무엇이며, 그런 가운데서도 융통성을 가질 수 있는 것은 어떤 것이 있는가?

64_시대의 표적

마태복음 16:1-12

전체적 설명

사람들은 이 세상에 살면서 계절에 따르는 여러 가지 징조를 보고 미리 대비해서 위기를 넘기거나 새로운 준비를 한다. 예를 들어 겨울이 오기 전에 추위에 대비해서 겨울옷이나 따뜻한 집을 준비하기도 하고, 여름이 오기 전에 장마나 태풍에 대비하기도 한다. 예수님 당시의 유대인들도 하늘의 변화를 보고 큰비나 무더위를 대비하곤 했다. 그러나 인간에게 일어날 수 있는 일 중에서 최고의 위기는 하나님의 아들이 이 세상에 오신 것이다. 하나님의 아들이 오셨다는 것은 이제부터 본격적인 심판과 구원이 시작된다는 것이기 때문에 대비해야 하는 것이다. 그러나 유대 지도자들은 예수님이 오신 것을 보고서도 전혀 깨닫지 못하고 있었다.

설교 프리노트

1절, "하늘로서 오는 표적 보이기를 청하니"

유대 지도자들이 예수님에게 하늘로부터 내리는 표적을 구한 것이 이번이 처음이 아니다. 이것은 유대 지도자들이 예수님이 행하시는 능력을 보고서 예수님이 혹시 하나님이 보내신 종일 수도 있다고 생각했기 때문이다. 그러나 유대 지도자들은 이것을 믿지 못했다. 왜냐하면 예수님의 외적인 조건들이 기대와 너무 달랐기 때문이다. 즉 예수님은 유대의 유명한 가문 출신이 아니라 갈릴리 출신이며, 공부도 하지 않았고, 정치적인 지도자도 아니었으며, 유대인들의 유전도 지키지 않았다. 그렇지만 유대 지도자들은 혹시나 하는 마음에 예수님에게 '하나님이 당신을 보내셨으면 모세나 엘리야 같은 표적을 보여 달라' 고 요구했다.

2절, **"저녁에 하늘이 붉으면 날이 좋겠다 하고"**

유대인들은 아침에 하늘이 붉으냐 저녁에 하늘이 붉으냐 하는 것으로 일기예보를 했던 것 같다. 유대에서 보면 동쪽은 뜨거운 사막이고 서쪽은 지중해인데 아마도 하늘이 붉은 것은 공기가 습기를 머금고 있고 기온이 높았기 때문인 것 같다. 그래서 아침에 하늘이 붉으면 이제부터 기온이 올라가고 습기가 많기 때문에 날씨가 흐려지고 비가 오며 무더워진다고 생각했고, 반면에 저녁에 하늘이 붉다는 것은 이제 습기나 더위가 물러가는 것이니까 날씨가 맑을 것이라고 생각했던 것 같다. 그래서 예수님께서는 유대인들에게 너희는 날씨는 분별하면서 시대는 깨닫지 못하느냐고 책망하셨다. 왜냐하면 예수님이 오셔서 병자를 치료하시고 귀신을 쫓아내시며 하나님 나라의 복음을 전하시는 것은 새로운 시대의 전조이기 때문이다. 즉 하나님의 아들을 믿는 자에게는 구원이 있지만 믿지 않는 자에게는 심판이 준비되어 있는 것이다.

4절, **"악하고 음란한 세대가 표적을 구하나"**

예수님께서는 유대 사회가 악하고 음란해서 하나님의 심판을 피할 수 없는 상태라는 것을 분명히 말씀하셨다.

"요나의 표적 밖에는 보여 줄 표적이 없느니라"

예수님은 하늘의 표적을 요구하는 유대 지도자들을 향해서 요나의 표적을 말씀하셨다. 즉 요나가 가서 하나님의 말씀을 외쳤던 니느웨 성처럼 유대 사회가 하나님의 심판을 앞두고 있다는 것과 예수님도 요나처럼 땅속에서 사흘 밤낮을 있다가 나오실 것을 말씀하신 것이다.

6절, "바리새인과 사두개인들의 누룩을 주의하라"

예수님은 예민한 일에 대하여 말씀하실 때에는 비유로 말씀하셨는데 이것이 때로는 일반인들은 물론이고 제자들에게도 이해가 되지 않을 때가 있었다. 예수님께서는 갈릴리 건너편으로 배를 타고 가시면서 제자들에게 '바리새인과 사두개인들의 누룩을 주의하라' 고 말씀하셨다. 그런데 누룩이라는 것은 떡을 만드는 데 사용되는 재료이기 때문에 제자들은 당연히 이 누룩을 떡으로 생각했던 것 같다. 그래서 제자들은 예수님이 말씀하신 것을 '바리새인이나 사두개인들로부터 떡을 얻어먹지 않도록 언제나 잘 준비하고 다니라' 는 뜻으로 받아들였던 것이다. 그런데 마침 그때 제자들은 떡을 가진 것이 없었기 때문에 즉시 "우리가 떡을 가져오지 못했다. 큰일이 났다" 하며 수군거렸던 것이다.

9절, "너희가 아직도 깨닫지 못하느냐"

예수님은 바리새인들의 누룩, 곧 외식에 대하여 말씀하신 것이다. 즉 누룩은 아주 적은 양이기 때문에 처음에는 별로 표시가 나지 않지만 시간이 지나면서 크게 부풀어 오른다. 예수님은 제자들에게 보리떡 다섯 개와 물고기 두 마리로 5천 명을 먹이고 부스러기가 열두 광주리가 걷힌 것과 보리떡 일곱 개로 4천 명을 먹이고 부스러기가 일곱 광주리가 남은 것을 통해서 먹는 문제에 대해서는 완전히 염려하지 않기를 원하셨다. 예수님은 이 두 가지 사건으로 제자들이 먹을 것을 예수님이 완전히 책임지실 것을 약속하신 것이다.

12절, "바리새인과 사두개인들의 교훈을 삼가라"

결국 중요한 것은 어떤 사람의 가르침을 받느냐에 따라서 믿음이 달라지게 되어 있다는 것이다. 제자들은 지금 예수님의 순수한 가르침을 받고 있지만 바리새인이나 사두개인의 교훈을 받아들이면 마치 빵이 부풀듯이 그들의 정신이 부풀어 올라서 변질되는 것이다.

본문 이해를 위한 질문

1. 바리새인과 사두개인들은 예수님에게 무엇을 요구했는가?

그들은 예수님이 혹시 하나님이 보내신 종인가 해서 모세나 엘리야가 행한 하늘에서 내려오는 기적을 요구했다.

2. 예수님은 바리새인들에게 어떤 표적을 보여 주셨는가?

예수님은 아무 표적도 보여 주시지 않고 이미 그들 앞에 표적이 나타나고 있음에도 믿지 못하는 것을 책망하셨다. 그리고 예수님은 이 세대가 요나 때의 니느웨같이 악하고 음란한 세대이기 때문에 예수님의 말씀을 믿지 않으면 심판받게 될 것을 경고하셨다.

3. 왜 예수님은 바리새인과 사두개인의 누룩을 주의하라고 하셨는가?

바리새인과 사두개인의 가르침이 겉으로는 멋있어 보일지 몰라도 좋지 못한 영향력이 있어서 제자들의 신앙을 위선적으로 변질시킬 위험이 있었기 때문이다. 그러나 제자들은 이 누룩을 떡이라고 생각했다.

성경 강해

사람들은 가끔씩 버스를 잘못 탈 때가 있습니다. 그래서 빈 자리가 있어서 신나게 자다가 잠을 깨었는데 버스가 캄캄한 밤중에 한 번도 가 본 적이 없는 엉뚱한 곳을 달리고 있다면 겁이 날 것입니다.

미국의 인디언들은 일기를 예측하는 능력이 있었다고 합니다. 어떤 해에 인디언 노인이 한 농부에게 올해에는 분명히 좋지 않은 일이 일어날 것이라고 이야기를 했습니다. 그래서 그 농부가 인디언 노인에게 당신이 그것을 어떻게 아느냐고 물어보니까 지금 물에 있는 비버들이 다른 해와는 달리 흙집을 두껍게 만들고 있다고 했습니다. 그러면서 비버들이 이렇게 두꺼운 흙집을 지으면 틀림없이 무시무시한 추위가 온다고 했습니다. 그런데 아니나 다를까 그해 여름은 엄청나게 더웠는데 그해 겨울에는 무시무시한 눈폭풍이 불어서 많은 사람들과 짐승들이 얼어 죽었다고 합니다. 그러나 비버가 댐에서 집을 짓는 것을 보고 경고를 받은 인디언들과 농부는 무시무시한 추위에 대비를 했기 때문에 무사히 넘길 수 있었다고 합니다.

최근 우리나라의 삼성전자가 사상 최고의 영업 이익을 냈는데 경영진은 깊은 고민에 빠져 있다고 합니다. 삼성전자의 분기 매출액이 47조 원이고, 영업 이익은 6조 7천억 원이나 된다고 했습니다. 삼성이 이렇게 돈을 많이 벌었는데 경영진이 왜 한숨을 쉬면서 걱정을 해야 할까요? 그 이유는 이 이익의 70퍼센트 이상이 한 회사에서 벌어들인 것이고, 또 그 대부분이 휴대폰을 팔아서 벌어들인 이익이기 때문이라는 것입니다. 다시 말해서 삼성은 휴대폰 장사로 엄청난 돈을 벌고 있는데 만일 휴대폰이 망하면 삼성은 망하게 되는 것입니다.

예수님 당시의 유대인들은 스스로 굉장히 잘 믿는다고 생각하고 있었습니다. 그러나 예수님은 유대인들을 향해서 너희가 이 시대의 흐름을 전혀 보지 못하고 있다고 책망하셨습니다. 그런데 진짜로 유대인들은 예수님을 십자가에 처형하고, 그 후에 로마와 전쟁을 해서 모두 죽거나 노예로 끌려가게 됩니다. 한때 그렇게 북적거리면서 자기들의 시대가 올 것이라고 기대했던 유대인들은 모두 비참하게 멸망하고 말았습니다.

우리 인간은 우리의 미래나 세상의 미래에 대해서 전혀 알지 못합니다. 왜냐하면 미래는 오직 하나님만이 결정하실 수 있기 때문입니다. 그러나 우리는 적어도 두 가지 사실을 알 수 있습니다. 하나는 세상의 미래나 우리의 미래는 성경대로 된다는 것입니다. 성경은 우리의 미래에 대하여 가장 확실하게 말할 수 있는 책입니다. 그리고 또 하나는 우리의 미래에 무엇이 기다리고 있는지 모르지만 지금의 믿음으로 이길 수 있다는 것입니다.

1. 하늘로서 오는 표적

1절, "바리새인과 사두개인들이 와서 예수를 시험하여 하늘로서 오는 표적 보이기를 청하니"

바리새인들과 사두개인들은 유대 사회를 대표하는 두 부류의 사람들이었습니다. 이들이 예수님을 찾아왔다는 것은 예수님이 당시 유대 사회에 얼마나 큰 영향을 미치고 계셨는지 알게 해 주는 것입니다. 바리새인과 사두개인들은 예수님을 찾아와서 정말 당신이 하나님이 보내신 사람인지 표적을 보여 달라고 했습니다.

여기서 우리는 두 가지 중요한 사실을 발견할 수 있습니다. 첫째로, 바리새인과 사두개인들이 하나님으로부터 오는 능력을 믿고 있었다는 것입니다. 다시 말해서 그들은 하나님의 능력을 부정하지는 않았습니다. 그러나 그들은 하나님의 능력이 어떻게 나타나야 하는지 알지 못했습니다.

예수님 당시에 세계에 영향을 미치는 세력은 로마였습니다. 그래서 로마 황제와 가까운 사람들이 큰 영향력을 행사했습니다. 헤롯 같은 사람은 에돔 사람이지만 로마와 가까웠기 때문에 유대의 왕 노릇을 했습니다.

바리새인과 사두개인들은 로마와의 관계가 자신들의 형편에 가장 큰 영향을 미친다고 생각했습니다. 그러나 그러면서도 그들은 예수님에게 '하늘로서 오는 표적'을 보여 달라고 했습니다. 이것은 그들은 여전히 하나님의 존재를 믿고 있었다는 뜻입니다. 우리가 이것을 통해서 알 수 있는 것은 바리새인과 사두개인들의 신앙은 양다리였다는 것입니다. 그들은 세상적으로는 로마의 도움을 받으면서도 다른 한쪽으로는 하나님이 자기들을 도와주시고 구원해 주시기를 바라고 있었던 것입니다. 그래서 유대 지도자들은 예수님이 병자도 치료하시고 말씀도 전한다고 하니까 자기들에게 하나님으로부터 온 증거를 보여 달라고 했습니다. 이것은 어떤 의미에서는 꼭 나쁜 것만은 아닙니다. 즉 이 사람들은 한편으로는 예수님에 대하여 긍정적으로 생각하고 있었고, 예수님이 기적을 보여 주시면 자기들도 예수님을 믿으려고 하는 자세인 것입니다. 이때 우리 생각에 예수님께서 "그래, 나는 하나님이 보낸 구원자다. 내 능력을 보아라"라고 하시면서 기적을 하나쯤 보여 주실 수도 있을 것 같습니다. 그런데 예수님은 유대 지도자들에게 기적을 보여 주지 않으셨습니다. 오히려 예수님은 유대 지도자들에게 너희는 날씨는 기가 막히게 잘 예측하면서 시대는 전혀 깨닫지 못하고 있다고 책망하셨습니다.

사람들은 대개 정치권력을 가진 자가 모든 것을 결정한다고 생각하기 쉽습니다. 그러나 사실은 아무리 황제나 대통령이라 하더라도 모든 것을 자기 마음대로 결정하지는 못합니다. 사실 왕이나 대통령이라 하더라도 어떤 때에는 원치 않는 전쟁에 말려들기도 하고, 어떤 때에는 생각지도 못한 민란이 일어나기도 합니다. 가끔 외국에 가 보면 줄로 인형을 매달아서 인형극을 하는 사람들이 있습니다. 이 사람들이 줄을 당기는 데 따라서 인형이 움직입니다. 사실 이 세상 모든 것을 결정하는 것은 인형이 아니라 줄을 당기는 사람인 것입니다. 우리가 보기에 모든 것을 왕이나 대통령이 결정하는 것 같지만 실제로는 하나님의 손이 모든 것을 결정하게 됩니다. 그래서 하나님께서 어느 한 나라에 힘을 실어 주시면 그 나라가 갑자기 부흥이 되고, 하나님께서 입김으로 부시면 정권이 갑자기 무너지고 맙니다.

예수님은 이것을 알고 계셨기 때문에 로마에 대해서는 신경을 쓰지도 않으셨습니다. 우리도 마찬가지입니다. 미래의 모든 것은 강대국의 손에 있는 것도 아니고 정권을 잡은 자의 손에 있는 것도 아닙니다. 미래의 모든 것은 우리 아버지의 손에 달려 있기 때문에 우리는 미래에 대하여 너무 지나치게 걱정할 필요가 없습니다.

모세는 이스라엘의 장로들 앞에서 지팡이가 뱀이 되는 기적을 행했습니다. 엘리야는 하늘에서 불을 내리는 기적을 행했습니다. 그런데 중요한 것은 왜 이런 하나님의 종들이 기적을 행해야만 했느냐는 것입니다. 그것은 이스라엘 백성의 마음이 너무 완악하여 하나님의 종들을 믿지 않았기 때문입니다. 원래 하나님의 백성은 표적이 필요하지 않았습니다. 왜냐하면 하나님의 백성은 선지자의 말씀만 들으면 그 말씀이 하나님의 말씀인지 아닌지 바로 알 수 있었기 때문입니다. 양들은 목자의 음성을 아는 것입니다. 어린아이들은 자기 엄마의 목소리를 알기 때문에 엄마는 자기가 엄마라는 증거를 보여 줄 필요가 없습니다. 아이들은 일단 엄마의 목소리를 들으면 안심을 하는 것입니다. 왜냐하면 이제부터는 모든 것을 엄마가 다 알아서 해결하기 때문입니다. 마찬가지로 이스라엘 백성도 하나님의 음성을 듣지 못하면 방황을 합니다. 그런데 일단 하나님의 음성이 들리면 마음속에 깊은 확신이 생기고 자신감이 생깁니다. 그래서 그 이상의 표적이 필요하지 않습니다. 하나님의 말씀은 마치 반석을 쳐서 부수는 불방망이와 같습니다. 거기에 비해 인간의 말은 가려운 데를 긁어 주는 정도밖에 되지 않습니다. 그래서 바리새인이나 사두개인들은 정상적으로라면 예수님의 말씀만 듣고도 바로 이분이 하나님이 보내신 분이라는 것을 알 수 있었습니다. 그러나 이들은 표적을 구했는데 이것은 믿음이 전혀 없어서 하나님의 말씀을 받아들이지 못하고 예수님을 시험하려고 하는 것입니다.

더욱이 표적이라는 것은 하나님이 보내신 종들에게만 필요한 것입니다. 왜냐하면 주인은 표적이 필요하지 않기 때문입니다. 예를 들어 청와대는 출입증을 단 사람만 들어갈 수 있습니다. 출입증을 달지 않은 사람은 그곳에 들어가지 못합니다. 그러나 대통령은 출입증을 달지 않습니다. 왜냐하면 그 집은 자기 집이기 때문에 다른 사람의 허락을 받을 필요가 없는 것입니다. 대통령의 부인이나 아이들도 출입증이 필요하지 않습니다.

중국 청나라의 마지막 황제가 부의입니다. 부의가 나라를 잃고 공산당에 붙들려서 순화 교육을 받은 후에 자기가 살던 자금성에 놀러 갑니다. 거기서 그는 옛날 자기 집에 들어가면서 입장권을 사 가지고 들어갑니다. 왜냐하면 지금은 자기 집이 아니기 때문입니다. 우리는 자기가 사는 집에 들어갈 때 명찰을 달고 들어가지도 않고 입장권을 사 가지고 들어가지도 않습니다. 왜냐하면 자기 집이기 때문입니다.

하나님께서 선지자들에게 주신 능력은 출입증과 같은 것이었습니다. 사람들이 믿음이 없으니까 믿도록 하기 위해서 증표로 주신 것입니다. 그러나 아들에게는 증표가 필요하지 않습니다. 왜냐하면 아들을 믿지 않으면 그 자체가 바로 멸망이기 때문입니다. 이 세상은 예수님의 세상입니다. 그러나 사람들은 자기 세상이라고 생각하기 때문에 예수님에게 입장료를 내라고 요구하는 것입니다. 이 세상이 아무리 날고 기어도 하나님의 손에서 벗어날 수 없습니다. 그래서 사람들이 멸망하지 않는 방법은 아들을 붙드는 것입니다. 아들이 이 세상에 오셨을 때 그를 붙들고 늘어지면 삽니다.

왜냐하면 바로 이 아들이 하나님 나라의 실권자이기 때문입니다. 나중에 사람들이 땅을 치면서 크게 후회하는 것이 바로 이 아들을 우습게 알았다는 것입니다. 특히 하나님의 종들이 바른 말씀을 전하면 회개의 역사가 일어나고 사람들이 변하는데 이것이 가장 중요한 표적인 것입니다.

2. 날씨와 시대의 표적

예수님은 바리새인들과 사두개인들이 하늘로서 오는 표적을 구했을 때 표적을 보여 주지 않으셨습니다. 그 대신에 예수님은 유대 지도자들의 무지를 책망하셨습니다. 예수님은 유대 지도자들에게 날씨는 분별하면서 어떻게 시대의 표적은 구별하지 못하느냐고 하셨습니다. 예수님은 요나의 표적 밖에는 보여 줄 표적이 없다고 하신 것입니다.

2-3절, "예수께서 대답하여 가라사대 너희가 저녁에 하늘이 붉으면 날이 좋겠다 하고 아침에 하늘이 붉고 흐리면 오늘은 날이 궂겠다 하나니 너희가 천기는 분별할 줄 알면서 시대의 표적은 분별할 수 없느냐"

아마도 이때 하늘이 붉은 것은 습기와 관계가 있는 것 같습니다. 그래서 날씨가 습하면 하늘이 붉은 색인데 저녁에 붉으면 습기가 지나가는 것이니까 앞으로 날씨가 좋아지는 것이고 아침에 하늘이 붉으면 날씨가 흐려지는 것입니다.

우리나라 사람들은 주로 할머니들의 다리나 허리가 쑤시는 것으로 날씨를 예측합니다. 나이가 들면 관절염에 시달리는데 날씨가 흐려지거나 비가 오려고 할 때 허리가 쑤시고 다리가 결리면 틀림없이 날씨가 흐려지면서 비가 오는 것입니다.

요즘 기상청에서는 보다 정확한 일기예보를 위해서 엄청나게 비싼 컴퓨터를 구입하여 복잡한 자료들을 입력해서 매일 매 시간 분석을 하고, 또 예보를 하고 있습니다. 그런데 어떤 때에는 비가 오지 않을 것이라고 했는데도 소나기가 쏟아지기도 하고, 어떤 때는 비가 많이 온다고 했는데 오지 않을 때도 있습니다. 그래서 어떤 기상 전문가는 우리나라에서 일기예보를 하는 것은 어려운 일이라고 합니다. 그러나 이것보다 더 어려운 것이 시대를 분별하는 것입니다. 지금 학자들이나 언론 기관에 있는 사람들이나 정치인들은 모두 나름대로 시대의 흐름을 진단하며 분석하느라고 애를 쓰고 있습니다. 그러나 어느 정치학자도 구소련이 그렇게 빨리 붕괴될 것이라고 예상하지 못했다고 말을 합니다. 그리고 어느 경제학자도(뉴욕 대학의 이름도 별로 없는 어느 교수 외에는) 미국의 주택자금 담보대출 부실로 금융위기가 올 것을 예측하지 못했다고 합니다.

일본이 개방될 때 사무라이들은 끝까지 사무라이의 정통성을 믿었습니다. 그래서 막부의 개화에 반대해서 칼을 가지고 저항하던 사무라이들은 마지막 한 명까지 다 죽었습니다. 이것을 영화화한 것이 "마지막 사무라이"인 것입니다. 이 사람들은 미래를 잘못 예측하는 바람에 모두 죽었습니다. 사람들이 시대를 잘 분별하지 못하는 이유는 시대를 수평적으로 보려고 하기 때문입니다. 즉 이 세상의 물가지수나 정치적인 여러 요인을 가지고 미래를 분석하려고 하니까 알 수가 없습니다. 우리가 미래를 바로 보려면 수직적으로 하나님과의 관계에서 보아야 하는 것입니다.

유대가 망할 때에도 예수님께서는 제자들에게 예루살렘이 포위되는 것을 보면 산으로 도망하라고 말씀하셨습니다. 나중에 유대가 로마와 전쟁이 붙었을 때 로마는 예루살렘을 포위했다가 풀어 줍니다. 그때 예수 믿는 사람들은 모두 도망쳐서 산으로 가서 숨었는데 다른 사람들은 예루살렘이 안전할 줄 알고 도로 예루살렘 안으로 들어왔다가 예루살렘이 함락되면서 모두 죽습니다.

예수님께서는 유대 지도자들에게 왜 시대의 표적을 읽지 못하느냐고 책망하십니다. 날씨는 그렇게 잘 알면서 왜 시대는 알지 못하느냐는 것입니다. 그러면 예수님 당시는 어떤 시대입니까? 세상적으로는 로마가 전 세계를 통일해서 본격적인 평화의 시대가 시작되고 있었습니다. 그러면 이 본격적인 평화의 시대에 로마에 더 충성을 하라는 것입니까? 아니면 세계를 돌아다니면서 장사를 해서 돈을 벌라는 말입니까? 예수님이 말씀하시는 것은 성경 속에 나타난 시대의 표적을 보라는 것입니다. 구약성경은 미래의 한때에 초점을 맞추고 있습니다. 그때란 하나님의 아들이 오셔서 이 세상의 죄악을 심판하시고 하나님의 백성을 구원하시는 때인 것입니다. 시대를 알려면 다른 것을 보면 안 되고 성경을 보아야 합니다. 왜냐하면 성경은 우리 인간에 대한 하나님의 구원 계획을 말씀하고 있기 때문입니다.

성경에 의하면 인류의 역사는 하나님의 아들이 오심으로 완전히 달라지게 됩니다. 하나님의 아들이 오시기 전까지 이 세상은 완전히 감옥에 갇힌 세상입니다. 이때까지 인간들은 하나님을 알 수도 없고 죄의 세력에서 벗어날 수도 없습니다. 인간들은 모두 어두움 가운데서 하나님의 아들이 오시기만을 기다릴 수밖에 없는 형편이었습니다. 마치 이 세상은 거대한 죄수들의 포로 수용소와 같았습니다. 그런데 하나님의 아들이 오심으로 그들을 잡아 가두었던 쇠사슬이 풀리고 천국 문이 활짝 열렸습니다. 이제 우리는 마음껏 하나님의 은혜를 받게 되었고, 마음껏 하나님께 나아갈 수 있게 되었습니다. 이때는 누구든지 믿음으로 자신의 운명을 바꿀 수 있습니다. 그래서 예수님이 오심으로 우리 인간은 하나님을 향하여 달려가서 마음껏 능력을 받고 영적 부흥을 일으켜야 하는 것입니다.

예수님은 이미 유대인들에게 충분한 예표를 보여 주셨습니다. 그런데도 유대 지도자들은 새 예표를 달라는 것입니다. 그런데 예수님은 그들을 이미 중요하게 생각하지 않으셨습니다. 왜냐하면 그들은 욕심에 매였고 사탄에 매였기 때문에 기적이나 표적으로는 돌아오지 않을 것을 알고 계셨기 때문입니다. 즉 사람은 하나님의 말씀을 듣고 믿음으로 믿음이 생기는 것이지 표적을 본다고 해서 믿음이 생기지 않습니다. 만일 예수님이 이들을 위해서 기적을 행하면 그들은 금방 그것이 마술이며 사기라고 떠들면서 그것이 사기가 아닌 증거를 보여 달라고 떼를 쓸 것입니다. 우리가 알아야 할 것은 하나님의 말씀을 믿지 않는 자들에게는 '국물' 도 없는 것이 하나님의 법칙이라는 것입니다. 하나님은 이런 사람들의 반응을 두려워하지 않으시는 것입니다.

예수님 당시에는 세례 요한의 증거와 예수님의 증거로 온 하늘이 붉었습니다. 그런데 세례 요한에 의하여 붉은 것과 예수님에 의하여 붉은 것은 달랐습니다. 세례 요한에 의하여 하늘이 붉은 것은 저녁에 하늘이 붉은 것이기 때문에 습한 날씨가 지나가는 것입니다. 즉 구약이 끝나는 것을 보여 주는 것입니다. 그러나 예수님에 의하여 하늘이 붉은 것은 아침에 붉은 것이며, 이제부터 능력 있는 새로운 일들이 시작되는 것입니다.

여기서 우리가 알아야 할 것이 몇 가지가 있습니다. 첫째는 예수님이 십자가에 죽으시고 다시 오실 때까지가 복음의 시대라는 것입니다. 이동안에 세상과 하나님의 나라는 이 세상에서 공존합니다. 그래서 하나님을 믿는 사람들은 열심히 하나님을 믿지만 죄를 짓는 사람들은 또 마음대로 죄를 짓습니다. 그동안에 우리 믿는 자들이 해야 할 것은 그리스도의 복음을 증거해서 죄를 이기고 사람들을 죄에서 빼돌리는 것입니다.

예수님이 십자가 위에서 죽으심으로 사탄은 망했습니다. 왜냐하면 하나님께서 예수님의 피로 인간들의 죄를 다 용서하셨기 때문입니다. 이제 누구든지 예수를 믿기만 하면 구원을 얻습니다. 우리가 그 사실을 선포할수록 마귀는 힘을 잃게 됩니다. 그러나 우리가 입을 다물고 있으면 마귀가 다시 살아나서 모든 사람들을 속이고, 지배하고, 오히려 교회를 핍박하게 됩니다. 그래서 이동안 가장 중요한 것은 진리를 선포하는 것입니다.

둘째는 이 세상은 죄가 어느 정도 이상 차오르면 자동적으로 재앙이 일어나도록 설계가 되어 있다는 것입니다. 이 재앙을 막을 수 있는 것은 성도들의 영적인 연단과 부흥밖에 없습니다. 우리가 하나님의 말씀을 속에 담고 연단을 받으면 우리는 보석으로 변하는데 하나님은 보석을 망하지 않도록 지켜 주십니다. 그리고 우리가 하나님의 말씀을 붙들고 부르짖으면서 기도할 때 하나님은 부흥을 주시는데 부흥은 심판을 막는 능력이 있습니다. 그래서 우리는 세상에 있는 것을 탐낼 것이 아니라 우리 자신이 변하고 영적 부흥이 오도록 하나님께 매달려야 하는 것입니다.

셋째는 이 세상에서 가장 귀한 것은 하나님의 성전인데 하나님의 말씀으로 하나 된 교회가 바로 성전이라는 것입니다. 여기서 성령의 역사가 흘러나오고, 말씀이 선포되며, 죄를 치유하는 역사가 나타납니다. 그래서 교회는 세상 마지막 날까지 존재하면서 택한 백성들을 구원하고, 믿는 자들을 보호하며, 그들이 이 세상의 죄를 이기게 하며, 또 다른 사람들을 건지는 일을 하게 합니다. 예루살렘은 하나님의 눈동자와 같기 때문에 어느 누구도 건드릴 수가 없습니다.

우리가 겉으로 보기에는 세상의 역사가 강대국을 중심으로 이루어지는 것 같습니다. 또 정치적인 파워에 의하여 운명이 달라지는 것 같습니다. 그러나 그것은 겉으로 보이는 모습일 뿐 실제로는 하나님께서 교회를 통하여 멸망할 영혼들을 건지는 일을 하시는 것입니다. 그래서 사람들이 미래의 정치나 경제를 아무리 잘 예측해서 사업을 하고 정치를 한다고 해도 결코 정확하게 예측할 수가 없습니다. 운이 좋으면 크게 성공하는 것이고 운이 나쁘면 쇠고랑을 차거나 망할 수밖에 없는 것입니다. 그러나 하나님의 백성에게는 운이라는 것이 없습니다. 왜냐하면 말씀대로 행하면 하나님께서 지켜 주시며 형통하게 하겠다고 약속하셨기 때문입니다. 그래서 하나님의 백성도 세상의 경기나 여러 가지 불경기로 어려움을 겪습니다. 그러나 그것은 세상 사람들이 당하는 어려움과는 다릅니다. 왜냐하면 세상 사람들은 그냥 어려운 것이지만 하나님의 백성은 연단을 받은 후에는 하나님께서 그들을 다시 축복하시기 때문입니다.

그래서 우리가 이 세상에서 실패하지 않으려면 몇 가지 중요한 사실을 기억해야 합니다. 그 첫째는 절대로 세상의 흐름을 따라가서는 안 된다는 것입니다. 세상의 흐름을 따라가는 길은 넓은 길로 가는 것이며, 그 길은 멸망의 길입니다. 그래서 우리는 시대의 흐름을 거슬러 가야 합니다. 우리는 애써 힘들고 어려운 좁은 길을 택해서 가야 합니다. 그것은 모든 것을 하나님의 말씀대로 하려고 하는 것입니다. 하나님의 말씀대로 살면 모든 것이 너무 어렵고 힘이 들지만 그것이 반석 위에 집을 짓는 것이기 때문에 나중에 무너지지 않습니다.

그 다음으로 교회를 중심으로 신앙생활을 해야 합니다. 교회는 하나님께서 이 세상의 구원을 위하여 세우신 기관입니다. 하나님의 은혜의 파이프라인과 같습니다. 그래서 교회를 멀리하고 다른 성도들을 멀리하는 삶은 위험합니다. 그러나 오늘 사탄은 교회를 부패하고 돈을 사랑하며 믿을 수 없는 곳으로 선전합니다. 그래서 교회의 중요한 사명이 사람들로 하여금 교회와 하나님의 말씀을 믿게 하는 것입니다. 그렇게 되면 마귀는 맥을 추지 못하게 될 것입니다.

그리고 셋째로, 말씀을 많이 배우고 연구하며 기도를 많이 하는 사람이 결국 가장 많은 축복을 받게 됩니다. 왜냐하면 성경 말씀은 하나님의 보물이 가득 들어 있는 광산과 같기 때문입니다. 결국 이 보물을 많이 캐내어 가지는 자가 가장 많은 축복을 가진 사람입니다. 그리고 기도를 많이 할수록 하나님은 더 하늘나라의 은혜와 축복을 주십니다. 물론 기도한다고 해서 바로 돈이 생기는 것이 아니고 사업이 잘되는 것도 아니지만 기도를 할수록 하나님의 귀한 성품과 은혜를 많이 받게 됩니다. 이것이 하나님의 축복으로 충만해지는 것입니다. 그러면 세상의 물질적인 축복은 저절로 따라오게 되어 있습니다.

그러면 도대체 이런 것들만 가지고 어떻게 우리가 이 세상을 성공적으로 살 수 있을까 하는 의문이 생깁니다. 하나님은 우리에게 세상적인 복도 주십니다. 우리는 그것도 소중하게 생각해야 합니다. 그러나 더 중요한 것을 놓쳐서는 안 되는 것입니다.

예수님께서 바리새인과 사두개인들에게 시대의 표적을 모르느냐고 책망하신 것은 지금 예수님을 통하여 말씀과 능력이 얼마나 많이 나타나고 있는데 그것은 모르면서 무슨 또 새로운 표적을 보이라고 하느냐는 것입니다. 이 사람들은 비가 억수같이 쏟아지고 있는데도 장독 뚜껑을 닫아 놓고서 물이 없다고 불평하는 사람들과 같습니다. 아무리 비가 장대같이 쏟아진다고 해도 뚜껑을 닫아 놓으면 빗물은 그 속에 들어가지 않습니다. 그래서 하나님의 축복을 받으려면 축복이 쏟아지는 곳에 있어야 합니다. 엉뚱한 곳에 있으면서 아무리 하나님께 복을 달라고 소리를 질러도 복은 오지 않습니다.

그러면 어느 곳에 하나님의 축복이 임합니까? 하나님의 말씀이 권세 있게 선포되고 성도들이 열심히 모여서 기도하는 곳입니다. 그곳에 있어야 합니다. 다른 곳에서는 아무리 소리를 질러도 은혜가 임하지 않을 것입니다. 그리고 아무리 은혜가 쏟아지는 곳에 있어도 마음을 열어야 하고 간절한 마음을 가져야 합니다. 자기 욕심에 빠져서 생각이 복잡한 사람은 아무리 은혜가 쏟아져도 받을 수 없습니다. 생각과 생활이 단순해야 하고 오로지 하나님의 말씀만을 믿고 거기에 나의 인생을 던질 때 넘치는 은혜를 받게 되는 것입니다.

3. 요나의 표적

예수님께서 두 번째로 말씀하신 것이 선지자 요나의 표적이었습니다.

4절, "악하고 음란한 세대가 표적을 구하나 요나의 표적 밖에는 보여 줄 표적이 없느니라 하시고 저희를 떠나가시다"

예수님께서는 당시의 사람들을 요나 때의 니느웨 성 사람들에 비유하셨습니다. 요나 당시에 니느웨 성은 앗수르 제국의 수도였는데 하나님을 두려워하지 않는 아주 악하고 음란한 도시였습니다. 사실 앗수르는 많은 도시들을 파괴시켰고 수많은 사람들을 죽이거나 노예로 팔았습니다.

하나님의 계획에 의하면 니느웨는 40일 뒤에 지진으로 멸망하게 되어 있었습니다. 그러나 하나님은 니느웨같이 악한 도성도 살리기를 원하셨고, 그래서 이 악한 성을 회개시키기 위해서 선지자 요나를 보내셨습니다. 그러나 요나는 니느웨 성으로 가는 것을 기뻐하지 않았습니다. 왜냐하면 정의감 때문이었습니다. 즉 이런 악한 성이 멸망해야 사람들이 죄짓는 것을 두려워하고 하나님의 정의가 실현된다는 것입니다. 그래서 요나는 니느웨로 가지 않고 정반대되는 다시스로 가다가 폭풍을 만나 바다에 빠져서 물고기 배 속에서 3일을 있게 되었습니다. 요나는 물고기 배 속에서 죽은 것과 마찬가지였습니다. 실제로 요나는 죽을 것을 각오하고 그 속에서 오직 기도만 했습니다. 그런데 하나님께서는 요나를 죽음의 자리에서 다시 살리셔서 그를 결국 그 악한 성 니느웨에 보내셨습니다. 요나는 니느웨 성에서 다른 것을 증거하지 않았습니다. 오직 이 성은 하나님의 진노의 심판으로 40일이 지나면 지진으로 멸망을 한다는 것과 하나님께서 그들을 너무 사랑하셔서 도망치는 자기를 붙들어서 이곳에 오게 하셨다는 하나님의 사랑을 전했습니다. 여기에 니느웨 성 사람들의 마음이 녹아지면서 큰 자로부터 작은 자에 이르기까지 모두 하나님 앞에 무릎을 꿇고 회개하는 큰 부흥이 일어남으로 니느웨는 하나님의 심판을 피하게 되었습니다.

오늘도 예수님이 말씀하시는 것은 유대 사회가 악하고 음란해서 니느웨 성과 다를 바가 없다는 것입니다. 그런데 하나님께서는 이 악한 사람들을 위하여 하나님의 아들을 보내셨습니다. 그러나 요나와 하나님의 아들이 다른 것은 요나는 도망을 쳤지만 예수님은 도망을 치지 않았다는 것입니다. 그리고 요나는 진짜로 죽지 않고 거의 죽음의 상태에까지 갔지만 하나님의 아들은 직접 죽으신 것입니다. 그리고 다시 살아나셔서 아버지로부터 성령을 받으셔서 이 땅에 큰 부흥의 역사를 일으키신 것입니다.

예수님이 하나님의 아들이신 증거는 부활입니다. 그래서 예수님께서는 표적으로 요구하는 유대인들에게 표적을 보여 주시지 않고 자신의 죽으심과 부활을 통하여 나타내기를 원하셨습니다. 그런데 가장 중요한 것은 이렇게 악한 우리를 하나님께서 너무나도 사랑하셨다는 것입니다.

지금 우리가 살고 있는 이 세상은 소돔과 고모라요, 니느웨 성입니다. 그런데 하나님께서는 이 악한 자들이 구원받기를 원하십니다. 만일 그들이 이 경고를 받아들이지 않는다면 멸망을 피할 수가 없습니다. 이것은 생사가 달린 문제입니다.

오늘도 이 세상을 구원하는 것은 아들을 죽게 하실 정도로 이 악인들을 사랑하신 하나님의 사랑입니다. 오늘도 니느웨를 구원하는 방법은 우리 자신이 죽는 것입니다. 요나같이 물고기 배 속에서 만난 그 하나님이 모든 사람들이 만나기 원하는 하나님이신 것입니다.

그러면서 예수님께서는 제자들에게 바리새인과 사두개인들의 누룩을 주의하라고 하셨습니다.

6절, "예수께서 이르시되 삼가 바리새인과 사두개인들의 누룩을 주의하라 하신대"

여기의 '누룩'은 빵을 만들 때에 넣는 이스트를 말합니다. 그런데 제자들은 예수님께서 하신 이 말씀의 의미를 제대로 알아듣지 못했습니다. 그래서 7절에 "제자들이 서로 의논하여 가로되 우리가 떡을 가져오지 아니하였도다 하거늘"이라고 하였습니다. 즉 제자들은 바리새인들이나 사두개인들에게는 떡을 빌리지 말라는 뜻으로 이해한 것입니다. 왜냐하면 제자들에게 중요한 것은 한 끼 한 끼 굶지 않고 살아가는 것이었기 때문입니다.

그때 예수님은 이들을 책망하셨습니다.

8절, "예수께서 아시고 가라사대 믿음이 적은 자들아 어찌 떡이 없음으로 서로 의논하느냐"

바리새인과 사두개인의 누룩의 특징이 무엇입니까? 첫째로, 그들은 하나님의 일을 할 때에 성령의 능력을 의지하지 않고 사람의 힘으로 하려고 했습니다. 이것은 마치 모세가 변화되기 전에 자기 힘으로 이스라엘 백성을 구원하려고 한 것과 같습니다. 모세는 압제받는 이스라엘 백성을 구원하려고 애굽의 십장 한 사람을 쳐 죽였습니다. 그러나 그것은 어디까지나 모세의 열정이었고, 모세는 무려 40년 동안 미디안 광야에서 하나님께 죽어지는 훈련을 받은 후에 하나님의 손에 붙들린 마른 막대기가 됩니다. 그 후에 모세는 무려 열 가지 재앙을 애굽 땅에 임하게 하고 홍해를 갈라서 이스라엘 백성을 건너가게 했습니다.

둘째로, 바리새인과 서기관들은 모든 것을 세상적인 성공을 가지고 판단하려고 했습니다. 그래서 그들은 마음속에 은혜가 임하고 능력이 임해도 절대로 인정하지 않았습니다. 그 대신 물질적으로 얼마나 축복을 받았으며 사회적으로 얼마나 성공했느냐 하는 것으로 하나님의 축복을 평가하는 것입니다. 성령께서 우리 마음속에 이루시는 것은 반드시 열매로 나타나게 되어 있습니다. 그러나 그것은 금방 나타나지 않습니다. 그러나 외식하는 자들은 이런 마음속의 열매를 절대로 인정하지 않습니다. 그러니까 마음속에서 성령의 열매가 맺힐 수 없는 것입니다. 일단 이 세상 사람들은 모두 바리새인의 누룩에 깊이 중독되었다고 보아야 합니다. 그래서 사람들을 평가할 때 자기도 모르게 학벌이나 사회적인 지위를 가지고 평가하게 되어 있습니다. 교회가 이것을 이기지 못하면 외식주의로 흐르게 됩니다.

우리 인간의 힘으로는 이런 위대한 부흥을 일으킬 수 없습니다. 오직 하나님께서 이 땅의 사람들을 불쌍히 여겨 주시도록 기도로 간구해야 합니다.

예수님은 우리가 먹고사는 것으로 염려하지 말라고 말씀하십니다. 이 세상에서 잘되고 못되는 것은 하나님의 손에 달렸습니다. 그런데 그 하나님의 손을 움직이는 것이 하나님의 말씀을 잡은 사람들입니다. 우리가 보석으로 변하고 영적 부흥이 일어나면 재앙은 축복으로 변하게 됩니다. 우리는 지금 시대를 영적 부흥의 시대로 보시기 바랍니다. 그래서 믿음으로 충성하는 자는 모세의 큰 능력과 엘리야의 능력을 받게 될 것입니다.

성경 토의

1. 오늘 우리는 우리 주위의 많은 지진이나 쓰나미나 이단들의 활동을 보면서 이 시대를 어떻게 진단할 수 있으며, 이 시대에서 멸망하지 않으려면 어떻게 해야 하는가?

2. 우리가 사는 이 시대는 악하고 음란한 시대라고 정의할 수 있는데 우리는 이 악한 것과 음란한 것을 어떻게 진단할 수 있으며, 이런 시대 정신으로부터 나 자신과 자녀들과 가정을 지키려면 어떻게 해야 하는가?

3. 우리는 먹는 떡과 교훈 사이에서 갈등할 때가 많이 있다. 즉 하나님의 말씀이 중요한가, 밥을 먹고사는 것이 중요한가 하는 것인데 나는 어느 것을 더 중요하게 생각하면서 살아가고 있는가?

65_나를 누구라 하느냐

마태복음 16:13-20

전체적 설명

우리는 때로 나 자신이 어떤 사람인지에 대하여 궁금해한다. 대개 남자들이나 직장인들은 자신의 지위나 신분을 가지고 정체성을 찾으려고 하고, 부인들의 경우에는 남편의 사회적인 지위를 통해서 자신의 정체성을 찾으려고 할 것이다. 그러나 우리 인간은 이런 방법으로는 자신을 알 수 없다. 왜냐하면 우리는 원래의 모습에서 너무 많이 변형되었기 때문이다. 우리가 자신을 찾을 수 있는 가장 좋은 방법은 놀랍게도 나 자신이 아니라 예수님의 정체성을 찾는 것이다. 왜냐하면 예수님이야말로 우리의 바른 모습이며 우리에게 새로운 정체성을 주시는 분이기 때문이다. 그래서 예수님은 예루살렘으로 가시기 전에 제자들에게 사람들이 예수님에 대하여 생각하는 것과 제자들이 예수님에 대하여 생각하는 것을 물으신다.

설교 프리노트

13절, "예수께서 가이사랴 빌립보 지방에 이르러"

가이사랴라는 도시는 두 군데가 있었는데 한 곳은 지중해 해변에 있었던 군사도시이고, 다른 한 곳은 헐몬

산 밑에 있던 가이사랴 빌립보이다. 예수님은 유대인들과의 충돌을 피해서 두로와 시돈으로 가셨다가 갈릴리 호수 북쪽으로 해서 유대로 돌아오시는데 가이사랴 빌립보는 예수님이 예루살렘으로 가고자 결심하신 곳이고, 예수님의 사역에서 중요한 전환점이 되는 장소이다.

"사람들이 인자를 누구라 하느냐"

예수님은 다른 사람들 앞에서 자신을 지칭하실 때 '인자' 라는 말을 사용하셨다. 여기서 '인자' 는 한국식으로 요약된 말로, 원래는 '사람의 아들' 이라는 말이다. 예수님은 자신에 대하여 '메시아' 라는 호칭을 사용하는 것을 기피하셨다. 왜냐하면 당시 사람들에게 있어서 메시아는 정치적인 투사를 의미했기 때문이다. 예수님이 자신을 '인자' 라고 부르신 것은 그가 하나님의 아들이시지만 진정으로 사람이 되셨고, 고난을 받으시며, 나중에 부활해서 자기 백성을 이끌고 하늘에 올라가시며 세상을 심판하시기 때문이다. 그런데 제자들은 예수님이 자신을 '인자' 라고 하실 때 그 말이 예수님을 의미하는 줄 알았다.

14절, "더러는 세례 요한, 더러는 엘리야, 어떤 이는 예레미야나"

제자들의 대답은 예수님 당시 일반인들이 예수님에 대하여 가지고 있었던 인식을 잘 보여 준다. 예수님 당시 유대인들은 예수님의 병을 고치고 귀신을 쫓아내는 능력을 보고서도, 또 예수님의 놀라운 설교 말씀을 듣고서도 "예수님은 예수님이다" 라고 대답하는 사람이 별로 없었다. 그들은 거의 예수님을 세례 요한이나 오래전에 죽은 선지자들과 연결시켜서 말을 했다. 왜냐하면 그들은 예수님의 외모가 보잘것없었기 때문에 예수님의 가르침이나 능력이 예수님의 것이 아니라 세례 요한이나 선지자의 영이 씌여서 나타나는 것으로 이해하고 있었던 것이다. 이것을 보면 당시 일반인들이 가지고 있던 생각이 얼마나 미신적이었는지 알 수 있고, 바리새인들이 왜 예수님에 대하여 귀신 들렸다고 했는지 이해할 수가 있다. 즉 유대인들은 예수님이 배우지도 못했고 대단한 외모를 갖추지도 못했기 때문에 이것이 예수님의 지식이나 능력이라고 인정하지 않았던 것이다. 그 중에서도 예수님을 세례 요한이라고 말한 사람이 많은 이유는 예수님도 세례 요한같이 세례를 주셨고 제자들을 가르쳤을 뿐 아니라 나이가 비슷했기 때문일 것이다. 특히 세례 요한이 죽고 갑자기 예수님이 본격적으로 활동을 시작하셨기 때문에 그렇게 오해를 했던 것 같다. 그리고 예수님을 엘리야라고 말한 것은 예수님의 죽은 자를 살리는 능력과 예루살렘을 멀리하시고 주로 갈릴리에서 말씀 전하신 것을 두고 그렇게 생각했을 것이다. 또한 예레미야라고 한 것은 예수님이 성전 파괴를 예언한 것을 보고 말한 것으로 생각된다.

15절, "너희는 나를 누구라 하느냐"

아마 예수님께서 정말 묻고 싶었던 것은 예수님에 대한 일반인들의 인식이 아니라 제자들이 예수님을 어떻게 믿고 있는지였을 것이다.

16절, "주는 그리스도시요 살아계신 하나님의 아들이시니이다"

베드로는 수제자답게 예수님에 대하여 바른 고백을 하였다. 그리고 이 고백은 초대 교회의 모든 믿는 자들의 고백이 된다. 즉 베드로가 고백한 예수님은 우선 '그리스도' 이시다. 그리스도는 하나님의 기름 부음을 받은 자로서 구약성경에 예언된 하나님의 구원자이시다. 그러나 예수님은 구약 시대의 왕이나 선지자와는 달리 성령으로 기름 부음을 받으셨다. 이것이 그가 하나님의 아들이라는 증거였다. 세례 요한도 예수님에 대하여 증거하기를, 처음에는 자기도 예수님이 누구신지 알지 못했지만 자기에게 물로 세례를 주라고 하신 하나님께서 누구든지 성령이 임하는 자가 있으면 그가 성령으로 세례를 주실 분이라는 것을 알라고 하셨기 때문에 세례 요한은 예수님을 하나님의 아들로 증거했다고 말했다(요 1:33). 베드로는 예수님이 구약성경에서 예언한 그리스도일 뿐 아니라 살아 계신 하나님의 아들이라는 것을 분명하게 고백했다.

17절, "바요나 시몬아 네가 복이 있도다"

베드로는 요나의 아들이었던 모양이다. 예수님은 베드로가 예수님에 대하여 바른 고백을 하는 것을 보고 '네가 복이 있다' 고 하셨다. 왜냐하면 이 세상에서 가장 복된 것이 예수님을 바로 아는 것이기 때문이다. 예수님이 누구신지 바로 아는 것이 구원의 첩경이다. 그러나 예수님은 베드로가 예수님을 알게 된 것은 '혈육', 즉 인간이 이야기를 해 주었기 때문이 아니라 하나님이 알 수 있도록 해 주셨기 때문이라고 하셨다. 즉 이 세상 어느 누구도 하나님이 깨닫게 해 주시지 않으면 예수님이 하나님의 아들이신지 아무도 알 수가 없다.

18절, "너는 베드로라 내가 이 반석 위에 내 교회를 세우리니"

복음서에서 '교회' 라는 단어가 나오는 두 구절 중 하나이다. 베드로는 원래 이름이 '시몬' 이었는데 예수님이 '게바' 혹은 '베드로' 라는 새 이름을 주셨다. 이것은 예수님이 베드로를 신약 교회의 중요한 기초로 세우려는 계획을 가지셨기 때문이다. 그러면 예수님은 천주교에서 주장하듯이 베드로라는 개인 위에 교회를 세우셨을까 하는 것이다. 그러나 베드로는 예수님이 붙잡히시기 전에 예수님을 모른다고 세 번이나 부인하기도 했다. 그래서 이 '반석' 은 베드로 개인을 말하는 것이 아니라 예수님을 바로 알고 바른 고백을 했으며 예수님으로부터 말씀을 받은 사도의 대표로서 베드로를 말하는 것이다. 따라서 신약 교회의 기초는 베드로라는 개인이 아니라 예수님 자신과 사도들의 증거이다. 사실 베드로가 예수님에 대하여 바른 고백을 한 것도 개인적으로 한 것이 아니라 제자들을 대표해서 고백한 것이었다. 그래서 '반석' 은 제자들 전부를 말한다고 보아야 한다.

18절, "음부의 권세가 이기지 못하리라"

여기의 '음부의 권세' 가 원문에는 '음부의 대문' 으로 되어 있다. 음부는 죽은 자를 집어 삼키는 세력인데, 영적으로 죽은 자를 삼키는 사탄의 세력을 말한다. 그러나 베드로와 사도들은 교회를 통해서 죽었던 영혼들을 다 살려서 하나님의 백성이 되게 함으로 음부의 세력을 이기게 된다.

19절, "천국 열쇠를 네게 주리니"

'천국 열쇠' 라는 것은 문자적으로 보면 천국 문을 열고 닫을 수 있는 권세를 의미한다. 대개 유대 랍비들은 '매고 푸는 것' 에 대해서 징계권을 의미한다고 생각한다. 즉 어떤 사람에 대하여 금지하는 것은 매는 것이고 허락하는 것은 푸는 것으로 해석하는 것이다. 그러나 이것은 실제로 천국 문을 열고 닫아서 어떤 사람은 구원시키고 어떤 사람은 천국에 들어가지 못하게 한다거나 혹은 금지나 허용의 범위를 벗어나서 복음을 전할 수 있는 권세와 천국의 능력과 축복이 임하게 하는 권세를 의미한다고 보는 것이 좋을 것이다. 왜냐하면 사도들이 복음을 전하지 않으면 어느 누구도 구원을 얻을 수 없고, 또 그들이 기도하지 않으면 천국의 능력과 축복이 임하지 않기 때문이다.

20절, "자기가 그리스도인 것을 아무에게도 이르지 말라"

예수님은 제자들이 예수님이 그리스도이신 것을 고백하는 것은 허용하셨지만 아직 많은 사람들에게 말하는 것은 허락지 아니하셨다. 그것은 많은 사람들이 예수님이 그리스도인 줄 믿으면 십자가를 지시는 것에 방해가 될 것이라고 생각하셨기 때문인 것 같다.

본문 이해를 위한 질문

1. 예수님은 가이사랴 빌립보에서 제자들에게 무엇을 물으셨는가?

예수님은 일반인들이 예수님에 대하여 어떻게 인식하고 있는지 물으셨다. 그러나 일반인들은 예수님으로부터 많은 말씀을 듣고 능력을 체험했지만 바로 알지 못했다.

2. 제자들은 예수님의 질문에 무엇이라고 대답했는가?

베드로는 제자들을 대표해서 "주는 그리스도시요 살아 계신 하나님의 아들이시니이다"라고 바른 고백을 하였다.

3. 예수님은 바른 고백을 한 베드로에게 어떤 축복을 주셨는가?

"너는 베드로라 내가 이 반석 위에 내 교회를 세우리니 음부의 권세가 이기지 못하리라"라고 말씀하셨다.

성경 강해

사람들은 때때로 본인이나 다른 사람들에게 심각한 문제를 던질 때가 있습니다. 이런 경우에는 그 질문에 대한 답을 몰라서 그러는 경우도 있지만 좀 더 심각하게 그 문제의 본질을 설명하기 위하여 질문을 던지기도 합니다. 때로는 "삶은 무엇인가?" 혹은 "정의는 무엇인가?" 등의 질문을 던질 수 있는 것입니다.

하버드 대학교의 마이클 샌델 교수는 "정의란 무엇인가?"라는 강의로 큰 인기를 끌었습니다. 마이클 샌델 교수는 극단적인 예를 들면서 '정의'에 대한 질문을 했습니다. 아프가니스탄에 파견된 미군 수색대 4명이 탈레반 기지를 정찰하던 중 비무장의 양치기 소년 2명을 만났습니다. 이들을 그냥 보내면 탈레반 부대에 신고하여 자기들이 위험해질 수 있었지만 죽여서 후환을 없애야 할지 그냥 보내야 할지 고민을 하다가 모두 살려 보냈는데 수색 조장은 부상을 입고 나머지 3명은 전사하고, 이들을 구조하러 왔던 헬리콥터는 격추되어 16명이 전사했습니다. 나중에 수색 조장은 자기가 이 목동 2명을 살리는 쪽을 지지했기 때문에 미군이 19명이나 죽게 된 것을 후회한다고 말을 했습니다.

또 이 교수는 다른 예를 들었습니다. 침몰한 배에서 탈출한 영국 선원 4명이 소형 구명보트에 올라탄 채 표류하고 있었습니다. 8일째 되는 날 물과 음식이 바닥이 났습니다. 그런데 그 중에 10대 소년이 있었는데 목이 마르다고 바닷물을 마시는 바람에 생사의 경계를 넘나들고 있었습니다. 그래서 선원들은 그를 희생시켜서 식량을 삼기로 하여 살아났습니다. 그러나 이들은 구조받은 후에 모두 체포되어서 법정에 서게 되었습니다. 결국 마이클 샌델 교수는 무조건 시키는 대로 하는 것이 정의가 아니라 여러 사람의 행복과 개인의 자유 그리고 바람직한 도덕성, 이 세 가지 관점이 일치해야 한다고 주장을 했습니다.

결국 "정의가 무엇이냐?"라는 질문은 인간은 어떤 존재냐 하는 것과 직결되는 문제라고 볼 수 있습니다. 즉 인간은 동물인가, 아니면 그 이상의 존재인가 하는 것입니다. 즉 인간을 동물이라고 보는 것은 인간은 생존을 위해서 존재하고 자기가 살기 위해서는 무슨 짓이라도 할 수 있다고 보는 것입니다. 거기에 비해서 인간이 동물이 아니라면 과연 무엇인가 하는 질문이 대두됩니다. 인간은 그러면 천사입니까? 인간은 육체를 가지고 있기 때문에 결코 천사는 아닙니다. 결국 인간은 도대체 어떤 존재인가 하는 것이 문제가 되는 것입니다. 이것은 한 가지 질문에 답을 하지 못하면 영원히 풀리지 않는 미스터리가 되고 맙니다. 그것은 결국 그리스도는 누구인가 하는 질문입니다.

우리는 종종 자기 자신에 대하여 알고 싶어 합니다. 즉 많은 사람들이 "나는 누구인가?"라는 질문에 대한 답을 찾기 위해서 신앙의 문을 두드립니다. 그런데 성경을 보면 "내가 누구인가?" 하는 문제보다는 "예수는 누구인가?" 하는 질문부터 제기한다는 것을 알게 될 것입니다. 우리는 요즘 같은 복잡한 세상에서 내가 누구인지도 모르겠는데 예수님이 누구인지 왜 알아야 하는지 의문이 생길 것입니다. 그런데 우리는 예수님이 누구신지를 알지 못하면 내가 누구인지 영원히 알 수 없게 됩니다. 결국 우리 인간의 문제는 철학이나 심리학에서 취급하는 것보다 엄청나게 수준이 높은 문제인 것을 알게 되는 것입니다.

예수님께서는 가이사랴 빌립보에 가셨을 때 갑자기 제자들에게 "사람들이 나를 누구라 하더냐?"라는 질문을 하셨습니다. 예수님의 이 질문이 예수님의 사역에서 큰 전환점이 된다는 것을 알 수 있습니다. 이 사건 이전까지 예수님께서는 주로 사람들에게 병을 고치고 귀신을 쫓아내면서 하나님의 나라를 증거하셨는데 이 질문을 하신 후부터는 본격적으로 메시아의 사역, 즉 예수님의 십자가를 향하여 적극적으로 나아가십니다.

그래서 예수님은 먼저 제자들에게 사람들이 자신에 대하여 어떻게 말하는가를 물으신 후에 제자들에게 너희는 나를 누구라고 생각하느냐고 물으셨습니다. 우리는 예수님이 누구신가 하는 것이 왜 이렇게 중요한 질문인지 알아야 할 필요가 있습니다.

1. 나를 누구라 하느냐

13절, "예수께서 가이사랴 빌립보 지방에 이르러 제자들에게 물어 가라사대 사람들이 인자를 누구라 하느냐"

예수님은 우선 제자들에게 사람들이 예수님에 대하여 어떻게 말을 하느냐고 질문하셨습니다. 즉 이것은 예수님의 정체성에 대한 질문인 것입니다. 예수님께서는 자신의 정체성에 대한 보다 본질적인 것을 제자들에게 가르치려고 하신 것입니다.

우선 여기서 예수님은 자신에 대하여 '나' 라는 칭호를 사용하지 않고 당시 흔히 사용되지 않는 칭호인 '인자' 라는 칭호를 사용하셨습니다. 사실 '인자' 의 헬라어 '휘오스 투 안드로푸' 는 '그 사람의 아들' 이라는 뜻입니다. 예수님은 자신을 '그 사람의 아들' , 또는 '사람의 아들' 로 부르셨습니다. 왜 예수님께서는 갑자기 사람들이 자신을 어떻게 생각하는지 물으시고, 자신에 대하여 '사람의 아들' 이라는 칭호를 사용하셨을까요?

대개 정치인들은 여론조사 결과나 지지율을 의식합니다. 그래서 자기가 아무리 똑똑하고 야망이 있다 하더라도 일단 국민들의 지지율이 1퍼센트 수준이면 큰소리를 칠 수가 없는 것입니다. 그러면 예수님께서는 갑자기 가이사랴 빌립보에서 사람들이 예수님을 얼마나 지지하고 있는지를 알고 싶으셨던 것일까요? 그런데 나중에 보면 사람들이 예수님에 대하여 너무 엉터리 같은 생각을 하고 있는데도 예수님은 별로 실망하지 않으십니다. 이것을 보면 예수님께서 제자들에게 사람들이 예수님에 대하여 뭐라고 하는지 물어보신 것이 백성들의 지지나 여론을 조사하려고 하신 것이 아닌 것을 알 수 있습니다.

그러면 왜 예수님께서는 자신에 대해서 '인자' , 또는 '사람의 아들' 이라는 칭호를 사용하셨을까요? 당시에도 사람들이 자기 자신을 '사람의 아들' , 또는 '그 사람의 아들' 이라고 부르는 것은 흔한 일이 아니었습니다. 우선 구약에서 '인자' 라는 표현이 두 군데에 나옵니다. 에스겔서와 다니엘서입니다. 그런데 에스겔서에 나오는 인자는 에스겔이 자신을 낮추어 천사 앞에서 인자라고 말한 것인데 비해 다니엘서에 나오는 인자는 나중에 재림하시는 분을 말하는 것입니다. 그래서 예수님이 자신에 대해서 인자라는 표현을 사용하신 것은 본인은 하나님의 아들이지만 진정으로 인간이 되셨고, 또 고난을 받아야 할 종으로 나중에 구름을 타고 오셔서 온 세상을 심판하실 분으로 말씀하신 것입니다.

복음서를 보면 예수님은 다른 사람이 예수님에 대하여 다윗의 자손이라고 하거나 그리스도라고 말할 때 부인하지 아니하셨습니다. 그러나 자기 자신을 지칭할 때에는 그리스도라는 표현을 쓰지 아니하셨습니다. 이것을 두고 어떤 학자들은 '메시아의 은닉'이라고 말을 하기도 합니다. 오히려 예수님은 소경의 눈을 뜨게 하신 후에도 다른 사람에게 이 사실을 말하지 말라고 하셨던 것입니다.

여기서 우리가 알 수 있는 것은, 예수님은 사람들에게 예수님의 신성을 드러내는 것을 원치 않으셨다는 것입니다. 그래서 예수님은 사람들이 예수님을 메시아나 그리스도라고 부르는 것을 원치 않으셨습니다. 오히려 예수님은 자신을 사람의 아들이라고 부르심으로 인간적인 측면을 강조하신 느낌을 가지게 됩니다. 예수님께서 그렇게 하신 이유가 무엇일까요? 왜 예수님께서는 십자가에 죽으시기 전까지 한 인간으로 보이기를 원하셨을까요? 이것이 아주 중요한 미스터리입니다.

아니나 다를까 제자들이 예수님에게 보고한 것을 보면 사람들은 예수님을 너무 많이 오해하고 있었습니다.

14절, "가로되 더러는 세례 요한, 더러는 엘리야, 어떤 이는 예레미야나 선지자 중의 하나라 하나이다"

사람들은 모두 자기 생각대로 예수님을 이해하고 있었습니다. 예수님의 설교에서 은혜를 받은 사람들은 예수님을 위대한 설교자 세례 요한이라고 생각했습니다. 또 예수님의 병자를 고치시는 능력에 은혜를 받은 자들은 능력의 선지자 엘리야라고 했습니다. 또 예수님께서 과감하게 예루살렘 성전을 정죄하시고 현실 정치를 비판하는 개혁적인 성향에 은혜를 받은 사람들은 예수님을 예레미야나 또는 다른 선지자 중의 하나라고 말을 했습니다. 이런 고백들은 모두 이들이 예수님을 통하여 은혜를 받은 것은 사실이지만 아직 예수님을 정확하게 모르고 있다는 것을 나타냅니다.

예수님 당시의 사람들은 대체로 예수님의 능력이나 말씀의 권세는 인정했습니다. 그러나 그들은 예수님을 하나님의 아들이라고 생각하지 않았습니다. 그들은 예수님의 설교는 권세가 있고 예수님의 능력은 놀랍지만 그것은 그것이고 예수님을 무엇인가 부족한 사람으로 보았던 것입니다. 심지어 어떤 사람은 예수님이 능력을 행하시는 것은 죽은 선지자의 능력이 그에게 씌었기 때문이라고 말하기도 했습니다.

즉 사람들은 예수님의 능력은 인정하면서 예수님 자신은 별로 인정하지 않았습니다. 그 이유는 그들이 예수님을 외모로 보았기 때문입니다. 예수님의 외모는 너무 평범했고 인간적인 조건에서 부족한 점이 너무 많았기 때문입니다. 그래서 그 어느 누구도 예수님을 하나님의 아들이라고 말하는 사람이 없었던 것입니다. 그러나 예수님은 일반인들이 예수님을 잘 모르고, 또 예수님을 별로 인정하지 않는 것을 보고서도 섭섭해하지 아니하셨습니다. 만일 예수님께서 그렇게 많은 설교를 하시고 능력을 행하셨음에도 사람들이 예수님을 제대로 알지 못하고 있었다면 이것은 예수님의 사역이 실패한 것이 아닐까요? 그러나 예수님은 그렇게 생각하지 않으셨습니다. 이것은 나중에 예수님이 베드로에게 하시는 말씀을 보면 알 수 있습니다.

2. 주는 그리스도시요

예수님께서 이번에는 제자들에게 물으셨습니다.

15절, "가라사대 너희는 나를 누구라 하느냐"

예수님께서 제자들에게 이 질문을 하신 것은 이미 그들이 예수님에 대하여 다른 사람들과는 다른 믿음을 가지고 있었던 것을 아셨기 때문입니다. 그래서 예수님은 이번 기회에 제자들의 그 믿음을 드러내셔서 그것을 인정하시고 이제 예수님이 본격적으로 하셔야 할 일을 가르쳐 주려고 하셨습니다.

예수님이 "너희는 나를 누구라 하느냐"라고 물으셨을 때 베드로가 대답했습니다.

16절, "시몬 베드로가 대답하여 가로되 주는 그리스도시요 살아 계신 하나님의 아들이시니이다"

이런 것을 보면 베드로의 적극적인 성격이 좋은 점도 많은 것 같습니다. 아마 다른 제자들은 신중하게 대답하려고 생각을 하고 있었던 것 같은데 베드로는 그 즉시 대답했습니다.

'주는 그리스도시요 살아 계신 하나님의 아들이시니이다.'

이것을 줄여서 말하면, 예수님은 '하나님의 아들 그리스도' 라는 것입니다. 여기서 왜 하나님의 아들 그리스도라고 했을까요? '그리스도' 라는 말은 구약성경의 '메시아' 라는 말을 헬라식으로 번역한 것입니다. 그런데 메시아는 '기름을 붓다' 라는 뜻을 가지고 있습니다. 즉 메시아나 그리스도는 하나님이 세운 사람을 말하는 것입니다.

구약 시대에는 하나님께서 사람들을 세우실 때에 기름을 부었습니다. 이것은 이 직분이 사람이 세우는 직분이 아니고 하나님이 세우시는 직분이라는 뜻입니다. 그래서 기름 부음을 받은 사람은 사람이 함부로 세우지 못했고, 또 사람이 함부로 폐하지도 못했습니다. 사울 왕 같은 사람은 하나님의 종으로서 상당히 부정적인 사람이었지만 다윗은 자기 마음대로 사울을 폐위시키지 못했습니다. 그런데 이것을 깬 사람들이 이스라엘이 남북으로 분열된 후의 북이스라엘 사람들이었습니다. 그들은 자기들 마음대로 왕을 세웠고, 자기들 마음대로 제사장을 세웠습니다. 이 사람들은 하나님이 세운 사람들이 아니었습니다.

그런데 하나님이 기름을 부어서 세운 사람은 특징이 있었는데 그들은 하나님과 관계되는 일을 맡아서 했다는 것입니다. 즉 선지자는 하나님의 말씀을 전했고, 제사장은 백성들의 죄를 대신해서 하나님께 제사드리는 일을 했으며, 왕은 이스라엘 백성을 하나님의 능력으로 지켰습니다. 그래서 세가지 직분 중 한 가지 직분을 가진 자는 메시아라고 볼 수 있습니다. 그러나 구약 시대에는 이들이 기름 부음을 받았다고 해서 메시아나 그리스도라고 부르지는 않았습니다. 왜냐하면 이들에게는 왕이나 선지자나 제사장이라는 직책이 있었기 때문입니다. 메시아 사상이 본격적으로 나타나는 것은 유다의 멸망을 앞두고 이사야 선지자가 장차 성령으로 기름 부음을 받을 분이 오신다고 예언을 하면서부터입니다. 그런데 선지자들이 이해할 수 없었던 것은 앞으로 오실 분은 태초부터 계신 분인데 이분이 고난을 받아야 한다는 것이었습니다. 태초부터 계신 분이 고난을 받아야 한다는 것은 도무지 이해가 되지 않는 것이었습니다. 그런데 예수님 당시에 메시아나 그리스도라는 이름은 거의 정치적인 구원자로 사용되고 있었습니다. 그래서 예수님은 하나님이 세우신 그리스도였지만 그리스도라고 불리는 것을 원치 않으셨습니다. 예수님은 인간의 아들로 불리는 것을 더 원하셨습니다.

그런데 베드로는 예수님을 그리스도라고 말하면서 그냥 사람 그리스도가 아니라 하나님의 아들 그리스도라고 고백한 것입니다. 즉 베드로의 신앙 고백에서 그리스도라는 이름과 하나님의 아들이라는 신분이 합쳐졌습니다. 즉 예수님은 하나님이 세우신 구원자이고 인간이 아닌 하나님의 아들 구원자라는 것입니다.

여기서 예수님이 누구신가 하는 것이 중요하다는 것을 알아야 합니다. 예수님은 하나님의 아들이시고 하나님이십니다. 그런데 그가 굳이 인간이 되어서 이 세상에 오신 것은 바로 이분이 우리의 원형이시기 때문입니다. 즉 우리는 하나님이 흙으로 만드셨습니다. 그러면 우리가 흙입니까? 그것은 아닙니다. 우리의 본질이 티끌이고 흙인 것은 사실이지만 예수님은 우리를 하나님의 모습을 가지도록 만드신 것입니다. 즉 우리 인간의 본질은 티끌이고 흙이지만 우리의 영혼과 생각은 신적인 것입니다. 그래서 우리 인간은 절대로 동물적인 생존으로 만족하지 못하는 것입니다.

이스라엘 백성에게 가장 어려운 문제가 왜 인간의 고통을 해결하는 데 굳이 하나님이 오셔야 하느냐는 것이었습니다. 구약 시대처럼 다윗이나 기드온 같은 위대한 지도자들을 보내면 되는 것이지 굳이 하나님이 이 세상에 오셔야 할 이유가 무엇입니까? 그것은 인간의 가장 치명적인 문제가 가난이나 질병이 아니라 죄이기 때문입니다. 인간의 모든 불행의 원인은 우리 인간이 하나님을 대적하는 죄에 있습니다. 다른 문제라면 굳이 하나님의 아들이 이 세상에 오셔야 할 이유가 없습니다. 그러나 죄 문제는 우리 인간을 만드신 하나님이 직접 오셔서 책임을 지셔야 해결되는 것입니다.

예수님의 어려움은 바로 여기에 있었습니다. 인간의 죄를 책임지는 사람은 전혀 죄가 없는 사람이어야 하는데 인간 중에는 죄가 없는 사람이 아무도 없었던 것입니다. 예수님이 이 세상에 오신 것은 하나님으로서 인간들을 지배하거나 숭배를 받으러 오신 것이 아니고 우리 인간의 죄를 대신해서 죽기 위하여 오신 것입니다. 그래서 예수님은 그리스도나 하나님의 아들이라는 신분을 나타내기를 원하지 않으셨습니다. 왜냐하면 예수님이 하나님의 아들이시라는 것을 알게 되면 사람들은 예수님을 숭배하려고 하기 때문입니다. 즉 자기 백성을 위해서 고난 받고 죽어야 하는 그리스도가 바로 인자인 것입니다.

여기서 우리가 알 수 있는 것이 무엇입니까? 우리 인간의 가장 어려운 문제가 하나님 앞에서 죄 용서받는 것이라는 사실입니다. 죄는 하나님의 모든 축복을 막는 암 덩어리입니다. 우리 인간에게 이 암 덩어리가 제거되려면 전혀 죄가 없으신 하나님의 아들이 우리를 대신해서 죽어야 합니다. 그런데 원칙적으로 사람은 한 사람이 한 사람의 죄밖에 대신할 수가 없습니다. 그러니까 내가 살려면 다른 한 사람이 죽어야 합니다. 그러나 몸값이 엄청나게 차이가 나면 1 대 2의 교환도 가능하고, 1 대 3의 교환도 가능하게 됩니다.

예를 들어 요즘 프로 야구 선수들을 트레이드하는 것을 보면 몸값이 비싼 선수 한 명에 몸값이 싼 선수 두 명이나 세 명을 한꺼번에 트레이드를 합니다. 물론 그런 식으로 트레이드되는 선수들은 기분이 나쁠지 몰라도 자기 몸값이 그것밖에 되지 않는데 어떻게 하겠습니까? 그런데 살아 계신 하나님의 아들의 몸값은 온 우주나 천사보다 더 비싸기 때문에 우리 모든 죄인들의 몸값을 다 지불하고도 남습니다. 그래서 예수님과 우리 모든 죄인은 한꺼번에 트레이드가 됩니다. 이것은 지금까지 사람들이 생각하는 메시아 사역과는 완전히 다른 것입니다. 사실 우리 인간을 위하여 하나님의 아들이 죽으시는 것은 너무 아까운 것입니다. 그러나 하나님께서는 그만큼 우리를 사랑하셨습니다. 그래서 우리 인간의 문제는 생존이나 세상의 성공이 아닌 것입니다. 우리의 문제는 하나님 앞에서 나 자신의 바른 모습을 찾는 것입니다. 그런데 나 자신을 찾는 열쇠가 바로 예수 그리스도를 아는 지식인 것입니다.

3. 시몬아 네가 복되도다

예수님께서는 베드로의 말을 듣고 베드로를 칭찬하셨습니다.

17절, "예수께서 대답하여 가라사대 바요나 시몬아 네가 복이 있도다 이를 네게 알게 한 이는 혈육이 아니요 하늘에 계신 내 아버지시니라"

예수님은 베드로의 고백을 듣고 그가 복되다고 칭찬하셨습니다. 왜냐하면 인간에게 있어서 가장 중요한 것이 바로 이 사실을 아는 것이기 때문입니다. 즉 우리 인간에게 있어서 하나님의 아들이 나를 멸망에서 건지기 위하여 이 세상에 오셨다는 것을 아는 것보다 더 귀한 것은 없는 것입니다. 왜냐하면 그것을 믿는 자마다 구원을 받을 수 있기 때문입니다. 그런데 예수님께서는 이것을 알게 한 이가 혈육이 아니고 하늘에 계신 아버지라고 말씀하셨습니다. 여기서 '혈육'은 육체를 가진 사람을 말합니다. 이 '혈육'이 누구를 말하겠습니까? 이것은 인간 예수를 아는 것으로는 안 되는 것입니다. 또 이것은 베드로 자신의 인간적인 깨달음이나 열심으로 안 것도 아닌 것입니다. 이것은 오직 하늘에 계신 아버지께서 알게 하셨다고 말씀하십니다.

이것은 하나님께서 베드로의 무지한 마음을 열어서 믿게 하신 것입니다. 그래서 다른 사람들은 예수님의 기적을 그렇게 보면서도 예수님이 누구신지 몰랐던 것입니다. 하나님께서는 이중적으로 일을 하셨습니다. 한편으로는 말씀을 주시고, 다른 한편으로는 그 사람의 마음을 열어 주셔서 그 말씀을 믿게 하신 것입니다. 그래서 사람의 능력으로는 예수님이 하나님의 아들이라는 것을 아무도 믿을 수가 없었습니다. 오늘 우리 주위에 예수가 누구신지 모르는 사람이 많은 것은 조금도 이상한 일이 아닙니다. 하나님께서 사람들의 마음을 열어 주시지 않으면 아무도 예수님을 믿을 수가 없는 것입니다.

그러면 왜 하나님은 모든 사람들의 마음을 다 열어서 예수님을 믿게 하시지 않는 것일까요? 그것은 하나님은 모든 사람을 구원하셔야 할 의무가 없기 때문입니다. 하나님은 토기장이이시고 우리는 진흙이기 때문에 토기장이가 진흙을 가지고 무엇을 만들든 자유인 것입니다. 그래서 하나님은 모든 사람을 다 구원하지 아니하고 일부만 구원하셔서 하나님의 은혜에 감사하게 하시는 것입니다.

이때 예수님은 베드로에게 엄청난 것을 약속하셨습니다.

18절, "또 내가 네게 이르노니 너는 베드로라 내가 이 반석 위에 내 교회를 세우리니 음부의 권세가 이기지 못하리라"

여기서 예수님은 베드로라는 반석 위에 예수님의 교회를 세우겠다고 하셨습니다. 사복음서 전체에서 '교회' (에클레시아)라는 말이 여기에 처음 등장합니다. 그리고 마태복음 18장에서 잘못된 형제를 치리할 때에 또 나옵니다.

여기서 우선 '너는 베드로라 이 반석 위에 내 교회를 세우겠다' 는 말씀이 무슨 뜻일까요? 로마 가톨릭은 이 말씀을 베드로라는 사람 위에 교회를 세우겠다는 뜻으로 받아들입니다. 그러나 예수님은 자신의 교회를 예수님 자신과 자신의 진리 위에 세우십니다. 그래서 사도 바울은 에베소서 2장 20절에서 "너희는 사도들과 선지자들의 터 위에 세우심을 입은 자라 그리스도 예수께서 친히 모퉁이 돌이 되셨느니라" 라고 말했습니다. 그러므로 신약 교회의 기초는 베드로라는 개인이 아니고 예수님 자신과 그분의 증거 위에 세우시는 것입니다.

여기서 예수님께서 '너는 베드로라 이 반석 위에 내 교회를 세우겠다' 고 말씀하신 것에서 '베드로' 는 헬라어로 '페트로스' 인데 이 말씀은 '너는 페트로스이다. 나는 이 페트라 위에 내 교회를 세우겠다' 가 됩니다. 남성형의 '페트로스' 가 여성형의 '페트라' 로 변하고 있습니다. 이것은 모든 사람을 지켜 줄 수 있는 반석은 베드로라는 개인이 아니라 그가 믿는 예수님인 것을 알 수 있습니다. 베드로는 이 고백이 있은 후 예수님이 붙들리실 때 예수님을 모른다고 세 번이나 부인했습니다. 그러나 예수님은 다시 베드로를 붙드셔서 사도가 되게 하셨습니다.

옛날에 상영된 "타잔" 같은 정글 영화를 보면 사람들이 발을 잘못 디디는 바람에 수렁으로 빠지는 장면들이 나옵니다. 수렁은 겉으로 보아서는 표시가 나지 않지만 한번 빠지면 다시는 나올 수가 없습니다. 그런데 우리 그리스도인들에게는 아주 안전한 반석이 있습니다. 그 반석은 베드로라는 개인이 아닙니다. 베드로가 믿는 하나님이십니다. 그러니까 우리는 베드로도 믿을 수가 있습니다. 우리는 다른 사람은 믿지 못합니다. 왜냐하면 사람은 너무 약해서 붙잡을 데가 없기 때문입니다. 그런데 그렇게 약한 사람도 든든한 반석 위에 서 있으면 얼마든지 의지할 수 있습니다.

오늘 우리가 살고 있는 이 세상은 수렁입니다. 한 치 앞도 내다볼 수 없으며, 한번 잘못 발을 디디면 다시는 살아서 돌아올 수 없는 깊은 수렁입니다. 그런데 우리가 절대적으로 안전할 수 있는 이유가 무엇입니까? 좋은 직장을 다니고 있거나 남편을 잘 만나서 그런 것이 아닙니다. 예수님을 바로 알고 있고, 또 그런 교회가 이 세상에 있기 때문입니다. 그래서 이 세상에서 가장 안전한 곳이 예수님을 바로 알고 믿는 그리스도인들과 교회입니다. 우리는 얼마든지 다른 사람들을 우리가 있는 곳으로 데리고 올 수 있습니다. 그 이유는 우리가 강하기 때문이 아닙니다. 우리는 약하지만 우리가 서 있는 반석이 어마어마하게 크기 때문입니다. 그래서 태풍이 불어오고 비바람이 몰아쳐도 우리는 절대로 무너지지 않습니다.

본문에 보면 "음부의 권세가 이기지 못하리라" 라고 말씀하셨습니다. 원문에는 '음부의 대문' 이 이기지 못한다고 되어 있습니다. 대개 구약성경에서 '음부'는 죽음을 나타냅니다. 죽음의 세력이 얼마나 강합니까? 아무리 많은 사람이 한꺼번에 죽어도 음부는 정원 초과라는 것이 없습니다. 그런데 예수님께서는 죽음의 세력이 이기지 못하는 곳이 바로 주님의 진리가 있는 교회라고 말씀하십니다.

그러나 여기 음부의 권세는 바로 사탄의 세력입니다. 교회는 이 세상 한가운데에 서 있습니다. 강이 바다와 합치는 곳에는 큰 갑문 같은 것이 세워져 있습니다. 왜냐하면 바다와 강이 합치는 곳은 썰물 때는 강물이 바다로 흘러들어 가지만 밀물이 되면 바닷물이 강으로 흘러들어 오는데 그 물은 소금물이기 때문에 그것으로 농사를 지으면 농작물이 모두 타 죽기 때문입니다. 그런데 교회는 세상의 물이 들어왔다 나갔다 하는 곳입니다. 그래서 성령의 역사가 더 강하면 세상으로 하나님의 은혜가 흘러나가지만 성령의 역사가 약해지면 세상이 흘러들어 와서 교회를 세상으로 만들어 버립니다. 그래서 교회는 언제나 주님이 주인이 되셔서 강한 성령의 역사로 세상으로 성령의 생수를 강같이 흘러 보내야 합니다. 마치 에스겔이 환상에서 보았던 것처럼 생수가 사해로 흘러들어 가야 하는 것입니다. 이것이 교회가 음부의 권세를 이기는 것입니다. 우리 교인들은 세상에 살면서 많은 공격을 당하기도 하고 어려운 문제에 봉착하기도 합니다. 이것을 말씀의 능력과 축복으로 다 이겨 내야 하는 것입니다.

음부의 세력은 어두움의 세력입니다. 그래서 하나님의 말씀이 빛이 없으면 언제든지 나타나서 모든 사람을 미신과 무지와 이기적인 욕심으로 잡아매어서 지옥으로 끌고 갑니다. 그런데 하나님의 말씀이 선포되면 사탄의 세력은 힘을 잃습니다. 갑자기 사탄의 세력이 결박되면서 주님께서 사탄을 무저갱으로 집어넣어 버립니다. 그런데 말씀이 약해지면 이 음부의 세력이 무저갱에서 다시 기어 나와서 사람들을 붙들어 가기 시작합니다. 그래서 교회는 진리를 비추는 등대입니다. 주님의 복음을 목숨을 걸고 선포하면 어떤 환난 풍파가 온다 하더라도 우리는 절대로 안전한 것입니다.

19절, "내가 천국 열쇠를 네게 주리니 네가 땅에서 무엇이든지 매면 하늘에서도 매일 것이요 네가 땅에서 무엇이든지 풀면 하늘에서도 풀리리라 하시고"

예수님은 베드로에게 놀라운 권세를 약속하셨습니다. 그것은 천국의 열쇠를 그에게 맡기신다는 것입니다. 이것은 이사야 22장 22절의 예언을 인용하여 말씀하신 것입니다. 엘리야김이라는 사람에게 다윗의 열쇠를 맡기는데 그가 열면 닫을 사람이 없고 닫으면 열 사람이 없을 것이라는 말씀에서 나온 것입니다.

우선 예수님은 이 열쇠를 베드로 개인에게 주었다고 말할 수 없습니다. 이것은 모든 믿는 자들에게 주신 것입니다. 원래 '열고 닫는 것'은 교회의 권징과 관계가 됩니다. 교회는 교회를 죄로부터 지키기 위하여 교인들에게 어떤 의무를 명할 수도 있고, 또 잘못한 것에 대하여 벌을 줄 수도 있습니다. 그런 것을 매고 푼다고 말합니다. 그래서 교회를 대적하면 하늘에서도 기도가 응답되지 않습니다. 물론 교회가 잘못된 권위로 교인들을 잡아매는 경우도 있었습니다. 그러나 교회가 정당하게 성경적인 가르침으로 명령하거나 징계하는 것에는 순종을 해야 하나님의 은혜가 막히지 않습니다.

우선 가장 중요한 것이 이제 예수님이 죽으시고 부활하시면 교회의 시대, 즉 성령의 시대가 열린다는 것입니다. 이때 하늘과 땅의 모든 권세를 가지신 예수님께서 이것을 다시 우리 믿는 자들에게 맡기십니다. 그래서 우리는 예수님으로부터 무한대의 능력과 권세를 받게 됩니다. 무엇보다 중요한 것이 복음 증거의 책임이 우리에게 주어진다는 것입니다. 이제는 천사가 복음을 전하지 않습니다. 천국을 채우는 막중한 책임이 우리 믿는 자들에게 주어지게 되며, 우리가 입을 다물어 버리거나 복음을 전하지 않으면 천국 문은 닫힐 수밖에 없습니다. 예수님은 서기관들에게 자기들도 천국에 들어가지 않으면서 다른 사람들도 들어가지 못하게 막고 있다고 책망하셨습니다. 오직 구원받은 진리가 우리에게 있습니다. 그래서 우리가 입을 다물어 버리면 어떤 사람도 구원받을 수가 없습니다. 그 대신 우리는 이 복음을 위하여 무한한 능력을 주님으로부터 공급받을 수가 있습니다. 주님이 열면 아무도 닫지 못할 것입니다. 그리고 주님이 닫으면 또 열 자가 없습니다.

결국 문제는 우리가 무엇으로 이 세상을 살아갈 것이냐 하는 것입니다. 사람들은 할 수 있는 대로 이 세상에 있는 것을 많이 붙들어야 풍족하게 살아갈 수 있습니다. 그것은 사실입니다. 돈이 없는 사람들보다는 돈이 많은 사람들이 풍족한 생활을 할 것입니다. 그러나 더 중요한 것은 하나님의 축복을 가지고 와서 사람들에게 나누어 주는 것입니다. 이것은 기도로써 무한정으로 약속이 되어 있습니다. 하나님의 은사는 부족함이 없습니다. 가장 중요한 것은 사람들로 하여금 소중한 자아를 되찾게 하는 것입니다. 우리가 성령 충만할수록 다른 사람들에게 자신의 바른 모습을 보게 할 것입니다. 또 우리에게 하나님이 주시는 지혜가 있다면 이 세상에 있는 것들을 분별력 있게 사용할 것입니다. 그것도 우리가 이 세상을 살아가는 중요한 방식입니다. 그리고 또 하나님의 은혜가 풍성한 사람은 이 세상의 많은 것들도 하나님께서 주십니다. 그래서 중요한 것은 닫힌 것을 푸는 것입니다. 한번 열면 계속 하나님의 은혜가 주어질 것입니다. 그러나 한번 닫히면 다시 열기 어려울지도 모릅니다.

이 세상에 가장 필요한 것은 하나님의 성령의 은혜입니다. 그것은 바로 우리 믿는 자들이 모여서 주님을 고백하고 그분의 진리를 선포하는 곳에서 이루어집니다. 이곳에 하늘의 축복이 열리기를 바랍니다. 그리고 우리가 이 세상에서 무엇을 얻을 것인가 생각하지 말고 많은 것을 나누어 주는 축복의 성도들이 되시기를 바랍니다.

성경 토의

1. 왜 많은 사람들은 성경이 있고 많은 설교가 있음에도 예수님을 하나님의 아들로 믿지 못하는가?

2. 나는 예수님을 누구라고 생각하며, 내 생애에 예수님을 영접하는 체험이 있었는가?

3. 예수님은 음부의 권세가 이기지 못할 것이라고 하셨고 천국의 열쇠를 주겠다고 하셨는데 나는 이 약속을 우리 교회나 나 자신에게 어떻게 적용시키고 있는가?

66_수난의 계획

마태복음 16:21-28

전체적 설명

예수님께서 드디어 자신이 예루살렘에 올라가셨을 때에 어떤 일이 일어날 것인지를 분명하게 말씀하셨다. 제자들은 예수님이 예루살렘에 올라가시기만 하면 왕이 될 것으로 기대하고 있었지만 오히려 정반대로 예수님은 예루살렘에 올라가시면 유대 지도자들인 장로들과 대제사장과 서기관들에게 많은 고난을 받고 죽임을 당한 후 3일 만에 살아날 것을 말씀하셨다. 이것은 제자들로서는 도저히 상상할 수 없는 일이었기 때문에 베드로가 예수님에게 절대로 그렇게 해서는 안 된다고 강력하게 말리다가 예수님으로부터 "사단아 내 뒤로 물러가라"라는 책망을 받는다.

설교 프리노트

21절, "이때로부터 예수 그리스도께서 자기가 예루살렘에 올라가"

아마 예수님께서 예루살렘에 올라가셔서 당할 일을 가장 먼저 제자들에게 분명하게 말씀하신 것이 가이사랴 빌립보에서 제자들에게 "사람들이 나를 누구라 하느냐" 하고 물으신 때인 것 같다. 이전에도 예수님은 자신이 당할 고난에 대하여 전혀 말씀하지 않으신 것은 아니지만 이렇게 분명하게 말씀하시지는 않았던 것 같다. 제자들은 예수님이 예루살렘에 올라가서 왕이 되실 것이라고 믿었으나 예수님은 예루살렘에서 유대 지도자들로부터 고난을 받고 죽기까지 하시지만 사흘 후에 다시 살아날 것을 분명하게 말씀하셨다. 그러나 제자들은 예수님의 이 말씀을 이해할 수 없었다. 왜냐하면 예수님은 아무 죄도 짓지 않으셨기 때문에 유대 지도자들로부터 고난을 받아야 할 이유가 없었고, 특히 그는 물 위를 걸으셨던 하나님의 아들이시기 때문에 죽는다는 것은 상상할 수 없는 일이었다.

22절, "베드로가 예수를 붙들고 간하여"

제자들은 예수님이 예루살렘에서 죽으셔야 한다는 말을 믿지 않았다. 특히 베드로는 예수님이 갑자기 심한 책임감 때문에 마음이 약해져서 이런 말씀을 하신다고 생각했던 것 같다. 예를 들면 우리도 일이 너무 벅차거나 부담스러우면 지나가는 말로 "죽어야 해"라고 하든지 "죽을 것 같다"라고 말을 하는 것이다. 그래서 베드로는 예수님을 붙들고 강력하게 주의를 주었다. 여기서 '간하여'라는 말은 '경계하다' 혹은 '주의를 주다'라는 뜻을 가지고 있다. 베드로는 자기들이 끝까지 예수님을 지켜 드릴 테니까 쓸데없는 걱정하지 마시고 끝까지 담대하게 나가시라는 것이다. "이 일이 결코 주에게 미치지 아니하리이다"라는 것은 이런 일이 절대로 예수님에게 일어나지 않도록 예수님을 지켜 드리겠다는 뜻이다.

23절, "사단아 내 뒤로 물러가라"

베드로는 조금 전에 예수님께 "너는 베드로라 내가 이 반석 위에 내 교회를 세우리라"라는 칭찬을 들었지만 이 순간 다시 주님으로부터 '사탄'이라는 책망을 받았다. 예수님이 베드로를 사탄이라고 책망하신 것은 베드로 자신이 사탄이라는 뜻이 아니라 예수님과 가장 가까운 사이인 베드로의 인정을 이용해서 예수님으로 하여금 십자가를 지지 못하게 하려는 의도가 바로 사탄이 하는 짓이기 때문이다. 예수님은 자신이 십자가를 지셔야 하는 것을 예민하게 생각하고 계셨고, 예수님으로 하여금 십자가를 지지 못하게 하는 것에 대하여 경계하셨다.

"너는 나를 넘어지게 하는 자로다"

베드로가 예수님을 사랑하여 확신에 차서 말을 한 것은 예수님에게 위안이 되라고 한 것이었지만 이것은 예수님께서 가장 경계하시는 일이었다. 즉 예수님은 제자들의 반대나 방해로 십자가를 지지 못하게 될 가능성을 깊이 생각하셨고, 또한 예수님도 인간이셨기 때문에 베드로나 제자들을 의지하고 싶은 마음이 드는 것도 경계하셨다.

"네가 하나님의 일을 생각지 아니하고"

베드로의 자신에 차서 한 말은 전혀 하나님의 뜻이 아니었다. 제자들이 아무리 예수님을 사랑해서 지키고 또 제자들의 수가 많아진다고 해도 예수님이 십자가 위에서 죽지 않으면 아무 소용이 없기 때문이다. 그만큼 인간의 죄 문제는 심각한 것이었고 오직 하나님의 아들의 죽음 외에는 이것을 해결할 수 있는 방법이 없었다.

24절, "아무든지 나를 따라오려거든 자기를 부인하고"

예수님께서는 누구든지 예수님을 믿고 따라오려고 하는 제자들이나 예수 믿는 자들이 어떤 자세를 취해야 하는지 분명하게 말씀하셨다. 누구든지 예수님을 따르려고 할 때에 가장 필요한 것이 '자기를 부인하는 것' 이다. 여기서 자기를 부인한다는 것은 자기 생각이나 이 세상에서 성공하고 싶은 욕심이나 자신의 경험이나 사회적인 지위를 다 포기하고 무조건 예수님에게 자신의 인생을 맡기는 것을 의미한다. 예를 들어 어떤 사람이 병원에서 큰 수술을 받으려면 자신의 경험이나 지식이나 지위를 다 포기하고 수술대 위에 누워서 의사에게 자신의 모든 것을 맡겨야 하는 것과 같은 것이다.

"자기 십자가를 지고"

지금은 십자가가 장식품이 되고 종교적인 상징이 되었지만 예수님 당시에 십자가는 가장 고통스럽고 무서운 사형틀이었다. 우리는 보통 '내 십자가를 진다' 고 할 때 자기에게 주어진 어려운 조건들을 감당하는 것으로 생각할 때가 많다. 그러나 예수님이 자기 십자가를 져야 한다고 말씀하신 것은 두 가지로 생각할 수 있다. 하나는 누구든지 예수님을 따르면 이 세상 사람들로부터 미움을 받아서 죽을 수도 있다는 것이고, 다른 하나는 누구든지 제대로 예수를 믿으려면 죽을 각오를 해야 한다는 것으로, 실제로 우리가 예수를 믿는 것은 이 세상과 자신에 대하여 한번은 완전히 죽는 것을 의미하는 것이다.

25절, **"누구든지 제 목숨을 구원코자 하면 잃을 것이요"**

예수님의 모순된 진리이다. 우리는 누구든지 이 세상에서 살기 위해서 온갖 수단과 방법을 아끼지 않고 몸부림을 친다. 그러나 결국은 인간의 능력과 하나님의 능력의 차이이다. 즉 이 세상에서 인간의 힘으로 아무리 살려고 애를 써도 인간의 힘으로는 영생을 얻을 수 없다. 그러나 우리가 예수를 믿고 죽을 각오를 하면 하나님의 능력으로 살게 되는데 이것이 시험을 이기고 영생을 얻는 길이다. 예수님의 이 말씀은 제자들에게 바로 적용되었는데 가룟 유다같이 살려고 예수님을 배신했던 사람은 결국 목을 매어서 죽고, 죽을 각오를 하고 예수님을 믿었던 제자들은 모두 살게 되었다.

26절, **"사람이 만일 온 천하를 얻고도 제 목숨을 잃으면"**

예수님께서는 우리 인간의 생명이 얼마나 소중한지를 비유로 말씀하셨다. 즉 어떤 사람이 세상에서 아무리 많은 돈을 가지고 있고 많은 권세를 가지고 있어도 죽으면 그가 가진 것이 아무 소용이 없고 다른 사람이 가질 수밖에 없다. 그러나 인간의 생명은 유한하기 때문에 사람은 아무리 죽지 않으려고 몸부림을 쳐도 결국은 죽게 된다. 그런데 만일 우리 육체의 생명이 이토록 중요하다면 우리 영혼의 가치나 영적인 생명의 가치는 이 세상 전체와도 바꿀 수 없을 정도로 가치가 있는 것이다. 그런데 사람들은 이 영혼의 가치나 영생의 가치를 모르기 때문에 눈에 보이는 세상의 것에 집착하는 것이다.

27절, **"인자가 아버지의 영광으로 그 천사들과 함께 오리니"**

예수님은 최종적인 종말의 순간에 대하여 말씀하셨다. 즉 예수님은 이 지상에서 사람들을 모으고 권력을 잡는 것이 목적이 아니라 최종적으로 아버지의 영광을 가지고 천사들과 함께 다시 이 세상에 오시는 것이다. 그때 예수님께서는 이 세상 모든 사람들을 그들이 행한 것에 따라서 심판하실 것이다.

28절, "여기 섰는 사람 중에 죽기 전에 인자가 그 왕권을 가지고"

이 구절은 가장 난해한 말씀 중 하나이다. 문맥의 의미를 본다면 이것은 분명히 예수님께서 하나님의 영광과 권세를 가지고 천사들과 함께 재림하는 순간을 말씀하는 것으로 생각된다. 그렇다면 예수님의 말씀을 듣고 있는 사람들이 살아 있는 동안 예수님은 분명히 재림을 하셔야 했는데 실제로 예수님은 죽음에서 부활하셨고, 또 영광스러운 몸으로 제자들을 찾아오셨으며, 성령을 우리에게 부어 주셨다. 그렇다면 여기서 '여기 서 있는 사람 중에' 예수님이 다시 오시는 것을 볼 자도 있다는 것은 무슨 뜻인가? 어떤 사람들은 예수님이 그렇게 오실 수도 있으니까 항상 긴장하고 있으라는 뜻으로 생각할 수도 있을 것이다. 또 예수님의 부활을 의미하는 것으로 생각하는 사람들도 있고, 성령이 오시는 것으로 생각하는 사람들도 있을 것이다. 그러나 우리가 알아야 할 것은 우리 눈으로 보는 것이 전부가 아니라는 사실이다. 즉 하나님의 나라는 우리 눈에 보이지 않는 영역에서 많은 것이 이루어지고, 우리는 이것을 거의 보지 못하든지 극히 일부만 보게 된다. 그래서 예수님이 왕권을 가지고 다시 오는 것을 보는 자도 있다는 것은 이들의 생전에 예수님이 부활하시고 영광 중에 하나님의 보좌 우편에 앉아 계시고 하나님의 나라가 이 땅에 이루어지는 것을 보는 것으로 생각하면 좋을 것이다.

본문 이해를 위한 질문

1. 예수님은 예루살렘에서 어떤 일을 당할 것이라고 말씀하셨는가?

예수님은 예루살렘에서 영광을 받으시는 것이 아니라 유대 지도자들로부터 배척을 당하고 십자가에 못 박혀 죽으셨다가 사흘 후에 다시 살아나실 것이라고 말씀하셨다.

2. 베드로는 예수님의 이 말씀을 반박했다가 어떤 책망을 들었는가?

예수님은 베드로에게 "사탄아, 내 뒤로 물러가라"라고 하시면서 '너는 나를 넘어지게 하는 자'라고 말씀하셨다.

3. 누구든지 주님을 따라가려면 어떤 자세를 취해야 하는가?

성공하고 유명해지려는 모든 야망과 욕심, 자기의 모든 생각이나 세상적인 지위를 버리고 예수님처럼 십자가에 못 박혀 죽을 각오를 해야 한다.

4. 예수님은 최종적으로 어떤 일이 일어날 것이라고 말씀하셨는가?

예수님은 장차 하나님의 영광과 천사들과 함께 세상에 오셔서 모든 사람들을 심판하실 것이며 거기 있던 사람들 중에는 예수님의 영광의 모습을 볼 자들도 있다고 하셨다.

성경 강해

슈바이처 박사는 독일의 교수 생활을 청산하고 아프리카 정글에 가서 흑인들을 치료하는 인술을 베풀어서 세계적인 명성을 얻었습니다. 슈바이처 박사는 어느 날 "부자와 거지 나사로" 이야기를 읽고 부자의 삶을 살던 자신의 모습을 버리고 새로 의학을 배워서 아프리카로 갔습니다. 그러나 슈바이처 박사는 왜 예수는 꼭 죽어야 했는지를 이해할 수 없었습니다. 그래서 슈바이처 박사는 예수님이 자기가 메시아라는 강박증 때문에 너무 초조한 나머지 자기 자신을 십자가의 죽음으로 몰고 갔다는 식으로 설명을 했습니다. 슈바이처 박사의 인격이나 삶은 매우 훌륭하지만 그의 신학은 우리가 받아들일 수 없는 부분이 많이 있습니다.

오늘 우리 현대인들은 너무 많은 지식을 가지고 있지만 왜 암 같은 불치의 병이 생겨서 사람들이 고통을 받거나 죽어야 하는지 모르고 있습니다. 물론 암에 걸린 분들 중에는 술을 많이 마시거나 혹은 너무 무리하게 일을 해서 암에 걸린 분들도 있을 것입니다. 그러나 정상적인 삶을 사는 분들 중에서도 암이 많이 생기는 것입니다. 그런데 우리는 이런 암이 생겼을 때 왜 암이 나에게 생겼을까 아무리 생각해도 소용이 없습니다. 환자는 빨리 그 사실을 인정하고 늦기 전에 수술을 해서 암 세포를 제거하고, 그 후에는 조심해서 사는 수밖에 없는 것입니다. 결국 암에 걸린 환자는 수술과 치료의 고난의 계획을 세워야 하고 이것을 이겨 내야 하는 것입니다. 그런데 예수님께서는 제자들에게 "주는 그리스도시요 살아 계신 하나님의 아들이십니다"라는 고백을 받은 후 자신이 당하실 고난의 계획에 대하여 말씀하셨습니다.

예수님의 사역은 가이사랴 빌립보에서 전환점을 맞이합니다. 그전에는 주로 사람들의 병을 고치고 귀신을 쫓아내며 천국 복음을 전하셨는데 가이사랴 빌립보에서부터는 제자들에게 자신이 예루살렘에 가서 죽을 것을 분명하게 말씀하시고 십자가의 죽음을 준비하셨습니다. 바로 이 전환점에서 예수님은 제자들에게 "사람들이 인자에 대하여 어떻게 말하느냐?"라고 물어보셨습니다. 그때 제자들은 "세례 요한이나 엘리야 또는 예레미야 혹은 선지자 중의 하나라고 말합니다"라고 대답했습니다. 그때 예수님은 제자들에게 "너희는 나를 누구라 하느냐?"라고 물으셨습니다. 이때 베드로는 "주는 그리스도시요 살아 계신 하나님의 아들이십니다"라고 대답했습니다. 이때 예수님은 베드로를 칭찬하셨습니다. 그러고 나서 예수님은 자신이 예루살렘에 올라가서 대제사장과 서기관과 바리새인들에게 많은 고난을 받은 후 죽임을 당하고 3일 만에 다시 살아나실 것이라고 말씀하셨습니다. 예수님은 베드로가 고백한 그 하나님의 아들 그리스도의 사명은 예루살렘에서 죽는 것임을 분명하게 말씀하신 것입니다. 그것은 이 세상에서 가장 심각한 것은 모든 인간 속에 있는 죄이기 때문입니다. 예수님은 십자가 위에서 우리 모두를 대신해서 대리 수술을 받으시는 것입니다.

1. 예루살렘에서 당할 고난

21절, "이때로부터 예수 그리스도께서 자기가 예루살렘에 올라가 장로들과 대제사장들과 서기관들에게 많은 고난을 받고 죽임을 당하고 제 삼일에 살아나야 할 것을 제자들에게 비로소 가르치시니"

'이때로부터'는 베드로가 예수님께 "주는 그리스도시요 살아 계신 하나님의 아들이십니다"라는 고백을 한 후부터라는 뜻입니다. 예수님이 그리스도시요 하나님의 아들이 분명하다면 제자들은 정말 예수님을 잘 따라온 것입니다. 우리가 선생으로 알고 따르던 분이 자기 입으로 자기가 하나님의 아들이시며 하나님이 세우신 메시아라고 한다면 이제 제자들은 걱정할 것이 아무것도 없을 것입니다. 왜냐하면 예수님이 하나님의 아들이시고 메시아라면 당연히 예수님은 모든 악한 이방인들을 쫓아내고 이스라엘의 왕이 되실 것이기 때문입니다. 제자들은 지금 이것 외에 다른 것은 생각할 수가 없었습니다.

그래서 제자들은 당연히 예수님께서 자신을 '그리스도요 살아 계신 하나님의 아들'이라고 인정하신 것을 일종의 출마 선언으로 생각한 것 같습니다. 즉 이제부터 예수님은 본격적으로 예루살렘으로 가서 악한 세력들을 몰아내시고 이스라엘의 왕이 되실 것입니다. 만일 로마가 쳐들어오면 예수님은 능히 로마 군인들을 옛날 앗수르 군대처럼 멸망시킬 것입니다.

그래서 지금 제자들은 마음속으로 더욱더 단단히 결심을 하고 있었을 것입니다. 즉 '우리는 지금부터 예수님을 이스라엘의 왕으로 모실 것이며 끝까지 예수님을 지키고 모든 불의의 세력과 싸울 것이다'라고 생각했던 것입니다. 그런데 갑자기 예수님의 입에서 제자들을 실망하게 하는 말씀이 나왔습니다. 그것은 예수님께서 예루살렘에 올라가셔서 장로들과 대제사장들과 서기관들에게 많은 고난을 받고 죽임을 당하신다는 것입니다. 물론 예수님께서는 3일 후에 살아나신다고 말씀하셨지만 제자들의 귀에는 그런 말씀이 들어올 리가 없었습니다.

지금 제자들이 생각하고 있는 미래에 대한 전략이 무엇입니까? 예수님께서 적어도 이 유대 땅에서 하나님의 일을 하려면 장로들과 대제사장들과 서기관들을 껴안아야 한다는 것입니다. 왜냐하면 누군가가 정치를 하려고 하면 실세들을 껴안아야 하는데 유대에서 가장 실세인 사람들이 바로 바리새인들과 서기관들이었기 때문입니다.

옛날 구약 시대에도 다윗의 후손 왕들이 정치를 하는 데 가장 어려움을 겪었던 사람들은 유다의 귀족이나 왕족이었습니다. 그래서 다윗의 자손들이 귀족이나 왕족들과 타협을 하는 바람에 끝까지 하나님의 말씀만 붙들고 갔던 왕들이 적었습니다. 그러나 유다의 왕 중에서 죽을 각오를 하고 끝까지 말씀을 붙들었던 왕들은 놀라운 부흥을 체험했습니다. 그런데 예수님의 제자들은 예수님이 유대 사회에서 바리새인들이나 서기관들이나 대제사장들과 충돌하지 말고 그들과 협력하기를 원했습니다. 그래서 제자들은 하나님의 아들 그리스도가 유대의 지도층 사람들과 충돌해서 죽게 될 것이라는 말은 도저히 이해할 수가 없었습니다.

우리는 이것을 볼 때 생각하기에 따라서 다른 사람의 말이 정반대로 이해될 수 있다는 것을 알게 됩니다. 예수님이 말씀하시는 것은 유대의 현실을 무시하겠다는 것이 아닙니다. 오히려 예수님은 지금 가장 현실적인 말씀을 하시는 것입니다. 예수님께서는 하나님의 아들 그리스도로서 자신이 해야 할 일을 잘 알고 계셨습니다. 물론 예수님께서는 메시아의 신적인 지혜로 미래의 일을 알 수 있으십니다. 그럼에도 예수님께서는 하나님의 말씀을 깊이 묵상하는 가운데 하나님께서 메시아이신 자신에게 요구하시는 것이 무엇인지 아셨습니다. 그것은 예수님이 예루살렘에 가셔서 모든 죄인을 대신하여 죽음으로 그들의 죄를 담당하시는 것이었습니다. 그러면 예수님이 예루살렘에 올라가시면 예수님을 십자가에 매달 사람들이 아무도 없었습니다. 왜냐하면 사람들이 예수님을 죽일 이유가 없었기 때문입니다. 로마 사람들은 예수님을 잘 알지 못했습니다. 갈릴리 사람들 중에는 예수님을 싫어하는 사람들도 있었지만 지지하는 사람들도 많았습니다. 결국 예수님을 죽일 사람들은 예루살렘에 있는 유대 지도자들밖에 없었습니다. 유대 지도자들이 예수님을 미워한 이유는 예수님이 안식일에 병자를 고칠 뿐 아니라 갈릴리 출신임에도 많은 사람들이 예수님을 따르고 있었기 때문입니다. 즉 유대 지도자들이 예수님을 미워했던 이유는 시기심 때문이었습니다. 즉 자기들에게는 없는 능력이 예수님에게서 나타나고 많은 사람들이 예수님을 따랐기 때문이었습니다. 그뿐만 아니라 예수님은 그들이 성전에서 장사하는 것을 비판하셨습니다. 당시 성전 장사는 유대 지도자들에게 엄청난 수입을 안겨 주었습니다. 그뿐 아니라 유대 지도자들은 예수님같이 돌출한 인물 때문에 로마가 오해해서 유다를 공격할까 우려했습니다. 그래서 당시 대제사장 가야바 같은 사람은 한 명을 죽이면 나라가 편안할 수 있다는 말을 하기도 했습니다.

그런데 만일 예수님이 숨어서 가만히 지내시거나 안식일을 잘 지키셨으면 예수님은 죽을 수가 없었습니다. 더욱이 예수님의 제자들 중에서 예수님이 죽을 수 있다고 생각한 사람은 단 한 명도 없었습니다. 그러나 예수님은 모든 인간 안에 있는 암 세포를 아셨습니다. 그것은 모든 인간 안에 있는 하나님에 대한 죄였습니다. 이 죄라는 암 덩어리가 제거되려면 예수님이 대리 수술을 받으셔야만 했습니다.

우리는 아마 대리수술이라는 말이 잘 이해가 되지 않을 것입니다. 이것은 백신 주사를 생각하면 좋을 것입니다. 옛날에는 폐렴 같은 병들은 치료할 수 있는 방법이 없었습니다. 그런데 누군가가 병원균을 소에게 주사해서 그 항체를 사람에게 주사하면 병을 치료할 수 있다는 것을 발견한 것입니다. 이 백신의 발명으로 수많은 사람들을 폐렴이나 다른 유사한 병으로부터 살릴 수 있게 되었습니다. 마찬가지로 우리 인류가 살기 위해서는 죄 없는 예수님 한 분이 죽으시고 우리가 그 보혈로 주사를 맞는 것입니다. 그런데 문제는 이 세상에 예수님을 죽일 수 있는 사람이 아무도 없었던 것입니다.

그러나 이 문제를 가지고 걱정할 필요가 없었습니다. 왜냐하면 사람의 눈에 보이지 않는 사탄이 하나님의 아들을 미워하고 업신여겨서 죽이려고 결심했기 때문입니다. 그래서 사탄은 모든 졸개들을 다 동원했습니다. 그 사탄의 졸개들이란 예수를 믿지 않는 사람들이었습니다. 그래서 사탄은 아주 치밀하게 전략을 짜서 예수님의 제자 중 한 사람인 가룟 유다가 예수님을 배신해서 팔고 대제사장 가야바가 예수님을 로마에 대한 반역죄로 몰아서 로마 총독 빌라도에게 넘기면 빌라도가 예수님을 십자가에 처형하는 것이었습니다. 그런데 예수님은 그 계획을 정확하게 알고 계셨습니다. 그러나 예수님은 그 계획이 사탄의 계획이기도 하지만 우리 인간의 죄를 해결할 수 있는 유일한 길인 것을 아셨던 것입니다. 그래서 가이사랴 빌립보 이후의 예수님의 계획은 어떻게 하면 정확하게 이 계획대로 죽을 수 있느냐 하는 것이었습니다.

그래서 결국 사람에게 중요한 것은 그가 어떤 사람이며 무슨 생각을 하고 있느냐 하는 것이 아닙니다. 누구든지 예수님께 속하지 않은 사람은 사탄의 졸개이고 그들은 언제든지 사탄이 시키는 대로 하게 되어 있습니다. 그래서 자기는 아무리 싫다고 하여도 사탄이 작정하고 충동질을 하면 어쩔 수 없이 마귀의 손아귀에서 놀아날 수밖에 없는 것입니다.

제자들과 많은 유대인들은 예수님이 이 세상에서 왕이 되셔서 모든 불의의 세력과 싸우실 것을 원했습니다. 만일 예수님이 그런 식으로 나가셨더라면 유대의 장로들이나 대제사장이나 서기관들도 아마 예수님을 지지하는 쪽으로 돌아섰을 것입니다. 만일 예수님께서 자신이 하나님의 아들 메시아라는 것을 밝히고 대제사장이나 장로들이나 서기관들을 끌어안으셨더라면 분명히 예수님은 예루살렘에서 왕이 되셨을 것이고, 로마와의 전쟁은 불가피했을 것입니다. 그리고 이것은 모든 유대인들이 열망하고 있는 것이었습니다.

그러나 예수님은 정반대되는 길을 걸을 것이라고 말씀하셨습니다. 예수님은 자신이 예루살렘에서 유다의 대제사장과 서기관과 바리새인들에게 고통을 받고 죽을 것이라고 말씀하신 것입니다. 예수님께서 모든 사람들의 열망을 뿌리치고 스스로 멸망의 길을 걸으시는 이유가 무엇입니까? 그것은 바로 모든 인간 안에 있는 죄라는 암 때문이었습니다. 만일 우리 인간에게 죄만 없었더라면 예수님은 멸망의 길을 걸을 필요가 없었을 뿐 아니라 이 세상에 오실 이유도 없었습니다.

인간의 가장 치명적인 문제는 바로 속에 있는 이 죄가 해결되어야 하는 것입니다. 만일 우리 안에 있는 죄가 해결되지 않으면 아무리 세상에서 성공하고 공부를 많이 하고 행복하게 산다고 해도 아무 소망이 없습니다. 유대인들이 로마의 세력을 몰아내고 독립을 하거나 사람들이 질병과 가난을 몰아내고 아무리 유토피아 사회를 건설한다 하더라도 죄가 해결되지 않으면 인간에게는 아무런 소망이 없는 것입니다. 그래서 예수님께서는 오직 한 가지만 생각하셨습니다. 그것은 바로 인간의 죄가 해결되기 위해서는 하나님의 아들 그리스도가 죽어야 한다는 것입니다. 예수님은 이 사실을 예수님과 가장 가까운 관계에 있는 제자들에게 먼저 밝히셨습니다.

여기서 예수님은 '3일 만에' 라는 것을 분명히 말씀하셨습니다. 예수님께서 사망의 상태에 머물러 있게 되는 것은 몇 달이나 몇 년이 아니라 단 3일이었습니다. 예수님께서는 다윗의 시에서 그 시체가 썩지 아니할 것이라는 것과 요나가 물고기 배 속에서 3일 만에 살아났던 것을 통해서 자신이 3일 만에 다시 살 것을 아신 것 같습니다.

여기서 우리가 알 수 있는 것이 무엇입니까? 우리 인간이 생각하는 해결 방법과 하나님이 생각하시는 해결 방법이 다르다는 것입니다. 우리는 할 수 있는 대로 이 세상에서 성공하고 높아지고 많은 사람들에게 인정받는 것을 성공이라고 생각합니다. 그러나 예수님께서는 사람들에게 조롱을 당하고 욕을 먹고 침 뱉음을 당해서 죄 용서받는 것이 성공이라고 말씀하시는 것입니다. 이 세상에서 우리의 성공은 성경을 믿고 성경대로 사는 것입니다.

사람이 암 치료를 받으려면 한번 죽었다가 살아나야 합니다. 즉 전신마취를 해서 수술받는 것이 죽었다가 살아나는 것입니다. 이렇게 수술을 받으신 분들은 여생을 행복하게 살 수 있습니다. 그러나 이 사실을 인정하지 않고 자기가 하고 싶은 대로 하면서 사는 사람은 결국 멸망하게 됩니다.

우리에게 가장 중요한 것은 하나님 앞에서 죄 용서받는 것입니다. 우리가 죄 용서받으려면 먼저 예수님이 죽으셔야 하고, 그 다음에 우리가 그 주사를 맞아야 합니다. 이때 우리는 죽었다가 살아나는 것입니다. 이때 우리는 세상의 지위나 자격들을 다 버리고 새사람으로 태어나게 되는 것입니다. 우리가 세상에서 가지고 있는 모든 자격이나 욕심이나 권리를 다 누리려고 하면 절대로 살 수 없습니다. 그것은 수술을 받지 않은 것입니다. 예수님이 오직 죽음 하나만 생각하셨듯이 우리도 오직 죄가 해결되는 것 하나만 생각하고 새사람으로 다시 태어나야 하는 것입니다.

2. 베드로의 만류

베드로는 미래에 대한 예수님의 계획을 듣고 예수님을 만류했습니다.

22절, "베드로가 예수를 붙들고 간하여 가로되 주여 그리 마옵소서 이 일이 결코 주에게 미치지 아니하리이다"

예수님께서 "너희는 나를 누구라 하느냐"라고 물으셨을 때에도 베드로가 가장 먼저 대답했듯이 예수님께서 예루살렘에 가셔서 많은 고난을 받고 죽임을 당한다고 하셨을 때 베드로가 먼저 나서서 예수님을 말렸습니다. 이것은 베드로만 이런 생각을 가지고 있었다는 뜻이 아닙니다. 사실은 다른 제자들도 모두 베드로와 같이 생각했는데 베드로가 제자들을 대표해서 예수님을 말린 것입니다. 여기서 '간하다'라는 말은 '책망하다'라는 뜻입니다. 즉 베드로는 예수님께 야단을 친 것입니다. "예수님, 도대체 정신이 있으신 것입니까? 왜 그렇게 자신 없는 말을 하시는 것입니까? 우리가 예수님을 잘 지켜 드릴 테니까 예루살렘에서 죽는다는 말은 절대로 하지 마세요"라는 뜻인 것입니다.

제자들은 예수님께서 예루살렘에 올라가서 죽으신다는 말씀을 예수님이 마음이 약해져서 자신감을 잃으신 것으로 생각한 것입니다. 보통 사람들이 '죽는다'는 말을 하거나 '죽고 싶다'는 말을 할 때에는 자신감을 잃었을 때입니다. 그래서 제자들은 예수님이 하나님의 아들이지만 막상 예루살렘에 올라가서 왕이 되시고, 또 사람들을 모아서 로마와 전쟁할 것을 생각하니까 부담이 되고, 또 예수님의 믿음이 부족하셔서 '죽는다'는 말씀을 하신 것으로 생각한 것입니다. 즉 호수에서 풍랑이 일었을 때 제자들이 죽는다고 두려워하니까 예수님이 제자들에게 "믿음이 적은 자들아"라고 하시면서 책망하셨는데, 이번에는 제자들이 예수님께서 믿음이 부족해서 예루살렘에 올라가면 죽는다고 말씀하시는 것으로 생각한 것입니다.

그래서 우리는 "무식하면 용감하다"라는 말을 합니다. 베드로는 너무 무식했기 때문에 용감하게 나서서 예수님을 꾸짖으면서 그런 나약한 말을 하지도 말라고 하면서 책망을 한 것입니다. 그러나 예수님이 죽는다고 말씀하신 것은 마음이 약해진 것이 아니었습니다. 예수님은 가장 굳은 결심으로 이 말씀을 하셨습니다. 왜냐하면 이 방법 외에는 우리 인간이 살 수 있는 길이 없기 때문입니다.

이만큼 베드로나 다른 제자들은 눈에 보이지 않는 죄를 해결한다는 것을 믿는 것이 어려웠습니다. 많은 사람들이 예수님을 믿으려고 하다가 실망을 하고 떠났던 것도 왜 예수님은 스스로 나약한 길을 택해서 걸어가시나 하는 것이었습니다.

사람들은 예수님이 그 엄청난 능력으로 더 적극적으로 사시기를 원했습니다. 사람들은 예수님이 자신의 능력으로 굶어 죽는 사람들에게는 먹을 것을 주시고 병든 사람들에게는 치료해 주시기를 바랐습니다. 그리고 빚으로 쪼들리는 자에게는 돈을 주시기를 바랐습니다. 예수님은 그럴 수 있는 능력이 있으셨습니다. 그리고 무엇보다 사람들은 예수님이 사람들을 모아서 전쟁을 하기를 원했던 것입니다. 아마 예수님이 이 강한 길을 가셨더라면 유대인들 대다수가 예수님을 믿고 따랐을 것입니다. 그런데 예수님께서는 그 엄청난 능력을 가지고 유대 지도자들과 충돌하시고 그들의 손에 죽는 계획을 가지고 계셨는데 이것은 너무도 실망스러운 일이었던 것입니다.

베드로나 제자들은 하나님이 도와주시면 이 세상에서 얼마든지 행복하게 살 수 있다고 생각했습니다. 그러나 예수님은 우리가 살 수 있는 유일한 길은 예수님의 죽음뿐이며 우리가 그것을 믿는 것밖에 없다고 생각하셨습니다. 이것을 통해서 우리는 죄가 그토록 심각하다는 것을 알 수 있습니다. 죄는 하나님의 아들을 죽여야 해결될 정도로 무서운 병인 것입니다.

26절, "사람이 만일 온 천하를 얻고도 제 목숨을 잃으면 무엇이 유익하리요 사람이 무엇을 주고 제 목숨을 바꾸겠느냐"

우리에게 가장 중요한 것은 목숨입니다. 사람이 아무리 돈이 많고 공부를 많이 해도 죽으면 아무 소용이 없습니다. 한 걸음 더 나아가서 사람이 온 천하를 차지했다고 해도 죽으면 아무 소용이 없습니다. 우리에게는 살아 있는 것보다 더 중요한 것은 없습니다. 사람들은 많은 것을 가지고 불평을 하지만 죽으면 아무 소용이 없습니다. 그런데 사람이 살아 있어도 행복하지 않을 수 있습니다. 예를 들어 병으로 중환자실에 있다든지 죄를 지어서 감옥에 있으면 살아 있지만 제대로 살아 있는 것이 아닙니다. 마찬가지로 우리 인간은 아무리 살아 있어도 죄가 있는 상태에서 살아 있는 것은 제대로 살아 있는 것이 아닙니다.

지금 사람들은 모두 이 세상에서 사형 선고를 받은 사형수들과 같은데 그들이 생각하는 것은 어떻게 하면 이 감옥을 더 아름답게 꾸미고 어떻게 하면 감옥의 식사나 환경을 개선할 것인가를 생각하는 것과 같습니다. 어떤 사람들은 여자들의 감옥과 펜팔이나 미팅 횟수를 더 늘리는 쪽으로 건의를 하려는 사람들도 있을 것입니다. 그러나 예수님은 우리가 이 세상에서 목숨이 붙어 있는 동안 해야 할 가장 중요한 일은 자기 영혼을 건지는 것이라고 하시는 것입니다. 영혼이 사망의 상태에서 건짐을 받고 병든 영혼을 치료받는 것입니다. 그것은 오직 하나님 앞에서 죄 용서받는 것을 통해서 이루어집니다. 사람이 새사람이 된다는 것은 다른 것이 아니라 죄의 세력을 끊고 새 출발을 하는 것을 말합니다.

사람이 아무리 돈이 많아도 영혼이 병든 사람은 행동하는 것이 비열하고 천합니다. 아무리 사회적인 직책이 높아도 그들이 사적인 자리에서 말하는 것은 너무나도 더럽고 추한 음담패설이나 욕설뿐입니다. 그 이유가 무엇입니까? 그의 영혼이 더럽고 깨끗하지 못하기 때문입니다.

영혼이 죄의 세력에서 벗어난 사람은 모든 것을 아름답게 봅니다. 그리고 모든 것을 사랑의 눈으로 보며, 결국 모든 것을 그렇게 아름답게 만듭니다. 그래서 자기 영혼을 챙기지 못하고 영혼이 병든 상태에서 공부를 많이 하고 돈을 많이 벌고 세상적으로 유명해진 사람은 쓸데없는 일에 인생을 투자한 것입니다.

예수님께서는 베드로에게 이렇게 대답하셨습니다.

23절, "예수께서 돌이키시며 베드로에게 이르시되 사단아 내 뒤로 물러가라 너는 나를 넘어지게 하는 자로다 네가 하나님의 일을 생각지 아니하고 도리어 사람의 일을 생각하는도다 하시고"

예수님은 베드로에게 "사탄아!"라고 말씀하셨습니다. 예수님은 베드로에게 "사탄아, 내 뒤로 물러가라!"라고 소리치셨습니다.

예수님은 조금 전에 베드로에게 "너는 베드로라 이 반석 위에 내 교회를 세우리니 음부의 권세가 이기지 못하리라"라고 하셨는데 이번에는 바로 "사탄아, 내 뒤로 물러가라!"라고 하신 것입니다. 어떻게 해서 조금 전까지 교회의 반석이 되는 사람이 한순간에 사탄이 될 수가 있습니까? 이것은 결코 베드로가 갑자기 사탄이 되었다는 뜻이 아닙니다. 지금 베드로가 예수님에게 십자가를 지지 못하게 하는 것은 사탄의 머리에서 나온 것이기 때문입니다. 특히 예수님도 인간이시기 때문에 가까운 제자들에게 인정을 받고 싶으셨고 그들을 실망시키고 싶지 않았습니다. 그런데 베드로는 예수님을 인간적으로 약하게 만들어서 메시아의 길을 가지 못하게 하고 있는 것입니다. 그래서 우리가 하나님의 뜻에 순종하는 데 가장 큰 걸림돌이 되는 것이 나에게 가장 가까운 사람들을 실망시키고 싶지 않은 마음입니다.

때때로 아무리 가까운 사람이나 존경하는 사람이라 하더라도 우리를 하나님의 뜻에서 넘어지게 할 때 그는 사탄의 역할을 하고 있는 것입니다. 그 때 우리는 "너는 사탄이야"라고 바로 공격하지 않는 것이 좋을 것입니다. 왜냐하면 우리가 바로 분별하기만 하면 되지 꼭 다른 사람을 사탄이라고 정죄할 필요가 없기 때문입니다. 그러나 상대방의 설득이 너무 끈질기고 집요할 때에는 거기서 도망을 쳐야 합니다.

예수님께서도 베드로가 십자가를 지지 말라고 강하게 말렸을 때 한편으로는 기분이 좋을 뻔하셨던 것입니다. 그리고 이 베드로의 강한 만류가 하나님의 뜻이었다면 얼마나 좋을까 하는 생각이 들었던 것입니다. 그러나 예수님은 이것을 철저하게 뿌리치셨습니다.

3. 자기 십자가를 지고

예수님은 자신의 계획을 밝히신 후 제자들도 어떤 각오를 해야 하는지 말씀하셨습니다.

24절, "이에 예수께서 제자들에게 이르시되 아무든지 나를 따라오려거든 자기를 부인하고 자기 십자가를 지고 나를 좇을 것이니라"

예수님은 제자들에게 십자가는 나 혼자 지고 갈 테니까 나를 따르는 자들은 편한 마음으로 모두 구경이나 하라고 말씀하지 않으셨습니다. 예수님은 자기 자신이 십자가를 지고 가시는 것처럼 제자들도 모두 자기의 십자가를 지고 예수님을 따라오라고 말씀하셨습니다.

이때 십자가는 로마인들이 사용하던 사형틀이었습니다. 십자가형은 고통의 시간은 길면서 쉽게 죽지 않는 형벌이었습니다. 십자가는 인간을 가장 오래 고통스럽게 하면서 죽이는 처형틀이었던 것입니다. 예수님은 제자들에게 모두 십자가를 하나씩 지고 집단적으로 처형당하기 위하여 끌려가는 사형수 들이 되어야 한다고 말씀하셨습니다.

사람들은 '십자가를 지고 나를 따르라' 는 말을 여러 가지로 해석합니다. 어떤 사람은 매일 조그만 십자가를 들고 예배당을 돕니다. 그래서 왜 그러느냐고 물어보니까 주님이 자기 십자가를 지고 나를 좇으라고 하셨기 때문에 십자가를 들고 교회를 돈다는 것입니다. 예수님이 말씀하신 십자가는 그런 작은 십자가가 아닙니다. 예수님의 십자가는 자기를 죽이는 사형틀을 말하는 것입니다.

우리 성도들 중에는 속을 썩이는 남편이나 자식 때문에 고민하는 분들이 있습니다. 그분들은 이들이 자신의 십자가라고 말을 합니다. 그것은 어떤 의미에서 틀린 말은 아닌 것입니다. 그리고 장애라든지 혹은 자신의 선천적인 질병도 십자가가 될 수 있습니다.

물론 여기서 예수님께서 '자기 십자가를 지고' 라고 말씀하신 것은 예수님의 십자가와 우리의 십자가가 같은 의미를 가진다는 뜻은 아닙니다. 예수님의 십자가는 인류의 죄를 대신하는 유일한 십자가이며, 이 십자가는 다른 사람이 질 수도 없는 것입니다. 이것은 오직 예수님만이 질 수 있는 십자가입니다. 그래서 우리는 다른 사람의 죄를 대신해서 죽어 줄 수 없습니다. 우리가 다른 사람을 대신하여 죽게 해 달라고 기도를 드려도 하나님께서는 그런 기도를 들어주지 않으십니다.

그러면 무엇 때문에 예수님은 제자들에게 자기 십자가를 지라고 말씀하셨을까요? 그것은 우리가 처음 예수 믿을 때 우리는 이미 십자가에 달려 죽는 것입니다. 예수님이 내 죄를 대신하여 죽으셨다는 것을 믿는 순간 우리는 저절로 예수님의 십자가에 달려서 죽습니다. 우리는 적어도 법적으로 죽기 때문에 과거의 우리는 없어집니다.

그래서 우리는 처음 예수 믿을 때 이 세상에서 가지고 있던 모든 자랑거리나 지식을 다 버리고 예수를 믿어야 합니다. 그리고 우리는 예수를 믿고 난 후에도 계속 나를 부인하는 생활을 해야 합니다. 물론 우리가 자신을 부인한다고 해서 세상의 모든 것을 다 버리고 은둔해서 살아야 한다는 뜻은 아닙니다. 단지 우리는 그리스도의 종으로 살아갈 뿐입니다.

지금 살아 있는 것은 오직 하나님의 은혜이기 때문에 우리는 혈기도 버리고 욕심도 버리고 오직 하나님만을 위하여 살아야 합니다. 그런데도 과거의 혈기나 정욕이 살아나려고 하면 '나는 이미 죽은 목숨이다. 지금 살아 있는 것은 내 것이 아니고 예수님의 것이다'라는 것을 자꾸 확인시켜야 하는 것입니다. 그렇게 하려면 계속 우리 자신을 십자가에 못 박아야 합니다. 우리는 한번 십자가에 못 박는 것으로는 안 됩니다. 왜냐하면 십자가에 못 박혀 있다가 밑에서 누가 약을 올리면 못을 뽑고 내려와서 그 사람을 때리고 또 십자가에 올라가기 때문입니다.

우리에게 가장 두려운 것이 계속 이런 식으로 자기를 부인하면 우리는 이 세상에서 아무것도 차지하지 못할 것이라는 것입니다. 이 세상에서 무엇인가 제대로 하려면 혈기도 있고 성깔도 있어야 제 몫을 찾아먹지 십자가에 못 박힌 사람은 바보 취급을 당하게 되기 때문입니다.

25절, "누구든지 제 목숨을 구원코자 하면 잃을 것이요 누구든지 나를 위하여 제 목숨을 잃으면 찾으리라"

그러나 예수님은 모순된 말씀을 하셨습니다. 즉 누구든지 이 세상에서 자기 목숨을 구하려는 사람은 잃을 것이고 나를 위하여 목숨을 잃는 사람은 얻게 될 것이라고 말씀하셨습니다. 우리가 하나님의 말씀만 붙들고 가면 점점 무력해지고 아무것도 아닌 사람이 됩니다. 우리는 도저히 이 세상에서 살아남을 자신이 없는 이상한 사람이 되고 맙니다. 어떤 사람은 생계유지를 못해서 굶는 분도 있고, 어떤 사람은 몸 하나 눕힐 집이 없게 될 때도 있습니다. 그런데 이 세상에서 아무것도 없는 가운데 말씀을 붙들고 기도할 때 이상하게 하나님의 말씀이 살아서 이루어지는 것을 체험하게 됩니다. 이것이 우리가 사는 것입니다. 왜냐하면 결국 이렇게 해야 천국이 열리고, 하늘의 복이 나에게 임하고, 내 영혼이 살게 되기 때문입니다. 그런데 우리가 세상의 감투나 자랑들을 다 가지고 하나님의 말씀을 대하면 하나님의 말씀은 살아 있는 말씀이 아닌 것입니다. 이것은 남을 가르치고 판단하기 위한 말씀이 아닙니다. 그는 자기가 살았고 성공했다고 생각할 것입니다. 그는 자기 자랑과 자기 의로 만족해서 살아가고 있습니다. 그러나 어느 날 그는 하나님 앞에서 실패한 인생으로 나타나게 될 것입니다. 이 세상에 있는 많은 축복들은 우리의 생명을 살리지 못합니다. 왜냐하면 하늘의 축복은 우리가 죽어야 가질 수 있기 때문입니다.

예수님은 십자가 위에 달려서 군인들이 자신의 옷을 제비뽑는 것을 보셔야만 했습니다. 그리고 자기를 낳아 주고 키워 주신 모친 마리아에게 너무 큰 고통을 주었습니다. 그리고 자기를 믿고 따라온 모든 사람들을 절망하게 만들었습니다. 그러나 예수님은 죽음을 통하여 하늘 문을 여셨고 성령이 쏟아지게 하셔서 예수님을 믿는 모든 사람들을 다 살게 하셨습니다. 그것도 그냥 사는 것이 아니라 능력 있게 살게 하셨습니다. 우리는 바로 다른 사람들을 만족시킬 수 없습니다. 우리의 못 박힌 모습을 통해서 나를 사랑하고 기대한 많은 분들을 실망시킬 수밖에 없습니다. 그러나 그 후에 나타나는 하나님의 축복을 통해서 그 실망시켰던 사람들을 다시 축복하는 일을 하게 되는 것입니다. 놀라운 것은 우리가 자신을 죽일수록 그만큼 더 성령의 능력이 우리에게 채워집니다. 그래서 할 수 있는 대로 우리 자신을 많이 죽여야 더 많은 하나님의 능력이 나타나게 됩니다.

예수님은 최종적으로 되어질 일을 말씀하셨습니다.

27-28절, "인자가 아버지의 영광으로 그 천사들과 함께 오리니 그때에 각 사람의 행한 대로 갚으리라 진실로 너희에게 이르노니 여기 섰는 사람 중에 죽기 전에 인자가 그 왕권을 가지고 오는 것을 볼 자들도 있느니라"

예수님은 사람들이 이 세상에 사는 것이 끝이 아니라고 말씀하셨습니다. 예수님은 예수님의 종인 천사들과 함께 다시 이 세상에 오셔서 온 세상 사람들을 심판하실 것입니다. 특히 주님은 주님의 종들이 얼마나 주님의 말씀대로 살았는지 그 행한 대로 보응할 것이라고 말씀하셨습니다.

그런데 여기서 예수님은 아주 어려운 말씀을 하셨습니다. 그것은 여기서 있는 자들 중에서 예수님께서 왕권을 가지고 오는 것을 볼 자도 있다고 하신 것입니다. 우리는 대개 예수님이 왕권을 가지고 오신다고 할 때에 예수님의 재림을 생각하게 됩니다. 그러나 실제로 예수님의 말씀을 듣던 자들이 살아 있을 때까지 예수님은 재림하지 아니하셨습니다. 그러면 도대체 예수님이 왕권을 가지고 오시는 것은 언제를 의미할까 하는 것입니다. 여기서 결국 우리는 두 가지 해석이 가능한데 하나는 예수님이 죽으셨다가 부활하신 후에 제자들을 찾아오신 것을 말한다고 볼 수 있습니다. 예수님은 부활하심으로 이미 온 세상의 왕권을 가지셨습니다. 그래서 예수님이 제자들을 찾아오셨을 때에는 이미 왕권을 가지고 오시는 것이었습니다. 그리고 또 하나는 예루살렘의 멸망을 의미한다고 보는 것입니다. 즉 끝까지 예수님을 믿지 않고 회개하지 않았던 예루살렘은 비참하게 심판을 받는 것입니다.

우리가 알아야 할 것은 죄 용서받지 않으면 결과는 영원한 심판이라는 사실입니다. 죄 용서와 심판 사이의 중간 지점은 존재하지 않습니다. 즉 예수 믿지 않으면 영원한 멸망인 것입니다. 우리는 예수님이 목숨을 바쳐 가면서 증거하신 이 진리를 믿으시기 바랍니다. 그리고 우리에게도 이 진리가 내 생명이 되시기를 바랍니다. 다른 사람들이 아무리 딴소리를 한다 하더라도 우리 주님의 이 진리를 끝까지 지키는 성도들이 되시기 바랍니다.

성경 토의

1. 예수님은 누구든지 나를 따라오려거든 자기를 부인하고 자기 십자가를 지고 따라오라고 하셨는데 오늘 왜 우리 기독교는 많은 것을 가지려고 하며, 높아지려고 하고, 아무것도 부인하지 않고 주님을 따르려고 하고 있는가?

2. 내가 주님을 제대로 따르기 위해서 지금 버려야 할 것은 무엇이며, 나는 어떻게 하면 내 십자가를 지고 주님을 따를 수 있는가?

3. 예수님은 한 생명이 온 천하보다 더 귀하다고 말씀하셨는데 왜 사람들은 생명보다는 세상에 있는 재물이나 명예에 집착을 하고 있는 것일까? 그리고 주님은 다시 오셔서 모든 사람이 행한 대로 심판하신다고 말씀하셨는데 사람들의 행위는 주님 앞에서 어떤 식으로 드러나게 되는가?